Klajd Kapinova

AMERIKA NË PASQYRË

(Këndvështrime)

Redaktor:
Tomë Mrijaj

Konsulent:
Bryan S. Ramirez

Designer:
Martin Ndoja

New York, 2024

PERMBATJA:

PARATHËNIE

Kur autori Klajd Kapinova, më dërgoi dorëshkrimin e ri: *"Amerika në pasqyrë"* dhe pasi u njoha me të, u binda se një libër i tillë është i domosdoshëm për lexuesit shqiptarë kudo që ndodhen.

Në realitet, pasqyrat kanë lidhje jetike me zhvillimin tonë dhe ndjenjën e vetvetes. Shumë prej tyre ka të ngjarë të kalojnë gjithë jetën e tyre, pa parë kurrë reflektimet e tyre historike.

Në shoqërinë perëndimore dhe më gjerë, pra, njerëzit, që duken shumë shpesh në pasqyrë konsiderohen përgjithësisht të kotë ose krenarë. E njëjta gjë ndodhë edhe me politikat negative apo pozitive të qeverive, të cilat në shumë raste nuk e shikojnë vetën në pasqyrë, pra historinë e tyre ndër shekuj, për të parë dhe bërë bilancin e evolucionit të tyre në shumë drejtime.

Dihet, se shqiptaro-amerikanët e kanë prejardhjen e tyre nga territoret me një popullsi etnike shqiptare në Ballkan, atje ku ata kanë lindur dhe rritur.

Qysh nga koha kur vendosen emigrantët e parë këtu (*Wayne County - MI, Pennsylvania, Boston - Mass.*) dhe u zhvendosen për vende pune dhe banimi më të mira, në pjesë apo territore të tjera të shtetit apo sërisht shteteve e qyteteve të tjera të SHBA-së, informacioni apo hulumtimet për historinë e tyre ka qenë e pakët dhe shpesh edhe jo i saktë.

Kështu sipas hulumtimeve të autorit Klajd Kapinova në librin e tij të ri, mësojmë se nuk është realisht Kol Kristofori, shqiptari i parë që shkel në tokën amerikane, por ai është i treti: *"Shtetasi i parë shqiptar kalimtar, që u vendos si emigrant në Amerikënë vitin 1876, ishte nga Korça, emri i të cilit nuk dihet, i cili më pas, për arsye të panjohura ndërroi destinacion (vendbanim dhe shtetësi), duke shkuar në shtetin spanjishtfolës të Argjentinës, në Amerikën e Jugut.*

Shqiptari i dytë, që shkeli tokën e bekuar të Amerikës, në nëntor të vitit 1877, ishte kleriku katolik, personaliteti i shquar i botës shqiptare, Abati i Mirditës, imzot Prend Doçi, i cili nuk erdhi këtu si emigrant ekonomik apo politik.

Ai kishte ardhur si misionar-prift katolik. *Në vitin 1877, ai u dërgua (transferua) si misionar shpirtëror katolik përtej Oqeanit Atlantik, falë ndërhyrjes direkte të Profesorit të shquar të Teologjisë dhe Filozofisë, (pranë Propa-*gandës Fide) *Eminenca e Tij, Cardinal Giovanni Simeoni.*

Ai e kishte mik meshtarin dhe abatin shqiptar, të cilin për ta fshehur nga kërcënimet e vazhdueshme të Perandorisë Otomane, ku *u dërgua* menjëherë *në Bregun Perëndimor të Amerikës, në ishullin kanadez* Newfoundland, *në territorin amerikan ose më* saktë në *Qarkun Wayne* (**Wayne County (Warren-Dearborn), Detroit, Michigan, US**), i cili asokohe dhe sot është qarku me besimtarë katolikë më i populluar në shtetin amerikan të Miçiganit, **Pensilvania** (Pennsylvania) *dhe territori kanadez* New Brunswick (*Nouveau-Brunswick*), ku shërbeu si misionar për katër vjet, deri në vitin 1881.

Shqiptari i tretë, që shkeli këtu ishte Kolë (Nikolas) Kristofori nga fshati Katund i Korçës, i cili arriti këtu në vitin 1878. *Për Kolën, fatkeqsisht nuk ka shumë informacion, se kur lindi dhe ndërroi jetë, ku banoi dhe cilat ishin punët, që ai bënte, për të mbijetuar në dheun e huaj deri sa bëhet pop ose prift ortodoks.* Ai është emigranti i parë shqiptar, që është regjistruar dhe i njihen gjeneralitetet, sipas dokumenteve asokohe të zyrës së emigracionit amerikan…

… Sipas një broshure të vogët me disa faqe (libërth), me autor shqiptaro-amerikanin Konstandin Demo (*me parathënie nga peshkopi orthodoks imzot Fan Stilian Noli (1882-1965) dhe përkthyer në anglisht nga prof. Peter Prifti (1924-2010)*, shohim se ai jep aty disa të dhëna interesante mbi historikun e emigracionit shqiptar në Amerikë.

Një detaj shumë interesant në faqet e veprës se re, në lidhje me komunitetin shqiptaro-amerikan, është edhe zbardhja e fakteve historike të kohës, kur autori-studiuesi, shkruan se Partia Komuniste e SHBA-së (CPUSA) dhe anëtarët komunistë shqiptarë të peshkopit të kuq Nolit, bëjnë thirrje të votohet kandidati komunist për president Henry A. Wallace.

Ai pasi përshkruan organizimin dhe programin e komunistëve amerikanë, rrëfen se: "Në vitin 1956, mbështetja për pushtimin sovjetik të Hungarisë dhe zbulimi i krimeve të Josif Stalinit në fjalimin e fshehtë të Nikita Hrushovit, në Kongresin e 20-të të Partisë Sovjetike, çoi në dezertime masive nga CPUSA.

Edhe pse komunistët mbajtën poste drejtuese në disa organizata kundër Luftës së Vietnamit, gjatë viteve 1960-1970, ata ushtruan pak ndikim në lëvizjen punëtore të SHBA-së.

Kundërshtimi i saj ndaj Planit Marshall dhe Doktrinës Truman dështoi të fitonte tërheqje dhe kandidati i tij i miratuar Henry A. Wallace *i Partisë Progresive nuk përformoi keq në zgjedhjet presidenciale të vitit 1948.*

Shqiptaro-amerikanët bolshevikë dhe leninistë nolistë, fatkeqsisht asokohe të drejtuar nga lideri i tyre komunist, imzot Fan Stilian Noli e mbështetën këtë kandidaturë komuniste, i cili vijonte të jetonte me adhurimin për bolshevikët dhe leni-

nistët e krahut ekstrem të majtë dhe me regjimin komunist të diktatorit Enver Hoxha, e mbështetën njëzëri kandidaturën komuniste me influencë ruse.

Për këtë mbështetje politike të kandidatit komunist Henry A. Wallace, vetë Noli me Shoqatën Panshqiptare "Vatra" (1912) dhe gazetën propagandistike prokomuniste "Dielli" (1909), dhe "Liria", do të bënte artikuj të gjatë kilometrikë me lëvdata dhe thirrje të hapur që shqiptaro-amerikanët të votojnë të gjithë për kandidatin komunist Henry A. Wallace për president të SHBA-së, i cili fatmirë-sisht dështoi, sepse nuk gjeti mbështetjen e madhe të popullit të zgjuar, largpamës dhe anti-komunist amerikan."

Në të vërtetë, jeta na ka treguar se ide të tilla, me garniturë të pasur dhe të shumëllojshme boshe marksiste dhe anarkiste, fshehin shpesh herë synime ideologjike primitive, karakteristikë origjinale për sistemet komu-niste, të cilat në shumë raste shoqërohen me aksione të dendura kriminale (*sikurse ndodhi në verën e vitit 2020, kur ata dogjën SHBA-në*), mbasi drejtuesit e institucioneve fatkeqsisht duan me çdo kusht vetëm ruajtjen dhe sundimin e fuqishëm të kolltukut të rehatshëm të pushtetit të përher-shëm…

Politikanët dhe qeveritarët amerikanë të të gjithë pushteteve, duhet të shikohen shpesh në pasqyrë, për mënyrat se si *urrejtja politike dhe racizmi i tyre funksionon kulturalisht dhe ideologjikisht, përmes reflektimeve simbolike, shtrembërimeve dhe devijimeve të qëllimshme të realitetit dhe të vërtetave të kohës, duke përdorur rëndomtë ideologjitë e tyre komunistë të pabesueshme, si një an-tikulturë e qartë, e cila fatkeqsisht po stimulohet vazhdimisht tash tre vjet nga Deep State, Cabala, Klubi 300 dhe vetë komunistët trushpëlarë amerikanë.*

Historia e Amerikës, *fillon me migrimin e njerëzve në këto zona nga konti-nenti i largët i Azisë, gjatë kulmit të epokës akullnajaore.* Këto grupe, përgjithë-sisht besohet se kanë qenë të izoluar nga njerëzit e *Botës së Vjetër* deri në ardhjen e evropianëve në shekullin X nga Islanda e udhëhequr nga *Leif Erikson,*[1] dhe më pas në vitin 1492 me udhëtimet e famëshme zbuluese të

---

[1]**Leif Ericson** (*Leif the Lucky,* i cili ka jetuar rreth vitit **970-1025**), ishte një ek-splorues norvegjez, që mendohet të ketë qenë evropiani i parë që shkeli në Amerikën e Veriut kontinentale, afërsisht gjysmë 500 vjet para ardhjes së ek-sploratorit të famshëm Kristofor Kolombit. Sipas sagave të islandezëve, *ai krijoi një vendbanim norvegjez në Vinland, që njhej si bregdetar i Amerikës së Veriut.* Ka spekulime të vazhdueshme se vendbanimi i bërë nga Leif dhe ekuipazhi i tij korrespondon me mbetjet e një vendbanimi norvegjez të gjetur në Newfoundland, Kanada, i quajtur L'Anse aux Meadows, i cili u pushtua afërsisht 1000 vjet më parë. Leif, ishte djali i Erik Kuq, themeluesi i vendba-

lundërtarit epokal italo-spanjoll *Kristofor Kolombi* (Christopher Columbus).

Paraardhësit e popujve indigjenë të sotëm amerikanë, ishin *paleo-indianët*. Mësohet, se ata ishin gjuetarë-mbledhës, që asokohe migruan në drejtim të Amerikës së Veriut. Popujt e vegjël për mbijetesë, ndoqën megafaunën si bizonët, mamuthët (tani të zhdukur) dhe karibut, etj.

Sipas historianëve të lashtësisë, mendohet se grupe njerëzish mund të kenë udhëtuar gjithashtu në drejtim të Amerikës së Veriut, përgjatë bregut verior të Oqeanit Paqësor.

Libri në fjalë, shpaloset fuqishëm si një panoramë e disa temave aktuale të rëndësishme të historisë së SHBA-së, të cilat autori falë hulumtive disa vjeçare dhe njohurive të reja bashkëkohore të zhvillimeve politike këtu, duke e gërshetuar penën me përvojën e vet si gazetar dhe studiues i komunitetit shqiptaro-amerikan, ka trajtuar me shumë përkushtim dhe kujdes lidhjet e ngjarjeve të së shkruarës me ditët tona.

Pas udhëtimeve të Kristofor Kolombit në vitin e famshëm 1492, ekspeditat koloniale spanjolle dhe më vonë portugeze, angleze, franceze dhe holandeze arritën në *Botën e Re*, duke pushtuar dhe vendosur tokat e zbuluara në rrugën e ndryshimit, gjë që çoi shekull mbas shekulli në një transformim të shpejtë të peizazhit kulturorë dhe fizik në Amerikë.

Nga historia mësojmë, se Mbretëria e Spanjës, kolonizoi pjesën më të madhe të Amerikës së sotme Jugperëndimore, Floridën e portokalleve dhe Karaibet ekzotike deri në skajin jugor të Amerikës së Jugut, kurse Portugalia, u vendos në atë që është kryesisht Brazili i sotëm, ndërsa Anglia *(si zotëruese e deteve dhe e 92% e kolonive të botës)*, asokohe krijoi koloni në bregun lindor amerikan, si dhe në bregdetin e Paqësorit të Veriut dhe në pjesën e Kanadasë.

Nga ana e tjetër, sërisht Franca egoiste u vendos me forcën e armëve si koloni në Quebec dhe pjesë të tjera të Kanadasë Lindore dhe gjithashtu pretendoi një zonë në atë që sot quhet si pjesa Qendrore e Shteteve të Bashkuara, ndërsa shteti tjetër kolonizator europian Holanda e tulipanëve, u vendos në New Netherland (qendra administrative New Amsterdam, sot njihet si New York), disa ishuj të Karaibeve (Amerika Qendrore) dhe pjesën tjetër të Amerikës së Jugut dhe Veriore.

Si epilog, si akt i fundit, kolonizimi total evropian i Amerikës, nga ana e tjetër çoi në rrafshim total në fillim të kulturave etnike vendase të grupeve të ndryshme të indianëve amerikanë (Native America) dhe më pas shekull

nimit të parë norvegjez në Groenlandë dhe Thjodhild i Islandës. Mendohet, se ai ka lindur në Islandë, e cila ishte e kolonizuar nga Norvegjia.

mbas shekulli e brez pas brezi filloi ringritjen e re të kulturave, qytetërimeve dhe përfundimisht nisi krijimi nga e para të shteteve të reja, të cilat rezultuan dora-dorës nga shkrirja e traditave, popujve dhe institucioneve mikse: vendase amerikane, evropiane dhe afrikane.

Transformimi apo evoluimi i shpejtë i larushisë së kulturave të shumëllojshme amerikane, përmes kolonizimit, është i shfaqur me gjurmët e saj të dukshme si në arkitekturë, fe, gastronomi, veshje, arte dhe veçanërisht në gjuhë, ku më të përhapurit dhe më të përfolur sot janë gjuhët e tilla si: spanjishtja, anglishtja dhe portugezja.

Periudha koloniale katastrofike për popujt fatkeq të pushtuar, zgjati afërsisht tre shekuj (shekulli XVI-XIX), *kur Brazili dhe kombet më të mëdha amerikano-hispanike shpallën pavarësinë nga kolonizatorët europianë.*

Edhe Shtetet e Bashkuara të Amerikës, fituan pavarësinë nga Britania e Madhe shumë më herët, në vitin 1776, ndërsa shteti fqinj verior Kanadaja, fitoi pavarësinë ligjore në vitin 1931.

Për botën shqiptare të interesuar për jetën dhe zhvillimet e shpejta amerikane, në një këndvështrim të ri, vepra e re shkrimore e dalë në qarkullim është e mirëseradhur, për të ditur realisht sa më shumë për kontinentin e Amerikës së Veriut dje dhe sot, dhe në veçanti për evolucionin e historisë pa retushime pozitive dhe negative të SHBA-së, e cila njihet sot fatmirësisht si kampione e zhvillimeve përparimtare dhe demokracisë botërore në shumë drejtime.

Por, nga ana e tjetër, gjithsesi kjo nuk do të thotë se gjithçka këtu ecën si vaj, mbasi *si kudo në shtetet e ndryshme të botës, edhe në SHBA, historia zbulon se kemi ngritjet dhe uljet, të shoqëruar shpesh me bilance humbjesh dhe fitoresh.*

Shoqëria dhe politika jonë amerikane, janë thellësisht të ndara sipas linjave politike, gjeografike dhe ekonomike, ku gjërat janë përkeqësuar më shumë pas vitit 2021 dhe në vijim sot.

Nëse tani kemi frikë nga ndarja sociale dhe kulturore, ne nuk mund të harrojmë se kombi ynë u rikthye e unifikua me bashkim, pas një lufte të tmerrshme civile, disa shekuj më parë, e cila si luftë gjaksore dhe vllavrasëse krijoi më shumë se 600,000 viktima amerikane.

Vepra e re voluminoze, shpaloset fuqishëm dhe vjen në një kohë kur brezi i ri shqiptaro-amerikan i ardhur rishtas (*më shumë për arsye ekonomike dhe më pak politike*), kanë nevojë për një kontakt dhe njohje të vizionit real për Amerikën, që shpesh ndryshe paraqitet në TV nga reklamat marramendëse çdo sekond (kur nuk je banor i saj) dhe ndryshe përjetohet realisht, si një vizion të zhveshur nga propaganda e shpërlarë politike "demokratike" dhe totalisht boshe kalimtare komuniste liberale e tejkorruptuar, që vitet e fundit kanë pushtuar dhe sundojnë fatkeqsisht Atdheun tonë të dytë, si në: *Shtëpinë e Bardhë, Kongresin dhe Senatin Amerikan, ashtu edhe në nivelet e pushtetit qendror dhe lokal këtu.*

"Në gjysmën e dytë të shekullit XX vazhduan ikjet prej dy diktaturave komuniste: asaj të Jugosllavisë dhe asaj të Shqipërisë staliniste. *Tronditjet që kishin ndjerë shqiptarët, kur mbërrinin në New York apo Boston prej shtetit të prapambetur turk iu shtuan tronditje të tjera, ato që ndjen njeriu kur ikën nga robëria për të dalë në liri. Si epilog, si akt i fundit janë ikjet e vitet e fundit, ato pas shëmbjes së komunizmit, ku gjithçka ishte e ngatërruar e ishte bërë lëmsh dhe ku malli për atdheun nuk ishte më zotërues, por i përzier me gjithfarë ndjenjash tragjike: zhgënjim ndaj vendit, që u shkaktoi aq shumë vuajtje, mllef, dëshirë hakmarrjeje e disa herë urretjeje. Kështu duket në sipërfaqe, por në thellësi, ashtu siç ndodhë në detin që pavarësisht nga shkuma e dallgëve, në thellësi mbetet i patrazuar, ashtu dhe mdidis stuhisë së ndjenjave kundërthënëse, vjen ajo që quhet ora e shpirtit, kur dritëzimi i largët shfaqet.*"[2]

Kujtojmë, se kombi amerikan, ishte gjithashtu thellësisht i ndarë në vitet 1970 mbi çështjen apo skandalin e madh politik të *Watergate*, që përfundoi me dorëheqjen e Presidentit Richard Nixon, në vitin 1974.

E njëjta tabllo, fatkeqsisht po ndodhë çdo ditë edhe sot, me korrupsionin galopant (si Skandali më i Madh i Shekullit), *që ka shpërthyer tash 10 vjet tek familja Biden, ku Departamenti i Drejtësisë, FBI, Deep State* (të kontrolluar fatkeqsisht nga administrata vijuese Obama-Biden 3), *Cabala, media e majtë globaliste Fake News po e mbulojnë 24/7 me mjeshtri dhe hapur atë*, duke bërë në këtë rast të pakënaqur miliona amerikanë të ndershëm, të cilët vazhdimisht në forma të ndryshme proteste online (rrjetet sociale dhe website të pavarura), po kërkojnë shkarkimin e menjëhershëm të Presidentit demokrat, drejtësi dhe vënien sa më parë dhe shpejt para bankës së të akuzuarve të vetë kryetarit të shtetit Joseph Robert Biden Jr., djalit të tij Hunter Biden, sikurse edhe 9 antarëve të tjerë të familjes Biden.

Edhe pse ky është libri i parë i kësaj natyre, autori arriti të dëshmohet si një hulumtues dhe studiues i zellshëm, me një aftësi të veçantë të vëzhgimit dhe një bazë të madhe faktografike historike, duke përdorur një gjuhë të pastër dhe të kuptueshme për çdo lexues.

Leximi dhe rileximi i një vepre, është veprim pasionant, sepse ngjallë

---

[2]Ismail Kadare, "Parathënie", në librin: "Shqiptarët e Amerikës", Albanian Publishing, Printed in the United States of America, 2003, f. 3.

dhe rikujton të kaluarën, duke e mbajtur të fortë e të lidhur me historinë e vet, duke i nxjerrë në shesh apo pasqyrë të vërtetat historike dhe gjetjen e rrugëve për të shpëtuar çka është e mundshme ose për të ruajtur dhe gjetur atë që ka mbetur, për të kujtuar të kaluarën dhe të ardhmen që besojmë.

Tomë Mrijaj
New York, 2024

JOE BIDEN, SLOBODAN MILOŠEVIĆ DHE LOBI I FUQISHËM SERB NË SHBA

Dy fjalë

Shqiptaro-amerikanët e kanë prejardhjen e tyre nga territoret me një popullsi të madhe etnike shqiptare në Ballkan, pranë kontinetit plak europian, si: Shqipëri, Kosovë, Maqedoninë e Veriut, Mali i Zi, Itali, Kroaci, etj., ku ata kanë lindur dhe rritur.

Sipas statistika 10 vite më parë (2012), **në Shtetet e Bashkuara jetonin 203.600** *qytetarë amerikanë me origjinë shqiptare, të përqëndruar kryesisht në verilindje dhe në rajonin e Liqeneve të Madhe, qyteti Detroit, në shtetin* **Michigan, New Jersey, Connecticut** *(qyteti Stanford),* **Florida** *(qyteti Jacksonville),* **California, Texas, në New York** *(New York City, me një përqendrim të lartë në:***Bronx, Brooklyn, Queens, State Island,** *si dhe nëqytetet e tjera të zhvilluara amerikane, si:* **Boston, Chicago, Cleveland, Los Angeles, Denver, New Orleans, Washington, D.C., Pittsburgh dhe Miami.** *Shtetet, ku banojnë me shumicë shqiptarët janë: Nju Jorku, Masaçusets, Miçigani, Nju Xhersi, Ilinoisi, Teksasi, Kalifornia, Ohajo dhe Pensilvania.*

Mësohet, se shqiptari i dytë i dokumentuar, që kishte emigruar në Shtetet e Bashkuara ishte **Kolë Kristofori** *(Nicholas Christopher), i cili zbarkoi* **me anije në Boston,** *në fillim të viteve* **1880** *dhe mbahet mend si pionieri i grupit etnik shqiptar, në SHBA nga Shqipëria e Jugut.*

Emigrantët e parë shqiptarë, *u vendosën në Boston dhe më pas u zhvendosën për arsye ekonomike në pjesë të tjera të Massachusetts, ku nevoja për punë në fabrika ishte shumë e madhe. Përpara vitit 1920, pjesa më e madhe e shqiptarëve, që emigruan në Amerikë ishin ortodoksë nga qyteti i vjetër i Korçës dhe rrethina.*

Këta djem të rinj kurajozë dhe që pëlqenin sakrificën apo aventurën jashtë Atdheut të lindjes, për një jetë më të mirë, që emigruan për arsye ekonomike apo që kërkonin azil politik asokohe, nuk mendonin se do të qëndronin gjatë në SHBA. Ndryshe nga plani i tyre fillestar, **ata qëndruan përgjithmonë në Tokën e Premtuar të Shteteve të Bashkuara të Amerikës, ku morën edhe familjet e tyre me vete, për të ndërtuar një jetë të re, të ndryshme nga mizerja e përhapur shumë asokohe në Shqipëri.**

Në vitet 1990, *shumë shqiptarë të rinj nga trojet etnike shqiptare, si:*

Shqipëria, Mali i Zi, Serbia dhe Republika e Maqedonisë së Veriut emigruan në Shtetet e Bashkuara si refugjatë të luftës.

Burrat dhe gratë, që ju bashkuan këtij komuniteti të ri shqiptarësh në Amerikë, në vitet 1990, treguan se ato ishin përqëndruar kryesisht në qytetin varfër duke iu bashkuar shumë naconalitetëve të tjera që asokohe jetonin dhe punonin në Bronx, Brooklyn, Queens të New York-ut, dhe më pas në Massachusetts, Michigan, New Jersey, Florida, Texas etj…

Një tjetër destinacion amerikan, është Staten Island në shtetin New York, ku 9% e këtij ishulli të New York City popullohet nga shqiptaro-amerikanët Brooklyn, Queens vjet Brooklyn, Queensr dhe t Brooklyn, Queens rinj. "Lagjet" shqiptare në disa shtet dhe qytete të Amerikës, i rezistuan për shumë dekada, me sa munden pjesërisht asimilimit të ngadalshëm, por të pashmangshëm nga tërësia e kulturës së larmishme amerikane.

Gjithsesi, duhet pranuar argumenti se përqëndrimi i shqiptarëve në një zonë gjeografike, pak ose aspak në disa zona të tjera, i ka ndihmuar ata në ruajtjen e kulturës etnike burimore nga ato kanë ardhur dhe lehtësimin e përshtatjes në një ambient të ri në shtetet e shumta me popullsi të amerikane amerikane.

Naiviteti i shqiptaro-amerikanëve, përballë serbo-amerikanëve të organizuar ndër shekuj

Le të futemi në brëndsi të temës se re, sa tabu aq edhe aktuale për ne shqiptaro-amerikanët në ditët tona këtu.

Tradicionalisht, dihet se **Partia Demokratike Amerikane** e themeluar në vtin **1880**, si formalisht më e madhja në numër në SHBA, gjithnjë ka qenë dhe është e interesuar për të mbajtur vazhdimisht fuqinë sunduese të pushtetit politik qendror dhe lokal (**Presidencën, Kongresin Amerikan: Dhomën e Përfaqsuesve dhe Senatin, governatoriet, kryetaret e bashkive, asamblistët dhe senatorët e 50 shteteve këtu**), ka synuar dhe synon, që të bëjë për vete emigrantët e rinj naivë, të porsaardhur në Amerikë, duke i manipuluar me gjoja se ka programin më të mirëpër mirëqënien dhe integrimin e tyre të shpejt në jetën amerikane.

Pas disa viteve mbasi i kanë pirë lëngun e mashtrimit politik, të gjithë zhgënjehen dhe e braktisin atë, sepseemigrantët të kthyer ne shtetas amerikane, shohin se Partia "Demokratike" Amerikane, ka të njëjtën ideologji apo propagandë dhe taktike politike, sikurse ndjekun sot kudo qeveritë e vendeve komuniste dhe diktatoriale,që shpesh sot quhen hapur si parti popullore, socialiste dhe demokrate. Në fakt ka ndodhur dhendodh e kundërta, sepse "demokratët" këtu janë të interesuar më shumë për te marre votat e ish emingrantëve të sapo natyralizuar si qytetarë *amerikanë…*

Duhet të jesh naiv, sa të mos e kuptosh se **më i korruptuari prej dekadash ish senatori** dhe ish-kandidati liberal "demokrat" (komunist) për zgjedhjet presidenciale **Joe Biden(1942)**, nuk ishte aq budalla e i përgjumur, sikurse shfaqet në TV dhe rrjetet sociale, sa të mos e kuptoj interesin kryesor, se midis prapambetjes së shqiptaro-amerikanëve të shkapërderdhur dhe serbo-amerikanëve të mirorganizuar, integruar prej dekadash dhe solid si komunitet, të përzgjedh apo preferoj hapur këta të fundit.[3]

Ish senatori i superkorruptuar 79-vjeçar dhe ish zv/presidenti i deshtuar i SHBA-së Joe Biden, si zakonisht edhe kësaj radhe zgjodhi të përkrahë hapur komunitetin e madh serbo-amerikanë, ashtu sikurse kishte bërë vijueshmërisht në kohën e ish administratës së tij me presidentin globalist Barack Hysen Obama nga Chicago (Illinois).[45]

Dyshja Obama dhe serbët në Chicago, kanë shumë rëndësi për Partinë Ultra të Majtë Socialiste (alias komuniste) të SHBA-së. **Komuniteti i madh serb**, tradicionalisht në Chicago, ishin dhe janë të integruar shumë mirë në jetën amerikane, të mirë-shkolluar ndër dekada, të suksesshëm në biznes dhe të interesuar në maksimum për politikën dhe zhvillimet e fundit, në jetën administrative dhe sociale amerikane.

Ata si zakonisht i kushtojnë shumë rëndësi forcës dhe peshës së madhe, që ka vota e tyre presidenciale etj., duke qenë të aftë të imponojnë ndërkombëtarisht atë që duan për vendin e tyre të dashur në Ballkan.

Përballë komunitetit të papërfillshëm dhe tradicionalisht **të përçarë shqiptaro-amerikan** me të drejtë vote këtu, falë zgjuarësisë dhe eskperiencës, serbët tradicionalisht janë më të bashkuar, kompakt dhe të interesuar të ngrihen në shkallët e hierarkisë politike dhe administrative lokale dhe qendrore të vendit, duke mbështetur vazhdimisht njeri-tjetrin, në zgjedhjet e pushtetit lokal dhe qendror prej disa shekuj në SHBA. Ato i duhen

---

[3]Kapinova, Klajd: **"Presidenti Trump dhe këneta globaliste"**, (Refleksione) New York, 2021, Shih www.amazon.com&www.barnesandnoble.com
[4]Kapinova, Klajd, "Joe Biden dhe lobi i fuqishëm serb në SHBA", Gazeta Bota Sot korrik 2020, https://www.botasot.info/opinione/1330999/joe-biden-dhe-lobi-i-fuqishem-serb-ne-shba/
[5]**Chicago** is the most populous city in the U.S. state of Illinois and the third-most populous in the United States after New York City and Los Angeles. With a population of 2,746,388 in the 2020 census, it is also the most populous city in the Midwest. www.chigaco.gov

partisë ekstremiste komuniste liberale amerikane të Obama-Biden-it etj., për votat presidenciale, governatorë, kryetarë bashkie etj., si dhe më të rëndsishmet votat masive, për në Kongres dhe Senatin Amerikan.

Interesaxhiu politik dhe kontraversal Joe Biden, për deklaratat e tij të shpeshta kundër Serbisë, nuk do që qyteti i madh metropolitan Chicago të fitohet nga patriotët republikanë konservatorë të presidentit Donald J. Trump, prandaj **Biden e ndryshoi pllakën politike, duke i kërkuar ndjesë popullit serb për bombardimet e NATO-s,** të udhëhequr nga amerikanët, me urdhër direkt të presidentit demokrat Bill Clinton.

Joe Biden si zv/President i SHBA-së vizitoi Beogradin, ku ngrohtësisht u prit me tapet të kuq në aeroportin internacional *Nikola Tesla Airport Beograd* (Аеродром Никола Тесла Београд) dhe **si hipokrit dhe servile e ngriti lart Serbinë me deklaratat e tij hipokrite.**

Biden si zv/President i SHBA-së (në vitet 2008-2016), u takua përzemërsisht me krerët e lartë të kishës ortodokse serbe, të cilët e nderuan me çmime nderi, në emër të popullit sllav ballkanas.[6]

Shumica e njerëzve, që mendojnë se në Chicago komuniteti irlandezo-amerikan është më i madh në numër, faktikisht dhe logjikisht gabojnë, për arsye të mungesës së madhe të informacionit statistikor bashkëkohor, mbi shpërndarjen dhe dendësinë gjeografike etnike të popullsisë atje.

Qyteti i madh metropolitan **Chicago,** sot është shtëpia e mbi **500.000 serbo-amerikanëve**, të cilët janë krenarë për këtë arritje. Sipas statistikave zyrtare amerikane, kjo është popullsia më e madhe emigruese evropiane këtu!

Dikur popullsia e komunitetit amerikano-irlandez (**irish**), ishte në vendin e parë, për numërin e popullsisë, kurse sot për arsye të ndryshme ka zbritur në vendin e dytë me 200.000 banorë.

Dihet se **Serbia,** është shtëpia e numërit më të madhe të serbëve në botë **me 8.737.371 banorë,**[7] por nga ana e tjetër shumë vetë harrojnë se

---

[6] Kapinova, Klajd, **"Joe Biden, Milošević dhe lobi i fuqishëm serb në SHBA"**, Revista Drini, https://drini.us/arkiv/sleepy-joe-biden-miloshevic-dhe-lobi-i-fuqishem-serb-ne-shba/

[7] **The current population of Serbia is 8,635,660 as of Sunday, May 28, 2023, based on Worldometer elaboration of the latest United Nations data. Serbia 2020 population is estimated at 8,737,371 people at mid year according to UN data. Serbia population is equivalent to 0.11% of the total world population. Serbia Population Growth.** The last official census was conducted in 2011 and excluded Kosovo, which held its own census placing

qyteti i madh metropolitan Chicago, është shtëpia madhe, pra #2 e cila ndryshe quhet *Little Serbia*.

Qendrat kryesore të banimit të serbo-amerikanëve në Shtetet e Bashkuara janë: New York City (Manhattan, Brooklyn, Queens, State Island, Bronx), Milwaukee (12.000), Pittsburgh, Phoenix dhe Jackson, California etj.[8]

---

its population at 1.73 million. Serbia itself has been in demographic crisis since the early 1990's with a death rate that still exceeds its birth rate. Serbia, along with Bulgaria, has one of the most negative population growth rates in the world, with one of the lowest fertility rates (just 1.44 children per woman). 1/5 of all households consist of just one person and Serbia has among the 10 oldest populations in the world. **Serbia Population Projections**. The slight negative growth of Serbia is expected to continue declining in the years to come and become somewhat more drastic. In the next 30 years, it is projected that the rate of decrease will nearly double from -0.34% in 2020 to -0.61% in 2050. These projections state that the actual number of citizens in Serbia will decrease by more than a million during this time with the population being 8,703,942 in 2020, 8,355,445 in 2030, 7,912,824 in 2040, and 7,447,023 by 2050. www.worldpopulationreview.com

[8]**Serbët:** Emigrantët serbë erdhën fillimisht në rajonin e Çikagos së bashku me mijëra emigrantë të tjerë të Evropës Jugore dhe Lindore nga vitet 1880 deri në vitet 1910, në kërkim të punës së pakualifikuar në industritë e rënda në lulëzim të rajonit. Shumica e emigrantëve serbë në Shtetet e Bashkuara dhe në zonën e Çikagos nuk erdhën nga Serbia, por nga pjesë të Perandorisë Austro-Hungareze, kryesisht nga Kroacia, Sllavonia dhe Vojvodina. Burrat fshatarë përbënin pjesën më të madhe të këtyre emigrantëve të hershëm, me gratë që pasuan më vonë. Një pjesë e vogël e këtij imigrimi përbënin edhe burra profesionistë serbë, duke përfshirë gazetarë, avokatë, mësues, politikanë dhe priftërinj. Emigrantët serbë u vendosën kryesisht në lagjen e çelikut të Anës Juglindore në rajonin Calumet, rreth Wicker Park në zonën e West Town, në Joliet dhe në Gary, Indiana. Duke përjashtuar kontigjentin e Wicker Park, burrat serbë kryesisht e fitonin jetesën e tyre në fabrikat e çelikut. Serbët e Wicker Park ishin kryesisht të klasës së mesme dhe shërbyen si udhëheqës lokalë dhe kombëtarë në jetën e emigrantëve serbë. Emigrantët serbë të rajonit të Çikagos ishin ortodoksë serbë, një kishë etnike, që është pjesë e Ortodoksisë Lindore dhe flisnin serbisht, një gjuhë sllave, duke përdorur alfabetin cirilik. Këto dy aspekte të kulturës serbe shërbyen si pika kryesore të jetës së emigrantëve serbë. Në vitin 1905, serbët e Wicker Park themeluan një kishë, Ringjallja e Shenjtë, e cila shërbeu shkurtimisht si selia e Kishës Ortodokse Serbe në Amerikën e Veriut. Ringjallja e Shenjtë shërbeu

gjithashtu si qendër për jetën fetare serbe në rajonin e Çikagos derisa serbët themeluan kisha diku tjetër në zonë.Serbët e Anës Juglindore themeluan Shën Archangel Michael në vitin 1919 dhe shenjtëruan një ndërtesë të përhershme kishe në vitin 1927. Shën Archangel Michael u bë institucioni kryesor midis serbëve të klasës punëtore në rajonin Calumet. Në këtë kohë, serbët në Gary dhe Joliet kishin themeluar gjithashtu kisha. Kjo stuhi e themelimit të kishës simbolizonte njohjen midis serbëve të zonës së Çikagos me shpërthimin e Luftës së Parë Botërore në 1914 se ata nuk do të ktheheshin në vendlindjet e tyre dhe do të bëheshin banorë të përhershëm të zonës së Çikagos.Emigrantët serbë themeluan gjithashtu një mori shoqërish të përfitimeve reciproke, vëllazërore, atletike, rinore dhe shoqërish të grave. Deri në vitin 1929, Federata Kombëtare Serbe (SNF) ishte shfaqur për të mbikëqyrur këtë panopoli të organizatave etnike serbe në rajonin e Çikagos. SNF-ja ofronte përfitime për sëmundje dhe vdekje për anëtarët e saj, të cilët shpesh nuk kishin sigurim. Më e rëndësishmja, SNF dhe shoqatat e saj ndihmëse të grave shërbyen si një ombrellë lokale, rajonale dhe kombëtare nën të cilën u formua jeta serbe. Për shembull, SNF dhe institucionet e lidhura me të organizuan shfaqje korale dhe përkujtime të festave patriotike dhe fetare serbe.Gratë serbe gjithashtu themeluan organizata të pavarura të grave. Grupi kryesor kombëtar i grave serbe me një prani të fortë në zonën e Çikagos ishte Rrethi i Motrave Serbe. Të dyja kishat serbe në Çikago kishin këto qarqe, të cilat promovuan në mënyrë aktive mbështetjen e emigrantëve të Mbretërisë së Serbisë gjatë Luftës së Parë Botërore. Pas luftës Motrat Serbe të Shën Kryeengjëllit Michael mblodhën fonde për të mbështetur kishën dhe aktivitetet e saj të ndryshme.Serbët e Çikagos tërhoqën vëmendjen kombëtare përmes materialit të botuar nga gazeta lokale Palandech Press, e themeluar nga emigranti serb John R. Palandech. Palandech dhe vëllezërit e tij botuan gazeta të shumta lokale dhe kombëtare dhe vëllime përkujtimore. Pas Luftës së Parë Botërore, Palandech, i mbështetur nga klasa e mesme lokale serbe, donte që serbët të bashkoheshin me kroatët dhe sllovenët për të formuar Jugosllavinë.Me sulmin e Depresionit të Madh në vitet 1930, shumica e serbëve të klasës punëtore e kthyen vëmendjen e tyre drejt mbijetesës, pasi shumë gjetën vetëm punë sezonale në fabrikat e çelikut në rajonin Calumet, Joliet dhe Gary. Shqetësimi për mbijetesën e tyre ekonomike u përzie me frikën për fatin e atdheut të tyre gjatë Luftës së Dytë Botërore pasi Gjermania naziste pushtoi Jugosllavinë në vitin 1941. SNF-ja dhe serbët e klasës së mesme të Çikagos përqendruan pjesën më të madhe të energjisë së tyre në shpëtimin dhe mbrojtjen e Jugosllavisë.Epërsia komuniste në Jugosllavinë e pas Luftës së Dytë Botërore shkaktoi dridhje në komunitetin serb të Çikagos. Shumë e mbështetën mbretin dhe donin që ai të rimarrë

Sipas burimeve të pavarura dhe atyre federale amerikane, disa orga-
nizata të ndryshme etnike vendosin numrin e serbo-amerikanëve në më
shumë se 350.000 vetë jashtë Chicago-s.

Shumica e serbëve, banojnë në shtetin e tyre kombëtar të Serbisë, si
dhe territorin e Kosovës dhe vendet fqinje të Bosnje Hercegovinës,
Kroacisë dhe Malit të Zi. Gjithashtu ata formojnë pakica të konsiderue-
shme, në shtetet e Maqedonisë së Veriut dhe Slloveni.

Historia e serbëve në SHBA

Le t'i bëjmë një parakalim të shpejt informativ, përmes burimeve his-
torike amerikane komunitetit të madh serbo-amerikanë në SHBA.

Serbo-amerikanët, janë shtetas në Shtetet e Bashkuara, me prejardhje
nga zonat e banuara etnike serbe në vendlindjen e tyre në Serbi. Që nga
viti 2013, ka rreth 190.000 qytetarë më shumë amerikanë, që identifikojnë
vetën se kanë prejardhje etnike serbe.

Sidoqoftë, sipas analistëve serbo-amerikanë, mendohet se numri
mund të jetë shumë më i lartë, pasi ka rreth 290.000 njerëz, që identifikohen
si jugosllavë, të cilët jetojnë në Amerikë.

Grupi në fjalë, përfshin amerikanët serbë, që jetojnë këtu për një ose
disa gjenerata, qytetarë të dyfishtë serbo-amerikanë, dhe ndonjë serbo-
amerikanë tjetër, që e konsideron veten të lidhur me të dy kulturat e
vendeve.

Një nga emigrantët e parë serbë në SHBA ishte **koloneli George Fisher**

---

fronin, ndërsa një pakicë e vogël mbështeti komunizmin. Hierarkia lokale
ortodokse serbe u nda në vija të ngjashme. Si rezultat i kësaj ndarjeje, në vitet
1940 dhe 1950, rajoni i Çikagos u bë gjithashtu një pikë qendrore kryesore
për agjitacionin antikomunist të luftës së ftohtë brenda Shteteve të
Bashkuara.Megjithatë, jo të gjithë serbët u morën me politikën e atdheut të
tyre. Shumica punuan për të përmirësuar jetën e tyre në rajonin e Çikagos.
Me rritjen në periferi dhe prosperitetin në vitet 1950, shumë serbë u zhven-
dosën nga Wicker Park dhe rajoni Calumet në periferi të tilla si Hollanda e
Jugut, Lansing dhe Palos Hills. Dalëngadalë, forca e kishave lokale u zbeh
pasi humbën famullitë në këto periferi. Por me këtë rritje periferike u ndër-
tuan kisha të reja për të akomoduar zhvendosjen në Serbi. *Bibliography:* 1.
Blesich, Mirko. **The Serbian Who's Who**. 1983.2. Prpic, George J. **South
Slavic Immigration in America**. 1978.
http://www.encyclopedia.chicagohistory.org/pages/1132.html

(1795-1873), i cili, arriti në Filadelfia në vitin 1815. Ai u zhvendos në Meksikë, ku, *mori pjesë në Revolucionin e Teksasit* dhe arriti të bëhet gjyqtar, në shtetin e madh të Kalifornisë.

Karriera e pasur e gjenaralit serb, përballë fshatarit të pashkollë shqiptar

Shtetasi i parë serb në SHBA koloneli George Fisher (1795-1873)

Đorđe Šagić i njohur gjithashtu si **George (Jorge) Fisher,** ishte një oficer doganor dhe udhëheqës i hershëm i Revolucionit të Teksasit. Fisher fillimisht quhej Đorđe Šagić, dhe i njohur gjithashtu si Đorđe Ribar (Ђорђе Рибар), në anglisht si George Fisher.

Ai u lind nga prindër serbë në Székesfehérvár, Hungari në prill të vitit 1795. Pas vdekjes së babait të tij, Gjorgje u dërgua në seminarin e Kishës Ortodokse Serbe në Sremski Karlovci, për t'u përgatitur si prift. *Ai u largua në prej aty në vitin 1813, për t'u bashkuar me forcat revolucionare serbe, gjatë Kryengritjes së Parë Serbe.* **Ai udhëtoi për në Filadelfia të SHBA-së në vitin 1814,** përpara se të shkonte në Meksikë. Në vitin 1825, Fisher ndihmoi në themelimin e Lozhës së parë Masonike të Ritit York në Meksikë. Ai u bë një qytetar meksikan i natyralizuar më 1829 dhe kontraktoi të vendoste 500 familje në tokat në Teksas, të mbajtura më parë nga Haden Edwards.

Fisher, më vonë ishte përgjegjës për një doganë, në skajin verior të Gjirit Galveston. Ai kërkoi që të gjitha anijet, që zbarkonin në grykëderdhjen e lumit Brazos t'i paguanin detyrimet doganore atij në Anahuac. Kjo ishte një vështirësi e madhe, për kapitenët e varkave të zones, për shkak të distancave të mëdha midis atij porti dhe porteve të tjera detare të Teksasit. Fisher u detyrua të jepte dorëheqjen nga posti i tij, në fillim të 1832, pas një konfrontimi ushtarak me kolonët teksianë.

Më 1832, Fisher filloi të botonte gazetën liberale **Mercurio del Puerto de Matamoros** në Matamoros. Më 13 tetor 1835, Fisher dhe José Antonio Mexía, organizuan një lëvizje në New Orleans, për të sulmuar Tampico dhe për të nxitur një revoltë midis shteteve lindore të Meksikës.

Në vitin 1837, ai u bë agjent komisioni në Hjuston, në Republikën e Teksasit, dhe shërbeu si gjykatës i paqes në 1839. Fisher, u pranua në bar në vitin 1840 dhe u zgjodh në këshillin e qytetit të Hjustonit. Në vitin 1843, ai u bë një major në milicinë e Teksasit.

Ai udhëtoi në Panama në 1850 dhe më tej në Kaliforni në 1851. Në

1853, ndërsa ishte ende Sekretar për Komisionin e Tokës së Kalifornisë, ai mund të ketë shkuar në Uashington, sepse u shtyp në dy dhe më vonë tre vëllime **"Portrete dhe kujtime të amerikanëve të shquar"**, në të cilin një skicë biografike e Fisher shfaqet si e vetmja hyrje nga shteti i Kalifornisë, shkruar nga redaktori *John Livingston*, një avokat nga Nju Jorku.

Historia e Fisherit zgjoi interes edhe në Evropë, siç dëshmohet nga shumë artikuj të botuar në disa vende evropiane. Revista e mirënjohur e Mynihut e epokës Das Ausland, (1843), duke përdorur materiale nga libri i John Lloyd Stephens, i cili ishte shfaqur në Londër në fillim të vitit 1843, botoi disa artikuj me radhë mbi këtë **serb aventurier**.

Fisher, vazhdoi të shërbente në poste të ndryshme qytetare dhe administrative në San Francisko nëvitet 1860-1870 deri sa doli në pension. Menjëherë pas daljes në pension, **ai u emërua nga Mbreti i Greqisë si Konsull i atij kombi.** Fisher ishte martuar katër herë. Ai vdiq në San Francisko më 11 qershor 1873.

Shqiptari i tretë, që shkeli dhe jetoi këtu deri sa vdiq ishte punëtori Kolë (Nikolas) Kristofori (?-?)

Shtetasi i parë shqiptar kalimtar, që u vendos si emigrant në Amerikë **në vitin 1876**, ishte nga Korça, emri i të cilit nuk dihet, i cili më pas për arsye të panjohura ndërroi destinacion (**vendbanim dhe shtetësi**), duke shkuar në shtetin spanishtfolës të Argjentinës, në Amerikën e Jugut.

Shqiptari i dytë, që shkeli tokën e Amerikës, në nëntor të vitit 1877, **ishteleriku katolik, Abati i Mirditës imzot Prend Doçi**, i cili nuk erdhi këtu si emigrant ekonomik apo politik. Ai kishte ardhur si misionar-prift katolik.

Në vitin 1877, *ai u dergua (transferua) si misionar shpirtëror katolik përtej Oqeanit Atlantik, falë ndërhyrjes direkte të Profesorit të shquar të* Teologjisë dhe Filozofisë, (pranë Propagandës Fide)**Cardinal-it Giovanni Simeoni**,[9] *u*

---

[9]**Cardinal Giovanni Simeoni (12 korrik 1816 - 14 janar 1892)**, ishte një prelat italian i Kishës Katolike, i cili u emërua kardinal në vitin 1875 dhe shërbeu si Prefekt i Kongregatës së Shenjtë për Përhapjen e Besimit (Propaganda Fide) nga viti 1878 deri në vdekjen e tij në vitin 1892. Giovanni Simeoni lindi në Paliano; babai i tij ishte një majordomo i familjes Colonna. Ai ndoqi seminarin në Palestrinë, përpara se të shkonte në Romë, për të studiuar në Universitetin Collegio Romano dhe La Sapienza, ku studioi teologji dhe të drejtën kanonike. Familja Colonna subvencionoi studimet e tij. Simeoni u

dërgua në Bregun Perëndimor të Amerikës.

Ai e kishte mik meshtarin dhe abatin mirditor shqiptar, të cilin për ta fshehur nga kërcënimet e vazhdueshme të Perandorisë Xhihadiste Islame Otomane, u dërgua (transferua)menjëherë në Bregun Perëndimor të Amerikës, në ishullin kanadez **Newfoundland,**[10] në territorin amerikan

---

shugurua në priftëri në vitin 1839. Më pas ai shërbeu si prijës i fëmijëve të Princit Colonna dhe si **Profesor i Filozofisë dhe Teologjisë në Athenin Papnor Urban në Propaganda Fide**. Pasi u ngrit në gradën e Privy Chamberlain të Shenjtërisë së Tij, ai u bë Auditor i Nunciaturës në Spanjë dhe Prelat i Brendshëm i Shenjtërisë së Tij (1857). Simeoni më vonë u bë adiutor ab actis i Kongregatës së Shenjtë për Përhapjen e Besimit dhe shërbeu si sekretar i Kongregatës në vitet 1868-1875. Më 5 mars 1875, Simeoni u emërua Nunci i Spanjës dhe Kryepeshkop Titular i Kalqedonit nga **papa Gregori XVI (1765-1846)**.Papa Gregori gjithashtu fshehurazi (në pectore) e ngriti atë në Kolegjin e Kardinalëve në konsistonin e 15 marsit të po atij viti. Simeoni mori shenjtërimin e tij peshkopal më 4 prill nga Kardinali Alessandro Franchi, me kryepeshkopët Edward Henry Howard dhe Pietro Villanova Castellacci, që shërbenin si bashkëkushtues, në kapelën e Athenit Papnor Urban të Propaganda Fide. **Simeoni u pranua si Kardinal i San Pietro në Vincoli në Konsistencën e 17 shtatorit 1875**. Midis 18 dhjetorit 1876 dhe vdekjes së **papaPiut IX (1792-1978)** më 7 shkurt 1878, ai shërbeu gjithashtu si Sekretar Shteti i Vatikanit, Prefekt i Kongregacioni i Shenjtë i Çështjeve Publike Kishtare, Prefekt i Pallatit Apostolik dhe Administrator i Trashëgimisë së Selisë së Shenjtë; Piu IX e kishte caktuar edhe si ekzekutues të testamentit të tij. Më pas, Kardinali mori pjesë në konklavën e vitit 1878, e cila rezultoi në zgjedhjen e **papa Leo XIII (1810-1903)**, i cili e konfirmoi atë si Prefekt të Pallatit Apostolik dhe Administrator i Trashëgimisë së Selisë së Shenjtë. **Nga viti 1878 deri në vdekjen e tij, ai shërbeu si Mbrojtësi i Kolegjit Papnor të Amerikës së Veriut në Romë.** Simeoni u emërua Prefekt i Kongregatës së Shenjtë për Përhapjen e Besimit, i njohur gjithashtu si **Papa i Kuq**, më 5 mars 1878 dhe president i seminareve misionare të Romës më 1 janar 1885. Nga 27 mars 1885 deri në Më 15 janar 1886, ai shërbeu si Camerlengo i Kolegjit të Shenjtë të Kardinalëve. Kardinali Simeoni vdiq në Romë, në moshën 75-vjeçare. Pasi u shtri në kishën e Athenit Papnor Urban të Propaganda Fide, u varros në kapelën e të njëjtit atheneum në varrezat Campo Verano. **Simeoni gjithashtu ia la koleksionin e tij të shquar të artit Papës në testamentin e tij.**

[10]**Newfoundland**, është një ishull i madh në brigjet lindore të kontinentit të Amerikës së Veriut dhe pjesa më e populluar e provincës kanadeze të Newfoundland dhe Labrador. Me një sipërfaqe prej 108,860 kilometra katrorë

ose më saktë në *Qarkun Wayne* (**Wayne County (Warren-Dearborn), De-
troit, Michigan, US),**[11] i cili asokohe dhe sot është qarku me besimtarë ka-

---

(42,031 mi katrorë), Newfoundland është ishulli i 16-të më i madh në botë,
ishulli i katërt më i madh i Kanadasë dhe ishulli më i madh kanadez jashtë
Veriut me kryeqyteti i provincës, St. John's. Popullsia totale e ishullit që nga
regjistrimi i vitit 2006 ishte 479,105. **Newfoundland, ishte i banuar prej ko-
hësh nga popujt indigjenë të kulturës Dorset, Beothuk, të cilët flisnin
gjuhën Beothuk tashmë të zhdukur.** Ishulli është vizituar ndoshta nga ek-
sploruesi islandez **Leif Eriksson** në shekullin e 11-të, i cili e quajti tokën që
takoi **Vinland**. Vizita e parë e konfirmuar ishte nga norvezi, që ndërtoi një
bazë të përkohshme në L'Anse aux Meadows, një vendbanim norvegjez
pranë majës më veriore të Newfoundland-it (Kepi Norman), i cili është dat-
uar rreth 1000 vjet i vjetër. Vendi konsiderohet e vetmja dëshmi e
padiskutueshme e kontaktit parakolumbian midis Botës së Vjetër dhe Botës
së Re, nëse kontakti norvegjez-inuit në Grenlandë nuk llogaritet. Pas ven-
dosjes evropiane, kolonistët fillimisht e quajtën ishullin **Terra Nova**, nga
Toka e Re në portugalisht dhe latinisht dhe **Newfoundland erdhi nga përk-
thimi i emrit portugez.** Vendbanimi daton rreth vitit 1000 dhe vendi përm-
ban strukturat më të hershme evropiane të njohura në Amerikën e Veriut. I
caktuar si një sit i trashëgimisë botërore nga UNESCO, besohet të jetë vend-
banimi Vinland i eksploruesit Leif Erikson. Newfoundland dhe Labrador
është provinca më e re në Kanada. **Ajo u organizua si një koloni në vitin
1825, ishte vetëqeverisur në 1855-1934, por pas një krize financiare legjis-
latura u pezullua dhe u qeveris përmes një Komisioni Qeveritar.** New-
foundland iu bashkua Kanadasë një minutë para mesnatës më 31 mars 1949.
Kisha Katolike, anëtarët e së cilës ishin një pakicë në ishull, loboi për
vazhdimin e pavarësisë. Arqipeshkvia Metropolitane St. e shën Gjon, është
një krahine kishtare me dy dioqeza sufragane katolike: Grand Falls, dhe Cor-
ner Brook dhe Labrador. Ai është juridiksioni kishtar më i vjetër romak ka-
tolik, në Amerikën e Veriut anglishtfolëse. Bazilika St. e shën Gjon Pagëzorit
është katedralja e kryepeshkopatës dhe ndërtesa ndodhet brenda distriktit
kishtar të Shën Gjonit, një distrikt Historik Kombëtar i Kanadasë. Historia e
saj fillon nga një kërkesë e tregtarëve irlandezë që duan të jenë nën drejtimin
e Selisë së Shenjtë në Vatikan, jo pjesë e ndonjë krahine tjetër kishtare. Më 5
janar 1796 ai u kthye në një Vikariat Apostolik dhe më 4 qershor 1847 u ngrit
në dioqezë. Në vitin 1904, Arqipeshvia e shën Gjonit u ngrit në një kryedio-
qezë dhe aktualisht përmban 40 famulli, 39 priftërinj aktivë dioqezanë, 33
priftërinj fetarë dhe 120.135 katolikë. Ajo gjithashtu ka 220 murgesha ose
motra fetare dhe 42 vëllezër apo murgjër fetarë.

[11]Qarku Wayne (Wayne County (Warren-Dearborn), Detroit, Michigan, US),

tolik më i populluar në shtetin amerikan të Miçiganit, **Pensilvania**(Penn-sylvania)[12] *dhe territory kanadez* **New Brunswick**(*Nouveau-Brunswick*),[13]ku

---

është qarku më i populluar në shtetin amerikan të Miçiganit. Në vitin 2020, regjistrimi i popullsisë së SHB-së e vendosi popullsinë e tij në 1.793,561 banorë, duke e bërë atë qarkun e 19-të më të populluar në Amerikë. Selia e qarkut, është qyteti Detroit. Qarku u themelua në vitin 1796 dhe u organizua në vitin 1815. Qarku Wayne përfshihet në Zonën Statistikore Metropolitane të Detroit-Warren-Dearborn, MI. Është një nga disa qarqe të SHBA-së i emër-tuar sipas gjeneralit të kohës së Luftës Revolucionare, Anthony Wayne (1745-1796).Generali Anthony Wayne ishte një ushtar, oficer, burrë shteti dhe një nga Etërit Themelues të Shteteve të Bashkuara. Ai adoptoi një karrierë ushtarake në fillim të Luftës Revolucionare Amerikane, ku bëmat e tij ushtarake dhe personaliteti i zjarrtë i dhanë shpejt një promovim në gjeneral brigade dhe pseudonimin Mad Anthony. Qarku Wayne ishte qarku i gjashtë në Territorin Veriperëndimor, i formuar më 15 gusht 1796 nga pjesë të qarkut territorial të Hamiltonit, qarkut territorial Knox dhe territorit të paorga-nizuar. Fillimisht përfshinte të gjithë zonën e Gadishullit të Poshtëm të Miçi-ganit, pjesën më të madhe të Gadishullit të Sipërm, si dhe pjesë më të vogla, që tani janë pjesë e Ohajos veriore, Indianës, Illinois dhe Wisconsin. Me shpa-lljen e Sekretarit Territorial dhe Guvernatorit në detyrë, Winthrop Sargent, më 15 gusht 1796, kufijtë e Qarkut Wayne u deklaruan se fillonin në grykë-derdhjen e lumit Cuyahoga më pas në perëndim në Fort Wayne dhe në pikën më jugore të liqenit Michigan, përgjatë bregut perëndimor në veri deri në kufirin territorial në Liqenin Superior, përgjatë kufirit territorial përmes liqenit Huron, liqenit St. Clair dhe liqenit Erie përsëri në pikën e fillimit. Ndarja e parë e qarkut në fshatra ndodhi më 1 nëntor 1798, në katër qytetet e Detroit, Hamtramck, Mackinaw dhe Sargent. Shtrirja e qarkut Wayne në atë kohë përfshinte të gjithë shtetin aktual të Miçiganit, përveç pjesëve të In-dianës, Ohajos dhe Wisconsin-it, kështu që vendbanimet e ngritura në atë kohë ishin shumë më të mëdha, se ndarjet përkatëse të kohës së sotme. Ndërtesa historike e Guardian në Detroit është selia e Qarkut Wayne. Më 14 janar 1803, Guvernatori i Territorit të Indianës, William Henry Harrison, lëshoi një deklaratë të ngjashme që përcaktonte kufijtë si fillim në një pikë ku një vijë lindore dhe perëndimore që kalon përmes ekstremit më jugor të liqenit Michigan do të kryqëzonte një vijë veriore dhe jugore.

[12]Pensilvania (Pennsylvania), zyrtarisht Komonuelthi i Pensilvanisë, është një shtet që përfshin rajonin e Atlantikut të mesëm, verilindor, dhe rajonin e Apalakës së Madhe, të SHBA-së. Pensilvania, është shteti i pestë më i po-pulluar në Amerikë, me mbi 13 milionë banorë nga regjistrimi i vitit 2020. Shteti, është i 33-ti për nga sipërfaqja dhe ka dendësinë e nëntë më të lartë të

popullsisë midis të gjitha shteteve. Zona më e madhe statistikore metropolitane (MSA) është Lugina juglindore e Delaware, e cila përfshin dhe rrethon Filadelfia, qyteti më i madh i shtetit dhe qyteti i gjashtë më i populluar i vendit. Zona e dytë më e madhe metropolitane, Greater Pittsburgh, është e përqendruar në dhe rreth Pittsburgh, qyteti i dytë më i madh i shtetit. Pesë qytetet e mëvonshme më të populluara të shtetit janë Allentown, Reading, Erie, Scranton dhe Bethlehem me kryeqytet Harrisburg. Pensilvania u themelua në vitin 1681 nëpërmjet një granti mbretëror të tokës për William Penn, djalin e adashit të shtetit; një pjesë juglindore e shtetit dikur ishte pjesë e kolonisë së Suedisë së Re. E krijuar si një strehë për tolerancën fetare dhe politike, Provinca e Pensilvanisë e epokës koloniale ishte e njohur për marrëdhëniet e saj relativisht paqësore me fiset vendase, sistemin inovativ të qeverisë dhe pluralizmin fetar. Pensilvania luajti një rol jetik dhe historik në Revolucionin Amerikan dhe në kërkimin përfundimisht të suksesshëm për pavarësi nga Perandoria Britanike, duke pritur Kongresin e Parë dhe të Dytë Kontinental që çoi në miratimin e Deklaratës së Pavarësisë. Më 12 dhjetor 1787, duke u bërë shteti i dytë që ratifikoi Kushtetutën e SHBA-së. Beteja më e përgjakshme e Luftës Civile Amerikane, në Gettysburg gjatë tre ditëve në korrik 1863, dëshmoi pikën e kthesës së luftës, duke çuar në ruajtjen e Unionit. Përgjatë fundit të shekullit të 19-të dhe 20-të, ekonomia e bazuar në prodhim të shtetit kontribuoi në zhvillimin e pjesës më të madhe të infrastrukturës së hershme të vendit, duke përfshirë urat kryesore, rrokaqiejt dhe pajisjet ushtarake të përdorura në fitoret e udhëhequra nga SHBA në Luftën e Parë dhe të Dytë Botërore dhe Luftën e Ftohtë. Që nga themelimi i shtetit në vitin 1787, ai ka grumbulluar një listë të gjatë të të parëve midis shteteve të SHBA-së, duke përfshirë themelimin e bibliotekës së parë të vendit (1731), klubin e parë shoqëror (1732), organizatën e parë shkencore (1743), kishën e parë luterane (1748), spitalin e parë (1751), shkolla e parë mjekësore (1765), gazeta e parë e përditshme (1784), institucioni i parë i arteve (1805), teatri i parë (1809), shkolla e parë e biznesit (1881) dhe të parat e tjera ndër 50 të kombit shteteve.

[13]**Newfoundland**, është një ishull i madh në brigjet lindore të kontinentit të Amerikës së Veriut dhe pjesa më e populluar e provincës kanadeze të Newfoundland dhe Labrador. Me një sipërfaqe prej 108.860 kilometra katrorë (42.031 mi katrorë), Newfoundland është ishulli i 16-të më i madh në botë, ishulli i katërt më i madh i Kanadasë dhe ishulli më i madh kanadez jashtë Veriut me kryeqyteti i provincës, St. John's. Popullsia totale e ishullit që nga regjistrimi i vitit 2006 ishte 479.105. **Newfoundland, ishte i banuar prej kohësh nga popujt indigjenë të kulturës Dorset, Beothuk, të cilët flisnin gjuhën Beothuk tashmë të zhdukur.** Ishulli është vizituar ndoshta nga ek-

shërbeu si misionar i përkushtuar për katër vjet, deri në vitin 1881.[14]

splcruesi islandez **Leif Eriksson** në shekullin e 11-të, i cili e quajti tokën që takoi **Vinland**. Vizita e parë e konfirmuar ishte nga norvezi, që ndërtoi një bazë të përkohshme në L'Anse aux Meadows, një vendbanim norvegjez pranë majës më veriore të Newfoundland-it (Kepi Norman), i cili është datuar rreth 1000 vjet i vjetër. Vendi konsiderohet e vetmja dëshmi e padiskutueshme e kontaktit parakolumbian midis Botës së Vjetër dhe Botës së Re, nëse kontakti norvegjez-inuit në Grenlandë nuk llogaritet. Pas vendosjes evropiane, kolonistët fillimisht e quajtën ishullin **Terra Nova**, nga **Toka e Re** në portugalisht dhe latinisht dhe **Newfoundland erdhi nga përkthimi i emrit portugez**. Vendbanimi daton rreth vitit 1000 dhe vendi përmban strukturat më të hershme evropiane të njohura në Amerikën e Veriut. I caktuar si një sit i trashëgimisë botërore nga UNESCO, besohet të jetë vendbanimi Vinland i eksploruesit Leif Erikson. Newfoundland dhe Labrador është provinca më e re në Kanada. **Ajo u organizua si një koloni në vitin 1825, ishte vetëqeverisur në 1855-1934, por pas një krize financiare legjislatura u pezullua dhe u qeveris përmes një Komisioni Qeveritar.** Newfoundland iu bashkua Kanadasë një minutë para mesnatës më 31 mars 1949. Kisha Katolike, anëtarët e së cilës ishin një pakicë në ishull, loboi për vazhdimin e pavarësisë. Arqipeshkvia Metropolitane St. e shën Gjon, është një krahine kishtare me dy dioqeza sufragane katolike: Grand Falls, dhe Corner Brook dhe Labrador. Ai është juridiksioni kishtar më i vjetër romak katolik, në Amerikën e Veriut anglishtfolëse. Bazilika St. e shën Gjon Pagëzorit është katedralja e kryepeshkopatës dhe ndërtesa ndodhet brenda distriktit kishtar të Shën Gjonit, një distrikt Historik Kombëtar i Kanadasë. Historia e saj fillon nga një kërkesë e tregtarëve irlandezë që duan të jenë nën drejtimin e Selisë së Shenjtë në Vatikan, jo pjesë e ndonjë krahine tjetër kishtare. Më 5 janar 1796 ai u kthye në një Vikariat Apostolik dhe më 4 qershor 1847 u ngrit në dioqezë. Në vitin 1904, Arqipeshvia e shën Gjonit u ngrit në një kryedioqezë dhe aktualisht përmban 40 famulli, 39 priftërinj aktivë dioqezanë, 33 priftërinj fetarë dhe 120.135 katolikë. Ajo gjithashtu ka 220 murgesha ose motra fetare dhe 42 vëllezër apo murgjër fetarë.

[14]Abati i Mirdites imzot, **Doçi (146-1917)** U lind në lagjen Paraspor të fshatit Bulgër të kazasë së Lezhës. Studimet i mori në Shkodër, më 1859 hyri në Seminarin Papnor dhe më tej vijoi shkollim në Romë në Kolegjin e Propagandës Fide në vitin 1861. Më 1871 u kthye në vendlindje, ku shërbeu si famullitar në Korthpulë, Orosh si kapelan i Imzot Gaspër Krasniqit dhe përsëri famullitar në Kalvare. Në vitin 1877, përfshihet në një rrymë revolte, për të cilin shkoi shpesh në Cetinjë, për të siguruar si ndihma financiare ashtu dhe mosndërhyrje. Kryengritja u parandalua nga autoritetet otomane dhe ipeshkvi i Lezhës F. Malçinski e pezulloi nga veprimtaria fetare. Doçi u fsheh

Shqiptari i tretë, që shkeli këtu ishte **Kolë (Nikolas) Kristofori** nga fshati Katund i Korçës, i cili arriti këtu në vitin 1876. *Për Kolën, fatkeqsisht nuk ka shumë informacion se kur lindi dhe ndërroi jetë, ku banoi dhe cilat ishin punët që bënte për të mbijetuar në dheun e huaj deri sa bëhet pop ose prift ortodoks.* Është emigranti i parë shqiptar, që është regjistruar dhe i njihen gjeneralitetet, sipas dokumenteve asokohe të zyrës së emigracionit amerikan.

Kolë Kristofori, pas gjashtë vitesh pune si punëtor krahu (hamall),u kthye në fshatin e tij të lindjes dhe pas disa muajve po në vitin 1892, ai u rikthye sërisht në Amerikë së bashku me 17 bashkëfshatarë të tij, të cilët asokohe formuan komunitetin e vogël të diasporës shqiptare në SHBA.[15]Vetëm kaq fatkeqsisht dihet mbi emigrantin e parë shqiptaroamerikanë, që jetoi asokohe përgjithmonë në SHBA.Ai ishte një punëtor i rëndomtë, mbasi vinte nga një fshat malor dhe ishte i parsimuar, prapambetje e cila fatkeqsisht asokohe lidhet me pushtimin e gjatë mizor otoman, në trojet etnike shqiptare nga Perandoria Xhihadiste Islame Otomane. Si fshatar apo një bujk i thjeshtë, ai nuk njihte asnjëgjuhë të huaj dhe profesion (zanat), që të mund të ushtronte dhe integrohej më lehtë në SHBA.

---

në Vuthaj, pranë Gucisë. Më vonë u arrestua, e dërguan në burgun e Selanikut dhe më pas në Stamboll. Me kontrolln e Patriarkut armen Stefan Azarian, me nofkën Pére Achile mori rrugën për në Romë, me kusht që të mos kthehej në vendlindje. Sipas Pader Pashk Bardhit O.F.M., kryengritja u bë për shkak të mospajtimit të parisë mirditore me fajin me syrgjynosje, që ishte bërë Preng Bib Dodës si zv/kryetar i Degës së Shkodrës për Lidhjen e Prizrenit. Pasi qëndroi disa muaj në Tivar, në vitin 1877, ai u dergua me ngrohjen e Kardinalit Giovanni Simeoni të Propagandës Fide, u dërgua në Bregun Perëndimor të Amerikës, në ishullin Newsfoundland, Wayne, Pennsylvania dhe New Brunswick, ku shërbeu si misionar deri në vitin 1881. Doçit i mveshet atributi, për aq sa ç'mund të thuhet, se që shqiptari i parë në Bashkimin Evropian. Pasi u kthye në Romë, u dërgua në Indi, ku ishte sekretar i delegatit apostolik dhe më vonë si sekretar i Kardinalit Antonio Agliardi. Më 1888, pas kërkesës për të gjetur dhe apelimit tek Patriarku i Kostandinopojës, më në fund Doçi mori lejen nga autoritetet otomane për t'u kthyer në vendlindje… Ai ndërroi jetë më 22 shkurt 1917.

[15]**Në vitin 1900**, shumë shqiptarë të tjerë **u nisën drejt tokës së premtuar të Amerikës**, ku numri i tyre të regjistruar asokohe arriti në **4105 vetë**, për periudhën e viteve **1900-1932**. Shifrat reale janë edhe më të larta, por për shkak të regjistrimit në SHBA të emigrantëve të rinj si shtetas me pasaporta otomane të Perandorisë Otomane, është vështirë të thuhet një përcaktim i saktë i shqiptarëve të emigruar në ato vite këtu.

Më vonë, mësohet se Kola u dorëzua prift dhe punoi si meshtar i thjeshtëshpirtëror ortodhoks, në disa qytete, ku kishte pak emigrantë shqiptare të poraardhur këtu.

Sipas një broshure të vogët me disa faqe (libërth), me autor shqiptaro-amerikanin **Konstandin Demo** (*me parathënie nga peshkopi orthodoks imzot Fan Stlian Noli(1882-1965) dhe përkthyer në anglisht nga* **prof. Peter Prifti**(1924-2010),shohim se ai jep aty disa të dhëna interesante mbi historikun e emigracionit shqiptar në Amerikë.

...Dhe historia integruese e komunitetit serb vazhdon...

Një tjetër serb i shquar i hershëm në Amerikë, ishte **Basil Roseviç**, i cili, *themeloi një kompani transporti linjash Trans-Oqeanike të anijeve, rreth vitit 1800.*

Në fillim të viteve 1800, shumë detarë dhe peshkatarë serbë nga Mali i Zi dhe Hercegovina emigruan në New Orleans, duke kërkuar punë dhe themeluan komunitetin e tyre atje.

Me tre kisha ortodokse peshkopi i kuq leninist Fan S. Noli e përçau komunitetin e shqiptarëve të Boston-it

Në vitin 1841, emigrantët serbë themeluan famullinë e krishterë greko-ortodokse, kryesisht të përbërë nga emigrantë grekë në New Orleans, duke forcuar dhe zgjeruar edhe më tej praninë e tyre në rajon.

*Po emigrantët shqiptarë çfarë bëjnë 70 vjet më vonë në SHBA!?***Asgjë!**

Në vitin 1908, *kryepeshkopi komunist dhe ortodoks, globalisti leninist imzot dr. Fan Stilian Noli, themeloi kishën e parë ortodokse shqiptare në Boston dhe e pagëzoi me emrin e shën Gjergjit, emër të cilin ia vuri shpesh në telegramet e urimit me lot në sy edhe idhullit të tij diktarorit otoman-arab, ateistit, komunist Enver Hoxhës së Gjirokastrës... Asokohe kisha ortodokse dhe Enveri (**ndryshe Dulla**), kishte fatkeqsisht të njëjtin emër, ndonëse ishin me fe dhe qëllime të ndryshme në shoqërinë shqiptare në SHBA dhe Shqipërinë ateiste komuniste asokohe. Ai i donte shumë bolshevikët manjakëJosif Broz Titon me Enver Hoxhën dhe rregjimet e tyre shtypëse komuniste.*[16][17][18]

---

[16]**Peshkopi F. S. Noli: Kryeministrit Enver Hoxha, Tiranë, Shqipëri:** *"Shqipëtarët e Shteteve të Bashkuara dhe unë bashkë me ta kemi ndjekur me emocion*

Sikurse shihet, ky është i vetmi "sukses", që kishim ne këtu si komunitet asokohe, duke e krahasuar me komunitetin serbo-amerikan të suksesshëm në shumë drejtime.

Shqiptarët, ishin dhe janë të shkaperderdhur dhe të përçarë nga krerët e tyre drejtues. Si protestë e hapur dhe duke mos e dashur komunistin liberal bolshevik imzot Nolin, dhe për inat të tij asokohe ato themeluan në Boston edhe 2 kisha të tjera ortodokse shqiptare, jo shumë larg kishës mëmë "shqiptare" të leninistit fanatik, peshkop Fan Stilian Nolit.

Nga ana e tjetër, rezultati i punës së tij si fetar del krejt ndryshe. Ai e përçau keqas komunitetin dhe klerikët ortodoks shqiptarë të Boston-it, me qëndrimin e tij leninist-bolshevik-komunist, duke bërë atë që *përveç kishës së shën Gjergjit u ngritën edhe dy kisha të tjera;* **si kisha ortodokse e shën Trinisë në vitin 1921 dhe kisha ortodokse e shën Johanit në vitin 1934.**

Kjo ka qenë edhe çudia më e madhe, për një komunitet të vogël si ky yni në Amerikë, që në 800 metra të kemi 3 kisha. Këtë gjë, na e thoshin shumë amerikanë të tjerë në Boston, duke qendisur: *"Ah..., Ah ju ini pak shqiptarë që kini tre kisha në Broduej (Broadway Street)"*

Të lexojmë, se çfarë thuhet në Albumin 2, faqe 101, 102 e 104: *"Të gjitha andrallat, që pati Noli gjatë administratës si udhëheqës spiritual i kishës i pësoi*

---

të thellë luftën tuaj heroike dhe jemi gëzuar aq sa nuk shprehet me fjalë për sukseset tuaja të shkëlqyera. Ne (sikurse shihet pra Noli flet dhe uron në emër të gjithë shqiptaro-amerikanëve, shënimi im K.K.) e ndiejmë veten krenarë për Ju, sepse Ju jeni i vetmi udhëheqës ushtarak në këtë luftë, i cili ia doli ta çlirojë vendin nga pushtimi i huaj me forcat e veta, pa ndihmën e ndonjë ushtrie çlirimtare mike: Ju jeni gjithashtu një nga të paktat qeveri që mund të qëndrojë me këmbët e veta, e pambështetur nga ushtri mike të pushtimit. Për më tepër, ne e miratojmë me gjithë zemër politikën tuaj të bashkëpunimit të ngushtë me Jugosllavinë dhe me udhëheqësin e saj të madh, Mareshallin Tito, nën udhëheqjen frymëzuese të të cilit ne shpresojmë të kemi një Federatë të gjithë popujve të Ballkanit, duke vendosur kështu një paqe të qëndrueshme në gadishullin tonë të shqetësuar. Ju lutem t'u transmetoni përshëndetjet e mia të përzemërta gjithë kolegëve tuaj, që kanë marrë pjesë në kryqëzatën tuaj aq të vështirë e aq me zotësi dhe gjithë popullit shqiptar, që qëndroi i patundur e me besnikëri përkrah jush. Perëndia ju bekoftë të gjithëve. Peshkopi F. S. Noli"

[17] Fan S. Nolit. **"Noli - Vepra 6"**, Akademia e Shkencave të Republikës së Shqipërisë, Tiranë 1996.

[18] Kapinova, Klajd: **"Presidenti Trump dhe keneta globaliste"**, (Refleksione) New York, 2021, **"Vatra dhe Dielli dje dhe sot simbole të globalizmit dhe komunizmit bolshevik në SHBA"**, f. 147-160 dhe **"Dr. Piter Minnar nga Bostoni: Fan Noli, letrat i mirë, por politikan i deshtuar"**, f. 141-147

nga një pjesë e klerit të pabindur." Zënka (grindja), midis imzot Nolit dhe ekonom at Kris Ellisit (nga fshati Hoçishti i Korçës), hyn në tjetër kategori, të cilin pa dhënë hollësira, *Noli e pushoi nga puna.*

Pothuajse të gjithë miqtë e Nolit, me të drejtë morën anën e **Ekonom Ellisit**... Në përgjithësi, *shumica e klerikëve s'kanë qenë kurrë të bindur karshi Nolit.*Në këtë rast shtoj, se Fan Noli **nuk kishte kryer studimet për teologji,** se u vetshpall peshkop dhe se *me përkthimin e Rubahirave të Omar Khajamit, provoi atë se ai nuk mund të ishte kurrë fetar.* [19]

Serbo-amerikanët të përkushtuar ndaj Atdheut të dytë

Nga burimet historike amerikane del se amerikano-serbët, vazhdimisht me shembuj trimërie, morën pjesë në **Luftën Civile Amerikane,**[20]

---

[19]Për këtë çështje, mund të sqarohemi edhe nga shtypi i kohës në ato vite, si gazeta "Drita e Vërtetë", "Skënderbeu", "Albanian American Literary Society", sikurse edhe libri i zotit Gjon McClain i vitit 1952, me titull: "Albanin Expose". Vetë Noli, në "Albumi 2", fq.77, thotë:"Nëqoftë se emri im do të mbahet mend në të ardhmen, mund të rronjë vetëm në fushën e letrave".

[20]**Lufta Civile Amerikane (12 prill 1861 - 26 maj 1865)**, ishte një luftë civile në SHBA. **Aty u luftua midis Unionit (Veriu) dhe Konfederatës (Jugu),** kjo e fundit e formuar nga shtetet, që ishin shkëputur. *Shkaku qendror i luftës ishte mosmarrëveshja nëse skllavëria do të lejohej të zgjerohej në territoret perëndimore, duke çuar në më shumë shtete skllevër, apo do të pengohej ta bënin këtë, gjë që shumë besonin se do ta vendosnin skllavërinë në një rrugë të zhdukjes përfundimtare.* Dekada të polemikave politike mbi skllavërinë, u sollën në krye nga fitorja në zgjedhjet presidenciale në SHBA të vitit 1860 të **Presidentit Abraham Thomas Lincoln,** i cili ishte i 16-ti president në detyrë. **Ai kundëshoi hapur kundërshtoi zgjerimin e skllavërisë në territoret perëndimore.** Një shtatë shtete të skllevërve jugorë të parë iu përgjigjën fitores së Linkoln-it, duke u shkëputur nga Shtetet e Bashkuara dhe, në shkurt 1861, duke formuar Konfederatën. Ajo sekuestroi kalatë dhe pasuri të tjera federale, brenda kufijve të tyre. Katër shtete të tjera jugore, u ndanë pas fillimit të luftës dhe, e udhëhequr nga Presidenti i Konfederatës Jefferson Davis, vendosi kontrollin mbi rreth një të tretën e popullsisë së SHBA-së në njëmbëdhjetë nga 34 shtetet amerikane që ekzistonin atëherë. Pasuan katër vjet luftime intensive, kryesisht në jug. **Gjatë viteve 1861–1862,** në Teatrin Perëndimor të luftës, Unioni bëri fitime të rëndësishme të përhershme,

megjithëse në Teatrin Lindor të luftës konflikti ishte jo përfundimtar. **Heqja e skllavërisë,** *u bë një qëllim i luftës së Unionit kur Lincoln nxori Proklamatën e Emancipimit më 1 janar 1863, e cila shpalli të lirë të gjithë skllevërit në shtetet në kryengritje, duke aplikuar për më shumë se 3.5 milionë nga 4 milionë njerëzit e skllevëruar në vend.* Në perëndim, Unioni shkatërroi marinën lumore të Konfederatës deri në verën e vitit 1862, më pas shumë nga ushtritë e saj perëndimore dhe pushtoi New Orleans. Rrethimi i suksesshëm i Bashkimit i 1863 i Vicksburg-ut e ndau Konfederatën në dysh në lumin Misisipi. Në vitin 1863, inkursioni i gjeneralit konfederativ Robert E. Lee në veri përfundoi në Betejën e Gettysburgut. Sukseset perëndimore, çuan në komandën e gjeneralit Ulysses S. Grant të të gjitha ushtrive të Bashkimit në vitin 1864. Duke shkaktuar një bllokadë detare, gjithnjë e më të shtrënguar të porteve të Konfederatës, Unioni grumbulloi burimet dhe fuqinë punëtore, për të sulmuar Konfederatën nga të gjitha drejtimet. Kjo çoi në rënien e Atlantës në 1864 nga gjenerali i Unionit William Tecumseh Sherman, i ndjekur nga marshimi i tij drejt detit. Betejat e fundit të rëndësishme u ndezën rreth Rrethimit 10-mujor të Petersburgut, portë për në kryeqytetin konfederativ të Richmond. Konfederatat braktisën Richmondin dhe më 9 prill 1865, Lee iu dorëzua Grantit pas Betejës së Shtëpisë së Gjykatës së Appomattox, duke vënë në lëvizje fundin e luftës. Pasoi një valë dorëzimi të Konfederatës. Më 14 prill, vetëm pesë ditë pas dorëzimit të Lee, Lincoln u vra. Më 26 maj, departamenti i fundit ushtarak i Konfederatës, Departamenti i Trans-Misisipit, u dorëzua efektivisht, por për fundimit të Luftës Civile Amerikane i mungon një datë e qartë përfundimi dhe Appomattox shpesh përmendet simbolikisht. Forcat e vogla tokësore të konfederatës vazhduan të dorëzoheshin pas datës së dorëzimit të 26 majit deri më 23 qershor. Nga fundi i luftës, pjesa më e madhe e infrastrukturës së Jugut u shkatërrua, veçanërisht hekurudhat e tij. Konfederata u shemb, skllavëria u shfuqizua dhe katër milionë zezakë të skllavëruar u liruan. Kombi i shkatërruar nga lufta hyri më pas në epokën e Rindërtimit në një përpjekje për të rindërtuar vendin, për të rikthyer ish-shtetet e Konfederatës në Shtetet e Bashkuara dhe për t'u dhënë të drejta civile skllevërve të liruar. Lufta Civile është një nga episodet më të studiuara dhe më të shkruara në historinë e SHBA-së. Lufta Civile Amerikane, ishte ndër luftërat e para, që përdori luftën industriale. Hekurudhat, telegrafi, anijet me avull, luftanija me hekur dhe armët e prodhuara në masë, u përdorën të gjitha gjatë luftës. Në total, **lufta la midis 620.000 dhe 750.000 ushtarë të vdekur,** së bashku me një numër të papërcaktuar viktimash civile, duke e bërë Luftën Civile kon-

duke qëndruar kryesisht krenar në anën e Konfederatës, pasi shumica e serbëve, që jetonin në Amerikë ishin në Luiziana dhe Mississippi.

Asokohe disa njësi ushtarake të Konfederatës, u formuan nga patriotët serbo-amerikanë në shtetin e Luizianës. Të tilla ishin grupimet patriotike ushtarake, si: *Kompania Cognevich* (me emrin Stjepan Konjevic, i cili, emigroi në Luiziana në vitet 1830), me pushkët e para dhe të dyta sllave.

Kontributi i serbëve në SHBA është i madh, gjatë historisë së këtij vendi martirë i mbushur me heronj, të cilët me respekt nderohen dhe përkujtohen ditën e festës kombëtare të 4 korrikut, qysh nga viti historik 1776 dhe në festën *Dita e Veteranëve* (Dita e Heronjve të Atdheut, në kohë të ndryshme).

Të paktën 400 serbë, luftuan heroikisht në këto tre njësi, gjatë Luftës Civile. Disa ushtarë patriotë të tjerë, të njohur serbë në Luftën Civile erdhën nga shtetet Alabama dhe Florida.[21]

Dhe historia e serbo-amerikanëve vijon pandërprerje në SHBA. Kështu, serbët e tjerë u vendosën në shtetet: *Alabama, Illinois, Mississippi dhe California*, ku u bashkuan me *Gold Rush*.

Në kërkim të arit ose ajo që njihet ndryshe në histori si *ethet e arit*, ishte rruga që merrnin emigrantët e ardhur këtu në këkim të metaleve të tjera të çmuara dhe minerale të tokës.

Kërkime të mëdha ari u përhapën dhe morën zhvillim gjatë shekullit XIX në *Australi, Zelandën e Re, Brazil, Kanada, Afrikën e Jugut dhe Shtetet e Bashkuara.*

Shumë emigrantë serbë, erdhën së pari në Shtetet e Bashkuara në fund të viteve 1800 nga rajonet e bregdetit Adriatik, territoret nën administrimin e Perandorisë Austro-Hungareze si dhe zonat e tjera të gadishullit Ballkanik, nën sundimin e Perandorisë Xhihadiste Islame Otomane (shekulli XV-XX), ku shqiptarët e turqizuar (si anti-shqiptarë), nder shekuj kishin poste kryesore drejtuese në ushtrinë perandorake otomane (*batalionet barbare të jeniçerëve otomanë, u themeluan nga shqiptarët*) dhe qeverinë e saj kolonizuese, *ku dolën 39 kryeministra otomanë me origjinë shqiptare.*

Gjatë kësaj kohe, shumica e emigrantëve serbë në Amerikë, u ven-

---

fliktin ushtarak, më vdekjeprurës në historinë amerikane.

[21] Kapinova, Klajd, "**Naiviteti i shqiptaro-amerikanëve përballë serbo amerikanëve**, Joe Biden, Milosheviç dhe lobi i fuqishëm serb në SHBA", www.shkoder.net, Fjala e Lire, https://drini.us/arkiv/sleepy-joe-biden-miloshevic-dhe-lobi-i-fuqishem-serb-ne-shba/https://fjala.info/2016-2021/joe-biden-dhe-lobi-i-fuqishem-serb-ne-shba/

dosën në qytetet industriale dhe Kaliforni, e cila kishte një klimë të ngjashme me atë të bregdetit dalmat në gadishullin e Ballkanit.

Asokohe burrat emigrantë serbë, shpesh gjenin punë në miniera, dhe shumë familje serbe lëviznin në qytete të ndryshme, në të gjithë vendin.

Minatorët serbë dhe familjet e tyre, gjithashtu u vendosën në një numër të madh **në shtetin e flohtë të Alaskës**, dhe qendra kryesore e tyre u bë qendra e banimit e quajtur *Junau*.

Në vitin 1893, serbët-alaskan ndihmuan në ndërtimin e kishës ortodokse në *Junau*, së bashku me njerëzit e lindur ortodoksë në Tlingit.

Në periudhën e Luftës së Parë Botërore në SHBA, kolonitë emigrante serbe, kishin krijuar dy shoqëri të mëdha serbe në Junau, për ruajtjen e zakoneve dhe trashëgimisë serbe në Alaska.

Në vitin 1943, shumë minatorë serbo amerikanë u vranë në katastrofën e minierës Smith (Smith Mine) në Montana.

Takimi i parë i NACA në vitin 1915

Numri i serbëve, që kanë emigruar në Shtetet e Bashkuara është e vështirë të përcaktohet, pasi emigrantët serbë shpesh klasifikoheshin ndryshe nga vendi i origjinës si: turq, kroatë, sllovenë, malazezë, dalmatë, boshnjakë, hercegovinas dhe austro hungarezë. **Në regjistrimin e popullsisë në vitin 1910, kishte 16.676 serbë nga Austro-Hungaria, 4.321 nga Serbia dhe 3.724 nga Mali i Zi.**

Serbo-amerikanët vullnetarë në Luftën e Parë Ballkanike

Serbët, *janë patriotë aponacionalistë dhe e duan shumë vendin e tyre të origjinës. Ata kanë mundur të mbijetojnë nga nata e gjatë pushtimit shumë shekullor të Perandorisë Kalifatiste Islame Otomane, e cila nuk mundi ti asimiloj e për më tepër t'i konvertoj në otomanë dhe besimin e saj islam.*

Po shqiptarët në raport me serbët si paraqiteshin? Historia si nënë e pagabueshme flet qartë, se shqiptarët u asimiluam dhe otomanizuan shpejt, kurse serbët e zgjuar mbijetuan dhe qëndruan stoik kombëtarisht dhe fetarisht si të krishterë ortodoks, duke ruajtur me krenari gjakun, traditat dhe nderin e para-ardhësve të tyre sllav.

Duke qendruar në këtë temë, theksoj se *gjatë Luftës së Parë Botërore, rreth 15.000 vullnetarë serbo-amerikanë u kthyen në Ballkan, për të luftuar për çështjen e përbashkët në atdheun e tyre.*

Lexoni me kujdes, sa të zgjuar dhe larg-pamës ishin serbët

Kështu, serbët në Amerikë, të cilët nuk ishin vullnetarë për të luftuar, marshuan për krijimin e Jugosllavisë, duke dërguar shumë ndihma në Ballkan, përmes organizatës shtetërore të Kryqit të Kuq Amerikan. *Ata menjëherë formuan një Komitet të Ndihmës serbe dhe u kërkuan amerikanëve të shquar të mbështesin çështjen serbe.*

Dhe shembujt flasin vetë. Ata kishin arritur me zgjuarësi dhe larg-pamësi të depërtonin për mbështetje diplomatike deri në administratën e Shtëpisë së Bardhë, duke ruajtur marrëdhëniet shumë të mira asokohe me Presidentin e Zyrës Ovale në Washington D.C.

Kështu *shkencëtari i shquar serbo amerikan* **Mihajlo Pupin,** *një mik i Presidentit amerikan demokrat* **Woodrow Wilson (1856-1924)***, drejtoi Mbrojtjen Kombëtare Serbe* (SND), *një* organizatë serbo-amerikane, e cila mblodhi burime financiare dhe *u përpoq të ndikonte në opinionin publik amerikan, në lidhje me çështjet e politikave të mprehta të Ballkanit.*

Humanistja brilante **shën Nënë Tereza (1910-1997)***, është e vetmja shqiptare e famshme botërisht e cila në SHBA, që gëzonte respektin e Shtëpisë së Bardhë dhe në vçanti të Presidentit republikan* **Roland Reagan(1911-2004)***,i cili, i dha* **"Medaljen e Lirisë",** *si tiutulli më i lartë i nderit për shtetin amerikan, që e jep Presidenca.* [22][23]

---

[22] Roland Reagan Presidencial Library & Museum.

[23]**Remarks on Presenting the Presidential Medal of Freedom to Mother Teresa (June 20, 1985)***The President.* This great house receives many great visitors, but none more special or more revered than our beloved guest today. A month ago, we awarded the Medal of Freedom to 13 heroes who have done their country proud. Only one of the recipients could not attend because she had work to do — not special work, not unusual work for her, but everyday work which is both special and urgent in its own right. Mother Teresa was busy, as usual, saving the world. And I mean that quite literally. And so we rather appreciated her priorities, and we're very happy, indeed, that she could come to America this week.Now, a moment ago, I said we'd awarded the Medal of Freedom to heroes who've done our country proud. And I believe Mother Teresa might point out here that she is most certainly not an American but a daughter of Yugoslavia, and she has not spent her adult life in this country but in India. However, it simply occurred to us when we wanted to honor her that the goodness in some hearts transcends all borders and all narrow nationalistic considerations.Some people, some

very few people are, in the truest sense, citizens of the world; Mother Teresa is. And we love her so much we asked her to accept our tribute, and she graciously accepted. And I will now read the citation.Most of us talk about kindness and compassion, but Mother Teresa, the saint of the gutters, lives it. As a teenager, she went to India to teach young girls. In time, Mother Teresa began to work among the poor and the dying of Calcutta. Her order of the Missionaries of Charity has spread throughout the world, serving the poorest of the poor.Mother Teresa is a heroine of our times. And to the many honors she has received, including the Nobel Peace Prize, we add, with deep affection and endless respect, the Presidential Medal of Freedom.[At this point, the President presented the award to Mother Teresa.]May I say that this is the first time I've given the Medal of Freedom with the intuition that the recipient might take it home, melt it down and turn it into something that can be sold to help the poor. [Laughter]And I want to thank you for something, Mother Teresa. Your great work and your life have inspired so many Americans to become personally involved, themselves, in helping the poor. So many men and women in every area of life, in government and the private sector, have been led by the light of your love, and they have given greatly of themselves. And we thank you for your radiant example.*Mother Teresa.* I am most unworthy of this generous gift of our President, Mr. Reagan, and his wife and you people of United States. But I accept it for the greater glory of God and in the name of the millions of poor people that this gift, in spirit and in love, will penetrate the hearts of the people. For in giving it to me, you are giving it to them, to my hands, with your great love and concern.I've never realized that you loved the people so tenderly. I had the experience, I was last time here, a sister from Ethiopia found me and said, `"Our people are dying. Our children are dying. Mother, do something.'" And the only person that came in my mind while she was talking, it was the President. And immediately I wrote to him, and I said, `"I don't know, but this is what happened to me.'" And next day it was that immediately he arranged to bring food to our people. And I can tell you the gift that has come from your people, from your country, has brought life — new life — to our suffering people in Ethiopia.I also want to thank the families here in United States for their continual and delicate love that they have given, and they have shown, by leaving their children to become sisters and to serve the poor throughout the world. We are now over the world and trying to bring the tenderness and the love of Jesus.And you, you cannot go where we go. You cannot do what we do. But together, we are doing something beautiful for God. And my gratitude to you, President, and your family and to your people. It's my prayer for you that you may grow in holiness to this tender love for the poorest of the poor. But this love begins at home, in your own family, and it be-

Ajo si motër katolike dhe e dedikuar fesë, asokohe kur në Shqipëri në vitet 1944-1990 ishte vendosur dhuna apo junta e hekurt e diktaturës komuniste-ateiste, nuk bëri asgjë patriotike konkrete (në aspektin patriotik), për origjinën e saj shqiptare dhe të familjes, ndonëse ajo u lut vazhdimisht shpirtërisht (nuk mjaftojnë vetëm luftjet para Zotit), që shqiptarët e mjerë nën regjimin totalitar, të shpëtonin nga kthetrat e komunizmi të zi fashisto-ateist.

Nga ana e tjetër popët ortodoksë, duke filluar nga Patriarkana dhe deri tek meshtari i thjeshtë serbë në SHBA dhe vendorigjinën e tyre, gjithnjë kanë pasur në zemër popullin e tyre dhe ndihmuar non stop me patriotizëm, në kohë dhe rrethana të ndryshme Atdheun e tyre të vendlindjes, Serbinë.

Impenjimi serioz në mbojtje të çështjes serbe në Ballkan e kudo, vijon pandreprerje dhe me enërgji të reja edhe në periudhën e dy luftrave barbare botërore.

Serbët këtu, *gjithnjë ishin aktivë në planin diplomatik, për të ndihmuar si patriotë maksimalisht popullin në vendlindjen apo vend-origjinën e tyre në Ballkan.*

Gjatë Luftës së Parë Botërore, Konsullata në New York,vazhdimisht shërbeu si një qendër e diplomacisë serbo-amerikanëve dhe rizgjoi hovin e vullnetarizmit patriotik të tyre, në frontin e përbashkët atdhetar serb.

Në periudhën e viteve 1912–1918, *mijëra vullnetarë serbo-amerikanë erdhën nga shteti i Alaskës dhe Kalifornisë dhe shkuan në ndihmë të vendlindjes apo*

---

gins by praying together. Prayer gives a clean heart, and a clean heart can see God. And if you see God in each other, you will have love, peace, joy together. And works of love are works of peace. And love begins at home.So, my sisters, brothers, and fathers, you are going — and all our poor people, thousands and thousands and thouands of people that we deal with, I bring their gratitude to you. And keep the joy of loving. Love them, and begin in your own family first. And that love will penetrate right through the furthest place where no one has ever been — there is that tenderness and love of Christ.And remember that whatever you do to the least, you do it to Him, Jesus said. You did it to me. What a wonderful opportunity for each one of us to be 24 hours with Jesus. And in doing what we are doing, as he said, if you receive a little child in my name, you receive me. If you give a glass of water in my name, you give it to me. What a wonderful and beautiful tenderness and love of Christ for each one of us.So, once more, I want to thank you for this beautiful gift, which I am sure it will bring great joy to our people by sharing it with them.God bless you and keep you in his heart.*Note: The President spoke at 3:01 p.m. in the Rose Garden at the White House.*Date06/20/198

vendorigjinës në Serbi.

Pas Luftës së Dytë Botërore, për arsye ekonomike,shumë serbë emi-
gruan në Shtetet e Bashkuara nga Jugosllavia, pasi vendi ishte i shkatërruar
nga lufta dhe fatkeqsisht menjëherë ra nën sundimin autoritar të liderit
komunist **Josip Broz Tito (1892-1980)**.

Qysh asokohe shumë organizata kulturore dhe fetare amerikano-
serbe, janë formuar në SHBA. Nga ana e tjetër, asokohe një numër i madh
i inxhinierëve amerikano-serbë, kanë punuar në programin e famshëm,
me emrin **Apollo,**nëAdministratën Kombëtare Aeronautikës dhe
Hapësirës (**NASA**).[24]

---

[24]**Administrata Kombëtare e Aeronautikës dhe Hapësirës (NASA)**, është
një agjenci e pavarur e qeverisë federale të SHBA-së, përgjegjëse për pro-
gramin civil të hapësirës, kërkimin aeronautik dhe kërkimin hapësinor.
NASA u krijua në vitin 1958, duke pasuar Komitetin Këshillues Kombëtar
për Aeronautikën (NACA), për t'i dhënë përpjekjeve të SHBA-së për zhvi-
llimin e hapësirës një orientim dukshëm civil, duke theksuar aplikimet paqë-
sore në shkencën e hapësirës. Që atëherë, ajo ka udhëhequr shumicën e
eksplorimeve amerikane të hapësirës, duke përfshirë **Projektin Mercury,
Projektin Gemini, misionet e uljes në Hënë Apollo 1968-1972, stacionin
hapësinor Skylab dhe Space Shuttle.** NASA *mbështet Stacionin Ndërkombëtar
Hapësinor dhe mbikëqyr zhvillimin e anijes kozmike Orion dhe Sistemit të Nisjes
Hapësinore për programin hënor Artemis me ekuipazh, anijen kozmike Commercial
Crew dhe stacionin hapësinor të planifikuar Lunar Gateway.* Agjencia, është
gjithashtu përgjegjëse për Programin e Shërbimeve Launch, i cili siguron
mbikëqyrjen e operacioneve të nisjes dhe menaxhimin e numërimit mbrapsht
për lëshimet e NASA-s pa ekuipazh. **Shkenca e NASA-s**, është e fokusuar
në të kuptuarit më të mirë të Tokës përmes Sistemit të Vëzhgimit të Tokës;
avancimi i heliofizikës, nëpërmjet përpjekjeve të Programit të Kërkimit të
Heliofizikës të Drejtorisë së Misionit të Shkencës; eksplorimi i trupave në të
gjithë *Sistemin Diellor* me anije kozmike të avancuara robotike si **New Hori-
zons** dhe planetar. rovers si Këmbëngulja; dhe hulumtimi i temave të as-
trofizikës, si **Big Bang**, përmes teleskopit hapësinor James Webb, dhe
Observatorëve të Madh dhe programeve të lidhura me to. **Administrata e
agjencisë është e vendosur në selinë e NASA-s në Uashington, DC** dhe
ofron udhëzime dhe drejtime të përgjithshme. Me përjashtim të rrethanave
të jashtëzakonshme, **punonjësve të shërbimit civil të NASA-s, kërkohet të
jenë shtetas amerikanë**. Administratori i NASA-s emërohet nga Presidenti
i Shteteve të Bashkuara me miratimin e Senatit të SHBA-së, dhe shërben për
kënaqësinë e Presidentit si këshilltar i lartë i shkencës hapësinore.

Me rënien apo tjetërsimin e komunizmit dhe shpërbërjen e Jugosllavisë në vitin 1990, serbët në Amerikë, kanë krijuar disa grupe të reja interesi, ku më e organizuara është *Kongresi i Unitetit Serb* (**SUC**).

Kërkuesi legjendar i arit Black Mike Vojnić

Aventura e dashur dhe e rrezikshme e etheve të arit i *preku edhe emigrantët e hershëm serb,*brenda territorit të madh amerikan. Ata ndoqën shembullin e komuniteteve të tjera europiane, të cilat shumë mirë janë përjetuar në filmat me tematikë **Western,** të realizuar nga Hollywood-i, të cilat edhe sot shfaqen me nostalgji në disa kanale televizive klasike amerikane dhe serbe.

Serbët dhe malazezët, kanë jetuar pranë njeri-tjetrit në Alaska, në vendbanimet e hershme klasike amerikane të shekullin XIX.

Shumë serbë erdhën në fund të viteve 1890, për të kërkuar pasuri, ashtu sikurse kishin bërë të tjerët në shtetin e madh konglomerat (përzier) të Kalifornisë.

Qendrat e mëdha kryesore të vendbanimit serb dhe malazeze ishin: **Junau, Douglas, Fairbanks dhe Sitka.** Shumë serbë u vendosën në Yukon kanadez edhe gjatë kërkimit të arit, sikurse ishte edhe kërkuesi legjendar **Black Mike Vojnić.**[25]

---

[25]**Michael "Black Mike" Winage (1870-1977)** ishte një minator serbo-kanadez, pionier dhe aventurier, që u vendos në Yukon në fund të *Klondike Gold Rush* dhe që dyshohet se jetoi 107 vjeç. I lindur në Principatën e Serbisë në 1870 si Mihajlo Vojnić (Serbisht cirilik: МихајлоВојнић), Winage thuhet se u largua nga shtëpia në moshën 12-vjeçare, në 1882, për në Kanada. Ai pretendonte se kishte qenë udhërrëfyes dhe se kishte udhëtuar deri në *Aklavik*, si dhe një polic me Policinë Mbretërore Kanadeze. Në kohën kur ai mbërriti në Yukon më 5 mars 1900 me qentë dhe kuajt e tij, ari ishte zbuluar diku tjetër në Kanada dhe Alaskë, duke shkaktuar një rrëmujë të re, këtë herë larg Klondike. Edhe pse Klondike Gold Rush pothuajse kishte mbaruar, Winage filloi kërkimet gjithsesi. Në Yukon Winage fillimisht njihej si "**Big Mike**", për shkak të madhësisë së tij të madhe. Pasi u bë druvar u bë i njohur si "**Majk tallash**". Pasi ndihmoi në shkarkimin e 400 tonëve qymyr në 1918, ai më në fund u bë i njohur si "**Black Mike**", një pseudonim që i qëndroi atij për pjesën tjetër të jetës së tij. Në vitin 1961, kur Auditorium, një teatër lokal në Dawson City, po shkatërrohej, Winage pa një mundësi për të fituar para, duke kërkuar pluhurin e arit që kishte rënë nga kërkuesit dhe përmes dërrasave të dyshemesë në tokë poshtë. Ndërsa muret dhe pajisjet e fundit në au-

Në vitin 1893, minatorët serbë në Alaska,**ndërtuan kishën ortodokse në Junau**, së bashku me njerëzit e lindur ortodoksë Tlingit. Kjo u bë vatra e ngrohtë atdhetare dhe fetare e qendrave të reja të porsaardhur të emigrantëve me nacionalitet serb në SHBA.

Ata sot janë krenarë, për historinë e lavdishme të të pora-ardhësve të tyre bashkatdhetarë ndër dekada, në 50 shtete të SHBA-së.

Qysh nga periudha e Luftës së Parë Botërore, ishin krijuar dy shoqëri të mëdha serbe në Junau dhe në Douglas (**Kisha Shën Sava**), për ruajtjen e kulturës, gjuhës, zakoneve dhe trashëgimisë së pasur serbe në Alaska.

Në vitin 1905, u themelua apo filloi të botohet një gazetë e quajtur **Mali i Zi Serbia** në Douglas. Kisha e Shën Sava (e shkruar edhe "Savva"), ishte një kishë e Misionit Rus, që ishte vendosur në Douglas, të shtetit shumë të ftohtë në Alaska.

---

ditor po shembeshin dhe hiqeshin, banori për një kohë të gjatë *Black Mike Winage* mund të shihej duke u përpunuar përreth vendit. Një mbrëmje, kur mbetën vetëm muret e pasme dhe lindore, dyshemeja e grisur duke ekspozuar tokën poshtë, ai foli me disa punëtorë të rinj, duke pyetur nëse kishte një apo dy bar. Paratë e tij ishin në dy, një bast i vjetër pa asnjë mënyrë për të fituar deri në mbrëmjen e asaj vere, kur, siç u tha burrave, ata mund të ndihmonin t'i vërtetonin të drejtën duke pastruar pluhurin dhe mbeturinat e tjera të rënë nëpër dërrasat e dyshemesë. Të inkurajuar nga Black Make, burrat morën një karrige lëkundëse, një vaskë prej kallaji, lopata dhe një zorrë uji të gjatë. Duke punuar gjithën ditën, ata u kthyen më vonë për të zbuluar (operacionin e tyre të paligjshëm) minierat e fshehura pjesërisht nga muret e mbetura. Zorra ishte e lidhur me një rubinet uji të vendosur në anën e Dawson City Water & Power Company Limited, menaxheri i së cilës, M. Emma A. Seeley, u sigurua që çdo pikë uji e përdorur të llogaritej. Të paralajmëruar siç duhet, minatorët e mundshëm ishin të shqetësuar kur dikush ecte në rrugë. Dy shufra u gjetën në zonat e theksuara nga Black Mike, një i gjatë dhe një i shkurtër, konturet e tyre të vizatuara me ar. Ndërkohë që Black Make u dëshpërua në fitimin e bastit prej kohësh, minatorët e suksesshëm hodhën lopatat dhe lanë papastërtitë dhe panë se si copa dhe pluhur ari grumbulloheshin në një tigan të huazuar. Në vitin 1968, në moshën 98-vjeçare, Winage u përfshi në një artikull të **National Geographic mbi 'Veriu Kanadez'**, i cili raportoi se ai ishte ende duke kërkuar ar në kodra. Duke pretenduar se kishte mbijetuar tre gra dhe të gjithë miqtë e tij, ai i kaloi **20 vitet e fundit të jetës së tij në MacDonald Lodge, një shtëpi për të moshuarit**, në Dawson City, Territory Yukon. **Ai vdiq një ditë pas ditëlindjes së tij të 107-të.**

Më 23 korrik 1903, Fr. Sebastiani, së bashku me Hieromonk Anthony (Deshkevich Koribut) dhe priftin Aleksandar Yaroshevich, shenjtëruan kishën e Shën Sava në Douglas.

Serbët, gjithashtu përbënin një numër të madh të minatorëve, në minierën e arit Treadwell deri në shembjen e saj në vitin 1917 dhe mbylljen e mëvonshme 5 vjet më vonë, në vitin 1922.

Në vitin 1907, gjatë konflikteve të sindikatës, që përfshin Federatën Perëndimore të Minatorëve, dy minatorë serb u vranë, në një bosht nën-tokësor, ku njëri ishte anëtar i sindikatës dhe tjetri jo.

Proçesioni i varrimit, sipas zakonit të riteve fetare ortodokse, për njeriun pa union (sindikatë), u shoqërua me një marshim nga Salla Sllavonike Serbe, ku bashkëatdhetarët e tij e futën të ndjerin (pa union), në grupin e sindikatës serbe.

Sërbët e bashkimit kërkuan njëzëri,që i ndjeri pa union (sindikat) të mos varrosej në të njëjtin varrezë. Rreth dyqind serbë të të dy palëve mbushën rrugët. Marshalli dhe qytetarët e SHBA-së, duhej të qetësonin grupin në mënyrë, që proçesi i varrimit të vazhdonte.

Në vitin 1910, pati një shpërthim masiv, në nivelin 1100 këmbë të minierës meksikane, në zonën Treadwell. Këtu 39 burra u vranë, ku, 17 prej tyre ishin serbë.

Sipas burimeve historike, del se gjatë **Luftës së Parë Botërore (1914-1918)**, shumë serbo-amerikanë dolën vullnetarë, për të luftuar jashtë shtetit.

Në vitet 1930-1940 Fairbanks, emigrantët jugosllavë, kryesisht serbë dhe malazezë, zotëronin një numër të madh biznesesh dhe bare (klube nate) në qytet.

Në mes të luftërave botërore, shumë burra serbë të Alaskas u kthyen në Jugosllavi, për të gjetur nuse dhe u rikthyen përsëri në Alaska, për të filluar jetën e familjeve të reja...

Sot, ekziston një komunitet i gjallë e i organizuar serb, veçanërisht në Junau. Në ditët tona, komuniteti serbë, gjenden në 50 shtete të SHBA-së. Kohët e fundit, është bërë e zakonshme, që punëtorët serbë nga vendlindja të vijnë në Alaska çdo vit, për të punuar (*sezonalë*), për disa muaj në fabrikat e konservave të peshkut, ku, atyre u sigurohet ushqimi dhe sistemimi. *Këta punëtorë, qëndrojnë me viza pune të përkohshme dhe flasin shumë mirëanglisht.*

Medalje dhe tituj të ndryshme vlerësimi nga qeveria amerikane, për serbo-amerikanët

Serbo-amerikanët e shquar si fitues të *"Medaljes së Nderit"*, janë veteranët e Luftës së Parë Botërore: *Jake Allex dhe James I. Mestrovitch.*

Në vitin 1905, *Rade Grbitch*, një serb nga Chicago e Jugut, iu dha **Medalja e Nderit nga Marina e Shteteve të Bashkuara**, me motivacionin: *"Për veprimtari heroike në Bregun e Paqësorit"* (Interim Awards, 1901-1911).

Veteranët më të dekoruar serbë të **Luftës së Dytë Botërore (1939-1945)**, ishin:*Mitchell Paige dhe John W. Minick*, të dy të vlerësuar me *"Medalja e Nderit"*.

George (Guv) S. Musulin(1914-1987), ishte një oficer i Zyrës së Shërbimeve Strategjike dhe Inteligjencës Detare, i cili, ishte dalluar asokohe për suksesin në *Operacionin Halyard*. Ai **si oficer i ushtrisë amerikane**, në vitin 1950, **u bë një operativ i CIA-s**.[26]

---

[26]George Musulin, lindi në një familje serbe në New York City dhe u rrit në Johnstown, Pennsylvania. Ai u diplomua në Universitetin e Pitsburgut, ku luajti me ekipin e futbollit të universitetit, gjatë kampionatit kombëtar të vitit 1937. Pas kolegjit, ai luajti futboll profesionist amerikan në Pittsburgh, St. Louis dhe Chicago. Ai u bë kapiten në OSS, gjatë Luftës së Dytë Botërore. Në mesin e tetorit 1943, Musulin, si pjesë e një misioni ushtarak amerikan, u hodh me parashutë në Jugosllavi, në shtabin e gjeneralit Draža Mihailović. Në janar 1944, Musulin ishte delegat në Kongresin e Ba-së të organizuar nga Draža Mihailović. Më 29 maj 1944, i ndihmuar nga çetnikët, u evakuua së bashku me misionin britanik dhe amerikan dhe 40 avionë të shpëtuar të aleatëve në Bari, duke e lënë gjeneralin Mihailoviç pa mbështetje. Në Bari, Musulin propozoi një tjetër shpëtim të avionëve amerikanë të rrëzuar mbi Jugosllavi. Ai përsëri u hodh me parashutë në territorin çetnik, afër fshatit Pranjani, ku ndodheshin disa qindra avionë amerikanë të shpëtuar nga forcat çetnike dhe të fshehur nga gjermanët. Musulin komandoi me sukses operacionin Halyard, shpëtimin nga ajri të rreth 447 avionëve amerikanë nga Jugosllavia e pushtuar nga nazistët, nga 10 deri më 29 gusht 1944. Edhe pse ky operacion ishte i suksesshëm, për shkak të bashkëpunimit të gjeneralit Mihailović, Musulin ishte urdhëruar të mos jepte premtimet politike të çetnikëve, një urdhër që ai e shkeli kur lejoi anëtarët e misionit politik të gjeneralit Mihailoviq të hipnin në avion. Në këtë kohë, britanikët ishin autoriteti kryesor i Aleatëve në Mesdhe, dhe Ekzekutivi i tyre i Operacioneve Speciale (SOE) u ankua te eprorët e Musulin në OSS, të cilët vendosën ta përjashtonin

Në Vietnam, serbi veteran **Lance Sijan** mori vlerësimin: *"Medalja e Nderit"*.[27] Treshja ushtarake serbo-amerikane: **Butch Verich,**[28] **Mele "Mel" Vojvodich(1929-2003)**[29] **dhe Milo Radulovich,**[30] janë veteranë të tjerë të

---

atë nga shërbimi. Në fund të vitit 1944, Musulin u transferua në Lindjen e Largët si pjesë e shërbimit inteligjent detar, ku qëndroi deri në fund të luftës.

[27]**Lance Peter Sijan** (*Lazar Šijan* (ЛазарШијан)**1942-1968),** ishte një oficer i Forcave Ajrore të Shteteve të Bashkuara dhe pilot luftarak. Ai lindi në Milwaukee, Wisconsin. Babai i tij, i cili kishte një restorant, ishte një serb etnik, prindërit e tij emigruan nga Serbia, gjatë Luftës së Parë Botërore, kurse nëna e tij ishte një irlandeze-amerikane. Ai ndoqi Shkollën Përgatitore të Akademisë Detare, në Qendrën e Trajnimit Detar të Shteteve të Bashkuara Bainbridge, Maryland. **Ai luajti në ekipin e futbollit të akademisë për tre vjet,** por u largua nga ekipi në vitin e tij të fundit, për t'u përqëndruar në studimet e tij. Duke u diplomuar me një diplomë Bachelor të Shkencave në Shkenca Humane në 1965, atij iu dha një komision i nëntogerit të dytë dhe filloi Trajnimin universitar të pilotëve. Pas përfundimit të tij, ai u caktua në skuadrën e 480-të luftarake taktike, krahu i 366-të luftarak, i vendosur në bazën ajrore Da Nang, Vietnami i Jugut. Ai fluturoi si pilot dhe oficer sistemesh në një F-4 Phantom. Ai **u kap nga vietnamezët e veriut, në ditën e Krishtlindjes, 1967** dhe u burgos në një kamp të NVA. Menjëherë pas kësaj, ai arriti të asgjësoi një roje dhe të arratisej në xhungël, por u kap përsëri disa orë më vonë…. Togeri i parë Sijan u gradua pas vdekjes në kapiten më 13 qershor 1968. Eshtrat e tij u riatdhesuan më 13 mars 1974 dhe **u varros me nderime ushtarake në varrezat e Arlington Park në Milwaukee.** *Ish shoku i tij i qelisë, koloneli Craner, e rekomandoi atë për Medaljen e Nderit, me dëshminë mbështetëse të dhënë nga shoku tjetër i tij i qelisë, Kapiten Gruters.***Sijan mori Medaljen e Nderit pas vdekjes në 1976, me prindërit e tij (Sylvester dhe Jane Sijan), që e morën atë në emër të tij më 4 mars 1976, nga Presidenti Gerald R. Ford.**

[28]**Demetrio A. (Butch) Verich (1932-2017),** ishte një pilot luftarak amerikan shumë i dekoruar në luftën ajrore në Vietnam. Ai u lind në Laona, Wisconsin dhe ishte me prejardhje serbo-malazeze. Në vitin 1967, nënkomandanti Butch Verich, së bashku me dy të tjerë VF-162 F-8 sulmuan vendet e armikut përpara një A-4 grevë. Kryqzori i Verich-ut u godit nga një SAM dhe ai u godit me grusht mbi territorin armiqësor të Vietnamit të Veriut. Ai zbarkoi pranë rrënojave të luftëtarit të tij të djegur dhe duke iu shmangur trupave armike për 15 orë, duke pritur shpëtimin dhe duke shmangur kapjen. **Butch, ishte një avokat në pension** dhe **Prokuror i Qarkut Forest County,** i cili banoi në Laona, Wisconsin, pjesën më të madhe të jetës së tij.

[29]Mele Vojvodich Jr. (1929-2003) ishte një aviator amerikan dhe gjeneral-

major në Forcat Ajrore të SHBA-së. Ai ishte një nga pesë pilotët fillestarë, që fluturuan në misione zbulimi në aeroplanin e vëzhgimit Lockheed A-12 mbi Vietnamin e Veriut për CIA-n. Mele Vojvodich Jr. lindi në Steubenville, Ohio, nga Mele Vojvodiç i cili ishte serb. Ai u diplomua në shkollën e mesme Wintersville në Wintersville, Ohio. Në qershor 1947, ai iu bashkua Forcave Ajrore të SHBA. Ai u bë pilot në vitin 1950, në bazën e Forcave Ajrore Nellis në Nevada. Ai do të shihte veprime në Luftën Koreane, duke fluturuar Lockheed F-80C Shooting Star dhe F-86 të Amerikës së Veriut. Piloti amerikano-serb fluturoi me një mision zbulimi 300 milje në Kinën komuniste, për të zbuluar praninë e bombarduesve të prodhimit sovjetik.Ai përfundoi gjithsej 125 misione luftarake. Pas kthimit nga Koreja, ai shërbeu si pilot i Republikës F-84 dhe komandant avioni në fillim të viteve 1950 në bazën e Forcave Ajrore Turner në Gjeorgji. Ai përfundoi Shkollën e Oficerëve të Skuadronit në bazën e Forcave Ajrore Maxwell në Alabama. Ai doli vullnetar dhe u zgjodh për të fluturuar me Lockheed A-12 për CIA-n. Ai u transferua nga USAF në CIA, për të fluturuar si punonjës i shërbimit qeveritar. Në vitin 1971 ai përfundoi studimet në Kolegjin Kombëtar të Luftës në Fort Lesley J. McNair në Uashington DC. Vojvodich u gradua gjeneral-major më 1 maj 1980. Ai grumbulloi 6000 orë fluturimi në karrierën e tij dhe doli në pension në mars 1983. Mele Vojvodich Jr. vdiq në Schertz, Teksas në shtëpinë e tij më 3 nëntor 2003.

[30]**Milo John Radulovich (1926-2007)**, u lind në Detroit, Michigan, dhe ishte me prejardhje etnike serbe nga Jugosllavia. Ai **ishte një toger rezervë i Forcave Ajrore Amerikane**, i cili u akuzua si një rrezik sigurie, për mbajtjen e një *"marrëdhënieje të ngushtë dhe të vazhdueshme"* me babanë dhe motrën e tij, në shkelje të Rregullorja 35-62 e Forcave Ajrore, **pasi anëtarët e familjes së tij u akuzuan për simpatitë komuniste**. Rasti i tij u publikua në nivel kombëtar nga Edward Murrow më 20 tetor 1953, në programin e Murrow. *Toger Radulovich, iu kërkua të jepte dorëheqjen në gusht. Ai nuk pranoi.*U thirr një bord dhe e dëgjoi rastin e tij. Në vitin 1953, Radulovich, një toger në Rezervën e Forcave Ajrore në Dexter, Michigan, u shkarkua sepse babai dhe motra e tij u akuzuan si komunistë ose simpatizues komunistë. Besohet se baza e këtij përcaktimi ishte se babai i tij, një emigrant jugosllav, i mbajti në vëmendje ngjarjet në atdheun e tij duke u abonuar në një numër gazetash serbe. Një nga këto dokumente lidhej me Kongresin Sllav Amerikan, i cili ishte etiketuar si komunist nga qeveria amerikane. Motra e tij, Margaret Radulovich, ishte një mbështetëse e kauzave liberale, por ajo pohoi se ishte apolitike. Shoku i tij Lockwood gjithashtu u shfaq, dhe deklaroi në televizionin kombëtar *"Në 32 vitet e mia të praktikës ... Unë kurrë nuk kam parë një farsë dhe mashtrim të tillë mbi drejtësinë si kjo gjë është zhvilluar."* Radulovich u rivendos një muaj pas transmetimit. Ai u transferua në Kaliforni, ku, megjithë riven-

shquar. Gjithashtu edhe **George Fisher**, ishte një njeri i shquar i shekullit XIX.

Njerëzit e shquar nga komuniteti serbo-amerikanë

Lista e njerëzve të shquar të komunitetit serbo-amerikanë, është e gjatë dhe përfshin fushat e ndryshme të jetës në SHBA.

Rose Ann Vuich (1927-2001), ishte një grua serbo-amerikane e gjeneratës së dytë, që shërbeu si anëtare e Senatit të shtetit të Kalifornisë në vitet 1976-1992.

Në moshën 50-vjeçare, ajo u bë anëtarja e parë demokrate femër e Senatit e shtetit. Vuich lindi në Cutler, Kaliforni, më 27 janar 1927 dhe është me origjinë nga Serbia, ku prindërit e saj emigrantë u vendosën në Cutler, për të kultivuar agrume, ullinj, pemë frutore dhe një lloj pjeshke të bardhë, që ata e qyajtën **Rose Ann**, për nder të saj. Pasi mbaroi shkollën e mesme Orosi Union, Vuich u zhvendos në qytetin e afërt të fermës **Dinuba**, Kaliforni dhe u bë një llogaritare taksash.

Më vonë ajo u bë anëtare e Bordit të Spitalit të Qarkut Alta dhe *Presidente e Dhomës së Tregtisë në Dinuba*. Si ligjvënëse, Vuich udhëtoi shumë dhe u bë një avokate e fuqishme për bujqësinë e Luginës Qendrore.

Ajo është autore e legjislacionit, që krijoi Agjencinë e Tregtisë në Kaliforni. Ajo njoftoi se nuk do të kërkonte një mandat të pestë në vitin 1991, dhe u tërhoq nga politika në vitin 1992. Në moshën 74-vjeçare, Vuich vdiq në shtëpinë e saj në Dinuba, më 30 gusht 2001.

Vuich, nuk u martua kurrë. Ajo ka lënë pas kushërinjtë e saj. Çmimi i lidershipit etik Rose Anne Vuich, jepet çdo vit nga Instituti Kenneth L. Maddy në Universitetin Shtetëror të Kalifornisë, Fresno, një personi që ka demonstruar *"integritet, forcë të karakterit, sjellje shembullore etike, aftësi për të krijuar konsensus, duke i shërbyer interesit publik dhe vizion për rritjen e komunitetit."* Përfituesit e Çmimit Vuich përfshijnë: **Juan Arambula** (2002) dhe

---

dosjen e tij, ai pati vështirësi për të gjetur punë. Ai u punësua nga një biznes privat i parashikimit të motit, më vonë shkoi të punonte për Shërbimin Kombëtar të Motit dhe ishte shefi meteorolog në Aeroportin e Capital City në Lansing, Michigan, kur doli në pension në 1994. **Michael Ranville**, *shkroi një libër për gjyqin e Radulovich*, **To Strike at a King: The Turning Point in the McCarthy Witch-Hunt.** Transmetimi i CBS dhe sfondi i transmetimit të tij u dramatizuan në filmin e krijuar për TV të vitit 1986, Murrow, dhe në filmin e vitit 2005, **Good Night, and Good Luck**... Ai vdiq në Vallejo, Kaliforni.

Cal Dooley (2004). Ndërkëmbimi i Rrugës Shtetërore 41 dhe Rrugës Shtetërore 180 në Fresno, Kaliforni quhet NdërkalimiRose **Ann Vuich**, dhe në vitin 2006.

Helen Delich Bentley (1923-2016), ishte një politikane amerikane e cila ishte **anëtare republikane e Dhomës së Përfaqësuesve të Shteteve të Bashkuara (Kongresi Amerikan)**, duke përfaqsuar shtetin e **Maryland në vitet 1985-1995.**

Përpara se të hynte në politikë, ajo kishte qenë një **gazetare**. *Bentley lindi në qytetin e minierave të bakrit në Ruth, Nevada.* **Prindërit e saj ishin emigrantë serbë.** Babai i saj ishte një minator.

Kur ishte në shkollë të mesme, ajo pati përvojat e para të gazetarisë dhe politikës, ndërsa punonte në gazetën javore të **Ely, Nevada**, e cila u botua nga ligjvënësi republikan i shtetit *Charles Russell.*

Ajo fitoi bursën për të studiuar gazetari në Universitetin e Misurit, duke u diplomuar në 1944, pasi fitoi një diplomë BA me nderime. Ndërsa ishte në kolegj, ajo punoi në fushatën e Senatit për demokratin James D. Scrugham dhe u emërua sekretare e Senatit të tij.

Pas diplomimit, Bentley punoi për gazetat e qyteteve të vogla në *Fort Wayne, Indiana dhe Lewiston, Idaho,* por ajo donte të raportonte lajme të vështira për një botim më të madh. Bentley u shkroi të gjitha gazetave kryesore të Bregut Lindor dhe përfundimisht, në 1945, **The Baltimore Sun** i ofroi asaj një pozicion raportimi.

Ajo fillimisht raportoi për çështjet e punës dhe sindikatave, por më pas iu ngarkuan lajmet detare dhe ujore. *Bentley u bë një reportere detare* e respektuar gjerësisht, duke u marrë me njerëz nga punëtorët e portit deri te politikanët e shtetit, dhe gjithashtu shkruante për agjencitë portuale dhe kompanitë e transportit detar.

Duke filluar në vitin 1950, Bentley priti një program televiziv lokal në Baltimore në WMAR, Porti që ndërtoi një qytet, duke paraqitur lajme të lidhura me detin dhe transportin.

Më vonë i rititulluar Porti, që ndërtoi një qytet dhe shtet, seria u prodhua nga Bentley deri në vitin 1965 dhe përfshinte telekomandë të asaj kohe romane të drejtpërdrejta nga kuvertat e anijeve në portin e Baltimores, gjatë viteve të hershme të shfaqjes së televizionit.

Gjatë Luftës së Vietnamit, Bentley u bë i vetëdijshëm për mbipopullimin në portin e Saigonit dhe udhëtoi atje për të raportuar mbi problemet e furnizimit të trupave amerikane. Presidenti Johnson u bë i vetëdijshëm për raportin e saj dhe më pas u bënë përmirësime në objektet e portit në

Cam Ranh Bay për të lehtësuar presionin mbi Saigon.

Në vitin 1969, Bentley-t iu ofrua një vend në Komisionin Federal Detar. Megjithatë, ajo nuk pranoi dhe kërkoi postin e karriges. Ajo u emërua dhe kryesoi komisionin nga viti 1969 deri në vitin 1975.

Pozicioni e bëri atë gruan më të lartë në administratën e Presidentit Nixon. Gjatë mandatit të saj, Bentley mbrojti mbështetjen federale për kantieret amerikane të ndërtimit të anijeve.

Bentley sfidoi presidentin aktual demokrat Clarence Long në distriktin e 2-të të kongresit të Maryland-it në vitet 1980-1982. Ajo mundi Long në përpjekjen e saj të tretë në 1984 dhe u zgjodh në Kongresin e 99-të dhe në katër Kongreset pasardhëse, duke shërbyer nga 3 janari 1985 deri në janar të vitit 1995.

Gjatë kohës së saj në detyrë, Bentley ishte një avokate e fortë për politikat tregtare proteksioniste në mbështetje të prodhimit të SHBA dhe flotës së Marinës Tregtare të SHBA.

Ajo gjithashtu prezantoi legjislacionin që mundësoi gërmimin e Gjirit të Chesapeake, duke lejuar anijet më të mëdha të mallrave të hynin në portin e Baltimores. Në vitet 1990, ajo ishte simpatike ndaj serbëve, gjatë luftës civile në Jugosllavi dhe kundërshtoi përfshirjen ushtarake të SHBA-së në atë konflikt.

Bentley nuk ishte një kandidat për t'u rizgjedhur në Kongresin e 104-të në 1994, por ishte një kandidat i pasuksesshëm për t'u emëruar për Guvernator të Maryland.

Në vitin 1995, *Bentley themeloi Helen Bentley & Associates, Inc.*, dhe ofroi shërbime konsulence mbi tregtinë ndërkombëtare, biznesin dhe qeverinë. Ajo ishte gjithashtu një konsulente për Administratën e Portit të Maryland dhe Portin e Baltimores, dhe shërbeu në Bordin e Administratorëve si për Muzeun e Industrisë së Baltimores ashtu edhe për Shkollën e Lartë të Akademisë së Industrive Detare.

Michael Anthony Stepovich (1919-2014), ishte një avokat dhe politikan amerikan, i cili shërbeu si **Guvernatori i fundit jo në detyrë i territorit të Alaskës** në vitet 1957-1958. *Alaska u bë shtet i SHBA-së në vitin 1959.*

Stepovich u lind në Fairbanks, Alaska dhe u rrit në Portland, Oregon. Prindërit e tij kishin emigruar në Shtetet e Bashkuara nga ajo që tani është Mali i Zi dhe Kroacia në fund të shekullit të 19-të. Pas arsimimit dhe shërbimit ushtarak, gjatë Luftës së Dytë Botërore, Stepovich krijoi një praktikë ligjore në Fairbanks dhe filloi karrierën e tij politike, duke fituar tre mandate në legjislaturën territoriale të Alaskës.

Gjatë mandatit të tij si guvernator, ai ishte një avokat kryesor, në përpjekjet për të fituar shtetësinë për Alaskën. Pas pranimit të Alaskës në Union, ai bëri një garë të pasuksesshme për një vend në Senatin e SHBAsë dhe dy përpjekje të pasuksesshme për t'u zgjedhur Guvernator i Alaskës.

Ai ishte i përfshirë në shërbimin publik për dekada, duke filluar nga shërbimi i tij në Luftën e Dytë Botërore deri te karriera e tij politike pas shtetësisë. Ai ishte një pjesë e madhe në përpjekjet për të fituar shtetësinë e Alaskës, duke filluar me emërimin e tij si Guvernator në 1957. Stepovich lindi nga një baba i mirënjohur minator malazez, Michael **"Wise Mike"** Stepovich, dhe nëna kroate, Olga (nga Sutivan, Braç), në Fairbanks, Alaska, më 12 mars 1919.

Familja Stiepovich. është një nga familjet më të vjetra në Risan, sot Mali i Zi. Babai i tij, i quajtur fillimisht Marko, u shpërngul prej andej në SHBA në vitin 1892. Ai u shkollua në shkollat famullitare dhe në Shkollën Përgatitore të Portlandit në Kolumbia, përpara se të regjistrohej në Universitetin e Portlandit në vitin 1937. *Ai u diplomua nga* **Universiteti Gonzaga** *me një Bachelor të Arteve në vitin 1940 dhe nga* **Universiteti iNotre Dame** *me një Bachelor të Drejtësisë në 1943.*

Pas përfundimit diplomën e tij në drejtësi, Stepovich u regjistrua në Marinën e Shteteve të Bashkuara dhe u caktua në zyrën ligjore të Camp Parks. **Ai filloi karrierën e tij politike në vitin 1950, duke kandiduar si republikan**, ai fitoi një vend në Dhomën Territoriale të Përfaqësuesve të Alaskës. Dy vjet më vonë ai avancoi për të marrë një vend në Senatin Territorial të Alaskës. Ai qëndroi në senat për dy mandate, duke u bërë lider i pakicës në vitin 1955. Emërimi i Stepovich si Guvernator i Territorit të Alaskës erdhi si rezultat i një rekomandimi të Sekretarit të Brendshëm të SHBA, Fred Seaton.

Presidenti Dwight Eisenhower emëroi Stepovich për postin më 9 maj 1957 dhe ai mori detyrën më 5 qershor si guvernatori i parë i lindur në vend, jo në detyrë i territorit.

Guvernatori i Territorit më pas dha dorëheqjen më 1 gusht 1958, për të kandiduar për një vend në Senatin e Shteteve të Bashkuara, por nuk pati sukses. Në vitin 1960, Stepovich bëri fushatë kundër një nisme votimi të pasuksesshme për të zhvendosur kryeqytetin e shtetit nga Juneau, Alaska, në Anchorage, Alaska.

Stepovich kandidoi për guvernator të Alaskës në vitin 1962, duke fituar nominimin republikan, *por u mund nga presidenti demokrat William A.*

Egan me një diferencë të ngushtë. Stepovich humbi ndaj Wally Hickel në zgjedhjet paraprake republikane për guvernator në vitin 1966.

Stepovich u martua me Matilda Baricevic në nëntor 1947. Çifti kishte 13 fëmijë. **Vajza e tij Nada u martua me lojtarin e NBA-së John Stockton.***Mbesa e tij është aktorja dhe dramaturgu Nicole Burdette.Stepovich iu dha një doktoraturë nderi nga Universiteti i Alaskës Fairbanks më 10 maj 2009.*

Shumë serbo-amerikanë të shquar, kanë qenë aktivë në artin e filmit dhe artet e tjera këtu. Të tillë ishin: **Slavko Vorkapić, Brad Dexter dhe Peter Bogdanovich**.

Në Hollywood, aktori *Karl Malden fitoi një Oscar* si Aktori më i mirë mbështetës, ndërsa Steve Tesich ishte skenaristi, dramaturgu dhe romancieri fitues i Oscar-it. Ai fitoi çmimin e Akademisë, për skenarin më të mirë origjinal në vitin 1979, për filmin *Breaking Away.*

Në Hollywood Malden fitoi Çmimin Oscar
si aktori më i mirë dytesorë

Karl Malden (1912-2009), ishte aktor amerikan, i cili për më shumë se 60 vjet u dallua për rolet në teatër, film dhe television, veçanërisht në filma të tillë klasikë, si: **A Streetcar Named Desire (1951), për të cilin ai fitoi çmimin Oscar** për aktorin më të mirë dytësor, **On the Waterfront (1954), Pollyanna (1960)** dhe **Jacks me një sy (1961)**, dhe në Hollivud si **Baby Doll (1956), Pema e varur (1959), How the West Was Won (1962), Gypsy (1962)** dhe **Patton (1970)**.

Në vitet 1972-1977, ai portretizoi rolin kryesor të Lt. Mike Stone në dramën e krimit televiziv të kohës kryesore **Rrugët e San Franciskos**. Më vonë ai ishte një **zëdhënës reklamash për American Express**.

Kritiku i filmit dhe kulturës, **Charles Champlin**,[31] e përshkroi

---

[31]**Charles Davenport Champlin (1926-2014),** ishte kritik filmi dhe shkrimtar amerikan. Ai ka lindur në Hammondsport, New York. Ai ndoqi shkollën e mesme në Camden, NY, duke punuar si kolumnist për Camden Advance-Journal dhe redaktor Florence Stone. Familja e tij ka qenë aktive në industrinë e verës në veri të New York-ut që nga viti 1855. Ai shërbeu si ushtar, në repartin e këmbësorisë në Evropë gjatë Luftën e Dytë Botërore dhe iu dha medalja **Zemra e Purpurt** dhe **Yjet e betejës**. Ai u diplomua në Universitetin e Harvardit në vitin 1948 dhe iu bashkua revistës **Life**. Champlin ishte shkrimtar dhe korrespondent i revistës Life and **Time** për 17 vjet, **anëtar i Klubit të Shtypit të Jashtëm**. Ai iu bashkua Los Angeles Times si redaktor

Maldenin si *"një njeri të çdonjërit, por diapazoni i të cilit lëvizte lehtësisht lart e poshtë në nivelet e shoqërisë dhe shkallës së IQ-së, nga heronjtë te njerëzit e rëndë dhe të zakonshëm, njerëz të mirë që përpiqeshin të shkonin mire"*, dhe në kohën e vdekjes së tij, Malden u përshkrua, si: **"Një nga aktorët më të mëdhenj të personazheve të kohës së tij, i cili krijoi një numër shfaqjesh të fuqishme në ekran."** *Aktori Malden, ishte gjithashtu president i Akademisë së Arteve dhe Shkencave të Filmit në vitet 1989-1992.*

Karl Malden, më i madhi nga tre djemtë, lindi Mladen Sekulovich (Serbisht cirilik: МладенСекуловић) në Çikago, Illinois, më 22 mars 1912, që ishte ditëlindja e 20-të e nënës së tij. Ai u rrit në një shtëpi në 457 Connecticut Street në Gary, Indiana.

Babai i tij serb *Petar Sekulović (1886–1975)* punonte në fabrikat e çelikut dhe qumështit, kurse nëna e tij, *Minnie* (mbiemri Sebera) *Sekulovich (1892-1995)*, ishte rrobaqepëse dhe aktore çeke.

Rrënjët e familjes Sekulovich, vijnë në Podosoje afër Bileća, Bosnje dhe Hercegovinë. Malden, fliste vetëm serbisht, derisa ishte në kopsht; ai qëndroi rrjedhshëm në gjuhën serbe deri në vdekjen e tij. *Babai i Malden,* i cili kishte një pasion për muzikën, *organizoi Federatën Serbe të Këndimit,* duke

---

argëtimi dhe kolumnist në vitin 1965, ku ishte kritiku kryesor i filmit amerikan në vitet 1967-1980 dhe shkroi recensione librash dhe një rubrikë të rregullt të titulluar **Kritiku i madh**. *Ai bashkëthemeloi Shoqatën e Kritikëve të Filmit në Los Angeles dhe ka qenë anëtar bordi i Kinematekës Amerikane.* Karriera televizive e Champlin filloi në 1971 kur ai priti **Film Odyssey** në PBS, duke prezantuar filma klasikë dhe duke intervistuar regjisorë kryesorë. Në të njëjtin vit, ai priti një serial muzikor live, Homewood, për KCET, stacionin PBS në Los Angeles. Për gjashtë vjet ai bashkë-organizoi një program për çështjet publike, Citywatchers, në KCET me kolumnistin Art Seidenbaum. Ai ka intervistuar qindra personalitete të filmit, fillimisht në **On the Film Scene** të Z Channel në Los Angeles, më pas me Champlin në Film në Bravo. Champlin dha mësim kritikë filmi në Universitetin Loyola Marymount në vitet 1969-1985, ishte profesor ndihmës i filmit në USC nga 1985 deri në 1996, dhe gjithashtu ka dhënë mësim në UC Irvine dhe në Konservatorin AFI. **Ai ka shkruar** gjithashtu shumë **libra**, duke përfshirë biografitë e tij **Back There Where the Past Was (1989)** dhe A Life in Writing (2006). Në vitin **1980 Champlin ishte në jurinë e konkursit të filmit artistik në Festivalin e Filmit në Kanë** të atij viti, duke shërbyer së bashku me Kirk Douglas, Ken Adam dhe Leslie Caron, kurse në vitin 1992, ai ishte anëtar i jurisë në **Festivalin e 42-të Ndërkombëtar të Filmit në Berlin** dhe shërbeu në bordin këshillues të Institutit Studentor të Filmit në Los Anxhelos etj.

bashkuar grupet korale të emigrantëve në të gjithë Shtetet e Bashkuara.

Si adoleshent, Malden iu bashkua korit Karađorđe në Kishën Ortodokse Serbe të Shën Savës, ku babai i tij prodhonte shfaqje dhe mësoi aktrim. Ai mori pjesë në shumë prej këtyre shfaqjeve, të cilat përfshinin një version të Jack and the Beanstalk, por kryesisht të përqendruar në trashëgiminë serbe të komunitetit.

Ai mori pjesë në departamentin e dramës dhe u zgjodh me ngushtësi kryetar i klasës së lartë. Ndër rolet e tjera, ai luajti **Pooh-Bah** në **The Mikado**. Pasi mbaroi shkollën e mesme Emerson në 1931 me nota të larta, ai planifikoi shkurtimisht të largohej nga Gary për në Arkansas, ku shpresonte të fitonte një bursë atletike, por zyrtarët e kolegjit nuk e pranuan atë, për shkak të refuzimit të tij, për të luajtur ndonjë sport, përveç basketbollit. Në vitet 1931-1934, ai punoi në fabrikat e çelikut, sikurse babai i tij.

Ai e ndryshoi emrin nga Mladen Sekulovich në **Karl Malden** në moshën 22-vjeçare, diçka që regjisori Elia Kazan e nxiti ta bënte. Ai e shqiptoi emrin e tij të parë, duke ndërruar shkronjat **l** dhe **a** dhe e përdori atë si të fundit dhe duke marrë emrin e parë të gjyshit si të tijën.

Kjo ishte për shkak se kompania e parë teatrore në të cilën ai ishte donte që ai të shkurtonte emrin e tij, për skenën e saj. Ai mendoi, se donin ta pushonin dhe po e përdornin emrin e tij si justifikim; ndonëse nuk ishte kështu, ai përsëri ndryshoi emrin e tij, pa u dhënë atyre asnjë justifikim.

Malden, më vonë deklaroi se ishte penduar për ndryshimin e emrit dhe u përpoq të fuste emrin Sekulovich kudo që ishte e mundur në punën e tij. Për shembull, ndërsa gjenerali Omar Bradley në Patton, ndërsa trupat e tij kalojnë rrugën përmes zjarrit të armikut në Siçili, Malden thotë "*Ma jep atë përkrenare, Sekulovich*" një ushtari tjetër etj…

Në shtator 1934, Malden u largua nga Gary, Indiana, për të ndjekur trajnimin formal dramatik në Shkollën Goodman (më vonë pjesë e Universitetit DePaul), e lidhur më pas me Teatrin Goodman në Çikago. Edhe pse kishte punuar në fabrikat e çelikut në Gary për tre vjet, ai kishte ndihmuar të mbante familjen e tij dhe si pasojë nuk ishte në gjendje të kursente para të mjaftueshme për të paguar shkollimin e tij. Duke bërë një marrëveshje me drejtorin e programit, ai i dha institutit ato pak para që kishte, me drejtorin që pranoi që, nëse Malden do të bënte mirë, do të shpërblehej me një bursë të plotë. Ai fitoi bursën.

Kur Malden interpretoi në teatrin e fëmijëve Goodman's, ai joshi aktoren Mona Greenberg (emri i skenës: Mona Graham), e cila u martua me të në vitin 1938. Ai u diplomua në Institutin e Artit të Çikagos në vitin 1937.

Shpejt pas kësaj, pa punë dhe para, Malden u kthye në vendin e tij. vendlindja.

Ai udhëtoi në New York dhe u shfaq për herë të parë si aktor, në Broadway (Manhattan, në vitin 1937. Ai bëri disa punë në radio dhe në një rol të vogël bëri debutimin e tij në filmin **Ata dinin çfarë donin (1937)**.

Malden, u bashkua gjithashtu me Teatrin e Grupit, ku filloi të aktrojë në shumë shfaqje dhe u njoh me një të ri Elia Kazan, i cili më vonë punoi me të në **A tramvaj me emrin Dëshira (1951)** dhe **On the Waterfront (1954)**.

Karriera e tij e aktrimit, u ndërpre në vitin 1942 nga Lufta e Dytë Botërore, gjatë së cilës *ai shërbeu si nënoficer në Forcën e 8-të Ajrore të Korpusit Ajror të Ushtrisë së Shteteve të Bashkuara.*

Ndërsa ishte në shërbim, atij iu dha një rol të vogël në shfaqjen e Forcave Ajrore të Ushtrisë së Shteteve të Bashkuara dhe në filmin **Winged Victory**. Malden u shkarkua në vitin 1946 si rreshter dhe iu dha **Çmimi i Njësisë Presidenciale të Forcave Ajrore, Medalja e Fushatës Amerikane** dhe **Medalja e Fitores së Luftës së Dytë Botërore.**

Pas luftës, Malden rifilloi karrierën e tij të aktrimit në Broadway, duke luajtur një tjetër rol të vogël dytësor, në shfaqjen jetëshkurtër të Maxwell Anderson **Truckline Cafe (1946)**, me aktorin e famshëm **Marlon Brando**[32]

---

[32]Marlon Brando (1924-2004), aktor dhe aktivist amerikan. I konsideruar si një nga aktorët më të mëdhenj të shekullit të 20-të, ai mori vlerësime të shumta gjatë karrierës së tij, e cila zgjati 60 vjet, duke përfshirë dy çmime Oscar, dy çmime Golden Globe, një çmim të Festivalit të Filmit në Kanë dhe tre çmime të Akademisë Britanike të Filmit. Brando vlerësohet si një nga aktorët e parë që solli sistemin e aktrimit të Stanislavskit dhe aktrimin e metodave, në audiencën kryesore. Brando ra nën ndikimin e sistemit të Stella Adler dhe Stanislavskit në vitet 1940. Ai e filloi karrierën e tij në skenë, duke lexuar me mjeshtëri personazhet e tij dhe duke parashikuar vazhdimisht se ku rrodhën skenat. Ai kaloi në film, duke fituar fillimisht vlerësimin dhe çmimin e tij të parë Oscar, për aktorin më të mirë të nominuar për rolin e Stanley Kowalski në A tramvaj me emrin Dëshira (1951). Ai mori vlerësime të mëtejshme dhe çmimin e tij të parë Oscar dhe çmimin Golden Globe për performancën e tij si Terry Malloy në On the Waterfront (1954), i cili mbetet një moment i rëndësishëm në historinë e Hollivudit, dhe puna e tij vazhdon të studiohet dhe interpretohet. Portretizimi i tij i liderit rebel të bandës së motoçikletave Johnny Strabler në The Wild One (1953) u bë një emblemë e hendekut të brezave të epokës. Ai drejtoi dhe luajti në filmin One-Eyed Jacks (1961), një dështim komercial, pas së cilës ai dha një seri dështimesh të duk-

të panjohur në atë kohë.

Vitin tjetër, regjisori Elia Kazan i dha Maldenit një rol bashkë-protagonist në shfaqjen kryesore të *Arthur Miller*, **All My Sons**. Nga fundi i atij viti ai i ishte bashkuar kastit origjinal legjendar të dramës historike të Tennessee Williams, **A Tramvaj** me emrin Dëshira, drejtuar gjithashtu nga Kazan, duke luajtur *Harold Mitch Mitchell*. Me atë sukses të profilit të lartë në teatër, ai më pas kaloi në punën e qëndrueshme të filmit.

Malden, u shfaq në një rol të vogël në filmin **Kiss of Death (1947)**, por nuk e rifilloi karrierën e tij të aktrimit deri në vitin 1950, duke filluar me **The Gunfighter** dhe **Where the Sidewalk Ends**, pastaj dhe **Sallat e Montezuma (1951)**… Ai luajti në dhjetëra filma nga fundi i viteve 1950-1970, të tilla si **Fear Strikes Out (1957)** dhe **Time Limit (1957)** etj.

Në vitin 1963, ai ishte anëtar i jurisë në Festivalin e 13-të Ndërkombëtar të Filmit në Berlin.

Për punën e tij si Lt. Stone, Malden **u nominua për çmimin Primetime Emmy** *për aktorin kryesor të shquar në një seri drame katër herë midis 1974 dhe 1977*, por kurrë nuk fitoi. Pas dy episodeve në sezonin e pestë.

Në vitin 1980, Malden luajti në **Skag**, një dramë një orëshe, që fokusohej në jetën e një punonjësi në një fabrikë çeliku në Pittsburgh, kurse në vitin 1981, Malden portretizoi trajnerin e hokejit në akull, *Herb Brooks*, në një llogari televizive të krijuar për televizionin e *ekipit kombëtar të meshkujve të hokejit* mbi akull, medaljen e mrekullueshme të fitimit të medaljes së artë *në Lojërat Olimpike Dimërore të vitit 1980*.

Në vitin 1987, Malden ishte prezantues/narrator, për specialet e dyta dhe të treta televizive, që më vonë u bënë seriali i gjatë *Misteret e Pazgjidhura*.

Malden, *portretizoi Leon Klinghoffer* në filmin televiziv të vitit **Rrëmbimi**

---

shme në arkë, duke filluar me Mutiny on the Bounty (1962), gjë që dëmtoi karrierën e tij. Pas dhjetë vitesh mosarritje dhe interesi dukshëm të zvogëluar për filmat e tij, ai luajti si Vito Corleone në The Godfather (1972), gjë që e ndihmoi atë të fitonte çmimin e dytë Oscar dhe Golden Globe Award, në një performancë të konsideruar ndër më të mirat në historinë e formës së artit. Me këtë dhe performancën e tij të nominuar për Oscar në Tango e Fundit në Paris (1972), Brando u rivendos në radhët e yjeve më të mirë të bokseve. Në vitet '70, Brando ishte i kënaqur me të qenit një aktor personazhi shumë i paguar në role dytësore me cilësi të ndryshme si Jor-El në Superman (1978), si Kolonel Kurtz në Apocalypse Now (1979) dhe si Adam Steiffel në The Formula (1980), përpara se të bënte një pushim nëntë vjeçar nga filmi etj.

i Achille Lauro (1989), i vetmi person që vdiq në incidentin terrorist të vitit 1985.

Roli i tij i fundit në aktrim, ishte në episodin e sezonit të parë të *The West Wing* me titull **Take This Sabbath Day (2000)**, në të cilin ai portretizoi një prift katolik dhe përdori të njëjtën Bibël, që kishte përdorur në On the Waterfront.

Nga viti 1990 deri në vitin 2009, Malden ishte anëtar i Komitetit. Këshillues të Pullave të Qytetarëve të Shërbimit Postar të Shteteve të Bashkuara (CSAC), i cili vlerëson subjektet e mundshme për pullat postare të SHBA dhe raporton rekomandimet e tij, tek Drejtori i Përgjithshëm i Postës.

Më 18 dhjetor 1938, Malden u martua me **Mona Greenberg (1917-2019)** e cila ishte një nga më të gjatat në historinë e Hollivudit, me 70-vjetorin e martesës së tyre (1938-2008).

Malden, botoi autobiografinë e tij: **"Kur do të filloj?"** **(1997)**, *shkruar me vajzën e tij Carla. Ai vdiq në shtëpinë e tij në Los Anxhelos, më 1 korrik 2009, në moshën 97-vjeçare.*

Miku i Malden dhe ish-bashkë-ylli i tij, **Michael Kirk Douglas (1944)**, i shkroi një homazh Malden për seksionin **Milestones** tek revista **Time (1923)**, e cila botohet nëkujdesin e gazetës **The New York Times (1851)**.

Malden ishte një president i kaluar i Akademisë së Arteve dhe Shkencave të Filmit. *Në tetor 2003, ai u emërua marrësi i 40-të i Çmimit të Arritjes së Jetës së Screen Actors' Guild për arritje në karrierë dhe arritje humanitare.*

Në vitin 1985, *ai u nderua me një çmim Emmy për aktorin e shquar dytësor në një seri të kufizuar për interpretimin e tij si Freddy Kassab në Fatal Vision. Në të njëjtin vit, atij iu dha edhe një doktoraturë nderi në artet e bukura nga Universiteti Shtetëror Emporia.*

Në maj 2001, Malden mori një *Diplomë Nderi*, doktor i letrave humane, *nga Universiteti Valparaiso.* Michael Douglas i dha Malden një çmim për arritje të jetës nga Screen Actors Guild më 22 shkurt 2004. Më 11 nëntor 2004, Douglas gjithashtu i dha Malden çmimin Monte Cristo të Qendrës Teatri Eugene O'Neill në Waterford, Connecticut, i cili jepet *për karriera të shquara që ilustron standardin e përsosmërisë dhe shpirtin pionier të Eugene O'Neill.* Ndër fituesit e tjerë të kaluar ishin Jason Robards, Zoe Caldwell, Edward Albee, August Wilson dhe Brian Dennehy.

Më 12 nëntor 2005, Dhoma e Përfaqësuesve e Shteteve të Bashkuara **(Kongresi Amerikan)** *autorizoi Shërbimin Postar të Shteteve të Bashkuara të riemërtonte Stacionin Postar të Los Angeles Barrington si Stacioni Postar Karl*

Malden për nder të arritjeve të Malden. Projektligji, H.R. 3667, u sponsorizua nga Përfaqësuesit Henry Waxman dhe Diane Watson.

Për kontributin e tij në industrinë e filmit, **Malden ka një yll në Hollywood Walk of Fame në 6231 Hollywood Blvd.** Në vitin 2005, ai u përfshi në Sallën e Famës së Performuesve Perëndimorë në Muzeun Kombëtar të Cowboy & Western Heritage në Oklahoma City, Oklahoma. **Në nëntor 2018, një monument i Karl Malden u zbulua në Beograd, Serbi.**

Predrag Bjelac (Предраг Бјелац, 1962), është aktor serb, më shumë i njohur për rolet e tij.Ai portretizoi Igor Karkaroff në Harry Potter and the Goblet of Fire dhe Lord Donnon në The Chronicles of Narnia: Prince Caspian.**Predrag,** është i diplomuar në Fakultetin e Artit Dramatik të Universitetit të Beogradit, në vitin 1986 dhe *ka studiuar në Institutin e Teatrit Lee Strasberg (1988) në New York City.*[33]

Catherine Oxenberg(1961), është një aktore që si vajzë vjen nga dera e familjes së Princeshës Jelisaveta Karađorđević nga *Dinastia Karađorđević.*

---

[33]**Predrag Bjelac (1962). Film:** Šest dana juna (1985) - Petar, Destroying Angel (1987) - Otto, Poslednja priča (1987, TV Movie) – Vlada, The Fall of Rock and Roll (1989), Čudna noć (1990), Stand by (1991) – Veliki, Harrison's Flowers (2000) - Doctor in Vukovar, The Final Victim (2003) – Simons, Eurotrip (2004) - Italian Guy at Vatican, Kad porastem biću kengur (2004) – Baron, Harry Potter and the Goblet of Fire (2005) - Igor Karkaroff, Amor Fati (2005, Short) – Branko, The Omen (2006) - Vatican Observatory Priest, Ro(c)k podvraťáků (2006) – Chřestýš, The Chronicles of Narnia: Prince Caspian (2007) - Lord Donnon, Aťžijí rytíři! (2009) - Ahmed (Movie cut), Harry Potter and the Half-Blood Prince (2009) - Igor Karkaroff (uncredited; appears in flashback), Kao rani mraz (2010) - Stari Nikola, Sasha (2010) - Vlado Petrovic, Czech-Made Man (2011) – Noha, AS PIK (2012), Artiljero (2012) – Gane, Ironclad: Battle for Blood (2014) – Maddog, Horseplay (2014) - Gypsy King, Child 44 (2015) – Basurov, Gangster Ka (2015) – Dardan, DxM (2015) – Mosca, Winnetou & Old Shatterhand (2016) – Tangua, Winnetou - Der letzte Kampf (2016) – Tangua, Intrigo: Dear Agnes (2019) – Caretaker. **Television:** Warriors (1999) - Naser Zec, The Immortal: Deja vu (2001) – Petr, Children of Dune (2003) – Namri, Spooks (a.k.a. MI-5) (2007) - Edik Kuznetzov, The Fixer (2008) - Tarek Sokoli, Dobrá čtvrť (2008) – Dragan, The Courier 2.0 (2008) – Valentine, Aťžijí rytíři! (2010) – Ahmed, 4-teens (2011) - Uncle Dragan, Borgia (2011-2014) - Francesco Piccolomini, Cirkus Bukowsky (2013-2014) - Luka Coltello, Případy 1. oddělení (2014) – Abikal, Genius (2017) - Milos Maric, Killing Eve (2020) – Grigoriy.

Ajo është më e njohur për rolin e saj si Amanda Carrington në telenovelën e viteve 1980, **Dinasty**. *Oxenberg,* **është vajza e Princeshës Elizabeth të Jugosllavisë dhe burrit të saj të parë, Howard Oxenberg (1919-2010)**, një prodhues hebre i veshjeve dhe **mik i ngushtë i familjes Kennedy**.

Ajo luajti dy herë Dianën, Princeshën e Uellsit në ekran, në **The Royal Romance of Charles and Diana (1982)** dhe Charles and Diana: **Unhappily Ever After (1992)** dhe është shfaqur në shumë filma të tjerë. Oxenberg, ka lindur në New York City dhe është rritur në Londër. Motra e saj është Christina Oxenberg. Princesha Elizabeth është vajza e vetme e Princit Pal të Jugosllavisë (i cili shërbeu si regjent për djalin e madh të kushëririt të tij, Mbretin Peter II të Jugosllavisë) dhe Princeshës Olga të Greqisë dhe Danimarkës.

Aktorja Oxenberg, iu bashkua telenovelës hit ABC **Dinasty (1984)**, atëherë në kulmin e popullaritetit të saj, në rolin e Amanda Carrington. Gjithashtu ajo ishte prezantuesja e ftuar në episodin e 10 majit 1986 të **Saturday Night Live**, duke e bërë atë pasardhëse të vetme të një familjeje mbretërore që drejtonte shfaqjen. Oxenberg luajti si Princesha Elysa në filmin televiziv **Roman Holiday (1987)**.

Ajo u shfaq në **The Lair of the White Worm (1988)**, dhe përsëriti rolin e Dianës, Princeshës së Uellsit në filmin televiziv Charles and Diana: Unhappily Ever After në 1992. Në vitet 1993-1994, ajo luajti në serialin jetëshkurtër **Acapulco H.E.A.T. Në vitin 2019**, Catherine Oxenberg prodhoi dhe tregoi Arratisja nga kulti NXIVM.

Darko Tresnjak (1966),[34] është një aktor teatri dhe regjisor i operas (i

---

[34]**Darko Tresnjak (ДаркоТрешњак)**, është regjisor i shfaqjeve, muzikaleve dhe operës, dhe fitues i disa çmimeve, duke përfshirë çmimin **Tony**. Ai ishte drejtor artistik i Hartford Stage në Konektikat, Shtetet e Bashkuara. Tresnjaku është i trashëgimisë serbe. Tresnjak dhe nëna e tij u shpërngulën nga Zemun, Jugosllavi (Serbia e sotme) në Maryland në 1976. Ai **u diplomua në Swarthmore College**, u bë shtetas i SHBA-së dhe mori një diplomë master në artet e bukura nga Universiteti Columbia. Rreth vitit 2000 ai shkroi Princesha Turandot, i frymëzuar nga drama e Carlo Gozzi e shkruar në 1762 (mbi të cilën u bazua opera e Puccinit Turandot). Shfaqja e Tresnjakut u luajt nga **Blue Light** Theatre Company në New York City në dhjetor 2000. Ai shërbeu si **drejtor artistik rezident në Teatrin Old Globe në San Diego, Kaliforni**, në vitin 2009, dhe drejtoi për tetë vera në Festivalin e Teatrit Williamstown në Massachusetts. Ai ishte drejtor artistik në Hartford Stage në Hartford, Connecticut nga sezoni 2011–2012 deri në sezonin 2018–2019, ku porositi The Man in the Case me Mikhail Baryshnikov dhe drejtoi Kevin Bacon në Dritarja

lindur në Zemun), i cili, *fitoi katër çmime Tony*në vitin 2014.

Dušan Simić (Душан Симић **1938-2023**), i mirenjohur si **Charles Simiç**, ishte një poet serbo-amerikan dhe bashkë-editor i poezisë i **Paris Review**. Ai mori **Çmimin Pulitzer** për Poezinë, në vitin 1990 për vëllimin poetik: "**Bota nuk mbaron**" dhe ishte finalist i çmimit Pulitzer në 1986 për "**Poezi të zgjedhura**", 1963-1983 dhe në 1987 për "**Blue të pafundme**". Ai u emërua Konsulenti i pesëmbëdhjetë *Laureat Poet në Poezi* në Bibliotekën e Kongresit në vitin 2007.

Dushan Simiç, ka lindur në kryeqytetin e Serbisë në Beograd. Në fëmijërinë e tij të hershme, gjatë Luftës së Dytë Botërore, ai dhe familja e tij u detyruan të evakuonin shtëpinë e tyre disa here, për t'i shpëtuar bombardimeve pa dallim të Beogradit. Rritja si fëmijë në Evropën e shkatërruar nga lufta, formësoi pjesën më të madhe të botëkuptimit të tij, tha Simiç.

Në një intervistë nga **Cortland Review**, ai tha: "*Të qenit një nga miliona personat e zhvendosur më bëri përshtypje. Përveç historisë sime të vogël të fatit të keq, dëgjova shumë të tjera. Unë jam ende i mahnitur nga të gjitha poshtërsinë dhe marrëzinë që kam parë në jetën time.*"

Simiç emigroi në Shtetet e Bashkuara, me vëllain dhe nënën e tij, për t'u bashkuar me të atin në vitin 1954, kur ai ishte gjashtëmbëdhjetë vjeç. Pasi kaloi një vit në *New York*, ai u transferua me familjen e tij në *Oak Park, Illinois*, ku mbaroi shkollën e mesme.**Në vitin 1961**, ai u thirr në ushtrinë amerikane, dhe në vitin 1966, ai fitoi diplomën e tij nga Universiteti i New York-kut, ndërsa punonte natën, për të mbuluar shpenzimet e shkollimit.

Simiç filloi të bënte emër në fillim të mesit të viteve 1970, si një minimalist letrar, duke shkruar poema të shkurtra dhe imagjinare. Kritikët i janë referuar poezive të Simiçit, si: "*kuti enigmash kineze të ndërtuara fort*". Ai vetë deklaroi: "*Fjalët bëjnë dashuri në faqe si mizat në vapën e verës dhe poeti është thjesht spektatori i hutuar*".

Ai ishte një profesor i letërsisë amerikane dhe shkrimit krijues në Universitetin e New Hampshire, duke filluar nga viti 1973 dhe jetoi në Straf-

---

e pasme. Ai u largua nga Hartford Stage për punë të pavarur në qershor 2019, dhe u pasua nga Melia Bensussen. Ai drejtoi dy prodhime në Broadway: A Gentleman's Guide to Love and Murder në 2013 dhe Anastasia në 2017. Ai drejtoi Teatrin për një prodhim të ri nga publiku i Eugène Ionescos The Killer në 2014 në Qendrën Polonsky Shakespeare, New York City. 2014: **Çmimi Tony për Regjinë e një Muzikal**; dhe **Çmimin Drama Desk**, Regjisor i shquar i një muzikore, për një udhëzues zotëri për dashuri dhe vrasje. Në vitin 2015, **fitoi Çmimin Obie**, për regjinë **The Killer**.

ford, New Hampshire.

Simiç shkroi për tema të ndryshme si xhazi, arti dhe filozofia. Ai u ndikua nga Emily Dickinson, Pablo Neruda dhe Fats Waller. Ai ishte një përkthyes, eseist dhe filozof, duke menduar për gjendjen aktuale të poezisë bashkëkohore amerikane.

Ai mbajti postin e redaktorit të poezisë në **The Paris Review** dhe më vonë u zëvendësua nga Dan Chiasson. Ai u zgjodh në Akademinë Amerikane të Arteve dhe Letrave në vitin 1995, mori bursën e Akademisë në 1998 dhe u zgjodh kancelar i Akademisë së Poetëve Amerikanë në vitin 2000.

Simiç ishte një nga gjyqtarët, për Çmimin e Poezisë Griffin 2007 dhe vazhdoi të kontribuonte me poezi dhe prozë në **The New York Review of Books**. Ai mori çmimin 100,000 dollarë amerikanë Wallace Stevens, në vitin 2007 nga Akademia e Poetëve Amerikanë.

Simiç u zgjodh nga James Billington, Bibliotekar i Kongresit, për të qenë Konsulenti i pesëmbëdhjetë Laureat i Poetit në Poezi në Bibliotekën e Kongresit, duke pasuar Donald Hall. Në zgjedhjen e Simiçit si laureat të poetit, Billington përmendi *"cilësinë mjaft mahnitëse dhe origjinale të poezisë së tij"*.

Në vitin 2011, Simiq ishte **fitues i Medaljes Frost**, e cila jepet çdo vit për *"arritje të përjetshme në poezi"*.

Punimet e gjera të Simiçit si dhe materiale të tjera rreth punës së tij, mbahen në Koleksionet dhe Arkivat Speciale të Milne të Bibliotekës së Universitetit të New Hampshire.

Simiç u martua me stilisten Helene Dubin në vitin 1964 dhe bashkimi i tyre solli dy fëmijë. Në vitin 1971, ai u bë shtetas amerikan. Simiç vdiq në moshën 84-vjeçare. **Çmimet:** *Çmimi i Përkthimit PEN (1980), Bursa e Fondacionit Ingram Merrill (1983), MacArthur Fellowship (1984–1989), Finalist i çmimit Pulitzer (1986), Finalisti i çmimit Pulitzer (1987), Çmimi Pulitzer për Poezinë (1990), Çmimi Wallace Stevens (2007), Medalja Frost (2011), Çmimi Vilcek në Letërsi (2011), Çmimi Ndërkombëtar Letrar Zbigniew Herbert (2014), Kurora e artë e mbrëmjeve të poezisë strugane (2017).*

Dejan Stojanović (Дејан Стојановић(1959), është poet, shkrimtar, eseist, filozof, biznesmen dhe ish-gazetar serb. Poezia e tij karakterizohet nga një sistem mendimi i dallueshëm dhe mjete poetike, në kufi me filozofinë në përgjithësi dhe ton shumë reflektues.

Ai u lind më 11 mars 1959, në Pejë të Kosovës dhe në vitin 1972 dhe u shpërngul me familjen në Sutomore, afër Tivarit, në Mal të Zi, ku kreu arsimin e mesëm dhe më pas ka studiuar në Universitetin e Prishtinës.

Ai filloi të shkruante poezi në fund të viteve '70, ku botoi poezitë e tij, në revista letrare në ish-Jugosllavi. Në vitin 1983, ai u bë anëtar i një klubi letrar (Karagaç) në qytetin e tij të lindjes në Pejë.

Stojanović zhvilloi një sistem filozofik idesh, që trajtonin kryesisht çështjet metafizike dhe strukturën e Universit. Poema e fundit në libër ishte shkruar në të vërtetë në Çikago (SHBA), në vitin 1991. Në fillim të vitit 1990, Stojanović iu bashkua stafit të shkrimit të revistës serbe, **Pogledi** (Viewpoints).

Në dhjetor 1990, ai shkoi në SHBA si korrespondent i huaj, duke plani-fikuar të qëndronte gjashtë muaj deri në një vit. **Ai nuk u kthye në at-dheun e tij, sepse në verën e vitit 1991, filluan luftërat në ish-Jugosllavi, dhe sot vazhdon tëjetoi në Çikago (1990-2023)**. Për nder të serisë së tij të intervistave të botuara në **Bisedat (1999)** nga Književna reč e Beogradit, Stojanović**mori çmimin Rastko Petrović,** të dhënë nga *Shoqata e Shkrim-tarëve të Serbisë*.

Shumica e poezive të Stojanoviqit, të shkruara fillimisht në serbisht dhe të përmbledhura në **VI vëllime me poezi**, janë përkthyer **në anglisht** dhe një përzgjedhje e poezive të tij janë përkthyer në frëngjisht.

Veprat e tij: *Poezia (1993)Krugovanje: 1978-1987; Përkthimi në anglisht: Circling: 1978-1987, Pub: Narodna knjiga, Universiteti Alpha, Beograd, (1998) Krugovanje botimi i dytë; Përkthimi në anglisht: Rrethimi: 1978-1987 botimi i dytë, Pub: Narodna knjiga, Universiteti Alpha, Beograd,* (1999) Sunce sebe gleda; Përkthimi në anglisht: The Sun Watches the Sun, Pub: Književna reč, Beograd, (2000) Znak i njegova deca; Përkthimi në anglisht: The Sign and its Children, Pub: Prosveta, Beograd, (2000) Oblik; Përkthimi në anglisht: The Shape, Pub: Gramatik, Podgoricë; ribotuar në anglisht nga New Avenue Books (14 korrik 2012), (2000) Tvoritelj, përkthim në anglisht: The Creator, Pub: Narodna knjiga, Universiteti Alpha, Beograd, (2000) Krugovanje botimi i 3-të; Përkthimi në anglisht: Circling botimi i 3-të, Pub: Narodna knjiga, Universiteti Alpha, Beograd, (2007) Ples vremena; Për-kthimi në anglisht: Dance of Time, Pub: Konras, Beograd, Intervistat, (1999) Biseda, Pub: Književna reč, Beograd.

Përkthime në anglisht nga serbishtja: (21 maj 2012) Rrethimi: 1978-1987, Pub: New Avenue Books. ASIN B0089VHNCA (ebook), (13 qershor 2012) The Sun Watches the Sun, Pub: New Avenue Books. ASIN B008BCY988 (ebook), (17 qershor 2012) The Creator, Pub: New Avenue Books. ASIN B008CCH646 (ebook), (11 korrik 2012) The Sign and Its Children, Pub: New Avenue Books. ASIN B008KFP1WY (ebook), (14 korrik 2012) The Shape, Pub: New Avenue Books. ASIN B008LGAFUK.

Walt Bogdanich (1950), është një gazetar investigues (hulumtues). Ai fitoi tre herë **Çmimin Pulitzer,** në vitet **1988, 2005** dhe **2008** dhe u vlerësua gjithashtu si gazetarë me çmime të tjera.

Bogdanich u diplomua në Universitetin e Wisconsin-Madison në 1975, me një diplomë në shkenca politike. Ai mori një master në gazetari nga Universiteti Shtetëror i Ohajos në vitin 1976.

Ai është asistent redaktor për **New York Times Investigations Desk** dhe një profesor ndihmës në Shkollën e Gazetarisë të Universitetit Kolumbia (Manhattan, New York). Para se të bashkohej me The Times në vitin 2001, ai ishte një **producent investigativ për 60 Minutes në CBS** dhe për **ABC News**. Më parë, ai ka punuar si **reporter investigativ për The Wall Street Journal.**

Bogdanich, ishte bashkëautor i librit: "**When McKinsey Comes to Town: The Hidden Influence of the World's Most Powerful Consulting Firm**" **(2022),** rreth konsultimit me gjigantin McKinsey & Company me Michael Forsythe.

Ai është **i martuar me Stephanie Saul, një gazetare për The New York Times, e cila fitoi një fituese të çmimit Pulitzer,** për punën e saj në revisten javore **Newsday** dhe ato kanë dy djem.

Në vitin 1988, ndërsa ishte reporter për The Wall Street Journal, Bogdanich fitoi **Çmimin Pulitzer,** për Raportimin e Specializuar për raportimin rreth testimeve të gabuara në laboratorët mjekësorë amerikanë.

Ai ndau me Mike Wallace **Çmimin Gerald Loeb (1999),** për Rrjetin dhe Televizionin e Tregut të Madh, në vitin 2004, ai fitoi **Çmimin George Polk,** për Raportimin Kombëtar, në vitin 2005, si reporter në *The New York Times,* ai fitoi **Çmimin Pulitzer,**për Raportimin Kombëtar dhe **Çmimin Gerald Loeb 2005,** për gazetat e mëdha, për një seri raportesh, në lidhje me fshehjen e korporatave të aksidenteve fatale, në vendkalimet hekurudhore.

Në vitin 2008, Bogdanich dhe kolegu i New York Times, Jake Hooker, fituan **Çmimin Pulitzer,** për Raportimin Hulumtues, për raportimin mbi substancat toksike, që u zbuluan në produktet e importuara nga Kina.

Raportimi i tyre gjithashtu fitoi **Çmimin Gerald Loeb 2008,** për gazetat e mëdha. Bogdanich mori **Çmimin Gerald Loeb Lifetime Achievement Award në 2010,** dhe ndau një tjetër **Çmim Gerald Loeb në 2017,** për Imazhe, Grafika, Interaktive.

Branko Mikasinoviç, (Branko Mikasinovich, 1938), është një studiues serbo-amerikan i letërsisë jugosllave dhe serbe, si dhe një sllavist i njohur. Pjesa më e madhe e literaturës kroate të aksesueshme në anglisht i atribuohet atij.

Ai ka lindur në Belišće. **Mikasinovich** *mori B.A. nga Universiteti Roosevelt në Çikago në vitin 1965, diplomimi i tij nga Universiteti Northwestern, Evanston, Illinois në 1967, dhe një doktoraturë nga Universiteti i Beogradit në 1984.*

Branko Mikasinoviç, *ishte profesor i letërsisë ruse dhe sllave, pranë Universitetin Tulane dhe Universitetin e New Orleans, si dhe president i Shoqatës së Profesorëve të Luizianës të gjuhëve sllave dhe të Evropës Lindore.*

Paraqitjet e tij televizive, përfshijnë ABC's Press International në Çikago, International Dateline të PBS në New Orleans si dhe Zërin e Amerikës dhe programin televiziv të Shërbimit Serb, Open Studio.

Ai ka bërë një punim interesant me titull: **"Hyrje në letërsinë jugosllave"** (*Twayne*, **1973**). Mikasinovich ishte përgjegjës për seksionin kroat, ndërsa Vasa D. Mihailovich ishte përgjegjës për serbishten dhe Dragan Milivojevich për sllovenishten dhe maqedonishten.

Ai shkroi: **"Pesë drama moderne jugosllave"** (Cyrco Press, **1977**), **"Satira moderne jugosllave"** (Komunikimet ndërkulturore, **1979**) (përzgjedhur për *"Titujt më të mirë të vitit 1979"nga Library Journal dhe përfshirë në Çmimin Pushcart V: The Best of the Small Presses*), **"Proza fantastike jugosllave"** (Proex, **1991**), **"Jugosllavia: Kriza dhe shpërbërja"** (Plyroma Publishing Co., **1994**).

Ai është një studiues i letërsisë, si dhe një sllavist dhe gazetar i shquar, duke u shfaqur si panelist në shtypin jugosllav, në *Press International* të ABC (Chicago) dhe në *International Dateline* të PBS (New Orleans).

Alex N. Dragnich (1912-2009), ishte një shkencëtar i shquar politik serbo-amerikan dhe autor i disa veprave mbi Ballkanin. I lindur më 22 shkurt 1912, ai ishte djali i emigrantëve serbë nga Mali i Zi, të cilët kishin një shtëpi në Ferry County, në shtetin e Washington-it. Në rininë e tij, ai ndoqi shkollën fillore dhe të mesme atje dhe punoi në fermën e prindërve të tij, gjatë **Depresionit të Madh (1930)**, që përfshiu asokohe SHBA.

Pas mbarimit të shkollës së mesme, ai u regjistrua në Universitetin e Washington-it në kryeqytetin Seattle në vitin 1934 dhe **u diplomua në Phi Beta Kappa në vitin 1938**. Më pas ai vazhdoi të merrte diplomën e tij master në vitin 1940. Për dy vitet e ardhshme, ai bëri punë pasuniversitare **në Universitet i Kalifornisë në Berkeley, ku mori doktoraturën në vitin**

1942, *por shërbimi i kohës së luftës e vonoi doktoraturën e tij deri në vitin 1945.*

Gjatë Luftës së Dytë Botërore, **Dragnich** *shërbeu si analist i punëve të jashtme*, për Departamentin e Drejtësisë dhe Zyrën e Shërbimeve Strategjike, kurse **në vitet 1947-1950**, ai *iu bashkua Shërbimit të Jashtëm të SHBA-sëdhe shërbeu si Zyrtar i Marrëdhënieve Publike në Ambasadën e SHBA-së në Beograd.* **Në vitin 1950**, ai **u bë profesor në Universitetin Vanderbilt**, në *Nashville, Tennessee, ku qndroi më shumë se 25 vjet*, përpara se të dilte në pension.

Librat e tij janë: **"Toka e Premtuar e Titos"** (Rutgers University Press, **1954**), **"Qeveritë e mëdha evropiane"** (Dorsey Press, **1961**), **"Serbia, Nikola Pashiq dhe Jugosllavia"** (Rutgers University Press, **1974**), **"Zhvillimi i Qeverisë Parlamentare në Serbi"** (Columbia University Press, **1978**), **"Jugosllavia e Parë: Kërkimi për një sistem politik të qëndrueshëm"** (Hoover Institution Press, **1983**), **"The Saga of Kosovo: Focus on Serbo-Albanian Relations"** (Columbia University Press, **1984**), **"Serbët dhe Kroatët: Lufta në Jugosllavi"** (Harcourt Brace Jovanovich, **1992**). Ai është vlerësuar me Çmimin *"Thomas Jefferson"*, për shërbimin e shquar në Universitetin Vanderbilt, dhe është autor i librave të shumtë për historinë serbe (jugosllave).

Nikola Tesla (Никола Тесла, 1856-1943), ishte shpikës serbo-amerikan, inxhinier elektrik, inxhinier mekanik dhe futuristi më i njohur, për kontributet e tij në projektimin e sistemit modern, të furnizimit me energji elektrike me rrymë alternative.

I lindur e i rritur në Perandorinë Austriake, Tesla studioi inxhinieri dhe fizikë në vitet 1870, **pa marrë një diplomë**, duke fituar përvojë praktike në fillim të viteve 1880, duke punuar në telefon dhe në **Continental Edison**, në industrinë e re të energjisë elektrike.

Në viitn 1884 ai emigroi në Shtetet e Bashkuara të Amerikës, ku u bë shtetas i saj. Ai i shiti të drejtat e patentës për sistemin e tij të dinamove, transformatorëve dhe motorëve me rrymë alternative (George Westing-house).

Ai punoi për një kohë të shkurtër në *Edison Machine Works në New York City*, përpara se të dilte i pavarur.

Me ndihmën e partnerëve, për të financuar dhe tregtuar idetë e tij, **Tesla ngriti laboratorë dhe kompani në New York**, *për të zhvilluar një sërë pajisjesh elektrike dhe mekanike.*

Motori i tij me induksion me rrymë alternative (AC) dhe patentat AC, të lidhura me polifazën, **të licencuara nga Westinghouse Electric në 1888**, i dhanë atij një shumë të konsiderueshme parash dhe u bënë gurthemeli i sistemit polifaz, që ajo kompani tregoi përfundimisht.

Duke u përpjekur të zhvillonte shpikje, që mund të patentonte dhe tregtonte, Tesla kreu një sërë eksperimentesh me oshilatorë (gjeneratorë mekanikë), tubat e shkarkimit elektrik dhe imazhe të hershme me rreze X.

Ai ndërtoi një varkë të kontrolluar me valë, *një nga të parat e ekspozuara ndonjëherë.* **Tesla,** u bë i njohur si shpikës dhe u tregoi arritjet e tij të famshëmve dhe klientëve të pasur në laboratorin e tij, dhe u shqua për mjeshtërinë e tij në leksione publike.

Gjatë gjithë viteve 1890, Tesla ndoqi *idetë e tij, për ndriçimin pa tel dhe shpërndarjen e energjisë elektrike pa tel*, në mbarë botën në eksperimentet e tij të tensionit të lartë dhe me frekuencë të lartë në New York dhe Colorado Springs.

Në vitin 1893, ai bëri deklarata mbi **mundësinë e komunikimit pa tel me pajisjet e tij.** Tesla u përpoq t'i përdorte këto ide, në përdorim praktik në projektin e tij të papërfunduar **Wardenclyffe Tower**, një komunikim pa tel ndërkontinental dhe transmetues energjie, por i mbetën pa financim para se të mund ta përfundonte atë.

Pas Wardenclyffe, Tesla eksperimentoi me një sërë shpikjesh në vitet 1910 dhe 1920 me shkallë të ndryshme suksesi. Pasi kishte shpenzuar shumicën e parave të tij, *Tesla jetoi në një sërë hotelesh në New York, duke lënë pas fatura të papaguara.* **Ai vdiq në New York City në janar 1943.**

Puna e Teslës, ra në errësirë relative pas vdekjes së tij, deri në vitin 1960, kur Konferenca e Përgjithshme mbi Peshat dhe Masat e quajti njësinë SI të densitetit të fluksit magnetik Tesla për nder të tij.

Tesla, zbuloi dhe patentoi fushën magnetike rrotulluese, baza e shumicës së makinerive me rrymë alternative, zhvilloi sistemin trefazor të transmetimit të energjisë elektrike.

Në vitin 1891, ai **shpiku spirale Tesla, një s**pirale induksioni e përdorur gjerësisht në teknologjinë radio. Tesla ishte nga një familje me origjinë serbe. **Babai i tij ishte një prift ortodoks; nëna e tij** ishte e pashkolluar, por **shumë inteligjente**. *Ai shfaqi imagjinatë dhe krijimtari të jashtëzakonshme, si dhe një prekje komunikimi me frymë sensitive poetike.*

Duke u trajnuar për një karrierë inxhinierike, *ai ndoqi Universitetin Teknik në Graz, Austri dhe Universitetin e Pragës.* Në Graz ai pa për herë të parë dinamon Gramme, i cili funksiononte si gjenerator dhe, kur kthehej mbrapsht, bëhej një motor elektrik dhe ai konceptoi një mënyrë për të përdorur rrymën alternative në avantazh.

Në Budapest, ai vizualizoi parimin e fushës magnetike rrotulluese dhe zhvilloi plane për një motor induksioni, që do të bëhej hapi i tij i parë drejt përdorimit të suksesshëm të rrymës alternative.

Në vitin 1882, Tesla, shkoi për të punuar në Paris, për kompaninë Continental Edison, dhe ndërsa ishte në detyrë në Strassburg në vitin 1883, ai ndërtoi, pas orarit të punës, motorin e tij të parë me induksion.

Në maj 1888, **George Westinghouse (1845-1914)**, kreu i Kompanisë Elektrike Westinghouse në Pittsburgh, bleu të drejtat e patentës, për sistemin polifaz të Teslës të dinamove, transformatorëve dhe motorëve me rrymë alternative.

Ai eksperimentoi me grafika hije të ngjashme me ato që më vonë do të përdoreshin nga **Wilhelm Röntgen (1845-1923)**, kur zbuloi rrezet X, në vitin 1895.

Tesla dha ekspozita në laboratorin e tij, në të cilat ndezi llambat, duke lejuar që elektriciteti të rrjedhë nëpër trupin e tij. Spiralja Tesla, të cilën ai e shpiku në 1891, përdoret gjerësisht sot në radio dhe televizione dhe pajisje të tjera elektronike.

Ai ndezi gjithashtu 200 llamba pa tela nga një distancë prej 40 km (25 milje) dhe krijoi vetëtima të krijuara nga njeriu, duke prodhuar blice me përmasa 41 metra (135 këmbë).

Puna e Teslës më pas u zhvendos në turbina dhe projekte të tjera. Në vitin 1915, ai ishte shumë i zhgënjyer kur një raport që ai dhe Edison do të ndanin çmimin Nobel doli i gabuar.

Tesla mori rreth 300 patenta në të gjithë botën, për shpikjet e tij. Ekzistojnë minimumi 278 patenta të njohura të lëshuara për Teslën në 26 vende të botës, ku shumë prej tyre ishin në SHBA, Britani dhe Kanada etj.

Tesla u vlerësua **Medaljen Edison (1917)**, nderimi më i lartë që mund të jepte Instituti Amerikan i Inxhinierëve Elektrike. *Ai kishte miq të ngushtë shkrimtarët*: **Robert Underwood Johnson, Mark Twain dhe Francis Marion Crawford.**

Pas vdekjes së Teslës, kujdestari i pronës së alienëve sekuestroi mbathjet e tij, ku mbaheshin letrat e tij, diplomat e tij dhe nderimet e tjera, letrat dhe shënimet e tij laboratorike.

Këto përfundimisht u trashëguan nga nipi i Teslës, Sava Kosanovich, dhe më vonë u vendosën në **Muzeun Nikola Tesla në Beograd**. Tre fitues të çmimit Nobel iu drejtuan homazhet e tyre *"njërit prej intelekteve të shquara të botës, që hapi rrugën për shumë prej zhvillimeve teknologjike të kohëve moderne"*.

Aeroporti Nikola Tesla i Beogradit (Аеродром Никола Тесла Београд), është një aeroport ndërkombëtar, që i shërben Beogradit, Serbisë. Është aeroporti më i madh dhe më i ngarkuar në Serbi, i vendosur 18 km (11 milje) në perëndim të qendrës së Beogradit, pranë periferisë së Surçin, i rrethuar nga ultësira pjellore. Transportuesi flamur dhe linja ajrore më e madhe e Serbisë, Air Serbia, përdor Beogradin Nikola Tesla si qendër të tyre. Ai është gjithashtu një nga bazat e shumta operative, për linjën ajrore me kosto të ulët Wizz Air.

Tesla u rrit si i krishterë ortodoks. Më vonë gjatë jetës **ai nuk e konsideroi veten si besimtar në kuptimin ortodoks.**

Tesla, shkroi një numër librash dhe artikujsh për revista. Ndër librat e tij janë "**Shpikjet e Mia: Autobiografia e Nikola Teslës**", *përpiluar dhe redaktuar nga Ben Johnston në vitin 1983* nga një seri artikujsh revistash të vitit 1919 nga Tesla të cilët u ribotuan në 1977; "**The Fantastic Inventions of Nikola Tesla**" (**1993**), përpiluar dhe redaktuar nga David Hatcher Childress; dhe "**The Tesla Papers**", "Shpikjet, Hulumtimet dhe Shkrimet e Nikola Teslës".

Trashëgimia, nderimet dhe Lista e gjërave me emrin Nikola Tesla, ka qëndruar në libra, filma, radio, TV, muzikë, teatër live, komike dhe video lojëra. Ndikimi i teknologjive të shpikura ose të parashikuara nga Tesla, është një temë e përsëritur në disa lloje të trillimeve shkencore.

Mihajlo Idvorski Pupin (Михајло Идворски Пупин, **1858-1935**), ishte serb etnik, i njohur si fizikant për patentat e tij dhe aktivist për interesat kombëtare të atdheut të tij të lindjes.

Profesor Pupin, ishte një anëtar themelues i Komitetit Këshillimor Kombëtar për Aeronautikën (**NACA**) më 3 mars 1915, i cili më vonë u bë **NASA**. *Ai gjithashtu*, mori pjesë *në themelimin e Shoqërisë Amerikane të Matematikës dhe Shoqërisë Amerikane të Fizikës.*

Në vitin 1924, ai **fitoi një çmim Pulitzer** *për autobiografinë e tij:* "**Nga imigranti te shpikësi**" (**1925**). Pupin u zgjodh president ose nënkryetar i niveleve më të larta shkencore dhe teknike, si Instituti Amerikan i Inxhinierëve Elektrikë, Akademia e Shkencave të New York-ut, Instituti i Radiove të Amerikës dhe Shoqata Amerikane për Avancimin e Shkencës dhe *ishte gjithashtu një konsull nderi i Serbisë në Shtetet e Bashkuara në vitet 1912-1920 dhe luajti një rol në përcaktimin e kufijve të Mbretërisë së sapoformuar të serbëve, kroatëve dhe sllovenëve.*

Mihajlo Pupin, lindi në fshatin Idvor (në komunën Kovaçicës, Serbi) në rajonin e Banatit, në Kufirin Ushtarak i Perandorisë Austriake, 1858. Ai kujton gjithmonë fjalët e nënës së tij dhe e citoi atë shpesh, në autobiografinë e tij.

Pupin shkoi në shkollën fillore në vendlindjen e tij, në shkollën ortodokse serbe dhe më vonë në shkollën fillore gjermane në Perlez. Shkollën e mesme e vijoi në Pançevë, e më vonë në Gjimnazin Real.

Ai ishte një nga kërkesat më të mira atje, kur një kryeprift vendas pa potencialin dhe talentin e tij të madh dhe ndikoi tek autoritetet, që t'i jepnin Pupin një bursë.

Pas vdekjes së babait të tij në mars 1874, Pupini 20 vjeçar vendosi të anulojë shkollimin në Pragë, për shkak të problemeve financiare dhe të transferohej në Shtetet e Bashkuara.

Ai shkruan në librin e tij autobiografik: *"Kur zbrita në Kalanë Garden, 48 vjet më parë, kisha vetëm pesë cent në xhep. Sikur të kisha 100 dollarë, në një vend të 5 cent, karriera ime e menjëhershme në tokën e re, dhe për mua, do të kishte qenë e thënë. Një emigrant i ri si unë atëherë nuk e fillon jetën e tij derisa të ketë shpenzuar të gjitha paratë që ka sjellë me vete. I solla pesë cent dhe i shpenzova për një byrek me kumbulla të thata, që doli të ishte një byrek fals..."*

Për pesë vitet e para në SHBA, Pupin punoi si punëtor krahu (*më së shumti në industrinë e biskotave në rrugën Cortlandt në Manhattan, New York*), ndërsa aty **mësoi anglisht, greqisht dhe latinisht**.

Pas tre vitesh kurse të ndryshme, në vjeshtën e vitit 1879 ai përfundoi me suksesin e testit dhe hyri në Kolegjin Columbia, ku u bë i njohur si një atlet dhe i jashtëzakonshëm. *Ai u diplomua me nderime në vitin 1883 dhe u bë qytetar amerikan në të njëjtën kohë.*

Pasi Pupin përfundoi studimet e tij, në fushën e fizikës, ai u rikthye në Evropë, fillimisht në Mbretërinë e Bashkuar (1883–1885), ku *vazhdoi shkollimin e tij matematikën e John Tyndall, në Universitetin e Kembrixhit.*

Ai mori Ph.D. në Universitetin e Berlinit, nën drejtimin e Hermann von Helmholtz dhe në 1889 ai u rikthye sërisht në Universitetin e Kolumbias (Manhattan, NY), për t'u bërë lektor i fizikës matematikore në Departamentin e sapoformuar të Inxhinierisë Elektrike.

Si hulumtues Pupin ishte pionier i zbulimit të valëve të bartës dhe analizës aktuale, vëzhgues i hershëm në imazhet me rreze X. Ai mësoi për zbulimin e Röntgen-it të rrezeve të panjohura që kalon nëpër drurët, letrës, izolatorëve dhe metaleve të hollësishme, duke lënë gjurmë në një fotografi dhe në përpjekje.

Edison i dha Pupin një ekran fluoroskopik me tungstat kalciumi i cili, kur filmi përpara, shkurtoi koha e ekspozimit me njëzet herë, nga një orë në disa minuta. *Bazuar në rezultatet e eksperimenteve, Pupin arriti në përfundimin se ndikimi i rrezeve X primare gjeneroi rreze X sekondare.*

Patenta e Pupinit e vitit 1899, për ngarkimin e bobinave, e quajtur në mënyrë arkaike *mbështjellje*, ndoqi nga afër pioniere të polit anglez Oliver Heaviside, e cila i paraprin patentës së Pupinit me rreth shtatë vjet. Rëndësia e patentës u bë e qartë, kur të drejtat amerikane, për të u përshtatur nga American Telephone & Telegraph (AT&T), duke e bërë atë të pasur edhe pse ATT bleu patentën e Pupin, ata e përdorën pak atë, pasi ata kishin kaluar në dorën George Campbell.

Gjatë kohës së Luftën së Parë Botërore në 1917, Pupin ishte duke punuar në Universitetin e Kolumbias, për teknikat e zbulimit të nëndetëseve. Profesori gjatë luftës, ishte anëtar i këshillit për kërkime dhe këshillimor të shtetit për aeronau.

Një shkencëtar tjetër i shquar serbo-amerikanë është **Miodrag Radulovački**, i cili, njihet si shpikësi i vitit 2010 në Universitetin e Illinois, për prodhimin e një shumë terapive të mundshme mjeksore për gjumin.

Miodrag (Misha) Radulovacki (Миодраг Радуловачки, 1933), ishte një shkencëtar dhe shpikës serbo-amerikan. *Ai ishteprofesor i Farmakologjisë në Kolegjin e Mjekësisë në Universitetin e Illinois në Çikago***(UIC),** arritjet kërkimore të Radulovacki përfshijnë: Teorinë e gjumit të Adenozinës, dhe studime farmakologjike pioniere për trajtimin i apnesë së gjumit, së bashku me bashkëpunëtorin kërkimor, David W. Carley, (Profesor i Mjekësisë në UIC).

Radulovacki dhe Carley *shpikën disa terapi medikamentoze për trajtimin e apnesë së gjumit, të cilat janë patentuar nga UIC.* UIC i njohu ata si **Shpikësit e Viti 2010**. *Radulovacki botoi më shumë se 170 punime shkencore.* Ai ishte gjithashtu **anëtar i huaj i Akademisë Serbe të Shkencave dhe Arteve.**

Miodrag Radulovacki lindi më 28 prill 1933, në Parage, një fshat në Serbinë veriperëndimore. Të dy *prindërit e tij ishin mësues të shkollës fillore.* Në fillim të Luftës së Dytë Botërore, babai i Radulovacki u thirr në Ushtrinë Jugosllave dhe më vonë u kap rob nga gjermanët pushtues.

Radulovacki ndoqi shkollën e mesme të Karlovcit ose Gjimnazin, e cila është shkolla e mesme më e vjetër në Serbi, sikurse njihej si Kembrixhi serb dhe Oksfordi. Ai *u pranua në Shkollën e Mjekësisë të Universitetit të Beogradit,* ku *u diplomua në vitin 1959* dhe më pas mori doktoraturën në Neurofiziologji, me titull: *"Gjumi në macet me tru të ndarë"*, pjesërisht e bërë në Institutin e Kërkimeve të Trurit në UCLA.

Radulovacki *kaloi 18 muaj në Institutin e Kërkimeve të Trurit në Univer-*

sitetin e Kalifornisë, Los Anxhelos (UCLA), ku mentori i tij ishte Ross Adey. Një nga gjetjet e kërkimit të tij në UCLA ishte se modeli elektroencefalografik (EEG) i gjumit në macet me tru të ndarë në ponsin, është sinkron në të dy hemisferat e trurit, duke treguar rëndësinë e trungut të trurit në rregullimin e gjumit.

Në vitin 1966, Radulovacki ishte profesor në Departamentin e Fiziologjisë në Kolegjin e Mjekësisë në Universitetin e Khartoum, Sudan. Atje ai shpiku një qasje për marrjen e lëngut cerebrospinal, duke përdorur një kanulë në cisterna magna në trurin e maceve, ndërsa në vitet 1970-1984, në Universitetin e Illinois, ai botoi një seri punimesh që trajtonin rolin e monoaminave në gjumë, në Kolegjin e Mjekësisë në Universitetin e Illinois në Çikago në vitin 1970 ishte si Asistent Profesor, ku botoi më shumë se 170 punime shkencore, gjatë karrierës së tij në UIC.

Prof. Radulovacki, u emërua Shpikësi i Vitit 2010 në Universitetin e Illinois, së bashku me Carley. Në tetor 2003, *Akademia Serbe e Shkencave dhe Arteve në Beograd zgjodhi Radulovacki si një nga anëtarët e saj të huaj për kontributin e tij të rëndësishëm kërkimor shkencor në fushat e Neurofarmakologjisë, çrregullimeve të gjumit dhe çrregullimeve të frymëmarrjes të lidhura me gjumin etj.*

Emri i basketbollistit të famës, **Pete Maravich**, është renditur **ndër 50 lojtarët më të mëdhenj në historinë e NBA.**

Peter Press Maravich (1947-1988), i njohur me pseudonimin e tij Pistol Pete, **ishte basketbollist profesionist amerikan. Maravich lindi në Aliquippa, Pensilvani dhe u rrit në Karolina. Ai luajti në kolegj në ekipin e basketbollit** Tigers të Universitetit Shtetëror të Luizianës, **ku babai i tij Press Maravich ishte trajneri kryesor i ekipit.**

Pete Maravich është koshshënuesi kryesor i të gjitha kohërave në NCAA Division I me 3,667 pikë të shënuara dhe një mesatare prej 44.2 pikësh për lojë. **Të gjitha arritjet e tij ishin** përpara miratimit **(rregullit)** të vijës metre pikë dhe orës së goditjes, **dhe pavarësisht se nuk ishte në gjendje të luante në universitet si student i parë, sipas rregullave të atëhershme të NCAA.** *Ai luajti për tre ekipe të Shoqatës Kombëtare të Basketbollit (NBA) derisa lëndimet e detyruan të tërhiqej në vitin 1980 pas një karriere 10-vjeçare profesionale basketbolli.*

Një nga lojtarët më të rinj të përfshirë ndonjëherë në *Sallën e Famës së Basketbollit Naismith Memorial, Maravich u konsiderua si një nga talentet më të mëdhenj sulmues krijues dhe një nga mbajtësit më të mirë të topit të të gjitha kohërave.* **Ai vdiq papritmas në moshën 40-vjeçare, gjatë një loje në vitin**

1988 si pasojë e një defekti të pazbuluar në zemër. Në ndeshjen e tij të parë, Maravich shënoi 50 pikë, 14 kërcime dhe 11 asistime kundër Southeastern Louisiana College.

Në vetëm tre vjet, duke luajtur në ekipin e universitetit (dhe nën drejtimin e tranjerit që ishte babai i tij) **në LSU,** *Maravich shënoi 3.667 pikë 1.138 nga ato në 1967-1968, 1.148 në 1968-1969 dhe 1,381 në 1969-1970.*

Utah Jazz **filloi të luante në sezonin** 1979-1980. **Maravich** *u transferua me ekipin në Salt Lake City,* **por problemet e tij në gju ishin më të këqija se kurrë. Ai u shfaq në 17 ndeshje në fillim të sezonit, por dëmtimet e tij e penguan atë të ushtronte shumë, dhe trajneri i ri Tom Nissalke kishte një rregull të rreptë, që lojtarët që nuk praktikonin nuk lejoheshin të luanin në lojëra. Kështu, Maravich qëndroi në pankinë për 24 ndeshje radhazi, për të zhgënjyer tifozët e Utah dhe për vetë atë.**

Xhazët e vendosën Maravich-in me heqje dorë në janar 1980. Ai nënshkroi një kontratëme ekipin Celtics, ekipi më i mirë në ligë atë vit.

Duke kuptuar se problemet e tij me gjurin nuk do të zhdukeshin kurrë, Maravich u tërhoq në fund të atij sezoni. NBA vendosi goditjen prej 3 pikësh në kohën e duhur, për sezonin e fundit të Maravich në ligë. Ai ka qenë gjithmonë i famshëm për gjuajtjet e tij nga distanca e gjatë dhe megjithëse i dëmtuar nga dëmtimet, viti i tij i fundit dha një matës zyrtar statistikor të aftësive të tij.

Gjatë karrierës së tij10-vjeçare në NBA, **ai** *luajti në 658 ndeshje, mesatarisht 24.2 pikë dhe 5.4 asistime për garë.* Në vitin 1987, ai u fut në Sallën e Famës së Basketbollit Naismith Memorial, dhe fanella e tij nr. 7 është tërhequr nga Jazz dhe New Orleans Pelicans, si dhe fanela e tij me nr. 44 nga Atlanta Hawks.

Në vitin 2021, **për të përkujtuar përvjetorin e 75-të të NBA,** The Athletic **renditi 75 lojtarët më të mirë të të gjitha kohërave dhe e** emëroi Maravich si lojtarin e 73-të më të madh në historinë e NBA-së. mesatarisht 44 dhe respektivisht 44.5 pikë për lojë. **Për karrierën e tij kolegjiale, rojtari 6 ft 5 in (1,96 m) mesatarisht 44.2 pikë për lojë, në 83 gara dhe** *udhëhoqi NCAA në shënimin për secilin nga tre sezonet e tij.*

Maravich ishte tre herë një All-Amerikan. **Megjithëse ai nuk u shfaq kurrë në turneun NCAA, ai luajti një rol kyç në ndryshimin e një programi të dobët, që kishte postuar një rekord 3–20 në sezonin para ardhjes së tij. Maravich përfundoi karrierën e tij të kolegjit në turneun kombëtar të ftesës 1970, ku LSU përfundoi i katërti.**

**Megjithatë, sezoni ishte mjaft i mirë për t'i fituar Maravich paraqitjen e tij të parë ndonjëherë në NBA All-Star Game, dhe gjithashtu nderimet e ekipit të dytë në All-NBA.

Gjatë karrierës së tij 30-vjeçare në NBA, Maravich luajti në 658 ndeshje, mesatarisht 24.2 pikë dhe 5.4 asistime për garë.

Në vitin 1987, ai u fut në Sallën e Famës së Basketbollit Naismith Memorial, dhe fanella e tij nr. 7 është tërhequr nga Jazz dhe New Orleans Pelicans, si dhe fanela e tij me nr. 44 nga Atlanta Hawks.

Sasha Knezev, është një regjisor serbo-amerikan i njohur për *Addict American 1, Addict American 2, Fragmente të Daniela dhe Welcome to San Pedro.*

Predrag Radosavljević (1963), është një ish lojtar i njohur i futbollit serbo-amerikan dhe i famshëm për shënimin e një goli, kundër ekipit të Brazilit.Kështu Shtetet e Bashkuara mposhtën Brazilin për herë të parë, me një fitore 1–0 në vitin 1998, për Kupën e Artë KONKACAF.

Në Alaska, ka më shumë figura të shquara serbo-amerikanë. Të tillë janë: **Mike Stepovich(1919-2014)**, Guvernatori i Alaskës; **John Dapcevich (1926-2022)**, ish kryetari i Sitka, Alaska; **Marko Dapcevich (1969)**, ish kryetari i bashkisë më i fundit i Sitka, Alaska; **Alex Miller**, politikan lobist **(1922-1998)**; **Frank Peratrovich (1895-1984)**, politikan dhe biznesmen, Presidenti i Vëllezërve Nënës Alaska; **Bill Ray (1922-2013)**, politikan demokrat, ku për 22 ishte në legjislaturën e Alaskës, duke përfaqsuar banorët e Juneau; **Steve Vukovich (1890-1951**, politikan dhe bisnesmen, gjatë periudhës territoriale të Alaskës. Vukovich lindi në një familje malazeze. Ai emigroi në Amerikë dhe shërbeu në Ushtrinë e Shteteve të Bashkuara në vitet 1917-1918. Më vonë punoi në Çikago përpara se të transferohej në Alaskën kufitare. Ai ishte i njohur për udhëtimet nëpër territor si shitës veshjesh. Vukovich ishte anëtar i Legjislaturës së 17-të Territoriale të Alaskës në vitet 1945-1946; **John Butrovich Jr. (1910-1997)**, politikan dhe biznesmen nga Alaska. Ai ishte **anëtar i Partisë Republikane** dhe ishte kandidati i asaj partie në zgjedhjet e guvernatorit të vitit 1958. I lindur në një kamp minierash pranë Fairbanks, Alaskë në një familje kroate amerikane, Butrovich u diplomua në shkollën e mesme Fairbanks në vitin 1929. Më pas ai shkoi në Universitetin Shtetëror të Washington-it. Ai u kthye në Fairbanks dhe ishte në biznesin e sigurimeve. Ai u martua me Grace Butrovich në 1936, dhe ata patën 1 vajzë së bashku. Në vitet 1944-1958, Butrovich shërbeu në Senatin Territorial të Alaskës dhe ishte republikan. Ai ishte kryetari i delegacionit të dërguar te presidenti Eisenhower, për ta bindur atë të nënshkruante projektligjin e shtetësisë. Në vitin 1958, Butrovich kandidoi në zgjedhjet për Guvernator të Alaskës dhe humbi.

Në vitet 1963-1979, Butrovich shërbeu në Senatin e Shtetit të Alaskës. Ai u emërua **Alaska i Vitit 1980** dhe iu dha një **Diplomë Nderi nga Universiteti i Alaskës**. Ndërtesa Butrovich, një ndërtesë në kampusin e Universitetit të Alaskës Fairbanks, që drejton administratën mbarëkombëtare të Universitetit të Alaskës, mban emrin e tij.; **John Hajdukovich**, i lindur me emrin **Jovan Hajduković**, **(1879-1965)**, ishte një pionier malazezo-amerikan në Alaskë, i cili drejtonte disa poste tregtare rreth **Big Delta** dhe ishte anëtar i Komisionit të Lojërave të Alaskës. Ai emigroi në Alaskë në 1903 dhe punoi si minator, kurth dhe udhërrëfyes. Në vitin 1906 Hajdukovich *bleu shtëpinë e rrugës në Big Delta dhe e zgjeroi atë. Në vitin 1928,* vëzhgimet dhe përvoja e tij në vendin e Deltës së Madhe ishin baza për zhvendosjen e tufës së madhe të bizonëve nga Montana që jeton atje.; **Mike Pusich (1896-1953)**, ishte një emigrant serbo-amerikan, i cili ishte kryebashkiak i Douglas, Alaska. Pusich, emigroi në Shtetet e Bashkuara në vitin 1909 dhe u vendos në Douglas më 1912, ku qëndroi deri në vdekjen e tij. Ai hapi *Sallonin Douglas* në vitin 1914 dhe u bë shefi i zjarrfikësve në vitin 1936. Si kryetar bashkie, Pusich udhëtoi në Uashington DC me shpenzimet e tij, për të siguruar fondet për të zhvendosur zyrën dhe laboratorin e Byrosë së Minierave të Departamentit të Brendshëm të SHBA në ishullin Douglas dhe ia doli. Në vitin 2017, Douglas Harbour u riemërua 'Mike **Pusich Douglas Harbor'**, për të njohur dhe nderuar dekadat e kontributeve të bëra nga Pusich. etj.

Serbët në Hollywood dhe Hollywood për serbët

Disa nga serbët në Hollywood, kanë bërë emër të madh, përmes tematikave të filmave të ndryshme artistike dhe aktorët me famë botërore, që lozin dhe ralizojnë këto filma. Ata janë të famshëm edhe në kulturën e tyre të larmishme popullore. Jehona e kulturës, traditave dhe zakoneve origjinale të tyre është bërë në rrugë dhe forma të ndryshme kulturore.

I mirënjour është filmi dokumentar në gjuhën angleze, me titull: **"Tesla Nation"**, i cili, trajton gjerësisht historinë dhe kontributin e madh mbi 255-vjeçare të komunitetit të madh serbo-amerikanë, në shumë shtete të Amerikës.

Aktori i famshëm **Brad Dexter(1917-2002)**, ishte një aktor shumë i mirënjohur dhe producent filmi amerikan. Ai është i njohur për rolet e guximshëm dhe në perëndim (*western*), duke përfshirë filmin **The Magnificent Seven (1960)**, dhe duke prodhuar disa filma *të tjerë* për *Sidney J.*

Furie si **Lady Sings the Blues**. Ai njihet gjithashtu për një martesë të shkurtër me **Peggy Lee (1920-2002)**, një miqësi me **Marilyn Monroe (1926-1962)** dhe për shpëtimin e **Frank Sinatrës (1915-1998)** nga mbytja. Rolet e djaloshit të ashpër të Dexter, ishin në kontrast me personalitetin e tij të qetë dhe miqësor në jetën reale. Ai luan senatorin lindor, i cili, jep një leksion serb, në filmin **Shampoo (1975)**.

Craig Wasson (1954), është një aktor tjetër i famshëmamerikan. Ai bëri debutimin e tij të sukseshëm në filmin **Rollercoaster (1977)**. Ai është më i njohur për rolet e tij si Jake Scully në **Body Double të Brian De Palma (1984)** dhe Neil Gordon në **A Nightmare** të Chuck Russell në **Elm Street 3: Dream Warriors (1987)**. Për rolin e tij si Danilo Prozor në **Four Friends të Arthur Penn (1981)**, ai u nominua për një çmim **Golden Globe.**

Filmi i parë, me metrazh të gjatë i Wasson, ishte një thriller **Rollercoaster (1977)**. Në vitin 1978, ai u shfaq në dy filma për luftën e Vietnamit: fillimisht si person privat në **The Boys** në Kompaninë C dhe më pas si tetar në **Shko Thuaju Spartanëve**. Ai gjithashtu shkroi dhe këndoi këngën popullore të bezdisshme **Here I Am** (In Vietnam), e cila shërbeu si kënga temë për **The Boys in Company C.**

Craig, luajti në serialin jetëshkurtër **Skag (1980)**. Ai gjithashtu luajti **Don Wanderley (1981)**, një profesor i ri i anglishtes në filmin **Ghost Story**, në të cilin personazhi i tij ka një marrëdhënie seksuale të zjarrtë me një grua misterioze, të cilën më vonë e kupton se është një fantazmë, që kërkon hakmarrje.

Në vitin 1982, ai u nominua për çmimin Golden Globe, për interpretimin e tij në **Four Friends (1982)**. Më vonë ai luajti si Jake Scully në filmin e Brian De Palma, **Body Double (1984)**.

Roli tjetër i tij i madh ishte si *Dr. Neil Gordon*, në filmin horror të vitit 1987, **A Nightmare on Elm Street 3: Dream Warriors**. Ai luajti së bashku me *Heather Langenkamp, Robert Englund, Patricia Arquette dhe Laurence Fishburne.*

Në vitin 1989, Wasson luajti si James Madison në **A More Perfect Union: America Becomes a Nation.** Rolet e tij më të fundit në film janë në **Akeelah and the Bee (2006)** dheSasquatch Mountain (2006).

Wasson, u shfaq si Doug Ebert në telenovelën **One Life to Live** në 1991. Ai ka bërë paraqitje të ftuar në një numër seriale, duke përfshirë **The Bob Newhart Show, Phyllis, Skag, For Jenny with Love, Murder, She Wrote, M* A*S*H** (seriali televiziv), **Hart to Hart, Walker, Texas Ranger, Profiler, The Practice, Seven Days, The Secrets of Isis dhe Star Trek:**

Deep Space Nine.

Craig Wasson, luan rolin e një serbo-amerikani *Danilo Prozor*, në filmin e vitit 1981, me titull **Four Friends**. Në këtë film, Danilo, ka konflikte me babanë e tij, luftën e me trashëgiminë e tij, marrëdhënien e tij të ngushtë me të dashurën dhe martesën e prishur, me një debutuese të qytetit Long Island.

Sam Rockwell (1968), luan një boksier serbo-amerikan, *Pero Mahaloviç*, në filmin e vitit 2002, me titull: *"Mirë se vini në Hollynwood"*.

Aktori i famshëm **Tom Cruise(1962)**, luan rolin e një serbo-amerikani, *Stefan Djordjeviç*, në filmin e njohur: **Të gjitha lëvizin drejt**.

Filmi i aktorit *George Clooney* **(1961) Good Night and Good Luck,** është i bazuar në ngjarjet që rrethojnë shkarkimin e serbio-amerikanit *Milo Radulovich*, gjatë frikës së kuqe amerikane.

Simone Simon (1911-2005), interpreton stilisten me origjinë serbe, *Irena Dubrovna*, në filmin **Cat People(1942)**.

Ajo gjithashtu shfaqet në filmin tjetër **Curse of the Cat People**, një vazhdim i vitit 1944 dhe në fimin: **The Cat People.**

Philip Dorn(1901-1975), interpreton *Draža Mihailović* luan në filmin çetnik të Hollywood-it në vitin 1943, me titull **Fighting Guerrillas.**

Loja video GTA IV, përfshin karaktere serbe. **Rrethimi diplomatik (1999)**, është titulli i një filmi amerikan me aksion, i cili, paraqet rrëmbyesit serbë, që kërkojnë lirimin e një krimineli lufte.

Vrasja Sezoni (2013), është një film thriller amerikan me aksion, i cili, paraqet grindjet midis veteranëve amerikanë dhe serbë.

America Someone else, është një film i regjizorit **Goran Paskaljević (1947-2020)**, realizuar në vitin 1995. Ngjarjet e filmit artistik, zhvillohen ne shtetin e New York-ut. *Filmi në fjalë, përshkruan jetën e një emigranti të paligjshëm serb dhe familjes së tij në Long Island në New York.*

Marrëdhëniet midis Mbretërisë së Serbisë dhe SHBA-së

Serbët ndër shekuj, kanë qenë shumë aktiv në mbrotje të çështjeve të tyre kombëtare në rrugë diplomatike. Ata kanë pasur një lidhje të ngushtë interesi politik dhe diplomatik me politikanët e niveleve të larta në administratat e ndryshme në SHBA.

Në këtë rrafsh, asokohe marrëdhëniet diplomatike midis Mbretërisë të Serbisë dhe SHBA-së, u krijuan në shekullin XIX, mbi bazën e interesit reciprok dypalësh.

Në vitin 1879 u hap Konsullata e Përgjithshme e Serbisë në New York

Marrëdhëniet ndërmjet Serbisë dhe Shteteve të Bashkuara, u vendosën për herë të parë në vitin 1882, kur Serbia ishte një mbretëri. Nëvitet 1918-2006, Shtetet e Bashkuara mbajtën marrëdhënie me Mbretërinë e Jugosllavisë, Republikën Socialiste Federative të Jugosllavisë dhe Republikën Federale të Jugosllavisë (më vonë Serbinë dhe Malin e Zi), pasardhëse ligjore e së cilës konsiderohet Serbia.

Në fund të shekullit të 19-të, *Shtetet e Bashkuara u përpoqën të përfitonin nga tërheqja e Perandorisë Islame Otomane nga Ballkani, duke vendosur marrë-dhënie diplomatike me shtetet kombëtare të reja të rajonit, ndër të cilat ishte edhe Serbia.*

Të dy vendet në fjalë, ishin aleatë shumë të mire gjatë Luftës së Parë Botërore. Pas luftës, Serbia u bashkua me Malin e Zi dhe territoret e mba-jtura më parë nga Austro-Hungaria, për të krijuar një shtet të bashkuar sllavo-jugor, që do të njihej si Jugosllavi.

Vendi kishte marrëdhënie diplomatike me Shtetet e Bashkuara deri në fillimin e Luftës së Dytë Botërore. *Gjatë Luftës së Dytë Botërore në Ju-gosllavi, Shtetet e Bashkuara mbështetën çetnikët mbretërorë serbë mbi rivalët e tyre, partizanët komunistë.*

Çetnikët, përfundimisht humbën nga rezistenca e partizanëve komu-nistë dhe kështu asokohe Jugosllavia u bë një shtet komunist njëpartiak me udhëheqësin bolshevik partizan **Josip Broz Tito (1892-1980)** në krye të tij.[35] Menjëherë pas luftës, Jugosllavia dhe Shtetet e Bashkuara kishin

---

[35]Josip Broz (Јосип Броз, 1892-1980), i njohur si Tito (Тито), ishte një revolu-cionar dhe politikan komunist jugosllav, që shërbeu në poste të ndryshme të udhëheqjes kombëtare nga viti 1943 deri në vdekjen e tij në 1980. Gjatë Luftës së Dytë Botërore, ai ishte udhëheqësi i partizanëve jugosllavë, të push-tuar asokohe nga gjermanët nazistë. Ai ishte president i Republikës Socialiste Federative të Jugosllavisë nga 14 janari 1953 deri në vdekjen e tij më 4 maj 1980. Ideologjia politike dhe politika e Titos, njihen kolektivisht si Titoizëm. *Ai lindi nga një baba kroat dhe nënë sllovene në fshatin Kumrovec, Austro-Hungari (Kroacia e sotme).* Gjatë në shërbimin ushtarak, ai u dallua, duke u bërë rresh-teri më i ri në ushtrinë austro-hungareze. Pasi u plagos rëndë e u kap nga rusët, gjatë Luftës së Parë Botërore, ai u dërgua në një kamp pune në malet

pak kontakte dhe marrëdhënie diplomatike.

Fundi i Luftës së Dytë Botërore, rezultoi gjithashtu në emigrimin masiv të refugjatëve politik dhe ekonomik nga Jugosllavia, shumë prej të cilëve ishin serbë, që përfunduan duke u zhvendosur për një jetë më të mire në Shtetet e Bashkuara. Kjo ndihmoi në krijimin e diasporës së parë të madhe serbe në Shtetet e Bashkuara.

Ural. Ai mori pjesë në disa ngjarje të Revolucionit Rus në 1917 dhe në Luftën Civile që pasoi. Pas kthimit të tij në Ballkan më 1918, ai hyri në Mbretërinë e sapokrijuar të Jugosllavisë, ku u bashkua me Partinë Komuniste të Jugosllavisë (KPJ). Ai mori kontrollin mbi partinë në vitin 1937, ai u zgjodh zyrtarisht sekretar i përgjithshëm i saj në 1939 dhe më vonë president i saj, titull që e mbajti deri në vdekjen e tij. Gjatë Luftës së Dytë Botërore, pas pushtimit nazist të zonës, ai udhëhoqi lëvizjen guerile jugosllave. Në fund të luftës, partizanët me mbështetjen e aleatëve që nga mesi i vitit 1943, morën pushtetin mbi Jugosllavinë. Pas luftës, Tito ishte arkitekti kryesor i Republikës Socialiste Federative të Jugosllavisë (RSFJ), duke shërbyer si kryeministër (1944-1963), president (1953-1980; që nga viti 1974 president i përjetshëm) dhe marshall i Jugosllavisë, grada më e lartë e Ushtrisë Popullore Jugosllave (JNA). Pavarësisht se ishte një nga themeluesit e *Cominform*, ai u bë anëtari i parë i Cominform, që sfidoi hegjemoninë sovjetike në vitin 1948. Ai ishte i vetmi lider gjatë jetës së Josif Stalinit, që u largua nga Cominform dhe *filloi me modelin idiosinkratik* të vendit të tij të vetë-menaxhimit socialist, në të cilin firmat ishin administrohej përmes këshillave të punëtorëve dhe të gjithë punëtorët kishin të drejtë në një pjesë të barabartë të fitimeve. Rreth Titos u ndërtua një kult shumë i fuqishëm individi, të cilin Lidhja e Komunistëve të Jugosllavisë e mbajti edhe pas vdekjes së tij. Dymbëdhjetë vjet pas vdekjes së tij, ndërsa komunizmi u shemb në Evropën Lindore dhe tensionet etnike u përshkallëzuan, Jugosllavia u shpërbë dhe u zhyt në një seri luftërash ndëretnike. Disa historianë e kritikojnë presidencën e Titos si autoritare[6][7] dhe e shohin atë si një dictator. I parë si një simbol unifikues, politikat e tij të brendshme ruajtën bashkëjetesën paqësore të kombeve të federatës jugosllave. Populli i Kosovës e priti shumë mirë Presidentin komunist Tito, me këngë dhe valle, gjatë vizitës së tij në kryeqytetin e vendit Prishtinë. (*Shiko videot në kanalin YouTube*) Josif Broz (Tito) fitoi vëmendje të mëtejshme ndërkombëtare si udhëheqësi kryesor i Lëvizjes së Jo-Angazhimeve, së bashku me Jawaharlal Nehru të Indisë, Gamal Abdel Nasser të Egjiptit, Kwame Nkrumah të Gana dhe Sukarno të Indonezisë. Me një reputacion shumë të favorshëm jashtë vendit, në të dy blloqet e Luftës së Ftohtë, ai mori gjithsej 98 dekorata të huaja, duke përfshirë Legjionin e Nderit dhe Urdhrin e Bathit.

Disa nga refugjatët serbë, që u vendosën në Amerikë, pas Luftës së Dytë Botërore, **ishin të mërguar antikomunistë**, që u përpoqën të minonin Titon, gjatë Luftës së Ftohtë, duke përdorur Shtetet e Bashkuara si një vend të lire, për qëllimet e tyre antikomuniste dhe përhapjen e demokracisë në vendin e tyre që asokohe sundohej me force të herkut nga komunistët. Influenca e ish Bashkimit Sovjetik asokohe dhe për disa dekada ishte e madhe, në rrafshin politik dhe diplomatik ndërkombëtar, mbasi dy shtetet sllave i bashkonte ideologjia totalitare komuniste dhe besimi fetar ortodoks.

Gjatë shpërbërjes së Jugosllavisë, Shtetet e Bashkuara u angazhuan në konflikte luftarake dhe ekonomike, veçanërisht me Serbinë, e njohur në atë kohë si Republika Federale e Jugosllavisë (një nga shtetet pasardhëse të Jugosllavisë socialiste).

SHBA, vendosën sanksione dhe kryesuan një fushatë bombardimi të NATO-s, kundër Jugosllavisë në vitin 1999. Gjatë kësaj periudhe, një valë tjetër e emigrimit politik dhe ekonomik serb pasoi dhe shumë refugjatë serbë u shpërngulën në Shtetet e Bashkuara. (**Shënim:** *Për këtë temë, me gjerësisht, kam shkruar në brenda këtij libri, mbi subjektin e luftrave amerikane kudo në botë dhe SHBA.*)

Në vitet 2000, marrëdhëniet diplomatike midis Shteteve të Bashkuara dhe Jugosllavisë u rivendosën, por u ndryshuan kur Mali i Zi u shkëput dhe u shpall e Pavarur në vitin 2006, pas së cilës Serbia ishte shteti pasardhës, për të vazhduar marrëdhëniet e mbajtura më parë nga Republika Federale e Jugosllavisë.

Kosova, shpalli pavarësinë nga Serbia në shkurt të vitit 2008, një lëvizje të cilën SHBA e njohu menjëherë.

...1882

Më 3 shkurt të vitit1882, Parlamenti serb miratoi një kontratë dhe Konventë të marrëdhënieve diplomatike midis Mbretërisë së Serbisë dhe Shteteve të Bashkuara, të dhëna nga **Mbreti Milan Obrenović**. Senati i Amerikan, miratoi të dy dokumentet më 5 korrik 1882, pa debat ose ndryshime.

Më 10 nëntor 1882, *Eugene Schuyler*[36] u bë zyrtarisht ambasadori i parë

---

[36]**Eugene Schuyler (1840-1890)**, ishte një studiues, shkrimtar, eksplorues dhe diplomat amerikan i shekullit të nëntëmbëdhjetë. Schuyler, ishte një nga tre

i Shteteve të Bashkuara në Serbi.

Cili ishte roli i SHBA-së në përcaktimin e kufijve të Mbretërisë së serbëve, kroatëve dhe sllovenëve?

Pas pjesëmarrjes së SHBA-së në Luftën e Parë Botërore, presidenti demokrat amerikan **Woodrow Wilson(1856-1924)**,lëshoi 14 pikat e tij si një listë e negociatave me përparësi, për të përfunduar luftën.

Pika e dhjetë e Wilson pohoi se popujt, që jetojnë në Hungari, duhet të vendosin në mënyrë të pavarur fatet e tyre pas luftës, duke kundërshtuar drejtpërdrejt vizionin e pasluftës së Mbretërisë së Bashkuar, për një Hungari të mbijetuar.

Pika e 11-të e Wilson përfshiu më saktë Serbinë, duke thënë qartë se *Serbisë i garantohet hyrje e hapur në detin Adriatik.*

Gjatë negociatave për Traktatin e Versajës, Shtetet e Bashkuara u përfaqësuan nga një delegacion, i cili, ishte përfshirë shumë në përcaktimin e kufijve për Mbretërinë e re të serbëve, kroatëve dhe sllovenëve.

Gjatë procesit të përcaktimit të kufijve të rinj, Mbretëria e Serbisë përzgjodhi **Jovan Cvijić(1865-1927)**, për të treguar hartat për delegacionin amerikan, në përpjekje për t'i bindur ata të mbështesin blerjen e Baranya, Banat lindore, dhe rajone të tjera të qeverisura më parë nga Austro-Hungaria, Bullgaria dhe Rumania.

Delegacioni amerikan, u përball me hollin e vendeve fqinje të Serbisë, dhe për pjesën më të madhe miratoi ndarjen e Baranya për Hungarinë dhe pjesën më të madhe të Rumanisë, në kontrast me propozimet e Cvijić.

Studentët serbë, filluan të studiojnë në SHBA, menjëherë pas Luftës së Parë Botërore (WWI). Për këto qëllime **Komiteti Ndërkombëtar i Arsimit serb u themelua nga profesor Rosalie Slaughter Morton(1872-1968) në vitin 1919**, e cila shpejt u bë zyrtar nga Ministria e Arsimit.

Prof. Morton, ishte gruaja e parë profesoreshë e gjinekologjisë në New York dhe ajo kërkoi të *"kushtoj respekt, mirënjohje dhe admirim"*, për rolin e

---

amerikanët e parë, që fitoi një doktoraturë nga një universitet amerikan; dhe përkthyesi i parë amerikan i *Ivan Turgenev (1818-1883) dhe Lev Tolstoi (1828-1910)*. Ai ishte diplomati i parë amerikan, që vizitoi Azinë Qendrore ruse dhe si Konsull i Përgjithshëm Amerikan në Stamboll, ku ai luajti një rol kyç në publikimin e mizorive otomane (turke) në Bullgari në 1876, gjatë Kryengritjes së Prillit. Ai ishte ministri i parë amerikan në Rumani dhe Serbi, dhe ministri i SHBA në Greqi.

Serbisë në luftë.

Gjithsej 61 studentë (kryesisht nga Serbia e sotme), ishin regjistruar në gjeneratën e parë universitare. **Kolegje të ndryshme amerikane, u vunë në dispozicion për studime falas, për studentët serbë,***si një shenjë e vull-netit të mirë dhe partneritetit mes dy shteteve mike.*

Veprime të tilla, ishin vetëm një aspekt i marrëdhënieve përgjithësisht të mira, midis dy kombeve, në të gjitha fushat asokohe.

Tregtia dhe investimet serbo-amerikane

Fiat 500 Lunita, është prodhuar në Serbi dhe shitet në Shtetet e Bashkuara, si dhe në të gjithë botën.

Eksportet më të mirë të Serbisë në SHBA, përfshijnë automjetet **Fiat**, të prodhuara në Kragujevac. Fiat e bleu Zastava Automobili në vitin 2008 dhe më pas menaxhoi fabrikën në Kragujevac, në mënyrë që të prodhonte automjete të reja Fiat, në krahasim me modelet Zastava (Zastavas-i i fundit u prodhua në 2008); vetëm në maj 2013, 3.000 Fiat 500 Lunita u dërguan nga Serbia në Baltimore, për t'u shitur në Shtetet e Bashkuara.

Fiat 500 L, është automobili i parë, që *është eksportuar nga Serbia në SHBA*, që nga Zastava Koral para 1992, dhe po provon të jetë një model popullor, me një sasi të madhe reklamash këtu.

Në vitin 2015, të dy shtetet diskutuan për të gjetur mënyra të reja, për të rritur investimet në Serbi.

Në vitin 1963, *Pan American World Airways*,filloi fluturimet nga Aeroporti Ndërkombëtar i New York-ut *"John F. Kennedy"*, për në Aeroportin International (sot **"Nikola Tesla"**) në Beograd, Serbi, Jugosllavi.

Nga vitet 1970 -1992, JAT Slavic Airlines fluturoi nga Beogradi në New York, Chicago, Cleveland dhe Los Angeles, duke përdorur pajisjet Boeing 707 dhe McDonnell Douglas DC-10.

Më 23 qershor 2016 transportuesi serb i flamurit **Air Serbia**, filloi fluturimin e parënga Aeroporti International "**Nikola Tesla**" Beograd, për në Aeroportin Ndërkombëtar JFK të New York-ut.

Literatura:

https://www.britannica.com/biography
USA SERBS/Serbian-American network
Famous Serbian Americans

Serbian National Defense Council of America
Serb National Federation
Serbs for Serbs
Serb Life e Magazine
About the notable Alaskan Serb Dapcevich family
<u>Wikipedia,</u> The Free Encyclopedia

DJALI BONGBONG I ISH-PRESIDENTIT FERDINAND MARCOS DHE SARA VAJZA E ISH-PRESIDENTIT RODRIGO DUTERT E LIDERË TË RINJ NË PRESIDENCËN E FILIPINEVE

Mashtrimet dhe nxitja e protestave dhe revotave të reja fallco në Filipine, para betimit dhe mbas inagurimit, kundër Presidentit të ri Fernando Marcos Jr. nga gazeta ultra liberale komuniste The New York Times, apo kanali televiziv CNN (CNN Philippine), etj., të kujton shumë mirë nxitjen e vijueshme të protestave shkatërruese anarkiste kundër SHBA-së, që media Fake News në bashkëpunim me Antifa dhe BLM, bënë në ditën kur **Donald J. Trump** *po bënte inagurimin si Presidenti i ri 45-të i SHBA-së në Capitol Hill, Washington D.C.*

Zgjedhjet në Filipine dhe rikthimi me sukses i forcave nacionaliste konservatore

Ferdinand "Bongbong" Marcos Jr., djali i Presidentit të ndjerë të ishujve ekzotik Filipine, Ferdinand Marcos (më 20 prill 2022), mbajti një **fjalim historik me theks të kjartë patriotik**, gjatë një mitingu para *valës së kuqe të miliona mbështetësve të tij në Lipa*, provincën Batangas, Filipine.

Politikani me karrierë të gjatë politikë në ishujt Pilipine, sot Presidenti i ri, për një mandate 6-vjeçar zoti Fernando Marcos Jr., ka qenë më parë ish-guvernator provincial, kongresmen dhe senator.

Ai flet shumë mirë anglisht dhe është një njohës i shkëlqyer i politikës tradicionale filipinase dhe ndërkombëtare, falë fatit dhe përvojes historike, sepse është *djali i ish-Presidentit të ishujve Filipine Fernand Marcos.*

Në fund të numërimit të votave, në shkallë kombëtare **Marcos Jr. mblodhi më shumë se 31 milionë** vota, vendi i dytë ish-zv/Presidentja Leni Robredo 14.309.524 dhe **ish-boksieri i famshëm senatori Manny Pacquiao** 3.412.075.

Konservatori i djathtë *Marcos Jr. ka fituar 2 herë më shumë vota, se sa ndjekësi më i afërt i tij, që përbën shifrën rekord për disa dekada, në të gjithë historinë e presidentëve në ishujt e bukur Filipine.*

Nga ana e tjetër, *zv/Presidentja e re e Filipineve Sara Duterte (1978), ka fituar gjithashtu me një rezultat shumë të lartë, duke marrë gjithsej 30.310.743 vota në shkallë kombëtare,* kurse vendi i dytë kandidati Pangilian, ka marrë

8.917.499 dhe vendi i tretë Sotto 7,969,127.

Triumfi elektoral i Marcos Jr., dhe Sara Dutertes, është një fitore e madhe për demokracinë filipinase. Presidenti i ri i vendit, para gazetarëve ndërkombëtare deklaroi *se po kërkonte gjuhën e përbashkët të bashkëpunimit, përtej ndarjes politike*, tha zëdhënësi i tij, Vic Rodriguez.

Presidenti dhe nënkryetari i zgjedhur, veçmas morën detyrën më 30 qershor 2022, pasi rezultatet u konfirmuan nga Kongresi i ishujve Filipine.

Rivalët kryesorë të Marcos Jr., kanë pranuar humbjen, përfshirë ish-yllin e boksit *Manny Pacquiao*. Sfiduesi më i afërt i Marcos, z/Presidentja*Leni Robredo*, një avokate e të drejtave të njeriut e pranoi humbjen. "*Si boksier dhe atlet, di të pranoj humbjen. Por unë shpresoj që edhe nëse humba në këtë luftë, kolegët e mi Filipinas, që po zhyten në varfëri ishin gjithashtu fitues.*", tha **Manny Pacquiao** në një video-mesazh.

"*Ne mezi presim të rinovojmë partneritetin tonë të veçantë dhe të punojmë me administratën e ardhshme për të drejtat kryesore të njeriut dhe prioritetet rajonale*", tha zëdhënësi i Departamentit të Shtetit të SHBA-së **Ned Price**.

Rezultati i zgjedhjeve ishte spektakolare dhe e mirëpritur nga rë gjithë si një përmbysje mahnitëse e kryengritjes së *pushtetit popullor*, të mbështetur nga grushti ushtarak komunist, që rrëzoi babanë e Marcos Jr. nga pushteti në vitin e zi 1986. *Sot ky është një triumf demokratik, në një rajon aziatik, që konsiderohet një pikë e nxehtë e të drejtave të njeriut.*

Marcos Jr., ka mbrojtur me vendosmëri trashëgiminë e babait të tij dhe ka refuzuar të kërkojë falje sbsurde për asgjë. *Ai vizitoi menjëherë varrin e babait të tij ish-Presidentit Ferdinand Marcos, në varrezat e heronjve kombëtarë të martën, duke vendosur lule dhe në një moment u shfaq i pushtuar nga emocionet...*

Ai dhe Sarah Duterte, e bija e Rodrigo Dutertes, bënë fushatë me një platformë patriotike të unitetit kombëtar, e cila fatmirësisht u mbështet nga miliona filipinas.

Pak fjalë kush ishte ish-Presidenti Marcos Sr.

Ferdinand Emmanuel Edralin Marcos lindi më 11 shtator 1917, në qytetin Sarrat, Ilocos Norte, nga *Mariano Marcos (1897–1945)* dhe *Josefa Edralin (1893–1988)*.

Mariano Marcos, ishte një avokat dhe kongresmen nga Ilocos Norte, Filipine. Ai u ekzekutua nga guerilat komunistë Filipinas, në vitin 1945. Nëna e tij Josefa Marcos, ishte një mësuese shkolle, që jetoi shumë më gjatë se burri i saj, duke ndërruar jetë në vitin 1988, dy vjet pasi familja Marcos e la atë në Pallatin Malacañang, kur ata ikën në megrim, pas Revolucionit Komunist të Pushtetit Popullor të vitit1986.

Vogëlushi Ferdinand, fillimisht u pagëzua në kishën e Pavarur të Filipineve, por më vonë u pagëzua në kishën katolike në moshën 3-vjeçare.

Marcos u martua **me Imelda Trinidad Romualdez**, më 17 prill 1954, vetëm 11 ditë pasi u takuan për herë të parë. *Ata kishin tre fëmijë biologjikë: Bongbong Marcos (Fernando Marcos Jr.), Imee Marcos dhe Irene Marcos.Marcos dhe Imelda*, më vonë adoptuan *Aimee Marcos.*[37]

Sipas biografëve dhe historianëne Filipinas, mësojmë se Presidenti Marcos është një **pasardhës kinez mestizo**, ashtu sikurse shumë presidentë të tjerë pinoy.

Ferdinand Marcos, *studioi drejtësi në Universitetin e Filipineve në Manila, duke ndjekur Kolegjin e Drejtësisë*. Ai shkëlqeu si në aktivitetet kurrikulare ashtu edhe në ato jashtëshkollore, duke u bërë *anëtar i ekipeve të universitetit të notit, boksit dhe mundjes.*

Marcos Sr., ishte gjithashtu një orator, debatues dhe shkrimtar i mirë në gazetën studentore. Kur ishtenë Kolegjin e Drejtësisë UP, ai u bë anëtar i **Upsilon Sigma Phi**, ku takoi kolegët e tij të ardhshëm në qeveri dhe disa nga kritikët e tij më të vendosur.

Kur u ul për provimet apo testet e Jurisprudencës të vitit 1939, ai ishte noteri më i mirë, dhe arriti një rezultat prej **92.35%,** ku u diplomua e **u vlerësua me Dekoratë Nderi**. Ai u zgjodh në shoqëritë ndërkombëtare të nderit Pi Gamma Mu dhe Phi Kappa Phi, ku kjo e fundit i dha atij *Çmimin e Anëtarit më të Dalluar,* 37 vjet më vonë.

Ferdinand Marcos, i është dhënë titulli **Doctor Laws**, *Honoris Causa Diplomë (Doktor Nderi i Drejtësisë)*, gjatë kohës si President i Filipineve nga Universiteti Qendror i Filipineve, Rex. D. Drilon, më 21 prill 1967.

---

[37]**Aimee Romualdez Marcos-Bernedo** (lindur më **2 maj 1979**), është një muzikante dhe figurë publike filipinase e njohur si bateristja e grupit muzikor **The Dorques**. Ajo është vajza e birësuar e ish-presidentit të ndjerë të Filipineve Ferdinand Marcos dhe ish-zonjës së parë Imelda Marcos. Ajo ishte e vetmja anëtare e familjes së afërt të Marcos, që ishte ende e mitur kur ligji ushtarak u hoq zyrtarisht në 1981 dhe kur Marcoses shkuan në mërgim në Honolulu në 1986, dhe ka qëndruar larg politikës. Ajo aktualisht jeton në Cagayan de Oro me burrin e saj, Cid Bernedo, dhe djalin e tyre.

Nga avokat në President të Filipineve

Ferdinand Emmanuel Edralin Marcos Sr., (1917-1989), ishte politikan, avokat filipinas dhe **Presidenti i 10-të i ishujve Filipineve** në vitet **1965-1986**. Pas Luftës së Dytë Botërore, ai u bë avokat dhe më pas *shërbeu në Dhomën e Përfaqësuesve të Filipineve 1949-1959 dhe në Senat 1959-1965.*

Ai u zgjodh President i Filipineve në vitin 1965 dhe kryesoi një ekonomi që u rrit gjatë fillimit të sundimit të tij 20-vjeçar. Marcos Sr., ndoqi një program agresiv të zhvillimit të infrastrukturës të financuar nga borxhi i jashtëm, duke e bërë atë popullor, gjatë mandatit të tij të parë. Marcos, vendosi Filipinet nën ligjin ushtarak më 23 shtator 1972, pak para përfundimit të mandatit të tij të dytë. **Ligji ushtarak u ratifikua në vitin 1973, përmes një Referendumi popullor, sepse komunistët po shkatërronin vendin.**

F. Marcos, u zgjodh për një mandat të tretë, në zgjedhjet presidenciale të Filipineve të vitit 1981. Për të shmangur atë që mund të kishte qenë një konfrontim ushtarak me gjakderdhje në Manila, midis trupave pro dhe anti-Marcos, *ai u këshillua nga* **Presidenti i 40-të i SHBA-së (1981-1989) Ronald Reagan (1911-2004),** *nëpërmjet senatorit Paul Laxalt (1922-2018), që të largohet nga ishujt Filipine.*

Presidenti i 17-të i Filipineve
Ferdinand Romualdez Marcos Jr. (1957)

Ai në fëmijëri është quajtur **Bongbong Marcos ose BBM** dhe nga data 9 maj 2022, fatmirësisht është zgjedhur Presidenti i ri i Filipineve. **Junior,** është fëmija i dytë dhe djali i vetëm i ish-Presidentit Ferdinand Marcos Sr. dhe ish-zonjës së parë Imelda Romualdez Marcos.

Ai ka shërbyer më parë si **senator në vitet 2010-2016**. Në vitin 1980, 23-vjeçari **Marcos Jr.,** u bë **z/Guvernator i Ilocos Norte**, duke përfaqsuar Partinë Kilusang Bagong Lipunan të babait të tij.

Më pas ai u bë **guvernator i Ilocos Norte në 1983**, duke mbajtur atë detyrë derisa **familja e tij u rrëzua nga pushteti nga puçi ushtarak komunist** ose sikurse njihet asokohe *Revolucioni Komunist* i Pushtetit Popullor dhe iku në mërgim në **Hawaii** në shkurt të vitit 1986.

Pas vdekjes së babait të tij në vitin 1989, Presidenti Corazon Aquino përfundimisht lejoi anëtarët e mbetur të familjes Marcos të ktheheshin në

Filipine. **Marcos Jr.,** hyri me perkushtim në politikë dhe arriti të zgjidhet si përfaqësues i distriktit të 2-të të Kongresit të Ilocos Norte në vitet 1992-1995. Ai kandidoi e u zgjodh përsëri guvernator i Ilocos Norte në vitin 1998. Pas nëntë vjetësh, ai u kthye në pozicionin e tij të mëparshëm si përfaqësues nga 2007-2010, më pas u bë senator me siglen e Partisë Nacionaliste në vitet 2010-2016.

Në vitin 2015, Marcos Jr. kandidoi për nënpresident në zgjedhjet e 2016. Me një diferencë prej 263.473 votash dhe 0,64 për qind diferencë, ai humbi përballë **Camarines Sur** (zv/Presidente e Filipineve nga viti 2016-2022). Ajo synoi të bëhej Presidente, por humbi në zgjedhjet e 8 majit 2022, duke dalë e dyta me një diference votash 17.000.000 nga vedi i parë, të cilin e fitoi Fernand Marcos Jr., duke u bërë kështu Presidenti i ri i ishujve Filipine.

Në vitin 2021, Marcos njoftoi se do të kandidonte për president të Filipineve, në zgjedhjet e vitit 2022, nën Partido Federale Pilipinase (PFP), të cilën ai e fitoi.

Lindja, familja, karriera dhe sot Presidenti i 17-të i Filipineve

Ferdinand Romualdez Marcos Jr., i mbiquajtur "Bongbong", lindi më 13 shtator 1957, nga Ferdinand Emmanuel Edralin Marcos dhe Imelda Remedios Visitacion Romualdez. Babai i tij Ferdinand Sr. ishte përfaqësues i Distriktit të Dytë të Ilocos Norte kur ai lindi, dhe u bë senator dy vjet më vonë. Kumbarët e tij përfshinin miqtë e shquar të Marcos, Eduardo "Danding" Cojuangco Jr., dhe manjatin e farmaceutikës Jose Yao Campos.

Marcos Jr., së pari studioi në Institucion Teresiana dhe La Salle Green Hills në Manila, ku ai mori kopshtin e tij dhe arsimin fillor, respektivisht. **Në vitin 1970,** ai u dërgua në **Angli,** ku jetoi dhe studioi në **Worth School,** një institucion benediktin i të gjithë djemve në West Sussex. Ai po studionte atje, kur babai i tij shpalli ligjin ushtarak në të gjithë Filipinet, në vitin 1972.

Më pas ai u regjistrua në **St. Edmund Hall, Oksford,** për të studiuar filozofi, politikë dhe ekonomi (PPE) dhe një diplomë speciale në studimet sociale.

Marcos Jr., u regjistrua në programin Master në Administrim Biznesi në Shkollën e Biznesit Wharton, Universiteti i Pensilvanisë, në Filadelfia, SHBA, të cilin ai nuk arriti t'a përfundonte, sepse u tërhoq nga programi, për arsye të zgjedhjes së tij si zëvendës guvernator i Ilocos Norte në vitin 1980.

Në vitet 1980 Marcos Jr. u fut në qendër të vëmendjes kombëtare qysh kur ishte 3 vjeç, dhe kur babai i tij kandidoi për herë të parë për president të Filipineve në vitin 1965, kur ai ishte 8 vjeç. Gjatë fushatës së babait të tij në vitin 1965, Bongbong luajti veten në filmin Sampaguita Pictures Iginuhit ng Tadhana: **"Historia e Ferdinand E. Marcos"**, një film biografik, që supozohet se bazohet kryesisht në portretizimin e Ferdinand Marcos, në romanin *"Për çdo lot një fitore"*.

I riu Marcos u portretizua hijshëm, duke mbajtur një fjalim në fund të filmit, në të cilin **ai thotë se do të donte të bëhej politikan, kur të rritet.** *Vlera e marrëdhënieve me publikun e filmit, vlerësohet se ka ndihmuar Marcos Sr. të fitoj zgjedhjet presidenciale të ishujve Filipine të vitit 1965...*

Historia e mashtrimit globalist vijon ndaj Presidentit Marcos Jr.

Për disa dekada me radhë, makina e madhe e shfenuar propagandistike ose më saktë media e majta globaliste, si: *Big Tech, CNN, EuroNews, The Associated Press, BBC, The New York Times, Daily News, TIME, Washington Post, Boston Globe, Los Angelos Times, etj.,* **dhe vendase filipinase**, janë shumë të zemëruar sot, sepse deshtuan vazhdimisht në përpjekjet e tyre të çmendura shumëvjeçare me keqinformime dhe Fake News, *për t'i mbushur mendjen popullit filipinas, që të mos votojë më kandidatin konservator nacionalist Marcos Jr.* dhe vajzën e ish Presidentit patriot Rodrigo Duterte (2016-2022).

Gjatë kohës së Presidentit konservator Ferdinand Marcos Sr., *ekonomia filipinase u rrit, investimet e huaja amerikane etj., po hynin me shpejtësi në territorin filipinas* dhe kështu asokohe vendi mori një zhvillim të paparë, ashtu **sikurse ndodhi në kohën e artë të Presidentit të 45-të të SHBA-së me republikanin patriot Donald J. Trump (2016-2020).**

Pas periudhës së sukseshme ekonomike të Marcos, *erdhen presidentët socialkomunistë si* **Presidentja Corazon C. Aquino**, *nga lëvizja apo* **produkt i pastër grushti i shtetit ushtarak**, *i cili rrëzoi Qeverinë e ligjshme të Presidentit Fernando Marcos, në vitin e zi 1986.*

Marcos Sr., u zëvendësua më pas nga Presidenti komunist *Fidel V. Ramos*, gjatë viteve shkatërrimit ekonomik në vitet e mbrapshta 1992-1998. *Gjenerali i lartë,* ishte ish-komandanti i forcave të armatosura, që *kishte udhëhequr më parë kryengritjen komuniste ushtarake të grushtittë shtetit në vend,* të ndikuar asokohe nga shpifjet në seri të qeverive dhe mediave të majta globaliste komuniste filipinase, botërore, amerikane dhe europiane.

Filipinet, nën Presidentin Marcos ishin në zhvillim ekonomik

Komunistët, kur erdhën në pushtet e zhytën edhe më shumë vendin e bukur të ishujve ekzotik filipine në varfëri të tmerrshme, ku korrupsioni galopant mbeti i shfrenuar dhe kudo, premtimet për reformën e tokës dhe një shpërndarje më të drejtë të pasurisë kishin rezultuar si fraza propagandistike me premtime tipike boshe bolshevike.

Mediat e majta, përmes korrespondentëve mercenarë komunistë vendas dhe ato të huaj, po lavdëronin kalimin e "suksesshëm" të vendit në varfëri dhe mjerim total. Kjo të kujton periudhën e zezë të regjimit komunisto-ateist në Shqipëri (1944-1991), në kohën e lagkjoftit, diktatorit anti-shqiptar Enver Hoxha apo sikurse njihet shkurt Dulla.

Për shumë filipinas të zakonshëm, mjerimi, korrupsioni, papunësia dhe varfëria si sëmundje të frikshme ishin rritur me ardhjen e diktatorëve komunistë në pushtet, të cilët sikurse kudo në vendet e kampit socialist në Europën Lindore, si në: Shqipëri, Kosovë, Kubë dhe Korenë e Veriut etj., vetëm gënjenin non stop 24/7, për dekada me radhë, duke u shpërlarë sistematikisht trurin skëllevërve naivë modern të tyre, me andrra mbi "lumturinë" boshe, tipike komuniste dhe socialiste…

Pikërisht gjatë viteve të fundit, nostalgjia e shumëpritur, për të rikthyer periudhën e suksesshme të Presidentit Fernando Marcos, po shoqërohet me rivlerësimin e tij *në ditët tona, ku masivisht në formë Referendumi filipinasit mbështetën me mbi 31,000.000 vota Presidentin e Ri të vendit të tyre Ferdinand **Bongbong** Marcos Jr., djali i Presidentit të ndjerë të ishujve Filipine, juristin dhe burrshtetin e madh Ferdinand Marcos Sr.*

Edhe kësaj radhe, forca dhe madhështia e votës së të rinjve filipinas (*pinoy, sikurse njihen ne gjuhën vendase tagalog*), bënë që të deshtojnë me turp propaganda anti-Marcos, që për dekada ata janë munduar të kultivojnë në tru tek *populli i zgjuar filipinas, që tashmë rikthei dinjitetin e humbur historik të vendit të tyre*, për shumë dekada të drejtimit mbrapsht nga komunistët dhe socialistët globalistë filipinas, në presidencë dhe qeveri kukulla.

Ferdinand "Bongbong" Marcos Jr.

Me shumicën e votave të numëruara herët në mëngjesin e së martës më 10 Maj 2022, *Marcos Jr. vazhdimisht kishte një epërsi absolute ose më saktë sa dyfishi ndaj rivalit të tij më të afërt, sipas rezultateve paraprake jozyrtare.*

Në arenën ndërkombëtare Sleepy komunist dhe globalist Joe Biden mori një shuplakë të madhe, sepse komunistët e tij nuk arritën jo vetëm ti afrohen, por as të jenë asnjëherë konkurentë të denjë për të drejtuar për 6 vitet e ardhshme **7650 ishujt e bukur ekzotik filipine**.

Është një fakt i mirë në ditët tona, se shumica e votuesve të rinj kanë mësuar nga prindërit e tyre të vërtetën historike, të deformuar me para-mendim dhe qëllim nga ish presidentët komunistë dhe socialist globalistë me ndihmën e mediave marramendëse globaliste të majta filipinase, amerikanë dhe botërorë.

Filipinasit e zgjuar e kanë kuptuar shumë mirë se, demokracia do të thotë pak, nëse nuk sjell ndryshime të vazhdueshme domethënëse në jetën e tyre të përditshme.

Me fraza standarte boshe, vjedhje të votave, manipulimin e zgjedhjeve, sikurse ndodhi në zgjedhjet presidenciale amerikane, ku iu vodhën bru-talisht votat Presidentit të suksesshëm **Donald J. Trump**, më 3 nëntor 2020.[38]

Me vendosjen e regjimit komunist në Shtëpinë e Bardhë, sot kemi rritje taksashçdo ditë dhejeta e amerikanëve të shtresës së mesme dhe të varfër, është bërë shumë e vështirë në çdo aspekt të jetës në SHBA, si pasoj e regjimit të papërgjeshëm dhe anti-amerikan **Obama-Biden-Harris 3.** Këtu nuk rritet mirëqënia, por po shkatërrohenvazhdimisht dhe fatkeq-sisht bisneset, të cilat po falimentojnë njëra pas tjetrës kudo, varfëria po rritet me shifra astronomike, çmimet e gazit, dritave, ujit, ushqimeve, shtëpive, makinave, etj., kanë shkuar si raketë lart në univers.

Papunësia, si plagë e madhe është rritur me shifra të frikshme dhe sikurse dihet se kështu po shkatërrohet çmendurisht dhe vazhdimisht ekonomia e familjeve amerikane. Ne jemi fatkeqsisht, në krizë totale ekonomike, krizë të thellë shtetërore, politike, financiare etj.,*e cila po shoqëro-het fatkeqsisht me sëmundjen ngjitëse apo efektine pashkangshëm domino këtudhe në planin global…***Drejtësia këtu, është e korruptuar dhe e kapur për veshi nga regjimi komunist. Departamenti i Drejtësisë këtu, FBI, CIA etj., janë bërë vegla qorre politike të sistemit komunist dhe po mbulojnë çdo ditë korrupsionin e Shekullit të Familjes Biden.**

Kur SHBA është keq, e gjithë ekonomia e botës është shumë keq…

Gazeta globaliste sot më e palexuara në SHBA, *The New York Times*, në

---

[38]**Shih dokumentarin me fakte dhe prova te 4.2 milion videove manipula-tive**www.2000Mules.com**writer and director Dimosh D'Suoza,** from the creator of **"2016: Obama's America"**

një shkrim të saj inatçor, për fitoren e Marcos Jr. si Presidenti i ri i ishujve Filipine, shkruan: "*Në kohë të vështira ekonomike, nostalgjia dhe amnezia mund të jenë motivues më të fuqishëm se shqetësimi për institucionet dhe parmakët demokratike. Kjo është ajo që e shtyu Bongbong Marcos, në epërsinë e tij dërrmuese në garën e mbushur me njerëz presidenciale në Filipine. Amerikanët e shqetësuar për kthimin e Donald Trump, më mirë t'a kenë parasysh.*"

Propaganda keqinformuese non stop kundër Presidentit Trump dhe Presidentit Fernand Marcos Jr.

Media e majtë globaliste amerikane **Fake News**, sot është e mbushur me këshilltarë politik të regjimit të papërgjsëhm komunist Obama Biden-Harris 3, të cilët në monitor ia përgatisin shkrimet apo fjalimet pensionistit të papërgjeshëm *Joe Biden, i cili, fatmirësisht ka mbetur pa kujtesë dhe aftësi fizike e mendore, po bën gafa plot injorancë me lajthitje sistematike, plot gënjeshtra idiote çdo 2 minutë dhe sa herë që hap gojën, të cilën fatmirësisht nuk ia kontrollon mendja e tejlodhur dhe konsumuar totalisht...*

Në fakt, është e kundërta e këtij shkrimi propagandues të NYT si Fake News. *Amerikanët e vërtetë, mezi presin që të rizgjedhet edhe një herë si President patrioti dhe idhulli i tyre Donald J. Trump, sepse kështu do të ekzspozohen publikisht se kush e bëri shkatërrimin e vendit, ekonominë, pilitikës kombëtare dhe ndërkombëtare, financave etj., do të ekspozohen para popullit, se kush e bëri krimin e organizuar të vjedhjes dhe manipulimit të votave në SHBA, që iu bënë atij më 3 nëntor 2020, nga komunistët dhe mediat mashtruese të majta fanatike komuniste.*

Dashuria dhe respekti për Trump-in, shprehet edhe në tubimet masive popullore, që po zhvillohen në shumë shtete të SHBA-së, ku fatmirësisht numëri i pjesëmarrësve vazhdimisht shkon nga 1 deri në 2 milion mbështetës të tij. Rrjeti i ri social **TRUTH**, sot është më i kërkuari ose e thënë ndryshe **#1**, më i ngarkuar në **AppStore** nga kërkesat, që kanë amerikanët dhe bota, për t'a pas atë në Celullar dhe Ipod, duke shpërndarë vazhdimisht çdo lajm (**share**), opinion, fakte dhe dokumente historike dhe investigime nga korrupsioni i familjes Biden, dinastisë Bill & Hillary Clinton, Fondacioni (Fantazëm) Clinton, **Laptop from Hell (2019)** *i Hunter Biden*, djalit të Joe Biden, korrupsioni i 12 antarëve të familjes Biden, ku dominon vëllai të tij, Jim Biden etj…

Më 8 nëntor 2022, në zgjedhjet e radhës që mbajtën për 435 përfaqsuesit e Kongresit Amerikan (*Dhoma e Përfaqsuesve*) dhe disa vende për në Senatin Amerikan, republikanët fituan bindshëm (**222 karrige nëKongres**) dhe të marën fatmirësisht në dorë frenat e drejtimit të këtyre institucioneve të përfaqsuesve të popullit amerikan. *Ato sot po ekspozojnë korrupsionin apo Skandalin e Shekullit të 12 antarëve të supërkorruptuar të familjes së Joseph Biden Junior dhe vetë atij, kur ishte zv/President i SHBA-së dhe deri në ditë tona etj.*

Kjo nga ana e tjetër, po bën realitet procesin fillimit të menjëhershëmtë Gjyqit të Madh në Kongresin Amerikan, për Shkarkimin e domosdoshme nga detyra në Shtëpinë e Bardhë të politikanit "demokrat" të jashtëligjshëm dhe të korruptuar, gënjeshtarit serial Joe Biden dhe zevendses së tij të paaftë si analfabete në detyrë Kamala Harris.

Investigimi shumëvjeçar sapo ka përfunduar dhe pritet vetëm fillimi rutinë i paraqitjes së tyre para Kongresit dhe Senatit Amerikan, ç'ka do të sjell Ekspozimin Masiv dhe të Plotë të Korrupsionit dhe Skandalit më të Madh të Shekullit 21 në SHBA, **që me paramendim është fshehur nga media Fake News, Big Tech, me kupolat e korruptuara të DOJ, FBI dhe CIA.**

Korrupsioni i familjes Biden dhe djalit të tij Hunter Biden, është në qendër të mediave dhe rrjeteve sociale të reja dhe të pavarura amerikane. Media e majtë, që sot ka pushtetin propagandistic, nuk do që të flas asnjëherë për këto fakte dhe prova, që dita-ditës po rriten si male tëfrikshme, para syve të popullit amerikanë, që me padurim votoj më 8 nëntor 2022, për nisjen e Proçesit të Gjyqit në Kongres dhe Senat dhe më pas arrestimin e kukullës së mediave Sleepy Joe Biden me kompani.

Mashtrimet dhe nxitja e protestave dhe revotave në reja në Filipine, para betimit dhe mbas inagurimit kundër Presidentit të ri Fernando Marcos Jr. nga gazeta ultra liberale komuniste The New York Times, CNN (dhe CNN Philippine), etj., të kujton nxitjen e protestave, që ato media Fake News bënë në ditën kur Presidenti Donald J. Trump po bënte inagurimin si Presidenti i ri 45-të i SHBA-së në Capitol Hill në Washington D.C.

Miliona amerikanë, mbështetës të Presidentit Trump festonin atë ditë të madhe historike, gjatë inagurimit të tij, spektakëlin prej miliona patriotë, *e cila* **po përsëritet fatmirësisht***sërisht edhe në kryeqytetin e ishujve ekzotik* **në Manila, kur Fernando Marcos Jr. të bëj betimin me ceremoni madhështore si Presidenti i Filipineve, për një mandat 6-vjeçar para popullit të tij mbështetës.**

Titulli i gazetës gënjeshtare globaliste anarkiste trushpëlarëse "The New York Times" ishte: "Fitorja e Marcos nxit protesta në Filipine" (*Marcos Win Prompts Protests in the Philippines*), është thjeshtë propaganda e mirëfilltë kundër vërdiktit të sovranit (*popullit*) të ishujve filipine.

Banorët e zgjuar të ishujve Filipine, nuk janë Amerika e degraduar

dhe e rrënuar sot, fatkeqsisht nga kukulla i përgjumur e i paaftë fizikisht dhe mendërisht Joe Bidenit.

Duke ndjekur për shumë vite nga afër mediat amerikane, theksoj sei njëti shkrim me tekst identik është bërë edhe 6 vjet më parë, kur Donald J. Trump u zgjodh Presidenti i 45-të i SHBA-së **me 305 vota elektorale**, duke fituar edhe në ato shtete liberale të gomerëve, që tradicionalisht kanë votuar prej dekadash për kandidatët "demokratë" amerikanë. *Asokohe të gjithë mediat u shokuan kur Trump fitoi bindshëm, ndaj rivales "demokrate" liberal-komunistetë korruptuares Hillary Clinton.*

Kujtoj, se asokohe shumë media mashtruese komuniste propagandistike globaliste dhe aktorë të lodhur dhe deshtuar komunistë, ekstremistë socialistë liberalë të Hollywood-it, thanë me mburrje para kamerave të tyre (duke vendosur bast), me sigurinë e lartë që kishin, për fitoren e idhudhit të tyre liberales Hillary Clinton, se nëse ndodh e pamundura (humbja e saj) ato do të lënë menjëherë shtetësinë amerikane dhe do të largohen menjëherë nga SHBA në drejtim të Venezuelës, Kubës, Koresë së Veriut, Shqipërisë, Kosovës etj.

Fatkeqsisht edhe sot e kësaj dite asnjë nga këto mashtrues dhe rrencakë veteranë profesionlistë, të kryesuar nga padronët e tyre Fake News, nuk u larguan nga Amerika, por po vijojnë fatkeqsisht të prodhojnë sërisht më shumë se asnjëherë tjetër Urretje, **Rrena** dhe Shpifje në gjuhën angleze.

Ato u munduan vazhdimisht dy herë me gjyq fallco (plot gënjeshtra dhe trillime karakteristike për ekstremistët anti-amtikanë "demokrat") në Kongres dhe Senatin Amerikan të shkarkojnë Presidentin më popullor Donald J. Trump, por deshtuan, duke ekzpozuar veten e tyre si mashtrues profesional.

Duke mos u ndalur në urretjen e madhe dhe të vazhdueshme kundër Presidentit të pafajshëm Trump, ato (elita e korruptuar "demokrate" amerikane) krijuan me gënjeshtra dhe shpifje të ulëta të ashtëquajturën: **"Dosja Trump"**, të paguar financiarisht nga stafi i kampit elektoral të Hillary Clinton, e cila fatmirësisht tashmë është në hetim kriminal të pavarur nga hetuesi special i pavarur **John Durham**; përgjuan sistematikisht non stop 24/7 kampin elektoral të kandidatit dhe më pas Presidentit Trump, kur ai hyri në Shtepinë e Bradhë, e cila tashmë fatmirësisht edhe ky krim anti-Kushtetues është zbuluar nga hetimet dhe rezultatet e pavarura që po vazhdojnë të dalin në dritë…

Administrata e papërgjeshme dhe e korruptuar **Biden-Harris**, sot nxitën dhe po mbajnë të ndezur luftën Rusi-Ukrainë, mes dy popujve vëllezër kufitarë sllav dhe orthodox në Europën Lindore, për të humbur gjurmët e korrupsionit të shekullit 21 të familjes Biden me Kompaninë Gaz-nxjerrëse Burisma.., djalit të tij Joe Biden, përdoruesit pasionant dhe të rregullt të drogës dhe prostitutave Hunter Biden, vëllait të tij (Joe Biden) Jim Biden etj., duke qenë kështu **Skandali më i madh i Shekullit, në historinë e SHBA-së.**

*Ish-Kongresi i kontrolluar nga demokratet dhe***Sleepy Biden**, *miratuan një fond prej 200.000.000.000 billion dollarë për ushtrinë ukrainase, që sot fatkeqsisht kontrollohet nga Batalioni Neo-Nazi Azov, Qeveria më e korruptuar në botë e Presidentit kukull të vendit Vladimir Zhelinski, oligarkia supër e pasur, e cila totalisht kontrollohet nga neo-nazi vendas…*

Sleepy Joe Biden dhe inkompetentja analfabete e politikës amerikane dhe ndërkombëtare Kamala Harris (*që zgërdhihet pa shkak para kamerave komuniste*), në vend që të dërgojnë në zonën e konfliktit diplomatë apo negociatorë, për vendosjen e Paqes mes vendeve kufitare sllave ortodokse Rusi-Ukrainë, dhuron billiona dollarë dhe armatime shfarosëse vrastare, për të mbajtur të ndezur krizën ndërkombëtare dhe luftën më të përgjakshme në Europen Lindore, ku *deri tani kanë humbur jetën mbi 400.000 ukrainas, janë larguar nga vebdi si në eksodet biblike mbi 20.000,000 ukrainas, e cila dikur kishte një popullsi 36.000.000 banorë.*

Obama-Biden-Harris 3, NATO, media amerikane, europiane dhe botërore e majtë, kanë heshtur dhe bërë syrin qorr me qëllim, para krimeve të përgjakshme mosturioze sot të Batalionit Azov Neo-Nazi Ukrainë (**për të cilën kanë raportuar para konfliktit ushtarak vetë media e majtë CNN dhe The New York Times etj., raportet e hartuar me kujdes nga vetë Komiteti i Vëzhgimit të Lirive dhe të Drejtave të Njeriut ne Helsinki etj.**), në katër republikat e pavarura, si Dombas, Krime etj., kundër popullsisë etnike ruse dhe vendase ukrainase…

Kujtoj, se kur Presidenti Trump kërkoj (për të mirën e popullit amerikan) nga Kongresi miratimin e një fondi prej $7 billion, demokratët radikalë komunistë anti-amerikanë nuk pranuan t'i japin atij fondin financiar të domosdoshëm, për të ndërtuar Murin e Madh në kufi, për të mos lejuar futjen e jashtëligjshme të emigrantëve ilegalë, trafikantëve drogës, qënieve njerëzore, anëtarëve të karteleve të drogës dhe krimit, anëtarë të organizatës kriminale dheterroriste MS-13 etj.

Deri tani kanë hyrë ilegalisht mbi 15.000.000 njerëz të paligjshëm nga 196 vende të botës, si pasojë e hapjes totale të kufirit nga regjimi komunist Obama-Biden-Harris 3.

Nga ana e tjetër, non stop me propaganda fallco, Big Media Globaliste, Big Tech etj., po vijojnë të mohojnë korrupsionin galopant dhe shumë-vjeçar të familjes Biden ditën për diell edhe pse në Twitter (**pas blerjes se saj nga bilioneri Elon Musk**) etj., po botohen dokumente origjinale, video, e-mail dhe foto me prostituta të djalit të Joe Biden, Hunter Biden, falë kopjeve të memories së Laptopit të tij, që është në investigim nga FBI qysh në vitin 2019.[39]

Ujku qimen e ndërron, por zakonin se harron

Amerikanët, sot janë të shqetësuar për heshtjen dhe mbulimin e qëllimshëm të korrupsionit dhe shpesh të bashkëpunimit të FBI dhe CIA me "demokratët",për moshetimin e familjes së korruptuar Biden dhe laptopin e djalit të Joe Biden, "bisnesmenit" Hunter Biden dhe se investigimi dhe "drejtësia" amerikane zyrtare fatkeqsisht po përdoret me dy standarte. *Nëse kjo do të kishte ndodhur me Presidentin Trump dhe me ndonjë nga femijët e tij, ai me kohë do të ishte në burg po nga FBI dhe DOJ…*

Për më shumë nga të gjithë *amerikanët, dihet botërisht se ndaj djalit të Joe Biden, Hunter Biden Departamenti i Drejtësisë së SHBA-së (DOJ) dhe FBI, kanë ngritur 4 akuza kriminale investigative dhe po vazhdon hetimi i kompromentuar dhe shumë i ngadaltë (si breshka), shpesh mbrojtës ndaj tij nga drejtuesit kryesorë të FBI, që sot kontrollohen nga regjimi komunist i Sleepy Joe Biden….*

Historia, fatkeqsisht po përsëritet

Historia po përsëritettani, në një shtet tjetër qindra milje larg SHBA-së, në ishujt e bukur Filipine. Media ndërkombëtare globaliste e majtë, fatkeqsisht po përdor të njëjtën taktikë masive, që pa sukses përdoren kundër Presidentit amerikan Donald J. Trump, gjatë viteve të suksesshme të tij 2016-2020.

Media Fake News, po krijon dhe nxit protesta të rreme, për të mbajtur të ndezur gjuhë e urrejtes dhe mashtrimit sistematik kundërforcave të djathta konservatore kudo në botë. **Ujku qimen e ndërron, por zakonin se harron.**

---

[39]Shih në Amazon.com - Laptop from Hell: Hunter Biden, Big Tech, and the Dirty Secrets the President Tried to Hide, shkruar nga gazetarja investigative Miranda Devine, e cila punon për gazetën e përditshme New York Post.

Në fakt, kjo nuk është protesta e popullit pinoy, kundër Presidentit të ri Fernando Marcos Jr., por është protesta e zakonshme apo rutinë e gazetës komuniste globaliste *The New York Times*, që mbështeti edhe **mbi 500 protestat e dhunshme, gjatë verës së vitit 2020**nga organizatat anarkiste-terroriste-fashiste-komuniste si**Antifa** dhe anarkistëve të **BLM**[40],të cilat iparaqiste me propagande si paqësore, në një kohë që çdo ditë, orë dhe javë digjeshin në flakë bisneset e popullit amerikanë, vidheshin dyqanet dhe supermarketet kompanive luksoze të firmave të mirënjohura në Manhattan, NY (*Fifth Avenue, ku unë kam qenë dëshmitarë i shumë prej tyre, sepse punoj afër dyqaneve luksoze*).

Këto akte apo veprime të dhumshme, u bënë në emër të ish skllavërisë dhe ish racizmit. Sot, që Biden ka marrë peng Zyren Ovale, nuk ka deri më sot asnjë protestë, në emer të ish skllavërisë dhe ish racizmit. Ato forca të dhumshme destruktive, kujtohen një herë në 4 vjet, për të "**drejtat**" e tyre absurde dhe kontradiktore me realitetin dhe sa herë që në Shtëpinë e Bardhë janë republikanët, ato bëjnë protesta të dhunshme, që fillojnë me telekomandë (*dhe sponsorizuar nga bilionerë amerikanë marksistë e globalistë*), pikërisht në ditën e parë, kur Presidenti republikan bën betimin në Capitol Hill, Washington DC., dhe deri sa më i votuari përfundon një apo dy mandatet e fituara nga votat e sovranit (popullit) amerikanë.

Por, duke nxjerrë inatin e humbjes së thellë, më 9 maj 2022 në Filipine, gazeta anarkiste globaliste **NYT**, vë në gojë deshirën e saj të brendshme anarkiste marksiste, kur zhgarravit si më poshtë: "*Votuesit e rinj, që ishin mbledhur rreth Leni Robredos, gjatë garës presidenciale u mblodhën, për të shprehur zhgënjimin e tyre me rezultatet paraprake, që tregonin humbjen e saj dërrmuese.*"[41]

Një tjetër zhgarravistëse rutinë Sui-Lee Wee e së përditshmes së merzitshme propagandistike amerikane **NYT** (që të kujton gazetën mashtrue-se dhe shpifëse komuniste **Ze(h)ri i Popullit** (Tiranë, Albania) të kohës së Dullës së Gjinokastrës, në Shqipëri, shkruan gënjeshtrën e radhës: "*Manila. Votuesit e rinj të zemëruar u mblodhën në Filipine të marten, për të protestuar kundër Ferdinand Marcos Jr., djalit dhe emrit të ish-diktatorit, i cili arriti një fitore dërrmuese këtë javë në një nga zgjedhjet presidenciale më përçarëse në historinë e*

---

[40]Shih videot në **Rumble, Duckduckgo, TRUTH, Inforwars, Newsmax, Fox News, etj., dhe shumë GEETR, The Lindell Report, Lindell–TV, FrankSpeech & Frank Social, YouTube, websitet e pavarura private etj.**
[41]Jes Aznar, **The New York Times**, 05/09/2022.

fundit të vendit… Z. Marcos, i njohur me pseudonimin e tij të fëmijërisë, "Bong-bong", kishte mbledhur rreth 31 milionë vota deri në orën 16:30, sipas një vlerësimi paraprak. Ky ishte më shumë se dyfishi i votave që kishte zonja Robredo, duke i dhënë z. Marcos diferencën më të madhe të fitores në më shumë se tre dekada. Pjesëmarrja në votime ishte rreth 80 për qind, tha një zyrtar zgjedhor të martën."

Me të drejtë *Marcos Jr., ka mbrojtur me krenari trashëgiminë e sukseshme të babait të tij dhe me vendosmëri refuzon të kërkojë falje për akuzat e pavend, që media e majtë komuniste po fabrikon sistematikisht në Filipine kundër tij, sikurse Fake News i ka bërë këto manovra mashtrimi edhe me Presidentit Donald J. Trump, gjatë 4 viteve të drejtimit të vendit me shumë sukses.*

Presidenti i ri Marcos Jr. i martuar me një avokate, me të cilin ka tre djem, ka qëndruar larg polemikave, duke përfshirë një dënim të kaluar tatimor dhe refuzimin e familjes Marcos, për të paguar një taksë të madhe mbi pasurinë. Gjatë gjithë fushatës së suksesshme të tij, ai qëndroi me këmbëngulje në një thirrje beteje të unitetit kombëtar.

Fernand Marcos Jr.,gjithashtu me vendosmëri mohon akuzat se ka financuar një fushatë shumëvjeçare në mediat sociale, që shfrytëzoi internetin dhe rrjetet sociale, për të diskretituar me të drejtë fjalët boshe të kundërshtarëve të majtë politikë të tij dhe për të zbardhur historinë e suksesshme të familjes Marcos.

Kush është politikanja e talentuar filipinase Sara Duterte?

Ajo është një grua politikane me moshë 43-vjeçare, dhe gjithashtu kryetarja në largim e qytetit të Davao, e cila ishte zona elektorale e babait të saj, përpara se ai të zgjidhej president në 2016.

Si avokate dhe oficere rezervë në ushtrinë filipinase, *zonja Duterte, ka krijuar karrierën e saj politike dhe megjithëse nganjëherë mbështet babain e saj, konsiderohet më e niveluar dhe pragmatike.*

Partia e Dutertes, fillimisht donte që ajo t'a pasonte atë, por në vend të kësaj ajo zgjodhi të kandidonte për zëvendëspresidente të vendit ishullor. **Ajo është e përkushtuar si nënë e tre fëmijëve.** Zonja Duterte, **ka qenë kryebashkiake**, për një kohë të gjatë e **Davaos**, një qytet ekonomikisht i zhvilluar, ku babai i saj ish Pesidenti konservator Duterte së pari gdhendi një emër politik, me retorikën e tij populiste kundër kriminalitetit, veçanërisht trafikimit dhe përdorimit të gjerë të drogave ilegale, para se të bëhet president i vendit në vitin 2016.

Sara Zimmerman Duterte-Carpio, ka lindur më 31 maj 1978, e njohur si **Inday Sara**, është një avokate dhe politikane filipinase, që është sot zgjedhur si zv/presidente e ishujve Filipine.

Politikanja e re Duterte, **ishte gjithashtu nënkryetare e bashkisë së qytetit Davao në vite 2007-2010**. Sara, uzgjedhkryetare e bashkisë së **Davao City**, gjatë viteve **2010-2013** dhe sërisht nga viti **2016-2022** deri kur u zgjodh më 9 maj 2022 si n/Kryetare e shtetit në ishujt Filipine.

Ajo është fëmija i dytë i avokatit të atëhershëm të presidentit të mëvonshëm Rodrigo Duterte dhe stjuardesës së bukur dhe elegante **Elizabeth Zimmerman**. Që nga rinia e saj, vajza Duterte, ka pasur një karakter të ashpër dhe të pavarur, duke çuar në një *"marrëdhënie dashurie-urrejtjeje"* me babain e saj, kur ajo ishte studente, për shkak të mosmiratimit të saj për prirjet e babit për jetën e natës vonë...

Pavarësisht nga kjo, *Rodrigo e konsideronte Sarën si fëmijën e tij të preferuar,* dhe i kushtoi shumë rëndësi edukimit dhe cultures, që ajo dhe vëllezërit e saj morën.

Adolishentja Duterte,**ndoqi Kolegjin San Pedro**, duke u diplomuar në terapi respiratore BS, dhe u diplomua në vitin **1999**. Në fjalimin e saj inaugurues si kryebashkiak i qytetit Davao, Duterte tha se *fillimisht donte të bëhej pediatre, në vend të politikanes.* Më vonë ajo mori një diplomë juridike në **Kolegjin San Sebastian - Recoletos** dhe u diplomua në maj **2005**.

Në vitin 2005, Duterte kaloi Provimin e Jurisprudencës në Filipine dhe më pas ajo punoi për disa muaj si avokate e gjykatës në zyrën e gjyqtarit të *Gjykatës sëLartë Romeo Callejo Sr.* Ajo ishte oficere rezervë në Forcat e Armatosura të Filipineve me gradën kolonel. Duterte u zgjodh kryetare e qytetit Davao në vitin 2010, duke ndërruar me sukses rolet me babain e saj Rodrigo Duterte si kryetar bashkie dhe nënkryetar, respektivisht.

Ajo u bë kryetarja e parë femër e qytetit dhe më e reja grua, që u zgjodh në këtë pozicion në historinë politike të Davao City. Duke u zotuar se do të ishte *"e dobishme dhe për t'i shërbyer vendit në çdo kohë"*, ajo mori postin që babai i saj Rodrigo mbajti për më shumë se 20 vjet. Ajo fitoi ndaj kryetarit të Dhomës së Përfaqësuesve, Prospero Nograles, rivali politik i babait të saj, me një avantazh prej 200,000 votash në zgjedhjet e vitit 2010.

Zonja Duterte, vendosi të mos kërkonte rizgjedhje në vitin 2013, për t'i lënë vendin babait të saj Rodrigo. **Ajo ishte gjithashtu një nga nëntë guvernatorët e zgjedhur të Kryqit të Kuq Filipine në vitin 2014.** Më 13 nëntor, ajo paraqiti kandidaturën e saj për Zëvendës Presidente të Filipineve nën siglen **Lakas–CMD**, për zgjedhjet zëvendëspresidente të Filipineve 2022 të cilën e fitoi.

Ajo u miratua nga *Partido Federal ng Pilipinas,*si kandidatja e tyre për nënpresidente, duke e bërë atë kandidaten e kandidatit të saj për president, ish senatorit Bongbong Marcos, dhe nga Partia e Reformës Popullore.

Politikanja Duterte, u bë nënpresidentja e zgjedhur, duke fituar zgjedhjet me rreth 31 milionë vota dhe duke u bërë kandidati i parë nënpresident që zgjidhet që nga viti 1986. Më 11 maj 2022, Marcos njoftoi se Duterte ra dakord të bashkohej me kabinetin e tij të ardhshëm si Sekretar i Arsimit.

Zonja Duterte, është e martuar që nga 27 tetori 2007, me kolegun e tij avokat Manases "Mans" R. Carpio, të cilin e takoi ndërsa ndiqte Universitetin San Beda. *Ata kanë tre fëmijë: një vajzë të birësuar, Mikhaila María, me nofkën "Sharky", dhe dy djem, Mateo Lucas, me nofkën "Stingray" dhe Marko Digong, me nofkën "Stonefish".*

Një përshkrim gjeografik mbi ishujt e bukur ekzotik Filipine

Ishujt ekzotik Filipine, kanë një siperfaqe prej **300.000 km²** (120.000 sq mi) dhe popullsi **111.109.000 banorë**, sipas regjistrimit të vitit 2021. Forma e Qeverisjes është Republikë unitare me dy dhoma legjislative: **Senati dhe Dhoma e Përfaqësuesve,** sikurse në SHBA.

Filipinet, shtet ishullor i Azisë Juglindore në Oqeanin Paqësor Perëndimor, *paraqiten si një arkipelag i përbërë nga më shumë se* **7650 ishuj,** që shtrihen rreth 500 milje (800 km) nga jugore brigjet e Vietnamit.

Manila, është kryeqyteti me mbi 20,000.000 banorë (**plus Makati, që ngjason me Manhattan, New York**), por aty pranë është **Quenzon City**, qyteti më i populluar i vendit. Të dy janë pjesë e Rajonit të Kryeqytetit Kombëtar (**Metro Manila**), *i vendosur në Luzon,* si ishulli më i madh i vendit. Ishulli i dytë më i madh i Filipineve është *Mindanao* në juglindje të vendit. (**Sipas Encyclopedia Britannica, Inc.**)

Filipinet e kanë marrë emrin nga **Filipi II,** *i cili ishte mbret i Spanjës, gjatë kolonizimit spanjoll të ishujve në shekullin XVI.* Për shkak se ishte nën sundimin spanjoll për **333 vjet** dhe nën **tutelën e SHBA-së për 48 vjet** të tjera.*Filipinet, kanë shumë afinitete kulturore me Perëndimin.* Ai është vendi i dytë aziatik më i populluar (pas Indisë) me anglishten si gjuhë zyrtare dhe një nga vetëm dy vendet kryesisht katolike romake në Azi (*tjetri është Timori Lindor*).

Filipinezët bashkëkohorë, vazhdojnë të përballen me një shoqëri që është e mbushur me paradokse, ndoshta më e dukshme është *prania po-*

larizimit të shoqërisë ose përqendrimit tëpasurisë ekstreme, në duart e disa njerëzve, së bashku me varfërinë ekstreme në disa zona urbane dhe rurale.

Ishujt Filipine, janë të pasura me burime natyrore, ku ato kanë potencialin për të ndërtuar një ekonomi të fortë industriale, por **vendi mbetet kryesisht me orientim bujqësor.** *Nga historia mësojmë, se në fund të shekullit XX, zgjerimi i shpejtë industrial u nxit nga një shkallë e lartë e investimeve vendase dhe të huaja, dhe kjo ndodhi në epokën e te sukseshëm Presidentiti Fernand Marcos.* Nga ana e tjetër, kjo rritje e shpejtë ekonomike,në të njëjtën kohë kontribuoi në degradimin e rëndë të mjedisit.

Në vitin 2016, Autoriteti Kombëtar i Informacionit të Hartave dhe Burimeve i Filipineve, njoftoi *zbulimin e më shumë se 500 ishujve të paeksploruar më parë.*

Ishujt, përbëhen kryesisht nga shkëmbinjtë vullkanikë dhe koralet, por të gjithë formacionet kryesore shkëmbore janë të pranishme. *Vargmalet malore,* në pjesën më të madhe shkojnë në të njëjtin drejtim të përgjithshëm si vetë ishujt, afërsisht nga veriu në jug.

Megjithëse vullkanet si fenomen natyror nëntokësor, janë një tipar i dukshëm i peizazhit, ka relativisht pak aktivitet vullkanik. *Ajo ka gjithsej rreth 50 vullkane, prej të cilëve më shumë se 10 janë aktivë.*

Nga qershori deri në dhjetor ciklonet tropikale (tajfunet) shpesh godasin ishujt filipine. Shumica e këtyre stuhive, vijnë nga juglindja, frekuenca e tyre në përgjithësi rritet nga jugu në veri dhe *në disa vite numri i cikloneve shoqërohen me rrjeshje dhe stuhi, të cilat arrijnë deri në shifrën 25 ciklone ose më shumë në vit.*

Nga fillimi i muajit nëntor deri në shkurt është sezoni më i këndshëm; ajri është i freskët dhe gjallërues gjatë natës dhe ditët janë me diell. (Koha më e mirë për turistët e huaj, shënimi im K.K.)

Përbërja etnike, paraqitet me shumë grupe më të vogla të popujve etnik indigjenë dhe emigrantë, të cilët përbëjnë pjesën e mbetur të popullsisë së Filipineve. **Banorët aborigjenë** të ishujve ishin **Negritos** (*me ngjyrë, por të ndryshme nga afrikanët*), një term që u referohet kolektivisht popujve të shumtë me lëkurë të errët dhe shtat të vogël, duke përfshirë **Aeta, Ita, Agta** dhe të tjerë. *Këto komunitete etnike vendase, tani përbëjnë vetëm një përqindje të vogël të popullsisë së përgjithshme tëvendit.*

Nga shekulli X, kontaktet me Kinën rezultuan në një grup me origjinë të përzier filipino-kineze, të cilët përbëjnë një pakicë të popullsisë. Një numër i vogël shtetasish kinezë rezidentë, emigrantë nga nënkontinenti indian, shtetas amerikanë dhe spanjollë i shtojnë diversitetin e larmishëm etnik dhe kulturor të popullsisë filipinase.

Numri i përgjithshëm i gjuhëve amtare dhe dialekteve të folura në Filipine ndryshojnë dhe arrijnë nërreth 150. Shumica e gjuhëve të folura të vendit, janë të lidhura ngushtë me njera-tjetrën, të cilat i përkasin një prej disa nënfamiljeve të gjuhëve **austronezisë**dhe më konkretisht, *Malajos Perëndimore.*

Gjuhët kryesore të vendit në përgjithësi, korrespondojnë me grupet më të mëdha etnike. Kështu gjuha vendase **tagalog** ose **tagalogishtja,** është gjuha më e përhapur e nënfamiljes së Filipineve Qendrore, me pjesën më të madhe të folësve të saj amtare, të përqendruar kryesisht në *Manila, Luzon qendrore dhe jug-qendrore dhe në ishujt Mindoro dhe Marinduque.*

Gjuha kombëtare e Filipineve, *pilipino* (e quajtur edhe filipinase), bazohet në gjuhën **tagaloge** dhe ndan një vend me anglishten si gjuhë zyrtare dhe mjet mësimi. *Tagalogishtja* (e cila përfshinë të folurit *pilipino*), ka literaturën e shkruar vendase më të gjerë nga të gjitha gjuhët e tjera, që fliten në ishujt e filipineve.

Cebuano, gjithashtu *është një gjuhë e filur në trevat e ishujve të Filipineve Qendrore. Ajo përdoret gjerësisht në: Cebu, Bohol, Negros Lindore, Leyte Perëndimore dhe në pjesët e Mindanao-s.***Ilocano**, është gjuha më e folur e nënfamiljes Veriore **Luzon**, dhe folësit e saj përbëjnë komunitetin e tretë më të madh gjuhësor në ishujt e Filipineve.

Feja ose besimi fetar. *Rreth 4/5 e popullsisë etnike filipinasve, janë besimtarë të devotshem të kishes katolike të ritit romak.* Gjatë shekullit XX, feja fitoi fuqi nëpërmjet rritjes së numrit të filipinasve në hierarkinë e kishës, ndërtimit të seminareve dhe kuvendeve të motrave dhe meshtarëve, veçanërisht pas vitit 1970, përfshirjes së shtuar të kishës katolike në jetën politike dhe shoqërore të vendit.

Jaime Cardinal Sin, kryepeshkop i Manilës, ishte një nga udhëheqësit shpirtërorë dhe politik më i fiqishëm i vendit në shekullit XX.[42]

---

[42]Kardinali Jaime Lachica Sin (njihej si Jaime,1928-2005), *ishte Kryepeshkopi i 30-të Katolik Romak i Manilës dhe kardinali i tretë, për historinë e krishterimit në ishujt Filipine.* Ai ishte propagandues në revolucionin e Pushtetit Popullor të vitit 1986, kundër Presidentit Ferdinand Marcos, ku luajti rolin kryesor per vendosjen e liberales Corazon Aquino si pasardhësin e tij në Republikën e Pestë të Filipineve. Ai ishte gjithashtu një figurë politike kyçe në Revolucionin EDSA të vitit 2001, që zëvendësoi Presidentin Joseph Estrada me Gloria Macapagal Arroyo. Sin lindi më 31 gusht 1928, në New Washington, Aklan, në ishullin Panay nga Juan Sin, një tregtar me origjinë kineze dhe Máxima Lachica, një Aklanon etnik.

Adhuruesit e besimeve të tjera të krishterimit përbëjnë 1/10 e popull-

"Xhimi" siç njihej ai ishte i preferuari i nënës së tij. Si i 14-ti nga 16 fëmijët, ai ishte një fëmijë dhimbshëm i dobët, astmatik, i cili shpesh përqafohej mes prindërve për të fjetur natën. Ai la shtëpinë e fëmijërisë dhe familjen e tij, për të studiuar në Seminarin St. Vincent Ferrer, dhe u shugurua prift i Kryedioqezës së Jaro më 3 prill 1954. Ai ishte rektori i parë i Seminarit Shën Piu X në Lawaan Hills, Roxas City, Capiz, duke shërbyer në vitet 1957-1967. Në vitin 29 shkurt 1960, ai u emërua prelat me titullin Imzot, peshkop ndihmës i Jaro (1967), dhe u shugurua ipeshkev i selisë të Obës. Më 15 mars 1972, Sin u emërua Kryeipeshkev i Jaros, duke marrë role administrative në kryearqipeshkvi, ndërsa mbante selinë titullare të Massa Lubrense. Sin u emërua kryeipeshkëv i Manilës më 21 janar 1974. Fillimisht, ai hezitoi të merrte rolin e udhëheqësit të Kishës Katolike në ishujt Filipine. Ai u vendos zyrtarisht si Arqipeshkevi Metropolitan Manilës në Katedralen e Manilës më 19 mars 1974, duke e bërë atë vetëm Fili-pinin e tretë vendas në zyrë *pas shekujsh arqipeshkev metropolitan spanjollë, amerikanë dhe irlandezë.* Më 24 maj 1976, Papa Pali VI e bëri atë anëtar të Kolegjit të Kardinalëve, duke e shuguruar si Kardinal në Santa Maria ai Monti. Ai mori pjesë si Cardinal i zgjedhur në konklaven papale të gushtit 1978 dhe tetorit 1978, të cilat zgjodhën respektivisht papët Gjon Pali I dhe Gjon Pali II. Ai mbeti anë-tari më i ri i kolegjit deri në vitin 1983. Ngjarjet politike në Filipine, nën Presi-dentin Ferdinand Marcos e detyruan Sin, udhëheqësin shpirtëror të katolikëve filipinas, të përfshihej aktivisht dhe me passion në politikë. Kardinali Sin, ven-dosi të flasë në mbështetje të liberals Corazon Aquino, e veja e liderit të vrarë të opozitës Benigno Aquino Jr., duke bërë thirrje për t'i dhënë fund ligjit ushtarak. Kjo çoi në demonstrata masive popullore, shpesh të udhëhequra nga murgesha, të cilat policia nuk guxoi t'i sulmonte. Në shkurt të vitit 1986, *Kardi-nali Sin u bëri thirrje filipinasve që të rrethonin selinë e policisë dhe ushtrisë në Manila për të mbrojtur zëvendës shefin e atëhershëm ushtarak Fidel Ramos, i cili ishte ndarë me Marcos.* Po ashtu Cardinal Sin*vendosi të ndërhynte sërish në vitin 2001, për t'u bërë udhëheqës shpirtëror i një tjetër Lëvizjeje për Pushtetin Popullor,* kundër presi-dentit Joseph Estrada ishte fajtor për korrupsion, kuveprimet e kardinalit shkak-tuan shqetësim në Vatikan dhe se ai u thirr në Romë. Dy vjet e gjysmë pas vdekjes së Cardinalit Sin-it, u raportua se në kulmin e EDSA II, Sin mori një ur-dhër nga Vatikani që e urdhëronte atë dhe klerin filipinas të mbanin një qën-drim jopartiak ndaj krizës politike. Sin doli në pension si Arqipeshkev Metropolitan dhe arqipeshkev i Manilës më 15 shtator 2003. Ai ishte shumë i sëmurë për të udhëtuar në konklavën papale të vitit 2005, që zgjodhi Papa Benediktin XVI. Qeveria i dha atij nderin e një funerali shtetëror dhe një peri-udhe zie kombëtare, përmes Proklamatës Presidenciale Nr. 863, s. 2005, nën-shkruar nga presidentja Gloria Macapagal Arroyo. Ai u varros pranë tre paraardhësve të tij të menjëhershëm, në kriptin e Katedrales së Manilës.

sisë së vendit. Kisha e Pavarur e Filipineve (*Aglipayans*), e themeluar në vitin 1902, në shenjë proteste kundër kontrollit spanjoll të Kishës Katolike Romake, ka miliona anëtarë. Kisha indigjene e quajtur Iglesia ni Cristo, e themeluar gjithashtu në fillim të shek. XX, ka ndjekës më të pakët.

Besimi Islami, u soll në Filipinet jugore në shek. XV nga ishulli dhe shteti Brunei (në Borneo), në perëndim. Feja ishte tashmë e vendosur në Arkipelagun Sulu dhe Mindanao, në kohën e kontaktit evropian, dhe kishte një ndjekës në rritje rreth Manilës. *Komunitetet myslimane* filipinase, të njohura kolektivisht si Moros, janë kryesisht të kufizuara në ishujt jugorë dhe *përbëjnë rreth 5% të popullsisë.*

Një numër i vogël filipinasish praktikojnë budizmin ose fetë lokale. **Budizmi**, është i lidhur kryesisht me komunitetet me prejardhje kineze. Fetë lokale, mbahen nga disa nga popujt autoktonë ruralë.

Dendësia e popullsisë në Filipine, *është e lartë*, por shpërndarja e popullsisë është e pabarabartë. Pjesë të **Metropolit Manila**, kanë një dendësi popullsie që është 100 herë më e madhe se disa zona periferike si zona malore e Luzonit verior etj.

Shkalla e lindjeve (nataliteti) në vend, mbetet e lartë se mesatarja botërore, si dhe mesatarja për rajonin e Azisë Juglindore. Përpjekjet që nga mesi i shek. XX për të ngadalësuar normën e përgjithshme të rritjes, kanë pasur sukses të kufizuar, pjesërisht për shkak se reduktimet në shkallën e lindjeve janë kompensuar, në një farë mase nga reduktimet në shkallën e vdekshmërisë.

Nga Lufta e Dytë Botërore, popullsia ka pasur tendencë të lëvizë nga zonat rurale, në miniqytete dhe qytete të mëdha.

Filipinet, në tërësi janë një vend bujqësor. Ekonomia e saj, bazohet në sipërmarrjen e lirë, individët dhe subjektet joqeveritare janë të lirë të marrin pjesë në zhvillimin dhe menaxhimin e tij, ndonjëherë me ndihmën e kredisë së qeverisë.

Orizi, është kultura bujqësore kryesore, e cila kultivohet ose rritet veçanërisht në Luzonin qendrore dhe veri-qendrore, Mindanao jug-qendrore, Negros Perëndimore dhe Panay Lindor dhe Qendror. *Rreth 1/4 e totalit të sipërfaqes së tokës së punueshme bujqësore, përdoret për kultivimin e orizit e cila konsumohet shumë tre vaktet e ditës.*

Që nga fillimi i viteve 1970, prodhimi i orizit në Filipine është përmirësuar ndjeshëm, dhe në disa vite ka pasur mbiprodhim, të orizit për eksport. Faktorët, që kontribuojnë në këtë rritje të prodhimit, përfshijnë zhvillimin dhe përdorimin e llojeve të orizit me rendiment më të lartë, ndërtimin e rrugëve ushqyese dhe kanaleve vaditëse, si dhe përdorimin e plehrave kimike dhe insekticideve.

*Filipinet, janë një nga prodhuesit më të mëdhenj në botë të kokosit dhe **produkteve të kokosit,*** dhe këto janë mallra të rëndësishme eksporti. Zona kushtuar rivalëve të prodhimit të kokosit, që përdorej për oriz dhe misër. **Kallami i sheqerit,** kultivohet gjerësisht në Luzonin Qendrore dhe Veri-Qendrore, Negros Perëndimore dhe në Panay. **Abaca**, rritet gjerësisht në Mindanao Lindore, Luzonin Juglindor dhe në Leyte dhe Samar. Si kallam sheqeri ashtu edhe abaca, janë eksporte të rëndësishme bujqësore.

Ishujt Filipine, janë të pasura me burime minerale, ku aktivitetet minerare përbëjnë vetëm një pjesë të vogël të PBB-së dhe punësojnë një pjesë edhe më të vogël të popullsisë. Shumica e mineraleve metalike të vendit, duke përfshirë *arin, xeherorin e hekurit, plumbin, zinkun, kromitin dhe bakrin, nxirren nga depozitat kryesore në ishujt Luzon dhe Mindanao.* Depozita më të vogla të argjendit,nikelit, merkurit, molibdenit, kadmiumit dhe manganit ndodhin në disa vende të tjera. **Rajoni Visayas**, janë burimi kryesor i mineraleve jometalike, duke përfshirë gur gëlqeror për çimento, mermer, asfalt, kripë, squfur, asbest, guano, gips, fosfat dhe silicë.

Nafta dhe gazinatyror, nxirren nga fushat jashtë bregut veriperëndimor në Palawan. **Bakri**, ka mbetur minerali kryesor i vendit, megjithëse ndryshimi i kërkesave të tregut botëror dhe stimujve për investime e kanë bërë prodhimin e tij disi të paqëndrueshëm.

Deri në fund të shekullit XX, energjia hidroelektrike furnizonte vetëm një pjesë të vogël të prodhimit elektrik të vendit, dhe termocentralet (shumica e të cilave digjnin naftë të importuar) furnizonin pjesën më të madhe.

Përfundimi i disa projekteve të digave në Luzon dhe zgjerimi i një projekti tjetër në Mindanao, kanë rritur përqindjen e energjisë së prodhuar nga instalimet hidroelektrike; vaditja dhe kontrolli i përmbytjeve kanë qenë përfitime shtesë të disa projekteve.

Varësia nga nafta e huaj, është zvogëluar nga ndërtimi i termocentraleve gjeotermale dhe konvencionale me qymyr dhe, në një farë mase, nga shfrytëzimi i rezervave të naftës në det në Palawan.

Drejtësia. Kushtetuta e vitit 1987, vendosi Gjyqtarët e Gjykatës së Lartë, të cilët emërohen nga kryetari nga një listë e paraqitur nga Këshilli Gjyqësor dhe i Avokatëve dhe shërbejnë deri në moshën 70 vjeç.

Skena politike filipinase, përfaqsohet nga parti që vazhdimisht formohen, riformohen, shkrihen dhe ndahen në fraksione. Ndër partitë më të spikatura në dekadat e hershme të shekullit të 21-të ishin Partia Liberale dhe Kristian Demokratët Myslimanë Lakas Kampi. Këto të fundit, u kri-juan pas bashkimit të përfunduar në 2009, midis Unionit Kombëtar të Kris-tian Demokratëve (i njohur si Lakas) dhe Aleanca e Filipinezëve të Lirë (e njohur si Kampi).

Partitë e tjera përfshinin Partinë Nacionalista, Koalicionin Popullor Nacionalist dhe Forcën e Masave Filipine (Pwersa ng Masang Pilipino; PMP). Shumë parti më të vogla, janë të shkëputura nga organizatat më të mëdha ose janë të lidhura me interesa të veçanta rajonale. Për më tepër, fi-toret politike, shpesh arrihen përmes koalicionit partiak, si Aleanca e Bashkuar Kombëtare, një koalicion midis PMP dhe Partisë Demokratike Filipine–Laban, që zgjodhi *boksierin legjendar Manny Pacquiao,*në dhomën e ulët në 2013.

Filipinet, kanë të drejtë të votës universale, për qytetarët mbi 18 vjeç dhe kanë jetuar në vend për të paktën një vit. **E drejta e votës, iu dha grave në vitin 1937**. Që nga ajo kohë, gratë janë bërë udhëheqëse të shquara në të gjitha nivelet e qeverisjes, duke përfshirë presidencën.

Siguria Departamenti i Mbrojtjes Kombëtare, është i ndarë në tre shërbime: *ushtria, marina dhe forcat ajrore.* Ushtria, është divizioni më i madh. **Shërbimi në ushtri, është vullnetar dhe është i hapur për burrat dhe gratë.** Komandanti i Përgjithshëm i Forcave të Armatosura (Presidenti i Filipineve), është person civil. Forcat e armatosura, janë përgjegjëse për mbrojtjen e jashtme. Megjithatë, ata gjithashtu punojnë me Policinë Kombëtare të Filipineve (PNP), për të kontrolluar veprimet ushtarake anti-qeveritare të NDF, MILF, MNLF dhe organizatave të tjera militante vendase.

Shëndeti dhe mirëqenia, janë përgjegjësitë e Departamentit të Shën-detësisë (DOH) dhe Departamentit të Mirëqenies dhe Zhvillimit Social (DSWD). Një sërë organizatash joqeveritare dhe agjenci private të mirëqe-nies sociale, gjithashtu bashkëpunojnë me departamentin.

Shkalla e vdekshmërisë, në fillim të shekullit XX ishte më e ulët se sa kishte qenë disa dekada më parë, në pjesën e fundit të shekullit në fjalë, veçanërisht në mesin e foshnjave, fëmijëve nën moshën 5 vjeç dhe nënave.

Departamenti i Arsimit, *siguron që të gjithë fëmijët dhe të rinjtë e moshës shkollore të marrin një arsim bazë, me cilësi të lartë, që do t'i lejojë ata të funk-sionojnë si qytetarë produktivë dhe të përgjegjshëm ndaj shoqërisë.*

Arsimi fillor në Filipine, është i detyrueshëm dhe falas nga shteti. Ai fillon në moshën 5-vjeçare dhe zgjat shtatë vjet (*një vit në kopsht dhe gjashtë vjet në arsim fillor*). Arsimi i mesëm fillon në moshën 12 vjeç dhe zgjat për gjashtë vjet të tjera, kurse mësimi apo studimet universitare apo në kolegj, zakonisht është katër vjet. Shkollat profesionale ofrojnë trajnime të specializuara, për 1-3 vjet, disa në bashkëpunim me Autoritetin e Arsimit Teknik dhe Zhvillimit të Aftësive, një organizatë e formuar nga bashkimi i disa agjencive qeveritare, në mesin e viteve 1990.

Universiteti Papnor dhe Mbretëror i Santo Tomas
i vitit 1611 në Manila, është më i vjetri në Filipine

Universiteti i Santo Tomas (UST), zyrtarisht Universiteti Papnor dhe Mbretëror i Santo Tomas, Manila, është një universitet privat kërkimor katolik, që ndodhet në kryeqytetin e vendit Manila, Filipine.

Ai është themeluar më 28 prill të vitit 1611, nga frati spanjoll Miguel de Benavides,[43]*arqipeshkvi i tretë i Manilës*. Ai ka statutin më të vjetër të universitetit ekzistues në Azi dhe është një nga universitetet më të mëdha katolike në botë, për sa i përket regjistrimit të gjetur në një kampus. Kampusi kryesor i sistemit të Universitetit të Santo Tomas, drejtohet nga Urdhri i Predikuesve

UST, iu dha titulli Mbretëror nga Mbreti Charles III i Spanjës, në vitin

---

[43]Miguel de Benavides y Añoza, O.P. (1552-1605), ishte një klerik dhe sinolog spanjol, i cili ishte arqipeshkvi i tretë i Manilës. Më parë ai shërbeu si arqipeshkvi i parë i Dioqezës së Nueva Segovia, dhe ishte themeluesi i Universitetit të Santo Tomas në Manila. Ai hyri në Urdhërin Dominikan në San Pablo de la Moraleja, Valladolid, dhe më vonë bëri shërbim në Colegio de San Gregorio. Ai iu bashkua grupit të parë të dominikanëve, që shkonin me mision në Manila në vitin 1587, duke vazhduar udhëtimin dhe misionin në Kinë, ku shpresonte të zgjeronte kishën katolike lokale. Më vonë ai u internua dhe krijoi një spital për kinezët në Binondo, Manila, përpara se të bëhej kreu i urdhërit të tij. Ai shoqëroi peshkopin Domingo de Salazar (1512-1594), arqipeshkvin e parë të Manilës, në Spanjë, për të mbrojtur filipinasit vendas kundër shtypjes spanjole. Së bashku me Juan Cobo (1546-1592), ai shkroi *Doctrina Christiana* në kinezisht, një nga librat më të hershëm të shtypur në Filipine. Ai mbërriti në Nueva Segovia në 1599, por pas tre vjetësh u emërua arqipeshkev i Manilës më 7 tetor 1602. Instalimi i tij në Manila u financua nga vetë Mbreti Filip III, sepse Benavides ishte jashtëzakonisht i varfër. Më 9 shtator 1603, ai i udhëzoi françeskanët që të mbikëqyrnin japonezët, që qëndronin në Filipine. Biblioteka dhe prona e tij personale me vlerë 1500 ₱ u dhuruan për themelimin e një institucioni të arsimit të lartë, i njohur tani si Universiteti i Santo Tomas.

1785. **Papa Leo XIII(1810-1903)** *e bëri UST një Universitet Pontifical, në vitin 1902.* **Papa Piu XII (1875-1958)**, *i dha titullinUniversiteti Katolik i Filipineve, në vitin 1947.*

Universiteti regjistron në histori shkollat e para dhe më të vjetra të inxhinierisë, drejtësisë, mjekësisë dhe farmacisë në vend. Kampusi kryesor është universiteti më i madh në qytetin e Manilës dhe është **shtëpia e 22 kolegjeve**, për dhënien e diplomave, ku dhe ndodhen një kishë katolike dhe një spital mësimor. *Në vitin 2011, katër prej strukturave të universitetit u shpallën Thesare Kulturore Kombëtare nga Muzeu Kombëtar.*

Universiteti, ofron programe në **mbi 180 specializime universitare dhe pasuniversitare** dhe ka 26 programe të njohura nga Komisioni i Arsimit të Lartë (CHED) si Qendrat e Ekselencës dhe Qendrat e Zhvillimit, duke u renditur e dyta në vend dhe e para ndër institucionet arsimore private.

Universiteti, ka 59 programe të akredituara nga Shoqata Filipine e Kolegjeve dhe Universiteteve të Komisionit, për Akreditim (PACUCOA) në vend. *Të diplomuarit dhe fakultetet e UST, përfshijnë: 30 shenjtorë katolikë, 4 presidentë të Filipineve, 9 kryetarë të drejtësisë, 20 artistë kombëtarë, një shkencëtar kombëtar dhe 5 miliarderë.*

Kampusi i Universitetit të Santo Tomas, është hapur në vitet 1940. Themeluesi i saj meshtari katolik spanjol Miguel de Benavides, erdhi në Filipine me *Misionin e Parë të Urdhërit Dominikan në vitin 1587.*

Ai vazhdoi të bëhej ipeshkev i Nueva Segovia dhe u shugurua arqipeshkev i Manilës, në vitin 1601. Pas vdekjes së tij më 26 korrik 1605, Benavides la trashëgim bibliotekën e tij dhe pronën personale me vlerë 1,500 ☐ do të përdoret si fondi fillestar për ngritjen e një institucioni të arsimit të lartë. Dy ditë më parë, ai bëri një testament në prani të Fr. Domingo de Nieva dhe Fr. Bernardo de Santa Catalina, i cili bëri ekzekutuesit e testamentit të tij të fundit.

Në qershor të vitit 1606, ipeshkvi Diego de Soria i kishte shkruar një letër Mbretit Filip III të Spanjës, ku e informonte atë për planet e themelimit të një kolegji. Ai gjithashtu shtoi se kolegjionit do t'i jepet autorizimi, për të dhënë diploma akademike të ngjashme me Colegio de Santo Tomas në Avila, Spanjë.

Në vitin 1609, leja për hapjen e kolegjit u kërkua nga mbreti Filip III i Spanjës, i cili arriti në Manila në 1611. **Universiteti u themelua më 28 prill 1611.** Akti i themelimit u nënshkrua nga frays Baltasar Fort, Bernardo Navarro dhe Francisco Minayo.

Bernardo de Santa Catalina, përmbushi dëshirat e Benavides dhe ishte në gjendje të siguronte një ndërtesë pranë kishës dhe Kuvendit Domenikane, në qytetin e rrethuar me mure të Intramuros në Manila për kolegjin. Autoritetet morën shembullin e universiteteve në Spanjë, si Universiteti i Salamankës dhe në Amerikën Spanjole, si Universiteti Mbretëror dhe Papnor i Meksikës, për t'u bërë model për universitetin.

UST, u quajt fillimisht si Kolegji i Zojës së Rruzares Më të Shenjtë (*Colegio de Nuestra Señora del Santísimo Rosario*), dhe në vitin 1619, u quajt Colegio de Santo Tomas, për nder të teologut domenikane, Shën Thomas Aquinas. Më 20 nëntor të vitit 1645, **Papa Inocenti X (1574-1655)**, lëshoi *demin papal In Supereminenti*, i cili *e ngriti Colegio de Santo Tomas në një universitet dhe e vendosi atë nën autoritetin papal.*

Pas dekretit mbretëror të Filipit V të Spanjës (1683-1746) në vitin 1733 dhe demit (dekretit) të **Papa (me origjinë shqiptare) Klementit XII (1652-1740)** në vitin 1734, u krijuan Facultad de Cánones (*Fakulteti i së Drejtës Kanonike*) dhe Facultad de Derecho (*Fakultati i së Drejtës Civile*).

Dekreti Mbretëror i 20 majit 1865 nga Mbretëresha Isabella II e Spanjës i dha fuqi UST-së, për mbikëqyrjen e të gjitha shkollave të mesme. Duke qenë i vetmi institucion i arsimit të lartë në atë kohë, UST vepronte si *Departamenti i Arsimit* i vendit.

Në vitin 1870, Segismundo Moret, Ministri i Kolonive Jashtë shtetit, nxori një dekret që konvertonte Real y Pontificia Universidad de Santo Tomas në Real y Pontificia Universidad de Filipinas, kurse në vitin 1871, Superior Gobierno de Filipinas, nxorri një dekret që themeloi Facultad de Medicina y Farmaci.a

UST, u lejua të jepte një diplomë të diplomuar në mjekësi. *Në vitet 1877-1901, 329 studentëve iu dha diploma e licencimit.* Intelektuali i shquar dhe heroi kombëtar, shkrimtari i shquar dhe zotëruesi i 22 gjuhëve të huaja José Rizal studioi mjekësi në UST në vitet 1878-1882. Universiteti, filloi të jepte gradën Doktor i Mjekësisë në vitin 1902, gjatë sistemit të ri arsimor amerikan.

Universiteti u regjistrua më 13 janar 1908, si një institucion arsimor jofitimprurës, sipas Aktit 1459 me emrin e korporatës Real y Pontificia Universidad de Santo Tomas de Manila. Me rritjen e popullsisë studentore, dominikanëve iu dha një truall prej 21.5 hektarësh në Kodrat Sulucan në Sampaloc, Manila dhe ndërtuan kampusin e tij prej 215,000 metrash katrorë.

Në vitin 1924, ajo filloi të pranonte femra si studente. Kurset e mjekësisë dhe të së drejtës civile mbaheshin në Intramuros në atë kohë. *Gjatë Luftës së Dytë Botërore, forcat japoneze e shndërruan UST-në në një kamp internimi për të huajt, kryesisht amerikanë, që jetonin në Filipine.*

Kampusi origjinal Intramuros u shkatërrua në vitin 1944 nga një zjarr i shkaktuar nga Kenpeitai japonez. Mbi 3.700 të internuar u liruan, 2.870 prej të cilëve ishin amerikanë, dhe mbi 600 u vranë ose vdiqën nga sëmundja ose uria në kampin e internimit për 37 muaj nga janari 1942 deri më 11 shkurt 1945, kur kampi u çlirua nga gjenerali Douglas MacArthur. Si universitet pontifikal, UST është vizituar nga Papa katër here, që nga viti 1970, **Papa Pali VI (1897-1978)** në vitin 1970, **Papa Gjon Pali II(1920-2005)** në vitin 1981 dhe 1995, dhe nga **Papa Françesku** në vitin 2015.

Gjatë kremtimit të katërqindvjetorit në vitin 2011, Papa Benedikti XV dërgoi një të dërguar special dhe dha një mesazh video. Rektori i parë filipinas i UST, ishte *Leonardo Zamora Legaspi (1934-2015),*[44] **i cili shër-**

---

[44]Leonardo Zamora Legaspi, O.P. (1935-2014) ishte Arqipeshkev i Kryedioqezës Katolike Romake të Caceres dhe president i Konferencës së Peshkopëve Katolikë të Filipineve (1988-1991). Ai u emërua Rektori i parë Filipinez Magnificus i Universitetit të Santo Tomas në 1970. Më 8 shtator 2012, Papa Benedikti XVI, pranoi pensionimin e tij si Arqipeshkev Metropolitan i Caceres dhe emëroi Peshkopin Rolando Joven Tria Tirona, O.C.D., si Arqipeshkev të zgjedhur. Eminenca e Tij Tirona, i cili deri atëherë kishte qenë ipeshkev (prelat) i Prelaturës Territoriale Katolike Romake të Infantës në Filipine, arriti menjëherë në selinë, pas pranimit të emërimit të tij dhe u emërua zyrtarisht si Arqipeshkev Metropolitan i Caceres-it më 14 nëntor 2012. Legaspi lindi në Meycauayan, Bulacan më 25 nëntor 1935. Pas arsimit të mesëm në Akademinë e Shën Marisë në Meycauayan, ai shkoi në Universitetin e Hong Kongut, ku mori një A.B. diplomë në Filozofi në vitin 1955. Në vitin 1960, ai u bashkua me Urdhrin Domenikan, dhe në vitin e 1961 ai mori një Licencim të Teologjisë së Shenjtë (S.T.L.) nga Universiteti i Santo Tomas në 1962, dhe më pas një S.T.D. diplomë të njëjtin vit. Pasi mori B.S. diplomuar në Menaxhim Arsimor në Harvard Graduate School of Business Administration në 1971, ai përsëri studioi në Universitetin e Santo Tomas dhe fitoi Ph.D. diplomë në vitin 1975. Në vitin 1968, ai shërbeu si Rektori i parë filipinas Magnificus i Seminarit Qendror të Universitetit të Santo Tomas, dhe në vitin 1970, ai u emërua Rektori i parë filipinas Magnificus i Universitetit të Santo Tomas. Më 30 qershor 1977, ai u caktua si ipeshkev titullar i Elefantarisë në Mauritania dhe ipeshkev ndihmës i Manilës. Në vitin 1987, ai mbajti hapur predikime që denonconin dhunën e kryer nga anëtarët e

beu UST në vitet 1971-1977. *Në vitin 2019, UST kishte 40,375 studentë të regjistruar.*

Që nga themelimi i saj, jeta akademike e UST-së u ndërpre vetëm dy herë; në vitet 1898-1899, gjatë Revolucionit Filipine kundër Spanjës, dhe në vitet 1942-1945, gjatë pushtimit japonez të vendit.

UST, *ofron mbi 63 programe universitare në mbi 100 specializime universitare, 3 programe profesionale, mbi 50 programe master dhe mbi 20 programe doktorature duke regjistruar 40,375 studentë në vitin 2019. Në vitin 2018, kishte 371 studentë të huaj, shumica ishin nga vendet aziatike.*

Shoqëria kulturdashëse filipinase dhe edukimi universitar

Ka dhjetëra universitete dhe kolegje shtetërore, **një pjesë e madhe e tyre ndodhen në Metro Manila**, si dhe një numër institucionesh private. **Universiteti i Santo Tomas, është universiteti më i vjetër në Filipine, u themelua në vitin 1611.** Institucione të tjera të spikatura terciare përfshijnë **Universitetin e Filipineve (1908),** i cili ka kampuse të shumta dhe është i vetmi universitet kombëtar në vend; Universiteti Politeknik i Filipineve (1904), një tjetër institucion publik, me kampusin e tij kryesor në Manila dhe kampuset e shumta të lidhura në Luzon; dhe Universiteti i Grave Filipine (1932), një institucion privat (bashkëedukues që nga fundi i shekullit të 20-të) që ka kampuse në Manila, Quezon City dhe Davao. Shumë institucione teknike dhe kolegje komunitare, u shërbejnë provincave.

Mjeti i mësimit në të gjitha lëndët e shkollës fillore, përveç shkencës, matematikës dhe gjuhës angleze, të cilat mësohen në anglisht, sikurse mësimdhënia në nivelet e mesme dhe terciare është anglishtja.

Shoqëria filipinase, është një përzierje unike e diversitetit dhe homogjenitetit. Edhe pse gjeografikisht pjesë e Azisë Juglindore, vendi është kulturalisht euro-amerikan. Forcat e asimilimit kanë punuar vazhdimisht, për të kapërcyer dallimet kulturore midis grupeve të ndryshme etnike, që janë të shpërndara ndonjëherë në izolim relativ në të gjithë arkipelagun. *Pothuajse katër shekuj të sundimit perëndimor, megjithatë, kanë lënë një gjurmë të pashlyeshme në Filipine, duke shërbyer si një kanal, për futjen e kulturës perëndi-*

Ushtrisë së Re Popullore, krahu i armatosur i Partisë Komuniste të Filipineve, dhe u caktuan truproja në fund të dhjetorit pas kërcënimeve me vdekje. Ai shërbeu si president i Konferencës së Peshkopëve Katolikë të Filipineve (CBCP) në vitet 1988-1991 dhe President i Këshillit të Dytë Plenar të Filipineve në 1991.

more dhe si katalizator, për shfaqjen e një ndjenje të unitetit politik dhe kulturor të Filipineve.

Ndërsa kishat e krishtera, të ndërtuara nga spanjolët dhe xhamitë e ndërtuara nga myslimanët siguruan një spirancë shpirtërore, sistemi arsimor i krijuar nga Shtetet e Bashkuara dhe i zgjeruar nga filipinasit, është bërë emblematike e unitetit kulturor dhe përparimit socio-ekonomik.

Megjithatë, përmes vazhdimit të lidhjeve të forta familjare, ringjalljes së barangay si njësia më e vogël e qeverisë, rritjes së vëmendjes ndaj historisë dhe letërsisë aziatike dhe ringjalljes së traditave të fjetura, filipinet e kanë forcuar trashëgiminë e saj aziatike, pa braktisur blerjet e saj kulturore perëndimore.

Jeta në Filipine, në përgjithësi sillet rreth familjes së gjerë, duke përfshirë prindërit, gjyshërit, hallat, xhaxhallarët, kushërinjtë (deri në disa herë të hequra) dhe të afërm të tjerë. Për familjet katolike, kumbarët ata të cilëve u besohet kujdesi për fëmijët, nëse prindërit vdesin ose përndryshe janë të paaftë gjithashtu zënë vend të dukshëm në rrjetin e farefisnisë.

Anëtarët e familjeve të gjera zakonisht mblidhen për ngjarjet kryesore të jetës, si pagëzimet dhe konfirmimet (për filipinasit katolikë), rrethprerjet (për filipinasit myslimanë) dhe martesat, si dhe për festat kryesore fetare dhe festat e tjera kombëtare.

Ndër festat fetare të respektuara zyrtarisht në Filipine janë **Krishtlindjet dhe Pashkët**, si dhe **Fitër Bajrami**, i cili shënon fundin e muajit të agjërimit mysliman të Ramazanit. Festat e tjera kryesore përfshijnë: Ditën e Vitit të Ri, Ditën e Punës (1 Maj) dhe Ditën e Pavarësisë (12 Qershor).

Pantallonat, këmisha, funde dhe fustane të bazuara në dizajne evropiane, janë të zakonshme në të gjithë Filipinet, ku disa veshje janë karakteristike dhe unike, për grupe ose rajone të veçanta. Malong, një tub shumëngjyrësh i thurur prej pëlhure, që mund të vishet në mënyra të ndryshme si nga burrat ashtu edhe nga gratë, është karakteristikë e komuniteteve muslimane në Mindanao.

Në zonat urbane, shumë burra veshin një këmishë të qëndisur në mënyrë të ndërlikuar, barong, për ngjarje të rastësishme dhe zyrtare. Në raste të veçanta, gratë urbane mund të veshin terno, një fustan i gjatë i karakterizuar nga mëngë të gjera **flutura**, që ngrihen pak tek shpatullat dhe shtrihen deri në bërryl. Shumë nga grupet më të vogla etnike, kanë veshje karakteristike, për ngjarje me rëndësi të veçantë kulturore.

Artet. Kronikanët e hershëm spanjole, dëshmuan se filipinasit gdhendën në dru imazhet e anitos (*perëndive dhe perëndeshave*) dhe të paraardhësve të tyre. Ata gjithashtu luanin një sërë instrumentesh muzikore, duke përfshirë flautat me fund, flautat e hundës, harpat e çifutëve, gongët, daullet dhe lahutën, ndër të tjera. Festimet e ndryshme sezonale (p.sh. korrja) dhe ritualet e jetës (p.sh. miqësia dhe martesa) kërkonin muzikë të caktuar instrumentale, këngë dhe valle. Për shembull, në disa nga komunitetet muslimane të Mindanaos dhe Arkipelagut Sulu, ansambli kulintang, i përbërë nga një grup gongësh të varur horizontalisht dhe vertikalisht dhe një daulle me një kokë, mund të dëgjohet ende në ngjarjet festive.

Edhe pse komuniteti i praktikuesve të arteve artistike rurale është zvogëluar, përpjekjet janë duke u zhvilluar për të ringjallur, si dhe rikontekstualizuar disa nga traditat indigjene, në mënyrë që ato të rezonojnë me një shoqëri gjithnjë e më kozmopolite filipine.

Disa nga traditat e vallëzimit vendas, janë ruajtur ose ri-interpretuar nga grupet bashkëkohore interpretuese si Bayanihan (kompania kombëtare e vallëzimit popullor të Filipineve), e themeluar në mesin e shekullit XX, si dhe nga *Grupi Folklorik Ramon Obusan dhe Baleti Filipine*. Një numër në rritje i artistëve të muzikës botërore, si **Joey Ayala**, kanë krijuar sinteza inovative të traditave indigjene të Filipineve si kulintang dhe formës së muzikës popullore.

Qendra Kulturore e Filipineve, Teatri i Arteve Popullore dhe Teatri Metropolit i Manilës i restauruar (të gjitha në Manila) ofrojnë shtëpi për artet e shfaqjes, duke shfaqur opera dhe balet vendas dhe të huaj. Për të inkurajuar zhvillimin e arteve, qeveria jep çmime njohjeje dhe mban një Qendër Kombëtare të Arteve (krijuar në 1976), e cila përfshin Shkollën e Lartë Filipine për Artet në Los Baños, në jug të Manilës.

Piktorët filipinas, kanë përfshirë Juan Lunën, veprat e trazuara të të cilit ndihmuan në frymëzimin e ndjenjës së nacionalizmit filipinas në fund të shekullit të 19-të; Fernando Amorsolo, i cili njihet për skenat e tij tradicionale rurale; muralistët Carlos V. Francisco dhe Vicente Manansala; dhe modernistët Victorio Edades dhe Arturo Rogerio Luz. Në mesin e skulptorëve, Guillermo Tolentino dhe Napoleon Abueva janë të spikatur.

Artistët ruralë nga rajonet malore në Luzon veriore dhe mjeshtrit që jetojnë në veriperëndim të Manilës dhe në Paete në bregun lindor të Laguna de Bay janë të njohur për gdhendjet e drurit. Romblon dhe ishujt e tjerë aty pranë shquhen për skulpturat e tyre prej mermeri. Arkitektët e shquar filipinas përfshijnë:*Juan F. Nakpil, Otilio Arellano, Fernando Ocampo, Leandro Locsin, Juan Arellano, Carlos Arguelles dhe Tomas Mapua.*

Trashëgimia e larmishme kulturore e vendit jo vetëm që gjallëron pjesën më të madhe të shkrimeve artistike të Joaquin, por është gjithashtu thelbësore për punën e tij jofiction. Ndër veprat më të famshme të Joaquin, janë drama e tij: **"Një portret i një artisti si Filipinas"** (1966) dhe biografia e tij e kandidatit të vrarë presidencial Benigno Aquino, Aquinos of Tarlac: **"Një ese mbi historinë si tre breza"** (1983).

Spanjishtja, ishte dhe mbeti gjuha kryesore letrare deri në fund të shekullit XIX, përpara se të kthehej në anglisht, pas pushtimit amerikan. Që nga pavarësia, një numër në rritje i shkrimtarëve i kanë kompozuar veprat e tyre në filipinisht ose tagalogisht.

Mitet dhe legjendat, trajtojnë tema të tilla si origjina e botës, burri dhe gruaja e parë në tokë, pse qielli është i lartë, pse deti është i kripur dhe pse ka raca të ndryshme. Përralla të tjera lidhen me pushtimin spanjoll.

Në ishullin Mindanao, një epikë e njohur si Darangen (*Të rrëfejmë në këngë*), përshkruan botën historike dhe mitologjike të komunitetit Maranao, ndërsa në Luzon veriore epika e Ilocano Biag ni Lam-ang (*Jeta e Lam-ang*), rrëfen bëmat e një heroi popullor tradicional.

Kinematografi. Filipinet, kanë prodhuar një sërë filmash të njohur ndërkombëtarisht, duke përfshirë **Himala (1982)**, i cili rrëfen aventurat e një mrekullibërësi të ri; Oro, Plata, Mata, historia e dy familjeve fisnike në ishullin Negros gjatë Luftës së Dytë Botërore dhe **Small Voices (2002)**, tregimi i një mësueseje në një komunitet të varfër rural, i cili, përmes muzikës, i frymëzon nxënësit e saj të heqin cinizmin e tyre.

Pavarësisht sukseseve të saj, industria e filmit në Filipine ka mbetur e vogël, rritja e saj është penguar nga përshkallëzimi i kostove të prodhimit, taksat e larta, pirateria e pakontrolluar e videokasetave dhe CD-ve dhe popullariteti i filmave të huaj ndaj prodhimeve vendase.

Muzeu Kombëtar në Manila, i cili strehon një koleksion të kon-siderueshëm etnografik, është mjeti kryesor i qeverisë për ruajtjen dhe ruaj-tjen e pasurisë kulturore të prekshme dhe të paprekshme të vendit. Shumë nga provincat kanë krijuar muzetë e tyre, kushtuar historisë dhe traditës lokale.

Disa institucione të arsimit të lartë si Universiteti i Santo Tomas, Uni-versiteti Silliman në Negros lindor, Universiteti Shtetëror Mindanao në Lanao del Sur dhe Universiteti i Filipineve në Diliman, gjithashtu kanë shtuar muzetë në kampuset e tyre. **Biblioteka Kombëtare**, shërben si një depo për materialet letrare filipinase dhe mbikëqyr bibliotekat publike në të gjithë vendin.

Një numër vendndodhjesh në Filipine, janë caktuar si vende të

Trashëgimisë Botërore të UNESCO-s. Këto përfshijnë katër **kisha të shekullit XVI**, *të ndërtuara nga spanjollët në Manila, Santa Maria, Paoay dhe Miag-ao (të përcaktuara kolektivisht në vitin 1993), qytetin tregtar të shekullit XVI në Vigan (1999) në Luzon veriperëndimore dhe tarracat e lashta të orizit, të kordilerëve të Luzonit verior (1995).* Organizatat joqeveritare lokale si Shoqëria për Ruajtjen e Trashëgimisë dhe disa grupe historike, janë përpjekur gjithashtu të ruajnë trashëgiminë lokale.

Sport dhe rekreacion. Një numër sportesh të prezantuara nga amerikanët në fillim të shekullit XX gëzojnë popullaritet të madh në Filipine. **Basketbolli është veçanërisht i spikatur,** me lojëra amatore, që zhvillohen rregullisht në lagje, në të gjithë vendin.

Filipinet, gjithashtu kanë paraqitur ekipe kombëtare për Kampionatin Botëror të Basketbollit. Tenisi, golfi dhe sportet e ndryshme ujore si zhytja dhe rrëshqitja në ajër praktikohen gjerësisht.

Filipinezët, kanë shkëlqyer në arte të ndryshme marciale konkuruese ndërkombëtare, duke përfshirë boksin, ndërsa traditat lokale të arteve marciale filipinase kanë përjetuar një rigjallërim që nga fundi i shekullit të 20-të.

Vendi ka nxjerrë boksierë kampionë në garat e organizuara nga Shoqata Botërore e Boksit dhe Filipinet kanë marrë disa medalje në artet marciale në Lojërat Aziatike dhe Aziatike Juglindore.

Ata kanë marrë pjesë në Lojërat Olimpike Verore, që nga viti 1924 dhe në Lojërat Dimërore që nga viti 1972. Atletët (*Sportistët*) filipinas në përgjithësi, kanë qenë më të suksesshëm në not, boks dhe gara në pistë dhe fushë.

Lufta me gjela (sabong), një argëtim i vjetër në Filipine, ka mbajtur një ndjekës të pasionuar. Është një formë e njohur e lojërave të fatit, me shumë spektatorë, që vënë baste, për rezultatin e zënkave (ndeshjeve). Edhe pse praktikohet në të gjithë vendin, luftimi i gjelave lidhet më fort me Cebu.

Media dhe botimi. Një shtyp shumë i pavarur u zhvillua në Filipine, nën administrimin e SHBA. Liria e kufizuar e shtypit u dha në fillim të viteve 1980 dhe liritë e plota u kthyen pas ndryshimit të qeverisë në vitin 1986. *Gazetat botohen në anglisht, pilipino (tagalog)dhe në shumë nga gjuhët popullore të vendit.* Të përditshmet kryesore në gjuhën angleze të gjitha të botuara në Manila përfshijnë *Manila Bulletin, Philippine Daily Inquirer dhe Manila Times.*

Disa gazeta, kanë botime në anglisht dhe Pilipino, si dhe tirazh në internet.

Operatorët e stacioneve radio dhe televizive, i përkasin një organizate kombëtare të quajtur Shoqata e Transmetuesve në Filipine, që rregullon industrinë e transmetimit etj.

Vizitori i parë filipinas i regjistruar në SHBA, daton në vitin 1587

Spas burimeve historike amerikane, që merren me demografinë e vendit ndër shekuj, mesohet se vizitori i parë filipinas i ardhur nga vendlindja e i regjistruar në SHBA, daton në muajin tetor të vitit 1587, **kur skllevërit, të burgosurit dhe marinarët, nën komandën novohispanike zbarkuan në gjirin Morro (Californi) dheme vendbanimin e parë shumë të përhershëm të filipinasve në Luizianën e sotme, në vitin 1763.**

Sipas regjistrimit, këtu mendohet se në viti 1910 në SHBA kishte vetëm 406 emigrant me origjinë filipinase, duke përfshirë 109 vetë në Luiziana dhe 17 të tjerë në shtetin e Uashingtonit në veriperëndim të SHBA-së. Banorët më të hershëm dhe që më vonë do të bëhen të përhershëm filipinas amerikanë mbërritën këtu, duke u vendosur në vendin e bayou të Luizianës. Më vonë ata krijuan vendbanime në deltën e lumit Misisipi si Saint Malo, Manila Village në Barataria Bay, Luiziana, dhe katër të tjerë në Plaquemines dhe famullitë katolike të Jefferson-it të sotëm.

Manila Village, mbijetoi deri në vitin 1965 kur u shkatërrua nga Uragani Betsy dhe 2000 të tjera u dokumentuan **në New Orleans** me rrënjët e tyre, që datojnë rreth vitit **1806, ku i pari emigrant ishte Augustin Feliciano nga Rajoni Bicol i Filipineve.** Të tjerët erdhën më vonë nga *Manila, Cavite, Ilocos, Camarines, Zamboanga, Zambales, Leyte, Samar, Antique, Bulacan, Bohol, Cagayan dhe Surigao.*

Pas Luftës së Dytë Botërore dhe deri në vitin 1965, migrimi i filipinasve këtu u reduktua, i kufizuar në imigracionin kryesisht ushtarak dhe mjekësor dhe nga viti 1965, për shkak të ndryshimeve në politikën e imigracionit, popullsia e filipinasve amerikanë, që mbërriti në territorin e Botës së Re është zgjeruar.

Filipino amerikanët, mund të gjenden në të gjithë Shtetet e Bashkuara, veçanërisht në shtetet perëndimore dhe zonat e madhe të tejpopudhuara metropolitane. Në Kaliforni, filipinasit fillimisht u përqendruan në Luginën e saj Qendrore, veçanërisht në Stokton, por më vonë u zhvendosën në Kaliforninë Jugore dhe në zonën e Gjirit të San Franciskos.

Shtetet e tjera me popullsi të konsiderueshme të filipinasve përfshijnë: **Hawaii, Illinois, Florida, Texas, Washington, New Jersey** dhe zona metropolitane e New York-ut. Shumica e tyre janë të besimit katolikë. Ato fitojnë të ardhura mesatare më të larta familjare dhe arrijnë një nivel arsimor më të lartë se mesatarja kombëtare.

Komuniteti filipinas amerikan, është grupi i dytë më i madh aziatiko-amerikan në SHBA, **me një popullsi prej mbi4.2 milion që nga Regjistrimi i 2010 SHBA, që përbën 21.7% të amerikanëve aziatikë** ose 1.6% të popullsisë së Shteteve të Bashkuara. Nuk ka të dhëna zyrtare të filipinasve që kanë shtetësi të dyfishtë.

Martesa ndërracore në mesin e filipinasve është e zakonshme dhe ata kanë numrin më të madh të martesave ndërracore në mesin e grupeve të emigrantëve aziatikë në Kaliforni dhe vetëm japonezët amerikanë, kanë një normë më të lartë në nivel kombëtar. Gratë filipinase amerikane kanë më shumë gjasa të martohen jashtë përkatësisë së tyre etnike (38.9%) sesa burrat filipinas amerikanë (17.6%).

Filipino-amerikanët janë grupi më i madh i amerikanëve aziatikë në 10 nga 13 shtetet perëndimore amerikane, si: Alaska, Arizona, California, Hawaii, Idaho, Montana, Nevada, New Mexico, Washington, Wyoming, Dakotën e Jugut, ku përqendrimet më të mëdha janë në: Kalifornia (44.8%), Hawaii (6.2%), Nju Xhersi (4.8%), Teksasi (4.8%) dhe Illinois (4.7%) dhe brenda 5 nga 20 zonat më të mëdha metropolitane të vendit: San Diego, Riverside, Las Vegas, Sacramento dhe Hjuston.

Literatura:

- History of the Philippine Islands in many volumes, from Project Gutenberg (indexed under Emma Helen Blair, the general editor)
- Weedon, Alan (August 10, 2019). "The Philippines is fronting up to its Spanish heritage, and for some it's paying off". ABC News. Australian Broadcasting Corporation. About the influence of the Spanish people and language
- Crow, Carl (1914). America and the Philippines. Doubleday, Page.
- Worcester, Dean C. (1898). The Philippine Islands and their People. Macmillan & co.
- Rice, Mark (2014). Dean Worcester's Fantasy Islands: Photography, Film, and the Colonial Philippines. University of Michigan Press. ISBN 978-0-472-05218-9.

P.s. Autori Klajd Kapinova, i ka vizituar disa herë ishujt e bukur dhe ekzotik të Filipineve.

PËRMBLEDHJE E SHKURTËR E HISTORISË
SË POPULLIT FILIPINAS NDËR SHEKUJ
DHE PUSHTIMI AMERIKAN

Ishujt Filipine, janë i vetmi vend në Azinë Juglindore që iu nënshtrua kolonizimit perëndimor, përpara se të kishte mundësinë të zhvillonte ose një qeveri të centralizuar, që sundonte mbi një territor të madh ose një kulturë dominuese.

Në kohët e lashta, banorët e ishujve Filipine, ishin një grumbullim i larmishëm popujsh, që mbërritën në valë të ndryshme imigrimi nga kontinenti aziatik dhe që mbanin pak kontakte me njëri-tjetrin.

Kontakti me tregtarët kinezë u regjistrua në vitin 982 me disa ndikime kulturore nga Azia Jugore, si një, sistem shkrimi me bazë **sanskrite**, u bartën në ishuj nga *perandoritë indoneziane tëSrivijaya* (**shek. VII-XIII**) *dhe Majapahit* (**shek. XIII-XVI**)*;* por në krahasim me pjesët e tjera të rajonit, *ndikimi i Kinës dhe Indisë në Filipine kishte pak rëndësi.*

Popujt e arkipelagut të Filipineve, ndryshe nga shumica e popujve të tjerë të Azisë Juglindore, **kurrë nuk adoptuan hinduizmin ose budizmin.**Sipas asaj që mund të konkludohet nga rrëfimet disi të mëvonshme, filipinasit e shek. XV, duhet të jenë marrë kryesisht në kultivimin bujqësor, gjuetinë dhe peshkimin. **Kultivimi**, në malet e *Luzonit verior*, ku u ndërtuan tarraca të përpunuara **orizi rreth 2000 vjet më parë**, mjetet e jetesës dhe organizimi shoqëror, ishin të lidhura me një territor të caktuar.

Popujt e ultësirës dhe bregdetit, jetonin në grupe të gjera farefisnore të njohura si **barangaj**, secili *nën udhëheqjen e një datu ose prijësi.* Baranga, e cila zakonisht numëronte jo më shumë se disa qindra individë, ishte zakonisht njësia më e madhe e qëndrueshme ekonomike dhe politike.

Brenda barangay sistemi i statusit, megjithëse jo i ngurtë, përbëhej nga tre klasa të gjera: *datu dhe familja e tij dhe fisnikëria, pronarët e lirë dhe të varurit.* Kjo kategori e tretë përbëhej nga tre nivele: **aksionarët, peonët e borxhit dhe robërit e luftës, dy nivelet e fundit u quajtën skllevër nga vëzhguesit spanjollë**. *Statusi i skllavit* ishte i trashëguar, por, nëpërmjet dorëzimit dhe martesës ndërklasore, por *nuk shtrihej në më shumë se dy breza.*

Rrjedhshmëria e sistemit shoqëror, ishte pjesërisht pasojë e një sistemi të dyanshëm të farefisnisë, në të cilin linja e gjakut llogaritej në mënyrë të barabartë, përmes linjës mashkullore dhe femërore. **Martesa, ishte me sa

duket e qëndrueshme, *megjithëse divorci ishte i pranueshëm shoqërisht në rrethana të caktuara.*

Filipinezët e hershëm, ndoqën fe të ndryshme lokale, *një përzierje e monoteizmit dhe politeizmit.* Shpëtimi i shpirtrave kërkonte rituale të shumta, por nuk kishte hierarki të dukshme fetare. Në fe, si në strukturën shoqërore dhe veprimtarinë ekonomike, kishte një ndryshim të konsiderueshëm midis tyre dhe brenda ishujve.

Ky model filloi të ndryshojë në shek. XV, megjithatë, *kur Islami u përhap në Mindanao dhe Arkipelagun Sulu, përmes Bruneit në ishullin Borneo.* Së bashku me ndryshimet në besimet dhe praktikat fetare, erdhën institucione të reja politike dhe sociale.

Nga mesi i shek. XVI, ishin krijuar dy sulltanate, duke vënë nën ndikimin e tyre një numër barangash. Një datë e fuqishme deri në veri deri në Manila përqafoi Islamin. *Pikërisht në mes të kësaj vale të islamikzmit mbërritën spanjollët.***Sikur spanjollët të kishin ardhur një shekull më vonë ose të kishin qenë motivet e tyre rreptësisht komerciale, filipinasit sot mund të ishin një popull kryesisht mysliman.**

Megjithatë, motivet koloniale spanjolle, nuk ishin thjesht komerciale. **Spanjollët**, *në fillim i panë Filipinet si një gur themeli, për pasuritë e Indeve Lindore (Ishujt e Erëzave), por, edhe pasi portugezët dhe holandezët e kishin përjashtuar këtë mundësi, spanjollët ende e ruajtën praninë e tyre në arkipelag.*

Lundërtari dhe eksploruesi portugez **Ferdinand Magellan,** drejtoi sulmin e parë spanjoll në Filipine, kur ai **zbarkoi në ishullin Cebu,** në mars të vitit 1521, ndërsa pak kohë më vonë ai takoi një vdekje të parakohshme në ishullin e afërt në Mactan.

Pasi **mbreti Filip II** (*për nder të të cilit emërtohen ishujt e zbuluar*), kishte dërguar tre ekspedita të tjera, që përfunduan në katastrofë, ai dërgoi **Miguel López de Legazpi (1502-1572),** i cili krijoi vendbanimin e parë të përhershëm spanjoll, në Cebu, në vitin 1565.[45]

---

[45]Miguel López de Legazpi (1502-1572), i njohur gjithashtu si El Adelantado dhe El Viejo (Plaku), ishte një pushtues spanjoll, që financoi dhe drejtoi një ekspeditë, për të pushtuar ishujt Filipine në mesin e shek. XVI. Atij iu bashkua Guido de Lavezares (1512-1581), i afërmi Martin de Goiti (1534-1575), frati Andrés de Urdaneta (1508-1568) dhe nipërit e tij Juan de Salcedo (1549-1576) dhe Felipe de Salcedo, në ekspeditë. Legazpi krijoi vendbanimin e parë spanjoll në Inditë Lindore, pasi ekspedita e tij kaloi Oqeanin Paqësor, duke mbërritur në Cebu në 1565. Ai u bë Guvernatori i parë i Përgjithshëm i Indeve Lindore Spanjolle, i cili u administrua nga Spanja e Re, për kurorën

Qyteti spanjoll i Manilës ishte themeluar në 1571, dhe nga fundi i shek. XVI shumica e zonave bregdetare dhe fushore nga **Luzon në Mindanao veriore** ishin nën kontrollin spanjoll. Fretërit si misionarë katolikë, marshuan me ushtarë dhe shpejt arritën konvertimin nominal në katolicizëm romak të të gjithë banorëve vendas, nën administrimin spanjoll. Por *myslimanët e Mindanaos dhe Sulu, të cilët spanjollët i quanin Moros, kurrë nuk u nënshtruan plotësisht nga Spanja.*

Sundimi spanjoll për 100 vitet e para, u ushtrua në shumicën e zonave nëpërmjet një lloj bujqësie tatimore të importuar nga Amerika dhe e njohur si encomienda. *Por trajtimi abuziv i taksapaguesve vendas dhe neglizhenca e mësimit fetar nga encomenderos (mbledhësit e haraçit), si dhe mbajtja e shpeshtë e të ardhurave nga kurora, bëri që spanjollët të braktisnin sistemin deri në fund të shek. XVII.*

Guvernatori i përgjithshëm, i emëruar vetë nga mbreti **Filipi II (1527-1598)**, filloi të emëronte guvernatorët e tij civilë dhe ushtarakë, për të sunduar drejtpërdrejt vendasit. **Qeveria qendrore në Manila**, mbajti një kastë mesjetare deri në shek. XIX, dhe guvernatori i përgjithshëm ishte aq i fuqishëm sa shpesh krahasohej me një monark të pavarur. Ai dominonte Audiencia, ose gjykatën e lartë, ishte kapiten i përgjithshëm i forcave të armatosura dhe gëzonte privilegjin të merrej me tregti për përfitime private.

Manila dominonte ishujt jo vetëm si kryeqytet politik. Tregtia e galionëve me Acapulco, Meksikë, siguroi gjithashtu përparësinë tregtare të Manilës. Shkëmbimi i mëndafshit kinez me argjendin meksikan jo vetëm që mbajti në Manila ata spanjollë që kërkonin fitim të shpejtë, por tërhoqi edhe një komunitet të madh kinez. *Kinezët, pavarësisht se ishin viktima të masakrave periodike nga duart e spanjollëve të dyshimtë, vazhduan dhe shpejt vendosën një dominim tregtar që mbijetoi ndër shekuj.*

Manila, ishte gjithashtu kryeqyteti kishtar i ishujve Filipineve. Guvernatori i përgjithshëm ishte kreu civil i kishës në ishuj, por kryepeshkopi luftoi me të për supremaci politike. Në fund të shekujve XVII-XVIII,

---

spanjolle. Ai përfshinte gjithashtu ishuj të tjerë të Paqësorit, përkatësisht: Guam, Ishujt Mariana, Palau dhe Karolina. Pasi fitoi paqen me fise dhe mbretëri të ndryshme indigjene, ai e bëri qytetin Cebu kryeqytetin e Indisë Lindore Spanjolle në vitin 1565 dhe më vonë u transferua në Manila në vitin 1571. Kryeqyteti i provincës Albay mban emrin e tij. Një rastësi kurioze është ditëlindja e tij më 12 qershor,u bë Deklarata e Pavarësisë së Filipineve nga Spanja në 1898, gjatë mandatit të Diego de los Rios (1850-1911), i cili shërbeu si Guvernatori i fundit i Përgjithshëm spanjoll i Filipineve.

kryepeshkopi, i cili gjithashtu kishte statusin ligjor të toger guvernatorit, fitonte shpesh.

Duke rritur fuqinë e tyre politike, urdhrat fetarë, spitalet dhe shkollat katolike romake dhe peshkopët fituan pasuri të madhe, kryesisht në tokë. Grantet dhe mjetet mbretërore, përbënin thelbin e zotërimeve të tyre, por shumë zgjerime arbitrare u bënë përtej kufijve të granteve origjinale.

Nga ana e tjetër, fuqia e kishës katolike aty, nuk buronte thjesht nga pasuria dhe statusi zyrtar, sepse priftërinjtë dhe fretërit zotëronin gjuhët lokale, të rralla në mesin e laikëve spanjollë, dhe në provinca ata ishin më të shumtë se zyrtarët civilë. Kështu, *ata ishin një burim informacioni për qeverinë koloniale.*

Qëllimi kulturor i klerit katolik spanjoll, nuk ishte asgjë më pak se kristianizimi dhe hispanizimi i plotë i popullsisë etnike filipinase. Në dekadat e para të punës misionare, fetë lokale u shtypën fuqishëm; praktikat e vjetra nuk toleroheshin. Asokohe laikët e krishterë u rritën në numër dhe zelli i klerit u pakësua, *bëhej gjithnjë e më e vështirë të parandalohej ruajtja e besimeve dhe zakoneve të lashta, nën veshjen katolike romake.* **Kështu, fatmirësisht edhe në fushën e fesë, kultura filipinase para-spanjolle nuk u shkatërrua plotësisht.**

Institucionet ekonomike dhe politike u ndryshuan, nën ndikimin spanjoll, sesa në sferën fetare. **Priftërinjtë**, u përpoqën të zhvendosnin të gjithë njerëzit në pueblos (fshatra), që rrethonin kishat e mëdha prej guri. Por modelet demografike të shpërndara të barangave të vjetra vazhduan, kurse pozicioni dikur i trashëguar i datu-së u bë subjekt i emërimit spanjoll.

Teknologjia bujqësore ndryshoi shumë ngadalë deri në fund të shek. XVII, pasi kultivimi i zhvendosur gradualisht i la vendin bujqësisë më intensive sedentare, pjesërisht nën drejtimin e fretërve. *Pasojat socio-ekonomike të politikave spanjolle, që shoqëruan këtë ndryshim përforcuan dallimet klasore.*

Të dhënat dhe përfaqësuesit e tjerë të klasës së vjetër fisnike, përfituan nga futja e konceptit perëndimor të pronësisë absolute të tokës, për të pretenduar si arat e tyre të kultivuara nga mbajtësit e tyre të ndryshëm, edhe pse të drejtat tradicionale të tokës ishin kufizuar në *uzufrukt*. Këta trashëgimtarë të fisnikërisë para-spanjolle njiheshin si principalia dhe luajtën një rol të rëndësishëm në qeverisjen lokale të dominuar si gjithnjë nga fretërit.

Nga fundi i shek. XVIII, **ndryshimet politike dhe ekonomike në Evropë, më në fund kishin filluar të preknin Spanjën dhe ishujt Fili-**

pine. I rëndësishëm si një stimul për tregtinë, ishte eliminimi gradual i monopolit të gëzuar nga galion ndaj Acapulco. Galeoni i fundit mbërriti në Manila në vitin 1815, dhe nga mesi i viteve 1830, kryeqyteti i vendit ishte e hapur për tregtarët e huaj pa kufizime. *Kërkesa për sheqer dhe abaca (kërp) filipinase u rrit me shpejtësi dhe vëllimi i eksporteve në Evropë u zgjerua edhe më tej, pas përfundimit të Kanalit të Suezit në 1869.*

Rritja e bujqësisë tregtare rezultoi në shfaqjen e një klase të re, ku hrahas tokave të kishës dhe pronave të orizit të fisnikërisë para-spanjolle *u ngritën hacienda kafeje, kërpi dhe sheqeri, shpesh pronë e mestizove sipërmarrës kinezo-filipino.Disa nga familjet, që fituan rëndësi në shek. XIX, kanë vazhduar të luajnë një rol të rëndësishëm, në ekonominë dhe politikën e ishujve Filipine.*

Në vitin 1863, kishte arsim publik në Filipine, madje edhe atëherë kisha kontrollonte kurrikulën. Më pak se një e pesta e atyre që shkonin në shkollë, mund të lexonin dhe shkruanin spanjisht, dhe shumë më pak mund t'a flisnin atë siç duhet. *Arsimi i lartë i kufizuar në koloni, ishte tërësisht nën drejtimin klerit katolik, por në vitet 1880, shumë djem të të pasurve u dërguan në Evropë për të studiuar.*

Europa dhe Lëvizja Propagandistike

Si pasojë e ndikimit të kulturës europiane, të mirëshkolluarit Filipinas atje, sollën me vete në vendlindje atmosferën liberale e cila lulëzoi në Filipine, *duke sjellë për pasoj krijimin e rrymës së re të nacionalizmit vendas, e cila dora-dorës krijoi pasionin e zjarrtë të ideaslistëve vendas, për reforma pozitive.* Kështu nga ky grup i talentuar studentësh filipinas të mirëshkolluar jashtë shtetit u ngrit ajo që u bë e njohur asokohe si **Lëvizja Propagandistike**.

Në ishujt Filipine, filluan të lulëzojne ose përhapen botimi i revistave, poezia dhe pamfletizimi. **José Rizal**[46], figura më brilante e kësaj lëvizjeje,

---

[46]**José Protasio Rizal (1861-1896)**, ishte një nacionalist filipinas, shkrimtar aktiv, **poliglot, si njohës shumë i mirë i 22 gjuhëve**, polimatist i periudhës koloniale spanjolle në Filipine. Ai konsiderohet heroi kombëtar (*pambansang bayani*) i ishujve Filipine. Një okulist me profesion, Rizal u bë një shkrimtar dhe një anëtar kyç i Lëvizjes Propagande Filipine, e cila mbrojti reformat politike për koloninë nën Spanjë. **Ai u ekzekutua nga qeveria koloniale spanjolle, për krimin e rebelimit, pas shpërthimit të Revolucionit, ku filipinasit, ishin frymëzuar nga shkrimet e tij.** Megjithëse ai nuk ishte i përfshirë në mënyrë aktive në planifikimin ose sjelljen e tij, ai përfundimisht miratoi qëllimet e tij, të cilat përfundimisht rezultuan në pavarësinë e Fili-

pineve. *Rizal, konsiderohet gjerësisht si një nga heronjtë më të mëdhenj të Filipineve dhe është rekomanduar të nderohet nga një Komitet i Heronjve Kombëtarë të fuqizuar zyrtarisht.* Deri më sot, **asnjë ligj, urdhër ekzekutiv apo shpallje nuk është miratuar apo nxjerrë, që zyrtarisht shpall ndonjë figurë historike filipinase si hero kombëtar.** Ai shkroi romanet **Noli Me Tángere (1887)** dhe **El fili-busterismo (1891)**, të cilat së bashku janë marrë si një epikë kombëtare, përveç poezive dhe eseve të shumta. José Rizal lindi më 19 qershor 1861, *nga Francisco Rizal Mercado y Alejandro dhe Teodora Alonso Realonda y Quintos në qytetin Calamba në provincën Laguna.* **Ai kishte nëntë motra dhe një vëlla.** Prindërit e tij ishin qiramarrës të një hacienda dhe një fermë orizi shoqëruese, të administruar nga meshtarët katolikë spanjol të Urdhërit Dominikanë. Të dy familjet e tyre kishin adoptuar mbiemrat shtesë të Rizal dhe Realonda në vitin 1849, pasi Guvernatori i Përgjithshëm Narciso Clavería y Zaldúa dekre-toi adoptimin e mbiemrave spanjollë midis filipinasve, për qëllime regjistri-mi. Si shumë familje filipinase, **Rizalët ishin me origjinë mestizo.** Prejardhja patrilineale e Jose-së mund të gjurmohet në Fujian në Kinë përmes paraar-dhësit të babait të tij Lam-Co, një tregtar kinez Hokkien i cili emigroi në Fi-lipine në fund të shek. XVII. Lam-Co udhëtoi në Manila nga Xiamen (Kinë), ndoshta për të shmangur urinë ose murtajën në lagjen e tij të lindjes dhe më shumë për t'i shpëtuar pushtimit Manchu, gjatë tranzicionit nga Ming në Qing. Ai vendosi të qëndronte në ishuj si fermer. Në vitin 1697, për t'i shpë-tuar paragjykimit të hidhur antikinez që ekzistonte në Filipine, ai u konver-tua në katolicizëm, ndryshoi emrin në Domingo Mercado dhe u martua me vajzën e mikut kinez Augustin Chin-co. Nga ana e nënës së tij, prejardhja e Rizalit përfshinte kinezisht (gjuha apo të folurit mandarinë) dhe tagalog. **Ai gjithashtu kishte prejardhje spanjolle.** Regina Ochoa, një gjyshe e nënës së tij, Teodora, kishte përzier gjakun spanjoll, kinez dhe tagalog. Gjyshi i tij nga nëna ishte një gjysmë inxhinier spanjoll i quajtur Lorenzo Alberto Alonzo. Që në moshë të re, José tregoi një intelekt të parakohshëm. Ai e mësoi alfa-betin nga nëna e tij në moshën 3-vjeçare dhe mund të lexonte dhe të shkruan-te në moshën 5-vjeçare. Me t'u regjistruar në Ateneo Municipal de Manila, ai hoqi tre emrat e fundit që përbënin emrin e tij të plotë, me këshillën e vël-lait të tij, Paciano dhe familjes Mercado, duke e kthyer kështu emrin e tij si **José Protasio Rizal**. Kjo ishte për t'i mundësuar atij që të udhëtoj lirshëm dhe shkëput atë nga vëllai i tij, i cili kishte fituar famë me lidhjet e më-parshme me priftërinjtë filipinas Mariano Gomez, Jose Burgos dhe Jacinto Zamora (i njohur gjerësisht si Gomburza), i cili ishte akuzuar dhe ekzekutuar për tradhti. Rizal së pari studioi nën Justiniano Aquino Cruz në Biñan, La-guna, përpara se të dërgohej në Manila. Ai mori provimin pranues në **Cole-gio de San Juan de Letran**, siç kërkoi babai i tij, por ai u regjistrua në Ateneo Municipal de Manila. Ai u diplomua si një nga nëntë studentët në klasën e

prodhoi dy romane politike **Noli me tangere** (Mos më prek, shkruar në vitin **1887**) dhe **El filibusterismo** (*Mbretërimi i lakmisë,* **1887**), të cilat patën një ndikim të gjerë në Filipine.

*Intelektuali i shquar poliglot*Rizal, u kthye në vendlindje dhe themeloi **Liga Filipinase (1892)**, një shoqëri modeste me mendje dhe ide foturiste reformuese, besnike ndaj Spanjës, e cila nuk dha asnjë fjalë pavarësie. Ai u arrestua shpejt nga spanjollët e frikësuar, dhe u internua në një ishull të largët në jug dhe më pas **u ekzekutua me varje në litar nëvitin 1896**. *Asokohe brenda ishujve Filipine, kishte filluar një angazhim i fortë vendas për Pavarësinë, e cila drejtohej nga klasa patriotike filipinase, më pak të privilegjuar.*

Në muajin gusht të vitit 1896, fretërit spanjollë zbuluan prova të **planeve të Katipunan-it**[47] dhe udhëheqësit e saj u detyruan të ndërmarrin

---

tij të shpallur *sobresaliente* (të shquar). Ai vazhdoi arsimin e tij në Ateneo Municipal de Manila, për të marrë një diplomë topograf dhe vlerësues, dhe në të njëjtën kohë në Universitetin e Santo Tomas, ku studioi një kurs përgatitor në drejtësi dhe mbaroi me notë të shkëlqyer ose të shkëlqyer. Kursin e Filozofisë e mbaroi si para-ligj. **Pasi mësoi se nëna e tij po verbohej, ai vendosi të kalonte në mjekësi në shkollën mjekësore të Santo Tomas,** duke u specializuar më vonë në oftalmologji. Ai mori trajnimin e tij praktik 4-vjeçar në mjekësi në Ospital de San Juan de Dios në Intramuros. Ai ishte student në Universitetin e Santo Tomas. Pa dijeninë dhe pëlqimin e prindërve të tij, në maj të vitit 1882 ai **studioi mjekësi në Universidad Central de Madrid**, ku fitoi diplomën, **Licencuar në Mjekësi.** *Ai ndoqi gjithashtu leksione mjekësore në Universitetin e Parisit dhe në Universitetin e Heidelberg, kurse në Berlin, ai u pranua si anëtar i Shoqatës Etnologjike të Berlinit dhe i Shoqatës Antropologjike të Berlinit nën patronazhin e patologut të famshëm Rudolf Virchow.* **Në Heidelberg, 25-vjeçari Rizal përfundoi specializimin e syve në vitin 1887, nën profesorin e njohur Otto Becker.***Atje ai përdori oftalmoskopin e sapo shpikur (i shpikur nga Hermann von Helmholtz), për të operuar më vonë syrin e nënës së tij.* **Rizali ishte i aftë si në shkencë ashtu edhe në art.** Ai pikturonte, skicoi dhe bënte skulptura dhe gdhendje druri. Ai ishte një poet, eseist dhe romancier prodhimtar. **Ai formoi bërthamën e letërsisë filipinase**, që frymëzoi reformistët paqësorë dhe revolucionarët e armatosur.

[47]Emri **Katipunan (Bashkim)**, është një emër i shkurtër për *Kataastaasang, Kagalanggalangang Katipunan ng mga Anak ng Bayan* (**Shoqëria Supreme dhe e Nderuar e Fëmijëve të Kombit**). Fjala tagaloge *katipunan* (fjalë për fjalë, do të thotë: *Shoqatë, Mbledhje, Bashkim, ose Grup*), e cila vjen nga rrënja **tipon**, një *fjalë tagaloge,* që do të thotë mbledhje ose të mblidhen).*Katipunan*, është i mirënjohur zyrtarisht si **Kataastaasang, Kagalanggalangang Katipunan ng**

mga Anak ng Bayan ose Kataastaasan Kagalang-galang na Katipunan ng mga Anak ng Bayan (anglisht: **KKK**; *Supreme dhe Shoqata e Nderuar e Fëmijëve të Kombit;* spanjisht: *Suprema y Honorable Asociación de los Hijos del Pueblo*), ishte një shoqëri revolucionare filipinase, e themeluar nga kolonialistët anti-spanjollë filipinas në **Manila në vitin 1892**, ku qëllimi i saj kryesor ishte të fitonte **Pavarësinë nga Spanja, përmes një Revolucioni.** Dokumentet revolucionare nga Arkivo Gjenerali Militar de Madrid, të rizbuluara në shek. XXI, sugjerojnë se Shoqëria në fjalë (**KKK**), ishte organizuar që në janar të vitit **1892**, *por mund të mos ishte bërë aktive për 6 muaj* deri më 7 korrik, sipas shkrimtarit filipinas **José Rizal,** i cili do të burgoset në Dapitan. **Katipunan,** *u themelua nga patriotët filipinas:* **Deodato Arellano y de la Cruz (1844-1899), Andrés Bonifacio y de Castro (1863-1897), Valentin Diaz y Villanueva (1845-1916), Ladislao Diwa y Nocon (1863-1930), José Dizon y Matanza (vdekur në vitin 1897) dhe Teodoro Plata (1866-1897).***Ajo ishte një organizatë sekrete (vepronte ne ilegalitet), derisa u zbulua në vitin 1896. Ky zbulim, çoi në shpërthimin e Revolucionit në Filipine.* Asokohe anëtarët e saj i nënshtroheshin fshehtësisë dhe respektimit maksimal të rregullave strikte të vendosura nga shoqëria. Në fillim, anëtarësimi në Katipunan ishte i hapur vetëm për meshkujt, por më vonë u pranuan edhe gratë. *KKK, kishte periodikun apo botimin e vet, të quajtur* **Kalayaan** *(Liria), e cila për herë të parë doli në mars të vitit* **1896**. *Idealet dhe veprat revolucionare lulëzuan brenda shoqërisë dhe letërsia filipinase u zgjerua nga disa nga anëtarët e saj të shquar.* Në planifikimin e revolucionit, **Bonifacio kontaktoi shkrimtarin dhe intelektualin e famshëm Rizalin,** për mbështetjen e tij të plotë për Katipunan, në këmbim të një premtimi për ta shpëtuar Rizalin nga paraburgimi i tij. *Në maj të vitit 1896, udhëheqja e Katipunan u takua me kapitenin e një luftanijeje japoneze vizitore në një përpjekje për të siguruar një burim armësh për revolucionin, por pa sukses.* Disa ditë *pasi autoritetet spanjolle mësuan për ekzistencën e shoqërisë sekrete, në gusht vitit 1896, Bonifacio dhe njerëzit e tij grisën cedulat e tyre, gjatë Thirrjes së Pugad Lawin, që shënoi fillimin e parakohshëm të Revolucionit Filipine.* Katipunan dhe **Cuerpo de Compromisarios** ishin, në fakt, organizata pasardhëse të **La Liga Filipina (1892)**, të themeluara nga *José Rizal (i cili, vetë u frymëzua nga martirizimi i paraardhësve të tij, priftërinjve nacionalistë: Gomez, Burgos dhe Zamora, të cilët madje u bënë një fjalëkalim në Katipunan: Gomburza).* Kjo organizatë ishte pjesë e Lëvizjes Propagande në fund të shek. XIX në Filipine. Në formimin e Katipunan-it ndikoi edhe **Marcelo H. del Pilar y Gatmaitán (1850-1896),** *një udhëheqës tjetër i Lëvizjes Propagande në Spanjë.* Historianët e ditëve moderne besojnë se ai kishte një dorë të drejtpërdrejtë në organizimin e saj, për shkak të rolit të tij në Lëvizjen Propagande dhe pozicionit të tij të shquar në **Masonerinë Filipine (1891),** *mbasi shumë nga themeluesit e katipunanëve ishin masonë, kishin ceremoni inicimi, që kopjoheshin nga ritet masonike,me një hierarki të*

veprime të parakohshme. **Revoltat shpërthyen në disa provinca rreth Manilës.** Pas muajsh luftimesh, hakmarrja e ashpër spanjolle i detyruan ushtritë revolucionare të tërhiqen në kodra. Në dhjetor të vitit 1897, u lidh një armëpushim me spanjollët. **Emilio Aguinaldo y Famy**[48]një kryetar bashkie dhe komandant i forcave rebele, u pagua një shumë e madhe dhe u lejua të shkonte në *Hong Kong* me udhëheqës të tjerë, sepse spanjollët premtuan gjithashtu reforma sa për të kaluar situatën e rëndë, në të cilën ato u ndodhen asokohe (*sa për të kaluar lumin, sikurse thotë nje fjalë e urtë popullore*). Por reformat ishin të ngadalta.

---

grades, që ishte e ngjashme me atë të masonerisë. Anëtarët e kapur të Katipunan (të njohur gjithashtu si Katipuneros), të cilët ishin gjithashtu anëtarë të La Liga-s, u zbuluan autoriteteve koloniale spanjolle se kishte një ndryshim mendimi midis anëtarëve të La Ligës. Një grup këmbënguli në parimin e La Ligës për një reformim paqësor, ndërsa tjetri përkrahu revolucionin e armatosur.Më 7 korrik 1892, shkrimtari Jose Rizal u dëbua dhe u internua në Dapitan në Mindanao. Atë natë Bonifacio, anëtar i La Liga Filipina; me Plata, Diwa, Diaz, Arellano dhe Dizon, themeluan Katipunan në një shtëpi në Azcarraga St. (tani Recto Avenue) pranë rrugës Elcano në San Nicolas, Manila. Ata krijuan Katipunan kur filipinasit anti-spanjollë e kishin kuptuar se shoqëritë si La Liga Filipina do të shtypeshin nga autoritetet koloniale. *Megjithë rezervat e tyre për reformimin paqësor që mbështeti Rizali, ata e emëruan Rizalin si president nderi, pa dijeninë e tij.* Së fundi: **Katipunan**, kishte *katër qëllime kryesore:për të zhvilluar një aleancë të fortë me çdo Katipunero;* **për të bashkuar filipinasit në një komb solid**; *për të fituar Pavarësinë e Filipineve me anë të një konflikti (ose revolucioni) të armatosur; për të krijuar një republikë pas pavarësisë.* **Lëvizja Propagande e udhëhequr nga Rizal, del Pilar, Jaena dhe të tjerë kishte dështuar në misionin e saj; prandaj Bonifacio filloi lëvizjen militante për pavarësi.**
[48]**Emilio Aguinaldo y Famy (1869-1964)**, ishte një revolucionar, burrë shteti dhe udhëheqës ushtarak filipinas, i cili është **Presidenti më i ri i Filipineve (189-1901)** *dhe u bë presidenti i parë i Filipineve dhe i një republike kushtetuese aziatike.* Ai udhëhoqi forcat filipinase, fillimisht kundër Spanjës në **Revolucionin e Filipineve (1896-1898)**, më *pas në Luftën Spanjolle-Amerikane* (**1898**), dhe **kundër Shteteve të Bashkuara, gjatë Luftës Filipine-Amerikane (1899-1901)**. *Aguinaldo*, mbetet një figurë e diskutueshme në historinë filipinase. Megjithëse ai është rekomanduar si hero kombëtar i Filipineve, ku shumë e kanë kritikuar atë për vdekjen e liderit revolucionar Andrés Bonifacio dhe gjeneralit **Antonio Narciso Luna de San Pedro y Novicio Ancheta (1866-1899)**, dhe për bashkëpunimin e tij me Perandorinë Japoneze, gjatë pushtimit të Filipineve në Luftën e Dytë Botërore.

Kryengritësit në grupe të vogla rebelësh vendas, i sulmonin shpesh qendrat e pushtuesve spanjolë, sepse ishin mosbesues ndaj premtimeve boshe spanjole, ku përplasjet dhe rezistenca active me armë u bënë më të shpeshta.

Lufta Spanjë-ShBA dhe kryengritjet filipinase

Pas fitores detare të SHBA-së në **Betejën e Gjirit të Manilësnë maj 1898**, Aguinaldo dhe shoqëruesi i tij u kthyen në Filipine, me ndihmën e **Admiral George Dewey (1837-1917)**.[49]

---

[49]**Në vtin 1896**, Dewey aplikoi për një postim detar si Komandant i Skuadronit Aziatik. Edhe pse Dewey ishte i aftë për këtë pozicion, miku i tij **Teddy** apo me saktë Presidenti i 26-të i SHBA-së (*1901-1909*) **Theodore Roosevelt Jr. (1858-1919)**, organizoi që **Presidenti i 25-të i SHBA-së (1897-1901, kur ai vritet) William McKinley (1843-1901)** të zgjidhte Dewey si oficerin më të lartë në detyrë. Ai u nis për në Hong Kong në shkurt për të inspektuar anijet luftarake të SHBA-së, që ndodheshin në portin e Hong Kongut. Me të mbërritur, ai mësoi se Maine ishte hedhur në erë në Havana Harbor. Dewey ishte skeptik se vendi do të shkonte në luftë, duke shkruar: *"Unë nuk shoh se çfarë duhet të fitojmë në një luftë me Spanjën."* Megjithatë, ai ishte i sigurt për fitoren, duke shkruar: *"Unë pres të kap Anijet spanjolle dhe zvogëlojnë mbrojtjen e Manilës brenda një dite."* Ndërsa retë e luftës u shfaqën, Dewey mblodhi skuadriljen e tij në Hong Kong dhe bëri përgatitjet. Kryqëzori USS Baltimore u dërgua në Hong Kong, nëpërmjet Republikës së Havait. Dewey bleu transportuesit tregtarë Nanshan dhe Zafiro, duke mbajtur ekuipazhet e tyre. Anijet luftarake u rilyen nga e bardha në gri. Me shpërthimin e luftës midis Shteteve të Bashkuara dhe Spanjës, Mbretëria e Bashkuar (Anglia) deklaroi neutralitetin e saj dhe Dewey u urdhërua nga Wilsone Black të largohej nga ujërat britanike. Skuadrilja aziatike u zhvendos në ujërat kineze të Gjirit të Mirs. *Më 27 prill 1898*, ai lundroi nga Kina në bordin e USS Olympia me urdhër për të sulmuar spanjollët në gjirin e Manilës. Ai ndaloi në grykën e gjirit natën vonë më 30 Prillit 1898 dhe mëngjesin tjetër dha urdhër të sulmohej në dritën e parë, duke thënë fjalët tashmë të famshme *"Mund të gjuash kur të jesh gati, Gridley"*. Në përputhje me fjalën e tij, Dewey mundi spanjollët në një betejë që zgjati vetëm gjashtë orë. Skuadron aziatike u fundos ose pushtoi të gjithë skuadron spanjolle të Paqësorit, nën admiralin Patricio Montojo y Pasarón dhe heshti bateritë e bregut në Manila, me humbjen e vetëm një jete në anën amerikane nga një atak në zemër. **Në fazat e hershme të Luftës Spanjolle-Amerikane në Filipine, Dewey dhe amerikanët u ndihmuan nga nacionalistët filipinas të udhëhequr nga Emilio Aguinaldo, të cilët kishin luftuar më parë Revolucionin Filipine dhe po sulmonin spanjollët nga

I sigurt për mbështetjen e SHBA-së, Aguinaldo riorganizoi forcat e tij dhe shpejt çliroi disa qytete në jug të Manilës. **Pavarësia u shpall më 12 qershor** (*tani festohet si Dita e Pavarësisë*). Në shtator u mblodh **Kongresi Kushtetues** (*në Malolos*), në veri të Manilës, i cili hartoi një ligj themelor, që rrjedh nga precedentët evropianë dhe të Amerikës Latine.

Një qeveri u formua në bazë të asaj kushtetute, në janar të vitit 1899, me Aguinaldo si president të vendit të ri, i njohur gjerësisht si **Republika Malolos**. Asokohe, trupat amerikane kishin zbritur në Manila dhe, me ndihmën e rëndësishme filipinase, detyruan kapitullimin në gusht 1898 të komandantit spanjoll atje.

Filipinasit u ndjenë të tradhtuar nga amerikanët

Trupat dhe shtabi ushtarak amerikanë, nuk i linin forcat filipinase të hynin në qytet.Aguinaldo dhe këshilltarët e tij, shpejt e panë se shprehjet e mëparshme të simpatisë për pavarësinë e Filipineve nga Dewey dhe zyrtarët konsullorë të SHBA-së në Hong Kong kishin pak rëndësi. **Ata u ndjenë të tradhtuar nga amerikanët.**

Komisionerët amerikanë, për negociatat e Paqes në Paris, ishin udhëzuar që **të kërkonin nga Spanja kalimin e Filipineve në duart e plota tëShteteve të Bashkuara të Amerikës (një ripushtim i hapur i vendit tashmë nga shteti me demokratik në botë)**;dhe fatkeqsisht një veprim i tillë u konfirmua me nënshkrimin e *Traktatit të Parisit më 10 dhjetor të vitit 1898.* **Ratifikimi pasoi në Senatin e SHBA-së në muajin shkurt të vitit 1899,** *por me*

---

toka pasi Dewey kishte mundur spanjollët në det. Në atë kohë nuk kishte trupa tokësore të ushtrisë amerikane në Filipine. Dewey dhe Aguinaldo në fillim gëzonin një marrëdhënie të përzemërt, dhe Dewey shkroi se filipinasit ishin *"inteligjentë dhe mire, të aftë për vetëqeverisje".* Në gusht pasi erdhën trupat tokësore, Dewey ndihmoi gjeneralin e ushtrisë amerikane Wesley Merritt në marrjen e Manilës më 13 gusht të vitit 1898, gjatë Betejës së Manilës 1898, **Beteja tallëse e Manilës**, ndërsa trupat e Aguinaldo, që rrethonin Manilën, u mbajtën jashtë. *Medalje të dhëna nga qeveria e SHBA:***Medalja e Fushatës së Luftës Civile** (1908, Civil War Campaign Medal), **Medalja e Betejës së Gjirit të Manilës** (*Medalja Dewey*) (1899, Battle of Manila Bay Medal (*Dewey Medal*)), Medalja e Fushatës Spanjolle (1908, Spanish Campaign Medal), **Medalja e Fushatës së Filipineve** (1908, Philippine Campaign Medal). *Ai ishte një nga katër oficerët e vetëm në historinë ushtarake amerikane që kishte të drejtë të mbante një medalje me imazhin e tij mbi të.) Ai mban gërshetin e veçantë shtesë prej ari në mëngët e tij që tregon gradën e tij unike si Admiral i Marinës.*

vetëm një votë më shumë, mbasi vetëm 2/3 e votave të senatoreve (75 vota nga 100, që ka gjithsej Senati Amerikan), u kërkua asokohe, për miratimin e pushtimit e ri tëvendit më të varfër në botë.

Argumentet e **fatit të dukshëm**, nuk mund të mposhtnin një pakicë të vendosur anti-amerikane, kundër ripushtimit nga një fuqi tjetër e madhe, që pretendonte se ishte kampion i demokracisë botërore dhe i lirive të popujve dhe të drejtave të njeriut....

Në kohën kur u *ratifikua Traktati*, **armiqësitë kishin shpërthyer tashmë, midis forcave amerikane dhe filipinase**. Meqenëse liderët filipinas nuk e njohën pushtimin e SHBA-së mbi ishujt e Azisë dhe **komandantët amerikanë nuk i dhanë rëndësi pretendimeve të drejta të filipinasve për Pavarësi**, ku asokohe konflikti i armatosur ishte i pashmangshëm.

Asokohe, iu deshën qeverisë amerikane dhe kolonizatorëve të rinj të ushtrisë amerikane vetëm dy vjet luftë, kundër kryengritjeve vendasve dhe disa lëvizje të mençura pajtuese në arenën politike, për të thyer shpinën apo shpirtin e rezistencës nacionaliste filipinase. Udhëheqësi i kryengritësve nacionalistë Aguinaldo u kap në mars të vitit 1901 dhe menjëherë pas kësaj u bëri thirrje bashkatdhetarëve të tij, që tëpranonin sundimin e SHBA.

Lufta Filipino-Amerikane: Manila

Lëvizja revolucionare filipinase, kishte dy synime, kombëtare dhe sociale. **Objektivi i parë**, Pavarësia, megjithëse u realizua shkurt, u dëshpërua nga vendimi amerikan, për të vazhduar administrimin e ishujve. Synimi i ndryshimit themelor shoqëror, i manifestuar në shtetëzimin e tokave fratare nga Republika Malolos, u frustrua përfundimisht nga fuqia dhe qëndrueshmëria e institucioneve të rrënjosura.

Qiramarrësit e aksioneve, që ishin mbledhur për kauzën e Aguinaldo, pjesërisht për arsye ekonomike, thjesht shkëmbyen një pronar me një tjetër. *Në çdo rast, shpallja e një republike në vitin 1898, i kishte shënuar filipinasit si populli i parë aziatik, që u përpoq të rrëzonte sundimin kolonial spanjol evropian.*

Krahasimi i demokracisë së SHBA-së dhe sundimit perandorak mbi një popull subjekt, ishte mjaft i shqetësuar për shumicën e amerikanëve, saqë, që nga fillimi, trajnimi i filipinasve për vetëqeverisje dhe pavarësinë përfundimtare, **Republika Malolos u shpërfill me lehtësi**, sepse *ishte një racionalizim thelbësor, për hegjemoninë e SHBA-së në ishuj.*

Dallimet politike midis dy partive kryesore politike në Shtetet e Bashkuara, u fokusuan në shpejtësinë me të cilën duhet të zgjatet vetëqeverisja dhe datën, në të cilën duhet të jepet Pavarësia e ishujve Filipine.

Në vitin 1899, Presidenti i 25-të i SHBA-së **(1897-1901) William McKinley (1843-1901)**, dërgoi në Filipine një *Komision Faktmbledhës* prej pesë personash të kryesuar nga presidenti i *Universitetit Cornell*, diplomatin e lindur në Kanada, por të shkolluar në Amerikë, i cili ishte edhe ish ambasadori i SHBA-së ne Gjermani **Jacob G. Schurman (1854-1942).** *Schurman*, raportoi përsëri se **filipinasit donin Pavarësinë përfundimtare**, por kjo nuk kishte ndikim të menjëhershëm në politikë. **Presidenti McKinley dërgoi Komisionin e Dytë Filipine në 1900**, nën drejtimin e Presidentit të 27-të të SHBA-së **(1908-1912)**, ish juristi i lartë i Departamentit të Drejtesise Amerikane (DOJ) **William Howard Taft** *(1857-1930)* deri në korrik të vitit 1901, **filipinët kishtin krijuar një qeveri civile.**

Rruga e vështirë e ishujve filipine, për Pavarësinë dëshiruar nga SHBA

Në vitin 1907, Komisioni Filipine, i cili kishte vepruar si legjislativ dhe kabinet i përgjithshëm i guvernatorit, u bë dhoma Supreme e një organi dydhomësh. *Asambleja e re e Filipineve prej 80 anëtarësh, u zgjodh drejtpërdrejt nga një elektorat disi i kufizuar nga rrethet me një anëtarë, duke e bërë atë organin e parë legjislativ zgjedhor në Azinë Juglindore.* Kur **Guvernatori Gjeneral Francis B. Harrison**[50] emëroi një shumicë filipinase në komision *në vitin*

---

[50]**Francis Burton Harrison (1873-1957)**, *Guvernator i Përgjithshëm i SHBA-së i Filipineve* **(1913-1921)** dhe më vonë këshilltar i presidentëve të Filipineve. Harrison lindi në një familje të pasur dhe të shquar. Pas marrjes së diplomës nga *Universiteti Yale* **(1895)** dhe një *diplomë juridike nga Shkolla Juridike e New York-ut* **(1897)**, ai dha mësim për ligjin, dhe shërbeu në Luftën Spanjole-Amerikane. Ai u zgjodh *në Kongresin Amerikan si demokrat, duke shërbyer në vitet 1903-1905 dhe 1907-1912.* Gjithashtu ai u emërua nga Presidenti demo-krat **Woodrow Wilson,** *për të përmirësuar qeverisjen amerikane të Filipineve.* Si Guvernator i Përgjithshëm (Manila), ai deklaroi synimin e Partisë Demo-kratike Amerikane, **për të kërkuar Pavarësinë për Filipinet** dhe prezantoi në nivel lokal një sërë reformash, që sollën më shumë filipinas në pozita përgjegjëse administrative dhe shtuan elementë të tjerë të vetëqeverisjes. **Në vitin 1935** ai u kthye në Filipine, për t'u bërë një këshilltar presidencial, për qeverinë e sapolindur aty, nën **Presidentin Manuel Quezon (1878-1944)** dhe i shërbeu qeverisë së Filipineve në mërgim në Uashington, DC, gjatë Luftës së Dytë Botërore. **Pas luftës, ai ishte këshilltar special i tre presidentëve të**

1913, zëri amerikan në procesin legjislativ u zvogëlua më tej.

Demokrati Harrison, ishte i vetmi Guvernator i Përgjithshëm i emëruar nga një president demokrat në 35 vitet e para të sundimit të SHBA. Ai ishte dërguar nga *Woodrow Wilson*, **me udhëzime specifike**, për të përgatitur Filipinet për Pavarësinë përfundimtare, një qëllim që Wilson e mbështeti me entuziazëm.

Gjatë mandatit të Harrison, një Kongres i kontrolluar nga Demokratët në Uashington, D.C., nxitoi të përmbushte premtimet e kahershme të fushatës, për të njëjtin qëllim. **Akti i Jones, i miratuar në 1916**, do të kishte caktuar një datë për dhënien e Pavarësisë, nëse Senati do të kishte pasur rrugën e tij, por Dhoma e Përfaqsuesve (Kongresi) e parandaloi një lëvizje të tillë.

Në formën e tij përfundimtare, akti thjesht deklaroi se **ishte qëllimi i popullit të Shteteve të Bashkuara** *(pra, jo i Qeverisë amerikane),* **për të njohur Pavarësinë e Filipineve sapo të mund të krijohej një qeveri e qëndrueshme atje.** Rëndësia e tij më e madhe ishte si një moment historic, në zhvillimin e Autonomisë së Filipineve. Sipas dispozitave të ligjit Jones, komisioni u shfuqizua dhe u zëvendësua nga një Senat prej 24 anëtarësh, pothuajse tërësisht i zgjedhur. Elektorati u zgjerua, për të përfshirë të gjithë meshkujt, që dinë shkrim e këndim.

Megjithatë, disa kufizime thelbësore për autonominë e Filipineve mbetën. Mbrojtja dhe punët e jashtme, mbetën prerogativa ekskluzive e SHBA-së. Drejtimi amerikan i punëve të brendshme të Filipineve, u ushtrua kryesisht përmes guvernatorit të përgjithshëm dhe degës ekzekutive të qeverisë ujore.

Megjithatë, kishte pak më shumë se një dekadë të administrimit të plotë të SHBA-së në ishuj, një kohë shumë e shkurtër për të krijuar modele të qëndrueshme. Deri **në vitin 1916, dominimi Filipinas, në degën legjislative dhe gjyqësore të qeverisë, shërbeu gjithashtu për të kufizuar rolet ekzekutive dhe administrative të SHBA-së.**

Deri **në vitin 1925**, i vetmi amerikan i mbetur në kabinetin e guvernatorit të përgjithshëm, ishte Sekretari i Udhëzimeve Publike, i cili ishte

---

parë të Republikës së pavarur të Filipineve. Në vitet e tij të fundit (1950-1956), megjithatë, *ai dhe gruaja e tij e gjashtë jetonin të izoluar në Spanjë.* Me vdekjen e tij iu bë një funeral shtetëror në Manila dhe u varros atje. Ai shkroi *Gurin themelor të Pavarësisë së Filipineve* **(1922)**, *Origjina e Republikës së Filipineve: Ekstrakte nga ditarët dhe regjistrimet e Francis Burton Harrison u botua në vitin* **1974**.

gjithashtu edhe Guvernatori i Përgjithshëm. Ky është një tregues i prioritetit të lartë, që i jepet arsimit në ishujt filipine, në politikën e SHBA.

Në vitet e para të sundimit të SHBA-ve, qindra mësues erdhën nga Shtetet e Bashkuara. Por mësuesit filipinas u trajnuan aq shpejt, sa që në vitin 1927 ata përbënin pothuajse të gjithë 26.200 mësuesit në shkollat publike. *Popullsia e shkollave u zgjerua pesëfish në një brez; arsimi konsumonte gjysmën e shpenzimeve qeveritare në të gjitha nivelet, dhe mundësia arsimore në Filipine ishte më e madhe, se në çdo koloni tjetër në Azi.*

Si pasojë e shpërthimit pedagogjik, **shkrim-leximi** *u dyfishua në gati gjysmën në vitet 1930 dhe filipinasit e arsimuar fituan një gjuhë të përbashkët dhe një çelës gjuhësor, për qytetërimin perëndimor.*

Deri në vitin 1939, rreth 1/4 e popullsisë filipinase mund të fliste anglisht, një përqindje më e madhe se çdo 150 dialekte vendase. Ndoshta më e rëndësishme ishte rruga e re e lëvizshmërisë sociale në rritje, që ofronte arsimi. **Politika arsimore, ishte e vetmja përpjekje e suksesshme e SHBA-së, për të krijuar një bazë sociokulturore, për demokracinë politike.**

Përpjekjet amerikane, për të krijuar mundësi të barabarta ekonomike, ishin më modeste dhe më pak të suksesshme. Në një vend kryesisht bujqësor, modeli i pronësisë së tokës është vendimtar. Tendenca drejt përqendrimit më të madh të pronësisë, e cila filloi në shek. XIX, vazhdoi gjatë periudhës amerikane, pavarësisht nga disa pengesa ligjore.

Plantacionet e mëdha në pronësi amerikane u parandaluan, por kufizimet ligjore patën pak efekt mbi ata filipinas të lidhur mirë politikisht, të cilët synonin të grumbullonin pasuri. Përqindja e fermerëve nën qiramarrjen e aksioneve u dyfishua midis viteve 1900-1935 dhe zhgënjimi i qiramarrësve shpërtheu në tre rebelime të vogla në Luzon qendrore, gjatë viteve 1920-1930.

Viti 1909, me Aktin e Tarifave Payne-Aldrich, lejoi hyrjen e lirë të produkteve filipinase në tregun amerikan, në të njëjtën kohë produktet amerikane, kryesisht të prodhuara, u përjashtuan nga tarifa në Filipine. *Rrjedha e lirë e importeve të SHBA-së, ishte një pengesë e fuqishme, për rritjen industriale të ishujtve Filipine.*

Eksporti bujqësor, veçanërisht sheqeri, lulëzoi në tregun e mbrojtur të SHBA. Pronarët e mullinjve dhe plantacioneve të mëdha përfituan më shumë, duke përforcuar kështu dominimin politik të elitës tokësore.

Përgatitja amerikane e Filipineve për vetëqeverisje demokratike, vuajti nga një kontradiktë e qenësishme, ndoshta e pa njohur në atë kohë. Transferimi i përgjegjësisë qeveritare te ata që janë të aftë për ta ndërmarrë, nuk ishte në përputhje me ndërtimin e një baze sociale dhe ekonomike për demokracinë politike.

Vetëqeverisja *nënkuptonte, domosdoshmërisht, marrjen e pushtetit nga ata filipinas që ishin tashmë në pozita udhëheqëse në shoqëri.* Por ata burra erdhën në pjesën më të madhe nga elita tokësore; ruajtja e pozitës së tyre politike dhe ekonomike ishte e papajtueshme me barazimin e mundësive. Po ashtu edhe zgjerimi i një klase të mesme të arsimuar, nuk rezultoi domosdosh-mërisht në një transformim të modelit të pushtetit. *Shumica e aspirantëve të klasës së mesme, për udhëheqje politike, iu përshtatën vlerave dhe praktikave të elitës ekzistuese të pushtetit.*

Udhëheqësit Filipinas, *shfrytëzuan shpejt dhe me mjeshtëri mundësitë për vetëqeverisje, që u hapën amerikanët.* Gjeniu politik Filipinas, u pasqyrua më së miri në një institucion jashtëligjor partinë politike.

Partia e parë filipinase ishte Partia Federale, e cila ishte e mbështetur nga Shtetet e Bashkuara dhe theksoi bashkëpunimin me sundimtarët, deri në pikën e shtetësisë për filipinet. Por, kur thirrjet haptazi nacionaliste u **lejuan në zgjedhjet e vitit 1907, Partia Nacionalista, e cila mbronte Pavarësinë, fitoi me shumicë dërrmuese**.

Federalistët, mbijetuan me një emër të ri, *Progresivë*, dhe një platformë të re, pavarësinë përfundimtare, pas reformës sociale. Por, as progresistët dhe as pasardhësit e tyre në vitet 1920, demokratët, nuk fituan kurrë më shumë se 1/3 e vendeve në legjislaturë.

Partia Nacionalista, nën udhëheqjen e Manuel Quezon dhe Sergio Osmeña dominoi politikën e Filipineve nga viti 1907 deri në Pavarësinë.

Në vitin 1933, Kongresi i SHBA-së miratoi **Aktin Hare-Hawes-Cut-ting**, *i cili caktoi një datë për Pavarësinë e Filipineve.* Akti ishte një përmbushje e zotimit të pakjartë në Aktin e Jones; ai u përgjigjej gjithashtu kërkesave të një sërë *Misionesh të Pavarësisë*, dërguar në Uashington nga legjislatura e filipineve. Por ky transferim i papreçedentë i sovranitetit, u vendos në ditët e errëta të **Depresionit të Madh të viteve 1930**, që përfshiu SHBA-në dhe me ndihmën e disa aleatëve të papajtueshëm.

Depresioni i Madh, kishte bërë që interesat e fermave amerikane të kërkonin dëshpërimisht, për lehtësim dhe ata që pësuan lëndime reale ose imagjinare nga konkurrenca e produkteve filipinase u përpoqën t'i për-jashtonin ato produkte. *Ata kishin dështuar tashmë në një përpjekje të drejtpër-drejtë, për të ndryshuar tarifën për importet filipinase, por zbuluan se petku i respektueshëm i avokimit të pavarësisë rriti efektivitetin e përpjekjeve të tyre.*

I lidhur me **Pavarësinë**, ishte fundi i hyrjes së lirë në tregjet amerikane të sheqerit filipinas, vajit të kokosit, litarit dhe artikujve të tjerë, më pak të rëndësishëm. Fakti, që këto interesa ekonomike ishin në gjendje të arrinin atë që bënë, shpjegohet pjesërisht nga fakti se ndikimi i tyre politik ishte i madh, në krahasim me atë të grupit të vogël të tregtarëve dhe investitorëve amerikanë në Filipine.

Legjislatura e Filipineve, hodhi poshtë Aktin Hare-Hawes-Cutting, *me sa duket si rezultat i grindjes Osmeña-Quezon, për pakënaqësinë e zyrtarëve amerikanë. Por, kur Quezon erdhi në Washington vitin e ardhshëm, për të punuar për një projekt-ligj të ri, e njëjta aleancë e forcave në Kongresin e SHBA-së, u de-tyrua duke nxjerrë aktin pothuajse identik Tydings-McDuffie.I miratuar nga Que-zon dhe i pranuar me zell nga legjislatura e Manilës, ai parashikoi një bashkësi 10-vjeçare, gjatë së cilës SHBA-të do të ruanin juridiksionin mbi mbrojtjen dhe punët e jashtme. Filipinezët, duhej të hartonin **Kushtetutën** e tyre, me miratimin e presidentit të SHBA-së.*

Një *Konventë Kushtetuese,* u zgjodh shpejt dhe një kushtetutë (*e cila kishte një ngjashmëri të madhe me modelin e saj amerikan*), u hartua dhe u miratua nga plebishiti dhe nga *Presidenti Franklin D. Roosevelt.*

Guvernatori i fundit i përgjithshëm, **Frank Murphy,**[51] u bë komisioneri i parë i lartë, me më shumë një rol diplomatik sesa qeverisës. Komonuelthi, u inaugurua më 15 nëntor të vitit 1935. Partia Nacionalista, rregulloi grind-jet e saj të brendshme dhe emëroi Quezon për President dhe Osmeña për zv/President. Ata u zgjodhën me shumicë dërrmuese. **Manuel Quezon, ishte Presidenti i Parë i Komonuelthit Filipine.**

Ndryshim i karakterit të ishujve Filipine dhe SHBA

Asokohe marrëdhëniet mesdy shteteve ishin një temë kryesore, në his-torinë e Filipineve, për disa dekadat e para pas Luftës së Dytë Botërore. *Tendenca, ishte drejt dobësimit të lidhjes, e arritur pjesërisht nga diversifikimi i lidhjeve të jashtme të Filipineve dhe pjesërisht nga ndjenja më e artikuluar anti-*

---

[51]**William Francis Murphy (1890-1949),**ishte një politikan, avokat dhe jurist amerikan nga shteti Michigan. Ai ishte democrat, i cili u emërua në Gjykatën e Lartë të Shteteve të Bashkuara në vitin 1940, pas një karriere politike që përfshinte shërbimin si Prokuror i Përgjithshëm i Shteteve të Bashkuara, Gu-vernatori i 35-të i Miçiganit dhe Kryetar i Bashkisë së Detroitit. *Ai gjithashtu shërbeu si Guvernatori i fundit i Përgjithshëm i ishujve Filipine dhe Komisioneri i parë i Lartë në Filipine* në vitin *1933.*

amerikane.

Nacionalizmi ekonomik, megjithëse fillimisht i drejtuar kundër do-minimit të komunitetit lokal kinez (*në tregtinë me pakicë*), në vitet 1950, u fokusua në statusin special, të firmave të biznesit amerikan.

Në Pavarësi, lidhjet ushtarake me Shtetet e Bashkuara, ishin po aq të forta sa ato ekonomike. *Trupat filipinase,* **luftuan kundër forcave komuniste në Kore dhe inxhinierët joluftëtarë shtuan forcat amerikane në Luftën e Vietnamit.***Vendimtare, për aksionin ushtarak të SHBA-së në Vietnam, ishin bazat në Filipine.*

Marrëveshja e Bazave Ushtarake Amerikane, ishte shkaku më i madh i vetëm i fërkimit në marrëdhëniet midis SHBA-së dhe Filipineve. Megjithatë, duke filluar nga viti 1965, një sërë marrëveshjesh midis dy vendeve, reduktuan madhësinë dhe numrin e bazave të SHBA-së dhe shkurtuan qiratë bazë.

Në vitin 1979, juridiksioni formal mbi zonat bazë i kaloi Qeverisë së Filipineve; dhe **Kushtetuta e vitit 1987**, zyrtarizoi proçesin, me të cilin **Marrëveshja e bazës,***mund të zgjatej përtej skadimit të qirasë në vitin 1991.* Mirëpo *zgjatja e marrëveshjes përfundimisht u refuzua nga Senati i Filipineve, megjithatë, dhe* **forcat amerikane u tërhoqën nga bazat filipinase në vitin 1992.**

Sikurse dihet nga përvoja historike e zhvillimit të ngjarjeve, arrihet në përfundimin se **natyra dhe efektiviteti i institucioneve politike filipinase, që nga Pavarësia, ka qenë një shqetësim i veçantë i ish-fuqive koloniale, që ndihmoi në themelimin e tyre.***Për filipinasit, këto institucione kanë përcaktuar aftësinë ose paaftësinë, për të ruajtur rendin e brendshëm shoqëror.*

Shtypja e ngathët e mospajtimit dhe zgjedhja mashtruese e **Presidentit të dytë të vendit**, **Elpidio Quirino**, në vitin 1949, krijoi terrenin për një intensifikimin e rebelimit të udhëhequr nga komunistët **Hukbalahap** (Huk), i cili kishte filluar në vitin 1946. Rebelimi gjithashtu pasqyroi një ndjenjë në rritje të padrejtësi sociale, midis fermerëve qiramarrës, veçanërisht në Luzonin qendror.

Shtypja e rebelimit pesë vjet më vonë, megjithatë, i atribuohej ndihmës ushtarake amerikane si dhe hapjes së proçesit politik, për pjesëmarrje më të madhe masive, veçanërisht gjatë fushatës së Ramon Magsaysay, një figurë unike karizmatike në politikën filipinase, i cili u zgjodh President i vendit në vitin 1953.

Përpjekjet e Magsaysay, për reformën sociale dhe ekonomike dështuan, për shkak të këndvështrimit konservator të legjislativit dhe burokracisë. Kur Magsaysay vdiq në një aksident avioni në vitin 1957, udhëheqja e vendit i ra zv/presidentit të tij, **Carlos P. Garcia**. Gjatë mandatit presidencial të Garcias dhe atij të pasardhësit të tij me mendje reformuese, **Dios-dado Macapagal**[52] trazirat zakonisht kanalizoheshin përmes proçesit zgjedhor dhe protestave paqësore.

Epoka e hershme dhe pas Marcos

Në nëntor 1965, në presidencë u zgjodh **Ferdinand E. Marcos**. Administrata e tij, u përball me probleme të rënda ekonomike, që u përkeqësuan nga korrupsioni, evazioni fiskal dhe kontrabanda.

Në vitin 1969, Marcos u bë presidenti i parë i zgjedhur i Filipineve, që fitoi rizgjedhjen. Platforma e tij e fushatës, përfshinte *rinegocimin e traktateve kryesore me Shtetet e Bashkuara dhe tregtinë me vendet komuniste.* Këto premtime pasqyruan një ndryshim në vetë-konceptin e vendit, gjatë viteve 1960.

Ideja e Filipineve si një avangard aziatik i krishterimit u zëvendësua gjithnjë e më shumë nga dëshira e madhe për të zhvilluar një identitet kulturor aziatik. Artistët, muzikantët dhe shkrimtarët filluan të kërkonin frymëzim tek temat paraspanjolle. Më e rëndësishme ishte prirja drejt kërkimit të identitetit kulturor, përmes gjuhës kombëtare, Pilipino (tagalog). **Anglishtja, megjithatë, mbeti gjuha e biznesit, e shumicës së dokumenteve qeveritare dhe e pjesës më të madhe të arsimit të lartë.** Kërkesat, që qeveria të plotësojë nevojat sociale dhe ekonomike të qytetarëve të saj vazhduan.

Një shenjë jetëshkurtër se sistemi politik filipinas po përpiqej përsëri t'i përgjigjej në mënyrë konstruktive atyre nevojave, ishte zgjedhja në vitin 1970 e një **Konvente Kushtetuese** gjerësisht përfaqësuese, në një nga zgjedhjet më të ndershme dhe paqësore në historinë e Filipineve. Demonstratat e mëdha studentore, i kërkuan Konventës të ndërmerrte një ristrukturim themelor të pushtetit politik.

Marcos, i cili po i afrohej fundit të tetë viteve të mandatit të tij të përcaktuar me kushtetutë, kishte synime më të ngushta: ai bëri presion për miratimin e një stili parlamentar të qeverisjes, i cili do t'i lejonte atij të qëndronte në pushtet.

---

[52]**Diosdado Pangan Macapagal Sr. (1961-1965)**, ishte një avokat, poet dhe politikan Filipinas, që shërbeu si presidenti i nëntë i Filipineve, duke shërbyer në vitet 1961-1965, dhe zëvendëspresidenti i gjashtë, duke shërbyer në vitet 1957-1961. Ai gjithashtu shërbeu si anëtar i Dhomës të Përfaqësuesve dhe drejtoi Konventën Kushtetuese të vitit 1970.

Ligji ushtarak, në shtator të vitit 1972

Presidenti Marcos, shpalli ligjin ushtarak, duke pretenduar se ishte mbrojtja e fundit kundër trazirave në rritje të shkaktuar nga demonstratat komuniste gjithnjë e më të dhunshme të studentëve, kërcënimet e kryengritjeve komuniste nga **Partia e re Komuniste e Filipineve** (CPP) dhe *lëvizja separatiste myslimane e Fronti Nacional Çlirimtar Moro* (MNLF).

Një nga veprimet e tij të para, ishte arrestimi i politikanëve të opozitës në Kongres dhe në Konventën Kushtetuese. *Reagimi fillestar publik ndaj ligjit ushtarak, ishte kryesisht i favorshëm, me përjashtim të zonave myslimane të jugut, ku një rebelim separatist, i udhëhequr nga MNLF, shpërtheu në vitin 1973.*

Pavarësisht përpjekjeve me gjysmë zemre, për të negociuar një armë-pushim, rebelimi vazhdoi të pretendonte mijëra ushtarakë dhe viktima civile. **Kryengritja komuniste fatkeqsisht u zgjerua,** me krijimin e Frontit Demokratik Kombëtar (NDF), një organizatë ombrellë e madhe, që përqafoi CPP dhe grupe të tjera komuniste.

Sipas ligjit ushtarak, *administrata ishte në gjendje të reduktonte krimin e dhunshëm urban, të mblidhte armë zjarri të paregjistruara dhe të shtypte kryengritjen komuniste në disa zona.* Në të njëjtën kohë, një sërë konçesionesh të reja të rëndësishme iu dhanë investitorëve të huaj, duke përfshirë një ndalim të grevave nga punëtorët e organizuar dhe u nis një program për reformën e tokës.

Në janar 1973, *Marcos shpalli ratifikimin e një Kushtetute të re, të bazuar në sistemin parlamentar, me veten si president dhe kryeministër.* Megjithatë, ai nuk mblodhi legjislaturën e përkohshme, që kërkohej në atë dokument.

Zhgënjimi i përgjithshëm me ligjin ushtarak dhe me konsolidimin e kontrollit politik dhe ekonomik nga Marcos, familja e tij dhe bashkëpunëtorët e ngushtë u rrit, gjatë viteve 1970. Asokohe produkti kombëtar bruto u rrit në vend, të ardhurat reale të punëtorëve u rriten, fermerët përfituan nga reforma e tokës dhe industria e sheqerit ishte në rritje dhe zhvillim.

Zgjedhjet për një Asamble Kombëtare të përkohshme (1978).*Opozita*, grupi primar i së cilës udhëhiqej nga ish-senatori i burgosur **Benigno S. Aquino, Jr.**,[53] prodhoi një fushatë kaq të guximshme dhe popullore, saqë

---

[53]**Benigno "Ninoy" Simeon Aquino Jr. (1932-1983)**, ishte politikan filipinas, që shërbeu si senator i Filipineve (**1967–1972**) dhe **guvernator i provincës Tarlac**. Aquino ishte burri i Corazon Aquino, i cili u bë presidenti i 11-të i

rezultatet zyrtare, që dhanë Marcos opozita praktikisht asnjë vend, besohej gjerësisht se ishin ndryshuar në mënyrë të paligjshme. Në vitin 1980 Aquino u lejua të shkonte në mërgim në Shtetet e Bashkuara, dhe vitin e ardhshëm, pasi shpalli pezullimin e ligjit ushtarak, **Marcos fitoi një zgjedhje të pakontestueshme, për një mandat të ri 6-vjeçar.**

Vrasja e Benigno Aquino-s, kur ai u kthye në Manila në gusht të vitit 1983, përgjithësisht mendohej se ishte vepër e ushtrisë; ai u bë pika qendrore e një opozite të përtërirë dhe më të përkrahur ndaj sundimit të Markos.

Nga fundi i vitit 1985, *Marcos, nën presion në rritje si brenda dhe jashtë Filipineve, thirri zgjedhjet e parakohshme presidenciale në muajin shkurt të vitit 1986.***Corazon C. Aquino**, e veja e Benignos, u bë kandidate e një koalicioni partish opozitare. Marcos, u shpall fitues zyrtar, por protesta e fortë publike mbi rezultatet e zgjedhjeve, nxiti një revoltë, që në fund të muajit e

---

Filipineve pas vrasjes së tij, dhe babai i Benigno Aquino III, i cili u bë presidenti i 15-të i Filipineve. Aquino, së bashku me **Gerardo Manuel de Leon Roxas Sr.(1924-1982)** dhe **Jovito "Jovy" Reyes Salonga(1920-2016)**, ndihmuan në formimin e udhëheqjes së opozitës kundër Presidentit të atëhershëm Ferdinand Marcos. Ai ishte lideri i rëndësishëm, që së bashku me liderin intelektual **Sen. Jose WrightDiokno (1922-1987)**, udhëhoqi opozitën e përgjithshme.Në fillim të karrierës së tij në Senat, Aquino u përpoq fuqishëm të hetonte masakrën e Jabidah në mars 1968. Menjëherë pas vendosjes së ligjit ushtarak në 1972, Aquino u arrestua së bashku me anëtarët e tjerë të opozitës dhe u burgos për shtatë vjet. Ai është përshkruar si *"i burgosuri politik më i famshëm"* i Markos. Ai themeloi partinë e tij, Lakas ng Bayan dhe konkurroi në zgjedhjet parlamentare të Filipineve të vitit 1978, por të gjithë kandidatët e partisë humbën në zgjedhje. Në vitin 1980, ai u lejua nga Marcos të udhëtonte në Shtetet e Bashkuara për trajtim mjekësor, pas një ataku në zemër. Aquino vendosi të kthehej për t'u përballur me Marcos, pavarësisht kërcënimeve të shumta kundër saj. Ai u vra në Aeroportin Ndërkombëtar të Manilës më 21 gusht 1983, pas kthimit nga mërgimi. Vdekja e tij rigjallëroi kundërshtimin ndaj Markos. Gruaja e tij Corazon **(Maria Corazon Aquino 1933-2009)**, në qendër të vëmendjes politike, ku kandidoi me sukses për një mandat 6-vjeçar si presidente si anëtare e partisë Organizata e Bashkuar Nacionaliste Demokratike (UNIDO) në zgjedhjet e parakohshme të vitit 1986.Ndër strukturat e tjera publike, Aeroporti Ndërkombëtar i Manilës, që u riemërtua Aeroportin Ndërkombëtar **Ninoy Aquino**, për nder të tij **dhe përvjetori i vdekjes së tij është një festë kombëtare.**

kishte larguar Marcos-in nga pushteti.

Aquino, më pas mori presidencën. Menjëherë pas marrjes së detyrës, **ajo shfuqizoi kushtetutën e vitit 1973** dhe filloi të qeverisë me dekret. *U hartua një Kushtetutë e re dhe u ratifikua në shkurt të vitit1987, në një Referendum të përgjithshëm;* Zgjedhjet legjislative në maj 1987 dhe thirrja e një Kongresi të ri dydhomësh në korrik, shënuan rikthimin e formës së qeverisjes, që kishte qenë e pranishme përpara vendosjes së ligjit ushtarak në 1972.

Megjithatë, euforia për rrëzimin e Marcos rezultoi jetëshkurtër, sepse Qeveria e re kishte trashëguar një borxh të jashtëm të madh, një ekonomi të varfëruar rëndë dhe një **kërcënim në rritje nga Moro dhe kryengritësit komunistë.** Administratës së Aquino-s iu desh gjithashtu të përballonte mosmarrëveshje të konsiderueshme të brendshme, përpjekje të përsëritura për grusht shteti dhe **fatkeqësi të tilla natyrore si një tërmet i madh dhe shpërthimi vullkanik në malin Pinatubo** (1991). *Rifillimi i politikës aktive partizane, për më tepër, ishte fillimi i fundit të koalicionit, që kishte sjellë Aquino në pushtet.*

Kandidatët pro-Aquino, kishin fituar një fitore gjithëpërfshirëse në zgjedhjet legjislative të vitit 1987, por kishte më pak mbështetje për të në mesin e atyre që u zgjodhën në zyrat provinciale dhe lokale në fillim të vitit 1988.

Nga fillimi i viteve 1990, *kritikat kundër administratës së saj d.m.th., akuzat për lidership të dobët , korrupsioni dhe abuzimet e të drejtave të njeriut, kishin filluar të rriteshin.*

Zgjedhjet presidenciale të majit 1992, në të cilat Aquino nuk ishte kandidat, ishin një garë me aleancë 7 palëshe në të cilën fituesi, **Fidel Ramos,**[54] mori më pak se 24% të votave të përgjithshme. **Ramos**, ishte një

---

[54]**Fidel Valdez Ramos (1928-2022)**, *i njohur gjerësisht si gjeneral dhe politikan filipinas i famshëm*, që shërbeu si **Presidenti i 12-të** i **Filipineve** në vitet 1992-1998. Ai ishte i vetmi oficer ushtarak me karrierë, që arriti gradën e gjeneralit (**admiralit me pesë yje de jure**). Duke u ngritur nga toger i dytë, në *Komandant i Përgjithshëm i Forcave të Armatosura, të ishujve Filipine*, Ramos vlerësohet për rigjallërimin dhe rinovimin e besimit ndërkombëtar në ekonominë e filipinase, gjatë gjashtë viteve të tij në detyrë. *Ai u ngrit në gradat në ushtrinë filipinase, në fillim të karrierës së tij dhe u bë shef i policisë së Filipineve dhe Zëvendës Shef i Shtabit të Forcave të Armatosura të Filipineve, gjatë mandatit të Presidentit Ferdinand Marcos.* Gjatë Revolucionit të Pushtetit të Popullit EDSA 1986, Ramos u përshëndet si hero nga shumë Filipinas, për vendimin e tij për t'u shkëputur nga administrata e Marcos dhe për t'u zotuar për besnikëri dhe

ish-shef i shtabit të ushtrisë dhe ministër i mbrojtjes nën Aquino. Ai ishte i papëlqyeshëm në disa qarqe, sepse kishte drejtuar agjencinë e ngarkuar me zbatimin e ligjit ushtarak nën Marcos, përpara se të kthehej kundër Marcos, për t'i dhënë mbështetje vendimtare Aquino-s në vitin 1986.

Ramos,*asokohe trashëgoi barrën e përballjes me kryengritjet nga e djathta dhe e majta, një krizë e rëndë energjetike, që prodhoi ndërprerje të përditshme të energjisë elektrike, një infrastrukturë në prishje, një borxh të madh të jashtëm dhe problemet e një popullsie gjysma e së cilës jetonte në varfëri e thellë.*

Administrata e Ramos, korrigjoi krizën energjetike dhe vazhdoi të krijojë një mjedis mikpritës për rimëkëmbjen ekonomike. Paqja u negociua me sukses me rebelët ushtarakë dhe MNLF, u dëshmua të ishte më e pakapshme me NDF-në. Një ekonomi më e hapur, u krijua nga reformat makroekonomike. *Në kohën e krizës financiare aziatike, që përfshiu rajonin në 1997, ekonomia e Filipineve ishte mjaft e qëndrueshme, për t'i shpëtuar dëmeve serioze.*

Një politikë e jashtme proaktive dhe e sigurisë, parandaloi përkeqësimin e marrëdhënieve me Kinën, një nga disa vende me të cilat **Filipinet kundërshtuan një pretendim për disa ishuj dhe ishuj në Detin e Kinës Jugore**. *Politika e jashtme e Ramos, fitoi gjithashtu përfitime diplomatike pozitive për vendin jashtë vendit.*

Zgjedhja e **Joseph Ejercito Estrada**,[55] *ish-yll i filmit, kryetar bashkie i një*

---

besnikëri ndaj Qeverisë së sapokrijuar të Presidentit Corazon Aquino. Para zgjedhjes së tij si president, Ramos **shërbeu në kabinetin e Presidentit Corazon Aquino**, fillimisht si shef i shtabit të Forcave të Armatosura të Filipineve (AFP), dhe më vonë si Sekretar i Mbrojtjes Kombëtare në vitet 1986-1991. Ai u vlerësua me krijimin e Forcave Speciale të Ushtrisë Filipine dhe Forcës së Veprimit Special të Policisë Kombëtare Filipine. Pas daljes në pension, ai mbeti aktiv në politikë, duke shërbyer si këshilltar i pasardhësve të tij. **Ai vdiq në moshën 94-vjeçare nga komplikimet e vurusit kinez Covid-19.**

[55]**Joseph Ejercito Estrada (1937)**, *i njohur gjithashtu me pseudonimin **Erap**, është një politikan dhe ish-aktor filipinas. Ai shërbeu si presidenti i 13-të i Filipineve në vitet 1998-2001, nënkryetari i 9-të i Filipineve në vitet 1992-1998 dhe kryetari i 26-të i qytetit të Manilës, kryeqyteti i vendit, në vitet 2013-2019. Në vitin 2019, ai u bë shefi i parë ekzekutiv në Azi, që u fajësua zyrtarisht dhe dha dorëheqjen nga pushteti. Në moshën 85-vjeçare, ai është aktualisht ish-presidenti më i vjetër i Filipineve. Estrada,* **fitoi popullaritet si aktor filmi, duke luajtur rolin kryesor në mbi 100 filma në një karrierë aktrimi që përfshin rreth 30 vjet.** Ai punoi gjithashtu si model, duke filluar si model mode dhe rampa në moshën 13-vjeçare, ku përdori popullaritetin e tij si aktor për

qyteti të vogël në Metro Manila, senator dhe zëvendëspresident nën Ramos-në presidencë, **në maj të vitit 1998**, solli një përmbysje të shumë prej arritjeve ekonomike, politike dhe diplomatike të Administrata e Ramos.

Estrada, *ruajti rritjen ekonomike dhe stabilitetin politik në vitin e parë të administratës së tij*, **por më vonë dështoi, për të përmbushur premtimet elektorale, për të ulur varfërinë, apo hapur më tej ekonominë ndaj sipërmarrjeve private.**

Ai u fajësua në nëntor 2000, e akuzuar për ryshfet, dhe korrupsion, tradhti ndaj besimit publik dhe shkelje fajtore të kushtetutës. Refuzimi i aleatëve senatorë të Estradës, për të hapur një zarf që dyshohet se kishte prova kundër tij, gjatë gjyqit të shkarkimit shkaktoi një revoltë popullore; kryengritjet përfundimisht çuan në rrëzimin e Estradës, arrestimin, ndalimin dhe gjykimin e mëvonshëm, përpara gjykatës së korrupsionit në vend.

Në janar 2001, Gloria Macapagal-Arroyo,[56] ish-zv/Presidentja e

---

të fituar përfitime në politikë, duke shërbyer si kryetar bashkie i San Juan në vitet 1969-1986, si senator në vitet 1987-1992 dhe si n/Presidentin Fidel V. Ramos në vitet 1992-1998. **Ai u zgjodh president në vitin 1998, me një diferencë të madhe votash,** që e ndanë atë nga sfiduesit e tjerë dhe u betua në presidencë më 30 qershor 1998. Në vitin 2000, ai shpalli një *luftë të gjithanshme kundër Frontit Çlirimtar IslamikMoro dhepushtoi selinë e saj dhe kampet e tjera.* Akuzat për korrupsion, shkaktuan një gjyq fajësimi në Senat dhe në vitin 2001 Estrada, pasi Prokuroria u largua nga gjykata e fajësimit kur senatorët-gjyqtarët votuan për të mos hapur një zarf, që dyshohet se përmbante prova inkriminuese kundër tij. Në vitin 2007, Estrada u dënua nga një divizion special i Sandiganbayan me reclusión perpetua nën akuzën e plaçkitjes për përvetësimin e 80 milionë dollarëve nga qeveria, por më vonë iu dha falja nga presidenti dhe ish-zëvendësja e tij, **Gloria Macapagal Arroyo (1947).** Ai kandidoi përsëri për president në zgjedhjet presidenciale të vitit 2010, por u mund nga **Senatori Benigno Aquino III (1960-2021)** me një diferencë të madhe votash, i cili i bë President i vendit dhe shërbeu në vitet 2010-2016. Më vonë **Joseph Ejercito Estrada,** shërbeu si kryebashkiak i Manilës për dy mandate, në vitet 2013-2019.

[56]**Maria Gloria Macaraeg Macapagal Arroyo (1947)**, e cilësuar shpesh me inicialet e saj akademike **GMA**, e cila më parë është presidente filipinase PGMA në vitet 2001-2010. Ajo aktualisht po shërben në Kongres si z/kryetare që nga viti 2022. Ajo është presidentja më jetëgjatë e Filipineve, që nga Ferdinand Marcos. Para pranimit të saj në presidencë, ajo shërbeu si **z/Presidentja e 10-të e Filipineve në vitet 1998-2001,** *nën Presidentin Joseph Estrada,* duke e bërë atë nënkryetaren e parë femër të vendit. Ajo ishte

gjithashtu senatore në vitet 1992-1998. Pas presidencës së saj, ajo u zgjodh si përfaqësuese e distriktit të 2-të të Pampanga-s në vitin 2010 dhe më vonë u bë kryetare e Dhomës së Përfaqësuesve në vitet 2018-2019. Më vonë doli nga pensioni, për t'u zgjedhur si përfaqësuese e të njëjtit qark në vitin 2022. Ajo është një nga 2 filipinasit e vetëm që mban të paktën tre nga katër postet më të larta në vend: nënkryetar, president dhe kryetar i dhomës, së bashku me *ish-Presidentin e katër të ishujve Filipine avokatin* **Sergio Serencio Osmeña Sr. (1878-1961)**. Vajza e **ish-Presidentit të 9-të (1957-1961)** të ishujve Filipine, *avokatin dhe poetin* **Diosdado Pangan Macapagal Sr. (1910-1997**), ajo studioi ekonominë në Universitetin Georgetown në Shtetet e Bashkuara, ku filloi një marrëdhënie miqësore të qëndrueshme me shokun e saj të klasës dhe *Presidentin e ardhshëm demokrat të SHBA-së (1983-1992), Bill Clinton (1945)*. Më pas ajo u bë profesoreshë e ekonomisë në Universitetin Ateneo de Manila, ku pasardhësi i saj përfundimtar, Presidenti Benigno Aquino III, ishte një nga studentët e saj. Ajo hyri në qeveri në vitin 1987, duke shërbyer si ndihmëse sekretare dhe nënsekretare e Departamentit të Tregtisë dhe Industrisë, me ftesë të Presidentit Corazon Aquino, nënës së Benignos.Pasi Estrada u akuzua për korrupsion, Arroyo dha dorëheqjen nga pozita e saj në kabinet si sekretare e Departamentit të Mirëqenies Sociale dhe Zhvillimit dhe iu bashkua opozitës në rritje kundër presidentit, i cili u përball me shkarkimin. Estrada u detyrua shpejt nga detyra nga Revolucioni i Dytë EDSA në 2001, dhe Arroyo u betua në presidencë nga Kryegjykatësi Hilario Davide, Jr. më 20 janar të atij viti. Në vitin 2003, rebelimi i Oakwood-it ndodhi pasi u panë shenja të një deklarate të ligjit ushtarak nën sundimin e saj. Ajo u zgjodh për një mandat të plotë 6-vjeçar në zgjedhjet e diskutueshme presidenciale të vitit 2004 dhe u betua më 30 qershor 2004. **Arroyo**, është presidenti i parë që pason presidencën duke qenë fëmijë i një presidenti të mëparshëm ose të mëparshëm; babai i saj ishte Diosdado Macapagal, i cili shërbeu si presidenti i nëntë i vendit nga viti 1961 deri në vitin 1965. Pas presidencës së saj, ajo u zgjodh në Dhomën e Përfaqësuesve, përmes distriktit të saj të origjinës, duke e bërë atë presidenten e dytë të Filipineve, pas **José P. Laurel (1891-1959**), për të ndjekur një post më të ulët pas presidencës së tyre.Më 18 nëntor 2011, **Arroyo u arrestua dhe u mbajt në Qendrën Mjekësore Përkujtimore të Veteranëve në Quezon City, nën akuzat për sabotim elektoral**, por u lirua me kusht në korrik 2012. Këto akuza u hoqën më vonë për mungesë provash. **Ajo u arrestua sërish në tetor 2012, me akuzën e shpërdorimit të 8.8 milionë dollarëve në fondet e llotarisë shtetërore.***Gjatë presidencës së Presidentit të 16-të të ishujve Filipine, ish avokatit* **Rodrigo Dutertes (1945)**, *Gjykata e Lartë e shpalli të pafajshme, me një votim 11-4*. Gjithashtu. Arroyo është anëtare e Akademisë Filipine të Gjuhës Spanjolle dhe mbështeti mësimin e spanjishtes në sistemin arsimor të vendit, gjatë presidencës së saj.

Estradës, u betua si **Presidentja e 14-tëe vendit.** Një bijë e ish-Presidentit *Diosdado Macapagal*, me një doktoraturë në ekonomi, Arroyo u përball me sfidat e drejtimit të një demokracie, që kishte mbetur e dominuar nga elita, duke stimuluar ekonominë të rritet më shpejt se popullsia e vendit, duke ofruar vende pune për një bollëk të vendit.

Pavarësisht pakësimit të varfërisë, si dhe frenimit të korrupsionit në fusha të caktuara, Arroyo luftoi me paqëndrueshmërinë politike dhe krimin e përhapur, duke përfshirë rrëmbimet gjithnjë e më të zakonshme për shpërblim. **Ajo vetë u implikua në korrupsion, i cili nxiti ushtarët e zhgënjyer, për të tentuar një grusht shteti në vitin 2003.** *Grushti i shtetit dështoi dhe Arroyo u rizgjodh në presidencë në vitin 2004.*

Në shtator 2007, Estrada, e cila ishte nën arrest shtëpiak jashtë Manilës (2001), u dënua për akuza shtesë për korrupsion e u dënua me burgim të përjetshëm; megjithatë, Arroyo shpejt e fali atë për të gjitha akuzat…

Lundërtari dhe eksploruesi portugez Ferdinand Magellan

Ferdinand Magellan (Fernão de Magalhães, 1480-1521), *ishte një eksplorues portugez. Ai njihet më së shumti për planifikimin dhe udhëheqjen e ekspeditës spanjolle të vitit 1519 në Inditë Lindore, përtej Oqeanit Paqësor, për të hapur një rrugë tregtare detare, gjatë së cilës ai zbuloi kalimin ndëroqeanik që mban emrin e tij dhe arriti lundrimin e parë evropian nga Atlantiku në Azi.*

Gjatë këtij udhëtimi, **Magellani u vra në Betejën e Mactanit në vitin 1521 në Filipinet e sotme**, pasi hasi *në rezistencë nga popullsia indigjene e udhëhequr nga* **Lapulapu** (Hero Kombëtar në ishujt Filipine)[57], *u bë një simbol*

---

[57]Lapulapu ose Lapu-Lapu, emri i të cilit u regjistrua për herë të parë si Çilapulapu, ishte një datu (kryetar) i Mactan në Visayas në Filipine. Lapulapu, është i njohur gjerësisht për Betejën e Mactan. Më 27 prill 1521, ai dhe njerëzit e tij mundën forcat spanjolle, të udhëhequra nga eksploruesi portugez Ferdinand Magellan dhe aleatët e tij vendas Rajah Humabon dhe Datu Zula. Vdekja e Magelanit i dha fund udhëtimit të tij rreth lundrimit dhe vonoi pushtimin spanjoll të ishujve me mbi dyzet vjet deri në ekspeditën e Miguel López de Legazpi në 1564. Legazpi vazhdoi ekspeditat e Magelanit, duke çuar në kolonizimin e Filipineve për 333 vjet. Shoqëria moderne e Filipineve e konsideron atë si Heroin e Parë Filipinas, për shkak të rezistencës së tij ndaj kolonizimit perandorak spanjoll. Monumentet e Lapulapu, janë ndërtuar në të gjithë Filipinet, për të nderuar trimërinë e Lapulapu, kundër spanjollëve. Policia Kombëtare e Filipineve dhe Byroja e Mbrojtjes nga Zjarri, përdorin

imazhin e tij si pjesë të vulave të tyre zyrtare. Përveç të qenit një rival i Rajah Humabon i Cebu fqinj, shumë pak dihet me besueshmëri për jetën e Lapu-lapu. I vetmi burim ekzistues parësor, që e përmend atë me emër është tregimi i Antonio Pigafetta-s, dhe sipas historianit Resil B. Mojares, asnjë evropian që ka lënë të dhëna kryesore të udhëtimit (anijes) së Magelanit "e dinte se si dukej, e dëgjoi të fliste (regjistrimi i tij fjalët e sfidës dhe krenarisë janë të gjitha indirekte), ose përmendet se ai ishte i pranishëm në betejën e Mactan që e bëri të famshëm." Emri, origjina, feja dhe fati i tij janë ende çështje polemike. Emri: Regjistrimi më i hershëm i emrit të tij, vjen nga eksploruesi dhe ditaristi italian Antonio Pigafetta (mdis viteve 1480 (ose 1491)-1531 dhe mendohet se ka jetuar 40 ose 50 vjec), i cili shoqëroi ekspeditën e Magelanit. Pigafetta vuri në dukje emrat e dy krerëve të ishullit Matan (Miramonte), krerëve Zula dhe Çilapulapu. Rrëfimi i Pigafetta-s për udhëtimin e Magelanit, i cili përmban përmendjen e vetme të Lapulapu-së me emër në një burim parësor të padiskutueshëm, ekziston në disa variante dorëshkrimesh dhe botimesh të shtypura, më i hershmi që daton rreth vitit 1524. Në një shënim për botimin e tij të vitit 1890 të Sucesos de las islas Filipinas të Antonio de Morga-s të vitit 1609, José Rizal e shqipton emrin si Si Lapu-lapu. Kjo plotëson një pasazh, ku Morga përmend vdekjen e Magelanit në Mactan, por nuk përmend me emër udhëheqësin e Mactanit. Në gjuhët filipinase, si (shumës siná) është një artikull që përdoret për të treguar emrat personalë. Kështu, Si Lapulapu, siç përkthehet nga Rizal, më pas u interpretua nga të tjerët në këtë mënyrë (megjithëse Rizal nuk e pohon kurrë në mënyrë eksplicite këtë vetë) dhe Si u hoq, duke çimentuar përfundimisht emrin e udhëheqësit Mactan në kulturën filipinase si Lapulapu ose Lapu-Lapu... Në vitin 1604, Fr. Prudencio de Sandoval, në "Historia de la Vida y Hechos del Emperador Carlos V" e shkroi emrin si Calipulapo, ndoshta nëpërmjet transpozimit të A-së dhe I-së së parë dhe keqleximit të Ç. Kjo u bë më tej Cali Pulaco në poemën e vitit 1614 Que Dios le perdone (Zoti e faltë) nga poeti mestizo de sangley Carlos Calao. Ky interpretim, i shkruar si Kalipulako, u miratua më vonë si një nga pseudonimet e heroit të Filipineve Mariano Ponce gjatë Lëvizjes Propagande. Deklarata e Pavarësisë së Filipineve e 1898 e Cavite II el Viejo, përmend gjithashtu Lapulapu nën emrin Rey Kalipulako de Manktan (Mbreti Kalipulako i Mactan). Ky ndryshim emri ka çuar më tej në pretendimet se Lapulapu ishte një Kalif dhe si rrjedhim mysliman, ndërsa Pigafetta vëren se rajoni nuk ishte islamizuar. Në vitin 2019, Komisioni Historik Kombëtar i Komitetit Kombëtar 500-vjeçar të Filipineve, i ngarkuar me përgatitjet për përkujtimin e 500-vjetorit të mbërritjes së Magellanit, deklaroi se Lapulapu pa vizë është drejtshkrimi i saktë i emrit të sundimtarit Mactan, duke u bazuar në shkrimin origjinal të Pi-

kombëtar filipinas i rezistencës ndaj kolonializmit. Pas vdekjes së Magelanit, **Juan Sebastián Elcano(1476-1526)** *mori drejtimin e ekspeditës dhe me disa anëtarë të tjerë të mbijetuar, në njërën nga dy anijet (Victoria) e mbetura, përfunduan rrethin e parë të Tokës, kur u kthyen në Spanjë në 1522.*

I lindur më 4 shkurt të vitit1480, në një familje të fisnikërisë së vogël portugeze, Magellani *u bë një marinar dhe oficer detar i aftë, në shërbim të Kurorës Portugeze në Azi.* **Mbreti Manuel I**[58] *refuzoi të mbështeste planin e*

---

gafetta-s, që ata e morën si Çilapulapu (përafërsisht e përkthyer si "Silapulapu", jo "Kilapulapu", në ortografinë ekuivalente filipinase). Komiteti ra dakord me studimin e mëparshëm, që Si në emrin e tij të raportuar nga Pigafetta, ndoshta ishte një formë indigjene e Sri-së nderuese hindu, kështu që Lapulapu ndoshta do të ishte quajtur Si Lapulapu. Kronika Aginid, historia e së cilës është e dyshimtë, e quan atë Lapulapu Dimantag. Në vitin 2021, Presidenti Rodrigo Duterte nënshkroi Urdhrin Ekzekutiv Nr. 152, duke bërë thirrje zyrtarisht për të ndryshuar përkthimin e emrit të heroit filipinas nga Lapu-Lapu në Lapulapu, në përputhje me referencat e mëparshme. Ky urdhër ekzekutiv tani kërkon që entitetet qeveritare dhe joqeveritare të miratojnë emrin Lapulapu, në të gjitha referencat, që kanë të bëjnë me Heroin e Parë Filipinas.

[58]**Manuel I, (Manuel Fati, Manuel O Afortunado (1469-1521)**, *mbret i Portugalisë në vitet 1495-1521,* mbretërimi i të cilit u karakterizua nga telashe fetare (*të gjithë maurët dhe hebrenjtë që refuzonin pagëzimin u dëbuan*), nga një politikë neutraliteti i zgjuar përballë grindjeve midis Francës dhe Spanjës, dhe nga vazhdimi i zgjerimit jashtë shtetit, veçanërisht në Indi dhe Brazil. **Mbreti Afonso**, kishte një nga motrat e Manuelit të martuar me trashëgimtarin e tij, John II, dhe një tjetër me Dukën e fuqishme të Bragança. *Me vdekjen e djalit të tij legjitim në vitin 1491,* **Gjoni e njohu Manuelin si trashëgimtarin e tij**. Edhe pse më vonë mendoi të legjitimonte djalin e tij të mbetur, Jorge, më në fund ia la kurorën Manuelit. Si mbret (1495), Manueli i fali menjëherë Bragançat e dëbuar dhe rivendosi pronat e tyre të konfiskuara. *Monarkia shpejt fitoi një pasuri të re të madhe, pasi udhëtimi i*\ **Vasco da Gama (1460 ose 1469-1524)***rreth Afrikës hapi tregtinë portugeze me Lindjen.* Në mars t Pedro Álvares Cabral vitit 1500, *Manueli dërgoi*\ **Pedro Álvares Cabral (1467 ose 1468-1520)** *me 13 anije për të vendosur marrëdhënie tregtare me princat indianë.Cabral, duke lundruar në Atlantikun perëndimor, pa Brazilin, dërgoi një anije për të raportuar zbulimin dhe vazhdoi rreth Kepit të Shpresës së Mirë në Indi, ku ngriti poste tregtare (feitorias) në Calicut, Cochin dhe Cannanore, të gjitha në Bregdeti Malabar i Indisë jugperëndimore.Në vitin 1502, da Gama mori 20 anije dhe solli ar si haraç nga Afrika Lindore.* **Manueli ishte tashmë i pasur në vitin 1503.** Ndërkohë, **João Fernandes Lavrador (1453-1501)***,arriti në ishukllin e madh Labrador* në vitin 1499, dhe **Gas**

Magelanit, për të arritur në ishujt Maluku (*Ishujt e Erëzave*), duke lundruar drejt perëndimit rreth kontinentit amerikan.

Duke u përballur me akuza penale, Magellani u largua nga Portugalia dhe i propozoi të njëjtën ekspeditë **Mbretit Charles I (1500-1558)** të Spanjës, i cili e pranoi atë. *Rrjedhimisht, shumë në Portugali e konsideruan atë një tradhtar dhe ai nuk u kthye më.*

Në Sevilje u martua, ku pati dy fëmijë. Ai sërisht organizoi ekspeditën e re. Për besnikërinë e tij ndaj **Monarkisë Hispanike**, në vitin 1518, *Magellani u emërua admiral i flotës spanjolle dhe iu dha komanda e ekspeditës, Armada e Molukës me pesë anije. Ai u bë gjithashtu Komandant i* **Urdhrit të Santiago**, *një nga gradat më të larta ushtarake të Perandorisë së Spanjës.*

Ekspedita arriti në **Guam**[59] dhe, pak më vonë, në ishujt Filipine, ku

---

par Côrte-Real (1450-1501) zbuloi *Newfoundland* në vitin 1500. Bregdeti brazilian u eksplorua, megjithëse tregtia ishte praktikisht e kufizuar në **dru ngjyrues ku dhe ka marrë emërin Brazili.** *Pretendimet e Manuelit për këto toka të zbuluara, u konfirmuan nga papati dhe u njohën nga spanjollët, me të cilët Manueli mbante marrëdhënie të ngushta.* Kështu në dhjetor 1496 Manueli urdhëroi hebrenjtë dhe muslimanët e lirë të largoheshin nga Portugalia brenda 10 muajve. **Në vitin 1513 portugezët kishin arritur në Kinë.** *Pavarësisht shkëlqimit të moshës së tij, Manueli shfaqet në një nivel disi të ulët.* Ai ishte punëtor, i matur, i dhënë pas muzikës dhe shfaqjes dhe ekstravagant. Ai banoi kryesisht në Lisbonë, ku ndërtoi pallatin buzë ujit (pranë Terreiro do Paços së sotme) dhe në Sintra. Dramaturgu-argjendari Gil Vicente shkroi për oborrin, i cili u bë një qendër e poezisë dhe pikturës së vogël. Ai themeloi pallatin-manastirin e Jerónimos në Belém dhe ndërtoi Kullën e Belém; arkitektura tipike e mbretërimit është quajtur *Manueline*, vetëm që nga shekulli XIX. Nën Manuelin administrata publike ishte gjithnjë e më e centralizuar. Ai përjashtoi gjithashtu kishën dhe urdhrat ushtarakë të kalorësisë nga disa detyrime. *Ai ndëshkoi ashpër ata që ishin përgjegjës për masakrën e hebrenjve në vitin 1506... Ai vdiq në Lisbonë në vitin 1521 dhe u varros në manastirin Jerónimos.*

[59]**Guam** (do të thotë: **Dëgjo**); *Chamorro, Guåhan), është një territor i organizuar, i pa inkorporuar i Shteteve të Bashkuara, në nënrajonin e Mikronezisë të Oqeanit Paqësor perëndimor. Kryeqyteti i Guamit është Hagåtña, dhe fshati më i populluar është Dededo.Është pika dhe territori më perëndimor i Shteteve të Bashkuara, i llogaritur nga qendra gjeografike e SHBA-së. Në Oqeani, Guam është më i madhi dhe më jugor i ishujve Mariana dhe ishulli më i madh në Mikronezi.***Njerëzit e lindur në Guam janë qytetarë amerikanë.** *Atojanë politikisht të privuar nga të drejtat e tyre, duke mos pasur asnjë votë në zgjedhjet presidenciale të Shteteve të Bashkuara*

Atje Magellani u vra në Betejën e Mactan në muajin prill te vitit 1521. Nën komandën e kapitenit **Juan Sebastian Elcano (1476-1526)**, ekspedita më vonë arriti në **Ishujt Spice**.[60]

---

dhe Guam nuk ka asnjë përfaqësim në Senatin Amerikan. Delegatët guamanë në Dhomën e Përfaqësuesve të Shteteve të Bashkuara (**Kongres**), **nuk kanë asnjë votë në foltore.** *Guamanët indigjenë janë Chamoru, të njohur historikisht si Chamorro, të cilët janë të lidhur me popujt austronezianë të arkipelagut të Malajzisë, Filipineve, Tajvanit dhe Polinezisë.* Sipas vitit **2022, popullsia e Guam është 168,801.** Populli Chamorro u vendos në ishull rreth 3500 vjet më parë. *Eksploruesi portugez Ferdinand Magellan, ndërsa ishte në shërbim të Spanjës, ishte evropiani i parë që vizitoi ishullin më 6 mars 1521.***Guami u kolonizua nga Spanja në 1668**. *Midis shekujve XVI-XVIII, Guami ishte një ndalesë e rëndësishme për Manilën spanjolle. Galeonët. Gjatë Luftës Spanjolle-Amerikane, Shtetet e Bashkuara pushtuan Guamin më 21 qershor 1898. Sipas Traktatit të Parisit të vitit 1898, Spanja ia dorëzoi Guamin SHBA-së, më 11 prill 1899.* Para Luftës së Dytë Botërore, Guami ishte një nga pesë juridiksionet amerikane në Oqeanin Paqësor, së bashku me Wake Island në Mikronezi, Samoa Amerikane dhe Hawaii në Polinezi dhe Filipine. Më 8 dhjetor 1941, disa orë pas sulmit në Pearl Harbor, Guami u pushtua nga japonezët, të cilët pushtuan ishullin për dy vjet e gjysmë. **Forcat amerikane e rimorën ishullin më 21 korrik 1944,** e cila përkujtohet si Dita e Çlirimit. Që nga vitet 1960, ekonomia e Guamit është mbështetur kryesisht nga turizmi dhe ushtria amerikane, për të cilën Guami është një aset i madh strategjik. **Guami, është ndër 17 territoret jo-vetëqeverisëse të listuara nga Kombet e Bashkuara** *dhe ka qenë anëtar i Komunitetit të Paqësorit, që nga viti 1983.*

[60]**Pushtimi i Ishujve të Erëzave,***ishte një pushtim ushtarak nga forcat britanike,* që ndodhi midis muajve shkurt dhe gushti të vitit 1810 në dhe rreth ishujve Maluku (ose Moluccas) në pronësi holandeze, të njohur gjithashtu si Ishujt e Erëzave në Indisë Lindore Hollandeze, gjatë luftërave të Napoleon Bonapartit. Në vitin 1810, Mbretëria e Holandës ishte një vasal i Francës Napoleonike dhe Britania e Madhe, së bashku me Kompaninë e Indisë Lindore, u përpoqën të kontrollonin ishujt e pasur të erëzave holandeze në Inditë Lindore. Asokohe burimet historike tregojnë, se u ndanë dy forca britanike; një në ishullin *Ambon dhe Ternate*, pastaj një forcë tjetër do të kapte ishujt më të mbrojtur të *Banda Neira*, pas të cilit çdo ishull tjetër që mbrohej. Në një fushatë, që zgjati 7 muaj, forcat britanike morën të gjithë ishujt në rajon. **Britanikët**, qëndruan në ishujt deri në fund të luftës. Pas Traktatit Anglo-Hollandez të vitit 1814, ishujt iu dorëzuan përsëri holandezëve, por ndërkohë Kompania e Indisë Lindore kishte shkulur shumë pemë erëzash, për transplantim në të gjithë Perandorinë Britanike..

Për të lundruar përsëri në Spanjë dhe për të shmangur kapjen nga portugezët, dy anijet e mbetura të ekspeditës u ndanë, njëra u përpoq, pa sukses, të arrinte Spanjën e Re, duke lundruar drejt lindjes përtej Paqësorit, ndërsa tjetra, e komanduar nga Elcano, lundroi drejt perëndimit nëpërmjet Oqeanit Indian dhe deri në brigjet e Atlantikut të Afrikës, duke mbërritur më në fund në portin e nisjes së ekspeditës dhe duke përfunduar kështu qarkun e parë të plotë të globit

Ndërsa ishte në shërbim të Mbretërisë së Portugalisë, Magelani kishte arritur tashmë në Arkipelagun Malajz në Azinë Juglindore, në udhëtimet e mëparshme, që shkonin drejt lindjes (*nga viti 1505 deri në vitet 1511-1512*). **Duke vizituar përsëri këtë zone dhe udhëtuar në perëndim, Magelani arriti një rrethim të plotë personal të globit, për herë të parë në histori.**

Ai më vonë lundroi nën Diogo Lopes de Sequeira (*në Ambasada e Parë e Portugalisë në Malacca*), me **Francisco Serrão (vdiq në vitin 1521)**, mikun e tij dhe ndoshta kushëririn. Në shtator, pasi mbërriti në Malacca, ekspedita ra viktimë e një komploti dhe përfundoi në tërheqje. *Magellani kishte një rol vendimtar, duke paralajmëruar Sequeira dhe duke rrezikuar jetën e tij, për të shpëtuar Francisco Serrão dhe të tjerët që kishin zbritur.*

Më 16 mars, flota pa ishullin Samar (Zamal), në ishujt lindorë të Filipineve. Ata hodhën spirancën në ishullin e vogël (atëherë të pabanuar) të Homonhon (Humunu), ku do të qëndronin për një javë, ndërsa anëtarët e tyre të sëmurë të ekuipazhit shëroheshin. *Magelani, u miqësua me vendasit me tatuazhe të ishullit fqinj Suluan (Zuluan) dhe tregtonte mallra dhe furnizime dhe mësoi për emrat e ishujve fqinjë dhe zakonet lokale.*

Pas pushimit dhe furnizimit, Magellani **lundroi më thellë në ishujt Visayan**. Më 28 mars, ata u ankoruan në ishullin Limasawa (*Mazaua*), ku hasën në një varkë të vogël shtytëse (boloto). Pasi biseduan me ekuipazhin e varkës, nëpërmjet **Enrique of Malacca** (*përkthyesi skllav i Magellanit, i cili ishte me origjinë nga Sumatra dhe i sherbeu atij në vitet 1519-1521*), ata u takuan nga dy anijet e mëdha luftarake balangay (balanghai) të Rajah Kulambo (Colambu) të Butuanit, dhe një nga djemtë e tij.

Ata shkuan në breg në Limasawa, ku takuan vëllain e Kulambo, një udhëheqës tjetër, Rajah Siawi (Siaui) nga Surigao (Calagan). Sundimtarët ishin në një ekspeditë gjuetie në Limasawa. *Ata e pritën Magelanin si mysafirin e tyre dhe i treguan për zakonet e tyre dhe për rajonet që kontrollonin në Mindanao verilindore.*

Sundimtarët me tatuazhe dhe vendasit, mbanin dhe përdornin një sasi të madhe bizhuteri ari dhe artefakte ari, të cilat zgjuan interesin e

Magelanit.

Më 31 mars, *ekuipazhi i Magelanit mbajti meshën e parë në Filipine, duke mbjellë një kryq në kodrën më të lartë të ishullit.* Para se të largohej, Magellani u kërkoi sundimtarëve portet e ardhshme tregtare më të afërta. Ata rekomanduan që ai të vizitonte Rajahnatin e Cebu (Zubu), sepse ishte më i madhi. Ata u nisën për në Cebu, të shoqëruar nga balangat e Rajah Kulambo dhe arritën në portin e tij më 7 prill.

Magellani u takua me Mbretin e Cebu, Rajah Humabon, i cili u kërkoi atyre haraç si tregti, duke menduar se ishin tregtarë që shkëmbenin me ta. Ai dhe njerëzit e tij këmbëngulën se nuk kishin nevojë të paguanin haraç, pasi ishin dërguar nga mbreti i Spanjës, *"mbreti më i fuqishëm në botë"* dhe se ata ishin të gatshëm t'u jepnin paqe nëse donin paqe dhe luftë nëse donin luftë. Humabon më pas vendosi të mos kërkonte më haraç dhe i mirëpriti në vend të tyre në Mbretërinë e Cebu (*Sugbo*).

Për të shënuar ardhjen e krishterimit në Lindjen e Largët, Magelani më pas mbolli një Kryq në brigjet e mbretërisë. Magellani u përpoq t'i konvertonte vendasit, duke përfshirë mbretin dhe gruan e tij, Mbretëreshën Humamay, në krishterim. Rajah Humabon u riemërua Carlos dhe mbretëresha Humamay u riemërua Juana sipas mbretit dhe mbretëreshës së Spanjës

Pas pagëzimit të saj, mbretëresha u kërkoi spanjollëve **imazhin e Fëmijës Jezus** (*Santo Niño*), për të cilin ajo ishte tërhequr dhe iu lut atyre për imazhin e penduar, mes lotëve të saj. Pastaj Magelani i dha imazhin e Fëmijës Jezus, së bashku me një *imazh të Virgjëreshës Mari dhe një kryq të vogël mbretëreshëssi një gjest vullneti të mirë, për pranimin e besimit të ri.*

Mbreti, më pas kishte një marrëveshje gjaku me Magelaninin, në mënyrë që të çimentonte besnikërinë e spanjollëve dhe cebuanos. **Ai u tha spanjollëve të shkonin në ishullin Mactan, për të vrarë armikun e tij Lapulapu.**

Kryqi i Magelanit në Cebu sot

Imazhi origjinal i Santo Niño de Cebu, një imazh i Fëmijës Jezus dhënë nga Magellani për Cebuanos, tani i mishëruar në **Bazilikën Minore del Santo Niño.**

Pas disa javësh në Filipine, Magellani kishte konvertuar deri në 2200 vendas në krishterim, duke përfshirë Rajah Humabon nga Cebu dhe shumicën e udhëheqësve të ishujve përreth Cebu.[61]

---

[61]Shënimi im: Unë e kam parë nga afër Kryqin e Magelanit, që ndodhet në

Spanjollët, shkuan në ishullin Mactan, ashtu siç u tha Rajah Humabon. Mirëpo, ata fillimisht nuk erdhën me dhunë dhe donin t'i kristianizonin, ndryshe nga njerëzit e Cebu-së, që e pranuan me lehtësi fenë e re, Mbreti i Maktanit, Datu Lapulapu dhe pjesa tjetër e ishullit të Maktanit rezistuan.

Më 27 prill, *Magellani dhe anëtarët e ekuipazhit të tij, u përpoqën të nënshtronin me forcë vendasit e Mactanit, por* në betejën që pasoi, evropianët u mposhtën dhe **Magellani u vra me një shtizë bambu nga Lapulapu dhe njerëzit e tij.**

Flota u largua nga Filipinet (*pas një tradhtie të përgjakshme nga ish-aleati Rajah Humabon, i cili kishte helmuar shumë ushtarë spanjollë, në një hile banketi natën, pas betejës për t'u mposhtur lehtësisht nga Lapulapu dhe njerëzit e Mactanit dhe nuk arriti të vriste Lapulapu*) dhe më në fund morën rrugën për në Moluccas, në nëntor të vitit 1521.

Të ngarkuar me erëza, ata u përpoqën të niseshin për në Spanjë në dhjetor, por zbuluan se vetëm një nga dy anijet e tyre të mbetura, **Victoria**, me **kapitenin Juan Sebastián Elcano (1487-1526), më në fund u kthye në Spanjë më 6 shtator të vitit 1522, duke përfunduar lundrimin, ku nga 270 burrat që u larguan me ekspeditën, u kthyen vetëm 18 ose 19 të mbijetuar.**

Virtytet kryesore të Magelanit ishin: guximi dhe këmbëngulja, edhe në situatat më të vështira, ku ai e duronte urinë dhe lodhjen më mirë se të gjithë lë ljerët. Ai ishte një detar i mrekullueshëm praktik, i cili e kuptonte lundrimin më mirë se të gjithë pilotët e tij. **Dëshmia më e mirë e gjenialitetit të tij është se ai e bëri xhiron rreth botës, pa i paraprirë askush.**[62][63][64][65][66][67]

---

ishullin e madh Cebu, sot qyteti më i madh e i dyti për nga madhësia në ishujt Filipine, mbas kryeqytetit metropolitan të vendit, Manila (me mbi 20 milion banorë).

[62]List of things named after Ferdinand Magellan

[63]Age of Discovery Chronology of European exploration of Asia.

[64]History of the Philippines.

[65]Military history of the Philippines.

[66]Portuguese Empire.

[67]Spanish Empire.

AMERIKA DUHET TË PUSHOJË TË JETË POLICI I BOTËS DHE TË FILLOJË TË JETË POLICI I VETVETES... DHE 400 NDËRHYRJE USHTARAKE TË SAJ NË VITET 1776-2023

"Ne do të kujdesemi, së pari për këtë vend, përpara se të shqetëso-hemi për të gjithë të tjerët në botë, dhe jo të fokusohemi në përhap-jen e vlerave të SHBA-së jashtë vendit. SHBA, nuk është si 40 vjet më parë. Ne nuk jemi i njëjti vend dhe bota nuk është e njëjta botë."
– Donald J. Trump, President i 45-të i SHBA-së.

"Politikanët amerikanë, janë në thelb kukulla të zgjedhura. Kur zgjidhet një person, mund të ketë disa ide. Pastaj ka njerëz me çantë, të veshur mirë me kostume të errëta (burra me kostum të zi), në të njëjtën ngjyrë me mua, përveç kravatës së kuqe, sepse veshin të zezë ose blu të errët. Këta njerëz kanë filluar të shpjego-jnë se si janë gjërat. Dhe në çast, gjithçka ndryshon. Kështu ndodh me çdo administratë." **– Vladimir Putin President i Federatës Ruse, 2017.**

Doktrina e Presidentit Donald J. Trump, ku Gjeopolitika takon Artin e Marrëveshjes

Doktrina e Presidentit Donald J. Trump, ku Gjeopolitika takon Artin e Ma-rrëveshjes, ka kërkuar që **Amerika** *të pushoj të jetë polici i botës dhe **të fillojë të jetë polici i vetvetes.*** Kjo doktrinë demokratike, ka dhënë shumë fryte po-zitive, për të mirën e SHBA-së, gjatë 4 viteve të suksesshme të Presidencës Trump. Asokohe SHBA-ja, nuk u përfshi në asnjë luftë gjakderdhëse me që shkaktojnë miliona viktima si pasoj e pushtimit ose imponimit ndaj pjesëve të tjera të botës.

Gjatë periudhës paqësore të Presidentit Trump, bota dhe shtetet e saj ishin shumë paqësorë dhe pa konflikte gjakderdhëse ndërnacionale dhe etnike. Ai thotë: *"SHBA-ja, nuk është si 40 vjet më parë. Ne nuk jemi i njëjti vend dhe bota nuk është e njëjta botë."*

Në mënyrë të vazhdueshme, gjithnjë Presidenti i 45-të i SHBA-së Do-nald J. Trump, gjatë 4 viteve të administratës së tij në vitet 2016-2020, sikurse edhe kur më përpara kur ishte kandidati republikan për president në fjalimet e tij patriotike, para miliona mbështetësve të zjarrtë të tij amerikanë në shumë shtete të vendit dhe gjatë seancës në ditën e Konventës Kombëtare Republikane, *lideri republikan paqësor, ka ritheksuar të njëjtën gjë, mbi ndalimin e praktikës anti-demokratike të imponimitsi policë të SHBA-së kudo në botë.*

Ai qartazi me deklaratat e tij mbi NATO-n dhe kufijtë e mbështetjes së SHBA-së për aleatët e saj, deklaroi publikisht mendime të pavarura, në të gjithë Evropën dhe Selinë e OKB-së, ku ai bëri vizita etj.

Në intervistat e vazhdueshme, për mediat amerikane dhe botërore *Presidenti Trump, ka mbështetur tre pozicione bazë, që do të ndryshonin rrënjësisht të gjithë themelin e politikës së jashtme dhe të mbrojtjes së ardhshme të SHBA-së, nën aksiomen udhëheqës* **America First.**

Së pari, Trump, sërisht ka të njëjtat ide dhe praktikë politike, për një qëndrim shumë të kjartë, në këndvërshtrim me idenë e *ndërtimit të kombit tjetër jo amerikan* dhe të ndërhyrjes në politikën e brendshme të vendeve të tjera, duke u impunuar atyre se si duhet të veprojnë, votojnë, vishen, të ushqehen, të zgjedhin deputetët, ministrat, kryeministrat, presidentët, mbretërit apo formen e regjimit dhe qeverisjes së tyre etj., sikurse po bën fatkeqisht sot Ambasada dhe ambasadorja e SHBA-së socialkomuniste në Tiranë *Yuri Kim, e cila përfaqson regjimin e korruptuar dhe të papërgjeshëm globalist, Deep State, Cabala etj., të socialkomunistit të papërgjeshëm dhe supër tëkorruptuar Joe Biden.*

"Ne do të kujdesemi së pari për këtë vend, përpara se të shqetësohemi për të gjithë të tjerët në botë dhe jo të fokusohemi në përhapjen e vlerave të SHBA-së jashtë vendit."- thotë me të drejtë **Presidenti i 45-të i SHBA-së Donald J. Trump.**

Së dyti, Presidenti Trump, vazhdoi të shpreh dëshirën e tij, për të punuar me njerëz të fortë të botës, pavarësisht nga sistemet apo regjimet shtetërore, që ata kanë votuar apo kanë zgjedhur të ndjekin, për drejtimin e popujve të tyre, udhëheqës, angazhimi i të cilëve ndaj demokracisë mund të jetë i kushtëzuar, por që ai mendonte se mund të ishin aleatë të dobishëm. Kjo taktike politike e veprimit ndërkombëtarë të Presidentit Trump, fatmirësisht fuksionoi pozitivisht për 4 vjet me shumë sukses si me shtetet e tilla si: **Korea e Veriut, Rusia, etj.,** si me Europën, NATO-n e cila nuk paguante 2% të detyrimeve, për buxhetin ushtarak mbrojtës të organizatës në fjalë etj.

Së treti, Trump i zhvendos angazhimet e traktateve të Amerikës nga sfera e diplomacisë në botën e biznesit. Trump e di nga përvoja e tij, se shumë shtete të botës, duke përfshirë Kinën komuniste, Europën globaliste etj., kanë abuzuar në fushën e bisnesit me presidentët liberalë dhe "konservatorë" (sa për sy e faqe) dhe qeveritë tolerante globaliste të SHBA-së Ai në mënyrë të përsëritur dhe shumë të drejtë e bën të kjartë botërisht, se *Shtetet e Bashkuara të Amerikës, duhet të rimbursoheshin financiarisht nga shtetet e tjera, për mbështetjen dhe mbrojtjen e tyre ushtarake.*

Luftrat e SHBA-së, brenda vendit dhe botë

Hyrje

Sikurse dihet SHBA, vazhdimisht kanë qenë të përfshira në ndërhyrje të shumta ushtarake të huaja, gjatë gjithë historisë së saj. **Ajo është angazhuar në afro 400 ndërhyrje ushtarake midis viteve 1776 dhe 2023,** ku gjysma e këtyre operacioneve kanë ndodhur nga viti 1950 dhe mbi 25% kanë ndodhur në periudhën e pas Luftës së Ftohtë.

Dhe pse!? Arsyet për këto ndërhyrje, janë justifikuar në arenën ndërkombëtare në forma të ndnryshme, si rreth arsyeve tëekonomisë, territorit, mbrojtjes sociale, ndryshimit të regjimit, mbrojtjes së qytetarëve dhe diplomatëve amerikanë, ndryshimit të politikave, perandorisë dhe ndërtimit të regjimit.

Gjatë shekullit XIX, amerikanët, **kërkonin një politikë ndërkombëtare për t'i rezistuar kolonializmit evropian në Hemisfera Perëndimore,** kurse në shekullin XX, ajo ndërhyri në dy luftëra botërore, në të cilat forcat amerikane, luftuan së bashku me aleatët e tyre ndërkombëtare, kundër Japonisë Perandorake, Gjermanisë Perandorake dhe Naziste dhe aleatëve të tyre përkatës si Italia Fashiste etj.

Pas Luftës së Dytë Botërore (1945), **rezultoi në një politikë e jashtme kontrolli, që synonte parandalimin e përhapjes së komunizmit botëror.**

Asokohe *Lufta e Ftohtë*, që pasoi rezultoi në Doktrinat:*Truman, Eisenhower, Kennedy, Carter dhe Reagan,* **të cilat panë që SHBA-ja, vendi me demokraci dhe zhvillim më të madh në botë, të përqafoi spiunazhin, ndryshimin me forcën e armëve ushtarake të regjimeve politike në shtete të ndryshme botërore, konfliktet e një pas njëshme, me përfaqësues dhe aktivitete të tjera klandestine ndërkombëtarisht, vetëm kundër armikut më të madh komunist Bashkimit Sovjetik (B.R.S.S.).**

Pas rënies dhe shërbërjes së Bashkimit Sovjetik (**1991**), SHBA, u shfaq u shfaq sërisht **si superfuqia e vetme në botë dhe, me këtë argument absurd, vazhduan pa ndërprerje në kohë dhe rrethana të ndryshmendërhyrjet e armatosura ushtarake, si në kontinentin e zi të Afrikës, pjesë të ndryshme të Evropën Lindore dhe vazhdimisht ishte e pranishme ushtarakisht në Lindjen e Mesme.**

Sërisht një tjetër arsye, që ndryshoi historinë e politikës së brendshme dhe të jashtme botërore të SHBA-së, **ishte ngjarja tragjike në vend,pas sulmeve të 11 shtatorit të vitit 2001, kur forcat ushtarake amerikane dhe aleatët e saj ushtarakë të NATO-s (Organizata e Paktit të Atlantikut Verior), filluan Luftën Globale kundër Terrorizmit, në të cilën amerikanët zhvilluan fushata ndërkombëtare kundër terrorizmit, kundër grupeve të ndryshme islamike radikale ekstremiste si Al-Kaeda dhe Shtetit Islamik, në vende të ndryshme të botës.**

Ajo filloi të pushtonte Irakun (2003), zgjeroi praninë e saj ushtarake në Afrikë dhe Azi, nëpërmjet një politike të rinovuar të mbrojtjes së brendshme dhe jashtme.

Asokohe, duhet theksuar se e tillë, ishte **përpjekja gjeopolitike ndërkombëtare e SHBA-së nga kundër-kryengritjet në Lindjen e Mesme, në rritjen e përfshirjes së saj aktive, në zonat e nxehta të konflikteve të mundshme si, në: Azinë Lindore, si pjesë e një politike për të frenuar një Kinë në rritje.**

Kështu Marina Ushtarake e Amerikane, ka qenë e **përfshirë në aktivitete ushtarake në një formë a tjetër, kundër piraterisë moderne si në brigjet e Somalisë dhe rajone të tjera.**

Pas Luftës së Dytë Botërore, duhet theksuar për hir të vërtetës historike, se **amerikanët kanë qenë vetë një agresor I drejtpërdrejtë në shumë raste.** Rastet e pushtimit të territoreve jo-amerikane nga trupat ushtarake amerikane nisin me Betejën e Dernës (Libia) në vitin 1805 dhe deri në pushtimin e Afganistanit për 20 vjet (2001-2021).

Sipas historianëve të ndryshëm ndërkombëtarë, **amerikanët vazhdimisht kanë qenë të përfshira ushtarakisht në çdo vend në globit, përveç tre shtete-qytete:** *Andorrës, Butanit dhe Lihtenshtajnit.*

Si klunkluzion del se SHBA me gjeopolitikën e saj ambicioze ushtarake, u kthye nga fuqi rajonale izolacioniste, postkoloniale, në një supërfuqi transatlantike dhe trans-paqësore.

Rikujtesa historike...

Pas vendimit të Senatit Amerikan, Presidenti i Federatës Ruse **Vladimit Putin**[68] habiti botën, me pyetjen retorike dhe faktet historike të tij: *"Nëse unë jam kriminel lufte, çfarë janë presidentët amerikanë, duke filluar para Nixon-it dhe deri tani!?"*

"Politikanët amerikanë, janë në thelb kukulla të zgjedhura. Kur zgjidhet një person, mund të ketë disa ide. Pastaj ka njerëz me çantë, të veshur mirë me kostume të errëta (burra me kostum të

---

[68]**Vladimir Putin**, (**Vladimir Vladimirovich Putin, lindur më 7 tetor 1952, Leningrad**), president rus (1999-2008; 2012- dhe sot) dhe kryeministër (1999; 2008-2012). Putin shërbeu 16 vjet në KGB, duke përfshirë gjashtë vjet në Dresden, E. Ger. Në vitin 1990, ai u tërhoq nga shërbimi aktiv i KGB-së dhe u kthye në Rusi për t'u bërë **prorektor i Universitetit Shtetëror të Leningradit**, dhe në vitin 1994 ai u ngjit në postin e nënkryetarit të parë të qytetit. Në vitin 1996 ai u transferua në Moskë, ku iu bashkua stafit presidencial si zëvendës i Pavel Borodin, kryeadministratori i Kremlinit. Në korrik 1998, presidenti Boris Yeltsin e bëri Putinin drejtor të Shërbimit Federal të Sigurisë (pasardhësi i brendshëm i KGB-së). Në vitin 1999 Yeltsin e emëroi Putinin kryeministër dhe më 31 dhjetor të atij viti Jelcin dha dorëheqjen si president në favor të Putinit. Tre muaj më vonë Putini fitoi një fitore të jashtëzakonshme zgjedhore, pjesërisht si rezultat i suksesit të tij në betejën për të mbajtur Çeçeninë nga shkëputja. Në mandatin e tij të parë, ai vendosi kontrollin qendror mbi 89 rajonet dhe republikat e Rusisë dhe u përpoq të zvogëlonte fuqinë e financuesve dhe manjatëve të medias jopopullore të Rusisë. Kjo periudhë u shënua gjithashtu nga sulme të shpeshta terroriste nga separatistët çeçenë. Putini, fitoi lehtësisht rizgjedhjen në vitin 2004. Pasardhësi i tij i zgjedhur, **Dmitry Medvedev**, u zgjodh president në mars 2008 dhe, pak pasi mori detyrën, **ai emëroi Putinin kryeministër.** Në vitin 2011, të dy burrat njoftuan se do të bënin poste tregtare, në pritje të një fitoreje në votime, dhe në zgjedhjet e vitit 2012, Putin fitoi një mandat të tretë si president. Në vitin 2014, ai mbikëqyri aneksimin nga Rusia të republikës autonome ish ruse të Krimesë, dhe në vitin 2015 Rusia u përfshi në mënyrë aktive në Luftën Civile Siriane. Putin fitoi një mandat të katërt në vitin 2018 dhe në vitin 2020 legjislatura ruse miratoi propozimin e tij, për të ndryshuar kushtetutën ruse, në mënyrë që të eliminohen kufijtë e mandatit presidencial. **Putin, drejtoi futjen e trupave speciale në Ukrainë në shkurt të vitit 2022, duke synuar shkatërrimin e Batalionit Neo-Nazi Azov dhe de-militarizimin e vendit.**

zi), në të njëjtën ngjyrë me mua, përveç kravatës së kuqe, sepse veshin të zezë ose blu të errët. Këta njerëz kanë filluar të shpjegojnë se si janë gjërat. Dhe në çast, gjithçka ndryshon. Kështu ndodh me çdo administratë." **– Vladimir Putin,** *President i Federatës Ruse, 2017*[69]

Presidenti rus, fjalë për fjalë ka mahnitur botën, **duke i lejuar vetes të thotë të vërtetën e hidhur me zë të lartë,** për atë që kanë bërë historikisht me fakte presidentët ushtarakë si Komandant Supreme të Forcave të Armatosura të SHBA-së dhe vetë ushtria e saj nëpër botë, që nga koha e Presidentit Nixon-it.

Sipas Presidentit të Federatës Ruse Putin, nëse do të gjykohet si kriminel lufte, duhet t'i bashkohen të gjithë presidentët amerikanë, që kanë provokuar dhjetëra luftëra në mbarë botën, pa pasur as të drejtën morale për t'a bërë këtë.

Putini, është i vetmi që ka kundërshtuar globalizimin, Deep State, Cabala etj., dhe shpresojmë t'i bashkohen më shumë vende si Kina, India etj., për t'a përfunduar më shpejt këtë spastrim të korruptuar planetar.

Ariu rus, ka nisur një Luftë me Trupa Speciale Federale, në shtetin fqinj Ukrainë, **për të bërë realisht de-Nazistifikimin e Batalionit Azov në Ukrainë,** *kundër globalistëve Deep State, Cabala, Big Media, Big Tech etj.,* **dhe de-Militarizimin e vendit kufitar nga armët e bio-shkatërrimit masiv në masë,** *që mund të bien shumë lehtë në duart apo komandën e njerëzve të papërgjeshme dhe kriminelë...*

Nuk po them që Putin është shenjtor, sepse edhe ai siçdoqënie njerëzore ka gabimet e veta, (sikurse të gjithë politikanët ndërkombëtarë të tjerë), por në ditët tona, **ai është i vetmi, që me guxim dhe ballëhapur po kundërshton me heroizëm rendin botëror "demokratik" të korruptuar komunist dhe neo-komunist globalist, të kontrolluar e manipuluar nga forcat e errëta regressive ndërkombëtare, si Cabala, Klubi 300 dhe Deep State.**

Presidenti i Federatës Ruse, Vladimir Putin, gjithashtu rendit luftërat e pambarim deri në ditët tona, në të cilat Shtetet e Bashkuara, janë përfshirë që nga viti 1890.

---

[69]https://rumble.com/vxdlxb-2017-putin-says-us-politicians-are-essentially-elected-puppets.html?fbclid=Iluftë,AR1vuZCAxsK6SFm_rclnpDmJ_nGy6V5lDvOjnZPIkPAI3YuiYR8r_o1dR

Administrata Obama–Biden 1 dhe 2 bëri 5 luftra dhe fitoi Çmimin Nobël për "Paqe", ndërsaTrump nuk hapi asnjë luftë

Ndalimi i luftrave të pafundshme nga administrata profesionale dhe serioze e Donald J. Trumpdhe kthimi i trupave në shtëpi, ka qenë vazhdimisht prioritet në politikën e tij të jashtme.

Presidenti ynë, ka qenë i kujdeshëm dhe largpamës, por edhe i vendosur vijueshmërisht, për të arritur qëllimet e premtimeve ekonomike, financiare dhe politike elektorale.

Ai me idetë e tij efikase dhe profesionale diplomatike, arriti me sukses të ndaloi luftërat e pafundme, në të cilën amerikanët me ose pa deshirë ishin të përfshirë me humbje njerëzore dhe financiare me kosto të lartë. Kësisoj administrata humane Trump,më së fundi solli heronjtë apo trupat amerikane në shtëpi, pranë familjeve të tyre, duke e bërë realitet premtimin nga administrata e suksesshme e tij.

Për meritat e vendosjes së Paqes reale dhe të qëndrueshme globale në shumë zona të nxehta të globit, me të drejtë, gjatë vitit 2020 Presidenti Donald J. Trump, është nominuar 4 herë nga organizta, institucione dhe personalitete të shquara dhetë ndryshme ndërkombëtare europiane dhe botërore, për ta vlerësuar me Çmimin Nobel për Paqe, por që fatkeqsisht asnjëherënuk iu dha atij.

Një prej këtyre nominimeve një i përket afrimit të Paqes, midis Kosovës dhe Serbisë (në muajin nëntor të vitit 2020), e cila u bë shkak, që shteti i Izraelit (1948) të njoh Kosovën dhe të vendos marrëdhënie reciproke diplomatike, në kryeqytetet respektive Jeruzalem dhe Prishtinë, në muajin janar 2021.

Në këtë rast, duhet thënë se është i turpshëm gjesti i mosmirënjohjes i politikanëve kryesorë dhe ish Presidentes së Kosovës (asokohe në detyrë) Vjollca Osmani dhe kryeministrit të vendit Abdullah Hoxha, të cilët në mënyrë të përsëriturnë deklaratat e tyre nuk e kanë përmendur konkretisht këtë meritë brilante diplomatike si shumë të rëndësishëm e vendimtare të Presidentit Donald J. Trump, kur dihet se administrate e deshtuar Obama-Biden 1 dhe 2, gjatë viteve boshe 2008-2016, nuk bëri asnjë përpjekje asokohe, për vendosjen e Paqes reale, midis shteteve kufitare të Kosovës dhe Serbisë.

Media neo-otomane erdoganiste e fuqishme socialkomuniste dhe globaliste në Kosovë dhe Shqipëri, sistematikisht po vazhdojnë t'i shpërlajnë trurin popullit shqiptar atje, duke folur dhe shkruar shumë keq për administratën Trump. Me këtë veprim mosmirënjohës si zakonisht tashmë ata u kthyen në origjinën e tyre socialiste, përkrah globalistëve ultra liberalë amerikanë të administratës Obama-Biden III.

Por le t'i kthehemi nënës histori, për të mësuar dhënien e Çmimit Nobël për "Paqe", që mbahet mend si më kontraversali dhe absurdi, në të gjithë historinë e njërëzimit.

Historia moderne sot, po habit mbarë njerëzimin me rikujtimin e absurdit të kohës, kur padrejtësisht dhe për arsye të mirëfiltë politike globaliste komuniste, **Çmimi Nobël për "Paqe",** *dikur i është dhënë Presidentit* Barack Hysen Obamës, *për fillimin e 5 (pesë) luftrave të përgjashme në vendet islame, si:* **Lybia, Syria, Yemen, Afghanistan dhe Uganda** *(kjo e fundit 70% vend me popullsi të krishterë dhe 30% me besim islam),* ku ai me krenari dhe si Komandant i Forcave të Armatosura të SHBA-së dërgoi në fronte luftimi me qindra dhe mijëra ushtarë e marinsa amerikanë të armatosur deri në dhëmbë…, ku shumë prej tyre më vonëu kthyen të vdekur me arkivole… duke shtuar lot dhe plagë dhimbjeje, për prindërit e tyre në vendlindje.

Vitin kur adminstrata e deshtuar për vendosjen e "paqes"Obama (me Joe Biden zv/President), fitoi pa meritë Çmimin politik Nobël për "Paqe", ai dërgoi në frontin e luftimit të përgjakshëm (luftës civile), pra në Iraq dhe Siri mbi 20.000 trupa dhe armatime moderne shtesë.

Më pas kujtojmë, se administrata globaliste kineze e Obama-Biden 1 dhe 2, krijoi një bollshllek, me largimin e trupave ushtarake amerikane para kohe, duke krijuar me vetëdije premisat e krijimit të shtetit radikal islamik **ISIS**, mbi të cilët rëndojnë krimet makabre apo *Genocide* sistematike të përgjakshme (*si kthimi i vajzave minorene në hareme prostitucioni për rekrutëtdhe drejtuesit islam të ISIS etj… djegie në kafaza metali të fëmijëve, grave*), kundër popullsisë etnike të krishterë në Siri dhe Iraq…

Më 21 janar 2021, pra 24 orë kur beniamini mediatik dhe i Big Tech-ut marioneta Biden hyri gabimisht në zyrën ovale, ai nënshroi një urdhër ekzekutiv, që ridergonte menjëherë trupat amerikane në kufi me Sirinë, të cilët Presidenti Trump i kishte tërhequr dhe kthyer fatmirësishtnë shtëpi pranëfamiljeve të tyre.

Dihet historikisht, se *"demokratët" globalistëluftënxitës,* gjatë historisë së tyre gjithnjë, kanë derguar forcat ushtarake amerikane, në shumë lufta të pakuptimta, ku shpesh ne kemi dalur të humbur në shumë drejtime si dhe në shpenzime astronomike ushtarake, humbje të jetës së mijëra djemve të vajzave heronj amerikanë etj., me kosto prej miliarda dollarë nga taksat e popullit amerikanë

Kjo taktikë e politikës ndërkombëtare globaliste e tyre, bëhet me paramendim

dinak, për të larguar vëmendjen nga problemet e mprehta dhe shumta serioze ekonomike dhe financiare, që po kalon vendin ynë nga keqadministrimi i tyre në të gjitha drejtimet.

Kështu liberali Bill Clinton (1946), me politikën e tij kontraversale për 8 vjet (1992-2000) rrezikoi trupat dhe ushtrinë amerikane, duke i dërguar ato në 4 (katër) luftra të përgjakshme, për të vendosur "paqen" me armatime dhe ushtri. Ish Presidenti "demokrat" Clinton bëri luftra të përgjakshme në: Kosovo, Haiti, Sudan dhe Afghanistan, duke i krijuar botës imazhin, se **Amerika është polici i planetit.**

Sot, fatkeqsisht asnjë nga presidentët globalistë libëralë "demokratë", nuk i kanë kërkuar falje popullit amerikanë, për luftrat e deshtuara dhe jetët e humbura të bijve e bijave më të mirë të popullit tonë.

Dhe për këtë gjë Komiteti i Çmimit Nobel në Mbretërinë e Suedisë, ka vlerësuar politikisht presidentët "demokratë" me Çmimin Nobël për "Paqe", *duke e kthyer këtë çmim në një kartë higjenike pa vlerë*, për të nderuar dhe vlerësuar globalistët dhe diktatorët komunist kudo në botë.

Në politikën e tij të jashtme të suksesshme, Donald J. Trump, i ka kushtuar shumë kujdes eleminimit të terroristëve radikalë islamikë globalë (*zhduku nga faqja e dheut, në një kohë të shkurtërShtetin Radikal Islamik të* **ISIS**), që kërcënojnë botën dhe të dëmtojnë interesat amerikane, brenda vendit dhe kudo në botë.

Një symim i rëndësishëm i administratës brilante Trump, ishte *ndërtimi i një sistemi të madh të mbrojtjes dhe sigurisë kibernetike dhe sistemit të mbrojtjes nga raketat ushtarake të huaja.*

FUNDI I SHEKULLIT XIX

1812 - Pushtimi i Kanadasë

SHBA, kanë gabuar politikisht, duke u përfshirë në Luftën e vitit 1812 në Kanada, duke patur parasysh se si dështimet specifike përkeqësuan pozicionin ushtarak dhe strategjik të Amerikës. **Pak histori.**

Në hapjen e Luftës së vitit 1812, forcat amerikane pushtuan Kanadanë e Epërme dhe të Poshtme. Ato, prisnin një ecuri relativisht të lehtë *me arsyetimin, se Kanadaja përfaqësonte pjesën e poshtme të nënshtresës së Perandorisë Britanike, ishte popullor në mesin e shtetarëve amerikanë për disa kohë.* Por amerikanët mbivlerësuan mbështetjen e tyre midis kanadezëve, aftësitë e tyre ushtarake dhe fuqinë britanike.

Asokohe, britanikët u dhanë amerikanëve mësim me një humbje shkatërruese. Kjo kufizoi aftësinë e tyre, për të përqendruar forcat kundër pikave të dobëta britanike. Atyre u mungonte gjithashtu një plan i mirë reserve, për kthesat që britanikët ua dorëzuan shpejt. Fatkeqësia e vërtetë e fushatës u bë e dukshme në Detroit në muajin gusht 1812, kur një ushtri e kombinuar britanike dhe vendase amerikane e detyruan Hull-in të dorëzohej, pavarësisht numrit superior. Britania do të mbante pozicionin e saj në kontinent, duke siguruar përfundimisht pavarësinë e Kanadasë nga Uashingtoni.

Asokohe rreth 7.5 milionë njerëz jetonin në SHBA, krahasuar me vetëm rreth 500.000 në Kanada, ku shumë prej tyre ishin me origjinë franceze ose amerikane dhe jo britanike.

Presidenti amerikan **James Madison**, miratoi një sulm me tre drejtime kundër Kanadasë. Shumë amerikanë besonin se pushtimi do të ishte një shëtitje me tortë, veçanërisht pasi Britania ishte kaq e hutuar nga Luftërat Napoleonike në Evropë.

Asokohe SHBA **kishte vetëm rreth 12,000 burra me uniformë**, *duke përfshirë shumë oficerë të paaftë dhe shumë rekrutë të papërpunuar e të patrajnuar,* shpjegoi Donald R. Hickey, një profesor historie në Kolegjin Shtetëror Wayne dhe autor i librave të ndryshëm mbi Luftën e 1812…

Pas luftës, ushtritë amerikane dhe kanadeze nuk kanë luftuar njëra-tjetrën që atëherë dhe janë bërë aleatë të fortë mbrojtës.

1890 - Dakota e Jugut (SHBA)

Para 133 viteve, trupat e ushtarake të qeverisë amerikane, **vrasin dhe qëllojnë mbi 300 indianë** (*Native American*), të kapur në shtetin e Dakotës. *Pak histori. Masakra e gjurit të plagosur, e njohur ndryshe si **Beteja e gjurit të plagosur**, ishte një masakër masive, ku **u vranë 300 njerëz në Lakota nga ushtarët e Ushtrisë së Shteteve të Bashkuara**. Kjo ngjarje e dhimbshme ndodhi më 29 dhjetor të vitit 1890, pranë Përroit të Gjurit të plagosur,**në Rezervimin Indian Lakota Pine Ridge**, në shtetin amerikan të Dakotës së Jugut, pas një përpjekjeje të dështuar, për të çarmatosur kampin Lakota.*

*Një ditë më parë, një detashment i regjimentit të 7-të të kalorësisë së SHBA-së i komanduar nga **majori Samuel M. Whitside,** iu afrua grupit të Spotted Elk të Miniconjou Lakota dhe 38 Hunkpapa Lakota, pranë Porcupine Butte e i shoqëroi ata 5 milje (8.0 km), ku ata ishin në perëndim në Kround, në drejtim të kampit.*

Pjesa e mbetur e Regjimentit të 7-të të Kalorësisë, e udhëhequr nga koloneli

James W. Forsyth, mbërriti dhe rrethoi kampin. Regjimenti mbështetej nga një bateri me katër armë malore Hotchkiss. Në mëngjesin e datës 29 dhjetori 1890, trupat e kalorësisë amerikane hynë në kamp, për të çarmatosur Lakota.

Në një version tjetër të ngjarjes në fjalë thuhet, se gjatë proçesit të çarmatosjes së Lakotës, një fis i shurdhër i quajtur Black Coyote hezitoi të hiqte dorë nga pushka e tij, duke pretenduar se kishte paguar shumë për të.

Po ashtu, veproi edhe një plak që po kryente një ritual indian, të quajtur **Vallja e Fantazmave.** *Pushka e Black Coyote, shkoi në atë moment aty dhe****ushtria amerikane filloi të qëllonte mbi indianët.*** *Luftëtarët Lakota u kundër-përgjigjën, por shumë prej tyre tashmë ishin hequr nga armët dhe ishin çarmatosur.*

Në kohën kur masakra mbaroi, më shumë se 250 burra, gra dhe fëmijë të Lakotës ishin vrarë dhe 51 ishin plagosur (**4 burra dhe 47 gra e fëmijë, disa prej të cilëve vdiqën më vonë**)*. Disa vlerësime historike e vendosin numrin e të vdekurve deri në shifrën mbi 300 indianë.*

Nga ana e tjetër, 25 ushtarë gjithashtu vdiqën dhe 39 u plagosën, ku gjashtë nga të plagosurit vdiqën më vonë. **Asokohe ndodhi ambsurdi, kur qeveria amerikane dekoroi 20 ushtarë me Medaljen e Nderit.**

Në vitin 2001, Kongresi Kombëtar i Indianëve Amerikanë, **Miratoi Dy Rezoluta,***që dënonin çmimet ushtarake dhe i bëri thirrje Qeverisë Federale t'i anulonte ato. Në vitin 1990, të dyja dhomat e Kongresit të SHBA-së, miratuan një Rezolutë, duke* **shprehur zyrtarisht "keqardhje të thellë" për masakrën kolektive.**

Në vitet para konfliktit, qeveria amerikane kishte vazhduar të kapte tokat Lakota. Kopetë, dikur të mëdha të bizonëve, një element kryesor i mbijetesës së popujve indigjenë të Rrafshnaltës së Madhe, ishin gjuajtur pa mëshirë me plumb deri në zhdukje. Premtimet e Traktatit, për të mbrojtur tokat e rezervuara nga cënimi i kolonëve dhe minatorëve të arit nuk u zbatuan, siç ishte rënë dakord. Si rezultat, pati trazira në rezervat.

Gjatë kësaj kohe, lajmet u përhapën në mesin e rezervave të një profeti Paiute të quajtur Wovoka, themelues i fesë Ghost Dance. Ai kishte një vizion se Mesia i krishterë, Jezu Krishti, ishte kthyer në Tokë, në formën e një amerikani vendas.

1890 - Argjentinë

Historia e popullit të Argjentinës, kujton vazhdimishtndërhyrjen e forcave të *armatosura* ushtarake të SHBA-së në kryeqytetin e vendit Buenos Aires, në kontinentin e Amerikës së Jugut. **Pak histori.***Revolucioni i Parkut (Revolución del Parque), i njohur edhe si* **Revolucioni i 1890***, ishte një kryengritje* *kundër Qeverisë Kombëtare të Argjentinës që u zhvillua më 26 korrik 1890 dhe filloi me marrjen e Parkut të Artilerisë në Buenos Aires.*

Ajo u drejtua nga anëtarë të Unionit Qytetar (i cili më vonë do të krijonte Unionin Civil Radikal modern) kundër presidencës së Miguel Juárez Celman (i Partisë Kombëtare Autonomiste).

Megjithëse dështoi në qëllimet e tij kryesore, revolucioni në fjalë detyroi Celmanin të jepte dorëheqjen (i cili do tëzëvendësohej nga zëvendëspresidenti i tij Carlos Pellegrini) dhe shënoi rënien e elitës së brezit të '80-ës.

Afër fundit të vitit 1889, pakënaqësia e përgjithshme (kryesisht për shkak të inflacionit të lartë) inkurajoi Unionin Qytetar (të udhëhequr nga Aristóbulo del Valle dhe Leandro Alem) të përpiqej të rrëzonte Presidentin Miguel Juárez Celman, sundimi konservator i të cilit, si ai i presidentëve të mëparshëm ishte karakterizuar nga mashtrimi zgjedhor dhe korrupsioni.

Kryengritja u drejtua nga një junta revolucionare civile dhe nga gjenerali Manuel J. Campos. Ajo filloi më 26 korrik 1890 në Parkun e Artilerisë në Buenos Aires. Kryengritja u përball me shtypjen e shpejtë nga ana e forcave qeveritare, të udhëhequra nga gjeneralët Carlos Pellegrini (Zëvendëspresidenti), Roque Sáenz Peña dhe Nicolás Levalle. Në mungesë të iniciativës dhe municionit, revolucionarët u mundën brenda pak ditësh, por imazhi i qeverisë ishte dëmtuar.

Senatori Pizarro, kërkoi dorëheqjen e të gjithë Degës Ekzekutive dhe Senatit, të kryesuar nga gjenerali Roca, por Presidenti Juárez Celman ishte i vetmi që pranoi. Në vend të tij, zëvendës-presidenti Pellegrini mori detyrën, për të përfunduar dy vitet e mbetura të mandatit të tij presidencial.

*Revolucioni i Parkut, kishte për qëllim si një mjet për të **"shmangur rrënimin e vendit"**, duke rrëzuar **"një qeveri që përfaqëson paligjshmërinë dhe korrupsionin"**, sipas Manifestit të tij.*Suksesi i revolucionit ishte i kufizuar në dorëheqjen e Juárez Celman, i cili kishte qenë i njohur për korrupsionin dhe abuzimin e tij me pushtetin. Elementet kryesore të përshkruara në Manifestin e tij, megjithatë, vazhduan të jenë të pranishëm në politikën argjentinase, siç tregohet nga seria e kryengritjeve: Revolucioni i 1893-ës dhe Revolucioni i 1905-ës.

1891 - Marina Kiliane

Qeveria dhe trupat e SHBA-së, shtypin një trazirë lokale në vend. **Një furnizim me pushkë u ble në Shtetet e Bashkuara dhe u hipën në bordin e Itata, një anije kiliane në shërbim të rebelëve**. *Pak histori*. *Autoritetet e Shteteve të Bashkuara refuzuan ta lejonin këtë avullore të largohej nga San Diego dhe një roje u vendos në anije.* Megjithatë, Itata u largua dhe u nis drejt bregut të Kilit, duke mbajtur me vete përfaqësuesit e Shteteve të Bashkuara. **Një kryqëzor i shpejtë u dërgua menjëherë në ndjekje**, por arriti të riparonte anijen rebele vetëm pasi ajo ishte në destinacionin e saj.

Revolucioni i vitit 1891, ishte një luftë civile në Kili, **që u** zhvillua midis forcave që mbështesin Kongresin dhe forcave që mbështesin Presidentin, José Manuel Balmaceda (16 janari 1891 deri më 18 shtator 1891).*Lufta pa një konfrontim midis Ushtria Kiliane dhe Marina Kiliane, përkatësisht në anën e presidentit dhe kongresit.*

Konflikti,përfundoi me humbjen e Ushtrisë Kiliane dhe forcave presidenciale, dhe me vetëvrasjen e Presidentit Balmaceda si pasojë e disfatës. Në historiografinë kiliane, lufta shënon fundin e Republikës Liberale dhe fillimin e Epokës Parlamentare.

Në Kili *asokohe, një ministër nuk mund të qëndronte në detyrë, nëse nuk mbështetej nga shumica në të dy dhomat e Kongresit*. Balmaceda e gjeti veten në pozitën e vështirë, për të mos qenë në gjendje të emëronte asnjë minister, që mund të kontrollonte një shumicë në Senat dhe Dhomën e Deputetëve, dhe në të njëjtën kohë të vepronte, në përputhje me pikëpamjet e tij, për administrimin e çështjeve publike.

Në këtë moment, presidenti supozoi se Kushtetuta i jepte atij fuqinë, për të emëruar dhe mbajtur në detyrë çdo ministër të zgjedhur prej tij dhe se Kongresi nuk kishte fuqi për të ndërhyrë. *Më 1 janar 1891, presidenti Balmaceda botoi një Manifest për Kombin në gazeta të ndryshme, sipas të cilit buxheti i vitit 1890 do të konsiderohej buxheti zyrtar për vitin 1891.* Ky akt u interpretua nga opozita si i paligjshëm dhe përtej atributeve të ekzekutivit në pushtet.

Menjëherë pas shpërthimit të revolucionit, Presidenti Balmaceda botoi një Dekret, që shpallte tradhtarë Mont dhe shokët e tij dhe pa vonesë organizoi një ushtri prej rreth 40.000 burrash, për të shtypur lëvizjen kryengritëse. Ndërsa të dyja palët po përgatiteshin për armiqësi, Balmaceda administroi qeverinë nën pushtetetin diktatorial, me një kongres të emërimit të tij. *Ai urdhëroi që të mbaheshin zgjedhjet presidenciale dhe Claudio*

Vicuña u shpall i zgjedhur si president i republikës, për mandatin që fillonte në shtator 1891.

Organizimi i forcave revolucionare, vazhdoi ngadalë. Ata kishin vështirësi në marrjen e armëve dhe municioneve të nevojshme. Një furnizim me pushkë dhe monicion u ble në Shtetet e Bashkuara dhe u hipën në bordin e Itata, një anije kiliane në shërbim të rebelëve.

Autoritetet amerikane, refuzuan ta lejonin këtë avullore të largohej nga San Diego dhe një roje u vendos në anije. Megjithatë, Itata u largua dhe u nis drejt bregut të Kilit, duke mbajtur me vete përfaqësuesit e Shteteve të Bashkuara. Një kryqëzor i shpejtë u dërgua menjëherë në ndjekje, por arriti të riparonte anijen rebele vetëm pasi ajo ishte në destinacionin e saj. *Itata, më pas u detyrua të kthehej në San Diego, pa e zbarkuar ngarkesën e saj për kryengritësit.*

Humbja e forcave presidenciale, hapi një periudhë të ashtuquajtur *pseudo-parlamentare* në historinë e Kilit, e cila zgjati në vitet 1891-1925. Në kundërshtim me një sistem *parlamentar të vërtetë*, ekzekutivi ishte subjekt i legjislativit, por kontrollet dhe balancat e pushteti ekzekutiv u dobësua. *Pozicioni i Presidentit, mbeti si kreu i shtetit, por kompetencat e tij dhe kontrolli i qeverisë u zvogëluan.*[69][70][71][72][73]

1891–Haiti

SHBA, shtyp revoltën e zezakëve ose njerëzve me ngjyrë në Navas, Haiti.

Pak histori. Asokohe skllavopronarët vendas shqetësoheshin se skllevërit e tyre mund të revoltonin kundër tyre, siç kishin bërë skllevërit e Saint-Domingue *në vitin 1791, shumë politikanë dhe gazetarë amerikanë mbrojtën pushtimin dhe aneksimin e të gjithë ishujve të Karaibeve, veçanërisht Hispaniola*, si një mënyrë logjike, për të zgjeruar fuqinë perandorake amerikane.

---

[69]Chisholm, Hugh, ed. (1911). "Chilean Civil War". Encyclopædia Britannica. Vol. 6 (11th ed.). Cambridge University Press. p. 160.

[70]Moore, John Bassett. "The Late Chilian Controversy" Political Science Quarterly 8.3 (1893): 467-494. online.

[71]Taktische Beispiele aus den Kriegen der neuesten Zeit; der Biirgerkrieg in Chile; Hermann Kunz (Berlin, 1901).

[72]Revista militar de Chile (February-March 1892).

[73]Proceedings of U. S. Naval Institute (1894) (for La Placilla)

Për shembull, në vitin 1850 **James Gordon Bennett, redaktor iNew York Herald**, gazetës më të madhe dhe më të njohur të përditshme në Amerikë, kishte mbrojtur një plan **"për të aneksuar Hajtin, përpara Kubës"**.

Ai shkroi se një luftë në ndjekje të këtij qëllimi *"do të ishte një burim argëtimi dhe zbavitjeje, duke përfunduar në diçka të mire, për reduktimin e ishullit në ligjet e rendit dhe qytetërimit...Shën Domingo, do të jetë një shtet brenda një viti, nëse kabineti ynë do të autorizojë vullnetarë të bardhë, për të bërë skllevër të çdo zezak, që mund të kapin kur të arrijnë në Hayti."*

Qeveria Haitiane, iu kundërpërgjigj kërcënimeve të tilla duke manovruar në mënyrë diplomatike midis fuqive evropiane, të cilat rrezikuan të shihnin kontrollin e tyre mbi kolonitë e tyre të Karaibeve të dobësuara dhe të humbura, nëse nuk arrinin të pengonin komplotet amerikane kundër Haitit.

Por kur një delegacion detar Haitian u përpoq të merrte kontrollin e Navassa-s, **Presidenti James Buchanan urdhëroi Marinën e SHBA-së të dërgonte një anije luftarake në Haiti**, për të rivendosur operacionin amerikan të guanos. *Agjenti tregtar i Haitit protestoi, por Departamenti i Shtetit i hodhi poshtë letrat e tij.*

Një këshilltar i presidentit të Haitit, **Faustin Soulouque**, i shkroi atij sinqerisht: *"Edhe pse ligji është në anën tonë në këtë çështje, drejtësia dhe legjitimiteti i kauzës sonë do të triumfojnë, vetëm kur të thyhen disa barriera në Shtetet e Bashkuara. Edhe pas këtyre rënieve, ne nuk duhet t'u besojmë premtimeve të tyre, derisa të mos i kushtojnë më rëndësi ekonomike Navassa-s."*

Në vitet 1857-1898, kompanitë amerikane me bazë në Baltimore dhe New York, minuan dhe shitën guanon e Navassa-s, duke punësuar punëtorë zezakë të mbikëqyrur nga menaxherët e bardhë.

1892– Idaho (SHBA)

Ushtria amerikane, shtyp revoltën e argjendit. *Pak histori.*Greva e punëtorëve në Coeur d'Alene, Idaho, e vitit 1892 shpërtheu në dhunë kur minatorët e sindikatave të punës zbuluan se ishin infiltruar nga një agjent Pinkerton, i cili në mënyrë rutinore u kishte dhënë informacione sindikatave pronarëve të minierës.

Përgjigja ndaj dhunës së punës, katastrofike për sindikatat e minatorëve vendas, u bë motivi kryesor për formimin e Federatës Perëndimore të Minatorëve (WFM) vitin e ardhshëm. Incidenti shënoi përplasjen e parë të dhunshme mes punëtorëve të minierave dhe pronarëve të tyre.

Trazirat vazhduan pas grevës së vitit 1892 dhe u shfaqën përsëri në konfrontimin e vendit të punës në vitin 1899, pra 7 vjet më vonë. Minatorët e zonës së Shoshone County, Idaho u organizuan në disa sindikata lokale,për të mbrojtur të drejtta e tyre, gjatë viteve 1880.

Pronarët e minierave u kundërpërgjigjën, duke formuar menjëherë Shoqatën e Pronarëve të Minierave. Në vitin 1891, distrikti Coeur d'Alene dërgoi xehe, që përmbante 4.9 milionë dollarë në plumb, argjend dhe ar. Operatorët e minierës hynë në një mosmarrëveshje me hekurudhat, të cilat kishin rritur shumë tarifat, për transportin e xehes.

Operatorët e minierave gjithashtu futën në miniera makineri për hapjen e vrimave. Makineritë e reja zhvendosën minatorët me një krik dhe me dy krik, duke i detyruar burrat në punë të reja, me pagë më të ulët si tramvajtës ose mukerë.

Operatorët e minierave, gjetën një ulje të pagave si mënyrën më të lehtë, për të zbutur kostot e rrritura. Pasi të instaloheshin makineritë, pronarët e minierës do t'u paguanin punëtorëve të minierës 3,00 deri në 3,50 dollarë në ditë, në varësi të punës së tyre specifike.

Ato gjithashtu rritën orët e punës së minatorëve nga nëntë në dhjetë orë në ditë, pa një rritje korresponduese në pagën e tyre. Java e punës do të zgjaste shtatë ditë, me një të dielë herë pas here pushim, për ata që nuk kishin detyrë pompimi.

Asokohe minatorët kishin ankesa të tjera, si për shembull, pagesa të larta për dhomën dhe ushqimin në akomodimin e kompanisë dhe kontrollonin tarifat e arkëtimit në sallonet e kompanisë.

Në vitin 1892, minatorët shpallën grevë kundër uljes së pagave dhe rritjes së orarit të punës. Minatorët kërkuan një **pagë jetese** prej 3.50 dollarësh në ditë do t'i paguhen çdo njeriu, që punon nën tokë si punëtor i zakonshëm si dhe i aftë.

Në një epokë kur shumë sindikata ishin sindikata artizanale të AFL-së, në të cilat punëtorët e kualifikuar shpesh kujdeseshin për llojin e tyre, kjo ishte një rrethanë e pazakontë, afërsisht tre mijë minatorë me pagë më të lartë qëndronin për pesëqind me pagë më të ulët, në këtë rast punëtorët e zakonshëm. Ky parim i sindikalizmit industrial do t'i gjallëronte minatorët perëndimorë për dekadat e ardhshme.

Kur minatorët e sindikatës dolën nga minierat, rekrutuesit e kompanive të minierave joshën punëtorët zëvendësues në Coeur d'Alene gjatë grevës. Ata reklamuan në Michigan, në disa raste duke reklamuar punët e minierave në Montana, duke mos përmendur asgjë për grevën. Rojet u caktuan në trenat që transportonin burrat, që kërkonin punë dhe të paktën disa nga punëtorët mendonin se ishin nën **kujdesin e rojeve**.

Së shpejti çdo tren në hyrje u mbush me punëtorë zëvendësues. Por grupet e minatorëve të armatosur, grevistë i takonin shpesh dhe shpesh i kërcënonin punëtorët, që të mos merrnin vendet e punës gjatë një greve.

Pronarët e minierës së argjendit, u përgjigjën duke punësuar agjentë të Pinkertons dhe të Agjencisë së Detektivëve Thiel, për të depërtuar në sindikatë dhe për të raportuar mbi aktivitetin e grevës Pinkertons dhe agjentë të tjerë shkuan në rreth në një numër të madh.

Ai kishte një forcë të konsiderueshme sigurie në dispozicion, për të mbrojtur punëtorët e rinj që vinin në miniera. Për një kohë, lufta u shfaq si një luftë fjalësh në gazetat lokale, me pronarët e minierave dhe punëtorët e minierave, që denonconin njëri-tjetrin. Asokohe, ka pasur shumë incidente sherri dhe arrestime për armëmbajtje.

Dy miniera u vendosën dhe u hapën me burra sindikatash, dhe këta operatorë të minierave u përjashtuan nga pronarë të tjerë të minierave, që nuk donin sindikatat. Por dy miniera të mëdha, miniera Gem dhe miniera Frisco në Burke-Canyon, po funksiononin në shkallë të plotë.

Në korrik, një minator sindikal u vra nga rojet e minierës dhe tensioni midis grevistëve dhe pronarëve të minierës e punëtorëve të tyre zëvendësues u rrit. Incidenti në fjalë shënoi konfrontimin e parë të dhunshëm, mes punëtorëve të minierave dhe pronarëve të tyre.

Ligji ushtarak. Guvernatori shpalli ligjin ushtarak dhe urdhëroi në gjashtë kompani të Gardës Kombëtare të Idahos të "**shtypnin kryengritjen dhe dhunën**". Trupat federale erdhën gjithashtu, dhe ata mbyllën gjashtëqind minatorë në buspa pa zhvilluar asnjë seancë dëgjimore apo akuza zyrtare. Disa më vonë u "dërguan" për shkelje të urdhrave, të tjerët për pengim të postës së Shteteve të Bashkuara.

Pasi Garda dhe trupat federale siguruan zonën, Siringo doli nga malet për të identifikuar udhëheqësit e sindikatave dhe ata që kishin marrë pjesë në sulmet në minierat e Gem dhe Frisco.

Ai shkroi se: "**Siç i njihja të gjithë agjitatorët dhe drejtuesit e sindikatave, unë u mbajta i zënë për javën e ardhshme ose pak më shumë duke i vendosur bagëtitë e padisiplinuara në 'stilolapsin e demave', një stacion të madh me një ndërtesë kornizë në qendër, që ata të flinin dhe ha brenda.**"

Siringo më pas u kthye në Denver. **Sundimi ushtarak zgjati katër**

muaj. Një nga drejtuesit e sindikatës, George Pettibone, u dënua për shpërfillje të gjykatës dhe komplot kriminal. **Pettibone**, u dërgua në Detroit dhe u mbajt derisa një vendim i Gjykatës së Lartë e liroi atë.

Gjykata, konkludoi se të burgosurit mbaheshin në mënyrë të paligjshme. Anëtarët e sindikatës të mbajtur në burg në Boise, Idaho u liruan gjithashtu, sipas vendimit të gjykatës.

1893–Hawaii (SHBA)

Marina amerikane,**rrëzon Qeverinë e Mbretërisë së Pavarur dhe anekson shtetin. Pak histori.** Amerikanët, përmbysin monarkinë Havai. Përmbysja e Mbretërisë Havai ishte një grusht shteti, kundër mbretëreshës Lili□uokalani. Ky grusht u zhvillua më 17 janar 1893, në ishullin Oahu dhe i udhëhequr nga Komiteti i Sigurisë, i përbërë nga shtatë banorë të huaj dhe gjashtë mbretëri jo-aborigjene Havai, subjekte me prejardhje amerikane në Honolulu.

Komiteti fitoi mbi ministrin amerikan John L. Stevens, që të thërriste marinsat e amerikanë, për të mbrojtur interesin kombëtar të SHBA-së. Kryengritësit, themeluan Republikën e Havait, por **qëllimi i tyre përfundimtar ishte aneksimi i ishujve** në Shtetet e Bashkuara.

Rezoluta e Apologjisë e vitit 1993 nga Kongresi i SHBA-së, pranon se: **"Përmbysja e Mbretërisë së Hawait, ndodhi me pjesëmarrjen aktive të agjentëve dhe qytetarëve të Shteteve të Bashkuara dhe [...] populli vendas Havai nuk hoqi dorë kurrë drejtpërdrejt në Shtetet e Bashkuara nga pretendimet e tyre për sovranitetin e tyre të qenësishëm si popull mbi tokat e tyre kombëtare, qoftë nëpërmjet Mbretërisë së Havait, qoftë përmes një plebishiti apo referendumi"**.

Debatet në lidhje me ngjarjen luajnë një rol të rëndësishëm, në lëvizjen e sovranitetit të Havait. Dinastia Kamehameha ishte monarkia mbretëruese e Mbretërisë Havai, duke filluar me themelimin e saj nga Kamehameha I në vitin 1795, deri në vdekjen e Kamehameha V në 1872 dhe Lunalilo në 1874.

Më 6 korrik 1846, Sekretari i Shtetit i SHBA-së, John C. Calhoun, në emër të Presidentit Tyler, njohu zyrtarisht pavarësinë e Havait nën sundimin e Kamehameha III. Si rezultat i njohjes së pavarësisë së Havait, Mbretëria Havai hyri në traktate me kombet kryesore të botës dhe krijoi mbi nëntëdhjetë legata dhe konsullata në porte dhe qytete të shumta.

Mbretëria, do të vazhdonte edhe për 21 vjet të tjera deri në përmbysjen e saj në 1893 me rënien e Shtëpisë së Kalākaua. Në Ishujt Havai, një grup i mbjellësve amerikanë të sheqerit nën Sanford Ballard Dole rrëzojnë mbretëreshën Liliuokalani, monarkin Havai, dhe krijojnë një qeveri të re provinciale me Dole si president.

Grushti i shtetit, ndodhi me njohurinë paraprake të John L. Stevens, ministrit amerikan në Hawaii, dhe 300 marinsa amerikanë nga kryqëzori amerikan Boston u thirrën në Hawaii, gjoja për të mbrojtur jetët e amerikanëve.

Kolonët e parë të njohur të Ishujve Havai, ishin udhëtarët polinezianë, që mbërritën diku në shekullin e tetë, dhe në fillim të shekullit XVIII, tregtarët e parë amerikanë erdhën në Hawaii për të shfrytëzuar dru sandali të ishujve, i cili vlerësohej shumë në Kinë në atë kohë.

Në vitet 1830, industria e sheqerit u prezantua në Hawaii dhe nga mesi i shekullit XIX, ishte krijuar mirë. Misionarët dhe mbjellësit amerikanë sollën ndryshime të mëdha në jetën politike, kulturore, ekonomike dhe fetare të Havait, dhe në 1840 u krijua një monarki kushtetuese, duke i hequr monarkut havai shumë nga autoriteti i tij.

Katër vjet më vonë, Sanford B. Dole lindi në Honolulu, Hawaii, nga prindër amerikanë. Gjatë katër dekadave të ardhshme, Hawaii hyri në një sërë traktatesh politike dhe ekonomike me Shtetet e Bashkuara dhe në 1887 u krijua një bazë detare e SHBA në Pearl Harbor si pjesë e një kushtetute të re Havai.

Eksportet e sheqerit në Shtetet e Bashkuara u zgjeruan shumë, gjatë katër viteve të ardhshme dhe investitorët amerikanë dhe mbjellësit amerikanë të sheqerit në ishuj zgjeruan dominimin e tyre mbi çështjet Havai. Megjithatë, në 1891 Liliuokalani, motra e mbretit të ndjerë Kalakaua, u ngjit në fron, duke refuzuar të njohë kushtetutën e 1887 dhe duke e zëvendësuar atë me një kushtetutë duke rritur autoritetin e saj personal.

Në janar 1893, një "Komiteti i Sigurisë" revolucionar, i organizuar nga Sanford B. Dole, organizoi një grusht shteti kundër mbretëreshës Liliuokalani me mbështetjen e heshtur të Shteteve të Bashkuara. Më 1 shkurt, ministri John Stevens njohu qeverinë e re të Dole me autoritetin e tij dhe shpalli Hawaiin një protektorat të SHBA.

Dole paraqiti një traktat aneksimi në Senatin e SHBA-së, por shumica e demokratëve e kundërshtuan atë, veçanërisht pasi u zbulua se **shumica e Havaiëve nuk dëshironin aneksimin**. Presidenti Grover Cleveland, dërgoi një ministër të ri amerikan në Hawaii, për të rikthyer

Mbretëreshën Liliuokalani në fron, sipas kushtetutës së vitit 1887, por Dole refuzoi të tërhiqej dhe në vend të kësaj shpalli Republikën e pavarur të Hawait.

Cleveland, nuk ishte i gatshëm të përmbyste qeverinë me forcë dhe pasardhësi i tij, Presidenti William McKinley, negocioi një traktat me Republikën e Havait në vitin 1897.

Në 1898, shpërtheu Lufta Spanjolle-Amerikane dhe përdorimi strategjik i bazës detare në Pearl Harbour gjatë luftës e bindi Kongresin të miratonte aneksimin zyrtar. **Dy vjet më vonë**, Hawaii u organizua në një territor zyrtar të SHBA-së dhe **në vitin 1959 hyri në Shtetet e Bashkuara si shteti i 50-të.**[74]

1894–Çikago (SHBA)

Ushtria amerikane, shtyp brutalisht një sulm hekurudhor, duke vrarë gjithsej 34 njerëz.

Pak histori. Greva e Madhe Hekurudhore e vitit 1877, nganjëherë e referuar si Përmbysja e Madhe, filloi më 14 korrik në Martinsburg, Virxhinia Perëndimore, pasi Hekurudha e Baltimores dhe Ohios (B&O) **uli pagat, për herë të tretë në një vit**. Kjo grevë më në fund përfundoi rreth 69 ditë më vonë, pasi u shtyp nga milicitë jozyrtare, Garda Kombëtare dhe trupat federale.

Për shkak të problemeve ekonomike dhe presionit mbi pagat nga hekurudhat, punëtorët në shumë qytete të tjera, në Nju Jork, Pensilvani dhe Maryland, në Illinois dhe Misuri, gjithashtu dolën në grevë.

Rreth 100 njerëz u vranë, në trazirat në të gjithë vendin. Në Martinsburg, Pittsburgh, Filadelfia dhe qytete të tjera, punëtorët dogjën dhe shkatërruan objektet fizike dhe mjetet lëvizëse të hekurudhave, motorët dhe makinat hekurudhore.

Popullatat locale, kishin frikë se punëtorët po ngriheshin në revolucion, siç ishte Komuna e Parisit e 1871. Në atë kohë, punëtorët nuk përfaqësoheshin nga sindikatat. *Qeveritë e qytetit dhe të shtetit u ndihmuan nga milicitë jozyrtare, Garda Kombëtare, trupat federale dhe milicitë private të organizuara nga hekurudhat, të cilët të gjithë luftuan kundër punëtorëve.*

Përçarja ishte e përhapur dhe në kulmin e saj, grevat u mbështetën nga

---

[74]https://www.history.com/this-day-in-history/americans-overthrow-hawaiian-monarchy

rreth 100,000 punëtorë. Me ndërhyrjen e trupave federale në disa loka-cione, shumica e goditjeve u shtypën në fillim të gushtit. Laburistët, vazh-duan të punojnë, për t'u organizuar në sindikata, për të punuar për paga dhe kushte më të mira jetese.

Nga frika e përçarjes sociale, shumë qytete ndërtuan armatime për të mbështetur njësitë e tyre lokale të Gardës Kombëtare. Këto ndërtesa mbro-jtëse qëndrojnë ende si simbole të përpjekjes, për të shtypur trazirat e punë-torëve të kësaj periudhe.

Me vëmendjen e publikut ndaj pagave dhe kushteve të punëtorëve, B&O në vitin 1880 themeloi një Shoqatë të Ndihmës së Punonjësve, për të ofruar përfitime vdekjeje dhe pak kujdes shëndetësor.

Në vitin 1884, ajo vendosi një plan pensioni të punëtorëve. Për-mirësime të tjera u zbatuan më vonë. **Depresioni i gjatë, duke filluar në Shtetet e Bashkuara me panikun financiar të vitit 1873 dhe zgjati 65 muaj, ku u bë t'kurrja më e gjatë ekonomike në historinë amerikane, duke përfshirë më vonë, Depresionin e Madh 45-mujor të viteve 1930.**

Dështimi i bankës Jay Cooke në Nju Jork, u pasua shpejt nga ai i Henry Clews, e cila shkaktoi një reaksion zinxhir dështimesh bankash, duke mbyllur përkohësisht tregun e aksioneve të Nju Jorkut. Papunësia u rrit në mënyrë dramatike, duke arritur në 14% deri në vitin 1876, shumë të tjerë ishin shumë të papunë dhe pagat në përgjithësi ranë në 45% të nivelit të tyre të mëparshëm.

Mijëra biznese amerikane dështuan, duke mos paguar më shumë se një miliard dollarë borxh. Asokohe një në katër punëtorë në Nju Jork ishin pa punë në dimrin e viteve 1873-1874.

1894 – Nikaragua

Vendi latin, pushtohet nga Ushtria e Shteteve të Bashkuara **për një muaj.** *Pak histori. Pushtimi i Nikaraguas nga Shtetet e Bashkuara nga viti 1912 deri në 1933, ishte pjesë e Luftërave të Bananeve, kur ushtria amerikane pushtoi vende të ndryshme të Amerikës Latine nga 1898 deri në 1934.*

Pushtimi zyrtar filloi në 1912, edhe pse kishte sulme të tjera të ndryshme nga SHBA në Nikaragua, gjatë gjithë kësaj periudhe. Ndërhyrjet ushtarake amerikane në Nikaragua u krijuan për të ndaluar çdo komb tjetër përveç Shteteve të Bashkuara të Amerikës nga ndërtimi i një kanali Nikaragua.

Nikaragua, *mori një status thuajse-protektorati sipas Traktatit Bryan-*

Camorro të vitit 1916. Presidenti Herbert Hoover (1929–1933) e kundërshtoi marrëdhënien. Më 2 janar 1933, Hoover i dha fund ndërhyrjes amerikane.

1894-1895- Kina

Marina e SHBA-së, merr pjesë në Luftën Sino-Japoneze.Lufta e Parë Sino-Japoneze apo konflikti midis Japonisë dhe Kinës në vitet 1894-1895, shënoi shfaqjen e Japonisë si një fuqi e madhe botërore dhe demonstroi dobësinë e perandorisë kineze. Lufta apo konflikti midis dy vendeve ishte për epërsi në gadishullin e Koresë (sot *Korea e Veriut dhe Korea e Jugut*).

Nga ana e tjetër, asokohe dihet se Koreja, kishte qenë prej kohësh klienti i rregullt dhe më i rëndësishëm i Kinës së madhe, por vendndodhja e saj strategjike përballë ishujve japonezë dhe burimet e saj natyrore të qymyrit dhe hekurit, tërhoqën interesin e ishujve të Japonisë.

Në vitin 1875 Japonia, e cila kishte filluar të adoptonte teknologjinë perëndimore, e detyroi Korenë të hapej ndaj tregtisë së jashtme, veçanërisht japonezes dhe të deklarohej e pavarur nga Kina në marrëdhëniet e saj të jashtme. **Japonia**, shpejt u identifikua me forcat më radikale modernizuese brenda qeverisë koreane, ndërsa Kina vazhdoi të sponsorizonte zyrtarët konservatorë të mbledhur rreth familjes mbretërore.

Kështu në vitin 1884 një grup reformatorësh pro-japonezë, u përpoqën të përmbysnin qeverinë koreane, por trupat kineze nën gjeneralin Yuan Shikai shpëtuan mbretin,duke vrarë disa roje të legatës japoneze në proces. Lufta u shmang midis Japonisë dhe Kinës, me *nënshkrimin e Konventës Li-Itō*, në të cilën të dy vendet ranë dakord të tërhiqnin trupat nga Koreja.

Në vitin 1894, Japonia, e mbushur me krenari kombëtare në vazhdën e programit të saj të suksesshëm të modernizimit dhe ndikimit të saj në rritje mbi koreanët e rinj, nuk ishte aq e gatshme për kompromis. Në atë vit, Kim Ok-Kyun, udhëheqësi korean pro-japonez i grushtit të shtetit të vitit 1884, u josh në Shangai dhe u vra nga agjentët e Yuan Shikai.

Qeveria japoneze e mori këtë si një fyerje të drejtpërdrejtë dhe publiku japonez u zemërua. Situata u tensionua më vonë në vitin kur shpërtheu rebelimi i Tonghakëve në Kore dhe qeveria kineze, me kërkesë të mbretit korean, dërgoi trupa për të ndihmuar në shpërndarjen e rebelëve. *Lufta u shpall më 1 gusht 1894.*

Trupat japoneze, shënuan fitore të shpejta dhe dërrmuese si në tokë ashtu edhe në det. Deri në mars 1895, japonezët kishin pushtuar me sukses provincën Shandong dhe Mançurinë dhe kishin fortifikuar postet, që komandonin afrimet e detit drejt Pekinit… **Traktati i Shimonoseki, i dha fund konfliktit,** *Kina njohu pavarësinë e Koresë dhe lëshoi Tajvanin, Pescadoresin fqinj dhe gadishullin Liaodong në Mançuria.*

Kina, ra dakord të paguante një dëmshpërblim të madh dhe t'i jepte Japonisë privilegje tregtare në territorin kinez. Ky traktat më vonë u modifikua disi nga frika ruse për zgjerimin japonez, dhe ndërmjetësimi i kombinuar i Rusisë, Francës dhe Gjermanisë e detyroi Japoninë t'ia kthente gadishullin Liaodong Kinës.*Humbja e Kinës inkurajoi fuqitë perëndimore*, që të bënin kërkesa të mëtejshme ndaj qeverisë kineze.[75]

1894-1896 - Kore

Pushtimi i Seulit.***Pak histori.***Qeveria dhe ushtria e Shteteve të Bashkuara në Kore, ishte organi zyrtar qeverisës i gjysmës jugore të Gadishullit Korean nga 8 shtatori 1945 deri më 15 gusht 1948.

Vendi asokohe ishte i rrënuar me kaos politik dhe ekonomik, si pasojë e një sërë shkaqesh të brendshme. Pasojat e pushtimit japonez ndiheshin në zonën e pushtimit, si dhe në zonën sovjetike (komuniste) në veri. **Pakënaqësia popullore**, buronte nga mbështetja e Qeverisë Ushtarake të SHBA-së, për qeverinë pushtuese japoneze, e cila më pas u hoq, duke mbajtur vetëm ish-guvernatorët japonezë si këshilltarë; duke injoruar, censuruar dhe shpërbërë me forcë Republikën Popullore të Koresë (PRK) funksionale dhe popullore; dhe së fundi duke mbështetur zgjedhjet e OKB-së,që ndanë vendin.

Administrata e SHBA-së asokohe, refuzoi të njihte Qeverinë e Përkohshme të Republikës së Koresë, pavarësisht se qeveria e Koresë së Jugut e konsideronte atë si paraardhësin e tyre që nga viti 1987.

Asokohe ushtria amerikane ishte kryesisht e papërgatitur, për sfidën e administrimit të vendit, duke mbërritur pa njohuri gjuhësore apo situatën politike. Kështu, shumë nga politikat e tyre patën efekte të paqëllimshme destabilizuese. Valët e refugjatëve nga Koreja e Veriut (rreth 400,000) dhe të kthyerve nga jashtë, shkaktuan trazira të mëtejshme.

Republika Popullore e Koresë jetëshkurtër, ishte krijuar në gusht, në konsultim me autoritetet japoneze, dhe ushtroi me shpejtësi kontroll në të gjithë vendin. Qeveria Ushtarake e SHBA-së e shpalli të jashtëligjshme në

---

[75]https://www.britannica.com/event/First-Sino-Japanese-War-1894-1895

Jug, menjëherë pas mbërritjes së tyre. Udhëheqësi i Republikës Popullore, Yeo Un-hyeong, dha dorëheqjen dhe formoi Partinë Popullore të Koresë.

Administrata koloniale amerikane, gjithashtu refuzoi të njihte anëtarët e Qeverisë së Përkohshme të Republikës së Koresë, të udhëhequr nga Kim Gu, të cilët ishin të detyruar të hynin në vend si qytetarë privatë

Pas dorëzimit të Perandorisë së Japonisë tek Aleatët në vitin 1949 (**pas hedhjes së dy bombave atomike amerikane në Hiroshima dhe Nagasaki**), ndarja në paralelen e 38-të shënoi fillimin e komandës sovjetike dhe amerikane mbi Korenë e Veriut dhe Korenë e Jugut, përkatësisht.

Në vitet 1945-1948, përgjegjësia e përgjithshme e Koresë së Jugut iu dha gjeneralit *Douglas MacArthur si Komandant Suprem për Fuqitë Aleate*, për shkak të urdhrave të paqarta dhe mungesës së udhëzimeve si nga Shefat e Shtabit të Përbashkët ashtu edhe nga Departamenti i Shtetit në lidhje me Korenë.

Administrata nëWashington D.C., vendosi t'i linte MacArthur-it një dorë të lirë, për t'u marrë me Korenë si të donte. Ai urdhëroi Korpusin XXIV, nën gjeneral-lejtant John R. Hodge që jo vetëm të pranonte dorëzimin e forcave japoneze, por edhe të krijonte një okupim ushtarak të Koresë.

Forcat e SHBA-së zbarkuan në Incheon më 8 shtator 1945 dhe krijuan një qeveri ushtarake menjëherë pas kësaj. Ato që zbarkuan në Incheon, ishin të Korpusit XXIV të Ushtrisë së Dhjetë të SHBA-së. Katër ditë para se të mbërrinte në Kore, *Hodge u tha oficerëve të tij se* "**Koreja, ishte një armik i Shteteve të Bashkuara.**" (!?)

Më 9 shtator, në një ceremoni dorëzimi, Hodge njoftoi se qeveria koloniale japoneze do të mbetej e paprekur (**d.m.th. pro pushtuesve japonez!?**), duke përfshirë personelin e saj dhe guvernatorin e saj të përgjithshëm. *Pas një proteste të madhe, Hodge zëvendësoi guvernatorin e përgjithshëm me një amerikan dhe hoqi të gjithë shefat e byrove japoneze,* megjithëse ai, nga ana tjetër, **dhe rekrutoi ish-burokratët japonezë si këshilltarë.**

Përballë pakënaqësisë popullore në rritje, në tetor 1945 Hodge themeloi Këshillin Këshillimor Korean. Shumica e vendeve në Këshill iu dhanë anëtarëve të Partisë Demokratike Koreane, e cila ishte formuar me inkurajimin e SHBA-së dhe ishte e përbërë kryesisht nga pronarë të mëdhenj tokash, biznesmenë të pasur dhe ish-zyrtarë në qeverinë koloniale. Disa anëtarëve të PRK-së iu ofrua të bashkoheshin, por ata refuzuan dhe në vend të kësaj kritikuan të emëruarit e Këshillit për bashkëpunimin e tyre me japonezët.

Një propozim u bë në vitin 1945, për një marrëveshje afatgjatë të ku-jdestarisë. Në dhjetor të po atij viti, Shtetet e Bashkuara dhe Bashkimi Sov-jetik, ranë dakord të administronin vendin, nën Komisionin e Përbashkët SHBA-Bashkimi Sovjetik, siç u quajt nga Konferenca e Ministrave të Jashtëm të Moskës. U ra dakord, që Koreja do të qeveriste në mënyrë të pavarur, pas katër vjetësh mbikëqyrjeje ndërkombëtare.

SHBA dhe Bashkimi i Republikave Sovjetike Socialiste (B.R.S.S.), mi-ratuan qeveritë e udhëhequra nga Koreja, në gjysmat e tyre përkatëse, se-cila prej të cilave ishte e favorshme për ideologjinë politike të fuqisë pushtuese. Nga një sërë këndvështrimesh, mund të argumentohet se jo të gjithë koreanët domosdoshmërisht i favorizuan këto marrëveshje. Në jug, legjislatura e përkohshme dhe qeveria e përkohshme drejtoheshin nga Kim Kyu-shik dhe Syngman Rhee, përkatësisht, dhe zgjedhjet, për të cilat u pritën me një kryengritje të madhe.

Asokohe **USAMGIK,** ndaloi grevat më 8 dhjetor dhe shpalli të jashtëligjshme komitetet popullore më 12 dhjetor 1945. Megjithatë, në shta-tor 1946 Partia Komuniste e Koresë nisi një Grevë të Përgjithshme. Kjo filloi në mesin e punëtorëve të hekurudhave në Busan, por u përhap në industri të tjera deri më 24 shtator dhe më shumë se një çerek milion (250.000 vetë) punëtorë u bashkuan në grevë.

USAMG, organizoi operacione ushtarake, për të kundërshtuar sul-muesit dhe gjithashtu inkurajoi grupet e krahut të djathtë antikomunist. Më 1 tetor, një protestë greve në Daegu u qëllua nga policia dhe një punë-tor u vra. Demonstratat, në ditët në vijim u zhvilluan në *Kryengritjen e Vjeshtës.*

Administrata e SHBA-së u përgjigj menjëherë, duke shpallur ligjin ushtarak, duke qëlluar në turmat e demonstruesve dhe duke vrarë një numër njerëzish të panjohur publikisht.

Kryengritja e Jeju, filloi gjatë periudhës së okupimit të SHBA-së në prill të vitit 1948, kur radikalët e krahut të majtë vranë 30 oficerë policie koreano-jugore. Kjo kryengritje ndodhi pasi një komunist koreano-jugor i quajtur Pak Hon-yong (i cili bashkëpunoi me Kim Il-sung në Phenian), u bëri thirrje krahut të majtë dhe grupeve komuniste në jug të paraleles së 38-të, për të kundërshtuar zgjedhjet koreane të vitit 1948 me çdo mjet të nevojshëm dhe bëri thirrje për një grevë të përgjithshme që do të fillonte më 7 shkurt.

Në këtë pikë, kishte të paktën 60.000 anëtarë të Partisë Komuniste të

Punëtorëve të Koresë së Jugut në Jeju, dhe të paktën 80,000 mbështetës aktivë. Këta anëtarë dhe mbështetës jo vetëm që hynë në grevë, por në disa raste sulmuan instalimet qeveritare dhe u angazhuan me forcat e policisë në konflikt të hapur.

Këto *angazhime, midis guerrilasve të SKLP, kundër grupeve të djathta dhe policisë vazhduan deri në mars 1948.* Dhuna u përshkallëzua në mënyrë dramatike, pas Pavarësisë së Koresë së Jugut në gusht 1948. Qeveria e Presidentit Syngman Rhee shtypi kryengritjen në masë të madhe deri në maj të vitit 1949. **Konflikti në Jeju pa mizori, ku gjetën vdekjen 3001 vetë**nga të dyja palët.[76][77][78][79][80]

1895 - Panama

Marinsat amerikanë, sulmojnë provincën kolumbiane.[81]*Pak histori.* Djegia e Kolonit, ose Incidenti i Panamasë, ishte një ngjarje e madhe e Luftës Civile Kolumbiane në vitin 1885. Rebelët panamezë besnikë të Pedro Prestan shkatërruan qytetin, duke kryer zjarrvënie përpara se të tërhiqeshin, pas një beteje me trupat federale kolumbiane.*Episodi*, përfshinte gjithashtu një ulje nga marinarët dhe marinsat e Marinës së Shteteve të Bashkuara nga dy anije luftarake, pasi rebelët kapën qytetarët amerikanë.

1896 - Nikaragua

Marina e SHBA-së, zbarkon në Korint.[82]*Pak histori.* **Ekspedita e përbashkët ushtarake amerikano-britanike në Corinto, Nikaragua filloj dhe vazhdoi më 2-4 maj të vitit 1896.** Më 2 maj 1896, në Corinto Nikaragua, një forcë prej rreth njëqind marinsash amerikanë dhe britanikë nga kryqëzori Alert i Shteteve të Bashkuara dhe kryqëzori britanik Comus, të cilët,

---

[76]Korea general trike of September 1946.

[77]History of South Korea.

[78]Profesional People's Committee for North Korea.

[79]Soviet Civil Administration-Soviet counterpart in Noth Korea.

[80]Soviet Civil Administration-Soviet counterpart in Noth Korea. Autunn Uprising on 1946.

[81]https://history.columbia.edu/wpcontent/uploads/sites/20/2019/05/Da vidovicz-Thesis-2019.pdf

[82]https://www.seniorreligion.com/new_page_272.htm

duke vepruar në harmoninë më të përsosur, pushtuan atë port dhe mbrojtën, deri më 4 maj, pronën e të huajve në doganën dhe në stacionin hekurudhor, të cilat shkaktuan një përçarje të rëndë në vend.

Aventurieri nga shteti amerikan Tenesi, William Walker, asokohe ishte një figurë spektakolare, në skenën e Nikaraguas nga viti 1855 deri në datën e vdekjes së tij në vitin 1860. Pas tridhjetë vjetësh kontrolli konservator, gjatë të cilit kryeqyteti ishte i vendosur përgjithmonë në Managua, **Jose Santos Zelaya,** në vitin 1893, filloi një diktaturë 16-vjeçare.

Regjimi i tij karakterizohej nga spekulime dhe intriga djallëzore, në çështjet politike të kombeve të tjera të Amerikës Latine. Mandati i parë i Zelaya si president skadoi në vitin 1896, por ai detyroi rizgjedhjen e tij dhe vazhdoi regjimin e tij si diktator virtual.

Kjo shkaktoi një mosmarrëveshje të madhe, duke pasur më shumë se trazira të pazakonta midis njerëzve dhe agjitacion midis fraksioneve të ndryshme, gjë që rezultoi në rrezikimin e të huajve përsëri. Me këtë rast zona e kërcënuar ishte ajo e Korintos.

Britanikët, braktisën copat e fundit të protektoratit të tyre të Mushkonjave dhe kur shpërtheu një revoltë në Nikaraguan perëndimore gjatë vitit 1896, Shtetet e Bashkuara zbarkuan marinsat në Corinto, me ftesë të Zelaya, mbrojtën pronën dhe e kthyen portin.

Një forcë detare britanike mori në zotërim qytetin dhe portin e Corinto-s në vitin 1896, për të kënaqur dëmet e bëra ndaj interesave britanike dhe fyerje ndaj një konsulli britanik në detyrë. U dha garanci, për pagesën e kërkesës dhe forca britanike u tërhoq.

Qeveria britanike, kishte një përfaqësues të pranishëm në personin e komandantit të HMS Cormus, dhe SHBA u përfaqësuan nga **komandantiFranklin Hanford,** në Alert. Komandanti i Nikaraguas i kërkoi **Konsullit të amerikan-it, Henry Palazio,** të bënte që një forcë zbarkimi amerikan të dërgohej në breg, pasi ai nuk ishte në gjendje të siguronte mbrojtje për të huajt me forcat, që kishte në dispozicion. Konsulli ia komunikoi këtë kërkesë komandantit Hanford, i cili pranoi duke dërguar 15 marins, nën rreshterin e parë Frederick W. M. Poppe, dhe 19 marinarë, të gjithë nën komandën e toger Albert W. Dodd.

Komandanti Hanford e siguroi menjëherë zotin Harding se do t'i rezistonte çdo përpjekjeje, për të marrë me forcë pronën e qytetarëve amerikanë ose të subjekteve të qeverive të huaja në marrëdhënie miqësore me Shtetet e Bashkuara. Komandanti Hanford e dërgoi këtë letër nga agjenti konsullor amerikan, i cili ndërmori veprime të menjëhershme dhe arriti t'i shpëtojë paratë e bankës angleze nga Nikaraguanët, ndërsa në të njëjtën kohë u tregonte qartë kryengritësve, se nuk mund të ndërhyhej në pronat e të huajve.

Më 16 prill 1896, ministri Mayorga nxori një dekret, në emër të qeverisë revolucionare, duke deklaruar se oficerët dhe librat e doganës në Corinto do të transferoheshin menjëherë në Leon, kryeqyteti i qeverisë revolucionare, i vendosur rreth tridhjetë milje në brendësi, duke shtuar se për shkak të faktit se trupat e Presidentit dhe të ndihmës së forcave të Hondurasit mallrat me vlerë miliona dollarë në doganën e qytetarëve të Nikaraguas dhe të huajve, pasi kishin grabitur banesat dhe dyqanet private në qytetin Elviejo, njëzet e pesë milje larg Korintos.

Komandantët amerikanë dhe britanikë, vendosën se nuk do të lejonin që ata kryengritës të merrnin në zotërim pronën e të huajve në doganën ose depon e hekurudhës në Corinto. Meqenëse ndërtesat e fundit ishin brenda gjashtëqind metrash nga armët e dy anijeve luftarake, të paktën ishin po aq të sigurta sikur prona që ishte në Leon.

Ata u arratisën në Guatemalë me një gomone të vogël, komandantët e anijeve luftarake amerikane dhe britanike nuk kishin autoritet t'i arrestonin. Por ikja e tyre tregoi se domosdoshmëria e mbrojtjes së pasurisë së të huajve ishte më e madhe se kurrë. Edhe pse shefi i partisë kryengritëse arriti të arratisej, një numër i madh oficerësh dhe ushtarësh të ushtrisë kryengritëse, me armë, u dyndën në Corinto me shpresën për të dalë nga vendi, por nuk mundën të iknin për mungesë mjetesh.

Marinsat dolën në breg në rendin më të përsosur, sikur thjesht për një stërvitje zbarkimi, dhe shpejt i çuan rebelët të fshiheshin. Komandanti Palmer i dha me gëzim doganën, depon e hekurudhës, makinat, lokomotivat dhe mallrat, etj., në Lieut. A. C. Baker, U.S.N., duke marrë faturën e këtij të fundit për pronën dhe më pas komandanti (një zyrtar kryengritës) u tërhoq përsëri në jetën private.

Gjatë kësaj kohe, toger Baker, nga Alert, dhe toger Lewin, nga Comus, me skuadra marinsash, nxituan nëpër qytet, duke liruar qytetarët që ishin bllokuar nga tmerri, nga shtëpia e tyre, duke mbyllur të gjitha pijet alkoolike dhe duke çarmatosur të gjithë oficerët dhe ushtarët e ushtrisë kryengritëse, që mund të ishin në qoshe.

Në më pak se gjysmë ore pas zbarkimit të marinsave në Corinto mbizotëroi rendi dhe paqja e përsosur dhe banorët nxituan të vishen me veshjet e festave, për nder të shpëtimtarëve të tyre trima. Kapiteni Dyke dhe komandanti Hanford më pas dolën në breg dhe, së bashku, inspektuan

postet e zëna nga marinsat. Ata morën falënderimet e përzemërta të qyte-
tarëve në breg dhe të refugjatëve, që ishin në rrezik po aq sa banorët.

1898-1900 - Kina

Përfshirja ushtarake e SHBA-së,*në shtypjen e Revoltës së Boksierëve.*[83]
Pak histori.Rebelimi i Boksierëve (***The Boxer Rebellion***), e njohur si
Kryengritja e Boksierëve, ***Kryengritja e Boksierëve ose Lëvizja Yihetuan***,
ishte një kryengritje kundër të huajve, anti-koloniale dhe anti-kristiane në
Kinë midis viteve 1899 dhe 1901, drejt fundit të dinastisë Qing nga Shoqata
e Grushteve të Drejtë dhe Harmonike (Yìhéquán), e njohur si ***Boksierët*** në
anglisht, sepse shumë nga anëtarët e saj kishin praktikuar artet marciale
kineze, të cilat në atë kohë quheshin *"boksi kinez"*.

Pas Luftës Sino-Japoneze të vitit 1895, fshatarët në Kinën Veriore,
kishin frikë nga zgjerimi i sferave të huaja të influencës dhe ishin të pakë-
naqur me shtrirjen e privilegjeve për misionarët e krishterë, të cilët i për-
dornin ato për të mbrojtur ndjekësit e tyre.

Në vitin 1898, Kina Veriore përjetoi disa fatkeqësi natyrore, duke përf-
shirë përmbytjet e lumit të verdhë dhe thatësirat, për të cilat Bokserët fajë-
suan ndikimin e huaj dhe të krishterë.

Duke filluar nga viti 1899, boksierët përhapën dhunën në të gjithë Shan-
dong dhe Rrafshin e Kinës së Veriut, duke shkatërruar pronat e huaja si
hekurudhat dhe sulmuar ose vrarë misionarët e krishterë të huaj dhe të
krishterët kinezë.

Ngjarjet arritën kulmin në qershor të vitit 1900, kur luftëtarët boksier,
të bindur se ishin të paprekshëm ndaj armëve të huaja, u mblodhën në
Pekin me parullën *"Mbështesni Qeverinë Qing dhe shfarosni të huajt"*.

Diplomatë, misionarë, ushtarë dhe disa të krishterë kinezë, u strehuan
në Lagjen e Legatës Diplomatike. Një Aleancë Tetë Kombesh e trupave
amerikane, austro-hungareze, britanike, franceze, gjermane, italiane,
japoneze dhe ruse u zhvendosën në Kinë, për të hequr rrethimin dhe më
17 qershor sulmuan Fort Dagu, në Tianjin.

Perandoresha Dowager Cixi, e cila fillimisht kishte qenë në mëdyshje,
tani mbështeti boksierët dhe më 21 qershor, *nxori një Dekret Perandorak, që
i shpalli luftë fuqive pushtuese.* Zyrtarët kinezë, u ndanë midis atyre që

---

[83]https://www.archives.gov/publications/prologue/1999/winter/boxer-
rebellion-1.html

mbështesnin boksierët dhe atyre që favorizonin pajtimin, të udhëhequr nga Princi Qing. Komandanti suprem i forcave kineze, gjenerali Mançu Ronglu (Junglu), më vonë pretendoi se ai veproi për të mbrojtur të huajt.

Zyrtarët në provincat jugore e shpërfillën urdhrin perandorak, për të luftuar kundër të huajve. Aleanca e Tetë Kombeve, pasi fillimisht u kthye mbrapsht nga ushtria Perandorake Kineze dhe milicia Boxer, solli 20.000 trupa të tjera të armatosura në Kinë.

Ata mundën Ushtrinë Perandorake në Tianjin dhe arritën në Pekin më 14 gusht, duke lehtësuar rrethimin 55 ditor të Legatës. Asokohe filloi plaçkitja e kryeqytetit dhe fshatit përreth, së bashku me ekzekutimin e përmbledhur të atyre që dyshoheshin se ishin boksierë, në shenjë hakmarrjeje.

Protokolli i Boxer-it i 7 shtatorit 1901, parashikonte ekzekutimin e zyrtarëve qeveritarë, që kishin mbështetur boksierët, dispozita për vendosjen e trupave të huaja në Pekin dhe 450 milionë tael argjendi, më shumë se të ardhurat vjetore të taksave të qeverisë, të paguheshin si dëmshpërblim gjatë 39 viteve të ardhshme për tetë kombet e përfshira në konflikt.

Trajtimi i rebelimit të Bokserëve nga *Dinastia Qing* e dobësoi më tej kontrollin e tyre mbi Kinën dhe e çoi më pas dinastinë në nisjen e reformave të mëdha qeveritare.

1898-1910 – Ishujt Filipine

Marina amerikane,rrëzon qeverinë dhe **vret 600,000 filipinas.***Pak histori.* Lufta Filipino-Amerikane e përmendur më parë si Kryengritja Filipine ose **Kryengritja Tagaloge** nga Shtetet e Bashkuara, *ishte një konflikt i armatosur, midis Republikës së Parë të Filipineve dhe Shteteve të Bashkuara, që zgjati 3 vjet nga 4 shkurt 1899 deri më 2 korrik 1902.*

Konflikti, mori shkak në vitin 1898, kur Shtetet e Bashkuara, në vend që të pranonin shpalljen e pavarësisë së Filipineve, aneksuan Filipinet, sipas Traktatit të Parisit, në përfundim të Luftës Spanjolle-Amerikane. *Lufta mund të shihet si një vazhdim i luftës moderne të Filipineve për Pavarësi, që filloi në vitin 1896, me Revolucionin Filipine, kundër Spanjës dhe përfundoi në 1946 me dorëzimin e sovranitetit të Shteteve të Bashkuara.*

Luftimet shpërthyen midis forcave të Shteteve të Bashkuara dhe atyre të Republikës së Filipineve më 4 shkurt të vitit 1899, në atë që u bë e njohur si **Beteja e Manilës e 1899-ës.**

Më 2 qershor 1899, *Republika e Parë e Filipineve, shpalli zyrtarisht luftën kundër Shteteve të Bashkuara.* Presidenti i Filipineve Emilio Aguinaldo u kap më 23 mars të vitit 1901 dhe lufta u shpall zyrtarisht e përfunduar nga qeveria amerikane më 2 korrik 1902, me një fitore për amerikanët. Megjithatë, *disa grupe filipinase, të udhëhequra nga veteranë të Katipunan, një shoqëri revolucionare filipinase, që kishte nisur revolucionin kundër Spanjës, vazhduan të luftonin forcat amerikane, për disa vite të tjera.*

Midis atyre udhëheqësve ishte *Macario Sakay*, një anëtar veteran Katipunan, që krijoi (ose rithemeloi) Republikën Tagaloge në vitin 1902, përgjatë vijave të Katipunan-it, në kontrast me Republikën e Aguinaldos, me veten si president.

Grupe të tjera, duke përfshirë popujt myslimanë moro të Filipineve jugore dhe lëvizjet fetare kuazi-katolike Pulahan, vazhduan armiqësitë në zona të largëta. Rezistenca në provincat e dominuara nga Moro në jug, e quajtur Rebelimi Moro nga amerikanët, përfundoi me humbjen e tyre përfundimtare në **Betejën e Bud Bagsak,** më 15 qershor 1913.

***Lufta rezultoi në të paktën 200,000 vdekje civile filipinase**, kryesisht* për shkak të urisë dhe sëmundjeve. Disa vlerësime tregojnë për totalin e të vdekurve civilë, të cilat arrijnë **deri në 1 milion vetë**. *Gjatë konfliktit asokohe, u kryen mizori dhe krime lufte, duke përfshirë torturat, gjymtimet dhe ekzekutimet.*

Në hakmarrje për taktikat e luftës guerile filipinase, *SHBA-ja kryen reprezalje dhe fushata, për tokën e djegur dhe zhvendosi me forcë shumë civilë në kampet e përqendrimit, ku mijëra vetëvdiqën.*

Lufta dhe pushtimi i mëvonshëm nga SHBA,*ndryshuan kulturën e ishujve, duke çuar nëngritjen e protestantizmit dhe shpërbërjen e Kishës Katolike dhe futjen e anglishtes në ishuj si gjuhë kryesore e qeverisë, arsimit, biznesit dhe industrisë.*

Në vitin 1902, Kongresi Amerikan, miratoi Aktin Organik të Filipineve, i cili parashikonte krijimin e Asamblesë Filipine, me anëtarët që do të zgjidheshin nga meshkujt filipinas (*gratë, nuk kishin të drejtë të votonin deri në një plebishit të vitit 1937*).

Ky akt u zëvendësua nga Akti Jones i vitit 1916 (**Akti i Autonomisë së Filipineve**), i cili përmbante deklaratën e parë formale dhe zyrtare të angazhimit të qeverisë amerikane, për t'i dhënë përfundimisht Pavarësinë ishujve Filipine.

Akti Tydings-McDuffie i vitit 1934 (Akti i Pavarësisë së Filipineve), krijoi Komonuelthin e Filipineve vitin e ardhshëm, duke rritur vetëqeverisjen dhe vendosi një proçes drejt pavarësisë së plotë (i planifikuar fillimisht në vitin 1944, por u vonua nga Lufta e Dytë Botërore dhe pushtimi japonez i ishujve Filipine). *Shtetet e Bashkuara,përfundimisht i dhanë Pavarës-inë e plotë Filipineve në vitin 1946, përmes Traktatit të Manilës.*

1898-1902 - Kuba

Marina amerikane lufton, gjatë Luftës Spanjolle-Amerikane.

1898 - Puerto Riko (SHBA)

Pushtim amerikan, gjatë Luftës Spanjolle-Amerikane.

Pak histori. *Pushtimi i Puerto Rikos nga Shtetet e Bashkuara, ndodhi si rezultat i drejtpërdrejtë i Luftës Spanjolle-Amerikane të vitit 1898.*

Lufta shpërtheu midis dy vendeve në prill të vitit 1898 dhe shpejt u bë objektivi i amerikanëve, për të kapur kolonitë spanjolle në Oqeanin Atlantik, pra, Porto Rikon dhe Kubën, si dhe Filipinet dhe Guami në Oqeanian Paqësor.

Më 12 maj, luftanijet amerikane bombarduan qytetin San Juan. Kur trupat pushtuan dhe nënshtruan qytetet e brendshme, Traktati i Parisit i vitit 1898 (me ndërhyrjen direkte të politikës pushtuese të shteteve perëndimore të Europës kurvë **(kujtoni vite më parë, rastin e copëtimit të trojeve etnike shqiptare në disa pjesë, duke ua dhënë si peshqesh shtetweve fqinjë kufitare me trungun amë Shqipwrinë)**, *të cilët ishin të gjithë dakord me kolonizimin e këtyre ishujve të pra-pambetura nga vendet e fuqive të mëdha të Europës), u nënshkrua dhe flamuri pushtues amerikan u ngrit mbi ishull.*

Kolonializmi, i dha formë migrimit portorikan në Shtetet e Bashkuara, para dhe pas pushtimit të ishullit etnik indian. Edhe nën dominimin spanjoll, lidhjet ekonomike në zhvillim midis Porto Rikos dhe Shteteve të Bashkuara sollën tregtarët në bregun lindor të detit dhe në qendrat amerikane të prodhimit të duhanit.

Anijet sollën sheqer dhe melasa në portin e shtetit të Filadelfias, dhe tregtarët u vendosën dhe krijuan rrjete sociale. Historikisht, dihet se më përpara ishulli ek-zotik **Porto Riko** *i detit të Karaibeve,* **kishte qenë nën sundimin spanjoll, për më shumë se 400 vjet.**

Vitet midis pushtimit dhe statusit të fituar të Puerto Rikos si territor amerikan ishin komplekse. Shumë portorikanë atdhetarë, ishin armiqësorë ndaj pushtimit të huaj.

Amerikanët e panë rolin e tyre si çlirimtarë, publiku i pa veprimet e tilla si shpërbërja e Parlamentit Autonom dhe ndryshimi i monedhës nga Peso në dollarë, si pjesë e një përpjekjeje për të shkatërruar kulturën, tra-ditat, zakonet dhe gjuhën kombëtare etnike portorikane.

Nga pikëpamja amerikane, gjërat shkuan mjaft mirë. Një raport i shkruar në nëntor 1898 për Xhon Ruter Bruk, Guvernator Ushtarak në Porto Riko, thoshte: **"I gjithë ishulli përshëndet me entuziazëm reformat ekonomike të urdhëruara nga ju dhe që presin të tjerët, që mund të përfundojnë punën e transformimit të nisur me kaq lumturi."**

Henry K. Carroll, Komisioneri Special për SHBA-në në Porto Riko, në një raport të shkruar në vitin 1899, deklaroi: **"Të gjitha klasat e vendasve të ishullit, mirëpritën Ushtrinë Amerikane, pushtimin amerikan dhe metodat amerikane dhe pranuan pa hezitim yjet dhe vijat."**

Në fakt, ndërsa shumica e 900,000 banorëve e mirëpritën fundin e sundimit spanjoll, ata ishin të ndarë në pritjen e amerikanëve. Për shumë njerëz, uria për pavarësi të vërtetë ishte e dukshme, kurse të tjerët mendonin se një shoqërim me Shtetet e Bashkuara do të sillte rritje të tregtisë dhe prosperitetit.

Me zhvillimin e rrethanave të reja politike, dominimi ekonomik amerikan ndryshoi rrënjësisht një mënyrë jetese. Pati një riformësim në zotërimin e tokës, shpërndarjen e të ardhurave dhe migrimin e brendshëm.

Pronarët e huaj të aseteve prodhuese, kishin fuqinë të ndryshonin strukturën ekonomike të ishullit, në dëm të shumë banorëve të tij.

Në vitin 1901, SHBA zbatuan Aktin Foraker, i cili parashikonte një qeveri civile në Porto Riko. Për shumë, **kjo u pa si një përpjekje për të zëvendësuar dashurinë për Porto Rikon, me besnikërinë ndaj Shteteve të Bashkuara.**

Një marrëdhënie jo e lehtë midis Porto Rikos dhe kontinentit mbeti dhe mbetet edhe sot e kësaj dite. Më 25 korrik 1898, 16,000 trupa amerikane pushtuan Porto Rikon në Guánica, duke pohuar se po çlironin banorët nga sundimi kolonial spanjoll, i cili së fundmi i kishte dhënë qeverisë së ishullit autonomi të kufizuar.

Në vitin 1900, Kongresi Amerikan miratoi Aktin Foraker, i cili krijoi një qeveri civile për portorikanët dhe u dha portorikanëve një farë mase vetëqeverisjeje.

Shtetet e Bashkuara, *vazhduan menjëherë punën për amerikanizimin e Porto Rikos, duke importuar institucione, gjuhë, sisteme politike dhe të ngjashme.*

SHBA, ishte gjithmonë e paqartë, për të ardhmen politike eventuale të Porto Rikos. Si rezultat, lindi një lëvizje rezistence, e udhëhequr nga nacionalisti **Luis Munoz Rivera.**

Gradualisht, SHBA u dha gjithnjë e më shumë koncesione portorikanëve dhe në vitin 1917, portorikanët u bënë qytetarë amerikanë, me të drejta të plota. Për më tepër, komuniteti i emigrantëve portorikanë në SHBA ishte kryesisht rezultat i marrëdhënieve, që u zhvilluan midis SHBA-së dhe Porto Rikos si rezultat i Luftës Spanjolle-Amerikane.

*Kështu forcat amerikane nisën pushtimin e tyre në Porto Riko, ishullin (**afër-sisht 110 milje të gjatë dhe 35 milje të gjerë**),ajo ishte një nga dy zotërimet kryesore të Spanjës në ishujt Karaibe.*

Me pak rezistencë dhe vetëm shtatë vdekje, trupat amerikane nën gjeneralin Nelson A. Miles, ishin në gjendje të siguronin zotërimin e ishullit nga mesi i muajit gusht.

Pas nënshkrimit të një armëpushimi me Spanjën, trupat amerikane ngritën flamurin amerikan mbi ishull, duke zyrtarizuar autoritetin amerikan mbi një milion banorët e tij.

Në dhjetor, u nënshkrua Traktati i Parisit, duke miratuar zyrtarisht dhënien e Puerto Rikos në Shtetet e Bashkuara.[84]

1898–Guam (SHBA)

Marina amerikane,***pushton ishullin dhe ndërton një bazë të saj ushtarake. Pak Histori***. Baza Detare Guam, është një bazë strategjike detare e SHBA-së, e vendosur në limanin Apra dhe që pushton apo zë pothujase të gjithë gadishullin Orote.

Në vitin 2009, ajo u kombinua me bazën e Forcave Ajrore Andersen, për të formuar Joint Region Marianas, e cila është një bazë e përbashkët e kontrolluar nga Marina.

Objekti i Riparimit të Anijeve, Guam ndodhej pranë bazës detare të Guam, përgjatë limanit Apra. Ajo u mbyll në vitin 1997, për shkak të rekomandimit të Komisionit të Riorganizimit dhe Mbylljes së Bazave të vitit 1995.

Ajo është baza kryesore e dhjetëra njësive të Komandës së Paqësorit, Flotës së Paqësorit, Flotës së Shtatë dhe Seabee. Më 21 korrik të vitit 1944, ajo është e njohur edhe si Dita e Çlirimit, forcat amerikane e shpallën ishullin të sigurtë nga ushtria militare japoneze e kohës së Luftës së Dytë Botërore.

Ndërtimi u nis nga Lion Six i Marinës. Bletët detare nga Brigada e 5-të e Ndërtimit Detar, ndërtuan bazën në vendin e kazermave të shkatërruara të Trupave Detare të SHBA-së në Sumay, Apra Harbor. *Në vitet e fundit, zgjerimi i bazës është kundërshtuar nga shumë vendas në Guam.*

---

[84]Burimet: Ayala, Cesar J. Puerto Rico në shekullin amerikan: "**Një histori që nga viti 1898**". Shtypi i Universitetit të Karolinës së Veriut: 2007, Carroll, Henry K. Raport mbi ishullin e Porto Rikos (ribotuar 1975), "*Puerto Rico: Një koloni e Shteteve të Bashkuara*".

1898 – Minesota (Battle of Sugar Point, SHBA)

Ushtria amerikane, shkatërron fisinvendas indian (Native American) **Chippewa (Ojibwe),** pranë Liqenit Leach. *Pak histori.*Beteja e Sugar Point ose Beteja e Liqenit Leech, u zhvillua më 5 tetor 1898, midis këmbësorisë së tretë të SHBA-së dhe anëtarëve të Bandës Pillager të Indianëve Chippewa, në një përpjekje të dështuar, për të kapur Pillager Ojibwe Bugonaygeshig, si rezultat i një mosmarrëveshjeje me zyrtarët e Shërbimit Indian në Rezervimin e Liqenit Leech në Cass County, Minesota.

Shpesh i referuar si *"kryengritja e fundit indiane në Shtetet e Bashkuara"*, ishte gjithashtu beteja e parë, që u zhvillua në zonën amerikane, të njohur si Veriperëndimi i Vjetër, që nga Lufta e Black Hawk në vitin 1832.

Medalja e fundit e Nderit e lëshuar gjatë Luftërave Indiane, iu dha privatit Oscar Burkard, të Regjimentit të 3-të të Këmbësorisë Amerikane.

Çështja kryesore midis Pillagers dhe zyrtarëve të Shërbimit Indian, ishte arrestimi i shpeshtë i anëtarëve të fisit, për akuza të vogla dhe transportimi i tyre në gjykatat federale larg rezervës për gjykim.

Shpesh, këto tarifa përfshinin shitjen dhe konsumimin e alkoolit në rezervim, të ndaluar me ligj federal. Megjithëse kompanitë e prerjes së pyjeve paguanin për lëndën drusore që korrnin, vlera shpesh nënvlerësohej dhe pagesat shpesh vonoheshin.

Përveç kësaj, disa prerës të paskrupullt u vunë zjarrin me qëllim pemëve të shëndetshme, për t'i dëmtuar dhe për t'i kaluar si lëndë drusore të ngordhur.

Një grabitës, Bugonaygeshig, ishte mes atyre që protestuan ndaj praktikave të biznesit të kompanive të prerjes së drurit, në rezervim në fillim të vitit 1898. Megjithatë, kur ai dhe Sha-Boon-Day-Shkong udhëtuan për në fshatin e afërt indian të Onigum më 15 shtator, ata u kapën nga zv/Marshalli i SHBA-së Robert Morrison dhe agjenti indian i SHBA-së, Arthur M. Tinker si dëshmitarë të një operacioni të fshehjes së parave që do të transportoheshin në Duluth.

Ndërsa të dy po largoheshin, disa Pillager sulmuan Morrison dhe Tinker duke lejuar Bugonaygeshig dhe Sha-Boon-Day-Shkong të shpëtonin nga paraburgimi dhe të ktheheshin në shtëpitë e tyre në Sugar Point.Pas arratisjes së Bugonaygeshig, Tinker kërkoi ndihmë ushtarake nga Fort Snelling.

Një forcë e vogël prej 20 ushtarësh nga Regjimenti i 3-të i Këmbësorisë së Shteteve të Bashkuara, nën togerin Chauncey B. Humphreys u dërguan në Onigum. Një forcë më e madhe u ngrit shpejt dhe përfshiu 77 ushtarë nën Majorin Brevet Melville C. Wilkinson, i cili shoqërohej gjithashtu nga gjenerali John M. Bacon.

Personat e tjerë, që morën pjesë, në ekspeditë përfshinin marshallë dhe zv/marshallë amerikanë, oficerë të policisë indiane dhe disa reporterë të gazetave dhe radiove.Një forcë e vogël policie kishte hipur në dy avullore të vogla, Flora dhe Shefi i Duluthit, dhe lundruan nga Walker, Minesota përtej liqenit Leech, derisa arritën në Sugar Point, një gadishull i vogël, që ndodhet në pjesën verilindore të liqenit.

Menjëherë pas zbarkimit në fshat, dy nga grabitësit që ishin përfshirë në arratisjen e Bugonaygeshigut u njohën dhe u arrestuan. Vetë Bugo-naygeshig nuk u gjet, me sa duket kishte ikur përpara mbërritjes së tyre. Ushtarët ngritën kampin dhe filluan të kontrollonin pyjet përreth dhe fshatrat fqinjë, për të arrestuar ndonjë plaçkitës me urdhër të pazgjidhur.

Ushtarët, shumë prej të cilëve rekrutë të rinj, ranë në tokë, megjithëse oficerët e tyre arritën t'i bënin ata të formonin një linjë luftimi në formë gjysmëhënës, rreth kabinës së Bugonaygeshig.

1898 - Nikaragua

Marina amerikane, zbarkon në portin e San Juan del Sur.*Pak histori.Ndërhyrjet e SHBA-së në Amerikën Qendrore, në vitin 1892 e vazhdim. Për shkak të rëndësisë strategjike të Nikaraguas në hemisferë, SHBA bënë ndërhyrje të shumta ushtarake, për të mbrojtur atë që besonte se ishin interesat e saj në rajon:*

1894: Pushtimi njëmujor i Bluefields.

1896: Marinsat zbarkojnë në portin e Corintos.

1898: Marinsat zbarkojnë në portin e San Juan del Sur.

1899: Marinsat zbarkojnë në portin e Bluefields.

1907: Krijohet protektorati "Diplomacia e Dollarit".

1910: Marinsat zbarkojnë në Bluefields dhe Corinto.

1912-1933: Bombardime, pushtim 20-vjeçar, luftuan guerilët vendas.

1981-1990: CIA drejton revolucionin e mërgimit (Contra), vendos mina kundër qeverisë vendase.

Në vitin 1909, Shtetet e Bashkuara dhanë mbështetje politike për forcat e udhëhequra nga konservatorët, që rebeloheshin kundër Presidentit Zelaya.

Motivet e SHBA-së përfshinin dallimet mbi Kanalin e propozuar të Nikaraguas, potencialin e saj si një ndikim destabilizues në rajon dhe përpjekjet e Zelaya, për të rregulluar aksesin e huaj në burimet natyrore të vendit.

Më 17 nëntor 1909, dy amerikanë u ekzekutuan me urdhër të Zelaya, pasi të dy burrat pranuan se kishin hedhur një minë në lumin San Juan, me qëllim për të hedhur në erë diamante.

Shtetet e Bashkuara e justifikuan ndërhyrjen, duke pretenduar se mbrojnë jetën dhe pronën e amerikanëve. Zelaya dha dorëheqjen më vonë atë vit.

Në gusht 1912, Presidenti i Nikaraguas, Adolfo Díaz, kërkoi dorëheqjen e Sekretarit të Luftës, gjeneralit Luis Mena. I shqetësuar se Diaz po udhëhiqte një kryengritje, Mena u largua nga Managua me vëllain e tij, shefin e policisë së Managua dhe kryengritja u përshkallëzua.

Kur Legata e SHBA-së i kërkoi Presidentit Adolfo Díaz të garantonte sigurinë e qytetarëve dhe pronës amerikane gjatë kryengritjes, Diaz u përgjigj se nuk mundi dhe se... për rrjedhojë, qeveria ime dëshiron që qeveria amerikane të garantojë me forcat e saj sigurinë për pronën e qytetarëve amerikanë në Nikaragua dhe që ajo të zgjerojë mbrojtjen e saj për të gjithë banorët e Republikës.

Marinsat amerikanë, u stacionuan në Nikaragua në vitet 1912-1933, me përjashtim të një periudhe 9-mujore, që fillon në vitin 1925. Në vitet 1910-1926, partia konservatore sundoi Nikaraguan. Familja Çamorro, e cila kishte dominuar prej kohësh partinë, kontrolloi efektivisht qeverinë, gjatë asaj periudhe.

Në vitin 1914, u nënshkrua Traktati Bryan-Chamorro, duke i dhënë kontrollin e SHBA-së mbi kanalin e propozuar, si dhe qiratë për mbrojtjen e mundshme të kanalit.

Pushtimi i Nikaraguas nga Shtetet e Bashkuara në vitet 1912-1933, ishte pjesë e Luftërave të Bananeve, kur ushtria amerikane pushtoi vende të ndryshme të Amerikës Latine, në vitet 1898-1934.

Ndërhyrjet ushtarake amerikane në Nikaragua, u krijuan për të ndaluar çdo komb tjetër përveç Shteteve të Bashkuara të Amerikës nga ndërtimi i një kanali Nikaragua.

Nikaragua mori një status thuajse-protektorati, sipas Traktatit Bryan-Chamorro të vitit 1916. Presidenti Herbert Hoover (1929–1933) e kundërshtoi marrëdhënien. Më 2 janar 1933, Hoover i dha fund ndërhyrjes amerikane.

Në vitin 1909, presidenti i Nikaraguas, José Santos Zelaya, i Partisë Liberale, u përball me kundërshtimin e Partisë Konservatore, të udhëhequr nga guvernatori Juan José Estrada i Bluefields, i cili mori mbështetje nga qeveria amerikane si rezultat i sipërmarrësve amerikanë, që i jepnin ndihmë financiare rebelimit të Estradës, me shpresat për të fituar rebelimin e ekonomisë.

SHBA, kishte prani të kufizuar ushtarake në Nikaragua, duke pasur vetëm një anije të marinës amerikane patrulluese në brigjet e Bluefields, gjoja për të mbrojtur jetën dhe interesat e qytetarëve amerikanë që jetonin atje.

Partia Konservatore, u përpoq të rrëzonte Zelaya, që çoi në rebelimin e Estradës në dhjetor 1909. Dy amerikanë, Leonard Groce dhe Lee Roy Cannon, u kapën dhe u paditën, për gjoja bashkim me rebelimin dhe vendosjen e minave. Zelaya urdhëroi ekzekutimin e dy amerikanëve, gjë që ndërpreu marrëdhëniet me Shtete e Bashkuara.

Forcat e Emiliano Chamorro Vargas dhe gjeneralit Nikaraguan Juan Estrada, secila kryesuese e revoltave konservatore kundër qeverisë së Zelaya, kishin kapur tre qytete të vogla në kufirin me Kosta Rikën dhe po nxisnin rebelim të hapur në kryeqytetin e Managua. Anijet luftarake të marinës amerikane, që kishin pritur jashtë Meksikës dhe Kosta Rikës, u zhvendosën në pozicionin e tyre.

Kryqëzuesit e mbrojtur USS Des Moines (CL-17), USS Tacoma (CL-20) dhe kolieri USS Hannibal (AG-1) shtriheshin në portin në Bluefields, Nikaragua, në bregun e Atlantikut me USS Prairie (AD-5) rrugës për në Colón, Panama, me 700 marinarë.

Më 12 dhjetor 1909, Albany me 280 xhaketa blu dhe varkën me armë USS Yorktown (PG-1) me 155, mbërriti në Corinto, Nikaragua, për t'u bashkuar me varkën me armë USS Vicksburg (PG-11) me ekuipazhin e saj prej 155 personash, gjoja për të mbrojtur qytetarët amerikanë dhe pronën e përbashkët të Nicaraguas.

Zelaya dha dorëheqjen më 14 dhjetor 1909, dhe pasardhësi i tij i zgjedhur me dorë, Jose Madriz, u zgjodh me votim unanim të asamblesë kombëtare liberale të Nikaraguas, më 20 dhjetor 1909.

Sekretari i Shtetit i SHBA-së, Philander C. Knox, paralajmëroi se amerikanët nuk do të tregonin se marrëdhëniet e tij diplomatike, nuk do të ripërtëriheshin... të përgatitur për të bërë dëmshpërblime, për gabimet e bëra ndaj qytetarëve amerikanë.

Kërkesa e tij për azil të dhënë nga Meksika, Zelaya u shoqërua nga roje e armatosur deri te varka me armë meksikane General Guerrero dhe u nis nga Corinto për në Salina Cruz, Meksikë, natën e 23 dhjetorit, me Albany që qëndronte pranë, por nuk ndërmerrte asnjë veprim.

Si flamurtar i skuadronit të ekspeditës së Nikaraguas, nën admiralin William W. Kimball, Albany i kaloi pesë muajt e ardhshëm në Amerikën Qendrore, kryesisht në Corinto, duke ruajtur neutralitetin e SHBA-së në rebelimin e vazhdueshëm, ndonjëherë nën kritikat e shtypit të SHBA-së dhe interesave të biznesit, që ishin të pakënaqur nga administrata liberale ndaj Madrizit *qëndrim miqësor ndaj Kimball-it.*

Nga mesi i marsit 1910, kryengritja e udhëhequr nga Estrada dhe Chamorro në dukje ishte shembur dhe me forcën e dukshme dhe të papritur të Madrizit, Skuadron e Ekspeditës së Nikaraguas dhe SHBA-së përfundoi tërheqjen e saj nga ujërat e Nikaraguas.

Më 27 maj 1910, Majori i Korpusit Detar të SHBA Smedley Butler mbërriti në brigjet e Nikaraguas me 250 marinsa, me qëllim të sigurimit të sigurisë në Bluefields. Sekretari i Shtetit Amerikan, Philander C. Knox, dënoi veprimet e Zelaya, duke favorizuar Estradën.

Zelaya, iu nënshtrua presionit politik të SHBA dhe u largua nga vendi, duke e lënë José Madriz si pasuesin e tij. Madrizit nga ana e tij iu desh të përballej me një përparim nga forcat rebele lindore të ringjallura, gjë që përfundimisht çoi në dorëheqjen e tij. Në gusht 1910, Juan Estrada u bë president i Nikaraguas, me njohjen zyrtare amerikane.

Administrata e Estradës lejoi Presidentin William Howard Taft dhe Sekretarin e Shtetit Philander C. Knox të zbatonin **politikën e diplomacisë së dollarit ose dollarë për plumba.** Qëllimi ishte minimi i fuqisë financiare evropiane në rajon, gjë që kërcënonte interesat amerikane për të ndërtuar një kanal në istmus, dhe gjithashtu për të mbrojtur investimet private amerikane, në zhvillimin e burimeve natyrore të Nikaraguas. Politika hapi derën për bankat amerikane, për t'i dhënë hua qeverisë së Nikaraguas, duke siguruar kontrollin e SHBA-së mbi financat e vendit.

Deri në vitin 1912, konflikti i vazhdueshëm politik në Nikaragua midis fraksioneve liberale dhe konservatore ishte përkeqësuar deri në pikën që investimet amerikane, nën diplomacinë dollarësh të Presidentit Taft, duke përfshirë hua të konsiderueshme për qeverinë e brishtë të koalicionit të Presidentit konservator Juan José Estrada, ishin në rrezik.

Ministri i Luftës Gjenerali Luis Mena e detyroi Estradën të jepte dorëheqjen. Ai u zëvendësua nga zëvendëspresidenti i tij, konservatori Adolfo Díaz.

Lidhja e Diazit me amerikanët çoi në një rënie të popullaritetit të tij në Nikaragua. Ndjenjat nacionaliste u ngritën në ushtrinë e Nikaraguas, duke përfshirë Luis Mena, Sekretarin e Luftës. Mena arriti të fitonte mbështetjen e Asamblesë Kombëtare, duke e akuzuar Diazin për *shitjen e kombit tek bankierët e Nju Jorkut.*

Diaz, i kërkoi ndihmë qeverisë amerikane, pasi kundërshtimi i Menës u shndërrua në rebelim. Knox i bëri thirrje presidentit Taft për ndërhyrje ushtarake, duke argumentuar se hekurudha e Nikaraguas nga Corinto në Granada ishte e kërcënuar, duke ndërhyrë në interesat e SHBA.

Në mesin e vitit 1912, Mena e bindi asamblenë kombëtare të Nikaraguas, që ta emëronte atë pasardhës të Diazit kur mandati i Diazit mbaroi në 1913. Kur amerikanët refuzuan të njihnin vendimin e asamblesë së Nikaraguas, Mena u rebelua kundër qeverisë së Diazit. Një forcë e udhëhequr nga gjenerali liberal Benjamín Zeledón, me bastionin e saj në Masaya, i erdhi shpejt në ndihmë Mena, selia e të cilit ishte në Granada.

Díaz, duke u mbështetur në mbështetjen tradicionale të qeverisë amerikane, për fraksionin konservator të Nikaraguas, e bëri të qartë se ai nuk mund të garantonte sigurinë e personave dhe pronës amerikane në Nikaragua dhe kërkoi ndërhyrjen e SHBA-së.

Në dy javët e para të gushtit 1912, Mena dhe forcat e tij kapën avullore në liqenet Managua dhe Nikaragua që ishin në pronësi të një kompanie hekurudhore të menaxhuar nga interesat amerikane.

Kryengritësit sulmuan kryeqytetin, Managua, duke e nënshtruar atë ndaj një bombardimi katër-orësh. Ministri i SHBA-së, George Wetzel, njoftoi Washington-in që të dërgonte trupa amerikane, për të mbrojtur legatën amerikane.

Në kohën kur shpërtheu revolucioni, anija me armë e Flotës së Paqësorit USS Annapolis (PG-10) ishte në patrullë rutinë në brigjet perëndimore të Nikaraguas. Në verën e vitit 1912, 100 marinsa amerikanë mbërritën në bordin e USS Annapolis. Ata u pasuan nga kthimi i Smedley Butler nga Panamaja me 350 marinsa.

Komandanti i forcave amerikane ishte Admirali William Henry Hudson Southerland, të cilit iu bashkua koloneli Joseph Henry Pendleton dhe 750 marinsat. Qëllimi kryesor ishte sigurimi i hekurudhës nga Corinto në Managua.

Më 4 gusht, me rekomandimin e presidentit të Nikaraguas, një forcë zbarkimi prej 100 xhaketash blu u dërgua nga Annapolis në kryeqytetin, Managua, për të mbrojtur qytetarët amerikanë dhe për të ruajtur legacionin amerikan gjatë kryengritjes. Në bregun lindor të Nikaraguas, USS Tacoma (CL-20) (një kryqëzor i mbrojtur nga Flota Amerikane e Atlantikut të Veriut) u urdhërua në Bluefields, Nikaragua, ku mbërriti më 6 gusht dhe zbarkoi një forcë prej 50 burrash, për të mbrojtur jetën dhe pronën amerikane.

Një forcë prej 350 marinsash amerikanë u dërgua në veri në kolierin USS Justin nga Zona e Kanalit dhe u zbarkua në Managua për të përforcuar rojet e legatës më 15 gusht 1912.

USS Denver (CL-16), i komanduar nga komandanti Thomas Washington mbërriti në Corinto më 27 gusht 1912, me 350 xhaketa blu dhe marinsat në bord. Prioritetet e Admiralit Southerland ishin të rivendoste dhe të ruante linjat hekurudhore dhe kabllore të ndërprera midis portit kryesor të Corinto dhe Managua, 110 kilometra (70 mi) në juglindje.

Forca e zbarkimit të anijes USS Denver nën Lt. A. Reed qëndron pranë linjës hekurudhore Corinto, Nikaragua, 1912.

Më 29 gusht 1912, një forcë zbarkimi prej 120 vetë nga USS Denver, nën komandën e navigatorit të anijes, toger Allen B. Reed, zbarkoi në Corinto për të mbrojtur linjën hekurudhore që shkon nga Corinto në Managua dhe më pas në jug në Granada në bregun verior të liqenit Nikaragua. Kjo palë zbarkimi u rikthye në bordin e anijes më 24 dhe 25 tetor 1912.

Një oficer dhe 24 burra u zbarkuan nga Denveri në San Juan del Sur në skajin jugor të isthmusit të Nikaraguanit nga 30 gushti deri më 6 shtator 1912, dhe nga 11 deri më 27 shtator për të mbrojtur stacionin amerikan me porosi. Denveri qëndroi në San Juan del Sur për të transmetuar mesazhe me valë nga anijet e tjera të marinës në dhe nga Washington-i deri në nisjen më 30 shtator, për detyrë patrullimi.

Në mëngjesin e 22 shtatorit, dy batalione marinsash dhe një bateri artilerie nën Majorin Smedley Butler, U.S.M.C. kishin hyrë në Granada, Nikaragua (pasi u zunë pritë nga rebelët në Masaya në datën nëntëmbëdhjetë), ku ata u përforcuan me batalionin e parë të marinës të komanduar nga koloneli Joseph H. Pendleton, U.S.M.C. Gjenerali Mena, nxitësi kryesor i grushtit të dështuar të shtetit dorëzoi 700 trupat e tij në Jug dhe u deportua në Panama.

Duke filluar nga mëngjesi i 27 shtatorit dhe duke vazhduar deri më 1 tetor, forcat qeveritare të Nikaraguas bombarduan Barranca dhe Coyotepe, dy kodra me pamje nga linja hekurudhore shumë e rëndësishme në Masaya që Zeledón dhe rreth 550 nga njerëzit e tij pushtuan, në gjysmë të rrugës midis Managua dhe Granada.

Më 2 tetor, trupat qeveritare të Nikaraguas besnike ndaj Presidentit Diaz i dhanë një ultimatum dorëzimit Zelaydon, i cili refuzoi. Rearadmirali Southerland kuptoi se forcat qeveritare të Nikaraguas nuk do t'i mposhtin kryengritësit me bombardime ose sulme të këmbësorisë dhe urdhëroi komandantët e marinës të përgatiteshin për të marrë kodrat.

Më 3 tetor, Butler dhe njerëzit e tij, duke u kthyer nga pushtimi i Granadës, goditën kodrat me artileri gjatë gjithë ditës, pa asnjë përgjigje nga kryengritësit. Në orët e para të agimit të 4 tetorit, 250 marinsat e Butler filluan të lëviznin në kodrën më të lartë, Coyotepe, për t'u bashkuar me 600 marinsat e Pendletons dhe një batalion zbarkimi të xhaketave blu nga Kalifornia. Në samit, forcat amerikane kapën artilerinë e rebelëve dhe e përdorën atë për të shpartalluar trupat e Zeledon, në Barranca përtej luginës.

Zeledón dhe shumica e trupave të tij kishin ikur një ditë më parë gjatë bombardimeve, shumë në Masaya, ku trupat qeveritare të Nikaraguas kapën ose vranë shumicën e tyre, duke përfshirë Zeledón. Me kryengritësit, që u dëbuan nga Masaya, Southerland urdhëroi pushtimin e Leon, për të ndaluar çdo ndërhyrje të mëtejshme në hekurudhën e kontrolluar nga amerikanët.

Më 6 tetor, 1000 xhaketa blu dhe marinsa, nga kryqëzorët USS California, USS Colorado dhe Denver të udhëhequr nga nënkoloneli Charles G. Long, U.S.M.C. pushtoi qytetin Leon, Nikaragua, bastioni i fundit i kryengritjes. Revolucioni i gjeneralit Diaz në thelb kishte përfunduar.

Më 23 tetor, Southerland njoftoi se, por për zgjedhjet në Nikaraguan në fillim të nëntorit, ai do të tërhiqte shumicën e forcave zbarkuese amerikane. Në atë moment, mbizotëruan kushtet paqësore dhe pothuajse të gjithë marinsat amerikanë të hipur dhe xhaketat blu, që kishin numëruar rreth 2,350 në kulmin e tyre, duke mos përfshirë afërsisht 1.000 marinarë të anijeve, u tërhoqën, duke lënë një roje të delegacionit prej 100 marinsash në Managua.

Nga 1100 anëtarë të ushtrisë amerikane, që ndërhynë në Nikaragua, tridhjetë e shtatë u vranë në aksion. Me Diaz të sigurt në presidencën e vendit, Shtetet e Bashkuara vazhduan të tërhiqnin shumicën e forcave të saj nga territori i Nikaraguas, duke lënë njëqind marinsa për të "mbrojtur legatën amerikane në Managua".

Traktati Knox-Castrillo i vitit 1911, i ratifikuar në 1912, vendosi SHBA-në në krye të një pjese të madhe të sistemit financiar të Nikaraguas.

Në vitin 1916, gjenerali Emiliano Chamorro Vargas, një konservator, mori presidencën dhe vazhdoi të tërheqë investime të huaja. Disa marinsa mbetën në vend pas ndërhyrjes, duke u përplasur herë pas here me banorët vendas. Në vitin 1921, një grup marinsash që bastisën një zyrë gazete në Managua u shkarkuan në mënyrë të pandershme. Më vonë atë vit, një privat marins qëlloi dhe vrau një polic Nikaraguan.

Lufta civile shpërtheu midis fraksioneve konservatore dhe liberale më 2 maj 1926, me liberalët që pushtuan Bluefields, dhe José María Moncada Tapia që pushtoi Puerto Cabezas në gusht. Pas dorëheqjes së Emiliano Chamorro Vargas-it, Kongresi i Nikaraguas zgjodhi Adolfo Diaz si emërues, i cili më pas kërkoi ndërhyrje nga Presidenti Calvin Coolidge.

Forcat qeveritare u mundën më 6 shkurt në Chinandega, pasuar nga një tjetër disfatë në Muy Muy, duke nxitur zbarkimin e marinës amerikane në Corinto dhe pushtimin e Fortesës La Loma në Managua, SHBA kishte 2000 trupa në Nikaragua nën komandën e gjeneralit Logan Feland. Në maj, Henry Stimson ndërmjetësoi një marrëveshje paqeje, që përfshinte çarmatimin dhe premtoi zgjedhje në vitin 1928 deri në revolucion.

Më 30 qershor, Sandino kapi minierën e arit në San Albino, denoncoi qeverinë konservatore dhe tërhoqi rekrutë për të vazhduar operacionet. Muajin tjetër pa Betejën e Ocotalit. Pavarësisht nga konflikti shtesë me re-belët e Sandinos, zgjedhjet e mbikëqyrura nga amerikanët, u mbajtën më 4 nëntor 1928, me fitues Moncada, e cila numëronte më shumë se 5000 burra.Calvin Coolidge dërgoi marinsat amerikanë në Nikaragua.

Administrata e Presidentit Hoover, filloi një tërheqje të trupave amerikane, në mënyrë që deri në shkurt 1932, mbetën vetëm 745 ushtarë. Juan Sacasa u zgjodh president në zgjedhjet e 6 nëntorit 1932. *Beteja e El Sauce*, ishte ndërhyrja e fundit e madhe e SHBA-së.

1899–Samoa (SHBA)

Ushtria amerikane, është përfshirë në luftën për fronin e vendit ishu-llor. *Pak histori.* Trupat gjermane parakalojnë në ishujt Samoa, të Oqeanit Atlantik. Në vitin 1889, forcat e Kaiser-it qëndruan qëndruan përballë SHBA-së, se kush do të marrë kontrollin e këtyre ishujve të largët, por të rëndësishëm në aspektin strategjik ushtarak. Për disa muaj, të dy flotat ushtarake kundërshtare do të përballeshin në një lojë të tensionuar të vrazhdësisë. Përplasja u bë e njohur si **Kriza e Samoas**.

Pas arritjes së statusit të shtetit-komb në vitin 1870, Gjermania e sapobashkuar e Otto von Bismarkut kompensoi ardhjen e saj relativisht të vonuar në skenën botërore, duke rrëmbyer kolonitë jashtë shtetit, sa më shpejt që të mundej. Në përpjekjen e saj të pamëshirshme për atë që Kaiser Wilhelm II më vonë do ta quante vendi në diell i Gjermanisë, Perandoria në lulëzim u zhvendos, për të siguruar territore në të gjithë Afrikën, Kinën, si dhe Marianas, Guinenë e Re dhe Ishujt Caroline.

Një nga zbarkimet më të largëta në Paqësorin Jugor, dy ishuj që përbëjnë Samoan ndajnë pak më shumë se 2000 km katrorë mes tyre. Pavarësisht nga madhësia dhe izolimi i tyre i vogël, Samoa nuk ishte pa vlerën e saj strategjike në shekullin e 19-të. Në një epokë të anijeve me avull me qymyr, ankorimet e largëta, madje edhe ato të vogla si Samoa, ishin portet jetike për anijet luftarake, që kishin nevojë të furnizoheshin me karburant.

Duke e njohur këtë, Berlini kërkoi mënyra për t'i sjellë ishujt në sferën e tij të ndikimit. Asokohe interesat tregtare në Gjermani ishin të prirura për të shfrytëzuar tregtinë lokale të kokosit dhe kokrrave të kakaos atje. Kur shpërtheu lufta midis dy fraksioneve primitive fisnore në Samoa në 1886, Gjermania pa shansin e saj, për të luajtur lojën: **përça dhe sundo** (pushto).

Berlini, mbështeti një shef rebel samoan të quajtur Tamasese, duke siguruar jo vetëm armë dhe para për fraksionin e tij, por edhe këshilltarë ushtarakë. Në këmbim, Kaiser kërkoi koncesione tregtare dhe territorial, pasi monarku i ri u vendos.

Në vitin 1888, tre anije luftarake gjermane mbërritën në portin Apia të Samoas dhe shkuan aq larg sa haptas u dhanë dorë forcave të Tamasese, në këtë luftë civile të zgjeruar kundër mbretit Malietoa. Flotilja madje nxori trupat në breg, për të mbështetur rebelët. Ishte një provokim, që nuk kaloi pa u vënë re në Shtetet e Bashkuara. Amerikanët ishin partnerë tregtarë, për një kohë të gjatë të Malietoas në pushtet dhe nuk kishin ndërmend të largoheshin nga Samoa nga një fuqi evropiane.

Me interesat tregtare të SHBA-së në Samoa në rrezik befas, Uashingtoni dërgoi tre anije luftarake të veta në ishuj USS Vandalia, avullore USS Trenton dhe USS Nipsic, një varkë me armë e kohës së Luftës Civile. Britania, e cila gjithashtu kishte një aksion në Samoa, dërgoi HMS Calliope për të monitoruar situatën. Për disa muajt e ardhshëm, të dy flotat kundërshtare do të përballeshin në një lojë të tensionuar dhe lufta midis Gjermanisë dhe Shteteve të Bashkuara ishte në prag.

Më 16 mars 1889 një tajfun i fuqishëm goditi ishullin. Më shumë se 100 gjermanë dhe 53 marinarë amerikanë u vranë në katastrofë. Të mbijetuarit u morën nga Samoa me anije tregtare dhe më vonë u riatdhesuan. Kombi ishullor nuk do të fitonte pavarësinë deri në vitin 1962. **Samoa Amerikane,**[85] **mbetet një protektorat i Shteteve të Bashkuara edhe sot e kësaj dite.**[86]

---

[85]**Samoa Amerikane,** është një territor i pa inkorporuar i Shteteve të Bashkuara që ndodhet në Oqeanin Paqësor Jugor, në juglindje të vendit ishullor të Samoas. Ai është territori më jugor i SHBA-së dhe një nga dy territoret amerikane në jug të Ekuatorit, së bashku me ishullin e pabanuar Jarvis. Samoa Amerikane përbëhet nga pesë ishuj kryesorë dhe dy atole koralesh. Ishulli më i madh dhe më i populluar është Tutuila, me Ishujt Manuʻa, Rose Atoll dhe Swains Island gjithashtu të përfshira në territor. Të gjithë ishujt përveç ishullit Swains janë pjesë e Ishujve Samoan, dhe sipërfaqja totale e tokës është 199 kilometra katrorë (76.8 mi katrorë). Që nga viti 2022, popullsia e Samoa Amerikane, është afërsisht 45,443 njerëz, nga të cilët Shumica dërrmuese janë samoanë etnikë indigjenë. Shumica e samoanëve amerikanë, janë dygjuhësh dhe flasin rrjedhshëm anglisht dhe samoanisht. E banuar nga polinezianët, që nga kohërat parahistorike, Samoa Amerikane u kontaktua për herë të parë nga evropianët në shekullin XVIII. Ishujt tërhoqën misionarë, eksplorues dhe detarë, veçanërisht në portin e tij natyror shumë të mbrojtur të Pago Pago. Amerikanët, morën në zotërim Samoan Amerikane në fund të shekullit të 19-të, duke e zhvilluar atë në një post të madh detar, vlera e tij strategjike u përforcua nga Lufta e Dytë Botërore dhe Lufta e Ftohtë pasuese. Në vitin 1967, territori u bë vetëqeverisës me miratimin e një kushtetute; në shekullin XXI, ai mbetet i paorganizuar dhe kështu administrohet drejtpërdrejt nga qeveria federale. Ajo ka qenë anëtare e Komunitetit të Paqësorit që nga viti 1983. Për shkak të vendndodhjes së saj strategjike, ushtria amerikane ka një prani të konsiderueshme në Samoa Amerikane dhe luan një rol të madh në ekonominë dhe shoqërinë e saj. Territori shquhet se ka shkallën më të lartë të regjistrimit ushtarak nga çdo shtet apo territor i SHBA-së. Nga viti 2021, stacioni lokal i rekrutimit të Ushtrisë Amerikane në Pago Pago u rendit i pari në rekrutim. Produktet e tonit janë eksportet kryesore, me SHBA-në që shërben si partneri më i madh tregtar. Turizmi, është një sektor i sapolindur, por i pazhvilluar, pjesërisht për shkak të izolimit relativ gjeografik të territorit, i cili gjithashtu përbën shkallën e lartë të varfërisë dhe emigrimit. **Banorët e Samoas Amerikane janë politikisht të privuar nga të drejtat e tyre, pa përfaqësim votues në Kongresin e SHBA.** Ai, është i vetmi territor i banuar përgjithmonë i SHBA-së, në të cilin shtetësia nuk jepet në lindje, dhe **njerëzit e lindur atje konsiderohen "shtetas jo-shtetas", me të drejta të kufizuara.**

[86]Originally published in MilitaryHistoryNow.com on Oct. 8, 2012.

1899 – Nikaragua

Marina e SHBA, zbarkon në Bluefield Harbor.[87] *(shkrimi për të gjithë ndërhyrjet ushtarake amerikane në Nikaragua, është trajtuar në mënyrë të përmbledhur më sipër, kur flitet për këtë shtet.)*

1899-1901 – Idaho (SHBA)

Ushtria Amerikane, shtyp brutalisht revoltën e minatorëve të Coeur d'Alene. *Pak histori.* Revolta e punës në Coeur d'Alene, Idaho, e vitit 1899 ishte e dyta nga dy konfrontimet kryesore të menaxhimit të punës, në rrethin e minierave Coeur d'Alene në Idahon verior në vitet 1890.

Ashtu si incidenti i parë shtatë vjet më parë, konfrontimi i vitit 1899 ishte një përpjekje e minatorëve të sindikatave, të udhëhequr nga Federata Perëndimore e Minatorëve, për të bashkuar minierat jashtë sindikatave dhe për t'i detyruar ata të paguajnë shkallën më të lartë të pagave të sindikatave.

Si me grevën e vitit 1892, incidenti i 1899 kulmoi me një sulm dinamiti që shkatërroi një strukturë minierash jo sindikale, djegien e shtëpive dhe ndërtesave të shumta dhe dy vrasje, e ndjekur nga pushtimi ushtarak i distriktit.

Trazirat e vitit 1899, rezultuan nga zhgënjimet e minatorëve me operatorët e minierave, që paguanin paga më të ulëta, punësuan operativë të Pinkerton ose Thiel, për të depërtuar në sindikatë dhe refuzimin e minatorëve jo-sindikatë për t'u bashkuar ose grevë.

ÇEREKU I PARË I SHEKULLIT XX

1901 – Oklahoma (SHBA)

Ushtria Amerikane, shtyp revoltën e Indian Creek. *Pak histori.* Në historinë e kolonizimit evropian të Amerikës, një masakër indiane është

---

[87]https://www.usmcu.edu/Portals/218/The%20US%20Marines%20in%20 Nicaragua%20by%20Bernard%20C.%20Nalty.pdf?ver=2018-10-30-075558-780

çdo incident, midis kolonëve evropianë dhe popujve vendas indigjenë, ku një grup vrau një numër të konsiderueshëm të grupit tjetër, jashtë kufijve të luftimeve të ndërsjella në luftë.

Masakra indiane, është një frazë përkufizimi i së cilës ka evoluar dhe zgjeruar me kalimin e kohës. Fraza, fillimisht u përdor nga kolonistët evropianë, për të përshkruar sulmet nga amerikanët indigjenë, që rezultuan në viktima masive koloniale, ndërsa sulmet e ngjashme nga kolonistët në fshatrat indiane quheshin **bastisje** ose **beteja**, sulmet e suksesshme indiane ndaj vendbanimeve të bardha ose posteve ushtarake quheshin në mënyrë rutinë **masakra**.

Duke ditur shumë pak për banorët vendas të kufirit amerikan, kolonistët ishin thellësisht të frikësuar, dhe shpesh evropiano-amerikanët, që rrallë ose asnjëherë nuk kishin parë një vendas amerikan, të lexonte historitë mizore kundër indianëve vendas, në literaturën dhe gazetat popullore. Theksi u vu në grabitjet e *"egërsirave vrasëse"*, në informacionin e tyre për indianët, dhe ndërsa migrantët u drejtuan më tej në perëndim, ata shpesh kishin frikë nga indianët, që do të takonin.

Sipas historianit **Jeffrey Ostler**, *"Çdo diskutim i gjenocidit, sigurisht, duhet të marrë në konsideratë përfundimisht të ashtuquajturat Luftërat Indiane, termi i përdorur zakonisht për fushatat e ushtrisë amerikane për të nënshtruar kombet indiane të Perëndimit Amerikan, duke filluar në vitet 1860."*

Në një historiografi më të vjetër, ngjarjet kryesore në këtë histori u rrëfyen si beteja më të zakonshme për studiuesit *Masakra itia e Cheyennes në Sand Creek (1864) dhe masakra e ushtrisë e Shoshones në Bear River (1863), Këmbët e zeza në lumin Marias (1870) dhe Lakotas në gjurin e plagosur (1890)*. Disa studiues kanë filluar t'i referohen këtyre ngjarjeve ndonjëherë si *"një grup më i madh, për t'i dhënë një mësim grupit tjetër më të madh."*

Është e vështirë të përcaktohet numri total i njerëzve, që vdiqën si pasojë e **"masakrave" indiane**. Në The Wild Frontier: Mizoritë gjatë Luftës Amerikano-Indiane nga Kolonia e Jamestown deri te gjuri i plagosur, avokati William M. Osborn përpiloi një listë të "mizorive" të supozuara dhe të vërteta, në atë që përfundimisht do të bëhej Shtetet e Bashkuara kontinentale, nga kontakti i parë në vitet 1511-1890.

Parametrat e listës së tij, përfshinë kriminet në të plagosur dhe të burgosur, ku **7,193 njerëz**, që vdiqën nga mizoritë e kryera nga ata me prejardhje **evropiane, dhe 9,156 njerëz që vdiqën nga mizoritë e kryera nga amerikanët vendas.**

Në një gjenocid amerikan, SHBA dhe katastrofa e Kalifornisë, në vitet

1846-1873, historiani Benjamin Madley, tregon numrat e vrasjeve të indianëve të Kalifornisë midis viteve 1846-1873. **Ai gjeti prova, që gjatë kësaj periudhe, të paktën 9,400 deri në 16,000 indianë të Kalifornisë u vranë nga jo-indianë.** Shumica e këtyre vrasjeve ndodhën në atë që ai tha se ishin **më shumë se 370 masakra.**

Për më shumë se 260 vjet, ndërsa evropianët kërkuan të kontrollonin tokën amerikane të sapovendosur, luftërat u ndezën midis amerikanëve vendas dhe kufijve që shkelën territorin, burimet dhe tregtinë e tyre. Të njohura si Luftërat e Indianëve Amerikanë, konfliktet përfshinin njerëzit indigjenë, ushtrinë angleze, franceze, spanjolle dhe amerikane dhe përfunduan me humbje masive të popullsisë vendase amerikane dhe tokës fisnore dhe zhvendosjen e detyruar të të mbijetuarve në rezerva.

Në vitin 1901, *Kryengritja e Gjarprit të Çmendur*, arriti kulmin në Hickory Ground, **një qytet fisnor i Creek**. Në vitin 1895, qyteti kishte një popullsi prej 343 banorësh, e cila renditej e teta midis 48 qyteteve të Creek. Që në vitin 1898, Hickory Ground, u bë një pikë grumbullimi si për Creeks ashtu edhe për anëtarët e tjerë të Five Tribe, që kundërshtuan ndarjen.

Fillimisht, opozita drejtohej nga Lahtah Micco, kreu i Hickory Ground. Megjithatë, duke mbajtur zakonin e Creek, udhëheqësi caktoi një zëdhënës të quajtur heneha (hen´ē hah), i cili bënte njoftime dhe mbante fjalime për të. Chitto Harjo, ishte heneha e Lahtah Micco-s. Fjalimet e Harjos tërhoqën vëmendjen, duke e shënuar atë tek të huajt, si më i dukshëm nga kundërshtarët.

Një delegacion i përbërë nga Lahtah Micco, Chitto Harjo, Hotulke Fixico dhe Hotulka Yahola udhëtoi për në Washington, D.C., për të bindur Presidentin e SHBA-sëTheodore Roosevelt, për të njohur vlefshmërinë e Traktatit të 1832. **Të gjithë anëtarët e delegacionit, përveç Harjos, u infektuan me lisë, ndërsa ishin atje dhe u karantinuan.**

Harjo, u lejua të kthehej në territorin indian dhe ai u kërkoi qyteteve fisnore të mos merrnin pjesë në E-kun wath-ka (ndarje). Ai bëri thirrje, për krijimin e një qeverie të veçantë në Hickory Ground, për të ruajtur zakonet dhe ligjet tradicionale fisnore, ku numri i rezistuesve ndaj ndarjes u rrit, fqinjët e bardhë dhe agjentët e qeverisë i quajtën ata **Gjarpërinj,***sipas karizmatikit Harjo, emri i të cilit përkthehej si gjarpër.*

Deri në janar të vitit 1901, qeveria e Snake në Hickory Ground, pretendoi juridiksion mbi një sipërfaqe prej 25 milje katror dhe mburrej me një ndjekës prej 5000 burrash, grave dhe fëmijëve.

Kur delegacionet e Snakes filluan sekuestrimin e pronave dhe fshikullimin e anëtarëve të fisit, që mbështetën ndarjen, Këshilli Kombëtar i Creek iu drejtua Marshallit të SHBA-së Leo Bennett, për të arrestuar Harjo dhe ndjekësit e tij. Një përleshje midis oficerëve dhe Gjarpërinjve, la të vdekur një pjesëtar të posaçëm, duke motivuar Bennett dhe agjentin indian J. Blair Shoenfelt të kërkonin 500 trupa federale. E komanduar nga toger H. B. Dixon, Trupa A e Kalorësisë së Tetë të SHBA mbërriti në kampin e ngritur pranë Henryetta-s,megjithëse, trupat nuk ishin të nevojshme.

Të dielën pasdite, 27 janar 1901, Zëvendës Marshali Grant Johnson dhe Bernie McIntosh, një përkthyes i Creek, arrestuan Harjo dhe dy udhëheqës të tjerë të Snake në shtëpinë e Harjos. Harjo hipi paqësisht me Johnson, në kampin e Trupave A. Në fund të ditës tjetër, të gjithë drejtuesit kryesorë të Snake përveç Lahtah Micco ishin në paraburgim. **Kryengritja e Gjarprit përfundoi, pa asnjë të shtënë.**

Gjarpri më i ri ishte 14 vjeç, dhe më i madhi, 88 vjeç. Një marrëveshje për pranimin e fajësisë, çoi në dënime të pezulluara dhe gjoba, një leksion nga gjyqtari Thomas dhe më pas lirim të menjëhershëm, me kusht bazuar në premtimet, për të ndërprerë lëvizjen Snake. Jo të gjithë Gjarpërinjtë u liruan. Kështu 18 u kthyen në burg, për t'u gjykuar për akuza të tjera, duke përfshirë vrasjen dhe vjedhjen e bagëtive.

Autoritetet transferuan Harjo dhe njëmbëdhjetë snakes në burgun federal në Leavenworth, Kansas, për të përfunduar pjesën e mbetur të dënimit 2-vjeçar, të lëshuar më parë nga gjykatësi Thomas. Sidoqoftë, rezistenca ndaj gjarprit ndryshoi, pas lirimit të Harjo dhe udhëheqësve të tjerë më 4 nëntor 1902.

Burgimi dëmtoi udhëheqësit e Gjarprit. *Në vend që të formonte grupe të armatosura militante, Harjo ndryshoi taktikat duke formuar një parti politike Snake, për të bërë fushatë për pozicionin e shefit kryesor të Creek.* Edhe pse Harjo nuk arriti të fitonte zgjedhjet, aktivizmi politik i Gjarpërinjve ndezi një lëvizje më të gjerë politike të **quajtur Kombi i Katër Nënave.** Ndjekësit e tij vazhduan të punonin, për rivendosjen e të drejtave tradicionale fisnore, sipas Traktatit të 1832, shumë vite pas vdekjes së Harjos më 1911.[88]

---

[88]**Kenneth W. McIntosh,** *The Encyclopedia of Oklahoma History and Culture* https://www.okhistory.org/publications/enc/entry.php?entry=CR004

1901-1914 – Panama

Për arsye të interest ekonomik, marina amerikane, pushton dhe anekson zonën e kanalit.***Pak histori.***Zona e Kanalit të Panamasë (Zona del Canal de Panamá), ishte një territor i pa inkorporuar i SHBA-së, i vendosur në Isthmusin e Panamasë, që ekzistonte në vitet 1903-1979. Ajo ishte e vendosur brenda territorit të Panamasë, i përbërë nga Kanali i Panamasë dhe një zonë e gjerë prej pesë kilometrash nga qendra e Panamasë (8 km). Kryeqyteti i saj ishte Balboa.

Zona u krijua më 18 nëntor 1903 nga territori i Panamasë, themeluar me nënshkrimin e **Traktatit Hay–Bunau-Varilla**, i cili lejoi ndërtimin e Kanalit të Panamasë, brenda territorit nga Shtetet e Bashkuara. Zona, ka ekzistuar deri më 1 tetor 1979, kur u inkorporua përsëri në Panama. Në vitin 1904, u shpall Konventa e Kanalit Isthmian. Në të, Republika e Panamasë *i dha amerikanëve në përjetësi përdorimin, pushtimin dhe kontrollin e një zone toke dhe tokësore nënujore për ndërtimin, mirëmbajtjen, funksionimin, kanalizimin dhe mbrojtjen e kanalit.*

Në vitet 1903-1979, territori kontrollohej nga Shtetet e Bashkuara, të cilat kishin blerë tokën nga pronarët e saj privatë dhe publikë, kishin ndërtuar kanalin dhe financuan ndërtimin e tij. Zona e Kanalit, u shfuqizua në vitin 1979, si një term i Traktateve Torrijos-Carter dy vjet më parë, ku vetë kanali ishte më vonë nën kontrollin e përbashkët SHBA-Panamez, derisa u dorëzua plotësisht shtetit të Panamasë në vitin 1999.

Propozimet për një kanal përgjatë Isthmusit të Panamasë, zë fill në vitin 1529, menjëherë pas pushtimit spanjoll. Álvaro de Saavedra Cerón, një toger i Vasco Núñez de Balboa, sugjeroi katër rrugë të mundshme, njëra prej të cilave ndjek nga afër kanalin e sotëm. Saavedra besonte se një kanal i tillë do t'a bënte më të lehtë, për anijet evropiane të arrinin në Azi.

Mbreti Charles I, ishte entuziast dhe urdhëroi që të fillonin punimet paraprake, zyrtarët e tij në Panama shpejt kuptuan se një ndërmarrje e tillë ishte përtej aftësive të teknologjisë së shekullit XVI. Në vend të kësaj, spanjollët ndërtuan një rrugë përtej isthmusit. Rruga u bë vendimtare për ekonominë e Spanjës, pasi thesari i marrë përgjatë bregut të Paqësorit të Amerikës së Jugut u ngarkua në qytetin e Panamasë dhe u tërhoq përmes xhunglës në portin Atlantik të Nombre de Dios, afër Kolonit të sotëm. Edhe pse propozime shtesë për ndërtimin e kanaleve u bënë gjatë shekujve XVI-XVII, ato dështuan.

Në fund të shekullit të 18-të dhe në fillim të shekullit të 19-të u ndër-tuan një numër kanalesh. Suksesi i Kanalit Erie në SHBA dhe rënia e Peran-dorisë Spanjolle në Amerikën Latine, çuan në një rritje të interesit amerikan, për ndërtimin e një kanali ndëroqeanik.

Duke filluar nga viti **1826**, zyrtarët amerikanë filluan negociatat me Gran Colombia (Kolumbia e sotme, Venezuela, Ekuadori dhe Panamaja e sotme), duke shpresuar për të marrë një koncesion, për ndërtimin e një kanali.

Në vitin 1836, presidenti amerikan Charles Biddle arriti një mar-rëveshje me qeverinë e Granadanit të Ri, për të zëvendësuar rrugën e vjetër me një të përmirësuar ose një hekurudhë, që shkonte nga Panama City në bregun e Paqësorit deri në lumin Chagres, ku një shërbim me avull, do të lejonte pasagjerët dhe mallrat të vazhdonin për në Colón. Marrëveshja e tij u hodh poshtë nga administrata e Jackson, e cila kërkonte të drejta, për të ndërtuar një kanal.

Në vitin 1841, me Panamanë në rebelim përsëri, interesat britanike siguruan një të drejtë kalimi mbi isthmus nga regjimi kryengritës dhe pushtuan portet e Nikaraguas, që mund të kishin shërbyer si fundi i At-lantikut të një kanali.

Në vitin 1846, i dërguari i ri i SHBA-së në Bogota, Benjamin Bidlack, u befasua kur menjëherë pas mbërritjes së tij, Granadanët e Ri propozuan që amerikanët të ishin garantuese e neutralitetit të isthmusit.

Traktati Mallarino-Bidlack, që rezultoi i lejoi SHBA-së të ndërhynin ushtarakisht, për të siguruar që rruga ndëroqeanike (dhe kur ajo u ndërtua, hekurudha e Panamasë gjithashtu), nuk do të ndërpritet. Granada e Re, shpresonte se kombet e tjera do të nënshkruanin traktate të ngjashme, por ai me Shtetet e Bashkuara, i cili u ratifikua nga Senati Amerikan në qershor të vitit 1848, pas një lobimi të vetëm i konsiderueshëm nga New Granada.

Traktati e çoi qeverinë amerikane të kontraktonte, për shërbimin e ani-jeve me avull në Panama nga portet në të dy brigjet. Kur filloi Rushja e Arit në Kaliforni në 1848, trafiku përmes Panamasë u rrit shumë dhe New Granada ra dakord të lejonte ndërtimin e hekurudhës së Panamasë nga interesat amerikane. *Hekurudhë transkontinentale e parë u hap në vitin 1850.*

Në vitin 1856, pati trazira në qytetin e Panamasë, ku u vranë disa amerikanë. Anijet luftarake amerikane zbarkuan marinsat, të cilët push-tuan stacionin hekurudhor dhe mbajtën shërbimin hekurudhor nga ndër-prerja nga trazirat.

Amerikanët, kërkuan kompensim nga New Granada, duke përfshirë një zonë 20 milje (32 km) të gjerë, që do të qeveriset nga zyrtarët amerikanë dhe në të cilën SHBA mund të ndërtonin çdo **hekurudhë ose kalim,**që ato dëshironin.

Në të njëjtën kohë, ajo ndoqi një traktat kanali me Kolumbinë (Granada e Re). Një traktat, i nënshkruar në 1868, u refuzua nga Senati Kolumbian, i cili shpresonte për kushte më të mira nga administrata e Grantit, që do të vinte. Sipas këtij traktati, kanali do të ishte në mes të një zone prej 20 miljesh, nën menaxhimin amerikan, por sovranitetin kolumbian, dhe kanali do të kthehej në Kolumbi pas 99 vjeteve, **njësoj ishte historia, sikurse Hong Kong iu rikthye nga kolonizatorët britanikë shtetit amë të Republikës Popullore të Kines.** Administrata e Grantit bëri pak për të ndjekur një traktat dhe, në vitin 1878, koncesioni për ndërtimin e kanalit i ra një firme franceze. Përpjekjet franceze përfundimisht dështuan, por me Panamanë me sa duket të padisponueshme, Shtetet e Bashkuara konsideruan vendndodhje të mundshme të kanaleve në Meksikë dhe Nikaragua.

Lufta Spanjolo-Amerikane e 1898-ës i shtoi një jetë të re debatit për kanalin. *Në vitin 1902, me përpjekjet franceze* (që po shuheshin), *Presidenti i SHBA-së Theodore Roosevelt mbështeti rrugën e Panamasë dhe Kongresi miratoi legjislacionin, që e autorizonte atë të blinte asetet franceze, me kusht që të arrihej një marrëveshje me Kolumbinë.*

Në vitin 1903, SHBA dhe Kolumbia, nënshkruan një traktat i cili, pavarësisht kundërshtimeve të mëparshme të Kolumbisë, i dha amerikanëve një zonë 6 milje (9.7 km) të gjerë, në të cilën mund të vendoste trupa me pëlqimin kolumbian. *Më 12 gusht 1903, Senati Kolumbian votoi kundër traktatit 24-0.* **Presidenti Roosevelt, u zemërua nga veprimet e kolumbianëve, veçanërisht kur Senati kolumbian, bëri një kundërofertë, që ishte më e dobishme financiarisht për popullin e Kolumbisë...**

Traktati u miratua nga qeveria e përkohshme panameze më 2 dhjetor 1903 dhe nga Senati i SHBA-së më 23 shkurt 1904. Sipas traktatit, Panamaja mori 10 milionë dollarë, shumica e të cilave amerikanët, kërkonin të investoheshin në atë vend, plus pagesat vjetore prej 250.000 dollarë amerikanë, si dhe për blerjen e aseteve të kompanisë franceze. Zona e Kanalit u dorëzua zyrtarisht nga Panamaja më 4 maj 1904, kur zyrtarët amerikanë rihapën zyrat e kompanisë së kanalit, në qytetin e Panamasë dhe ngritën flamurin amerikan. *Kjo shënoi pikën e fillimit, për gërmimet dhe ndërtimin e SHBA-së, që përfundoi në gusht 1914, me hapjen e kanalit në fjalëpër trafikun tregtar.*

Me urdhër të Presidentit Theodore Roosevelt, sipas Akteve të Kanalit të Panamasë të vitit 1902 dhe 1904, Sekretari i Luftës, u bë mbikëqyrës i ndërtimit të kanalit dhe Komisioni i Dytë i Kanalit Isthmian bëri organin qeverisës, për Zonën e Kanalit. Sipas Aktit të Kanalit të Panamasë të 24 majit 1912, **Presidenti Woodrow Wilson nxori Urdhrin Ekzekutiv 1885, 27 janar 1914,** në fuqi më 1 prill 1914, duke hequr qeverisjen e mëparshme dhe duke e vendosur atë nën drejtimin e Sekretarit të Luftës, me entitetin e caktuar si Kanali i Panamasë.

Një numër departamentesh u specifikuan në urdhër, me të tjera që do të krijoheshin sipas nevojës nga Guvernatori i Kanalit të Panamasë, me miratimin e Presidentit dhe nën mbikëqyrjen e Sekretarit të Luftës. Mbrojtja e kanalit, ishte përgjegjësi e Sekretarit të Luftës.

Më 5 shtator 1939, me shpërthimin e luftës në Evropë, Urdhri Ekzekutiv 8232, vendosi qeverisjen e Kanalit dhe *të gjitha pjesët ndihmëse dhe aksesorët e tij, duke përfshirë qeverinë e Zonës së Kanalit* nën kontrollin ekskluziv të Gjeneralit Komandues, Departamenti i Kanalit të Panamasë për kohëzgjatjen.

Më 1 korrik 1951, sipas një akti të Kongresit të datës 26 shtator 1950 (64 Stat. 1038), qeverisja e Zonës së Kanalit ishte nëpërmjet Qeverisë së Zonës së Kanalit, me kanalin e operuar nga Kompania e Kanalit të Panamasë deri në vitin 1979, kur Komisioni i Kanalit të Panamasë mori përsipër qeverisjen e saj.

Guvernatori, ishte gjithashtu president i kompanisë së Kanalit të Panamasë. **Zona e Kanalit,** kishte forcën e saj policore (Policinë e Zonës së Kanalit), gjykatat dhe gjyqtarët (Gjykata e Qarkut e Shteteve të Bashkuara për Zonën e Kanalit). Pavarësisht, se ishte një territor i pa inkorporuar, Zonës së Kanalit nuk iu dha kurrë një delegat i Kongresit.

Në vitin 1952, Kompanisë së Kanalit të Panamasë, iu kërkua të shkonte në një bazë të barabartë, në një njoftim të bërë në formën e dorëzimit të buxhetit të presidentit në Kongresin e SHBA-së.

Kanali i Panamasë dhe një zonë që përgjithësisht shtrihet 5 milje (8.0 km), në secilën anë të vijës qendrore, por duke përjashtuar qytetin e Panamasë dhe Kolonin, të cilat përndryshe do të kishin rënë pjesërisht brenda kufijve të Zonës së Kanalit. Kur u krijuan liqene artificiale, për të siguruar një furnizim të qëndrueshëm me ujë për bravat, ato liqene u përfshinë brenda zonës. Kufiri i saj shtrihej në dy nga provincat e Panamasë: Colón dhe Panama. Sipërfaqja e përgjithshme e territorit ishte 553 milje katrorë (1430 km2).

Trazira dhe përleshje të mëdha ndodhën në vitet 1958-1959 dhe demonstratat ndodhën në hapjen e Urës së Trageteve Thatcher (Ura e

Amerikës), në vitin 1962 dhe trazira serioze ndodhën sërisht në janar të vitit 1964. Pas negociatave të gjera, Zona e Kanalit pushoi së ekzistuari më 1 tetor 1979, në përputhje me dispozitat e Traktateve Torrijos-Carter.

Në vitin 1989,*Shtetet e Bashkuara pushtuan Panamanë me pothuajse të gjitha operacionet ushtarake, që po zhvilloheshin brenda Zonës së Kanalit, duke përfshirë Operacionin Acid Gambit, Bastisjen në Burgun Renacer ndër shumë të tjera, duke përfshirë operacionet në hyrje, dalje dhe të gjitha bravat.*

Deri në fund të Luftës së Dytë Botërore në vitin 1945, Zona e Kanalit të Panamasë **operonte nën një shoqëri Jim Crow**, ku kategoria e *floririt* përfaqësonte punëtorët e bardhë, amerikanë dhe titulli *argjendi* përfaqësonte punëtorët jo të bardhë, jo amerikanë në Zonë.

Asokohe pavarësisht se cila force politike drejtonte shtetin e madh (demokratë apo republikanë), **politikat amerikane segregacioniste**[89],

---

[89]**Segregacionist, ka kuptimin e Ndarjes Racore: pra, ndarja e njerëzve në grupe racore ose të tjera etnike në jetën e përditshme.**Ndarja racore, *mund të përbëjë një krim ndërkombëtar të aparteidit dhe një krim kundër njerëzimit, sipas Deklaratës së Statutit të Romës të vitit 2002, të Gjykatës Penale Ndërkombëtare.* Ndarja, mund të përfshijë ndarjen hapësinore të racave dhe përdorimin e detyrueshëm të institucioneve të ndryshme, si shkollat dhe spitalet nga njerëz të racave të ndryshme. Në mënyrë të veçantë, ai mund të zbatohet për aktivitete të tilla si ushqimi në restorante, pirja nga burimet e ujit, përdorimi i tualeteve publike, ndjekja e shkollave, shkuarja në filma, hipja në autobus, marrja me qira ose blerja e shtëpive ose marrja me qira e dhomave të hotelit. Për më tepër, ndarja shpesh lejon kontakt të ngushtë midis anëtarëve të grupeve të ndryshme racore ose etnike në situata hierarkike, të tilla *si lejimi i një personi të një race të punojë si shërbëtor, për një pjesëtar të një race tjetër.* **Segregacioni,** përkufizohet nga Komisioni Evropian, **kundër Racizmit dhe Intolerancës** si *"akt me anë të të cilit një person (fizik ose juridik), ndan personat e tjerë, në bazë të një prej arsyeve të numëruara, pa një arsyetim objektiv dhe të arsyeshëm, në përputhje me përkufizimin e propozuar të diskriminimi.* Si rrjedhojë, *akti vullnetar i ndarjes nga njerëzit e tjerë, në bazë të njërës prej arsyeve të renditura nuk përbën ndarje"*. Sipas **OKB-së**, për Çështjet e Minoriteteve: *"Krijimi dhe zhvillimi i klasave dhe shkollave, që ofrojnë arsim në gjuhët e pakicave nuk duhet të konsiderohet si ndarje e palejueshme nëse caktimi në klasa dhe shkolla të tilla është i natyrës vullnetare"*. **Ndarja racore, është shpallur e jashtëligjshme në mbarë botën.** Në përgjithësi, një situatë që lind kur anëtarët e racave të ndryshme preferojnë reciprokisht të shoqërohen dhe të bëjnë biznes me anëtarë të racës së tyre, zakonisht do të përshkruhej si ndarje ose ndarje de facto e racave dhe jo ndarje.

vazhduan pasi lidheshin me strehimin dhe shkollimin. Në fund, lidhjet me komunizmin shkatërruan UPWA dhe si rezultat Local 713 u shemb.[90]

1903 – Honduras

Marinsat amerikanë, shtypin revolucionin.*Pak histori.* **Luftërat e Bananeve,**[91][92] ishin një seri konfliktesh që konsistonin në okupim ushtarak, veprim policor dhe ndërhyrje nga Shtetet e Bashkuara në Amerikën Qendrore dhe Karaibe, midis fundit të Luftës Spanjolle-Amerikane në vitin 1898 dhe fillimit të Politikës së Fqinjësisë së Mirë në 1934.

Ndërhyrjet ushtarake, u kryen kryesisht nga Korpusi i Marinës së SHBA-së, i cili gjithashtu zhvilloi një manual, **Manualin e Luftërave të Vogla (1921)**, bazuar në përvojat e tyre. Me raste, ajo ofroi mbështetje me armë zjarri dhe Ushtria amerikane vendosi trupat e veta atje.

Me Traktatin e Parisit, të nënshkruar në vitin 1898, **kontrolli i Kubës, Porto Rikos, Guamit dhe Filipineve**, ra në duart e SHBA-së (të dorëzuara nga Spanja). **Amerika, kryen ndërhyrje ushtarake në Kubë, Panama, Honduras, Nikaragua, Meksikë, Haiti dhe Republikën Domenikane dhe***konfliktet përfunduan, kur SHBA-ja u tërhoqën nga Haiti në 1934, në kohën e Presidentit demokrat Franklin D. Roosevelt.*

SHBA-ja,asokohe po avanconte me interesat ekonomike, politike dhe ushtarake, për të ruajtur sferën e saj të ndikimit, për të siguruar Kanalin e Panamasë (1914) dhe promovuar tregtinë globale, sikurse për të projektuar fuqinë e saj detare.

Kompanitë amerikane në *Honduras*, si **United Fruit Company dhe Standard Fruit Company,** dominonin sektorin kryesor të eksportit të bananeve të vendit, zotërimet tokësore dhe hekurudhat të lidhura me to. **Ushtria amerikane, ishte e pranishme atje, në vitet 1903, 1907, 1911, 1912, 1919, 1924 dhe 1925.**

Kombet e tjera të Amerikës Latine, u ndikuan ose dominoheshin nga politikat ekonomike amerikane dhe *interesat tregtare deri në pikën e detyrimit.*

---

[90]Wayne D. BrayBurton L. GordonNorman J. PadelfordWilliam E. WorthingtonAileen Cho, https://www.britannica.com/topic/Panama-Canal/American-intervention

[91]Lester D. Langley, "Shtetet e Bashkuara dhe Karaibet, 1900–1970 dhe Luftërat e bananeve", 1983.

[92]Lester D. Langley, "Historia e brendshme e Perandorisë Amerikane, 1900–1934", 1983.

Presidenti Theodore Roosevelt, *shpalli Konkluzionin Roosevelt të Doktrinës Monroe, në vitin 1904,* duke pohuar **të drejtën amerikane, për të ndërhyrë dhe stabilizuar çështjet ekonomike të shteteve në Karaibe dhe Amerikën Qendrore, nëse ato nuk ishin në gjendje të paguanin borxhet e tyre ndërkombëtare.**

Dekadat e para të historisë së Hondurasit, janë shënuar nga paqëndrueshmëria në aspektin politik dhe ekonomik. Në të vërtetë, tre konflikte të armatosura ndodhën midis pavarësisë dhe ngritjes në pushtet të qeverisë Carias. **Kjo paqëndrueshmëri, ishte për shkak të përfshirjes amerikane në vend.**

Një nga kompanitë e para amerikane, që lidhi një marrëveshje me qeverinë e Hondurasit ishte **Vaccaro Brothers Company** (Standard Fruit Company). Kompania tjetër e frutave **Cuyamel**, më pas ndoqi drejtimin e tyre. United Fruit Company, gjithashtu kontraktoi me qeverinë, përmes filialeve të saj, Tela Railroad Company dhe Truxillo Rail Road Company. Kontratat, midis qeverisë së Hondurasit dhe kompanive amerikane, më së shpeshti përfshinin të drejta ekskluzive për një copë tokë, në këmbim të ndërtimit të hekurudhave në Honduras.

Megjithatë, prodhuesit e bananeve në Amerikën Qendrore, duke përfshirë edhe Hondurasin *u goditën nga sëmundja e Panamasë, një kërpudhat (e lindur nga toka), që shkatërroi prodhimin në rajone të mëdha.* Në mënyrë tipike, kompanitë do të braktisnin plantacionet e shkatërruara dhe do të shkatërronin hekurudhat dhe shërbimet e tjera, që kishin përdorur së bashku me plantacionin, kështu që shkëmbimi i shërbimeve midis qeverisë dhe kompanive nuk respektohej gjithmonë.

Në Hondurasin Britanik (sot Belize), situata ishte e ndryshme. Edhe pse United Fruit Company ishte eksportuesi i vetëm i bananeve atje, kompania u përpoq të manipulonte pushtetin vendor, për t'a ruajtur nga konfliktet e armatosura, ashtu sikurse përjetuan fqinjët e tij.

Hondurasi (e pavarur nga kolonizatorët spanjoll në vitin 1821), ishte shtëpia e disa kulturave të rëndësishme indigjene, por më së shumti kultura Maja. Pjesa më e madhe e vendit, u pushtua nga Spanja, e cila prezantoi gjuhën e saj tani mbizotëruese dhe shumë nga zakonet e saj të shekullit XVI.

Gjatë shekullit XX, ekonomia e saj u dominua nga kompanitë amerikane, të cilat krijuan plantacione të mëdha bananesh, përgjatë bregut verior. Ato i bënë bananet eksportin kryesor të vendit, në këmbim të granteve të mëdha të tokës nga politikanët konservatorë. **Kapitali i huaj, jeta në plantacionet e bananeve dhe konservatorët, përcaktuan politikën** e Hondurasit në mesin e shekullit 20-të deri në vitin 1988.

Manuel Bonilla, erdhi në presidencën e Hondurasit, përmes një operacioni ushtarak, u bë një mik i mirë i kompanive të bananeve, sesa paraardhësi i tij, Terencio Sierra. Ai u dha kompanive të bananeve lehtësime tatimore dhe leje, për të ndërtuar një shumëllojshmëri të infrastrukturës, duke përfshirë Hekurudhën Kombëtare të Hondurasit.

Në vitet 1920-1923, pati shtatëmbëdhjetë kryengritje ose tentativa për grusht shteti në Honduras, të cilat kontribuan në paqëndrueshmërinë politike të vendit.Për Hondurasin, periudha e federatës, kishte qenë katastrofike. Rivalitetet lokale dhe mosmarrëveshjet ideologjike, kishin prodhuar kaos politik dhe kishin rrënuar ekonominë. Britanikët, kishin përfituar nga gjendja kaotike, për të rivendosur kontrollin e tyre mbi Islas de la Bahía. Pavarësia e Hondurasit u shpall më 15 nëntor 1838 dhe në janar 1839, u miratua zyrtarisht një Kushtetutë e pavarur.

Trazirat politike të vendit, tërhoqën ambiciet e individëve dhe kombeve brenda dhe jashtë Amerikës Qendrore. **Ajo kishte një kufi me tre rivalët e mundshëm për hegjemoninë rajonale: Guatemalën, El Salvadorin dhe Nikaraguan.** Kjo situatë u përkeqësua nga ndarja politike në vend midis liberalëve dhe konservatorëve.

Asokohe deri në vitin 1889, kompania e minierave dërgonte çdo vit në SHBA shufra ari ose argjendi me një vlerë mbi 700,000 dollarë amerikanë.

SHBA, nuk e miratuan rolin e luajtur nga presidenti i Nikaraguas Zelaya, në punët e brendshme të Hondurasit. Kur ushtria Nikaraguane hyri në Honduras në vitin 1907, Qeveria Amerikane, duke menduar se Zelaya donte të dominonte të gjithë rajonin, dërgoi marinsat në Puerto Cortés për të mbrojtur bizneset e bananeve. Njësi të tjera detare u dërguan në Amapala në Gjirin e Fonseca, për të parandaluar sulmet kundër pozicioneve të pushtuara të fundit të Manuel Bonilla-s, i cili u strehua në USS Chicago. Me këtë, lufta kundër Bonillës mori fund.

Për njëzet vitet e ardhshme, qeveria amerikane, u përfshi në shuarjen e mosmarrëveshjeve, kryengritjeve dhe revolucioneve të Amerikës Qendrore, qoftë e mbështetur nga qeveritë fqinje ose nga kompanitë amerikane. **Si pjesë e të ashtuquajturave Luftërat e Bananeve rreth Karaibeve, Hondurasi pa në territorin e vetfutjen e trupave amerikane në vitet: 1903, 1907, 1911, 1912, 1919, 1924 dhe 1925.**

Miguel R. Dávila, nuk kishte besimin e presidentit të Nikaraguas, José Santos Zelaya. Konfliktet e reja tërhoqën vëmendjen e presidentit amerikan, Theodore Roosevelt. Duke marrë parasysh interesat e forta ekonomike të SHBA-së, si në Nikaragua dhe Honduras, ai thirri udhëheqësit e të dy vendeve, si dhe liderët nga Kosta Rika, El Salvadori dhe Guatemala, në një konferencë në Washington D.C.

Hondurasi, propozoi rithemelimin e Bashkimit të Shteteve të Amerikës Qendrore, por kjo nuk u pranua. Pesë presidentët nënshkruan Traktatin e Paqes, i cili fillimisht përfshiu Doktrinën Tobar dhe themeloi Gjykatën e Përhershme të Drejtësisë të Amerikës Qendrore, për të zgjidhur mosmarrëveshjet e ardhshme. *Me interes të veçantë ishte një klauzolë, e sponsorizuar nga SHBA, e cila **vendosi neutralitetin e përhershëm të Hondurasit, në konfliktet e ardhshme të Amerikës Qendrore.**Këto marrëveshje, përfaqësonin një hap të rëndësishëm në stabilizimin e Amerikës Qendrore dhe **në veçanti të Hondurasit.***

Sfida e parë ndaj këtij traktati erdhi në Honduras në vitin 1908, kundërshtarët e Dávila, me mbështetjen e Guatemalës dhe El Salvadorit, pushtuan vendin. Nikaragua, mbështeti presidentin e Hondurasit dhe lufta dukej e pashmangshme. Frika e ndërhyrjes amerikane, bënë që palët e përfshira në konflikt, të bien dakord, për t'iu nënshtruar Gjykatës së Re të Amerikës Qendrore. Ajo mohoi ankesat e Hondurasit, Nikaraguas dhe rebelimi kundër Dávila u kontrollua. Kështu paqja në Honduras, u kthye për pak kohë.

Deri në fillim të shekullit XX, SHBA-të kishin luajtur një rol të kufizuar, në përplasjet e brendshme politike të Hondurasit. Prania amerikane në Karaibe u rrit, pas Luftës Spanjolle-Amerikane (1898) dhe Vendimi për të ndërtuar një kanal, përmes Panamasë dhe aktivitetet e zgjeruara tregtare, çuan në një rol më aktiv, për qeverinë amerikane, si dhe për kompanitë e tyre atje.

Pavarësisht dështimit të kryengritjes së vitit 1908, SHBA-ja mbeteti e shqetësuar për paqëndrueshmërinë në Honduran.

Gjatë periudhës së viteve 1912–1921, anijet luftarake amerikane, u dërguan shpesh në zonat e aktivitetit revolucionar, për të mbrojtur interesat e Shteteve të Bashkuara dhe ushtruar një efekt frenues mbi revolucionarët.

Në vitin 1917, mosmarrëveshjet midis kompanive kërcënuan të përfshinin Hondurasin, në një luftë me Guatemalën. Kompania e frutave Cuyamel, e mbështetur nga qeveria e Hondurasit, kishte filluar të zgjeronte linjat e saj hekurudhore në territorin e diskutueshëm, përgjatë kufirit të Guatemalës.

Në vitin 1920, një grevë e përgjithshme goditi bregdetin e Karaibeve.

Si përgjigje, një anije luftarake e ShBA-së, u dërgua në zonë dhe qeveria e Hondurasit filloi të arrestonte liderët. Edhe Lufta e Parë Botërore, pati një ndikim përgjithësisht negativ në Honduras.

SHBA-ja, duke paralajmëruar se njohja do t'i ndalohej kujtdo që vinte në pushtet me mjete revolucionare, pezulloi marrëdhëniet me qeverinë López Gutiérrez, për dështimin e saj për të mbajtur zgjedhje. Anije nga Skuadroni i Shërbimit Special të Marinës së Shteteve të Bashkuara, u përqendruan në ujërat e Hondurasit dhe palët zbarkuese u hodhën në breg në pika të ndryshme, për të mbrojtur interesat amerikane…

ShBA-ja ndërhyri në grusht-shtete të shumta ushtarake, për të mbrojtur interesat e saj tregtare, duke përfshirë një elitë konservatore dhe të amerikanizuar.

1903-1904 - Republika Domenikane

Marinsat amerikanë, shtypin revolucionin vendas. *Pak histori.* Në aleancë me interesat e reja të sheqerit në ishull, diktatura e gjeneralit dhe Presidentit **Ulises Heureaux (1845-1899)**, i partisë blu, i cili njihej gjerësisht si Lilís, solli një stabilitet të paparë në ishull, nëpërmjet një sundimi me grusht të hekurt, që zgjati gati dy dekada. Ai shërbeu si President I vendit në vitet 1882–1883, 1887 dhe 1889–1899.

Presidenti i ri i Domenikës Republikane gjenerali **Jimenista Alejandro Woss y Gil (1856-1932),** mori detyrën në vitin 1903. Gjashtë vitet pas vdekjes së Lilís-it, u zhvilluan katër revolucione dhe erdhën dhe ikën pesë presidentë të ndryshëm.

Politikanët e Cibaos, që kishin komplotuar kundër Heureaux, Juan Isidro Jimenes, mbjellësi më i pasur i duhanit në vend dhe gjenerali Horacio Vásquez, pasi u emëruan president dhe nënkryetar, u përplasën shpejt për ndarjen e plaçkës midis mbështetësve të tyre, Jimenistas dhe Horacistas.

Trupat besnike të Vásquez-it, përmbysën Jimenes në 1903, por Vásquez u rrëzua nga gjenerali Jimenista Alejandro Woss y Gil, i cili mori pushtetin për vete. Jimenistas përmbysën qeverinë e tij, por udhëheqësi i tyre, Carlos Morales, refuzoi t'i kthente pushtetin Jimenes, duke u bashkuar me Horacistas, dhe ai shpejt u përball me një revoltë të re nga aleatët e tij të tradhtuar Jimenista. **Gjatë revoltës, luftanijet amerikane bombarduan kryengritësit në Santo Domingo, për fyerjen e flamurit amerikan dhe dëmtimin e një vapori të saj.**

Me kombin "në prag të dështimit", shtet europiane si: **Franca, Gjer-**

mania, Italia dhe Holanda, dërguan anije luftarake në Santo Domingo, për të nxitur pretendimet e shtetasve të tyre. Për të parandaluar ndërhyrjen ushtarake, Presidenti *Theodore Roosevelt, prezantoi Konkluzionin Roosevelt në Doktrinën Monroe, duke deklaruar se* **amerikanët do të merrnin përgjegjësinë, për të siguruar, që kombet e Amerikës Latine të përmbushnin detyrimet e tyre financiare.**

Në janar të vitit 1905, nën këtë përfundim, SHBA morën administrimin e doganave të Republikës Dominikane. Sipas kushteve të kësaj marrëveshjeje, një Përfitues i Përgjithshëm, i emëruar nga presidenti amerikan, mbante 55% të të ardhurave totale, për të shlyer pretenduesit e huaj, ndërsa 45% ia dërgonte qeverisë Domenikane. Pas dy vjetësh, borxhi i jashtëm i vendit u reduktua nga 40 milionë dollarë në 17 milionë dollarë.

Në vitin 1907, kjo marrëveshje u shndërrua në një traktat, duke transferuar kontrollin mbi administrimin doganor në Byronë e Çështjeve Ishullore të SHBA-së dhe duke siguruar një hua prej 20 milionë dollarësh nga një bankë e New York-ut si pagesë, për pretendimet e papaguara, duke i bërë amerikanët kreditori i vetëm i huaj i Republikës Domenikane. **Në vitin 1905, Peso Domenikane u zëvendësua nga dollari amerikan.**

1904-1905 - Korea

Marinarët amerikanë, marrin pjesë në Luftën Ruso-Japoneze.

1906-1909 - Kuba

Marinarët amerikanë, ndërhyjnë dhe shtypin zgjedhjet demokratike.

1907 - Nikaragua

Si rezultat i pushtimit, SHBA, krijon një protektorat brenda të ashtuquajturve "diplomatë të dollarëve".

1907 - Hondurasi

Vendi latin pushtohet nga marinsat amerikanë, gjatë luftës me Nikaraguan.

1908 - Panama

Marinarët amerikanë, ndërhyjnë në procesin zgjedhor.

1910 - Nikaragua

*Marinsat amerikanë, pushtojnë Bluefield dhe Korinth. **Pak histori.** Pushtimet e Shteteve të Bashkuara në Nikaragua gjatë vitëve 1909-1933. Për shkak të rëndësisë strategjike të Nikaraguas në hemisferë, Shtetet e Bashkuara bënë ndërhyrje të shumta ushtarake, për të mbrojtur atë që besonte se ishin interesat e saj në rajon:*

1894: *Pushtimi njëmujor i Bluefields*

1896: *Marinsat, zbarkojnë në portin e Corintos*

1898: *Marinsat, zbarkojnë në portin e San Juan del Sur*

1899: *Marinsat, zbarkojnë në portin e Bluefields*

1907: *Krijohet protektorati "Diplomacia e Dollarit".*

1910: *Marinsat, zbarkojnë në Bluefields dhe Corinto*

1912-1933: *Bombardimet, pushtimi 20-vjeçar, luftuan guerilët*

1981-1990: *CIA, drejton revolucionin e mërgimit (Contra), vendos mina kundër qeverisë.*

Marinsat amerikanë largohen nga New York City në 1909, për t'u vendosur në Nikaragua. Në vitin 1909, Shtetet e Bashkuara dhanë mbështetje politike për forcat e udhëhequra nga konservatorët, që rebeloheshin kundër Presidentit Zelaya.

Motivet e SHBA-së, përfshinin dallimet mbi Kanalin e propozuar të Nikaraguas, potencialin e Nikaraguas si një ndikim destabilizues në rajon dhe përpjekjet e Zelaya, për të rregulluar aksesin e huaj në burimet natyrore të Nikaraguas.

Më 17 nëntor 1909, dy amerikanë u ekzekutuan me urdhër të Zelaya, pasi të dy burrat pranuan se kishin hedhur një minë në lumin San Juan, me qëllim për të hedhur në erë Diamante. Shtetet e Bashkuara e justifikuan ndërhyrjen, duke pretenduar se mbrojnë jetën dhe pronën e SHBA.

Zelaya dha dorëheqjen më vonë atë vit. Në gusht 1912, Presidenti i Nikaraguas, Adolfo Díaz, kërkoi dorëheqjen e Sekretarit të Luftës, gjeneralit Luis Mena. I shqetësuar se Diaz po udhëhiqte një kryengritje, Mena u largua nga Managua me vëllain e tij, shefin e policisë së Managua dhe kryengritja u përshkallëzua.

Kur Legata e SHBA-së i kërkoi Presidentit Adolfo Díaz të garantonte sigurinë e qytetarëve dhe pronës amerikane gjatë kryengritjes, Diaz u përgjigj se nuk mund. Për rrjedhojë, qeveria ime dëshiron që qeveria e Shteteve të Bashkuara të garantojë me forcat e saj sigurinë për pronën e qytetarëve amerikanë në Nikaragua dhe që ajo të zgjerojë mbrojtjen e saj për të gjithë banorët e Republikës.

Marinsat e Shteteve të Bashkuara u stacionuan në Nikaragua nga viti 1912 deri në vitin 1933, me përjashtim të një periudhe nëntëmujore duke filluar nga viti 1925.

Nga viti 1910 deri në vitin 1926, partia konservatore sundoi Nikaraguan. Familja Çamorro, e cila kishte dominuar prej kohësh partinë, kontrolloi efektivisht qeverinë gjatë asaj periudhe.

Në vitin 1914, u nënshkrua Traktati Bryan-Chamorro, duke i dhënë SHBA-së kontrollin mbi kanalin e propozuar, si dhe qiratë për mbrojtjen e mundshme të kanalit.

1911 – Honduras

Ushtria Amerikane, merr pjesë në Luftën Civile.

1911-1941 – Kina

Marina amerikane dhe ushtria amerikane pushtojnë vendin dhe marrin pjesë në shtypjen e trazirave të shumta.

1912 – Kuba

Ushtria Amerikane, merr pjesë në Luftën Civile.

1912 – Panama

Ushtria amerikane dhe marinsat, shtypin trazirat vendase, gjatë zgjedhjeve. *Pak histori.* Ndërhyrja e SHBA-së në Nikaragua 1911-1912. Në vitet para Luftës së Parë Botërore, SHBA dhe qeveritë meksikane konkuruan për ndikim politik në Amerikën Qendrore.

Si rezultat, qeveria e SHBA-së ndërhyri më drejtpërdrejt në çështjet e Nikaraguas, në dy incidente të veçanta, por të lidhura, në 1911 dhe 1912, me objektivin për të siguruar sundimin e një qeverie miqësore me interesat politike dhe tregtare amerikane dhe ruajtjen e stabilitetit politik në Amerikën Qendrore.

Edhe pse zyrtarët brenda administratës së **Presidentit William H. Taft** e panë veten si ndërhyrës, për të siguruar një qeverisje të mirë, shumë nikaraguanë u alarmuan gjithnjë e më shumë, për atë që dukej të ishte një kontroll i huaj i sistemeve të tyre politike, bankare dhe hekurudhore.

Sekretari amerikan i Shtetit, *Philander Knox*, ishte bërë gjithnjë e më i shqetësuar, për aktivitetet e presidentit të Nikaraguas Josó Zelaya. Zelaya, kishte ardhur në pushtet, me një grusht shteti ushtarak në vitin 1893.

Menjëherë pas kësaj, Zelaya aneksoi koloninë britanike të Bregut të Mushkonjave. Zelaya filloi një fushatë përmirësimi të brendshëm dhe filloi të tërheqë investimet e huaja, jo vetëm nga Shtetet e Bashkuara, por edhe nga vende të tjera. **Knox**, ishte veçanërisht i shqetësuar, për negociatat e Zelaya me qeverinë japoneze, për ndërtimin e një kanali transoqeanik.

Në vitin 1909, përfshirja e Nikaraguas në punët e El Salvadorit dhe Kosta Rikës e nxiti Knox-in të kërkonte një mënyrë për të izoluar Zelaya-n dhe ndoshta për t'a hequr atë nga pushteti.

Në vjeshtën e vitit 1909, shpërtheu një revoltë e brendshme, kundër Zelaya-s në Nikaragua dhe Knox e shfrytëzoi atë si një shans, për të larguar nga pushteti Zelaya-n. Gjatë sundimit të tij, ai kishte fituar një numër armiqsh, duke përfshirë anëtarët e pakënaqur të partisë së tij Liberale, opozitën e tij konservatore, udhëheqës të qeverisë amerikane si Knox dhe qeverinë e Guatemalës, e cila ofroi mbështetje të fshehtë, për disa nga fazat e hershme të revoltës. kundër Zelaya.

Knox fillimisht synonte të qëndronte neutrale, por mbajti disa anije të marinës të stacionuara në brigjet e Karaibeve të Nikaraguas. Megjithatë, **Thomas P. Moffatt, konsulli i SHBA-së në portin e Nikaraguanit të Blue-fields i dha mbështetje më të hapur rebelimit, në kundërshtim me udhë-zimet e Knox-it.**

Marinsat e SHBA-së, zbarkuan në bregun e Karaibeve dhe rebelimi shënoi fitore në rritje kundër Zelaya. Pasi forcat e liderit rebel Juan Estrada pushtuan Managuan, kryeqytetin e Nikaraguas, Knox ra dakord të njihte qeverinë e re, me kusht që kërkesat e SHBA-së, për ndjekjen penale të atyre që janë përgjegjës, për ekzekutimin e qytetarëve amerikanë të përm-busheshin, së bashku me kërkesat për zgjedhje brenda 6 muajve të ardhshëm dhe ngritja e një *Komisioni* për zgjidhjen e kërkesave, për dëmtim të pasurisë gjatë revoltës.

Estrada, kishte ardhur në pushtet dhe kontrolli i tij në qeverinë e Nikaraguas ishte i lëkundur dhe rivalët e tij të shumtë,që aspironin gjithashtu presidencën e tij.

Duke ndjerë nevojën për të siguruar më tej interesat e SHBA-së, Knox dërgoi Thomas C. Dawson si agjent special në Nikaragua. Ai kishte mbikëqyrur më parë ndërhyrjen amerikane në Republikën Domenikane. Dawson, vlerësoi shpejt situatën politike të Nikaraguas dhe kuptoi se nëse do të mbaheshin zgjedhjet, liberalët e Zelaya-s do të fitonin.

Për të shmangur një fitore liberale, Dawson e bindi Estradën të formonte një *Asamble Kushtetuese*, për të zgjedhur presidentin e Estradës. Më pas, qeveria e Nikaraguas ra dakord për një hua të SHBA-së, një kushtetutë të re, heqjen e monopoleve dhe pranoi kërkesat e mëparshme, që Shtetet e Bashkuara i kishin vënë qeverisë së re, në këmbim të njohjes.

Megjithatë, zbatimi i këtyre marrëveshjeve, do të ishte i vështirë, për shkak të jopopullaritetit të tyre në Nikaragua. Ndërkohë, rivalët politikë të Estradës ia dolën ta zëvendësonin atë me zv/Presidentin e tij, Adolfo D'az.

Përfaqësuesit e Nikaraguas dhe të SHBA-së, nënshkruan një traktat më 6 qershor 1911, i cili përfshinte miratimin e qeverisë amerikane dhe bankave private për postin e doganierit. Në një marrëveshje të dytë kredie afatshkurtër, mbledhësi i përgjithshëm u emërua nga një konsorcium bankash dhe u miratua nga Knox.

D'az gjithashtu ia dorëzoi efektivisht kontrollin e kompanisë kombëtare hekurudhore të Nikaraguas një kompanie të mbështetur nga SHBA-ja. Megjithatë, *traktati i vitit 1911, nuk u ratifikua nga Senati i SHBA-së, pasi shumë senatorë kundërshtuan gjithnjë e më shumë lidhjet e Administratës Taft me korporatat e mëdha.*

Në korrik 1912, rivali politik i D'az, Ministri i Luftës, Luis Mena, filloi një revoltë, për të marrë pushtetin. Aii kishte fituar tashmë zgjedhjet, për të pasuar presidencën në 1913, Mena ishte i pasigurt për të siguruar mbështetjen e amerikanëve. Diaz i kërkoi qeverisë amerikane të ndërhyjë, për të siguruar pronat e qytetarëve amerikanë.

Me mbështetjen e SHBA-së, Diaz mbajti pushtetin e tij dhe Mena u largua nga vendi. Të shqetësuara për ruajtjen e stabilitetit në Nikaragua, SHBA-ja mbajti një detashment të vogël prej 100 marinsash në Nikaragua deri në vitin 1925. Megjithëse Taft dhe Knox, i shihnin veprimet e SHBA-së në Nikaragua si një përpjekje, për të hequr një diktator të rrezikshëm dhe për të parandaluar keqmenaxhimin lokal të financave, veprimet e tyre shkaktuan shqetësim të konsiderueshëm nacionalist në Nikaragua.

Një ndërhyrje e dytë amerikane në vitin 1925, do të shkaktonte një kryengritje të vazhdueshme të udhëhequr nga Augusto Sandino. Fronti Nacional Çlirimtar Sandinista, i cili dominoi politikën e Nikaraguas në vitet 1980 dhe luftoi kundër kryengritjes së tij, kundër kontrasve gjatë asaj kohe, mban emrin Augusto Sandino.[93]

1912 – Honduras

Korpusi i Marinës, mbron interesat ekonomike të SHBA-së.

1912-1933 – Nikaragua

Ushtria amerikane, bën një pushtim 10-vjeçar dhe merr pjesë në luftën guerile.

1913 - Meksikë

Gjatë Revolucionit, Ushtria Amerikane ikën dhe evakuohet.

1914 - Republika Domenikane

Marina amerikane, lufton rebelët rreth kryeqytetit Santo Domingo.

1914 - Kolorado (SHBA)

Ushtria Amerikane, shtyp brutalisht një grevë të minatorëve. *Pak histori.* **Masakra e Ludlow***ishte një vrasje masive e kryer nga milicia anti-sulmuese gjatë Luftës në Kolorado. Ushtarët nga Garda Kombëtare e Kolorados dhe rojet private të punësuar nga kompania e karburantit dhe hekurit të Kolorados (CF&I) sulmuan një koloni tendash me rreth 1200 minatorë grevistë të qymyrit dhe familjet e tyre në Ludlow, Kolorado, më 20 prill 1914.*

Përafërsisht 21 persona, duke përfshirë minatorët, gratë dhe fëmijët, u vranë. **John D. Rockefeller Jr.***, një pjesë-pronar i CF&I, i cili, kohët e fundit ishte paraqitur para një seance dëgjimore të Kongresit Amerikan mbi grevat, u fajësua gjerësisht për orkestrimin e masakrës.*

Masakra, ishte ngjarja kryesore e Luftës së Fushë Qymyrit të Kolorados 1913-1914, e cila filloi me një grevë të përgjithshme të Punëtorëve të Minierave të Bashkuara të Amerikës, kundër kushteve të këqija të punës, në minierat e qymyrit në Kolorado të CF&I. Greva u organizua nga minatorët, që punonin për kompaninë Rocky Mountain Fuel dhe Victor-American Fuel Company.

---

[93]https://2001-2009.state.gov/r/pa/ho/time/ip/108629.htm

Ludlow, ishte incidenti më vdekjeprurës i vetëm, gjatë Luftës së Kolorados në Coalfield dhe nxiti një periudhë 10 ditore të dhunës së shtuar në të gjithë Koloradon. Në hakmarrje për masakrën në Ludlow, minatorët e armatosur sulmuan dhjetëra institucione anti-sindikata, duke shkatërruar pronën dhe duke u përfshirë në disa përleshje me Gardën Kombëtare të Kolorados, përgjatë një fronti 225 milje (362 km) nga Trinidadi në Louisville.

Nga fillimi i grevës në shtator 1913 deri në ndërhyrjen e ushtarëve federalë, nën urdhrat e **Presidentit Woodrow Wilson** *më 29 prill 1914, rreth 199 njerëz u vranë gjatë sulmit.* **Historiani Thomas G. Andrews** *e ka quajtur atë "goditjen më vdekjeprurëse në historinë e SHBA-së."*

Masakra e Ludlow, *ishte një moment vendimtar në marrëdhëniet e punës amerikane. Historiani socialist Howard Zinn e përshkroi atë si "aktin kulmor të luftës ndoshta më të dhunshme midis pushtetit të korporatave dhe njerëzve punëtorë në historinë amerikane".*

Kongresi, iu përgjigj zemërimit public, duke udhëzuar Komitetin e Dhomës për Minierat dhe Minierat, që të hetonte ngjarjet. Raporti i tij, i botuar në vitin 1915, ishte me ndikim në promovimin e ligjeve të punës së fëmijëve dhe një ditë pune 8-orëshe.

Vendndodhja e qytetit Ludlow dhe vendndodhja ngjitur e kolonisë së çadrave, 18 milje (29 km) në veriperëndim të Trinidadit, Kolorado, tani është një qytet fantazmë. Vendi i masakrës, është në pronësi të Punëtorëve të Minierave të Bashkuara të Amerikës, e cila ngriti një monument graniti në kujtim të atyre që vdiqën atë ditë.

Vendi i kolonisë së tendës Ludlow, u caktua një pikë referimi Historike Kombëtare më 16 janar 2009 dhe u kushtua më 28 qershor 2009. Hetimet e mëvonshme menjëherë pas masakrës dhe përpjekjet moderne arkeologjike mbështesin në masë të madhe disa nga rrëfimet e grevistëve për ngjarjen.

1914-1918 – Meksika

Marina dhe Ushtria e SHBA-së, përfshihen në operacione ushtarake, kundër nacionalistëve vendas. **Pak histori. Ndërhyrjet e Shteteve të Bashkuara në Meksikë 1914-1917.**

Gjatë Revolucionit Meksikan (1910-1917), qeveria e Shteteve të Bashkuara urdhëroi dy inkursione ushtarake në Meksikë. E para përfshinte një pushtim dhe pushtim të qytetit të Veracruz në 1914, dhe e dyta ishte "Ekspedita Ndëshkuese" e viteve 1916-1917, e komanduar nga gjenerali John J. Pershing.

Presidenti **Woodrow Wilson**, *hezitoi të dërgonte trupa amerikane në Meksikë në 1914, por "u dorëzua ndaj presionit nga interesat e biznesit amerikan, anë-*

tarët e kabinetit, gazetat dhe përfaqësuesit e Jugperëndimit". I ngurruar apo jo, Wilson dëshironte të rrëzonte qeverinë e gjeneralit Victoriano Huerta, duke pushtuar portin e Veracruz, përmes të cilit kalonin shumica e armatimeve dhe furnizimeve të importuara për ushtrinë meksikane.

***Grindja e Wilson me Huertën**, ishte e dyfishtë:* **së pari**, *Huerta "nuk mund të ruante rendin dhe të mbronte interesat private dhe publike të SHBA-së" në Meksikë; dhe* **së dyti**, *Huerta ishte "një diktator që iu imponua republikës meksikane pasi vrau paraardhësin e tij të zgjedhur në mënyrë demokratike".*

Anijet luftarake amerikane mbërritën në vendngjarje në prill të vitit 1914 dhe bombarduan qytetin, duke marrë "një taksë të tmerrshme" për popullatën civile, e cila kishte vendosur t'i rezistonte pushtimit. Në të njëjtën kohë, Marina dhe Marinsat e SHBA-së shfrytëzuan mundësinë për të eksperimentuar me teknikat e uljes amfibe, me një efekt "pothuajse komik opera".

Midis zbarkimit dhe pushtimit (i cili zgjati deri në nëntor) **trupat amerikane ndihmuan në mbikëqyrjen e largimit të Huerta nga detyra, kryesisht duke furnizuar forcat revolucionare të Venustiano Carranza-s me armë dhe materiale të tjera kritike.**

Kur një fraksion revolucionar, i kryesuar nga Francisco "Pancho" Villa organizoi një bastisje, në qytetin e Columbus, New Mexico në vitin 1916, duke vrarë 16 amerikanë gjatë procesit, Presidenti Wilson urdhëroi një forcë nën gjeneralin Pershing, për të gjetur dhe kapur Villa dhe kështu të eliminonte kërcënimin, se grupi prej 500 vetash i Villa pozoi përgjatë kufirit SHBA-Meksikan.

Me 12,000 ushtarë, avionë vëzhgimi, kalorës dhe mjete të motorizuara furnizimi në mbështetje, Ekspedita Ndëshkuese depërtoi 419 milje në Meksikë, në kërkim të të jashtëligjshmëve. Ata ndeshën vetëm disa herë në rezistencë serioze dhe nuk e gjetën Vilën, ndërkohë, me amerikanët (që e ndiqnin pas), popullariteti i Villa u rrit si kërpudha, si dhe grupi i tij i luftëtarëve, i cili u rrit në rreth 5.000, në kohën kur Presidenti Wilson urdhëroi Pershing të tërhiqej në janar 1917.

Carranza, si President i Meksikës në atë kohë, u zgjodh president sipas një kushtetute të re, vetëm disa javë më vonë. Dhe jo shumë kohë pas kësaj, Pershing u emërua komandant i Forcës Amerikane të Ekspeditës, kontributi më i rëndësishëm i vendit, në përpjekjet e luftës aleate në Evropë, gjatë Luftës së Parë Botërore.

1914-1934 – Haiti

Ushtria amerikane, *kryen një okupim për 19 vjet, pasi revolta u shtyp.* **Pak histori.** *Pushtimi dhe ripushtimi i Haitit nga SHBA në vitet 1915-1934.* Nën politikat ndërhyrëse të fillimit të shekullit XX, **Presidenti Woodrow Wil-**

son dërgoi marinsat amerikane në Haiti, për të rivendosur rendin dhe për të ruajtur stabilitetin politik e ekonomik në Karaibe, pas vrasjes së Presidentit Haitian në korrik të vitit 1915.

Ky pushtim vazhdoi deri në vitin 1934. Qeveria e SHBA-së, kishte qenë e interesuar për Haitin për dekada, para pushtimit të tij. Si një bazë e mundshme detare për amerikanë dhe fuqitë e tjera, stabiliteti i Haitit ishte me interes të madh, për zyrtarët diplomatikë dhe të mbrojtjes të SHBA-së, të cilët kishin frikë se paqëndrueshmëria mund të rezultonte në sundimin e huaj të Haitit.

Në vitin 1868, **Presidenti Andrew Johnson,**sugjeroi aneksimin e ishullit **Hispaniola, i përbërë nga Haiti dhe Republika Domenikane**, për të siguruar një aksione mbrojtëse dhe ekonomike të SHBA-së, në Inditë Perëndimore.

Në vitet 1889-1891, Sekretari i Shtetit *James Blaine*, kërkoi pa sukses një qira të Mole-Saint Nicolas, një qytet në bregdetin verior të Haitit, i vendosur strategjikisht për një bazë detare.

Në vitin 1910, Presidenti **William Howard Taft** i dha Haitit një hua të madhe, me shpresën se Haiti mund të shlyente borxhin e tij ndërkombëtar, duke zvogëluar kështu ndikimin e huaj.

Kësisoj, përpjekja rezultoi e kotë, për shkak të borxhit të madh dhe paqëndrueshmërisë së brendshme të vendit. Franca, si ish-kolonizues i Haitit, mbajti lidhje të forta ekonomike dhe diplomatike me qeverinë atje.

Në marrëveshjen franko-haitiane të vitit 1824, Franca pranoi të njohë pavarësinë e Haitit nëse Haiti paguan një dëmshpërblim të madh. Kjo e mbajti Haitin, në një gjendje të vazhdueshme borxhi dhe e vendosi Francën në një pozicion të pushtetit mbi tregtinë dhe financat e Haitit.

Edhe pse të pakënaqur, për lidhjen e ngushtë të Haitit me Francën, politikëbërësit amerikanë ishin më të shqetësuar, për rritjen e aktivitetit dhe ndikimit gjerman në vend.

Në fillim të shekullit XX,prania gjermane në Haiti u rrit,*pasi tregtarët gjermanë filluan të krijonin degë tregtare në Haiti, duke dominuar shpejt biznesin tregtar në zonë.*

Burrat gjermanë u martuan me gra haitiane, për të anashkaluar ligjet, që u mohojnë të huajve pronësinë e tokës dhe vendosin rrënjë në komunitetin haitian. *SHBA e konsideronin Gjermaninë rivalin e saj kryesor në Karaibe dhe kishin frikë se kontrolli gjerman i Haitit, do t'u jepte atyre një avantazh të fuqishëm në zonë.*

Rritja e paqëndrueshmërisë në Haiti, në vitet para 1915 çoi në veprime të shtuara nga Shtetet e Bashkuara, për të penguar ndikimin e huaj. *Midis viteve 1911 dhe 1915, shtatë presidentë u vranë ose u përmbysën në Haiti,* duke rritur frikën e politikëbërësve amerikanë nga ndërhyrjet e huaja.

Në vitin 1914, Administrata Wilson, dërgoi marinsat në Haiti, të cilët hoqën 500,000 dollarë nga Banka Kombëtare e Haitianit në dhjetor të vitit 1914, për ruajtje në New York, duke i dhënë kështu kontrollin e bankës amerikane.

Në vitin 1915, presidenti i Haitit Jean Vilbrun Guillaume Sam u vra dhe situata në Haiti u bë shpejt e paqëndrueshme. *Në përgjigje, Presidenti Wilson dërgoi marinsat e SHBA në Haiti, duke pretenduar se pushtimi ishte një përpjekje, për të parandaluar anarkinë.*

Në realitet, administrata e Wilson, po mbronte asetet e SHBA-së, në zonë dhe parandalonte një pushtim të mundshëm gjerman. Pushtimi përfundoi me Traktatin Haiti-Amerikan të vitit 1915. Nenet e kësaj *Marrëveshje,* krijuan një xhandarmëri haitiane, në thelb një forcë ushtarake e përbërë nga amerikanë dhe haitianë dhe e kontrolluar nga marinsat amerikanë.

Amerikanët, fituan kontroll të plotë mbi financat e Haitit dhe të drejtën për të ndërhyrë në Haiti, sa herë që qeveria amerikane e gjykonte të nevojshme. *Qeveria e SHBA-së, detyroi gjithashtu zgjedhjen e një presidenti të ri proamerikan, Philippe Sudró Dartiguenave nga legjislatura haitiane në gusht të vitit 1915.*

Përzgjedhja e një presidenti, që nuk përfaqësonte zgjedhjen e popullatës haitiane, rriti trazirat në Haiti. Pas manipulimit të suksesshëm të zgjedhjeve të vitit 1915, administrata Wilson u përpoq të forconte legjislaturën haitiane, për të miratuar një Kushtetutë të re, në vitin 1917.

Kjo kushtetutë, lejoi pronësinë e tokës së huaj, e cila ishte nxjerrë jashtë ligjit, që nga *Revolucioni Haitian,* si një mënyrë për të parandaluar kontrollin e huaj të vendit.

Legjislativi, ishte jashtëzakonisht hezitues, për të ndryshuar ligjin e kahershëm dhe hodhi poshtë kushtetutën e re. **Ligjvënësit, filluan hartimin e një kushtetute të re anti-amerikane, por SHBA detyruan presidentin Dartiguenave të shpërndajë legjislaturën,** e cila nuk u mblodh përsëri deri në vitin 1929.

Disa nga politikat më të papëlqyeshme të xhandarmërisë, duke përfshirë ndarjen racore, çensurën e shtypit dhe punën e detyruar, çuan në një rebelim fshatar në vitet 1919-1920.

Senati i SHBA-së, dërgoi një komitet hetimor në Haiti (1921), për të shqyrtuar pretendimet për abuzim dhe më pas Senati Amerikan, forcoi pushtetin e riorganizuar dhe centralizuar në Haiti. Pas riorganizimit, Haiti mbeti mjaft i qëndrueshëm dhe një grup i zgjedhur arriti prosperitet ekonomik, megjithëse shumica e haitianëve mbetën në varfëri.

Në vitin 1929, një sërë sulmesh dhe kryengritjesh, bënë që amerikanët të nisnin tërheqjen nga Haiti. **Në vitin 1930,** zyrtarët amerikanë filluan të trajnojnë zyrtarët Haitian, për të marrë në dorë kontrollin e qeverisë.

Në vitin 1934, SHBA, në bashkëpunim me Politikën e Fqinjësisë së Mirë të Presidentit **Franklin D. Roosevelt,** u tërhoqën zyrtarisht nga Haiti, duke ruajtur lidhjet ekonomike.[94]

1915 – Teksas (SHBA)

Trupat federale *shtypin brutalisht* Revoltën Meksiko-Amerikane, **Plani i San Diego-s.** Sipas **Shoqatës së Historianëve të Shtetit të Teksasit (TSHA)**[95]me shpërthimin e revolucionit në Meksikën veriore në vitin 1910,

---

[94]https://2001-2009.state.gov/r/pa/ho/time/wwi/88275.htm

[95]Shoqata Historianëve të Shtetit të Teksasit (TSHA). Organizuar në Austin më 2 mars 1897, themeluesit e TSHA mblodhën së bashku historianë laikë dhe profesionistë për të dokumentuar dhe festuar historinë komplekse dhe të larmishme të shtetit. Sot, TSHA ndjek rrugën e përcaktuar nga themeluesit e saj, duke ndarë historinë e Teksasit me individë në të gjithë shtetin, kombin dhe globin.TSHA fokusohet në dy fusha kryesore të shërbimit: programet arsimore dhe botimet historike. Këto shërbime kryesisht përfitojnë studentët dhe të rriturit në të gjithë Teksasin, megjithëse individë nga e gjithë bota aksesojnë botimet në internet të TSHA. I disponueshëm pa kosto për përdoruesit e tij, botimi më i përdorur i Shoqatës është Manuali i Teksasit. TSHA gjithashtu operon një shtyp shumë të respektuar që boton revistën Southwestern Historical Quarterly dhe libra të shumtë mbi historinë e Teksasit, të tillë si Almanaku i Teksasit dyvjeçar.Përveç botimeve të saj, TSHA organizon konkursin vjetor të Ditës së Historisë së Teksasit, një konkurs kërkimor historik mbarëkombëtar dhe kurrikulë njëvjeçare për nxënësit e shkollave të mesme dhe të mesme. Studentët mësojnë të menduarit kritik, punën në grup dhe aftësitë e prezantimit gjatë gjithë programit. Këtë vit, mijëra studentë morën pjesë në kurrikulën e Ditës së Historisë në të gjithë shtetin. Programe të tjera arsimore përfshijnë Historianët e Rinj dhe klubet e Shoqërisë Webb për studentët në shkollën e mesme, shkollën e mesme dhe kolegj dhe trajnime në internet për mësuesit në të gjithë shtetin. TSHA gjithashtu pret Takimin e saj Vjetor në vende të ndryshme në të gjithë Teksasin. Konferenca tre-ditore u ofron studiuesve, studentëve, mësuesve dhe entuziastëve të his-

autoritetet federale dhe zyrtarët e shtetit të Teksasit kishin frikë se dhuna dhe çrregullimi, mund të përhapeshin në luginën e Rio Grande.

Popullsitë meksikane dhe meksiko-amerikane, që banonin në Luginë ishin shumë më të mëdha se popullsia amerikane. Shumë banorë të Luginës ose kishin të afërm, që jetonin në zonat e Meksikës, të prekura nga aktiviteti revolucionar ose ndihmuan fraksionet e ndryshme revolucionare në Meksikë.

Revolucioni, *shkaktoi një fluks refugjatësh politikë* dhe emigrantësh pa dokumente në rajonin kufitar, duke politizuar popullsinë e Luginës dhe duke shqetësuar politikën tradicionale të rajonit. Disa elementë radikalë e panë Revolucionin Meksikan si një mundësi, për të sjellë ndryshime drastike politike dhe ekonomike në Teksasin e jugut.

Shembulli më ekstrem i kësaj ishte një lëvizje, që mbështeste *Planin e San Diegos*, një *manifest revolucionar*, që supozohej se u shkrua dhe u nënshkrua në qytetin e San Diegos të Teksasit jugor më 6 janar të vitit 1915. Plani, i hartuar në fakt në një burg në Monterrey, Nuevo León, parashikoi formimin e një *Ushtri Çlirimtare të Racave dhe Popujve*, që do të përbëhet nga meksikanë amerikanë, afrikano-amerikanë dhe japonezë, *për të "liruar" shtetet e Teksasit, New Mexico, Arizonës, Kalifornisë dhe Kolorados nga kontrolli i SHBA-së.*

Shtetet e çliruara, do të organizoheshin në një republikë të pavarur, e cila më vonë mund të kërkonte aneksimin me Meksikën. Ishte menduar tëkishte një luftë, me ekzekutim të përmbledhur të të gjithë meshkujve të bardhë mbi moshën 60-vjeçare. *Revolucioni, do të fillonte më 20 shkurt 1915.*

Zyrtarët federalë dhe shtetërorë, gjetën një kopje të planit, kur autoritetet lokale në McAllen, Teksas, arrestuan Basilio Ramos, Jr., një nga udhëheqësit e komplotit, më 24 janar të vitit 1915.Ardhja e 20 shkurtit, prodhoi vetëm një manifestim tjetër revolucionar, në vend të kryengritjes së premtuar.

Ngjashëm me planin fillestar, ky **Plan i dytë i San Diego-s,** theksoi "çlirimin" e proletariatit dhe u fokusua në Teksas, ku do të krijohej një "*republikë sociale*", për të shërbyer si bazë, për përhapjen e revolucionit në të gjithë Shtetet e Bashkuara jugperëndimore.

Indianët, gjithashtu duhej të përfshiheshin në këtë kauzë. Por pa asnjë shenjë aktiviteti revolucionar, autoritetet shtetërore dhe federale e hodhën poshtë planin si një shembull më shumë të retorikës revolu-

torisë një mundësi për të zbuluar zhvillimet më të fundit në kërkimin e historisë së Teksasit.

cionare, që lulëzoi përgjatë kufirit. *Kjo ndjenjë e vetëkënaqësisë u shkatërrua në korrik 1915, me një seri bastisjesh në luginën e poshtme të Rio Grande, të lidhura me Planin e San Diegos.*

Këto bastisje, u drejtuan nga dy adhurues të Venustiano Carranza, gjeneral revolucionar, dhe Aniceto Pizaña dhe Luis De la Rosa, banorë të Teksasit të Jugut. *Bandat përdorën taktikat guerile, të ndërprerjes së transportit dhe komunikimit në zonën kufitare dhe vrasjes së Anglos.* Si përgjigje, Ushtria e SHBA vendosi përforcime në zonë.

Një version i tretë i planit, bëri thirrje për themelimin e një **Republikë të Teksasit**, që do të përbëhet nga Teksasi, New Mexico, California, Arizona dhe pjesë të Mississippi dhe Oklahoma, kurse San Antonio, (Texas), do të shërbente si seli revolucionare dhe udhëheqja e lëvizjes vazhdoi të vinte nga Teksasi i Jugut. Bastisjet filluan në të dy anët e Rio Grande, duke supozuar përfundimisht një model të luftës guerile.

Bastisjet nga pala meksikane erdhën nga territori, nën kontrollin e Carranza, oficerët e të cilit u akuzuan për mbështetjen e sulmuesve. *Kur SHBA njohën Carranza-n si president të Meksikës në tetor të vitit 1915, bastisjet u ndalën papritur.*

Marrëdhëniet midis SHBA dhe Carranzas u përkeqësuan shpejt, megjithatë, mes dhunës në rritje përgjatë kufirit. Kur forcat nën një gjeneral tjetër revolucionar, Francisco (Pancho) Villa, sulmuan Columbus, New Mexico, në mars 1916, amerikanët u përgjigjën, duke dërguar një forcë të madhe ushtarake, nën gjeneralin John J. Pershing në Meksikën veriore në ndjekje të Villa.

Kur SHBA-ja, hodhi poshtë kërkesat e Carranzas, për të tërhequr trupat e Pershing, nga frika e një konflikti ushtarak, midis SHBA-së dhe Meksikës u rrit. Në këtë kontekst të paqëndrueshëm, pati një rinovim të bastisjes, sipas Planit të San Diegos, në muajin maj të vitit 1916.

Zyrtarët meksikanë, po shqyrtonin madje mundësinë e kombinimit të sulmuesve të San Diegos me forcat e rregullta meksikane, në një sulm ndaj Laredos. Në fund të qershorit, zyrtarët meksikanë dheamerikanë, ranë dakord për një zgjidhje paqësore të dallimeve dhe bastisjet, sipas Planit të San Diegos ato u ndalën.

Plani i San Diego-s dhe bastisjet, që e shoqëruan atë fillimisht iu atribuan mbështetësve të diktatorit të rrëzuar meksikan, gjeneralit Victoriano Huerta, i cili ishte rrëzuar nga Carranza në 1914. Megjithatë, provat tregojnë se bastisjet u kryen nga ndjekësit i Carranzas, i cili manipuloi lëvizjen në një përpjekje për të ndikuar në marrëdhëniet me amerikanët.

Vdekjet e lidhura drejtpërdrejt me bastisjet, ishin çuditërisht të vogla, ndërmjet korrikut të viteve 1915-1916, rreth 30 sulme në Teksas, shkaktuan vetëm njëzet e një vdekje amerikane, civile dhe ushtarakë. Më shkatërruese dhe përçarëse ishte **lufta e afërt e races**, që pasoi në vazhdën e planit pasi marrëdhëniet *midis të bardhëve dhe meksikanëve dhe amerikanëve meksikanë u përkeqësuan në vitet 1915-1916*.

Raportet federale, treguan se më shumë se 300 meksikanë ose amerikanë meksikanë u ekzekutuan përfundimisht, në Teksasin e Jugut, në atmosferën e krijuar nga plani.

Humbjet ekonomike, arritën në miliona dollarë dhe pothuajse të gjithë banorët e luginës së poshtme të Rio Grande pësuan disa ndërprerje, në jetën e tyre nga bastisjet. Për më tepër, trashëgimia e planit të antagonizmit racor, vazhdoi shumë kohë, pasi vetë plani ishte harruar.

1916-1924 - Republika Domenikane

Ushtria Amerikane, kryen një pushtim 8-vjeçar.*Pak histori*. Pushtimi i parë i Republikës Domenikane nga SHBA **zgjati 8 vjet në vitet 1916-1924.** Ai synonte të detyronte dominikanët të paguanin borxhet e tyre të mëdha ndaj kreditorëve evropianë, qeveritë e të cilëve kërcënonin ndërhyrje ushtarake.

Më 13 maj 1916, *admirali William B. Caperton, detyroi Sekretarin e Luftës të Republikës Domenikane Desiderio Arias, i cili kishte marrë pushtetin nga presidenti Juan Isidro Jimenes Pereyra, të largohej nga Santo Domingo, duke kërcënuar qytetin me bombardime detare.*

Marinsat, zbarkuan tre ditë më vonë dhe vendosën kontroll efektiv të vendit brenda dy muajsh. U ndërtuan tre rrugë kryesore, kryesisht për qëllime ushtarake, duke lidhur për herë të parë kryeqytetin me Santiago në Cibao, Azua në perëndim dhe San Pedro de Macorís në lindje; dhe sistemi i punës së detyruar të përdorur nga amerikanët në Haiti mungonte në Republikën Domenikane.

Pushtimi i pjesshëm, rezultoi në pushtimin e të gjitha pozicioneve kyçe në qeveri nga Marina e SHBA dhe kontrollin e ushtrisë dhe policisë. Zbarkimi i parë u bë më 5 maj 1916, *kur dy kompani marinsash zbarkuan nga USS Prairie në Santo Domingo.*

Qëllimi i tyre ishte të ofronin mbrojtje, për legatën amerikane dhe konsullatën amerikane dhe për të pushtuar Fort San Geronimo. Më 6 maj, forcat amerikane nga USS Castine zbarkuan, për t'i ofruar mbrojtje Legatës

Haitian, një vend nën një okupim të ngjashëm ushtarak nga Shtetet e Bashkuara. Dy ditë pas zbarkimit të parë, presidenti kushtetues Juan Isidro Jimenes dha dorëheqjen.

Forcat e admiralit Caperton pushtuan Santo Domingo më 15 maj 1916. Njësitë detare të kolonelit Joseph H. Pendleton morën qytetet kryesore portuale të Puerto Plata dhe Monte Cristi më 1 qershor dhe zbatuan një bllokadë.

Marinsat, mundën të pushtonin Monte Kristin, pa hasur asnjë rezistencë. Megjithatë, kur marinsat sulmuan Puerto Plata-n, ata u ndeshën me rezistencë nga rreth 500 Dominikanë pro-Arias. Megjithëse ata ishin nën zjarr të fortë, marinsat vazhduan të përpiqeshin të hynin në qytet dhe pësuan disa viktima, si vdekja e kapitenit Herbert J. Hirschinger, i cili ishte marinsari i parë i vrarë në luftime në fushatë.

Atje trupat domenikane kishin hapur llogore në dy kodra, njëra pas tjetrës, duke bllokuar rrugën për në Santiago. Armët fushore të Kompanisë së 13-të të Kapitenit Chandler Campbell, së bashku me një togë automatikë, zunë pozicion në një kodër, që komandonte llogoret e armikut dhe hapën zjarr… **Marinsat mposhtën dominikanët** me artileri moderne, mitralozë, manovra me njësi të vogla dhe stërvitje individuale dhe gjuajtje.

Dy ditë pas betejës së Guayacanas, më 3 korrik marinsat u zhvendosën në fortesën e Arias në Santiago de los Caballeros. Forcat dominikane në San Francisko de Macoris, refuzuan të linin armët dhe pushtuan një fortesë lokale. Kjo ishte në kundërshtim të drejtpërdrejtë, me kushtet e vendosura nga qeveria ushtarake e instaluar nga SHBA.

Marinsat, pretendonin se kishin rivendosur rendin në të gjithë pjesën më të madhe të republikës, me përjashtim të rajonit lindor, por rezistenca ndaj pushtimit nga dominikanët vazhdoi e përhapur në të dy forma, direkte dhe indirekte në çdo vend. *Garda e Policisë, e njohur më vonë si Garda Kombëtare, do të persekutonte dhe torturonte ata që kundërshtonin pushtimin.*

Korporatat amerikane, më pas do t'i detyronin haitianët të migronin në Republikën Domenikane dhe të punonin në plantacionet e sheqerit në kushte të këqija. Kultura amerikane, ndikoi gjithashtu tek dominikanët, ku luftimet me gjela u zëvendësuan me bejsbollin si argëtim kombëtar. **Marinsat, përhapën ideologjinë Supremaciste të Bardhë në të gjithë vendin, bazuar në ligjet e Jim Crow, që ekzistonin asokohe në SHBA.**

Shumica e dominikanëve e ndienin shumë humbjen e sovranitetit të tyre ndaj të huajve, pak prej të cilëve flisnin spanjisht ose shfaqnin shumë shqetësim të vërtetë, për mirëqenien e republikës. Një lëvizje guerile, e njohur si gavilleros, me udhëheqës të tillë si gjenerali Ramón Natera, gëzonte mbështetje të konsiderueshme nga popullsia në provincat lindore të El Seibo dhe San Pedro de Macorís. **Ata luftuan në vitet 1917-1921, kundër pushtimit amerikan.**

Numri i marinsave amerikanë, të stacionuar në Republikën Domenikane, nuk i kaloi kurrë 3000. Megjithatë, ata mund të merrnin shpejt përforcime nga Port-au-Prince, Haiti ose Guantanamo, Kubë. **Gjatë okupimit, marinsat pësuan 144 të vrarë, ndërsa dominikanët kishin 950 viktima.**

Emigrantët domenikanë në Kubë, filluan një fushatë të suksesshme, për të denoncuar pushtimin e SHBA-së, ndërkohë që edhe qeveritë e Amerikës Latine protestuan. Sipas Departamentit të Shtetit Amerikan, hetimet e Senatit *dolën të sikletshme*, për administratën Wilson, **pasi dëshmitarët domenikanë argumentuan se veprimet e qeverisë shkelnin ligjin ndërkombëtar, ishin kundër 14 Pikave të Wilsonit dhe se forcat pushtuese abuzuan me robërit.**

Pas Luftës së Parë Botërore, opinioni publik amerikan, filloi të kundërshtonte pushtimin. Në qershor të vitit 1921, përfaqësuesit amerikanë paraqitën një propozim tërheqjeje, të njohur si **Plani i Hardingut**, i cili kërkonte ratifikimin e domenikasve të të gjitha akteve të qeverisë ushtarake, miratimin e një kredie prej 2.5 milionë dollarë, për punët publike dhe shpenzimet e tjera.

Mbështetja amerikane, për diktatorin e ardhshëm Rafael Trujillo, i cili u ngrit në radhët e Gardës Kombëtare, me ndihmën e marinsave të SHBA-së ishte thelbësor, për krijimin e bazës së tij të mbështetjes, brenda forcave të armatosura domenikane.

1917-1933 - Kuba

Ushtria amerikane, pushton dhe vendos një protektorat ekonomik. *Pak histori.* Në vitet:

1775-1783: Trembëdhjetë kolonitë e Amerikës së Veriut, rebelohen kundër Britanisë së Madhe dhe themelojnë SHBA, duke inkurajuar kështu tregtinë midis kombit të sapopavaruar dhe Kubës.

1818: Spanja, hap portet kubane, për tregtinë ndërkombëtare, veçanërisht me SHBA. Tregtia SHBA-Kubë gjithnjë e më shumë zëvendëson marrëdhëniet tregtare spanjolle me ishullin.

1819: SHBA fitojnë Floridën, e cila ishte qeverisur nga Spanja si pjesë e Kapitenerisë së Përgjithshme të Kubës.

1823: *Në prill,* Sekretari i Shtetit John Quincy Adams, i shkruan një letër ministrit të SHBA-së në Spanjë Hugh Nelson, duke parashikuar gjasat e aneksimit të Kubës nga SHBA-ja, brenda gjysmë shekulli. Në dhjetor, At Félix Varela mbërrin në New York, pasi u arratis nga Spanja, për shkak të idealeve të tij pro-pavarësisë dhe bëhet prifti i parë katolik, që flet spanjisht në Dioqezën e New York-ut. *Poeti kuban në mërgim José María Heredia,* mbërrin gjithashtu në Boston në dhjetor, dhe më vonë zhvendoset në New York, ku shkruan odën e tij të famshme romantike, *"Niagara"* (1825).

1848-1851: *Gjenerali Narciso López,* i lindur në Venezuelë, i mërguar në Amerikë, organizon tre ekspedita të dështuara filibustering për të çliruar Kubën nga Spanja. Qeveria spanjolle, ekzekuton López-in dhe 51 anëtarë të ekspeditës së tij të fundit, në gusht të vitit 1851.

1850: *Flamuri i parë kuban,* i projektuar nga Narciso López, ngrihet në qytetin e New York-ut.

1851: *Qeveria spanjolle ekzekuton Joaquín de Agüero,* udhëheqësin e një kryengritjeje aneksioniste në Puerto Príncipe (Camaguey i sotëm), në muajin maj. Isidoro Armenteros, udhëheqësi i një rebelimi tjetër në Trinidad, dënohet me vdekje në gusht.

1853: *Në muajin mars,* William Rufus DeVane King, bën betimin e tij si nënkryetar i SHBA-së, pranë Matanzas, Kubë.

1854: *Diplomatët amerikanë,* propozojnë blerjen e Kubës nga Spanja për deri në 120 milionë dollarë, në një dokument sekret të njohur si Manifesti i Ostendit.

1865: *Kuba,* eksporton 65% të sheqerit të saj në SHBA dhe vetëm 3% në Spanjë.

1868: *Fillon lufta e parë kubane e pavarësisë nga Spanja,* e njohur si Lufta 10-vjeçare. SHBA, pranojnë 10,061 emigrantë nga Kuba midis viteve 1868 dhe 1878.

1869: *Sipërmarrësi me origjinë spanjolle Vicente Martínez Ybor,* një simpatizant i pavarësisë së Kubës, ikën nga ishulli dhe themeloi një fabrikë purosh në Key West, Florida. Deri në vitin 1880, regjistrimi i popullsisë në SHBA numëron 2,388 banorë kubanë të Key West, rreth një e katërta e popullsisë së qytetit.

1875: *Carlos Manuel de Céspedes y Céspedes,* djali i një prej udhëheqësve të Luftës 10-vjeçare, zgjidhet kryetari i parë kuban i Key West.

1878: *Pakti i Zanjón,* përfundon Luftën 10-vjeçare në mujin shkurt. Nga fundi i vitit**1878 themelohet Liga e Parë Profesionale e Bejsbollit Kuban.**

1879-1880: *Fillon Lufta e Dytë e Pavarësisë,* e njohur si *"Lufta e Vogël",* por shtypet nga Spanja, pas 9 muajsh.

1881: *Gazetari, poeti dhe politikani kuban José Martí,vendoset në qytetin e New York-ut,* ku shkruan në spanjisht dhe anglisht, për disa gazeta të Amerikës Latine dhe të SHBA-së.

1885: *Martínez Ybor dhe bashkëpunëtorët e tij,* gjetën Ybor City pranë Tampa, Florida, duke tërhequr shumë punëtorë kubanë të purove. Deri në vitin 1890, Tampa (i cili më pas përfshin qytetin Ybor) ka 2,424 banorë kubanë, 44% e banorëve të qytetit.

1886: Spanja shfuqizon skllavërinë në Kubë.

1892: Martí themelon gazetën pro-pavarësisë **Patria**, në qytetin e New York-ut, në muajin mars dhe Partinë Revolucionare Kubane në muajin prill.

1895: Lufta e tretë dhe e fundit kubane e pavarësisë nga Spanja, fillon në muajin shkurt. *Marti, vdes në betejë kundër spanjollëve në Kubë në muajin maj.*

1898: *USS Maine, shpërthen në portin e Havanës* në muajin shkurt. SHBA, i shpallin luftë Spanjës në prill. Lufta Spanjolle-Amerikane, përfundon në muajin gusht. *Spanja heq dorë nga kontrolli i Kubës* (si dhe Porto Rikos, Filipineve dhe Guamit), *përmes Traktatit të Parisit të nënshkruar në dhjetor.*

1899: SHBA, fillojnë pushtimin zyrtar ushtarak të Kubës më 1 janar.

1900: Mblidhet një Asamble Kushtetuese, për të përgatitur një kushtetutë të re në Kubë.

1901: Në muajin mars, Kongresi i SHBA miraton Amendamentin Platt, duke deklaruar se mund të ndërhyjë ushtarakisht në Kubë, për të mbrojtur interesat amerikane dhe kërkon që Asambleja Kushtetuese e Kubës të përfshijë statutin në kushtetutën e re. Në qershor, asambleja kushtetuese miraton **Amendamentin Platt**, me një votë *60 pro dhe 11 kundër, me 4 abstenime.*

1902: Më 20 maj, Shtetet e Bashkuara i japin fund okupimit ushtarak të Kubës, duke inauguruar zyrtarisht republikën kubane. Tomás Estrada Palma, një shtetas amerikan i natyralizuar, zgjidhet presidenti i parë i Kubës.

1902–1911: Qytetarët amerikanë, janë grupi i dytë më i madh i emigrantëve të huaj (pas spanjollëve) në Kubë, me 16,150 persona. Shumë prej tyre janë menaxherë, teknikë dhe punonjës në kompanitë e sheqerit në SHBA dhe në shërbimet publike, si dhe pronarë biznesi.

1903: SHBA dhe Kuba, nënshkruajnë një traktat, që përfshin Amendamentin Platt në muajin maj. Në korrik, Kuba jep me qira vendet e Bahía Honda dhe Guantanamo në SHBA si stacione detare. Në të njëjtin muaj, Kuba dhe SHBA, nënshkruan Traktatin Hay-Quesada, i cili njeh pronësinë e Kubës mbi Ishullin e Pines, por nuk ratifikohet nga Senati Amerikan vite më vonë. *Konventa Reciproke Tregtare SHBA-Kubë*, e nënshkruar në dhjetor, pranon një reduktim 20% të produkteve bujqësore kubane, që hyjnë në tregun amerikan, në këmbim të reduktimeve nga 20-40% të importeve amerikane në Kubë.

1906-1909

Ushtria amerikane,pushton Kubën, për të shuar një kryengritje, pas dorëheqjes së Presidentes Estrada Palma dhe qeveris ishullin, përmes një qeverie të përkohshme të udhëhequr nga Charles E. Magoon.

1912: Në muajin maj, qeveria e SHBA-së, dërgon marinsat në Kubë, për të mbrojtur pronën amerikane atje, në përgjigje të një rebelimi të armatosur (i njohur si **Lufta e Racës**) nga afro-kubanët në provincën Oriente. Në dhjetor, SHBA-ja heqin të drejtat e tyre mbi Bahía Honda, në këmbim të objekteve më të mëdha në Gjirin e Guantanamos.

1917-1922: SHBA-ja, kryesojnë edhe një herë një ndërhyrje ushtarake në Kubë, pas zgjedhjeve të diskutueshme presidenciale dhe rebelimit të armatosur.

1925: Senati i SHBA-së, ratifikon Traktatin Hay-Quesada.

1928: Presidenti Gerardo Machado, në mënyrë jokushtetuese zgjat mandatin e tij të rizgjedhjes në 6 vjet, duke provokuar kryengritje të armatosura.

1930: Akti i tarifave të SHBA-së Hawley-Smoot, rrit tarifat për sheqerin kuban dhe zvogëlon pjesën e tij në tregun e sheqerit në SHBA, duke përkeqësuar kushtet ekonomike në ishull, gjatë Depresionit të Madh.

1933:Në muajin maj, SHBA-ja dërgojnë ambasadoren Sumner Welles, për të ndërmjetësuar midis qeverisë Machado dhe opozitës. Një grevë e përgjithshme në muajin gusht e çon krizën në një kulm, me një grusht shteti ushtarak, që rrëzon Machado, i cili largohet nga Kuba për në Bahamas dhe përfundimisht vdes në Miami.

1939. Carlos Manuel de Céspedes y Quesada, vendoset si president i përkoh-shëm. Në shtator, **Revolta e Rreshterëve**, e udhëhequr nga Fulgencio Batista, rrëzon administratën Céspedes dhe ndihmon krijimin e një qeverie të re të përkohshme, të kryesuar nga Ramón Grau San Martín, e cila zgjat vetëm 100 ditë.

1934: Batista, rrëzon qeverinë Grau San Martín në muajin janar dhe vendos shkurtimisht Carlos Hevia dhe Manuel Márquez Sterling si presidentë, dhe më vonë Carlos Mendieta. SHBA, shfuqizojnë Amendamentin Platt në muajin maj, si pjesë e Politikës së Fqinjësisë së Mirë të Presidentit Franklin D. Roosevelt.

1940: Batista, zgjidhet president në korrik. Një Kushtetutë e re kubane, e hartuar nën presidencën e Federico Laredo Brú, zbatohet në tetor.

1944: Pas përfundimit të mandatit të tij presidencial, Batista largohet nga Kuba për në Amerikë, duke kaluar kohë në Daytona Beach, Florida dhe New York City.

1952: Më 10 mars, Batista (i cili ishte kthyer në Kubë, për të kandiduar përsëri për president), rrëzon Presidentin Carlos Prio Socarrás, anulon kushtetutën dhe pezullon zgjedhjet.

1953: Më 26 korrik, Fidel Castro udhëheq një revoltë të pasuksesshme kundër regjimit Batista, duke sulmuar kazermat e ushtrisë Moncada në Santiago de Kuba. **Fideli, vëllai i tij Raul dhe të mbijetuar të tjerë të Monkadës burgosen, por Batista u jep amnisti në maj të vitit 1955.** Vëllezërit Kastro, shkojnë në mërgim në Meksikë.

1956: Castro kthehet në Kubën lindore nga Meksika dhe shkon në malet e Sierra Maestra ku, i ndihmuar nga **Ernesto CheGuevara**, ai zhvillon një luftë guerile.

1958:Në mars, Raul Castro fillon operacionet rebele guerile, në një front të dytë në malet Sierra Cristal, në provincën veriore të Orientes. **Në të njëjtin muaj, SHBA vendosin një embargo armësh, kundër qeverisë Batista** (duke ndihmuar kështu komunistët!!!).

1959: Batista, largohet nga Kuba me bashkëpunëtorët e tij më të ngushtë, në natën e Vitit të Ri. Një grevë e përgjithshme, në fillim të janarit detyron qeverinë ushtarake t'i lërë pushtetin Lëvizjes së 26 korrikut. **Më 7 janar, SHBA njohin qeverinë e re kubane.** *(Turp!!!)* Fidel Castro, mbërrin në Havanë më 8 janar. Muajin pasardhës ai betohet si kryeministër. Qeveria komuniste kubane, miraton ligjin e parë të reformës agrare në maj, duke zhdukur pronat e mëdha të tokave në pronësi private.

1960: Në korrik, qeveria kubane shtetëzon të gjitha bizneset amerikane pa kompensim. Në tetor, administrata Eisenhower vendos një embargo të pjesshme tregtare të Kubës, përveç ushqimit dhe ilaçeve. Operacioni Pedro Pan fillon në dhjetor, duke sjellë 14,048 fëmijë kubanë të pashoqëruar në Shtetet e Bashkuara deri në fund të operacionit në tetor të vitit 1962.

1961: SHBA, prishin (ndërpresin) marrëdhëniet diplomatike me Kubën në muajin janar. Administrata demokrate**John F. Kennedy** themelon Programin Kuban të Refugjatëve në muajin shkurt. Në prill, pushtimi i Gjirit të Derrave (Playa Girón), i mbështetur nga qeveria e SHBA-së, dështon dhe 1,197 mërgimtarë janë kapur rob në Kubë. **Fidel Castro, deklaron se Kuba, është një shtet socialist (komunist) në muajin maj.**

1962: *Në janar, Organizata e Shteteve Amerikane, e udhëhequr nga qeveria e SHBA-së, pezullon Kubën nga anëtarësimi i saj,* për shkak të qeverisë së saj marksiste-leniniste. Në shkurt, administrata Kennedy zgjeron embargon e SHBA-së, për të gjithë tregtinë me Kubën. *Kriza e raketave kubane ndodh në tetor, pasi Shtetet e Bashkuara konfirmojnë se Fidel Castro lejoi Bashkimin Sovjetik të* **Nikita Hrushovit**të *vendoste raketa me mbushje bërthamore në ishull.* Kriza zgjidhet, kur Bashkimi Sovjetik heq raketat, në këmbim të tërheqjes së raketave bërthamore të SHBA-së nga Turqia. Midis janarit 1959 dhe tetorit 1962, kur të gjitha fluturimet komerciale midis Havanës dhe Majamit janë pezulluar, 248,070 persona ikin nga ishulli për në SHBA. Në dhjetor, 1.113 burra të zënë rob në pushtimin e Gjirit të Derrave kthehen në Amerikë, në këmbim të ushqimit dhe ilaçeve për Kubën.

1963: *Një ligj i dytë i reformës agrare,* centralizon shumicën e fermave në duart e shtetit kuban.

1965: *Në shtator, Castro njofton se çdo kuban që dëshiron të largohet për në SHBA mund t'a bëjë këtë, përmes portit të Camarioca në Matanzas.* Një total prej 2,979 kubanë udhëtojnë me varkë për në SHBA midis 10 tetorit dhe 15 nëntorit. Rruga me varkë çon në vendosjen e një ure ajrore midis Varaderos dhe Majamit, e njohur si *Fluturimet e Lirisënë Amerikë.*

1966: *Kongresi i SHBA-së,* miraton Aktin e Përshtatjes Kuban, duke lejuar kubanët, që u larguan nga ishulli, *pas vitit 1959 të pranohen, për qëndrim të përhershëm në SHBA.*

1968: *Qeveria Kubane, kryen një Ofensivë Revolucionare,* duke shtetëzuar të gjitha bizneset e vogla private të mbetura, gjithsej 56,636, sipas gazetës shtetërore *Granma.*

1973: *Përfundojnë Fluturimet e Lirisë,* pasi sollën 260.561 kubanë në Amerikë.

1976: *Një Kushtetutë e re kubane,* e modeluar sipas Kushtetutës Sovjetike të vitit 1936, institucionalizon karakterin socialist të shtetit kuban.

1977: *SHBA-Kuba,* vendosin marrëdhënie të kufizuara diplomatike, duke hapur seksione interesash në Washington D.C., dhe Havanë.

1978: *Shtatëdhjetë e pesë të mërguar kubanë,* takohen me përfaqësuesit e qeverisë kubane në Havana, për të negociuar lirimin e të burgosurve politikë, bashkimin familjar dhe udhëtimin në ishull.

1979: *Më shumë se 100,000 mërgimtarë kthehen në vendlindje, për të vizituar* *ishullin.*

1980: *Në prill, 10,856 kubanë sulmuan Ambasadën e Perusënë Havana, duke kërkuar azil politik.* Disa ditë më vonë, Fidel Castro njofton se të gjithë kubanët, që dëshirojnë të emigrojnë në SHBA, mund t'a bëjnë këtë, përmes portit Mariel, në perëndim të Havanës. Ngritja e varkave Mariel, rezulton në emigrimin masiv të 125,266 kubanezëve në Florida, përpara se porti të mbyllet në muajin tetor.

1982: *Departamenti Amerikan i Shtetit, shton Kubën në listën e saj të sponsorëve shtetërorë të terrorizmit,* për shkak të mbështetjes së qeverisë së ishullit, për lëvizjet revolucionare në Amerikën Latine dhe Afrikë.

1983: *Ndërhyrja e armatosur e SHBA-së në Grenada,* rezulton në kapjen e 638 luftëtarëve kubanë.

1984: *Kuba dhe SHBA, nënshkruajnë një marrëveshje të gjerë imigracioni,* sipas së cilës Kuba, pranon të pranojë kthimin e 2746 emigrantëve Mariel me precedentë penalë, të konsideruar si *"të huaj të përjashtuar"* nga Amerika dhe nga ana tjetër, SHBA, pranojnë të pranojnë deri në 20,000 emigrantë kubanë në vit.

1985: *SHBA inaugurojnë transmetimet e Radio Martí në Kubë.* Havana përgjigjet, duke pezulluar marrëveshjen e emigracionit me SHBA dhe vizitat familjare në Kubë.

1989: *Ileana Ros-Lehtinen, bëhet amerikanja e parë kubaneze e zgjedhur në Kongresin e SHBA-së.*

1992: *Në shkurt, Kushtetuta Kubane amendohet, duke eliminuar çdo përmendje të ish-Bashkimit Sovjetik.* Kongresi i SHBA-së, miraton projektligjin Torricelli (Akti i Demokracisë Kubane i vitit 1992) në tetor, duke rritur sanksionet tregtare kundër Kubës, duke ndaluar degët e SHBA-së në vendet e treta, që të bëjnë tregti me ishullin.

1993: *Qeveria Kubane, legalizon përdorimin e dollarit amerikan nga qytetarët kubanë,* së bashku me peson kubane, duke filluar kështu një sistem të dyfishtë monedhe në ishull.

1994: *Më 12 gusht, Fidel Castro* njofton se qeveria e tij do t'i lejonte ata kubanë, që donin të largoheshin nga ishulli dhe t'a bënin këtë në çdo mënyrë, që të mundnin. Midis 13 gushtit dhe 13 shtatorit, roja bregdetare e SHBA-së ndalon 30,879 kubanë, që përpiqeshin të largoheshin nga ishulli, gjatë krizës së balsero (mahi). Mahi dërgohen në bazën detare të SHBA-së në Gjirin e Guantanamos (dhe fillimisht në Panama), përpara se të hyjnë në Shtetet e Bashkuara. Në shtator, Havana dhe Washington-i nënshkruajnë një marrëveshje, sipas së cilës SHBA do të lëshojnë 20.000

viza emigrantësh çdo vit për kubanët, dhe në këmbim Kuba zotohet të kontrollojë migrimin pa dokumente.

1995: *Presidenti Bill Clinton,* njofton se Roja Bregdetare e SHBA-së do të riatdhesojë kubanët e ndaluar në det, duke filluar kështu politikën *"këmbë të lagur/këmbë të thata".* Kubanët, që mbërrijnë në tokën amerikane do të lejohen të qëndrojnë.

1996: *Në shkurt, luftëtarët e Forcave Ajrore Kubane rrëzuan dy avionë civilë të grupit mërgimtar kuban* **Brothers to the Rescue**. Në mars, Presidenti Clinton miraton ligjin Helms-Burton (*Liria Kubane dhe Solidariteti Demokratik*).

1998: *Papa Gjon Pali II(**sot Shën papa Gjon Pali II**), viziton Kubën* dhe bën thirrje për t'i dhënë fund embargos së SHBA-së, kundër Kubës, duke shpallur: *"Le të hapet Kuba ndaj botës dhe bota të hapet ndaj Kubës".*

1999: *Në muajin shkurt, Asambleja Kombëtare e Kubës,* miraton **ligjin nr. 88,** për *"Mbrojtjen e Pavarësisë Kombëtare dhe Ekonomisë së Kubës", duke vendosur kushte burgimi për ndihmën ndaj politikave anti-kubane të qeverisë së SHBA-së. Mahi 5-vjeçar Elián González, mbërrin në Miami në nëntor.*

2000: *Në qershor, Elián González kthehet në Kubë me babanë e tij,* pas një beteje të zgjatur ndërkombëtare për kujdestarinë. Në tetor, qeveria amerikane autorizon shitjen e ushqimit dhe ilaçeve në Kubë, për herë të parë në gati dyzet vjet.

2001: *Pesë oficerë të inteligjencës kubanë dënohen për 26 akuza për spiunazh,* komplot për të kryer vrasje dhe aktivitete të tjera të paligjshme në Amerikë.

2002: *Ish-Presidenti Jimmy Carter,* është ish-presidenti i parë i SHBA që viziton Kubën, që nga viti 1959.

2004: *Në qershor, administrata e* **George W. Bush**, vendos kufizime të reja në udhëtimin e SHBA-së në Kubë, duke përfshirë reduktimin e vizitave familjare kubano-amerikane dhe dërgesat në ishull. Në tetor, qeveria e F. Kastros ndalon transaksionet në dollarë amerikanë dhe vendos një taksë prej 10%, për konvertimet në dollarë-peso.

2006: *Fidel Castro,* i nënshtrohet një operacioni urgjent dhe ia dorëzon përkohësisht pushtetin vëllait të tij Raul.

2008: *Asambleja Kombëtare Komuniste e Kubës,zgjedh unanimisht presidentin Raul Castro.*

2009: *Në shtator, Presidenti Barack Obama, heq kufizimet e qeverisë së SHBA-së,* për udhëtimet familjare dhe dërgesat në Kubë. Në dhjetor, nënkontraktori i qeverisë amerikane Alan Gross, është arrestuar në Kubë, i akuzuar për krime kundër qeverisë kubane.

2011: *Administrata Obama*, rivendos lejet për qytetarët amerikanë, që të udhëtojnë në Kubë për shkëmbime kulturore dhe arsimore, duke rritur kontaktet *njerëz për njerëzit* me ishullin.

2013: *Qeveria kubaneze*, miraton reformat e imigracionit dhe udhëtimit, duke eliminuar kërkesën e një letre ftese nga jashtë, duke zgjatur periudhën maksimale të qëndrimit për qytetarët kubanë jashtë vendit në dy vjet dhe duke lëshuar pasaporta për disidentët e shquar, që udhëtojnë në SHBA dhe të tjerë vende.

2014: Më 17 dhjetor, qeveria kubane liron Alan Gross nga burgu, për *arsye humanitare*. Në të njëjtën kohë, tre kubanë të dënuar si spiun në SHBA, shkëmbehen me një agjent të inteligjencës amerikane të burgosur në Kubë. Presidenti Obama, njofton ndryshime të mëdha në politikën e SHBA-së ndaj Kubës, duke përfshirë marrjen e hapave drejt rivendosjes së marrë-dhënieve diplomatike, rishikimin e përcaktimit të Kubës si një shtet sponsorizues i terrorizmit dhe lehtësimin e llojeve të caktuara të tregtisë dhe udhëtimit të qytetarëve amerikanë në ishull.

2015: *Në maj, Presidenti Obama heq Kubën nga lista e Departamentit të Shtetit të shteteve sponsorizues të terrorizmit.* Në muajin korrik, SHBA dhe Kuba rivendosin marrëdhëniet diplomatike dhe hapin ambasadat në kryeqytetet e tyre përkatëse.

2016: *Në mars, Presidenti Obama, është i pari në detyrë, që nga viti 1928, i cili viziton Kubën.* Fluturimet e para komerciale midis SHBA dhe Kubës, që nga viti 1962, janë rikthyer në gusht. Në nëntor, Raul Castro njofton vdekjen e vëllait të tij Fidel, në moshën 90-vjeçare.

2017: *Presidenti në largim Obama, shpall fundin e politikës së këmbëve të lagura/këmbëve të thata në muajin janar.* Në qershor, **Presidenti republikan Donald J. Trump** shpall ndryshime në politikën e SHBA-së ndaj Kubës, duke përfshirë ndalimin e transaksioneve të biznesit të SHBA-së me ndërmarrjet shtetërore kubane,të drejtuara nga ushtria dhe kufizimin e udhëtimeve individuale njerëz për njerëzit në ishull. Në shtator, Departa-menti i Shtetit, urdhëron largimin e personelit jourgjent të caktuar në Ambasadën e SHBA-së në Havana, në përgjigje të një sërë *sulmesh zanore*, kundër 24 punonjësve të ambasadës. SHBA dëbojnë 15 diplomatë nga Ambasada Kubane në Washington, D.C., në muajin tetor.

2018: *Në mars, Departamenti Amerikan i Shtetit*, njofton se Ambasada e SHBA-së në Havana, do të vazhdojë të funksionojë me personelin minimal të nevojshëm, për të kryer funksionet thelbësore diplomatike dhe konsullore. Asambleja Kombëtare e Pushtetit Popullor, zgjedh **Miguel**

Díaz-Canel si president të Kubës në prill, por Raul Castro mbetet Sekretari i Parë i Partisë Komuniste Kubane. Qeveria kubane, publikon draftin e një Kushtetute të re në korrik dhe bën thirrje për një debat publik rreth amendamenteve të propozuara, midis gushtit dhe nëntorit. Pas shqyrtimit të komenteve dhe sugjerimeve të bëra nga popullsia e ishullit dhe qytetarët e tij që jetojnë jashtë vendit, Asambleja Kombëtare miraton një draft të dytë të tekstit kushtetues në dhjetor.

2019: Në shkurt, pjesa më e madhe e elektoratit të Kubës ratifikon një Kushtetutë të re, e cila riafirmon karakterin *"të pakthyeshëm"* të socializmit, *"pararojën"* dhe rolin udhëheqës të Partisë Komuniste Kubane dhe mbizotërimin e një ekonomie të planifikuar nga qendra mbi tregun. *Administrata Trump, zbaton Titullin III të Aktit Helms-Burton në prill, duke i lejuar qytetarët amerikanë të padisin kompanitë, që përdorin pronat e konfiskuara nga qeveria kubane pas vitit 1959.*Në qershor, administrata Trump i jep fund autorizimit të grupit *njerëz për njerëzit*, për udhëtarët amerikanë dhe ndalon anijet e lundrimit dhe anijet e tjera të pasagjerëve të udhëtojnë në Kubë. Në tetor, administrata Trump ndalon shumicën e fluturimeve komerciale të SHBA-së, për në Kubë, përveç atyre të destinuara për në Havana.

2020: *Në janar, administrata Trump anulon fluturimet çarter të SHBA-së, në nëntë aeroporte në Kubë, duke e lënë Havanën si destinacionin e vetëm.* Në mars, Kuba fillon të dërgojë personel shëndetësor në disa vende të prekura nga pandemia e koronavirusit, ndërsa SHBA paralajmërojnë ato vende se duhet t'i japin fund abuzimeve të punës së Kubës, duke i klasifikuar ato si një formë e *skllavërisë moderne*. Në korrik, qeveria kubane njofton se do të lejojë përdorimin e dollarëve amerikanë në disa dyqane të drejtuara nga qeveria dhe do të eliminojë një taksë prej 10 për qind për dollarët amerikanë. Në tetor, qeveria amerikane, ndalon dërgesat në Kubë, përmes kompanive të kontrolluara nga ushtria kubane, përfshirë Fincimex. Për shkak të këtyre sanksioneve në muajin nëntor, **Western Union mbyll 407 vendndodhjet e transfertave** të parave në të gjithë Kubën.

2021: *Administrata Trump, në muajin janar rivendos Kubën në listën e Departamentit të Shtetit të SHBA-së për sponsorët shtetërorë të terrorizmit*, kryesisht për shkak se qeveria kubane refuzon të ekstradojë 10 udhëheqës të Ushtrisë Çlirimtare Kombëtare të Kolumbisë.

Më 11 korrik 2021, mijëra kubanë dalin në rrugë për të protestuar kundër mungesës së ushqimit, ilaçeve, karburantit dhe sendeve të tjera thelbësore në ishull, si dhe për të kërkuar liri dhe për të kritikuar qeverinë komuniste. Administrata Biden, shpreh mbështetjen e saj për të drejtën e njerëzve, për të demonstruar në mënyrë paqësore dhe dënon reagimin e dhunshëm të qeverisë kubane ndaj protestave.

2022: Në mars, Ambasada e SHBA-së në Havana, njofton se do të rrisë gradualisht stafin për seksionin e saj konsullor, për të rivendosur pjesërisht përpunimin e vizave amerikane për qytetarët kubanë. Zyrtarët amerikanë dhe kubanë, takohen në Washington në muajin prill, për të diskutuar mbi migracionin, biseda e parë e tillë midis dy vendeve që nga viti 2018. Në maj, administrata e Biden zbut disa kufizime në udhëtimet dhe dërgesat në Kubë, duke përfshirë rivendosjen e Programit Kuban të Lirimit me kusht të Ribashkimit të Familjeve, rivendosjen Fluturimet amerikane në aeroporte të tjera përveç Havanës dhe heqja e kufirit tremujor prej 1.000 dollarësh për dërgesat familjare. Në gusht, Doganat dhe Mbrojtja Kufitare e SHBA-së raporton se 177.848 qytetarë të paautorizuar të Kubës ishin kapur dhe/ose dëbuar, duke u përpjekur të hynin në Amerikë, gjatë vitit fiskal 2022, i cili filloi në tetor 2021.[96]

1917-1918 - Lufta e Parë Botërore

Marina amerikane, lufton me Gjermaninë për një vit e gjysmë.

1918-1922 - Rusia

Marina amerikane, bën 5 zbarkime të trupave të veta, për të luftuar bolshevikët.***Pak histori****. Gati një shekull më vonë, parametrat e misionit mbeten të ngatërruara dhe raportet dhe llogaritë zyrtare të paqarta.*

Çdo shpjegim kompleks i ndërhyrjes zhbëhet shpejt me pyetjen e thjeshtë: Pse? Pasi trupat tona erdhën në shtëpi, ndërhyrja amerikane në Rusi gjatë viteve 1918-1920 u konsiderua më mirë të harrohej-varrosej në rrëmujën e historisë së SHBA.

Në vitin 1918, ushtria amerikane mori pjesë në ndërhyrjen e aleatëve në Luftën Civile Ruse, për të mbështetur lëvizjen e Bardhë dhe për të rrëzuar bolshevikët. **Presidenti Wilson**, ra dakord të dërgonte 5000 trupa të Ushtrisë së SHBA në fushatë. Kjo forcë, e cila u bë e njohur si "**Forca e Ekspeditës Amerikane e Rusisë së Veriut**" (ose Ekspedita e Ariut Polar), nisi fushatën e Rusisë së Veriut nga Arkhangelsk, ndërsa 8000 ushtarë të tjerë, të organizuar si Forca Amerikane Ekspeditare Siberia, filloj ndërhyrja

---

[96]https://cri.fiu.edu/ SHBA-kuba/kronologjia-e-marrëdhënieve-ne-kuba/

e Siberisë nga Vladivostok. Forcat amerikane, u tërhoqën në vitin 1920.

Forca Amerikane e Ekspeditës, Siberi (AEF në Siberi), ishte një formacion i Ushtrisë Amrikane të përfshirë në Luftën Civile Ruse në Vladivostok, Rusi, **pas Revolucionit të Tetorit**, në vitet 1918-1920. Forca ishte pjesë e Rusisë së Veriut Aleate më të madhe ndërhyrja. *Si rezultat i kësaj ekspedite, marrëdhëniet e hershme midis SHBA dhe Bashkimit Sovjetik ishin të dobëta.*

Objektivat e pretenduara të Presidentit të SHBA Woodrow Wilson, për dërgimin e trupave në Siberi ishin sa diplomatike aq edhe ushtarake. Një arsye kryesore ishte shpëtimi i 40,000 burrave të Legjionit Çekosllovak, të cilët po mbaheshin nga forcat bolshevike, ndërsa përpiqeshin të bënin rrugën e tyre përgjatë Hekurudhës Trans-Siberiane për në Vladivostok, dhe shpresohej, përfundimisht në Frontin Perëndimor.

Një arsye tjetër kryesore ishte mbrojtja e sasive të mëdha të furnizimeve ushtarake dhe mjeteve hekurudhore, që SHBA kishin dërguar në Lindjen e Largët Ruse, në mbështetje të përpjekjeve luftarake të Perandorisë Ruse, në Frontin Lindor të Luftës së Parë Botërore.

Në atë kohë, forcat bolshevike në Siberi kontrollonin vetëm xhepa të vegjël dhe Presidenti Wilson donte të sigurohej, që as grabitësit kozakë dhe as ushtria japoneze nuk do të përfitonin nga mjedisi politik i paqëndrueshëm, përgjatë linjës strategjike hekurudhore dhe në rajonet e pasura me burime të Siberisë.

Njëkohësisht dhe për arsye të ngjashme, rreth 5000 ushtarë amerikanë u dërguan në Arkhangelsk (Archangel), Rusi nga Wilson si pjesë e ekspeditës së veçantë të Ariut Polar. AEF në Siberi komandohej nga gjeneral-major William S. Graves dhe përfundimisht arriti në 7,950 oficerë dhe njerëz të regjistruar. Forca përfshinte Regjimentet e 27-të dhe 31-të të Këmbësorisë të Ushtrisë Amerikane, plus një numër të madh vullnetarësh nga Regjimentet e 12-të, 13-të dhe 62-të të Këmbësorisë të Divizionit të 8-të, ish komanda e divizionit të Graves.

Trupat amerikane, ishin të pajisura me pushkë automatike M1918 Browning (BAR), armë gjahu/pastrues llogore Auto-5, pushkë M1903 Springfield, pistoleta të kalibrit M1911 .45 dhe mitralozë M1917 Browning në varësi të detyrave të tyre. U përdorën gjithashtu pushkë Mosin-Nagant.

Më 4 shtator 1918, 3.000 trupat e para amerikane u zbarkuan në Vladivostok midis 15 dhe 21 gushtit 1918. Ata u caktuan shpejt roje përgjatë segmenteve të hekurudhës midis Vladivostok dhe Nikolsk-Us very, ku njësitë u vendosën përgjatë hekurudhës deri në perëndim deri në

Irkutsk dhe Ulan-Ude.

Ndryshe nga homologët e tij aleatë, gjenerali Graves besonte se misioni i tyre në Siberi ishte të siguronin mbrojtje për pronën e furnizuar nga Amerika dhe të ndihmonin Legjionin Çekosllovak të evakuonte Rusinë, dhe se ai nuk përfshinte luftën kundër bolshevikëve.

Përvoja në Siberi, për ushtarët ishte e mjerueshme. Problemet me karburantet, municionet, furnizimet dhe ushqimet ishin të përhapura. Kuajt e mësuar me klimat e buta nuk ishin në gjendje të funksiononin në Rusinë nën zero. Mitralozat e ftohur me ujë ngrinë dhe u bënë të pado-bishme. Ushtarët e fundit amerikanë, u larguan nga Siberia më 1 prill 1920. Gjatë 19 muajve të tyre në Siberi, 189 ushtarë vdiqën nga shkaqe të ndryshme.[97][98][99]

1918-1920 - Panama

Ushtria amerikane, shtyp trazirat, pas zgjedhjeve si pjesë e Opera-cionit Borxhi i Policisë.

---

[97]"Archangel: The American War with Russia" by A. Chronicler (1924.
[98]According to "The History of the American Expedition Fighting the Bol-sheviki: Campaigning in North Russia, 1918-1919" (Compiled & Edited by Capt. Joel R. Moore, Lt. Harry H. Mead and Lt. Lewis E. Jahns of the 339th U.S. Infantry): "So they stuck and fought, suffering through the bitter months of winter just below the Arctic Circle, where the winter day is measured in minutes and the night seems like a week. Proud that he was once a 'side kicker' and a 'buddy' to some of those fine fellows who unselfishly and gladly gave the last that a man has to give for any cause at all."
[99]In "The History of the American Expedition Fighting the Bolsheviki: Cam-paigning in North Russia, 1918-1919", several passages describe the Dough-boys' quick and effective transition to using foreign arms: "The officers and men sent were nearly all, to a man, those who had already suffered wounds or physical exhaustion on the Western Front. This was late in June (1918). About this time the plan of the Allied Supreme War Council as already stated was, under strict limitations, acceded to by President Wilson, and the dough-boys of the 339th Infantry in July found themselves in England hearing about Archangel and disgustedly exchanging their Enfields for the Russian rifles."

1919 - Hondurasi

Ushtria amerikane dhe marinsat rebelohen, gjatë fushatës zgjedhore.

1919 - Jugosllavia

Ushtria amerikane dhe marinsat, luftojnë serbët në Dalmaci.Më 26 prill 1915, Mbretëria e Italisë nënshkroi Traktatin e fshehtë të Londrës me anëtarët e Antantës së Trefishtë. Sipas paktit, Italia duhej t'i shpallte luftë Aleancës së Trefishtë; në këmbim, ajo do të merrte Istrin, Dalmacinë Veriore dhe protektoratin mbi Shqipërinë. Mbretëria e Serbisë, e cila u informua për marrëveshjen, pranoi që Italia t'i merrte këto toka austrohungareze.

Në mars të vitit 1918, Ante Trumbić, i Komitetit Jugosllav dhe përfaqësuesi italian, Andrea Torre, nënshkruan një **Marrëveshje**, ku thuhej qartë se kufiri i ardhshëm midis Mbretërisë së Jugosllavisë (bashkimi i Mbretërisë së Serbisë, sllovenëve, kroatëve dhe serbët), do të vendoseshin në mënyrë demokratike.

Pas përfundimit të Luftës së Parë Botërore dhe shpërbërjes së Austro-Hungarisë, shumica dërrmuese e Dalmacisë u bë pjesë e Mbretërisë së sapoformuar të serbëve, kroatëve dhe sllovenëve (më vonë u quajt **Mbretëria e Jugosllavisë**).

Megjithatë, Traktati i Londrës u anulua në Traktatin e Versajës, për shkak të kundërshtimeve të presidentit amerikan **Woodrow Wilson**. Italia, mori vetëm qytetin Zara (Zadar), si dhe ishujt Cherso (Cres), Lussino (Lošinj) dhe Lagosta (Lastovo). Një numër i madh italianësh, (rreth 20,000), u shpërngulën nga zonat e Dalmacisë, të caktuara në Jugosllavi dhe u vendosën në Itali (kryesisht në Zara).

Pas dështimit të një marrëveshjeje kufitare në Konferencën e Paqes në Paris, diskutimet vazhduan midis Mbretërisë së Italisë dhe Mbretërisë së Jugosllavisë.

Gjatë vitit 1920, qeveria italiane ishte nën presionin e brendshëm për të zgjeruar kufijtë e saj si kompensim të drejtë, për viktimat e luftës dhe borxhin e luftës. Një shembull i këtij presioni ishte publikimi i një letre të falsifikuar, që pretendohej të ishte nga **Presidenti republikan Abraham Lincoln,** drejtuar Macedonio Melloni, në të cilën Linkolni me sa duket kishte pranuar të gjithë bregdetin, midis Venecias dhe Cattaro *si territor* *kombëtar italian.* Marrëdhëniet dukej se u rregulluan me nënshkrimin e Traktatit të Rapallo-s dhe aneksimin nga Italia të shtetit të lirë të Fiume.

Marrëdhëniet me Mbretërinë e Jugosllavisë u cenuan rëndë dhe mbetën vazhdimisht të tensionuara, për shkak të mosmarrëveshjes për Dalmacinë dhe për qytetin-port të Fiumes (Rijeka). Ajo ishte bërë një shtet i lirë sipas Lidhjes së Kombeve, por ishte pushtuar nga disa rebelë italianë të udhëhequr nga **shkrimtari Gabriele d'Annunzio.**

Në vitin 1924, qyteti u nda midis Italisë dhe Jugosllavisë (Traktati i Rapallo). Në vitin 1925, të dy vendet nënshkruan Traktatin e Nettuno-s, por u desh deri në vitin 1928, para se të ratifikohej në parlamentin jugosllav, pas vrasjes së Stjepan Radiqit.

1920 - Guatemala

SHBA, një ndërhyrje dy-javore kundër aktivistëve të sindikatave.

1920-1921 - Virxhinia Perendimore (SHBA)

Pak histori. Gjatë fundit të shekullit XIX dhe fillimit të shek. XX, zgjerimi i hekurudhave dhe zhvillimi i fushave të qymyrit ndryshuan rrënjësisht dhe përgjithmonë strukturën sociale dhe ekonomike të maleve qendrore Apalachian.

Këto ndryshime përfshinin zhvendosje dhe zhvendosje të mëdha ekonomike dhe sociale, që shpesh shkaktuan dhunë. Ndërsa konfliktet u ngritën në shtete të tjera, si Pensilvania, vetëm në Virxhinia Perëndimore ato çuan në një kryengritje të përqendruar.

Virxhinia Perëndimore, paraqiti një rast të veçantë. *Pak histori.* Nxjerrja e qymyrit në Appalachia, paraqiste probleme të veçanta, për ata që u përpoqën. Pjesa më e madhe e qymyrit shtrihet në **Rrafshnaltën Apalachian**, në dukje një emërtim i gabuar, për shkak të labirintit të gërryer thellë të luginave të ngushta dhe dredha-dredha që e përbëjnë atë. Transporti brenda dhe jashtë ishte i vështirë dhe ndonjëherë i rrezikshëm. Për shkak të shpenzimeve të përgjithshme, të përfshira në minierat e qymyrit në Virxhinia Perëndimore, natyrisht kompanitë atje paguanin paga shumë më të ulëta. Izolimi i plotë, inkurajoi gjithashtu kompanitë minerare në Virxhinia Perëndimore të marrin më shumë liri me minatorët e tyre?

Kompanitë menduan, se mund të rrisnin kontrollin e tyre, duke importuar minatorë nga një sërë zonash si Rusia, Italia jugore dhe Austro-Hungaria. Ata vinin nga vende me sisteme shtypëse, edhe të jetuarit në një vend të çuditshëm me zakone dhe gjuhë të ndryshme rriti izolimin e tyre.

Punonjësit e Bashkuar të Minierave të Amerikës, u ndjenë të detyruar të bashkonin sindikalizimin e Apalachisë, pas fundit të shekullit. Kompanitë e Fushës Qendrore të Konkurrencës, ranë dakord të bashkoheshin me sindikata, nëse sindikatat mund t'i detyronin minierat e Apalachisë t'u paguanin punonjësve të tyre të njëjtat paga si ato në CCF.

Para Luftës së Parë Botërore, pjesa veriore dhe qendrore e shtetit iu nënshtruan valës së sindikatave. Gjatë Luftës së Parë Botërore, UMWA, bëri fitime të konsiderueshme, pasi prodhimi amerikan i qymyrit u përshtat në nivele jashtëzakonisht të larta, për të mbështetur luftën.

Minatorët dhe njerëzit e kompanisë, i zinin pritë dhe vranë njëri-tjetrin rregullisht, në një mënyrë të ngjashme me paraardhësit e tyre të Luftës Civile. Shumë kufoma tregonin shenja gjymtimi. Me kërkesën e guvernatorit, Departamenti i Luftës dërgoi trupa të rregullta në katër raste të veçanta.

E fundit nga katër dislokimet ndodhi pas një ngjarjeje të njohur si **Masakra e Matewanit**. Në maj të vitit 1920, kryebashkiaku i Matewan, Cabell Testerman dhe shefi i policisë Sid Hatfield, u përpoqën të frenonin agjentët e Baldwin dhe Felts nga kryerja e urdhrave të dëbimit disa milje larg qytetit.

Historia, nuk e shënon se kush qëlloi i pari, por kryebashkiaku ra në shkëmbimin e parë të armëve. Papritmas të shtëna me pushkë ranë mbi agjentët e Baldwin dhe Felts nga disa ndërtesa në qytet. Është mjaft interesante, se gjykatat pritën që forcat federale të rivendosnin rendin (përpara se të hetonin incidentin), në vend që të vendosnin ligjin ushtarak, siç do ta lejonte Kushtetuta.

Mosgatishmëria e autoriteteve civile (për të sjellë para drejtësisë vrasësin e Hatfield), krijoi një përshtypje në mendjet e minatorëve të qymyrit, në shumë pjesë të vendit, se ligji dhe drejtësia amerikane, nuk ekzistonin më në ato qarqe.

Megjithatë, minatorët mbërritën dhe u organizuan përgjatë linjave ushtarake (*shumë prej tyre që kishin shërbyer në Luftën e Parë Botërore.*) Ata krijuan një sistem komunikimi dhe fjalëkalime, që asnjë pjesëmarrës nuk ua zbuloi kurrë, madje edhe historianëve shumë dekada më vonë. Përveç kësaj, për t'u dalluar nga njerëzit e papërfshirë, ata mbanin shami të kuqe rreth qafës (ndoshta nga origjina e fjalës, **qafë e kuqe.)** Ata mblodhën gjithashtu vagona komisarësh dhe sollën me vete klerikët dhe personelin mjekësor.

Ata paraqitën një pamje të frikshme për shtetin dhe autoritetet lokale, të cilët në mënyrë të **parashikueshme iu drejtuan Presidentit Warren G. Hardingpër ndihmë**. *Guvernatori Efraim Morgan madje la të kuptohet për ndikim të mundshëm bolshevik në radhët e tyre.*

Më në fund, Presidenti dërgoi gjeneralin Henry Bandholtz, i cili mbërriti më 25 gusht. Bandholtz erdhi me fjalë inkurajuese nga Harding si dhe kërcënime se udhëheqja e shtetit të UMWA do të merrte përgjegjësinë, për çdo telash që shkaktuan marshuesit. Ky takim i bindi me sukses minatorët të anulonin marshimin dhe ata filluan të organizonin transportin për t'i çuar të gjithë në shtëpi.

Një përleshje me armë zjarri shpërtheu sërisht, dhe la të vdekur dy minatorë në Madison. Dhuna u bë e pashmangshme. **Titujt e gazetave u shfaqën në The New York Times,** ndërsa dërgonin korrespondentë veteranë të luftës, për të mbuluar trazirat.

Qarku Logan u mobilizua për të ndaluar pushtuesit duke fortifikuar një kreshtë njëzet deri në tridhjetë milje të gjatë që shënon kufirin midis qarqeve Boone dhe Logan, duke i kushtuar vëmendje të veçantë kalimeve. Një pjesë e kreshtës, e quajtur Blair Mountain, do t'i jepte emrin fejesës. **Ato dërgun në barrikada 1200-1300 burra të armatosur me pushkë, mitralozë dhe çdo gjë tjetër, që njerëzit mund të sillnin në luftë.** Madje, një aeroplan me bomba të bëra vetë, mori pjesë për një kohë të shkurtër. *Beteja zgjati katër ditë, pasi minatorët u përpoqën pa sukses të pushtonin kalimet.* Forcat federale më në fund përfunduan betejën.

Sekretari i Luftës urdhëroi gjeneral brigade Billy Mitchell (më vonë u quajt babai i Forcave Ajrore të SHBA-së) dhe skuadron e tij të 88-të të bombarduesve të lehtë në Charleston (të plotësuar me armë kimike) dhe autorizimin për t'i përdorur ato. **Për fat të mirë, bombarduesit Martin MB-2 hasën në probleme teknike dhe fuqia ajrore nuk u bë kurrë e nevojshme.** Mbi 2,100 trupat nga Fort Thomas, Kentucky u treguan vendimtarë, sepse minatorët zgjodhën të mos përballeshin me pushtetin federal.

Gjyqet rezultuese të qindra minatorëve, për tradhti ndaj shtetit, nuk i zgjidhën kurrë çështjet themelore, për të cilat luftuan minatorët. Operatorët e qymyrit ruajtën të drejtën e tyre për të drejtuar minierat e tyre sipas dëshirës dhe sindikata nuk u ofroi më sfida serioze në atë dekadë. Vetëm në vitet *1930, Presidenti Franklin D. Roosevelt miratoi legjislacionin që nxori jashtë ligjit shumë nga praktikat e kompanisë që shkaktuan një tronditje të tillë.*

1922-1927 – Kina

Ushtria dhe marina amerikane, shtypin revoltën nacionaliste. **Pak histori. Incidenti Nanking**, ndodhi në mars 1927, gjatë kapjes së Nanjing (atëherë Nanking) nga Ushtria Revolucionare Kombëtare (NRA). Anijet luftarake të huaja, bombarduan qytetin, për të mbrojtur banorët e huaj kundër trazirave dhe plaçkitjeve.

Disa anije u përfshinë në angazhim, duke përfshirë anije të Marinës Mbretërore dhe të Marinës së SHBA-së. Marinsat zbarkuan gjithashtu për operacionet e shpëtimit, duke përfshirë rreth 140 forca holandeze. Të dy ushtarët nacionalistë dhe komunistë, brenda NRA morën pjesë në trazirat dhe plaçkitjen e pronave të huaja në Nanjing.

Nanjing në vitin 1927, ishte një port traktati i vendosur në brigjet jugore të lumit Yangtze, një rrugë e madhe ujore që ndan Kinën veriore dhe jugore. Për shkak se **interesat e huaja në Kinë ishin kryesisht amerikane dhe evropiane**, skuadriljet e anijeve detare të huaja u vendosën përgjatë Yangtze, për të mbrojtur qytetarët e tyre, që bënin biznes në portet e traktatit.

Marina Mbretërore Britanike, operoi stacionin e Kinës, nën admiralin e pasëm Sir Reginald Tyrwhitt dhe Marinën Amerikane Patrolën Yangtze; të dyja zgjatën për rreth 80 vjet deri në Luftën e Dytë Botërore.

Më 23 mars 1927, kur Ushtria Revolucionare Kombëtare (NRA) po afrohej me shpejtësi për të arritur në Nanjing, komandanti i luftës së Beiyang Zhang Zongchang dha urdhër që trupat e tij të mundura të tërhiqeshin nga qyteti. Disa nga ushtarët e tij, që nuk ishin në gjendje të tërhiqeshin në kohë, dezertuan dhe filluan të plaçkisnin pronat e huaja dhe sulmuan dy të huaj që ishin në rrugën e tyre.

Në mëngjesin e hershëm të 24 marsit, NRA filloi të hynte në Nanjing pa asnjë rezistencë nga ushtria e Zhang Zongchang. Më pas ata hynë në konsullatat britanike, amerikane dhe japoneze për të kërkuar për armiqtë e dyshuar të fshehur brenda, por u larguan paqësisht pasi nuk u gjet asnjë. Ushtarët me uniformë dhe banorët vendas kinezë, filluan trazira në shkallë të gjerë, kundër interesave të huaja, duke djegur shtëpi dhe duke sulmuar konsullatat britanike, amerikane dhe japoneze, si dhe vranë nënkryetarin amerikan të Universitetit Nanking, Dr. John Elias Williams, ndërsa po-thuajse vranë konsulli japonez.

Ushtria e 6-të e NRA, me kontingjentin e saj të madh të ushtarëve komunistë, grabiti sistematikisht shtëpitë dhe bizneset e banorëve të huaj dhe një amerikan, dy britanikë, një shtetas francez, një italian dhe një japonez u vranë nga ushtarët kinezë.

Snajperët kinezë, shënjestruan gjithashtu konsullin amerikan dhe marinsat që e ruanin, gjë që i detyruan të iknin në Socony Hill, ku strehoheshin shtetasit amerikanë.

Komandanti i NRA, Cheng Qian, rivendosi rendin në Nanjing dhe frenoi me sukses ushtarët nga veprimet e mëtejshme armiqësore kundër forcave të huaja, ndërsa i kërkoi Kryqit të Kuq të ndërmjetësonte një armëpushim me anijet detare të huaja. Në fund të asaj dite përfunduan të gjitha armiqësitë.

1923 – Meksika

Në luftën e brendshme civile për pushtet, *Meksika*, bombardohet nga avionët ushtarakë amerikanë. *Pak histori.* **Në vitin 1923,** dy beteja të tepërta të marinës u bombarduan dhe u fundosën nga avionët nën komandën e Brig. **Gjenerali WilliamBilly Mitchell** jashtë Cape Hatteras, për të përcaktuar efektivitetin e fuqisë ajrore, kundër anijeve sipërfaqësore të rënda.

Mitchell, *një avokat i hapur i fuqisë ajrore, kishte demonstruar në vitin 1921 atë që shumë strategë detarë e konsideronin të pamundur, që luftanijet mund të shkatërroheshin nga ajri, kur ai përdori aeroplanët, për të fundosur një luftanije të vjetër të tepërt.*

Dy vjet më vonë, ai vendosi eksperimentin në Cape Hatteras, për të përcaktuar nëse luftanijet mund të fundosen nga bombardimet e nivelit të lartë dhe për të matur potencialin që avionët të thirren në luftime nga distanca të gjata, për të kapur një anije luftarake armiqësore. Anijet e synuara, të cilat do të fshiheshin, sipas traktateve të kufizimit detar të pasluftës, ishin **New Jersey dhe Virginia 14,949 tonësh,** të ndërtuara midis viteve 1902 dhe 1906 me një kosto prej 6 milionë dollarë secila dhe të ankoruara 18 milje në juglindje të Kepit Hatteras.

Sulmet filluan në mëngjesin e 5 shtatorit 1923, ndërsa oficerët dhe personalitetet vëzhgonin nga një anije tjetër, avionët e parë fluturuan drejtpërdrejt në aksion nga Aeroporti Langley, Va., një distancë prej 175 miljesh, duke demonstruar mundësinë e sulmit me rreze të gjatë.

Avionët e mbetur nën Mitchell, fluturuan nga një fushë ajrore e përkohshme në Hatteras. New Jersey u granatua me bomba 600 paund nga 10,000 këmbë, të cilat e lanë anijen të dëmtuar dhe të rrjedhur. **Sulmi**

më pas u zhvendos në Virxhinia, e cila u fundos me trembëdhjetë bomba 1,100 paund nga 3,000 këmbë në vetëm 30 minuta. Atë pasdite aeroplanët u kthyen për të dërguar New Jersey-n, në fund në vetëm pak minuta.

Eksperimenti vërtetoi përfitimin e bombardimeve në lartësi të mëdha dhe aftësinë e goditjes me rreze të gjatë avioni. Megjithatë, debati mbi përdorimin e fuqisë ajrore, kundër anijeve vazhdoi derisa Lufta e Dytë Botërore, tregoi përfundimisht vlerën e fuqisë ajrore.

Kur koloneli amerikan i Luftës së Parë Botërore Ace Ralph O'Neill, u punësua për të drejtuar ristrukturimin e Forcave Ajrore Meksikane në vitin 1920, ai i raportoi gjeneralit Plutarco Elías Calles se shumica e avionëve në dispozicion duhej të zëvendësoheshin. Deri në gusht 1920, e gjithë flota përbëhej nga 13 prototipe kombëtare të dizajnit të motorëve të përzier.

O'Neill, ishte i pari që prezantoi termin *Fuerza Aérea Mexicana* (FAM), duke e emërtuar organizatën si të tillë. Hapi tjetër ishte formimi i skuadroneve të klasifikuara luftarake, bombarduese, vëzhguese dhe zbuluese, si dhe decentralizimi i njësive të Forcave Ajrore, në të gjithë vendin në baza strategjike.

Në vitet 1923-1929, *Meksika ishte zhytur në një valë rebelimesh të dhunshme territoriale, fetare dhe ushtarake të armatosura, të cilat kërkonin që Forca e re Ajrore të vendoste shpejt mbështetje kudo, që ushtria federale t'i kërkonte.* Këto konflikte u zgjidhën, duke përdorur vetëm epërsinë ajrore.

Më 7 dhjetor 1923, ish-presidenti Adolfo de la Huerta nisi një grusht shteti ushtarak (rebelim delahuertista), kundër qeverisë së Presidentit Álvaro Obregón.

Situata ishte jashtëzakonisht kritike, sepse së bashku me de la Huerta, rreth 60% e ushtrisë u revoltuan, duke përfshirë gjeneralë të ndryshëm të rangut të lartë, në të gjithë vendin. *Fuqia u anua në favor të forcave federale, kur SHBA ranë dakord të pajisnin qeverinë meksikane me një flotë avionësh të rinj de Havilland DH-4B të pajisur me motorin Liberty, të armatosur me mitralozë Lewis dhe Vickers dhe të aftë për të mbajtur bomba. Grushti ushtarak, u shua në shkurt 1924.*

Më pas, më 3 mars 1929, ndodhi një grusht shteti i rëndë ushtarak, i udhëhequr nga gjenerali José Gonzalo Escobar dhe i marrë parasysh nga gjeneralë të tjerë të ndryshëm. *Në këtë kontekst, qeveria meksikane e bindi qeverinë amerikane të promovojë paqen në jug të kufirit të saj dhe të vërë shpejt në dispozicion dymbëdhjetë OU-2M Corsair të rinj me motorin Wasp 400 kf, nëntë Douglas O-2M, katër Stearman C3B dhe gjashtë Waco Taper Wings.* Vetëm dy javë pasi bëri kërkesën, qeveria e SHBA-së ra dakord dhe disa pilotë meksikanë udhëtuan në Brownsville, Teksas dhe Nju Jork, për të marrë avionin e ri. [100][101][102]

1924-1925 - Honduras

Ndërhyrje ushtarake amerikane, dy herë në fushatën zgjedhore.

1925 - Panama

Ushtria amerikane dhe marinsat, shtypin një grevë të përgjithshme.

NË MESIN E SHEKULLIT XX

1932 - El Salvador

Marina e SHBA-së, shtyp rebelimin e Martí.*Pak histori.*Gjatë administrimit të **Presidentit Araujos**, El Salvador ishte ende duke luftuar ekonomikisht si rezultat i **Depresionit të Madh** botëror, që çoi në trazira sociale në të gjithë vendin. Në një përpjekje për të përmirësuar ekonominë, Araujo reduktoi buxhetin e ushtrisë dhe urdhëroi disa zyrtarë ushtarakë të tërhiqeshin.

Përpjekjet e tij u kundërshtuan fuqishëm nga ushtria, e cila organizoi një grusht shteti më 2 dhjetor 1931, duke rrëzuar Araujo dhe duke krijuar Drejtorinë Qytetare. Qeveria ushtarake, u shpërbë **dy ditë më vonë, kur Hernández Martínez u vetëshpall si presidenti në detyrë i vendit, megjithatë, qeveria e tij nuk u njoh nga SHBA.**

Grushti i shtetit të dhjetorit 1931, filloi një periudhë dyzet e tetë vjeçare të sundimit ushtarak në vend. Në pak ditë pas grushtit të shtetit, Partia Komuniste e El Salvadorit ishte *optimiste e kujdesshme* për grushtin e shtetit, duke i shkruar një letër të hapur qeverisë së Hernández Martínez, përmes gazetës së saj **Estrella Roja**. Përpara se Araujo të rrëzohej, zgjedhjet komunale dhe legjislative u caktuan për 15 dhjetor 1931, por pasi qeveria

---

[100]Burke Davis, The Billy Mitchell Story (1969).
[101]Emile Gauvreau and Lester Cohen, Billy Mitchell: Founder of Our Air Force and Prophet without Honor (1942).
[102]William Schwarzer, The Lion Killers: Billy Mitchell and the Birth of Strategic Bombing (2003).

e tij u përmbys, ushtria ricaktoi zgjedhjet komunale për 3-5 janar 1932 dhe zgjedhjet legjislative për 10-12 janar 1932.

Kur partia komuniste filloi të fitonte disa zgjedhje komunale në El Salvadorin perëndimor, qeveria anuloi rezultatet e të gjitha zgjedhjeve komunale. Zgjedhjet legjislative vazhduan më 10 janar, dhe pavarësisht nga kthimet e hershme të votimit, që tregonin një fitore komuniste në San Salvador, një rezultat zyrtar i vonuar njoftoi se tre jokomunistë fituan tre vendet e departamentit të San Salvadorit. *Dhuna, ndodhi gjatë gjithë procesit zgjedhor dhe të paktën tridhjetë komunistë u vranë në Ahuachapán.*

Pas vrasjeve masive, Hernández Martínez forcoi sundimin e tij, kur legjislatura konfirmoi presidencën e tij në 1932. Ai gjithashtu kërkoi të legjitimonte sundimin e tij nëpërmjet zgjedhjeve presidenciale në 1935, 1939 dhe 1944, në të cilat ai ishte i vetmi kandidat. Ai ushtroi kontrollin e vendit me anë të forces, nëpërmjet ushtrisë dhe nëpërmjet marrëdhënieve miqësore me pronarët dhe elitat e vendit.

Qeveria e Hernández Martínez,nuk u njoh nga SHBA, pasi erdhi në pushtet në 1931, për shkak të Traktatit të Paqes dhe Miqësisë së Amerikës Qendrore të vitit 1923, i cili mandaton nënshkruesit e tij të mos njohin asnjë qeveri që erdhi në pushtet nëpërmjet një grushti shteti.

Por ndodhi ajo që nuk pritej. **SHBA-ja, ndërroi mendje dhe njohën përfundimisht regjimin e ushtarak diktatorial** të **Hernández Martínez më 26 janar 1934,** jo për shkak të ideologjisë antikomuniste të qeverisë së tij, por sepse SHBA e perceptuan qeverinë e tij si sjellë stabilitet në vend.

Por, 10 vjet më vonë protestat masive në vend, çuan në dorëheqjen e Hernández Martínez në vitin 1944. Në vitin 1980, grupe të ndryshme milicie të krahut të majtë të Luftës Civile Salvadorane bashkuan forcat dhe formuan Frontin Çlirimtar Kombëtar Farabundo Martí (FMLN), të quajtur pas Martí, e cila vazhdon të ekzistojë si një nga partitë kryesore politike të El Salvadorit.

Në vitin 2010, Presidenti Mauricio Funes u kërkoi falje komuniteteve indigjene të El Salvadorit, për aktet brutale të persekutimit dhe shfarosjes të kryera nga qeveritë e mëparshme.

Në një deklaratë të bërë, gjatë inaugurimit të **Kongresit të Parë të Popujve Indigjenë**, ai tha: *"Në këtë kontekst dhe këtë frymë, qeveria ime dëshiron të jetë qeveria e parë që, në emër të Shtetit të El Salvadorit, të popullit të El. Salvadori dhe nga familjet e El Salvadorit, bëjnë një akt pendimi dhe u kërkojnë falje komuniteteve indigjene për persekutimin dhe shfarosjen e të cilave ata ishin viktima gjatë kaq shumë viteve".*

1932 - Washington DC (SHBA)

Ushtria Amerikane, shtyp me tanke dhe ushtri protestën e bonus-it, të veteranëve amerikanë të Luftës së Parë Botërore. *Pak histori.*Ushtria **Bonus,** ishte një grup prej 43,000 demonstruesish, **17,000 veteranë të përfshirjes së SHBA-së në Luftën e Parë Botërore,** familjet e tyre dhe grupet e lidhura, të cilët u mblodhën në Uashington, DC, në mesin e vitit 1932, **për të kërkuar riblerjen e hershme të çertifikatave të bonusit të shërbimit të tyre.**

Organizatorët i quajtën demonstruesit **Forca e Ekspeditës Bonus** (B.E.F.), për t'i bërë jehonë emrit të Forcave Ekspeditare Amerikane të Luftës së Parë Botërore, ndërsa mediat i quajtën ata si *Ushtria Bonus* ose *Marshuesit Bonus.* Demonstruesit, drejtoheshin nga **Walter W. Waters,** një ish rreshter.

Shumë nga veteranët e luftës, kishin mbetur pa punë, që nga fillimi i Depresionit të Madh. Akti i Kompensimit të Rregulluar nga Lufta Botërore i vitit 1924, u kishte dhënë atyre shpërblime në formën e çertifikatave, që nuk mund t'i riblenin deri në vitin 1945. Çdo çertifikatë, e lëshuar për një ushtar veteran të kualifikuar, kishte një vlerë nominale të barabartë me pagesën e premtuar të ushtarit me interes të përbërë. *Kërkesa kryesore e Ushtrisë Bonus, ishte pagesa e menjëhershme në para e çertifikatave të tyre.*

Më 28 korrik 1932, Prokurori i Përgjithshëm i SHBA-së William D. Mitchell, urdhëroi që veteranët të largoheshin nga e gjithë prona e qeverisë. **Policia e Washington-it, u përball me rezistencë, qëlloi mbi protestuesit dhe dy veteranë u plagosën dhe më vonë vdiqën.**

Presidenti Herbert Hoover më pas urdhëroi ushtrinë amerikane të pastronte kampin e marshuesve. Shefi i Shtabit të Ushtrisë **Gjenerali Douglas MacArthur** komandoi një kontigjent këmbësorie dhe kalorësie, të mbështetur nga **gjashtë tanke.**

Marshuesit e Ushtrisë Bonus me gratë dhe fëmijët e tyre, u dëbuan dhe strehimoret dhe sendet e tyre u dogjën. Një **Mars i Dytë,** më i vogël i Bonusit në vitin **1933,** në fillimin e administratës së Roosevelt-it u shpërnda në maj me një ofertë pune me Korpusin e Konservimit Civil (CCC) në Fort Hunt, Virxhinia, të cilën shumica e grupit e pranoi.

Në vitin 1936, Kongresi anuloi veton e Presidentit Roosevelt dhe u pagoi veteranëve bonusin e tyre nëntë vjet më herët.

Praktika e shpërblimeve ushtarake të kohës së luftës filloi në vitin 1776, si pagesa për diferencën midis asaj që një ushtar fitonte dhe asaj që mund të kishte fituar nëse nuk do të ishte regjistruar. Praktika, që rrjedh nga legjislacioni anglez i miratuar në sesionin e Parlamentit **1592-1993**, për të ofruar kujdes mjekësor dhe mirëmbajtje për veteranët me aftësi të kufizuara dhe shpërblime për ushtarët në shërbim.

Në gusht të vitit 1776, Kongresi miratoi ligjin e parë kombëtar të pensioneve, që parashikonte gjysmën e pages, për jetën për veteranët me aftësi të kufizuara. U bë presion i konsiderueshëm, për të zgjeruar përfitimet, për t'iu përshtatur sistemit britanik, për shërbimin e ushtarëve dhe marinarëve, por pati pak mbështetje nga qeveria koloniale derisa dezertimet masive në Valley Forge, që kërcënuan ekzistencën e Ushtrisë Kontinentale e çuan George Washingtonin të bëhej një avokat i fortë.

Para Luftës së Parë Botërore, bonusi i shërbimit ushtarak të ushtarëve (i përshtatur për gradën), ishte toka dhe paratë; një ushtarak i Ushtrisë Kontinentale mori 100 hektarë (40 ha) dhe 80,00 dollarë **(në vitin 2017: 1,968,51 dollarë)** në fund të luftës, ndërsa një gjeneral major mori 1,100 hektarë (450 ha).

Në vitin 1855, Kongresi e rriti minimumin e dhënies së tokës në 160 hektarë (65 ha) dhe i reduktoi kërkesat e pranueshmërisë në katërmbëdhjetë ditë shërbim ushtarak ose një betejë. Për më tepër, bonusi aplikohej edhe për veteranët e çdo lufte indiane. Sigurimi i tokës, përfundimisht u bë një çështje kryesore politike, veçanërisht në Tenesi, ku pothuajse 40% e tokës së punueshme u ishte dhënë veteranëve si pjesë e bonusit të tyre...

Më 15 qershor 1932, Dhoma e Përfaqësuesve e SHBA-së miratoi Projektligjin e Bonusit të Wright Patman (me një votim 211–176), për të çuar përpara datën, që veteranët e Luftës së Parë Botërore, të merrnin bonusin e tyre në para. Mbi 6,000 marshues bonus u mblodhën në Kapitolin e Amerikan më 17 qershor, ndërsa Senati i SHBA-së votoi projektligjin e bonusit. **Projektligji u rrëzua me një votim 62-18.**

Më 11 maj 1933, presidenti demokrat Roosevelt nxori një urdhër ekzekutiv, që lejonte regjistrimin e 25.000 veteranëve në Ku Klus Klan (KKK), duke i përjashtuar ata nga kërkesa normale, që aplikantët të ishin të pamartuar dhe nën moshën 25 vjeç.

Kongresi,me demokratët që mbanin shumicën në të dyja dhomat **(Dhoma e Përfaqsuesve dhe Senat), miratoi Aktin e Rregulluar të Pagesës së Kompensimit në 1936,** duke autorizuar pagesën e menjëhershme të 2 miliardë dollarëve në bonuset e Luftës së Parë Botërore, dhe më pas rrëzoi veton e Ruzveltit ndaj masës. Vota e Dhomës ishte 324 me 61, dhe vota e Senatit ishte 76 me 19.

Vitet 1941-1945

Lufta e Dytë Botërore, **marina dhe ushtria amerikane, luftuan me Japoninë, Italinë dhe Gjermaninë për 3 vjet dhe kryen bombardimin e parë atomik të dy qyteteve japoneze Hiroshima dhe Nagasaki, duke lënë mijëra te vrare te pafajshem dhe shkatërruar** *(krijuar tokën e djegur me pamje zombie...)* **për dekada ekologjinë (pasurinë bimore dhe shtazore), në ambientin natyror aty dhe përreth saj.***Pak histori.*Më 6 dhe 9 gusht 1945, Shtetet e Bashkuara shpërthyen dy bomba atomike mbi qytetet japoneze Hiroshima dhe Nagasaki. Bombardimet ajrore së bashku vranë midis 129,000 dhe 226,000 njerëz, shumica e të cilëve ishin civilë, dhe mbeten përdorimi i vetëm i armëve bërthamore në një konflikt të armatosur.

Japonia, iu dorëzua aleatëve më 15 gusht, 6 ditë pas bombardimit të Nagasakit dhe shpalljes së luftës nga Bashkimi Sovjetik, kundër Japonisë dhe pushtimit të Mançurisë së pushtuar nga Japonia. Qeveria japoneze nënshkroi instrumentin e dorëzimit më 2 shtator, duke i dhënë fund luftës.

Në vitin e fundit të Luftës së Dytë Botërore, aleatët u përgatitën për një pushtim të kushtueshëm të ishujve japonez. Kjo ndërmarrje u parapri nga një fushatë konvencionale bombardimi me zjarr, që shkatërroi 64 qytete japoneze.

Deri në korrik 1945, Projekti Manhattan i Aleatëve kishte prodhuar dy lloje bombash atomike: "Little Boy", një armë e ndarjes me armë të llojit të uraniumit të pasuruar dhe "Fat Man", një armë bërthamore e llojit të shpërthimit të plutoniumit. Aleatët kërkuan dorëzimin pa kushte të forcave të armatosura perandorake japoneze, në Deklaratën e Potsdamit më 26 korrik 1945, alternativa që ishte shkatërrimi i shpejtë dhe i plotë, ku *Qeveria japoneze e injoroi ultimatumin.*

Për bombardimin u mor pëlqimi i Mbretërisë së Bashkuar, siç kërkohej nga Marrëveshja e Kebekut, dhe urdhrat u dhanë më 25 korrik nga gjenerali Thomas Handy, shefi në detyrë i shtabit të Ushtrisë Amerikane, për përdorimin e bombave atomike kundër Hiroshima, Kokura, Niigata dhe Nagasaki. *Këto objektiva u zgjodhën sepse ishin zona të mëdha urbane që mbanin gjithashtu objekte të rëndësishme ushtarake.*

Më 6 gusht, një djalë i vogël u hodh në Hiroshima. Tre ditë më vonë, një burrë i shëndoshë u hodh në Nagasaki. Gjatë dy deri në katër muajt e ardhshëm, efektet e bombardimeve atomike vranë midis 90,000 dhe 146,000 njerëz në Hiroshima dhe 60,000 dhe 80,000 njerëz në Nagasaki, qysh në ditën e parë. Për muaj shumë njerëz vazhduan të vdisnin nga efektet e djegieve, sëmundjeve nga rrezatimi dhe lëndimeve, të shoqëruara nga sëmundjet dhe kequshqyerja. Megjithëse Hiroshima kishte një garnizon të konsiderueshëm ushtarak, shumica e të vdekurve ishin civilë.

Studiuesit dhe kritikët besojnë se bombardimet ishin të panevojshme, për përfundimin e luftës dhe një krim lufte, dhe theksojnë implikimet morale dhe etike të sulmit të qëllimshëm bërthamor ndaj civilëve.

Bomba e Little Boy, përveç ngarkesës së uraniumit, kishte dy përbërës uranium-235, një predhë cilindrike e zbrazët dhe një futje cilindrike e objektivit. Predha dhe tetë para-montimet e bombave (bomba pjesërisht të montuara pa ngarkesë pluhuri dhe përbërës të zbërthyeshëm), u larguan nga Hunters Point Naval Shipyard, Kaliforni, më 16 korrik në bordin e kryqëzorit USS Indianapolis dhe mbërritën në Tinian më 26 korrik. Futja e objektivit u pasua nga ajri më 30 korrik, i shoqëruar nga komandanti Francis Birch nga Projekti Alberta.

Bërthama e parë e plutoniumit, së bashku me iniciatorin e saj të iriqit polonium-berilium, u transportua nën kujdestarinë e korrierit të Projektit Alberta, Raemer Schreiber, në një kuti transporti me fushë magnezi të projektuar për këtë qëllim nga Philip Morrison.

Hiroshima, ishte objektivi kryesor i misionit të parë të bombardimeve atomike më 6 gusht, me Kokura dhe Nagasaki si objektiva alternative. Skuadron e Bombardimit 393d B-29 Enola Gay, i quajtur sipas nënës së Tibbets dhe i pilotuar nga Tibbets, u ngrit nga North Field, Tinian, rreth gjashtë orë kohë fluturimi nga Japonia. Enola Gay u shoqërua nga dy B-29 të tjerë. Reja e bombës atomike të Hiroshimës 2–5 minuta pas shpërthimit.

Për shkak të erës së kundërt, bomba humbi pikën e synimit, Urën Aioi, përafërsisht 240 m (800 ft) dhe shpërtheu drejtpërdrejt mbi Klinikën Kirurgjike Shima. Rrezja e shkatërrimit total ishte rreth 1.6 kilometra (1 mijë), me zjarre që rezultuan në 11 km² (4.4 mijë katrorë).

Mbi 90 për qind e mjekëve dhe 93% e infermierëve në Hiroshima u vranë ose u plagosën, shumica kishin qenë në zonën e qendrës së qytetit e cila mori dëmin më të madh. *Spitalet u shkatërruan ose u dëmtuan rëndë. Vetëm një mjek, Terufumi Sasaki, mbeti në shërbim në Spitalin e Kryqit të Kuq. Megjithatë, në orët e vona të pasdites, policia dhe vullnetarët kishin krijuar qendra evakuimi në spitale, shkolla dhe stacione tramvaji, dhe një morg u krijua në bib-*

liotekën Asano. Të mbijetuarit e shpërthimit u mblodhën për trajtim mjekësor, por shumë do të vdisnin përpara se të merrnin ndonjë ndihmë, duke lënë pas unaza kufomash rreth spitaleve.

Shumica e elementëve të shtabit të Ushtrisë së Dytë të Përgjithshme Japoneze po kalonin stërvitje fizike në terrenin e Kështjellës së Hiroshimës, mezi 820 metra (900 yd) nga hipoqendra. Sulmi vrau 3243 trupa në terrenin e paradës.

Kryebashkiaku Senkichi Awaya ishte vrarë, teksa hante mëngjes me djalin dhe mbesën e tij, në rezidencën e kryetarit të bashkisë, marshali Shunroku Hata, i cili ishte vetëm i plagosur lehtë, mori përsipër administrimin e qytetit dhe koordinoi përpjekjet e ndihmës. Shumë nga stafi i tij ishin vrarë ose plagosur për vdekje, duke përfshirë nënkolonelin Yi U, një princ i familjes perandorake koreane, i cili po shërbente si oficer i Shtabit të Përgjithshëm.

Oficeri i lartë i shtabit i mbijetuar i Hata-s ishte koloneli i plagosur Kumao Imoto, i cili vepronte si shefi i shtabit të tij. Ushtarët nga porti i padëmtuar i Hiroshima Ujina përdorën motobarka vetëvrasëse të klasit Shin'yō, që synonin të zmbrapsnin pushtimin amerikan, për të mbledhur të plagosurit dhe për t'i çuar poshtë lumenjve në spitalin ushtarak në Ujina. Kamionët dhe trenat sollën ndihma dhe evakuuan të mbijetuarit nga qyteti.

Bombardimi i Nagasakit.Përgjegjësia për kohën e bombardimit të dytë iu delegua Tibbets. I planifikuar për 11 gusht kundër Kokura, bastisja u zhvendos më herët (dy ditë), për të shmangur një periudhë pesë-ditore të parashikimit të motit të keq, që do të fillonte më **10 gusht 1945**.

Plani i misionit, për sulmin e dytë ishte pothuajse identik me atë të misionit të Hiroshimës, me dy B-29, që fluturonin një orë përpara si vëzhgues të motit dhe dy B-29 shtesë në fluturimin e Sweeney, për instrumente dhe mbështetje fotografike të misionit.

Pak minuta më vonë në orën 11:00 me kohën japoneze, **Artisti i Madh hodhi instrumentet e lidhura me tre parashuta**. *Këto instrumente përmbanin gjithashtu një letër të panënshkruar për profesorin Ryokichi Sagane, një fizikant në Universitetin e Tokios, i cili studioi me tre nga shkencëtarët përgjegjës për bombën atomike në Universitetin e Kalifornisë, Berkeley, duke i kërkuar atij t'i tregonte publikut për rrezikun e përfshirë armët e shkatërrimit në masë. Mesazhet u gjetën nga autoritetet ushtarake, por nuk iu dorëzuan Sagane deri një muaj më vonë.*

Arma Fat Man, që përmbante një bërthamë prej rreth 5 kg (11 lb) plutonium, u hodh mbi luginën industriale të qytetit. Ai shpërtheu 47 sekonda më vonë në orën 11:02 me kohën japoneze mbi një fushë tenisi, në gjysmë të rrugës midis Mitsubishi Steel and Arms Works në jug dhe Arsenalit Nagasaki në Veriu. Kjo ishte gati 3 km (1.9 mi) në veriperëndim të hipoqendrës së planifikuar. Shpërthimi u kufizua në Luginën Urakami dhe një pjesë e madhe e qytetit mbrohej nga kodrat. Shpërthimi, që rezultoi lëshoi energji ekuivalente prej 21 ± 2 kt.

Raporti i prefekturës së Nagasakit mbi bombardimin e karakterizoi Nagasakin **si një varrezë pa një gur varri në këmbë.**

Edhe pse bomba ishte më e fuqishme se ajo e përdorur në Hiroshima, efektet e saj u kufizuan nga shpatet e kodrave në luginën e ngushtë të Urakami. Nga 7,500 punonjës japonezë që punonin brenda fabrikës së Municioneve Mitsubishi, duke përfshirë studentë të *mobilizuar* dhe punëtorë të rregullt, 6.200 u vranë dhe rreth 17.000-22.000 të tjerë, që punonin në uzina dhe fabrika të tjera luftarake.

Vlerësimet e viktimave për vdekjet e menjëhershme ndryshojnë shumë, duke filluar nga 22.000 në 75.000. Të paktën 35.000-40.000 njerëz u vranë dhe 60.000 të tjerë u plagosën. *Në ditët dhe muajt pas shpërthimit, më shumë njerëz vdiqën nga plagët e tyre.***Fëmijë i djegur pjesërisht në Nagasaki. Foto nga fotografi japonez Yōsuke Yamahata, një ditë pasi shpërthimi dhe zjarret e ndërtesave ishin qetësuar.**

Pasi **forcat amerikane** kishin Japoninë nën kontrollin e tyre ushtarak, ata **vendosën censurë në të gjitha imazhet e tilla, duke përfshirë ato nga bombardimet konvencionale të Tokios; kjo pengoi shpërndarjen e fotografive të Yamahata. Këto kufizime u hoqën në vitin 1952**.

Rrezja e shkatërrimit total ishte rreth 1.6 km (1 mi), e ndjekur nga zjarre në të gjithë pjesën veriore të qytetit deri në 3.2 km (2 mi) në jug të bombës, ku rreth 58% e fabrikës së armëve Mitsubishi u dëmtua dhe rreth 78% e Mitsubishi Steel Works.

Sikurse në Hiroshima, edhe në **Nagasaki** bombardimi i zhvendosi keq objektet mjekësore të qytetit. Trenat ishin ende në lëvizje dhe evakuan shumë viktima në spitalet në qytetet e afërta. Një ekip mjekësor nga një spital detar arriti në qytet në mbrëmje dhe brigadat zjarrfikëse nga qytetet fqinje ndihmuan në shuarjen e zjarreve.

Dorëzimi i Japonisë. Këshilli i luftës i Japonisë ende këmbënguli në katër kushtet e tij për dorëzim. **Perandori**, kishte rënë dakord të mbante një konferencë perandorake dhe dha një tregues të fortë se perandori do të pranonte të dorëzohej me kusht që kokutai të ruhej.

Japonia, do të pranonte kushtet e tyre (aleatëve perëndimorë) me një kusht, që deklarata "*Nuk përfshin asnjë kërkesë që paragjykon prerogativat e Madhërisë së Tij si sundimtar Sovran.*"

Më 12 gusht 1945, Perandori informoi familjen perandorake për vendimin e tij për t'u dorëzuar. Një nga xhaxhallarët e tij, Princi Asaka, më pas pyeti nëse lufta do të vazhdonte nëse kokutai nuk mund të ruhej.

Asokohe kushtet aleateve dukej se e lanë të paprekur parimin e ruajtjes së Fronit, Hirohito regjistroi më 14 gusht njoftimin e tij kapitullues, i cili iu transmetua kombit japonez të nesërmen, pavarësisht një tentative grusht shteti ushtarak nga militaristët që kundërshtojnë dorëzimin.

Viktimat pas sulmit. Rreth 90.000 deri në 140.000 njerëz në Hiroshima (deri në 39 përqind e popullsisë) dhe 60.000 deri në 80.000 njerëz në Nagasaki (deri në 32 përqind e popullsisë) vdiqën në vitin 1945, edhe pse numri që vdiq menjëherë si rezultat i ekspozimi ndaj shpërthimit, nxehtësisë ose për shkak të rrezatimit është i panjohur.

Një raport i Komisionit për viktimat e bombës atomike tregon 6,882 njerëz të ekzaminuar në Hiroshima dhe 6,621 njerëz të ekzaminuar në Nagasaki, të cilët ishin kryesisht brenda 2.000 metrave (6.600 ft) nga hipoqendra, të cilët pësuan lëndime nga shpërthimi dhe nxehtësia, por vdiqën nga komplikimet e shoqëruara shpesh nga rrezatimi akut sindromi (ARS), të gjitha brenda rreth 20 deri në 30 ditë.

Shumë njerëz që nuk u plagosën nga shpërthimi përfundimisht vdiqën, brenda asaj periudhe kohore gjithashtu pasi vuajtën nga ARS. Në atë kohë, mjekët nuk e kishin idenë se cili ishte shkaku dhe nuk ishin në gjendje ta trajtonin në mënyrë efektive gjendjen.

Lëndimet konvencionale të lëkurës, që mbulojnë një zonë të madhe shpesh rezultojnë në infeksion bakterial; Rreziku i vdekjes rritet, kur një dozë rrezatimi zakonisht jo-vdekjeprurëse e shtyp në mënyrë të moderuar numrin e qelizave të bardha të gjakut.

Në pranverën e vitit 1948, Komisioni për viktimat e bombës atomike (ABCC), u krijua në përputhje me një direktivë presidenciale nga Truman, për Akademinë Kombëtare të Shkencave-Këshilli Kombëtar i Kërkimeve, për të kryer hetime mbi efektet e vonshme të rrezatimit midis të mbijetuarve në Hiroshima dhe Nagasaki.

Sëmundjen ekancerëve, nuk shfaqen menjëherë pas ekspozimit ndaj rrezatimit; në vend të kësaj, kanceri i shkaktuar nga rrezatimi, ka një periudhë minimale latente prej rreth pesë vjet e lart, dhe leucemia rreth dy vjet e lart, duke arritur kulmin rreth gjashtë deri në tetë vjet më vonë.

Pothuajse të gjitha rastet e leukemisë, gjatë 50 viteve në vijim ishin te njerëzit e ekspozuar ndaj më shumë se 1 Gy. Në një mënyrë rreptësisht të varur në varësi të distancës së tyre nga hipoqendra, në Studimin e Kohëzgjatjes së Jetës të vitit 1987, të kryer nga Fondacioni i Kërkimit të Efekteve të Rrezatimit, një tepricë statistikore prej 507 kanceresh, me vdekje të pacaktuar, u vëzhguan në 79.972 hibakusha që kishin jetuar ende mes viteve 1958 dhe 1987 dhe që mori pjesë në studim.

Ndërsa studimi epidemiologjik vazhdon me kalimin e kohës, RERF vlerëson se, nga viti 1950 deri në vitin 2000, 46 për qind e vdekjeve nga leuçemia, që mund të përfshijnë Sadako Sasaki dhe 11 për qind të kancereve të ngurta të vdekjes së paspecifikuar, ka të ngjarë për shkak të rrezatimit nga bombat ose ndonjë tjetër pas sulmojnë efektet e qytetit, me tejkalimin statistikor që është 200 vdekje nga leuçemia dhe 1700 kancere të ngurta me vdekje të padeklaruar.[103][104][105][106][107][108][109][110][111][112][113][114][115][116][117]

[103] Asada, Sadao (June 2007). Culture Shock and Japanese-American Relations: Historical Essays. University of Missouri Press. p. 228. ISBN 978-0-8262-6569-2. Retrieved 25 July 2023.

[104] "The Final Months of the War With Japan. Part III (note 24)". Central Intelligence Agency. Archived from the original on 12 June 2007. Retrieved 17 December 2013.

[105] Laurence M. Vance (14 August 2009). "Bombings Worse than Nagasaki and Hiroshima". The Future of Freedom Foundation. Archived from the original on 13 November 2012. Retrieved 8 August 2011.

[106] **"History of 509th Composite Group – 313th Bombardment Wing – Twentieth Air Force – Activation to 15 August 1945"** (PDF). Tinian: Air Force Historical Research Agency. 1945. pp. 17–22. Archived from the original (PDF) on 27 January 2012. Retrieved 1 February 2012.

[107] "The Nagasaki atomic bomb damage records, Part 2 Section 1 Chapter 1: Period leading up to the atomic bombing". Nagasaki National Peace Memorial Hall for the Atomic Bomb Victims. Retrieved 29 March 2023.

[108] Harry S. Truman, Diary, July 25, 1945. File Unit: Ross, Mr. And MRS. Charles G. (**Truman's Potsdam diary**), 1945–1953. Harry S. Truman Presidential Library and Museum. 25 July 1945. Retrieved 23 October 2020.

[109] United States Strategic Bombing Survey (June 1946). "**U. S. Strategic Bombing Survey: The Effects of the Atomic Bombings of Hiroshima and Nagasaki**". Nuclear Age Peace Foundation. Archived from the original on 11 October 2004. Retrieved 26 July 2009.

[110] **"The Atomic Bombing of Hiroshima, Aug 6, 1945"**. United States Department of Energy. Archived from the original on 24 June 2010. Retrieved 25 June 2010.

Më 7 korrik 2017, më shumë se 120 vende votuan, për miratimin e Traktatit të OKB-së, për Ndalimin e Armëve Bërthamore. **Që nga viti 2023, Japonia nuk e ka nënshkruar traktatin.**

1943 - Detroit (Michigan, SHBA)

Qeveria amerikane shtyp revoltën e amerikanëve ose sikurse njihen ndryshe njerëzve me ngjyrë afrikano-amerikanë. *Pak histori.* **Trazirat apo revoltat masive**, në qytetin e madh industrial të Detroitit në verën e vitit 1943, ishin të bazuar mbi racizmin, e cila zbuloi në shesh realitetin e jetës së vështrirë, në kushte të këqija jetese dhe akses të pabarabartë në mallra dhe shërbime të tjera brenda komunitetin me ngjyrë amerikanë, në krahasim me pjesët e tjera të shoqërisë amerikane. Rritja e dukshme industriale, e bëri qytetin e Detroitit **potencialin e demokracisë**, e cila gjeneroi dhe tregoi asokohe një trazirë më të thellë sociale, që shpërtheu gjatë verës së vitit 1943.

Asokohe qyteti industrial i Detroitit në shtetin Michigan, nuk ishte i vetëm në trazirat e tij atë verë, megjithëse dhuna dhe trazirat civile që ndodhën atje ishin disa herë më të mëdha në historinë e SHBA-së.

Para dhe gjatë Luftës së Dytë Botërore, punëtorët migruan në veri të shteteve të mëdha industrial të SHBA-së, për të kërkuar punësim në fabrika, në një numër kaq të madh sa që Detroit-i nuk ishte në gjendje t'i merrte ato në mënyrë menjëherë.

Për shkak se njerëzit me ngjyrë (*Black Detroiters*), trajtoheshin ende si qytetarë të klasit të dytë, ata vuajtën në mënyrë disproporcionale nga racionimi i kohës së luftës dhe tendosjet e përgjithshme në qytet. Fabrikat

---

[111]Hersey, John (1946). **Hiroshima**. Knopf.

[112]"**Statement by the President Announcing the Use of the A-Bomb at Hiroshima**". Harry S. Truman Presidential Library and Museum. 6 August 1945. Archived from the original on 12 June 2019. Retrieved 2 April 2015.

[113]Kort, Michael. "**The Historiography of Hiroshima: The Rise and Fall of Revisionism**." New England Journal of History 64.1 (2007): 31–48. online.

[114]**Reconstruction video of the bombing of Hiroshima** on YouTube.

[115]**Hiroshima, 1945, Movietone Moment** on YouTube.

[116]Sekimori, Gaynor (1986). **Hibakusha: Survivors of Hiroshima and Nagasaki**. Tokyo: Kosei Publishing Company. ISBN 978-4-333-01204-6.

[117]**Hiroshima & Nagasaki Remembered 2005 website commemorating 60th anniversary**.

ofronin punësim, por jo strehim, dhe për shkak se të bardhët mbronin me dhunë kufijtë e lagjeve të tyre të ndara, banorët me ngjyrë asokohe nuk kishin zgjidhje tjetër, veçse të vuanin në kushte të këqija jetese.

Mbi 200,000 banorët njerëz me ngjyrë të qytetit të madh Detroit, u margjinalizuan në apartamente të vogla, të ndara që shpesh strehonin familje të shumta, kryesisht në disa pjesë të vogla të qytetit. Një nga këto lagje përbëhej nga 60 blloqe katrore në anën lindore të qytetit, një zonë e njohur si **Lugina e Parajsës dhe Fundi me Ngjyrë.**

Për shkak se thjesht nuk kishte hapësirë për t'u zgjeruar në lagjet tashmë ekzistuese amerikane (afrikano-amerikane), qyteti u përpoq të ndërtonte një projekt banimi për njerëzit me ngjyrë, në atë që përndryshe ishte një lagje e të bardhëve, megjithëse pranë lagjes me mbizotërim të njerëzve me ngjyrë të **Conant Gardens**.

Në vitin 1942, një turmë prej më shumë se një mijë të njerëzve të bardhë, disa prej të cilëve ishin të armatosur, ndezën një kryq në zjarr dhe me zemërim piketuan ardhjen e fqinjëve të tyre me ngjyrë (afrikano-amerikanë).

Punëtorët me ngjyrë, në ato momente, u përballën me racizëm të dhunshëm edhe në punë. Në muajin qershor të vitit 1943, punëtorët e bardhë ndaluan prodhimin (punën), për të protestuar kundër promovimit të bashkëpunëtorëve të tyre afrikano-amerikanë. Fabrika të tjera, u përballën me ngadalësime të zakonshmc nga të bardhët fanatikë, që refuzuan të punonin së bashku me afrikano-amerikanët.

Poshtërimi dhe pakënaqësia nga secila anë, u përhap në të gjitha aspektet e luftës së Detroit-it, gjatë kohës së luftës dhe nga fillimi i viteve 1940, luftimet në rrugë me motive racore ishin të zakonshme. **Ku Klux Klan,** *i themeluar dhe drejtuar ndër dekada dhe demokratët politikë amerikanë, ishte aktive në rajon dhe trazirat kishin shpërthyer tashmë në qytete të tjera të SHBA-së.*

Më 20 qershor 1943, ndërsa rreth 100,000 qytetarë mbushën sheshin në Belle Isle, të rinjtë e bardhë dhe me ngjyrë, u përfshinë në luftime me motive racore në ishull. Ndonëse policia e mbylli dhunën në mesnatë, tensionet u rritën dhe më vonë atë natë, dy thashetheme çuan në aksione ndezëse nga të dyja palët.

Amerikanët me ngjyrë (afrikano-amerikanë), në Forest Social Club në Paradise Valley, **u tha se njerëzit e bardhë, kishin hedhur një grua me ngjyrë dhe foshnjën e saj nga Ura Belle Isle.** Ndërsa *këto thashetheme u përhapën, trazirat filluan rreth zonës së Forest dhe Hastings Street dhe u zhven-*

dosën në veri, me thyerjen e xhamave, plaçkitjen e bizneseve të bardhë dhe sulmimin e individëve të bardhë.

Në një zonë aty pranë, të bardhët e zemëruar ishin mbledhur, pasi dëgjuan se burrat me ngjyrë kishin përdhunuar një grua të bardhë, pranë së njëjtës urë. Rreth orës 4 të mëngjesit, një turmë burrash të bardhë u formua pranë Teatrit Roxy në Woodward. Kur u shfaq filmi, burrat me ngjyrë që po dilnin nga teatri u rrethuan dhe u rrahën.

Motoristët e zinj u qëlluan me gurë gjithashtu nga rebelët e bardhë. Ndërsa u përhap lajmi për të dy incidentet, u përhap edhe dhuna. Turmat e bardha përmbysën makinat në pronësi të zezakëve dhe u vunë flakën dhe rrahën burrat e zinj, ndërsa policët e bardhë shikonin.

Mjeku i bardhë Joseph DeHoratiis, u rrah për vdekje teksa bënte një telefonatë në Paradise Valley. Udhëheqësit e komunitetit afrikano-amerikan iu lutën kryetarit të bashkisë Edward J. Jeffries, që të thërriste ndihmë **nga trupat kombëtare**, gjë që ai bëri atë mëngjes, duke thirrur për ndihmë Guvernatorin e Miçiganit, Harry Kelly.

Dhuna u frenua nga mbërritja e mbi 3500 trupave me xhipa dhe transportues të blinduar, të armatosur me armë automatike. Rrugët u bënë bosh rreth mesnatës, me shumicën e banorëve të tmerruar për të lënë shtëpitë e tyre. **Nëntë të bardhë dhe 25 afrikano-amerikanë u vranë në trazirat e vitit 1943. Asnjë individ i bardhë nuk u vra nga policia, ndërsa 17 afrikano-amerikanë vdiqën nga dhuna e policisë. Raportohet se janë plagosur 675 persona, me dëme që arrijnë në dy milionë dollarë.**

Një komitet faktmbledhës, i krijuar nga Guvernatori Kelly, paraqiti një raport, të bërë publik në gusht 1943, të titulluar Raporti Faktual i Komitetit për Hetimin e Trazirave të ndodhura në Detroit më 21 qershor 1943. **Ky raport injoroi kryesisht pabarazitë sociale që kontribuan në ngjarje.**

Trazirat e garave të Detroitit të vitit 1943, u zhvilluan në qytetin amerikan të Detroit, Michigan nga mbrëmja e 20 qershorit deri në mëngjesin e hershëm të 22 qershorit. Ajo ndodhi në një periudhë të rritjes dramatike të popullsisë dhe tensioneve sociale, të lidhura me grumbullimin ushtarak të pjesëmarrjes së SHBA-së në Luftën e Dytë Botërore, ndërsa industria e automobilave në Detroit, u shndërrua në përpjekjet e luftës.

Tensionet ekzistuese sociale dhe mungesa e banesave u përkeqësuan nga ndjenjat raciste, për ardhjen e afro 400,000 emigrantëve, si afrikano-amerikanë dhe jugorë të bardhë, nga Shtetet e Bashkuara Juglindore, midis viteve 1941 dhe 1943. Emigrantët e rinj konkurruan për hapësirë dhe punë, si dhe kundër emigrantët evropianë dhe pasardhësit e tyre. Trazirat u përshkallëzuan në qytet, pasi u përhap një thashethem i rremë, se një turmë e bardhësh kishte hedhur një nënë me ngjyrë dhe foshnjën e saj në lumin Detroit.

Njerëzit me ngjyrë plaçkitën dhe shkatërruan pronat e të bardhëve si hakmarrje. Të bardhët kaluan Woodward në Veron, ku vazhduan të japin bakshish mbi 20 makina, që i përkisnin familjeve me ngjyrë.

Trazirat e Detroitit, ishin një nga pesë atë verë dhe pasoi ato në qytetin e New York-ut, Los Angeles (The Zoot Suit Riot), Beaumont, Teksas, dhe Mobile, Alabama.

Trazirat në Detroit, filluan mes të rinjve në Belle Isle Park më 20 qershor 1943. Ato u përhapën në zona të tjera të qytetit dhe u përkeqësuan nga thashethemet e rreme, për sulme racore, në komunitetet e zeza dhe të bardha. Ato vazhduan deri më 22 qershor.

Trazira u shtyp, pasi 6000 trupa federale u urdhëruan të hynin në qytet, për të rivendosur paqen. Gjithsej 34 persona u vranë, 25 prej tyre me ngjyrë dhe shumica në duart e forcave të policisë së bardhë, ndërsa 433 u plagosën (75 për qind e tyre me ngjyrë) dhe u shkatërruan prona me vlerë 2 milion dollarë (me vlerë 30.4 milion dollarë në 2020).[118]

1946 – Irani

Iranianët, largohen nga pjesa veriore e vendit, përballë një kërcënimi bërthamor të SHBA-së.*Pak histori*. Kriza e Iranit e vitit 1946, e njohur gjithashtu si Kriza e Azerbajxhanit **në burimet iraniane, ishte** *një nga krizat e para të Luftës së Ftohtë*, **e shkaktuar nga refuzimi i Bashkimit Sovjetik të Josif Stalinit, për t'u dorëzuar territorin iranian të pushtuar, pavarësisht garancive të përsëritura.**

Fundi i Luftës së Dytë Botërore, duhet të kishte rezultuar në fundin e okupimit të përbashkët aleat të Iranit. Në vend të kësaj, iranianët prosovjetikë shpallën Qeverinë Separatiste Popullore të Azerbajxhanit dhe Republikën Separatiste Kurde të Mahabadit.

Presioni i SHBA-së ndaj Bashkimit Sovjetik për t'u tërhequr, është dëshmia më e hershme e suksesit me strategjinë e re të **Doktrinës Truman** dhe frenimit. Në gusht-shtator 1941, Irani Pahlavi ishte pushtuar bashkërisht nga fuqitë aleate të Ushtrisë së Kuqe Sovjetike në veri dhe nga bri-

---

[118]Shih: **1967 Detroit rio,t, Detroit race riot of 1863, Harlem riot of 1943, List of incidents of civil unrest in the United States.**

tanikët në qendër dhe në jug. Irani u përdor nga amerikanët dhe britanikët si një rrugë transporti, për të siguruar furnizime jetike për përpjekjet e luftës të Bashkimit Sovjetik.

Pas pushtimit të Iranit, ato forca aleate ranë dakord të tërhiqeshin nga Irani brenda gjashtë muajve, pas ndërprerjes së armiqësive. Megjithatë, kur ky afat erdhi në fillim të vitit 1946, sovjetikët, nën udhëheqjen e Jozef Stalinit, mbetën në Iran. Aleanca e forcave kurde dhe popullore të Azerbajxhanit, e mbështetur në armë dhe stërvitje nga Bashkimi Sovjetik, u angazhua në luftime me forcat iraniane, duke rezultuar në 2000 viktima.

Negociatat nga kryeministri iranian Ahmad Qavam dhe presioni diplomatik mbi sovjetikët nga SHBA, përfundimisht çuan në tërheqjen sovjetike dhe shpërbërjen e shteteve separatiste azere dhe kurde.

Në qershor të vitit **1941, Mbretëria e Bashkuar dhe Bashkimi Sovjetik pushtuan bashkërisht Iranin neutral** si një masë parandaluese, duke filluar më 25 gusht 1941, dhe e justifikuan pushtimin e tyre me nevojën për të përdorur Iranin si një portë për dërgimin e furnizimeve të huadhënies me qira në Bashkimin Sovjetik nga India Britanike.

Irani, ishte ndarë për një kohë të gjatë midis zonave të njëkohshme të ndikimit të Britanisë dhe Rusisë, por deri atëherë kishte arritur të qëndronte i pavarur, pavarësisht nga disa ndërhyrje të huaja, duke përfituar nga rivaliteti midis dy fuqive rivale.

Gjatë gjithë pjesës tjetër të Luftës së Dytë Botërore, *Mbretëria e Bashkuar dhe Shtetet e Bashkuara përdorën Iranin si një linjë të rëndësishme furnizimi, për përpjekjet e luftës sovjetike kundër Gjermanisë naziste.*

Tridhjetë mijë trupa amerikane jo luftarake mbërritën për të lëvizur këto furnizime dhe tranziti përmes Iranit, u quajt më vonë **një urë drejt fitores.** Në Konferencën e Teheranit në vitin 1943, Tre të Mëdhenjtë dhanë garanci shtesë, në lidhje me sovranitetin dhe integritetin territorial të ardhshëm të Iranit, si dhe një premtim për të ndihmuar në rindërtimin dhe zhvillimin e tij të pasluftës.

SHBA, ushtronin vazhdimisht presion të fortë mbi Bashkimin Sovjetik në faza, për të detyruar tërheqjen e Ushtrisë së Kuqe nga Irani dhe për të zvogëluar ndikimin sovjetik. Pas një proteste zyrtare të SHBA-së, Këshilli i Sigurimit i OKB-së miratoi Rezolutën 2, më 30 janar 1946 dhe sovjetikët u përgjigjën më 24 mars 1946 për tërheqje.

Më 15 dhjetor 1946, SHBA-të mbështetën qeverinë e Shahut, në dërgimin e ushtrisë iraniane, për të ripushtuar Mahabadin dhe Azerbajxhanin. Drejtuesit e enklavës së Azerbajxhanit në Iran ikën në SSR të

Azerbajxhanit, dhe udhëheqësit e Republikës Kurde u gjykuan dhe u dënuan me vdekje. Ata u varën në sheshin Chwarchira në qendër të Mahabadit në vitin 1947.

Më 11 shtator 1947, ambasadori i SHBA-së George V. Allen *dënoi publikisht frikësimin dhe detyrimin e përdorur nga qeveritë e huaja, për të siguruar koncesione tregtare në Iran dhe premtoi mbështetjen e plotë të SHBA-së për Iranin, për të vendosur lirisht për burimet e veta natyrore.*

Veprimet e Presidentit Truman, hodhën themelet e marrëdhënieve të SHBA-së me Iranin *dhe bazoheshin në kuptimin e tij për natyrën e sistemit sovjetik dhe prirjet e tij ekspansioniste, si dhe në bindjen e tij se kërcënimet dhe agresioni sovjetik duhet të frenohen. me forcë nëse është e nevojshme.*

Presidentët e SHBA-së, më pas zgjeruan dhe rafinuan politikat e tyre ndaj Iranit, duke zgjeruar ndihmën ekonomike dhe teknike, duke forcuar potencialin e tij ushtarak dhe krijuar lidhje më të ngushta kulturore, duke integruar Iranin në sistemin rajonal të sigurisë, që përfshin vendet e tjera të *shtresës veriore* të Lindja e Mesme dhe Gjiri Persik.

1946 - Jugosllavia

Një kërcënim bërthamor nga Shtetet e Bashkuara, në përgjigje të rrëzimit të një aeroplani amerikan. *Pak histori.* **Kërcënimet Bërthamore dhe Kriza Jugosllave e vitit 1946.** Të dhënat historike për *krizën jugosllave* janë të pakta, kryesisht për shkak të parëndësisë së saj. **Më 9 gusht 1946,** një aeroplan transporti i USAAF C-47, u qëllua dhe u rrëzua me forcë mbi Lubjanë. Ekuipazhi i saj u mbajt peng. Dhjetë ditë më vonë, pranë qytetit jugosllav Bled, një C-47 e dytë u qëllua nga një luftëtar jugosllav, këtë herë duke vrarë të pesë anëtarët e ekuipazhit.

Asokohe iu dërgua *një ultimatum shtetit dhe Qeverisë së Jugosllavisë, duke kërkuar lirimin e avionëve të kapur.* Ndërsa këto ngjarje ndodhën në një sfond të rritjes së tensionit ndërkombëtar, ideja se një bombë atomike, që mund të ishte hedhur në Jugosllavi ishte e frikshme. Përpara incidenteve të C-47, **Jugosllavia ishte kandidate për ndihmë amerikane të Planit Marshall.**

Ndoshta e vetmja pasojë e madhe e krizës, ishte humbja e të ardhurave të mundshme dhe Jugosllavia, rezistente e ashpër ndaj ekspansionizmit sovjetik, mbeti një shtyllë e strategjisë në zhvillim të Amerikës për kontroll. C-47-të e rrëzuar nuk paraqisnin aq një mundësi për veprim ushtarak, sesa një shans për të dërguar një sinjal për rusët. Qëllimi i sinjalit ishte të ndikonte në rezultatin e krizës reale, e cila ishte diku tjetër.

Më 15 gusht 1946, Presidenti Truman mbajti një takim në Shtëpinë e Bardhë. Tema e tij nuk ishin incidentet e C-47 në Jugosllavi, por kërkesat e ripërtëritura sovjetike, për kontroll të përbashkët të ngushticave të Detit të Zi. Këto, mendonte administrata Truman, të cilat **pasqyronin një dëshirë, për të kontrolluar dhe dominuar** Turqinë.

Nëse nuk mund të parandalohej, do të ishte pothuajse e pamundur të ndalohej dominimi rus, në të gjithë Lindjen e Afërt dhe të Mesme.

Qëllimi sovjetik, ishte të rinegocionte *Konventën e Montreos të vitit 1936*, e cila vendosi të drejtën e Turqisë, për të armatosur ngushticat dhe për të vulosur kalimin, kur përfshihej ose kërcënohej nga lufta. Politika turke, kishte pak peshë në epokën e para Luftës së Ftohtë dhe **Traktati** ishte i një rëndësie të vogël. Në dritën e tensioneve të reja, **kërkesat ruse, për kontroll të përbashkët, kishin një nënton të keq.**

Më herët në vitin 1946, dyshimet sovjetike ishin nxitur nga krijimi i Komandës Ajrore Strategjike të SHBA-së në Dhahran. Tani ishte prania në rritje e marinës amerikane në Mesdhe ajo që po shkaktonte shqetësime të reja dhe po i bënte ngushticat qendrore, për politikën e jashtme sovjetike. **Pra, amerikanët asokohe dhe sot, kërkojnë të dominojnë botën, duke u bërë kështu polici me kamxhik ndërkombëtar, duke i futur hundët dhe duart në punët e shtetëve të tjera jo amerikane.**

Në muajin prill luftanija amerikane Misuri, kishte mbërritur në Stamboll, e cila ishte **luftanija e parë amerikane, që hodhi spirancën në Ngushticën e Bosforit.** Ngritja e marinës amerikane, ishte vetë rezultat i shqetësimit në rritje për synimet sovjetike në Greqi dhe Turqi dhe Shtetet e Bashkuara kishin nxituar si polic i ri, të mbushnin boshllëkun e lënë nga tërheqja e forcave britanike nga Mesdheu. Presioni i fundit sovjetik, ishte një përpjekje, për të përjashtuar të gjitha fuqitë e jashtme nga çdo interes në Ngushticat detare të botës.

Më 7 gusht Presidenti Truman, mori një Ultimatum nga Bashkimi Sovjetik dhe u takua me këshilltarët e tij më 15 gusht, për të bashkërenduar një përgjigje. Pikërisht në këtë periudhë supozohet se **kriza jugosllave,** ka qenë në kulmin e saj. Në fakt, Sekretari në detyrë i Shtetit Dean Acheson, Sekretari për Marinën James Forrestal dhe ushtruesi i detyrës së Sekretarit për Luftën Kenneth Royal e kishin kaluar javën duke u angazhuar në takime në lidhje me ngushticat.

Incidentet C-47, ishin një shpërqendrim i vogël dhe përgjigja amerikane pajtuese. *Politikëbërësit në Washington D.C., ishin shumë më të* *shqetësuar, për lëvizjet e trupave në Transkaukazi dhe Bullgari.*

Kur SHBA i dhanë ultimatumin e tyre Jugosllavisë mbi C-47, qëllimi, nëse kishte një të tillë, ishte të sinjalizonte vendosmërinë ndaj Bashkimit Sovjetik. Nga ana e tjetër, një refuzim i kërkesave sovjetike për ngushticat, iu dorëzua ambasadorit sovjetik një ditë më vonë, e cila përkon me lëvizjen e shkatërruesve të Flotës së Dymbëdhjetë në Mesdhe dhe urdhërimin e aeroplanmbajtëses Roosevelt në Athinë.

Larg nga kërcënimi i hedhjes së një bombe atomike në Jugosllavi, siç pretendojnë shumë burime të disponueshme zakonisht, Washington-i e konsideroi **krizën e Jugosllavisë** si një ndërhyrje periferike, duke provokuar pak përgjigje dhe me pak pasoja. Jugosllavia, e cila ende qëndronte në ekuilibrin midis aleancave lindore dhe perëndimore, konsiderohej për amerikanët po aq sa një aleat i mundshëm aq edhe një armik.

1947 – Uruguai

I vendosur si një kërcënim për bombarduesit bërthamorë. *Pak histori.* Përdorimi i energjisë bërthamore në Uruguaj, është i ndaluar me ligjin 16.832 të vitit 1997. Për më tepër, për disa vite Uruguai kishte një reaktor të vogël bërthamor, për kërkime **dhe trajnime të personelit.** Ai u soll nga SHBA në vitin1964 dhe filloi të punojë në ndërtesën e Qendrës për Kërkime Bërthamore në Malvin Norte, në vitin 1978.

Ai u fik, për shkak të zbulimit të korrozionit në vitin1985 dhe i gjithë karburanti bërthamor u hoq. Një vit më vonë, ndodhën aksidentet bërthamore të Çernobilit dhe Goianisë. Kjo ndikoi në opinionin publik uruguajdhe në vitin 1988, gjatë presidencës së parë tëJulio Maria Sanguinetti, u nënshkrua një marrëveshje bashkëpunimi për energjinë bërthamore midis Uruguait dhe Kanadasë, në të cilën ata planifikonin ndërtimin e një centrali bërthamor në qytetin e Paso de los Toros.

Njoftimi, shkaktoi një trazirë sociale dhe u vendos që të hapej një debat për energjinë bërthamore. Si rezultat, Parlamenti, nuk e ratifikoi marrëveshjen dhe miratoi ligjin e lartpërmendur, që ndalon energjinë bërthamore në vend.

Kriza energjetike në Uruguai në 2007, çoi në rihapjen e Uruguait të debatit bërthamor nën presidencën e Tabaré Vázquez, kur Dega Ekzekutive krijoi një komitet shumëpartiak kushtuar studimit të përdorimit të energjisë bërthamore për prodhimin e energjisë elektrike dhe instalimin e një termocentrali bërthamor.

Aksidenti i Fukushimës (Japoni),nxiti diskutime të fushave të ndryshme, veçanërisht politike dhe sociale. Në korrik 2011, qeveria njoftoi se Uruguai së shpejti do të hynte në Fazën 1 të një vlerësimi të energjisë bërthamore, duke siguruar 10 milionë pesos uruguaiane nga buxheti kombëtar, për të punësuar këshilltarë specialistë, duke u konsultuar me popullsinë dhe duke rishikuar burimet njerëzore dhe teknologjinë në dispozicion.

Në vitin 1964, qeveria e Shteteve të Bashkuara organizoi, në SHBA KonferencënAtomet për Paqe, në të cilën u soll një reaktor i vogël me fuqi të ulët për qëllime kërkimore dhe kur përfundoi, qeveria uruguaiane kërkoi ta blinte nga SHBA.

Dy qeveritë, me ndihmën e Agjencisë Ndërkombëtare të Energjisë Atomike, nënshkruan një marrëveshje qiraje në vitin 1965, sipas së cilës Shtetet e Bashkuara transferuan 16049,57 gram uranium në Uruguai nga të cilat 3182,63 gram uranium-235, për t'u përdorur si karburanti i reaktorit dhe materiale të zbërthyeshme, që përbëhen nga pesë burime neutronesh curie-plutonium-beryllium me 79,98 gram plutonium dhe dy numërues të ndarjes që secili përmban 1,51 gram izotop 235U në 1,68 gram uranium.

Në një marrëveshje të dytë, Shtetet e Bashkuara transferuan një reaktor kërkimor në Uruguaj dhe premtuan të ofrojnë asistencë teknike dhe instalimin. Në këmbim, Uruguai pranoi të paguante për reaktorin, tarifat për përdorimin e karburantit bërthamor dhe ra dakord që në asnjë rrethanë të mos e transferonte këtë karburant në shtetet e treta jashtë marrëveshjes.

Reaktori 100 KW, u lançua fillimisht midis 1959 dhe 1962, gjatë ekspozitës së Komisionit të Energjisë Atomike të Shteteve të Bashkuara në Amerikën e Jugut, dhe u vendos në Uruguay në vitet 1970, për qëllime arsimore, kërkimore dhe trajnimi të stafit teknik.

Ligji 13640, neni 259 përcaktoi se reaktori ishte pronë e qeverisë uruguaiane dhe mbetej nën kompetencën e Komisionit Kombëtar të Energjisë Atomike. Ky reaktor ishte funksional nga fundi i viteve 1970 deri në vitin 1985, derisa u mbyll për shkak të problemeve të korrozionit.

1947-1949 – Greqi

Operacioni ushtarak amerikan, në mbështetje të së djathtës, në luftën civile. Pak histori. Presidenti republikan amerikan Harry S. Truman,deklaroi ndihmë të menjëhershme ekonomike dhe ushtarake për qeveritë e Greqisë, të kërcënuar nga kryengritja komuniste dhe Turqia, nën presionin e zgjerimit sovjetik në zonën e Mesdheut.

Truman, nënvizoi atë që u bë e njohur si Doktrina Truman, në një fjalim (*në një sesion të përbashkët të Kongresit më 12 mars 1947*), në të cilin ai theksoi pasojat më të gjera të një dështimi, për të mbrojtur demokracinë në Greqi dhe Turqi.

Kongresi Amerikan i kontrolluar nga konservatoret republikanë, iu përgjigj pozitivisht mesazhit të Truman-it, duke dërguar menjëherë 400 milionë dollarë, për të mbështetur Greqinë dhe Turqinë.

Lufta Civile Greke u zhvillua në vitet 1946-1949. Konflikti, i cili shpërtheu menjëherë pas përfundimit të Luftës së Dytë Botërore, përbëhej nga komunistët. *Kryengritja e dominuar nga komunistët, u drejtuakundër qeverisë së re tëkrijuar në Mbretërisë e Greqisë.*

Rebelët u mbështetën nga Jugosllavia dhe Bashkimi Sovjetik. *Me mbështetjen e Mbretërisë së Bashkuar dhe Shteteve të Bashkuara, forcat qeveritare greke fituan përfundimisht.*

Lufta i kishte rrënjët në ndarjet brenda Greqisë gjatë Luftës së Dytë Botërore midis organizatës së rezistencës së majtë të dominuar nga komunistët, EAM-ELAS, dhe forcave të rezistencës antikomuniste të lirshme aleate. Më vonë ajo u përshkallëzua në një luftë të madhe civile midis shtetit grek dhe komunistëve. Luftimet rezultuan në disfatën e DSE nga ushtria helene.

Lufta rezultoi nga një luftë shumë e polarizuar midis ideologjive të majta dhe të djathta, që filloi kur secila palë synoi vakumin e pushtetit, që rezultoi nga fundi i pushtimit të Boshtit (1941-1944), gjatë Luftës së Dytë Botërore.

Greqia në fund u financua nga Shtetet e Bashkuara (përmes Doktrinës Truman dhe Planit Marshall) dhe u bashkua me NATO-n (1952), ndërsa kryengritësit u demoralizuan nga ndarja e hidhur midis Jozef Stalinit të Bashkimit Sovjetik, i cili donte t'i jepte fund luftës dhe Josip Broz Tito i Jugosllavisë, i cili dëshironte që kjo të vazhdonte.

1948 – Gjermania

Kërcënimi bërthamor i SHBA-së me bombardues bërthamorë strategjikë në Berlin, kundër BRSS apo ish Bashkimit Sovjetik. Pak histori. **Bllokada e Berlinit**, lindi si një përpjekje e Bashkimit Sovjetik, në vitet 1948-1949, për të detyruar fuqitë aleate perëndimore (SHBA, Mbretërinë e Bashkuar dhe Francën) të braktisin juridiksionet e tyre të pas Luftës së Dytë Botërore në Berlinin Perëndimor.

Në mars të vitit 1948, fuqitë aleate vendosën të bashkojnë zonat e tyre të ndryshme të pushtimit të Gjermanisë, në një njësi të vetme ekonomike. Në shenjë proteste, përfaqësuesi sovjetik u tërhoq nga Këshilli i Kontrollit Aleat.

Më 24 qershor, sovjetikët njoftuan se administrata me katër fuqi të Berlinit kishte pushuar dhe se Aleatët nuk kishin më asnjë të drejtë atje. Më 26 qershor, SHBA dhe Britania, filluan të furnizojnë qytetin me ushqime dhe furnizime të tjera jetike nga ajri. Ata organizuan gjithashtu një "lift ajror" ("ashensor" ose urën ajrore) të ngjashëm në drejtim të kundërt me eksportet industriale të reduktuara shumë të Berlinit Perëndimor. Nga mesi i korrikut ushtria sovjetike e pushtimit në Gjermaninë Lindore ishte rritur në 40 divizione, kundrejt 8 në sektorët aleatë. **Deri në fund të korrikut, tre grupe të bombarduesve strategjikë amerikanë ishin dërguar si përforcime në Britani.** Tensioni mbeti i lartë, por lufta nuk shpërtheu.

Si rezultat i bllokadës dhe transportit ajror, *Berlini,* u bë një simbol i gatishmërisë së aleatëve, për të kundërshtuar zgjerimin e mëtejshëm sovjetik në Evropë.

Bllokada e Berlinit (24 qershor 1948 - 12 maj 1949), ishte një nga krizat e para të mëdha ndërkombëtare të Luftës së Ftohtë. **Forcat ajrore amerikane dhe britanike fluturuan mbi Berlin më shumë se 250.000 herë.**

Aeroplanët transportues amerikanë C-47 dhe C-54, së bashku, fluturuan mbi 92,000,000 milje (148,000,000 km) në proces, pothuajse në distancën nga Toka në Diell.[119]

---

[119]The Douglas C-54 Skymaster is a four-engined transport aircraft used by the United States Army Air Forces in World War II and the Korean War. Like the Douglas C-47 Skytrain derived from the DC-3, the C-54 Skymaster was derived from a civilian airliner, the Douglas DC-4. Besides transport of cargo,

Mbi 17 avionë amerikanë dhe 8 britanikë u rrëzuan gjatë operacionit. Një total prej 101 vdekjesh u regjistruan si rezultat i operacionit, duke përfshirë 40 britanikë dhe 31 amerikanë, kryesisht për shkak të aksidenteve jofluturuese.

1948-1949 - Kina

Ushtria dhe marina amerikane, evakuojnë amerikanët përpara fitores komuniste. Pak histori. **Vendosja e forcave kryesore të marinës amerikane në Kinë në vitet 1945-1949**, është një pjesë e histories, për të cilën shumica e amerikanëve dinë pak, por ajo pati një ndikim të rëndësishëm në rrjedhën e hershme të Luftës së Ftohtë në Azi.

Kur anijet luftarake të Marinës së SHBA-së kaluan lumin Yangtze në Shangai në gusht 1945, pas një mungese 4-vjeçare gjatë luftës, ata gjetën një Kinë me trazira. Komunistët e **Mao Tse Tung** (Mao Ce Dun, në shqip), armiq të gjatë të qeverisë qendrore, kontrolluan zona të mëdha të vendit dhe sfiduan sundimin e Chiang.

Në SHBA, administrata e Presidentit **Harry S. Truman** ishte e shqetësuar në gusht 1945 se Ushtria e Kuqe e Kryeministrit sovjetik **Joseph V. Stalin** dhe forcat e Maos, do të mbushnin vakumin në Azinë verilindore, të krijuar nga riatdhesimi i trupave të mundura të Japonisë.

Për këto arsye, dhe pavarësisht aleancës së SHBA-së, gjatë kohës së luftës me Bashkimin Sovjetik, zyrtarët e lartë amerikanë nuk kishin besim tek Stalinin dhe Mao.

SHBA, transportoi shumë trupa KMT nga Kina qendrore në verilindje (Mançuria). **Truman, ishte shumë i qartë për atë që ai e përshkroi si** *"përdorimi i japonezëve për të mbajtur larg komunistët"*. SHBA-ja mbështeti fuqimisht forcat Kuomintang. **Rreth 50,000 ushtarë amerikanë u dërguan, për të ruajtur vendet strategjike, në Hebei dhe Shandong, në Operacionin Beleaguer.**

---

the C-54 also carried presidents, prime ministers, and military staff. Dozens of variants of the C-54 were employed in a wide variety of non-combat roles such as air-sea rescue, scientific and military research, and missile tracking and recovery. During the Berlin Airlift it hauled coal and food supplies to West Berlin. After the Korean War it continued to be used for military and civilian uses by more than 30 countries. It was one of the first aircraft to carry the President of the United States, the first being President Franklin D. Roosevelt during World War II.

Shtetet e Bashkuara, pajisën dhe stërvitën trupat e KMT dhe transportuan japonezët dhe koreanët mbrapsht, për të ndihmuar forcat e KMT, për të pushtuar zonat e çliruara, si dhe për të kontrolluar zonat e kontrolluara nga komunistët.

Më 1 tetor 1949, Mao Ce Duni shpalli themelimin e Republikës Popullore të Kinës me kryeqytet në Beiping, e cila u kthye në emrin e mëparshëm Pekin.

Nga ana e tjetër **Truman**, njoftoi më 5 janar 1950, se amerikanët nuk do të angazhoheshin në asnjë mosmarrëveshje, **që përfshin ngushticën e Tajvanit** dhe se *ai nuk do të ndërhynte në rast të një sulmi nga PRC*. Megjithatë, udhëheqja komuniste, nuk ishte në dijeni të këtij ndryshimi të politikës, përkundrazi u bë gjithnjë e më armiqësore ndaj SHBA-së.

Situata ndryshoi shpejt, pas fillimit të papritur të Luftës së Koresë në qershor 1950. Kjo çoi në ndryshimin e klimës politike në SHBA-së dhe Presidenti *Truman* **urdhëroi Flotën e Shtatë të Shteteve të Bashkuara, të lundronte në ngushticën e Tajvanit** si pjesë e politikës së kontrollit, kundër komunistëve të mundshëm përpara.

Sipas statistikave zyrtare nga PKK, kryetari Mao Ce Duni në vitin 1954, gjatë Fushatës për Shtypjen e Kundërrevolucionarëve, **arrestoi mbi 2,6 milionë njerëz**, rreth **1,29 milionë vetë u burgosën** dhe **712,000 njerëz u ekzekutuan.**

Operacioni Beleaguer, ishte emri i koduar për pushtimin nga Korpusi Detar i SHBA-së të provincave Hebei dhe Shandong të Kinës verilindore në vitet 1945-1949. *Marinsat kishin për detyrë të mbikëqyrnin riatdhesimin e më shumë se 600,000 japonezëve dhe koreanëve që mbetën në Kinë në fund të Luftës së Dytë Botërore.*

Gjatë pushtimit 4-vjeçar, forcat amerikane u përfshinë në disa përleshje me Ushtrinë Çlirimtare Popullore, duke evakuuar me sukses mijëra shtetas të huaj. *Qeveria amerikane, u përpoq të ndërmjetësonte një traktat paqeje, midis fraksioneve kundërshtare nacionaliste dhe komuniste, por dështoi.*

Marinsat u larguan nga Kina Veriore në qershor 1949, disa muaj *përpara se komunistët të fitonin në Luftën Civile Kineze dhe të merrnin kontrollin e Kinës kontinentale.*

1948-1954 – Filipine

CIA, kryen një operacione ushtarake, gjatë Rebelimit Hook.*Pak histori*. **CIA dhe SHBA,** kanë luajtur vazhdimisht një rol në jetën politike dhe ekonomike të Filipineve. Homologu filipinas i CIA-s është Agjencia

Kombëtare e Koordinimit të Inteligjencës (NICA), me të cilën ajo bashkëpunon.

Agjencia Qendrore e Inteligjencës (1947), ka qenë aktive në Filipine, pothuajse që nga krijimi i agjencisë. **Selia kryesore e CIA-s për Azinë Juglindore ndodhet në Manila, kryeqyteti i Filipineve.**

Prania e bazave ushtarake të SHBA-së në Filipine, sipas Marrëveshjes për Bazat Ushtarake të vitit 1947 (i dha autorizimin amerikanëve, për të përdorur Clark Field dhe Subic Bay), e bëri atë shumë të aksesueshme për agjencinë e CIA, e cila drejtoi shumë operacione të fshehta në vend si bazë për të nisur veprime kundër vendeve të tjera.

Agjencia kishte qendra furnizimi, trajnimi dhe logjistike në disa ishuj Filipine. Pas kundër-rebelimit të tyre të suksesshëm kundër Hukbalahap, CIA e ripërdori këtë model si në Vietnam ashtu edhe në Amerikën Latine. CIA vendosi luftë psikologjike dhe forcë në Filipine. **Fillimi i viteve 1950, ishte fillimi i rënies së rebelimit...**

Ekzistojnë **akuza të besueshme, që zbulojnë se CIA, ka funksionuar në mbështetje të pro-amerikanëve, për bizneset e mëdha** *si Coca-Cola e cila quhet oligarkia e kapitalizmit Crony në Filipine, dhe përdor burimet e saj për të çuar përpara interesat e korporatave amerikane si Ford, Nike, dhe Coca-Cola.*

Në vitin 1898, ishujtFilipine u bënë një koloni e SHBA-së, pasi territori u dorëzua nga Spanja pas fitores amerikane të Luftës Spanjolle-Amerikane, që zgjati nga prilli-gusht 1898. Gjatë Luftës së Dytë Botërore, Ushtria Perandorake Japoneze pushtoi ishujt në vitet 1942-1945 dhe ku gjenerali MacArthur u zotua të kthehej në ishull.

Rebelimi Hukbalahap (Huk), u formua për të shmangur japonezët, gjatë pushtimit të tyre. Rezistenca Huk krijoi bastione në të gjithë fshatrat e Filipineve, duke përdorur taktika të luftës guerile. Gjatë kësaj kohe, lëvizja ishte e përhapur dhe kryesisht e suksesshme.

Pasi Filipinet u çliruan nga amerikanët dhe trupat filipinase dhe amerikane, filluan të influencojnë dhe kontrollojnë edhe një herë qeverinë filipinase.*SHBA, urdhëroi qeverinë e Filipineve të çarmatoste dhe arrestonte Huks,* edhe pse lejoi më shumë milici të krahut të djathtë të mbanin armët e tyre. *Këto aktivitete mbikëqyreshin nga Korpusi i Kundërzbulimit, një paraardhës i CIA-s.*

Amerikanët supozuan se Huks mbrojnë ideologjinë komuniste,dhe me ndihmën e SHBA-së, ushtria filipinase filloi të gjuante Huks.*Guerilët u strehuan në male dhe shpejt filluan të kundërsulmojnë qeverinë e Filipineve.*

Fshatarët vendosën të formojnë organizatat e tyre sociale dhe ven-

dosën të bashkojnë forcat me Huks, për të luftuar padrejtësitë ekonomike. Bashkimi i fshatarëve dhe hukëve e intensifikoi **rezistencën e hukëve,** kundër qeverisë së Filipineve. Huks zhvilluan ndikim të madh në politikën lokale me një imazh të **Robin Hood** *dhe duke marrë nga të pasurit dhe duke ndihmuar të varfërit.*

Masakra e skuadronit 77 Huk, që ndodhi në shkurt 1945, përbëhej nga 109 hukë, të cilët u pushkatuan dhe u varrosën në një varr masiv nga filipinasit dhe ushtarët amerikanë.

Më 15 shtator 1951, CIA publikoi një vlerësim mbi fuqinë e Huk. Në bazë të vlerësimit, **Huk kishte arritur kulmin e fuqisë në vitin 1950.** Rreziku i Hukëve, për të përmbysur qeverinë ishte zvogëluar. *CIA, më vonë do të formonte organizatat e veta ose do të manipulonte organizatat e veta për interesat e veta.*

Rebelimi i Hukbalahap, ishte një rebelim i organizuar nga ish-ushtarët e Hukbalahap ose Hukbong Bayan Laban sa Hapon (Ushtria Popullore kundër Japonisë), kundër qeverisë Filipine, i cili filloi në vitin 1942, gjatë pushtimit japonez të Filipineve, vazhdoi gjatë presidencës së Manuel Roxas dhe përfundoi në 1954, nën presidencën e Ramon Magsaysay.

Në studimin e tij për marrëdhëniet midis Bashkimit Sovjetik dhe Lëvizjes Komuniste në Filipine, **Stephen J MorrisiUniversitetit të Harvardit** shkroi se: *"Nuk ka asnjë provë që Bashkimi Sovjetik u ka ofruar ndonjëherë armë kryengritësve Huk të udhëhequr nga komunistët, por në luftën e tyre, komunistët filipinas po merrnin të paktën mbështetje propagandistike nga Bashkimi Sovjetik."*[120][121][122][123][124][125][126]

120Stephen J Morris, *"The Soviet Union and the Philippine Communist Movement"* (Abstract) *"Soviet policy towards the Philippine communist movement has passed through three distinct phases, each of which reflected its different triangular set of relations with the United States and China. During the first era of Soviet and Chinese unity against "US imperialism," the Soviets aided the formation and growth of Philippine communism and its insurrection against the Philippine government. During the second era of Soviet-Chinese-American triangular enmity the Philippine communist movement split and the Soviets supported one party's non-violent, legal activity while defending the Marcos government politically against the other party's armed insurrection. During the third era of Soviet-Chinese-American detente the Soviets continued to support the Philippine government politically, rejected overtures from the armed communist revolutionaries for its support, but simulaneously*

1950 - Porto Riko (SHBA)

Qeveria amerikane,përmbys kryengritjen Ponce. *Pak histori.* **Më 21 maj 1948,** *një projekt-ligj u prezantua përpara Senatit Porto Rikan, i cili do të kufizonte të drejtat e pavarësisë dhe lëvizjeve nacionaliste në ishull. Sipas ligjit të ri, do të ishte krim të shtypesh, të botosh, të shisje, ose të ekspozosh çdo material, që synon të paralizojë ose shkatërrojë qeverinë izoluese ose për të organizuar ndonjë shoqëri, grup ose asamble njerëzish me një qëllim të ngjashëm shkatërrues. Ajo e bëri të paligjshme këndimin e një kënge patriotike dhe përforcoi ligjin e 1898, që e kishte bërë të paligjshme shfaqjen e flamurit të Porto Rikos, ku kushdo që shpallet fajtor për mosbindje ndaj ligjit në çfarëdo mënyre i nënshtrohet një dënimi deri në 10 vjet burgim dhe një gjobë deri në 10,000 dollarë amerikanë (ekuivalente me 122.000 dollarë në 2022), ose të dyja.*

Ligji, ishte shtypës dhe shkelte Amendamenti i Parë i Kushtetutës së SHBA-së, që garanton Lirinë e Fjalës.Revolta Nacionaliste e San Juan, ishte një nga shumë kryengritjet kundër sundimit të Qeverisë së SHBA-së në Porto Riko më 30 tetor 1950, gjatë revoltave të Partisë Nacionaliste Puerto Rikane. Ndër objektivat kryesore të kryengritjes ishin një sulm në La Fortaleza (rezidenca e guvernatorit në San Juan) dhe ndërtesa e Gjykatës Federale të SHBA-së në San Juanin e vjetër.

---

promoted a non-violent united political front of all Filipinos, including communists, against the American presence in their country."

[121]Morris, Stephen J. (1994). "The Soviet Union and the Philippine Communist Movement". Communist and Post-Communist Studies. University of California Press. 27 (1): 77–93. doi:10.1016/0967-067X(94)90031-0. ISSN 0967-067X – via ScienceDirect.

[122]**Kerkvliet, Benedict (1977). The Huk Rebellion:** A Case Study of Peasant Revolt in the Philippines. London: University of California Press. ISBN 978-0-7425-1867-4.

[123]**Lachica, Eduardo (1971). The Huks: Philippine Agrarian Society in Revolt.** New York: Preager Publishing.

[124]Kerkvliet, Benedict J. (2002). The Huk Rebellion A Study of Peasant Revolt in the Philippines. Rowman & Littlefield. p. 113. ISBN 9781461644286.

[125]Lanzona, Vina (1009). Amazons of the Huk Rebellion: Gender, Sex, and Revolution in the Philippines. University of Wisconsin Press. p. 114

[126]**Goodwin, Jeff (2001).** Lange, Peter; Bates, Robert H. (eds.). No Other Way Out: States and Revolutionary Movements, 1945–1991.

Albizu Campos, ishte i pari portorikan i diplomuar për Juridik në Harward. **Ai besonte se Puerto Riko, duhet të ishte një komb i pavarur edhe nëse kjo kërkonte një konfrontim të armatosur.** Në vitin 1930, Albizu Campos u zgjodh president i Partisë Nacionaliste.

Në vitet 1930, guvernatori i Puerto Rikos i emëruar nga SHBA, Blanton Winship dhe koloneli i policisë Riggs *përdoren masa të ashpra repressive, kundër Partisë Nacionaliste.* Në vitin 1936, Albizu Campos dhe drejtuesit e partisë u arrestuan e u burgosën në burgun La Princesa (San Juan), dhe më vonë u dërguan në Burgun Federal në Atlanta(Georgia, SHBA). *Ai u kthye në Porto Riko, pasi kaloi 10 vjet në burg (1937-1947).*

Më 21 mars 1937, *nacionalistët mbajtën një paradë në Ponce dhe* **policia hapi zjarr mbi turmën, në atë që do të bëhej e njohur si masakra e Ponce.**

Revolta Nacionaliste e San Juan, kundër sundimit të Qeverisë së Shteteve të Bashkuara u zhvillua në Porto Riko më 30 tetor 1950, gjatë revoltave të Partisë Nacionaliste Puerto Rikane.

Masakra e Ponce, ishte një ngjarje e veçantë në historinë portorikane, e cila pati një efekt galvanizues, në lëvizjen nacionaliste portorikane. **Ajo ndodhi të Dielën e Palmës, 21 Mars 1937,** *kur një marshim paqësor në Ponce, Porto Riko, u shndërrua në një masakër të përgjakshme policore të portorikanëve, të paarmatosur dhe të pambrojtur.*

Marshi, ishte organizuar nga Partia Nacionaliste Puerto Rikane, *për të përkujtuar fundin e skllavërisë në Porto Riko nga Asambleja Kombëtare Spanjolle qeverisëse në vitin 1873.* Ai ishte gjithashtu në *protestë ndaj burgosjes, nga qeveria e SHBA-së, të liderit nacionalist Pedro Albizu Campos,* sipas pretendimeve apo akuzave për kryengritje.

Gjakderdhja, filloi kur policia ishullore e cila qëlloi mbi marshuesit, duke vrarë 18 civilë të paarmatosur, një polic (të qëlluar me zjarr nga kolegët e tij oficerë) dhe duke plagosur rreth 235 civilë, duke përfshirë gra dhe fëmijë. Një vajzë 7-vjeçare u qëllua dhe u vra në shpinë e saj. Përgjegjësia përfundimtare ra mbi guvernatorin *Winship, i cili kontrollonte Gardën Kombëtare dhe policinë izoluese dhe urdhëroi personalisht masakrën.* **Ajo ishte masakra më e madhe, në historinë e Porto Rikës.**

Përpjekja e fundit e madhe nga Partia Nacionaliste Portorikane, për të tërhequr vëmendjen e botës ndaj situatës koloniale të Porto Rikos ndodhi më 1 mars 1954, kur udhëheqësja nacionaliste Lolita Lebrón së bashku me kolegët nacionalistë Rafael Cancel Miranda, Irvin Flores dhe Andres Figueroa Cordero sulmuan Shtëpinë e Shteteve të Bashkuara. të Përfaqësuesve.Lebrón dhe shokët e saj, u akuzuan për tentativë vrasjeje dhe krime të tjera.

1951-1953 – Korea e Veriut

Ushtria dhe marina amerikane, ben kërcënim me bombardime bërthamore, kundër Koresë së Veriut dhe Kinës. ***Pak histori.***

Administrata e re republikane 1953, ishte e kujdesshme se ajo e mëparshme. Arsenali bërthamor sovjetik po rritej dhe mbeti një mungesë e armëve atomike të vendosura përpara. As Presidenti Eisenhower dhe as Sekretari i Shtetit John Foster Dulles, nuk i kishin kthyer idetë e përgjithshme në një plan, për t'i dhënë fund luftës në Kore.

Brenda vetë Pentagonit, polemika u ndez, duke e vështirësuar zhvillimin e strategjisë konkrete bërthamore. Ndërsa marina dhe forcat ajrore, mendonin se bombardimet bërthamore mund të detyronin dorën e Kinës në negociata, ushtria mbeti e sigurt për fitoren, përmes mjeteve konvencionale. Kur doli një dokument i politikës së NSC për këtë çështje, Shefi i Shtabit të Ushtrisë e ngarkoi atë me aq shumë parakushte sa ta bënte praktikisht të pamundur përdorimin taktik të armëve bërthamore.

Vetëm në prag të marrëveshjes së armëpushimit, **Eisenhower miratoi transferimin e armëve bërthamore jashtë vendit**. Por ndërsa Washington-i nuk iu afrua kurrë përdorimit taktik të armëve atomike, shtetarët e të dy administratave i përdorën ato si një mjet negociues.

Ngjarjet e fillimit të vitit 1951, ishin një krizë e vërtetë, por në krahasim, ngjarjet e vitit 1953 ishin më të buta. Kërcënimi bërthamor, qëndronte gjithmonë në sfond, gjatë negociatave. Përveç në kohë rreziku ekstrem, ishte pothuajse e pamundur të arrihej konsensus brenda administratës amerikane, për përdorimin e armëve bërthamore.

Lufta Koreane, i kishte rrënjët në historinë komplekse të fundit të vendit. Kina, Japonia dhe Bashkimi Sovjetik, ishin përpjekur të gjitha për ndikim mbi gadishullin Korean për vite me radhë, përpara se fitorja e Japonisë në luftën ruso-japoneze të viteve 1904-1905, ta bënte atë fuqi dominuese. **Japonia, vazhdoi të kolonizojë zyrtarisht Korenë në vitin 1910 dhe e sundoi atë deri në fund të Luftës së Dytë Botërore.**

Bashkimi Sovjetik, krijoi një diktaturë komuniste në Veri nën udhëheqjen e Kim Il-sung, një ish-udhëheqës gueril, i cili vazhdoi të rrethohej me një kult personaliteti. B.R.S.S., la pas një ushtri të pajisur mirë dhe të trajnuar të Koresë së Veriut. Ajo kishte në dispozicion 135.000 burra, të mbështetur nga tanke dhe artileri. *Forcat e Jugut, për krahasim, numëronin vetëm 98,000 dhe ishin efektivisht një forcë ushtarake. Kjo ishte pjesërisht për shkak se SHBA-ja ishte në ankth, për të privuar Jugun nga mjetet për të pushtuar Veriun.*

Gjatë gjithë Luftës Koreane, Marina Amerikane ofroi ndihmë të konsiderueshme, për operacionet tokësore. Avionët nga transportuesit dhanë mbështetje ajrore, për operacionet luftarake dhe shkatërruan fabrika, termocentrale, trena furnizimi dhe objektiva të tjerë, që ndërprenë furnizimet për ushtrinë komuniste.

Armët e mëdha në anije, të tilla si armët 16-inç në USS New Jersey, qëlluan gjithashtu në objektiva në brendësi. Përgjatë bregut, minahedhësit punuan për t'i mbajtur portet të pastra për operacionet aleate. Më e rëndësishmja, anijet e marinës siguruan platforma për operacione bregdetare, të tilla si pushtimi në Inchon dhe evakuimi i mijëra trupave të rrethuar nga **qyteti i Hungnam.**

A-26 lëshon bomba mbi Korenë e Veriut, 18 tetor 1951. **Forcat Ajrore të Komandës së OKB-së kryen një fushatë të gjerë bombardimi,** kundër Koresë së Veriut në vitet 1950-1953, gjatë Luftës Koreane. *Ishte fushata e parë e madhe e bombardimeve për Forcën Ajrore të Shteteve të Bashkuara (USAF), që nga fillimi i saj në vitin 1947 nga Forcat Ajrore të Ushtrisë së SHBA-së (USAAF).*

Gjatë fushatës, armët konvencionale të tilla si eksplozivët, bombat ndezëse dhe napalm **shkatërruan pothuajse të gjitha qytetet dhe qytezat e vendit, duke përfshirë rreth 85% të ndërtesave të tij.**

Një total prej 635.000 ton bomba, duke **përfshirë 32,557 ton napalm, u hodhën në Kore**. Për krahasim, SHBA-të hodhën 1.6 milionë ton në teatrin evropian dhe 500.000 tonë në teatrin e Paqësorit, gjatë gjithë Luftës së Dytë Botërore (përfshirë 160,000 në Japoni). **Koreja e Veriut, renditet së bashku me Kamboxhia (500.000 ton), Laos (2 milion ton) dhe Vietnami i Jugut (4 milion ton) si ndër vendet më të bombarduara në histori.**

Sulmi i parë me bombardim në Korenë e Veriut u miratua në ditën e katërt të luftës, më 29 qershor 1950, nga gjenerali Douglas MacArthur, menjëherë me kërkesë të gjeneralit komandues të FEAF, George E. Stratemeyer. Urdhri i MacArthur i parapriu marrjes së një urdhri të **Presidentit Harry Truman, për të zgjeruar operacionet ajrore në zonat e Koresë së Veriut,** i lëshuar gjithashtu më 29 qershor, por nuk u mor në Tokio deri më 30 qershor.

1953 - Irani

Si rezultat i operacionit, CIA përmbys demokracinë dhe vendos një regjim kukull - shahu. *Pak histori.* **Ushtria iraniane, me mbështetjen dhe ndihmën financiare të qeverisë amerikane, rrëzon qeverinë e kryeministrit Mohammad Mosaddeq dhe rivendos Shahun e Iranit.***Irani*, mbeti një aleat solid i SHBA-së i Luftës së Ftohtë, derisa një revolucion i dha fund sundimit të Shahut në vitin 1979.

Mosaddeq, u bë i njohur në Iran në vitin 1951, kur u emërua kryeministër. Një nacionalist i ashpër, Mosaddeq filloi menjëherë sulmet ndaj kompanive britanike të naftës, që vepronin në vendin e tij, duke bërë thirrje për shpronësimin dhe nacionalizimin e fushave të naftës. Veprimet e tij e sollën atë në konflikt me elitat properëndimore të Iranit dhe Shahut, Mohammed Reza Pahlevi.

Në të vërtetë, Shahu e shkarkoi Mosadekun në mesin e vitit 1952, por trazirat masive publike dënonin veprimin e detyruan Shahun të rivendoste Mossadeqin, pak kohë më vonë. *Zyrtarët amerikanë i ndoqën ngjarjet në Iran me dyshim.* Burimet britanike të inteligjencës, duke punuar me Agjencinë Qendrore të Inteligjencës Amerikane (CIA), arritën në përfundimin se Mossadeq kishte prirje komuniste dhe do ta zhvendoste Iranin në orbitën sovjetike, nëse lejohej të qëndronte në pushtet.

Duke punuar me Shahun, CIA dhe inteligjenca britanike filluan të krijonin një komplot, për të rrëzuar Mossadeqin. Kryeministri iranian, megjithatë, e pranoi planin dhe u bëri thirrje mbështetësve të tij të dilnin në rrugë, në shenjë proteste popullore. Në këtë pikë, Shahu u largua nga vendi, për *"arsye mjekësore"*. Ndërsa inteligjenca britanike u tërhoq nga debati, **CIA vazhdoi operacionet e saj të fshehta në Iran.** Duke punuar me forcat pro-Shahut dhe, më e rëndësishmja, me ushtrinë iraniane, CIA u gëzua, kërcënoi dhe dha ryshfet (dollarë), për të krijuar ndikim dhe ndihmoi në organizimin e një përpjekjeje tjetër, për grusht shteti kundër Mossadeq.

Sërisht, më 19 gusht 1953, ushtria, e mbështetur nga protestat në rrugë të organizuara dhe financuara nga CIA, rrëzoi Mossadeqin. Shahu u kthye shpejt, për të marrë frenat e pushtetit dhe si falënderim për ndihmën amerikane, nënshkroi mbi 40% të fushave të naftës të Iranit me kompanitë amerikane.

Shahu, u bë një nga aleatët më të besuar të Amerikës në Luftën e

Ftohtë dhe ndihma ekonomike dhe ushtarake e SHBA-së u derdh në Iran gjatë viteve 1950, 1960 dhe 1970. Megjithatë, në vitin 1978, në Iran shpërthyen protesta anti-Shah dhe anti-amerikane dhe Shahu u rrëzua nga pushteti në vitin 1979. **Militantët pushtuan ambasadën e SHBA-së dhe mbajtën peng stafin amerikan deri në janar 1981.** *Nacionalizmi, jo komunizmi, u vërtetua se ishte kërcënimi më serioz për fuqinë e SHBA-së në Iran.*[127]

Dokumentet, të publikuara në webstin arkivor të agjencisë nën protokollet e lirisë së informacionit, përshkruajnë në **detaje se si Shtetet e Bashkuara, me ndihmën britanike, krijuan grushtin e shtetit, të koduar TPAJAX nga CIA dhe Operacioni Boot.**

Mbështetësit e CIA-s, thonë se grushti i shtetit ishte strategjikisht i nevojshëm. **Kritikët**, kanë pohuar se skema ishte e paligjshme, paranojake dhe imorale. *Strategjikisht, synohej të sigurohej që monarkia iraniane do të mbronte interesat e naftës të Perëndimit në vend.*[128]

1954 - Shtetet e Bashkuara dhe Vietnami

Dy shtetet e sipërcituara, bashkëpunojnë me një kërcënim bërthamor për rebelët.*Pak histori.* **Vietnami**, një komb në Azinë Juglindore, në skajin lindor të gadishullit Indokinez, kishte qenë nën sundimin kolonial francez, që nga shekulli XIX. Gjatë Luftës së Dytë Botërore, forcat japoneze pushtuan Vietnamin. Për të luftuar pushtuesit japonezë dhe administratën koloniale franceze, udhëheqësi politik **Ho Chi Minh (1890-1969)**, i frymëzuar nga komunizmi kinez dhe sovjetik, formoi Viet Minh, ose Lidhjen për Pavarësinë e Vietnamit.

Pas humbjes së saj të vitit 1945 në Luftën e Dytë Botërore, Japonia tërhoqi forcat e saj nga Vietnami, duke lënë në kontroll perandorin e arsimuar në Francë Bao Dai. Duke parë një mundësi për të kapur kontrollin, forcat Viet Minh të Ho u ngritën menjëherë, duke marrë nën kontroll qytetin verior të Hanoi dhe duke shpallur Republikën Demokratike të Vietnamit (DRV) me Ho si president.

Duke kërkuar të rimarrë kontrollin e rajonit, *Franca mbështeti perandorin*

---

[127]1953, CIA – assisted coup overthrows government of Iran, https://www.history.com/this-day-in-history/cia-assisted-coup-overthrows-government-of-iran
[128]**Andrew Glass, "Eisenhower approves coup in Iran, Aug. 19, 1953",** **Politico, 2018.**

Bao dhe ngriti shtetin e Vietnamit në korrik 1949, me qytetin e Saigonit si krye-qytet.

Të dyja palët donin të njëjtën gjë: një Vietnam të bashkuar. Por ndërsa Ho dhe mbështetësit e tij donin një komb të modeluar, sipas vendeve të tjera komuniste, Bao dhe shumë të tjerë donin një Vietnam me lidhje të ngushta ekonomike dhe kulturore me Perëndimin.

Lufta e Vietnamit, ishte një konflikt në Vietnam, Laos dhe Kamboxhia nga 1 nëntori 1955 deri në rënien e Saigonit më 30 prill 1975. Ajo ishte lufta e dyta e serisë së luftrave të Indikinës dhe u zhvillua **midis Vietnamit të Veriut dhe Vietnamit të Jugut**.

Kështu pjesa veriore e Vietnamit, u mbështet nga Bashkimi Sovjetik, Kina, dhe shtete të tjera komuniste, ndërsa jugu u mbështet nga SHBA dhe aleatët e tjerë antikomunistë. **Ajo zgjati gati 20 vjet, me përfshirjen e drejt-përdrejtë të SHBA-së dhe përfundoi në vitin 1973.** Lufta **u përhap edhe në shtetet fqinje**, duke përkeqësuar **Luftën Civile në Laos dhe Luftën Civile Kamboxhia**, e cila përfundoi me të tre vendet që u bënë shtete ko-muniste deri në vitin 1975.

Pas humbjes franceze në Luftën e Parë të Indokinës dhe tërheqjes së trupave në përputhje me Konferencën e Gjenevës të vitit 1954, Viet Minh mori kontrollin e Vietnamit të Veriut, ndërsa SHBA mori mbështetjen fi-nanciare dhe ushtarake për shtetin e Vietnamit të Jugut. Viet Kongu (VC), një front i përbashkët i Vietnamit të Jugut, nën drejtimin e veriut, nisi një luftë guerile në jug. Ushtria Popullore e Vietnamit (PAVN), e njohur si **Ushtria e Vietnamit të Veriut (NVA), u angazhua në një luftë me forcat e SHBA-së dhe Vietnamit të Jugut (ARVN).**

Vietnami i Veriut, pushtoi Laosin në vitin 1958, duke krijuar shtegun **Ho Chi Minh (1890-1969),** për të furnizuar dhe përforcuar VC. Deri në vitin 1963, veriu kishte dërguar 40,000 ushtarë, për të luftuar në jug, kurse Presidenti democrat amerikan **John F. Kennedy**, dërgoi më pak se një **1000 këshilltarë ushtarakë në vitin 1959 dhe 23,000 deri në vitin 1964.**

Pas incidentit të Gjirit të Tonkinit në gusht 1964, **Kongresi i Amerikan miratoi** *një Resolutë,* **që i dha Presidentit Lyndon B. Johnson autoritet të gjerë,** për të rritur praninë ushtarake amerikane në Vietnam, *pa një deklaratë zyrtare të luftës.* **Johnson, urdhëroi vendosjen e njësive luftarake për herë të parë dhe rriti në mënyrë dramatike numrin e trupave amerikane atje në 184,000 vetë.**

Forcat e SHBA-së dhe Vietnamit të Jugut, u mbështetën në epërsinë ajrore dhe fuqinë dërrmuese të zjarrit, për të kryer operacione kërkimi dhe shkatërrimi, duke përfshirë forcat tokësore, artilerinë dhe sulmet ajrore. SHBA, kreu gjithashtu një fushatë të bombardimeve strategjike në shkallë të gjerë kundër Vietnamit të Veriut, dhe vazhdoi të rriste ndjeshëm forcat e saj, pavarësisht përparimit të vogël që ishte bërë.

Në vitin 1968, forcat vietnameze të veriut, nisën ofensivën Tet, megjithëse ishte një humbje ushtarake për ta, ajo u bë një fitore politike, pasi bëri që mbështetja e brendshme e SHBA-së për luftën të zbehej.

Në vitin 1969, Vietnami i Veriut shpalli Qeverinë e Përkohshme Revolucionare të Republikës së Vietnamit të Jugut. Operacionet kaluan kufijtë kombëtarë dhe SHBA-ja bombardoi rrugët e furnizimit të Vietnamit të Veriut në Laos dhe Kamboxhia.

Shkarkimi i monarkut kamboxhian në vitin 1970, Norodom Sihanouk, rezultoi në një pushtim PAVN të vendit (me kërkesë të Khmerëve të Kuq), dhe më pas një kundër-pushtim të SHBA-ARVN, duke përshkallëzuar Luftën Civile Kamboxhiane.

Pas zgjedhjes së **Presidentit Richard Nixon** në vitin 1969, filloi një politikë *Vietnamizimi*, e cila pa konfliktin të luftuar nga një ARVN e zgjeruar, ndërsa forcat amerikane u tërhoqën përballë opozitës në rritje të brendshme.

Forcat tokësore të SHBA-së ishin tërhequr kryesisht në fillim të vitit 1972 dhe operacionet e tyre ishin të kufizuara në mbështetjen ajrore, mbështetjen e artilerisë, këshilltarët dhe dërgesat e materialeve. **Marrëveshja e Paqes e Parisit e janarit 1973**, tërhoqi të gjitha forcat amerikane dhe Phnom Penh ra në duart e Kmerëve të Kuq më 17 Prill 1975, ndërsa ofensiva e pranverës 1975 pa Rënien e Saigonit në PAVN më 30 prill, duke shënuar fundin e luftës. Kështu **Vietnami Verior dhe Jugor u ribashkuan vitin e ardhshëm.**

Lufta shkaktoi një kosto të madhe njerëzore: vlerësimet e numrit të ushtarëve dhe civilëve **vietnamezë të vrarë variojnë nga 966,000 deri në 3 milionë. Rreth 275.000–310.000 kamboxhianë, 20,000–62,000 laotianë, dhe 58,220 anëtarë të shërbimit amerikanë** vdiqën.

Konflikt krijoi krizën më të madhe të refugjatëve të Indokinës, e cila bëri që miliona refugjatë të largoheshin nga Indokina, rreth **250,000** *prej të cilëve u vranë në det.* Pasi në pushtet, *Khmer Rouge kreu gjenocidin kamboxhian,* ndërsa konflikti midis tyre dhe Vietnamit të bashkuar përfundimisht do të përshkallëzohej në *Luftën Kamboxhiane-Vietnameze, e cila rrëzoi qeverinë e Khmerëve të Kuq në 1979.* Si përgjigje asokohe **Kina komuniste pushtoi Vietnamin,** me kufirin pasues dhe konfliktet *zgjatën deri në vitin 1991.*

Pasojat ekologjike të mjedisit ishin katastrofike. Forcat Ajrore të SHBA-së, shkatërruan më shumë se 20% të xhunglave të Vietnamit të Jugut dhe 20-50% të pyjeve të mangrove, duke spërkatur mbi 20 milionë litra herbicide toksike (defoliantët), duke përfshirë Agent Orange.

Lufta e Vietnamit, ishte një konflikt i gjatë, i kushtueshëm dhe përçarës, që vuri përballë qeverinë komuniste të Vietnamit të Veriut kundër Vietnamit të Jugut dhe aleatit të tij kryesor, Shteteve të Bashkuara. **Konflikti u intensifikua nga Lufta e Ftohtë e vazhdueshme midis SHBA-sëdhe Bashkimit Sovjetik.**

Kundërshtimi i luftës në Shtetet e Bashkuara i ndau ashpër amerikanët, edhe pasi Presidenti Richard Nixon nënshkroi Marrëveshjen e Paqes së Parisit dhe urdhëroi tërheqjen e forcave amerikane në 1973. Forcat komuniste i dhanë fund luftës duke marrë kontrollin e Vietnamit të Jugut në vitin 1975, dhe vendi u u bashkua si Republika Socialiste e Vietnamit vitin e ardhshëm.[129]

1954 - Guatemala

Operacioni i CIA-s, bombardimet e aeroporteve të Nikaraguas, dhekërcënimi bërthamor i SHBA-së, pas shtetëzimit të kompanive amerikane. *Pak histori.* Grushti i shtetit i Guatemalës i vitit 1954 **(Golpe de Estado en Guatemala de 1954),** ishte rezultat i një operacioni të fshehtë të CIA-s të koduar me emrin PBSuccess. **Ajo rrëzoi Presidentin e zgjedhur në mënyrë demokratike të Guatemalës Jacobo Árbenz dhe i dha fund Revolucionit Guatemalas të viteve 1944-1954 dhe***instaloi diktaturën ushtarake të Carlos Castillo Armas, si i pari në një seri sundimtarësh autoritarë të mbështetur nga SHBA në Guatemalë.*

Revolucioni Guatemalan, filloi në vitin 1944, pasi një kryengritje popullore rrëzoi diktaturën ushtarake të Jorge Ubico.Juan José Arévalo, u zgjodh president në zgjedhjet e para demokratike të Guatemalës. *Ai prezantoi një pagë minimale dhe të drejtë të votës pothuajse universale dhe e ktheu Guatemalën në një demokraci.*

Arévalo, u pasua në vitin 1951 nga Árbenz, i cili filloi reformat e tokës, që u dhanë pronë fshatarëve pa tokë. Revolucioni Guatemalan, nuk u pëlqeu nga qeveria federale amerikane, e cila ishte e predispozuar gjatë Luftës së Ftohtë, për ta parë atë si komunist. Ky perceptim u rrit pasi Ár-

---

[129]**Vietnam War,** www.history.com editors, March 28, 2023, Original: October 29, 2009.

benz ishte zgjedhur dhe legalizoi zyrtarisht Partinë Komuniste të Punës të Guatemalës.

United Fruit Company (UFC), biznesi shumë fitimprurës i së cilës ishte prekur pak nga zbutja e lehtë e praktikave shumë shfrytëzuese të punës në Guatemalë, u angazhua në një fushatë lobimi me ndikim, për të bindur SHBA-në, për të rrëzuar qeverinë e Guatemalës. **Presidenti Harry Truman, autorizoi Operacionin** *PBFortune,* **për të rrëzuar Árbenz në vitin 1952, i cili ishte një pararendës i PBSuccess.**

Dwight D. Eisenhower u zgjodh president i SHBA-së në vitin 1952, duke premtuar se do të mbante një qëndrim më të ashpër kundër komunizmit dhe anëtarët e stafit të tij John Foster Dulles dhe Allen Dulles kishin lidhje të rëndësishme me United Fruit Company. Qeveria federale e SHBA-së, nxori përfundime të ekzagjeruara, në lidhje me shtrirjen e ndikimit komunist midis këshilltarëve të Árbenz-it dhe Eisenhower autorizoi CIA-n të kryente operacionin PBSuccess në gusht të vitit 1953. **CIA armatosi, financoi dhe stërviti një forcë prej 480 burrash të udhëhequr nga Carlos Castillo Armas.** Pas përpjekjeve amerikane, për të kritikuar dhe izoluar Guatemalën ndërkombëtarisht, forca e Armas pushtoi Guatemalën më 18 qershor 1954, e mbështetur nga një fushatë e rëndë e luftës psikologjike. Kjo përfshinte një stacion radio që transmetonte propagandë anti-qeveritare dhe një version të ngjarjeve ushtarake të favorshme për rebelimin, duke pretenduar se ishin lajme të vërteta, si dhe bombardimet ajrore të qytetit të Guatemalës dhe një bllokadë detare.

Forca pushtuese rezultoi keq ushtarakisht dhe shumica e ofensivave të saj u mundën. Megjithatë, lufta psikologjike dhe frika e një pushtimi amerikan frikësuan Ushtrinë Guatemalane, e cila përfundimisht refuzoi të luftonte. Árbenz u përpoq shkurtimisht dhe pa sukses të armatoste civilët, për t'i rezistuar pushtimit, përpara se të jepte dorëheqjen më 27 qershor.

Castillo Armas u bë president dhjetë ditë më vonë, pas negociatave në San Salvador. I përshkruar si goditje përfundimtare për demokracinë në Guatemalë, grushti i shtetit u kritikua gjerësisht ndërkombëtarisht dhe forcoi anti-SHBA-në për një kohë të gjatë, në të gjithë Amerikën Latine.

Në përpjekje për të justifikuar grushtin e shtetit, CIA sajoi apo nisi **Operacionin PBHistory,***i cili kërkoi prova të ndikimit sovjetik në Guatemalë, midis dokumenteve të epokës së Árbenz-it, por nuk gjeti asnjë.* Castillo Armas mori shpejt kompetencat diktatoriale, duke ndaluar partitë opozitare, duke burgosur dhe torturuar kundërshtarët politikë dhe përmbysur reformat sociale të revolucionit.

Doktrina e politikës së jashtme të presidentit amerikan **James Monroe** e vitit 1823, paralajmëroi fuqitë evropiane, kundër kolonizimit të mëtej-shëm në Amerikën Latine. Doktrina Monroe, deklaroi se Hemisfera Perëndimore, duke përfshirë Republikën e Guatemalës, ishte brenda sferës së ndikimit amerikan.Në vitet 1890-1920, kontrolli i burimeve dhe ekonomisë së Guatemalës u zhvendos nga Britania dhe Gjermania në SHBA, të cilat u bënë partneri dominues tregtar i Guatemalës. *Doktrina Monroe vazhdoi të shihej si e rëndësishme për Guatemalën dhe u përdor, për të justifikuar grushtin e shtetit në 1954.*

1956 - Egjipt

Kërcënim bërthamor nga SHBA-ja, kundër Bashkimit Sovjetik, me kërkesën për të mos ndërhyrë në krizën e kanalit të Suezit, marinsat evakuojnë të huajt. **Kanali i Suezit u hap në vitin 1869**, pas dhjetë vitesh punë të financuara nga qeveritë franceze dhe egjiptiane. Kanali *operohej nga Kompania Universal e Kanalit Detar të Suezit*, një kompani me qira nga Egjipti. Zona që rrethon kanalin mbeti territor sovran egjiptian dhe **e vet-mja urë tokësore midis Afrikës dhe Azisë.**

Kanali, u bë menjëherë i rëndësishëm strategjik, pasi siguroi lidhjen më të shkurtër oqeanike midis Detit Mesdhe dhe Oqeanit Indian. Ai lehtë-soi tregtinë për kombet tregtare dhe veçanërisht ndihmoi fuqitë koloniale evropiane, për të fituar dhe qeverisur kolonitë e tyre. Kanali i Suezit u mbyll nga tetori 1956 deri në mars të vitit 1957.

Kriza e Suezit, ose lufta e dytë arabo-izraelite, e quajtur edhe agre-sioni trepalësh në botën arabe dhe **Lufta e Sinait në Izrael**, ishte një push-tim i Egjiptit në fund të vitit 1956 nga Izraeli, i ndjekur nga Mbretëria e Bashkuar dhe Franca.

Synimet ishin, që fuqitë perëndimore të rifitonin kontrollin e Kanalit të Suezit dhe të largonin presidentin egjiptian Gamal Abdel Nasser, i cili sapo kishte shtetëzuar kompaninë e Kanalit të Suezit në pronësi të huaj, e cila administronte kanalin.

Objektivi kryesor i Izraelit, ishte rihapja e ngushticave të bllokuara të Tiranit. Pas fillimit të luftimeve, presioni politik amerikan, Bashkimi Sov-jetik dhe OKB-ja çoi në tërheqjen e tre pushtuesve.

Presidenti **Dwight D. Eisenhower** *e kishte paralajmëruar fuqishëm Bri-taninë të mos pushtonte dhe ai kërcënoi dëme serioze për sistemin financiar bri-*

*tanik, duke shitur bonot e qeverisë së SHBA-së në paund.***Historianët**, përfundojnë se kriza *"shënoi fundin e rolit të Britanisë së Madhe si një nga fuqitë kryesore të botës"*.

Në atë kohë, Evropa Perëndimore importonte 2 milionë fuçi në ditë nga Lindja e Mesme. SHBA importonte 300.000 fuçi të tjera në ditë nga Lindja e Mesme.

Kriza e Suezit (1956), u provokua nga një vendim amerikan dhe britanik, për të mos financuar ndërtimin e Egjiptit të Digës së Lartë të Aswanit, siç kishin premtuar, në përgjigje të lidhjeve në rritje të Egjiptit me Çekosllovakinë komuniste dhe Bashkimin Sovjetik. *Nasser reagoi ndaj vendimit amerikan dhe britanik, duke shpallur gjendjen ushtarake në zonën e kanalit dhe duke marrë nën kontroll kompaninë e Kanalit të Suezit, duke parashikuar se tarifat e mbledhura nga anijet që kalonin përmes kanalit do të paguanin për ndërtimin e digës brenda pesë viteve.*

Naseri, doli nga kriza e Suezit një fitimtar dhe një hero për kauzën e nacionalizmit arab dhe egjiptian. Izraeli nuk fitoi lirinë për të përdorur kanalin, por rifitoi të drejtat e transportit detar në Ngushticën e Tiranit. Britania dhe Franca, me më pak fat, humbën pjesën më të madhe të ndikimit të tyre në Lindjen e Mesme.

Presidenti Eisenhower dhe administratës së tij paralajmëroi sovjetikët, se biseda e pamatur për konfliktin bërthamor, vetëm sa do t'i përkeqësonte gjërat dhe e paralajmëroi Hrushovin, që të përmbahej nga ndërhyrja e drejtpërdrejtë në konflikt.

1958 - Libani

Ushtria dhe marina amerikane pushtojnë vendin dhe shtypin kryengritësit.*Pak histori.* **Kriza e Libanit e vitit 1958** (e njohur edhe si Lufta Civile Libaneze e 1958), ishte një krizë politike në Liban **e shkaktuar nga tensionet politike dhe fetare në vend, që përfshinte një ndërhyrje ushtarake të Shteteve të Bashkuara.** Ndërhyrja zgjati për rreth tre muaj, derisa presidenti Camille Chamoun, i cili kishte kërkuar ndihmën, përfundoi mandatin e tij si president i Libanit. Forcat qeveritare amerikane dhe libaneze pushtuan Portin e Bejrutit dhe Aeroportin Ndërkombëtar të Bejrutit. Me mbarimin e krizës, SHBA u tërhoq.

Pas përfundimit të Luftës së Dytë Botërore (1945), SHBA dhe Bashkimi Sovjetik (B.R.S.S,), ishin dy fuqitë kryesore botërore. Dy vjet më vonë, doli **Doktrina Truman, që synonte të frenonte përhapjen e komunizmit dhe** ingluencën e Bashkimit Sovjetik në Europën Perendimore dhe kudo në botë.

Pas krizës së Suezit në vitin 1956, pati një rritje të armiqësisë arabe ndaj SHBA-së, si dhe rritje të ndikimit sovjetik në Egjipt dhe Siri. Kriza, inkurajoi gjithashtu pan-arabizmin dhe rriti popullaritetin dhe ndikimin e Gamal Abdel Nasser, President i Egjiptit. **SHBA, kishin frikë, se rajoni ishte i ndjeshëm ndaj përhapjes së komunizmit.**

Doktrina Eisenhower,**u shpall nga Presidenti Dwight D. Eisenhower në janar të vitit 1957**, *ku premtoi ndihmë ekonomike dhe ushtarake amerikane, për të parandaluar përhapjen e komunizmit në Lindjen e Mesme.*

Kongresi Amerikan, miratoi doktrinën më 7 mars dhe ajo u nënshkrua në ligj më 9 mars. SHBA, filluan të bëjnë plane për ndërhyrje në rajon. Plani i tyre u përqendrua rreth Flotës së Gjashtë të SHBA-së, e vendosur në Detin Mesdhe, Forcave të Lindjes së Mesme dhe disa njësive të Forcave Ajrore, ku 11,000 ushtarë u bënë gati për luftim në rajon. Ndërsa doktrina nuk u thirr kurrë zyrtarisht, SHBA mbështeti Huseinin e Jordanisë në 1957, kundër një tentative të supozuar për grusht shteti dhe lëvizi për të parandaluar përhapjen e komunizmit në Siri.

Eisenhower u përgjigj, duke autorizuar Operacionin Blu Bat më 15 korrik 1958, në aplikimin e parë të **Doktrinës Eisenhower** në të cilën SHBA njoftoi se do të ndërhynte, për të mbrojtur regjimet që i konsideronte të kërcënuara nga komunizmi ndërkombëtar. *Plani, ishte të pushtohej dhe të sigurohej Aeroporti Ndërkombëtar i Bejrutit, disa milje në jug të qytetit, dhe më pas të sigurohet porti i Bejrutit dhe afrimet drejt qytetit.*

Zinxhiri i komandës për **Operacionin Blu Bat**, përfshiu më shumë se 14,000 burra, duke përfshirë 8,509 personel të ushtrisë amerikane, një kontingjent nga Grupi i Parë i Betejës Ajrore, Këmbësoria 187 nga Divizioni i 24-të i Këmbësorisë dhe 5,670 oficerë dhe burra të Korpusit Detar të SHBA-së (Forca e 2-të e Përkohshme Detare e, Ekipet zbarkuese Batalioni i 1-rë, Marinsat e 8-të dhe Batalioni i 2-të, Marinsat e 2-të nën gjeneral brigade Sidney S. Wade). Batalioni i 2-të, Marinsat e 8-të mbërritën më 16 korrik pas një transporti ajror 54-orësh nga Cherry Point, Karolina e Veriut. Ata mbështeteshin nga një flotë prej 70 anijesh dhe 40.000 detarësh. Më 16 korrik 1958, Admirali James L. Holloway Jr., CINCNELM dhe CINC-SPECCOMME, fluturoi nga Londra në aeroportin e Bejrutit dhe hipi në USS Taconic nga i cili komandoi pjesën e mbetur të operacionit. **SHBA-ja tërhoqi forcat e saj më 25 tetor 1958.**

1958 - Irak

Kërcënim bërthamor i SHBA-së, kundër Irakut dhe paralajmërim për pushtimin e Kuvajtit. *Pak histori.* **Në vitin 1930, filluan marrëdhëniet diplomatike midis Irakut dhe SHBA-së** kur amerikanët njohën për herë të parë Irakun me nënshkrimin e Konventës Anglo-Amerikano-Irakiane në Londër nga Charles G. Dawes, ambassador amerikan në Mbretërinë e Bashkuar.

*Sot, SHBA dhe Iraku e konsiderojnë veten si partnerë strategjikë, duke pasur parasysh përfshirjen politike dhe ushtarake amerikane, pas pushtimit të Irakut dhe marrëdhëniet e tyre të ndërsjella, të rrënjosura thellë që pasuan.***SHBA, u ofrojnë forcave irakiane të sigurisë qindra miliona dollarë ndihmë ushtarake dhe trajnime çdo vit, si dhe përdorin bazat e tyre ushtarake.**

Në fund të viteve 1950, amerikanët u përballën fillimisht me një kërcënim të menjëhershëm dhe të pashmangshëm, për vetë ekzistencën e tyre nga Bashkimit Sovjetik. Iraku, u transformua nga një ish koloni britanike, në një klient dhe një çështje pothuajse ekskluzive e politikës së jashtme, në një problem themelor amerikan.

Grushti i shtetit irakian i 14 korrikut 1958, shkaktoi një debat brenda qeverisë amerikane mbi efikasitetin e ndërhyrjes ushtarake dhe të fshehtë në Lindjen e Mesme Arabe. Ai *çoi drejtpërdrejt në ndërhyrjen anglo-amerikane në Liban dhe Jordani* dhe solli thirrje nga elementë brenda qeverisë britanike dhe amerikane, për ndërhyrje për të hequr qeverinë nacionaliste të brigadierit Abd-al-Karim al-Qasim.

Administrata e Presidentit Eisenhower, besonte se britanikët do të lëviznin shpejt, për të rrëzuar regjimin e ri irakian. **Në një bisedë telefonike me Eisenhower, u ra dakord se grushti i shtetit në Irak, ishte padyshim një tjetër ndërmarrje Naseriste dhe se Libani dhe Jordania, ishin padyshim të radhës.** Për të parandaluar këtë, SHBA filloi të vendoste trupa në Liban dhe të nxiste një lëvizje paralele britanike, për të mbështetur mbretin Husayn në Aman.

Paaftësia e britanikëve, për të parashikuar dhe parandaluar grushtin e shtetit ishte një tronditje; tani, vendimi britanik, për të kërkuar një akomodim gërryen më tej besimin e Uashingtonit në aftësinë e Londrës, për të mbrojtur interesat e veta ose, me anë të prokurës perëndimore në Irak. **Grushti i shtetit, kritikat dhe kërcënimi komunist e shtynë Irakun në krye të agjendës së komunitetit të inteligjencës.**

Në vitin 1953 në Iran, qeveria e kryeministrit britanik **Winston Churchill**, kishte shtyrë SHBA-në drejt ndërhyrjes dhe tani në Irak, britanikët këshilluan durimin dhe një qasje të ngadaltë. **Grushti i shtetit në Mosul**, pati një ndikim të thellë në Uashingtonin zyrtar. *Administrata Eisenhower, kishte lidhur shpresat e saj në Irak, në një grusht shteti të suksesshëm pronaserist.*

1958 - Kina

Kërcënim bërthamor i SHBA-së për Kinën, për çeshtjen e Tajvanit. *Pak histori.* SHBA e konsideruan mundësinë e kryerjes së një sulmi bërthamor, kundër Kinës,**gjatë një periudhe konflikti me Tajvanin në vitin 1985**, **sipas një dokumenti** ende të klasifikuar, të ndarë nga zbuluesi i Pentagon Papers Daniel Ellsberg dhe i **botuar nëThe New York Times**.

Dokumenti, i cili nuk është bërë kurrë publik më parë, përshkruan ndër të tjera përpjekjet e gjeneralit Laurence Sherman Kuter, një gjeneral i Forcave Ajrore i ngarkuar me komandën e degës së Paqësorit gjatë Luftës së Ftohtë, për të nxitur një sulm bërthamor kundër territorit kinez. si pjesë e përpjekjeve për të mbrojtur Tajvanin, gjatë krizës së dytë të ngushticës së Tajvanit në vitin 1958.

Nëse do të ndodhte një pushtim i përgjithshëm kinez i Tajvanit ose ishujve të tjerë në Detin e Kinës Jugore, Kuter vazhdoi, sipas raportit: Shtetet e Bashkuara *"duhet të autorizojnë (qeverinë Tajvaneze) të bombardojë fushat ajrore kineze komuniste në kontinent me armë konvencional. SHBA, duhet të përdorin armë bërthamore, kundër kontinentit në rritje".*

Kriza e Dytë e Ngushticës së Tajvanit, e quajtur edhe Kriza e Ngushticës së Tajvanit të vitit **1958**, ishte një konflikt midis Republikës Popullore të Kinës (PRC) dhe Republikës së Kinës (ROC). Në këtë konflikt, PRC bombardoi ishujt Kinmen (Quemoy) dhe ishujt Matsu përgjatë bregut lindor të Kinës kontinentale (në ngushticën e Tajvanit), në një përpjekje për të marrë kontrollin e Tajvanit nga Partia Nacionaliste Kineze, e njohur gjithashtu si Kuomintang. (KMT), dhe për të hetuar shtrirjen e mbrojtjes së SHBA-së të territorit të Tajvanit. Një betejë detare u zhvillua gjithashtu rreth ishullit Dongding, kur Marina ROC zmbrapsi një përpjekje për ulje amfibe nga Marina PRC.

1960-1975 - Vietnami

Ushtria, marina dhe forcat ajrore amerikane,marrin pjesë në Luftën e Vietnamit. **Një milion të vrarë në luftën më të gjatë në SHBA-së,** *kërcënimi amerikan, për bombardime atomike në vitet 1968 dhe 1969.*

1961 - Kuba

Një operacion i dështuar pushtues i CIA-s.

1961 - Gjermania

Kërcënimi bërthamor i SHBA-së, kundër Bashkimit Sovjetik, gjatë krizës së Murit të Berlinit në vitin 1989.*Pak histori.***Stoqet bërthamore të SHBA-së, u rritën me shpejtësi nga viti 1945, arriti kulmin në 1966 dhe ra pas kësaj.** Deri në vitin 2012, Shtetet e Bashkuara kishin disa herë më pak armë bërthamore, sesa kishin në vitin 1966. Stoqet e armëve bërthamore të SHBA-së dhe Rusisë, vazhduan të zvogëlohen gjatë dekadës së ardhshme.

Kriza e Berlinit e vitit 1961, ishte incidenti i fundit i madh politik dhe ushtarak evropian i Luftës së Ftohtë, në lidhje me statusin e kryeqytetit gjerman, Berlinit, dhe Gjermanisë së pas Luftës së Dytë Botërore (**WWII**). Kriza, arriti kulmin me ndarjen de facto të qytetit me ndërtimin e Murit të Berlinit në Gjermaninë Lindore.

Kriza e Berlinit filloi, kur kryeministri sovjetik Nikita Hrushovi, duke u takuar me Presidentin e SHBA-së John F. Kennedy në Samitin e Vjenës, rishkroi një ultimatum, që kërkonte tërheqjen e të gjitha forcave të armatosura nga Berlini, duke përfshirë forcat e armatosura perëndimore në Berlinin Perëndimor.

Asnjë marrëveshje nuk u arrit dhe në gusht 1961, me mbështetjen e Hrushovit, udhëheqësi i Gjermanisë Lindore Walter Ulbricht urdhëroi mbylljen e kufirit dhe ndërtimin e një muri rreth Berlinit Perëndimor. Asokohe, kemi *një përplasje e shkurtër midis tankeve amerikane dhe sovjetike, ndodhi në pikën e kontrollit Charlie në tetor, pas një mosmarrëveshjeje mbi lëvizjen e lirë të personelit aleat, ku konfrontimi përfundoi në mënyrë paqësore, pasi* **Hrushovi dhe Kenedi, ranë dakord për të tërhequr tanket dhe për të ulur tensionet.**

Në **Samitin e Vjenës** më 4 qershor 1961, **tensionet u rritën**. Duke u takuar me Presidentin e SHBA-së John F. Kennedy, kryeministri sovjetik Nikita Hrushovi ribotoi ultimatumin sovjetik, për të nënshkruar një traktat të veçantë paqeje me Gjermaninë Lindore dhe për t'i dhënë fund marrëveshjeve ekzistuese të katër fuqive, që garantojnë të drejtat amerikane, britanike dhe franceze, për të hyrë në Berlinin Perëndimor dhe pushtim të Berlinit Lindor nga forcat sovjetike.

1962 - Laos

Një operacion me paraushtarakëamerikanë, i drejtuar nga CIA zgjati 13 vjet, gjatë luftës guerrile në vend dhe *kundër forcave të Vietnamit të Veriut.Pak histori*. **Aktivitetet e CIA-s në Laos filluan në vitet 1950 dhe vazhduan rregullisht në vitin 1959, Forcat e Operacioneve Speciale të SHBA-së (Ushtarake dhe CIA), filluan të trajnojnë disa ushtarë laosianë, duke u mësuar atyre teknikat e luftës gurrilase, me emrin e koduar** *Erawan*.

Presidenti John F. Kennedy thirri CIA-n, që të përdorte forcat e saj fisnore në Laos. Vetë CIA, pretendon se operacionet *ajrore të CIA-s në Laos nga 1955-1974 ishin operacionet më të mëdha paraushtarake të ndërmarra ndonjëherë nga CIA.*

Për 13 vjet, oficerët paraushtarakë të CIA-s i drejtuan forcat vendase kundër forcave të Vietnamit të Veriut. Ajo ishte përgjegjëse për drejtimin e vendasve të Laosit, për të luftuar vietnamezët e veriut. Ata e panë atë si një fitore dhe si një arritje. Së bashku me financimin e milicive antikomuniste, **CIA kreu gjithashtu një përpjekje masive bombardimi në Laos nga 1964-1973, dhe bëri 580,000 misione bombardimi, të cilat u zhvilluan gjatë fushatës 9-vjeçare, por nuk dihet se sa prej tyre u hodhën nga Forcat Ajrore të SHBA-sëdhe sa u hodhën nga CIA.**

Në verën e vitit 1970, linja ajrore Air America, në pronësi të CIA-s, kishte dy njësi transporti me dy motorë, dy njësi avionë STOL dhe 30 helikopterë të dedikuar, për operacionet në Laos. *Kjo linjë ajrore punësonte më shumë se 300 pilotë, kopilotë, mekanikë fluturimi dhe specialistë të transportit ajror që fluturonin nga Laosi dhe Tajlanda.*

Megjithëse fushata e bombardimeve u zbulua vetëm zyrtarisht, për publikun amerikan **në vitin 1969, historitë rreth përpjekjes për bombardimin e Laosit,** u botuan në gazetën **The New York Times**. *Edhe pasi qeveria e SHBA-së e bëri publike luftën, populli amerikan ishte në errësirë se sa e* *madhe ishte fushata e bombardimeve.*

Bombardimet e SHBA-së,asokohe shkaktuan një numër të madh viktimash, **gjatë Luftës Civile të Laosisë.** Megjithatë, analiza e Departamentit të Shtetit të SHBA-së, ka përcaktuar se rreth 30% e të gjitha bombave të hedhura në Laos, nuk arritën të shpërthyen. **Që nga viti 1975, sipas një sondazhi mbarëkombëtar, rreth 20,000 njerëz në Laos, kanë rënë viktimë e municioneve të pashpërthyera, me 60% të rasteve që rezultojnë me vdekje.**

Në vitin 2014, SHBA i dhanë popullit të Laosit 12 milionë dollarë, për të pastruar bombat nga lufta.

1962 - Kuba

Kërcënimi bërthamor i SHBA-së, kundër Bashkimit Sovjetik dhe Kubës, bllokada detare gjatë krizës së Karaibeve.

1963 - Irak

CIA, organizon një grusht shteti, në të cilin presidenti vritet dhe partia Ba'ath vjen në pushtet, Saddam Hussein kthehet nga mërgimi dhe drejton shërbimet sekrete. Grushti i shtetit i nëntorit të vitit 1963 në Irak, u zhvillua midis 13 nëntorit dhe 18 nëntorit 1963, kur, pas ndarjeve të brendshme partiake, oficerët pro-naseristë irakianë udhëhoqën një grusht shteti ushtarak brenda Partisë Ba'ath. Edhe pse grushti i shtetit ishte pa gjak, 250 njerëz u vranë në veprime të ngjashme.

Pas marrjes së pushtetit shtetëror irakian në shkurt 1963, ndarjet midis liderëve pro dhe anti-Nasser Ba'ath, si dhe midis liderëve nacionalistë pan-arabë të djathtë dhe të majtë të Ba'athit, çuan në rënien e qeverisë së parë Ba'ath në Irak në nëntor 1963, ndërsa 7000 komunistë irakianë mbetën të burgosur.

Udhëheqësi më i fuqishëm i qeverisë së re ishte sekretari i përgjithshëm i Partisë Ba'ath të Irakut, Ali Salih al-Sa'di, i cili kontrollonte milicinë e Gardës Kombëtare dhe organizoi një masakër të qindra, nëse jo mijëra, të dyshuarve komunistë dhe të tjerë. disidentët pas grushtit të shtetit.

1964 - Panama

Ushtria amerikane, shtyp trazirat, për kthimin e kanalit në fjalë.

1965 – Indonezi

Një grusht shteti i sponsorizuar nga **CIA në Indonezi, vret më shumë se një milion njerëz**. *Pak histori*. Para Luftës së Dytë Botërore, Indonezia ishte një koloni holandeze. Holandezët, morën kontrollin e ishujve në fillim të shekullit XVII deri në vitin 1942, kur japonezët morën kontrollin e rajonit deri në vitin 1945, kur indonezianët shpallën Pavarësinë e tyre nga Perandoria e Japonisë.

Në vitin 1958, elementë të ushtrisë indoneziane, me mbështetjen e CIA-s, u rebeluan kundër sundimit të Presidentit Sukarno. Kjo tentativë për grusht shteti përfundoi me dështim. Presidenti Sukarno, në një fjalim në OKB, pas grushtit të dështuar, denoncoi amerikanët dhe u zotua se ishte i vendosur të mos lejonte një cep të vogël të botës, të bënte një lojë me Indonezinë.

Pas urdhrit të Presidentit Eisenhower të 25 shtatorit 1957 drejtuar CIA-s, për të përmbysur qeverinë e Sukarnos. Pavarësisht ndërgjegjësimit sovjetik, CIA filloi planifikimin e grushtit të shtetit dhe ngriti baza operative kryesisht në Filipine. Më pas, CIA punësoi oficerë paraushtarakë veteranë të CIA-s, filipinase, për të kontaktuar me forcat ushtarake indoneziane në Sumatra dhe Sulawesi.

CIA, gjithashtu financoi forcat rebele (mercenarë) me stacione radio, që lëshonin transmetime propagandistike anti-Sukarno në një akt lufte psikologjike. Përfshirja amerikane, e cila duhej të mbetej sekret, u zbulua kur një pilot amerikan u rrëzua.

Më 21 shkurt 1958, ushtria indoneziane zhduki stacionet radio në Sumatra, nëpërmjet bombardimeve dhe vendosi një bllokadë detare përgjatë bregdetit. Jo vetëm që CIA e nënvlerësoi ushtrinë indoneziane, por agjencia me sa duket nuk arriti të kuptonte se shumë nga komandantët e lartë brenda ushtrisë indoneziane ishin ashpër antikomunistë, pasi ishin trajnuar në SHBA, madje duke e quajtur veten **bijtë e Eisenhower**.

Grushti i dështuar, *do të bëhej një nga dështimet më të mëdha në historinë e CIA-s, paaftësia e CIA-s për të konkurruar me inteligjencën e fshehtë sovjetike rezultoi e kushtueshme në këtë rast dhe do të ishte e kushtueshme në shumë opera-*

cione të tjera të saj kundër sovjetikëve.

Në vitin 2001, CIA u përpoq të parandalonte botimin e vëllimit të Departamentit të Shtetit, Marrëdhëniet me Jashtë të SHBA-së, 1964-1968, i cili dokumenton përfshirjen amerikane, në vrasjet masive indoneziane të majtistëve në vitet 1960.

1965-1966 - Republika Domenikane

Ushtria dhe marina amerikane, shtypin protestat, gjatë fushatës zgjedhore.

1966-1967 – Guatemala

Bereta e gjelbër amerikane, lufton rebelët.

1967 - Detroit (Michigan, SHBA)

Ushtria amerkane, etëson trazirat afrikano-amerikane, duke vrarë njerëz.

1968 - Ushtria amerikane, mundi të ndalojë trazirat në vend, pas vrasjes së *Martin Luther King Jr.,* më shumë se 21.000 trupa janë vendosur në qytete. *Pak histori.* Pas vrasjes së Martin Luther King Jr., një aktivist kryesor afrikano-amerikan për të drejtat civile, më 4 prill 1968, **Washington-i, D.C., përjetoi një periudhë katër-ditore trazirash dhe trazirash të dhunshme civile. Një pjesë e trazirave më të gjera, që prekën të paktën 110 qytete të SHBA-së, ato në Washington, D.C. sëbashku me ato në Çikago dhe në Baltimore, ishin ndër ato me numrin më të madh të pjesë-marrësve.**

Presidenti **Lyndon B. Johnson, thirri Gardën Kombëtare në qytet më 5 prill 1968, për të ndihmuar Departamentin e Policisë, në shuarjen e trazirave. Përfundimisht,** *13 njerëz u vranë, 1,000 njerëz të plagosur dhe 6,100 të arrestuar.*

Mbi 80% e forcave policore të D. C., që ishin të bardhë dhe 67% të qytetit me ngjyrë, tensioni midis policisë dhe komunitetit u rrit së bashku me tensionin, midis të bardhëve dhe zezakëve, përpara vitit 1968. *Taktikat e ashpra të policisë, të cilat filluan në jug në vitet 1960, për të vënë një kontroll në protestat për të drejtat civile, i la zezakët e qytetit në mbarë vendin më të frikësuar se kurrë nga policia.*

Presidenti Johnson, *thirri Aktin e Kryengritjes të vitit 1807 dhe dërgoi 11.850 trupa federale së bashku me 1,750 Gardistët Kombëtarë të Ushtrisë DC për të ndihmuar forcën e mbingarkuar të policisë së DC.*

Asokohe marinsat montuan mitralozë në shkallët e Kapitolit dhe ushtarët e Ushtrisë nga Regjimenti i 3-të i Këmbësorisë ruanin Shtëpinë e Bardhë. Ekipi luftarak i Brigadës së 2-të të Divizionit të 82-të Ajror nga Fort Bragg, Karolina e Veriut dhe Regjimenti i 6-të i Kalorësisë nga Fort Meade, Maryland ishin ndër forcat kryesore federale të dërguara në qytet. Në një moment, më 5 prill, trazirat arritën brenda dy blloqeve të Shtëpisë së Bardhë, përpara se rebelët të tërhiqeshin. Pushtimi i Washington-it, ishte më i madhi nga çdo qytet amerikan, që nga Lufta Civile.

Trupat federale dhe Gardistët Kombëtare, vendosën një shtetrrethim të rreptë, kontrolluan trazirat, patrulluan rrugët, ruanin dyqanet e plaçkitura dhe ofruan ndihmë për ata që u zhvendosën nga trazirat. Ata vazhduan të qëndronin pasi trazirat kishin pushuar zyrtarisht, për të mbrojtur kundër një trazire të dytë dhe dëmtimeve të mëtejshme.

1969-1975 - Kamboxhia

Ushtria dhe marina amerikane bombardojnëtmerrsisht vendin. *Amerikanët,* filluan të bombardojnë fshehurazi Laosin, në vitin 1964 dhe përfundimishtdo t'a linin (braktisin) atë.

Sipas burimeve historike, mësohet se**ky ishte vendi aziatik më i bombarduar rëndë,për frymë të popullsise në botë. Në 10 vjet 2 milionë njerëz, janë vrarë nga bombardimet, uria dhe kaosi ndërkombëtar dhe vendas politik.***Pak histori.*

Kamboxhia,është një vend në jug në Azinë Juglindore, që përfshin një sipërfaqe prej 181,035 kilometra katrorë (69,898 milje katrore), e kufizuar nga Tajlanda në veriperëndim, Laosi në veri, Vietnami në lindje dhe Gjiri i Tajlandës në jugperëndim. Kryeqyteti dhe qyteti më i madh është Phnom Penh.

Presidenti Richard **Nixon,urdhëroi trupat tokësore të SHBA-së të pushtonin Kamboxhia më 28 prill 1970.** Me pakënaqësinë tashmë të krijuar në vend, për konfliktin e deshtuar në Vietnam, ndërhyrja e re amerikane ushtarake, u duk si një kashtë e fundit.

Lajmi shkaktoi valë kritikash nga shumë njerëz, që *mendonin se presidenti kishte abuzuar me pushtetin e tij, duke anashkaluar Kongresin.* Kamboxhia, ishte zyrtarisht një vend neutral në Luftën e Vietnamit, megjithëse trupat vietnameze të veriut lëviznin furnizime dhe armë, përmes pjesës veriore të vendit, e cila ishte pjesë e shtegut Ho Chi Minh, që shtrihej nga Vietnami në Laos dhe Kamboxhia fqinje.

Në mars 1969, Nixon filloi të miratonte bombardimet sekrete të kampeve bazë të dyshuar komuniste dhe zonave të furnizimit në Kamboxhia, si pjesë e Menysë së Operacionit.

Gazeta **The New York Times**, *zbuloi operacionin për publikun më 9 maj 1969, duke nxitur protesta ndërkombëtare.Kamboxhia, nuk ishte vendi i parë neutral, që u vu në shënjestër nga SHBA, gjatë Luftës së Vietnamit.*

Presidenti Nixon,miratoi më 28 prill 1970 përdorimin e forcave tokësore amerikane në Kamboxhia, për të luftuar përkrah trupave vietnameze të jugut, që sulmonin bazat komuniste atje. *Amerikanët,* filluan të bombardojnë fshehurazi Laosin në vitin 1964 dhe përfundimishtdo t'a linin (braktisin) atë. **Ky ishte vendi aziatik më i bombarduar rëndë, për frymë të popullsise në botë.**

Kryeministri pro amerikan Lon Nol, zbatoi kompetencat e emergjencës dhe zëvendësoi princin si kreun e shtetit në atë që u bë e njohur si Grushti Kamboxhian i vitit 1970. *Më 8 maj 1970, Presidenti Nixon premtoi të tërhiqte 150,000 ushtarë amerikanë deri në pranverën e ardhshme.*

Pavarësisht neutralitetit të Kamboxhias, Lufta e Vietnamit u shtri në vend në vitin 1965, përmes shtigjeve Ho Chi Minh dhe Sihanouk.

Një grusht shteti i vitit 1970 instaloi Republikën e Kmerëve të lidhur me SHBA-në, derisa u përmbys nga Kmerët e Kuq në 1975. Kmerët e Kuq, sunduan vendin dhe kryen gjenocidin kamboxhian në vitet 1975-1979, kur ata u rrëzuan nga pushteti, në Luftën Kamboxhiane-Vietnameze.

Pas Marrëveshjes së Paqes të Parisit të vitit 1991, e cila i dha fund zyrtarisht luftës me Vietnamin, Kamboxhia u qeveris për një kohë të shkurtër nga një **Mision i OKB-së (1992-1993)**. OKB-ja, u tërhoq pas mbajtjes së zgjedhjeve, në të cilat votuan rreth 90% e votuesve të regjistruar. Grushti i shtetit të vitit 1997, konsolidoi pushtetin nën kryeministrin Hun Sen dhe Partinë Popullore Kamboxhiane (CPP), të cilët mbeten në pushtet. Edhe pse kushtetuesisht një shtet shumëpartiak, CPP dominon sistemin politik dhe shpërndau partinë e saj kryesore opozitare në vitin 2017, duke e bërë Kamboxhia de fakto një shtet njëpartiak.

Në vitin 1965, Kamboxhia preu zyrtarisht lidhjet me SHBA-në, pasi Princi Sihanouk (kreu i shtetit), u përpoq, sipas fjalëve të tij, të ruante neutralitetin e vendit në lidhje me luftën në Vietnam. Megjithatë, politikat e tij i lejuan komunistët vietnamezë të përdornin zonat kufitare dhe portin e

Sihanoukville. SHBA, nën administrimin e Presidentit **Lyndon Johnson**, u përgjigjën me bombardime në shënjestër të instalimeve ushtarake dhe sulme të herëpashershme, në fshatrat kamboxhiane nga forcat vietnameze të jugut dhe amerikanë.

Midis 1965 dhe 1969, SHBA bombardoi 83 vende në Kamboxhia. Ritmi i bombardimeve u rrit në vitin 1969, kur filluan bombardimet me tapet B-52 të amerikanëve, në mbështetje të tërheqjes së ngadaltë të trupave amerikane nga Vietnami. Bombarduesit, shënjestruan shtabin e lëvizshëm të **Viet Kongut** të Vietnamit Jugor dhe të Ushtrisë Vietnameze të Veriut, në xhunglën kamboxhiane.

Në vitin 1970, SHBA-ja dhe Vietnami i Jugut, filluan një ofensivë në Kamboxhia, me qëllim të ndërprerjes së rrugëve të furnizimit të Vietnamit të Veriut.

Pasi pushtimi tokësor i **SHBA-së dështoi të çrrënjoste komunistët vietnamezë, në dhjetor 1970,** *Nixon udhëzoi Sekretarin e tij të Shtetit Henry Kissinger të urdhëronte Forcat Ajrore të injorojnë kufizimet, që kufizojnë sulmet e SHBA në 30 milje nga kufiri vietnamez, duke zgjeruar zonat e bombardimeve.*

Vdekjet nga bombardimet e SHBA-së, u përqendruan gjatë periudhës në të cilën administrata e Presidentit R. Nixon bombardoi Kamboxhian lindore në vitet 1969-1973, megjithëse bombardimet dhe inkursionet në Kamboxhia nga SHBA filluan në vitin 1965, nën Presidentin Lyndon B. Johnson dhe përfunduan në kohën e Presidentit Gerald Ford. **Më shumë se 10 për qind e bombardimeve të SHBA-së ishin pa dallim.**

Sekretari i Shtetit, Henry Kissinger, *një arkitekt i politikës amerikane në Indokinë, deklaron në librin e tij Funding the Vietnam War se Zyra Historike e Sekretarit të Mbrojtjes së SHBA-së i dha atij një vlerësim prej 50,000 vdekjesh në Kamboxhia për shkak të bombardimet e viteve 1969-1973, mbi 500.000 kamboxhianë vdiqën në anën luftës të Lon Nol dhe mbi 600,000 të tjerë u tha se kishin vdekur në zonat e Kmerëve të Kuq., dhe 150,000 deri në 300,000 vdekje të dhunshme në harkun kohor të viteve 1970-1975.*[130][131][132][133][134]

---

[130]**Kiernan, Ben**. 2009. **"The Cambodian Genocide"** in Century of Genocide, ed. Samuel Totten and William Parsons. Third Edition. New York: Routledge, 340-373.

[131]Owen, Taylor and Ben Kiernan. "Bombs over Cambodia" The Walrus, October 2006, 62-69.

[132]"Report of the Research Committee on Pol Pot's Genocidal Regime." 1983. Phnom Penh, Cambodia, July 25. http://gsp.yale.edu/report-cambodian-genocide-program-1997-1999.

1971-1973 - Laos

SHBA, bombë me makinë, në Vietnamin e Jugut.

1973 – SHBA (*Dakota, indigjenët Lakota Sioux*)

Ushtria amerikane, shtyp revoltën e indianëve (native american) Undide Nee,në territorin e SHBA-së. Trupat amerikane të mobilizuara, kundër kërcimtarëve fantazmë. **Therja e rreth 300 burrave, grave dhe fëmijëve Lakota nga trupat e ushtrisë amerikane në Masakrën e Gjurit të Plagosur të vitit 1890,** *shënoi një kod tragjik të dekadave të konfrontimeve të dhunshme, midis SHBA-së dhe Indianëve të Plains.* **Pak histori.**

Në vitet para masakrës, indigjenët Lakota Sioux, **kishin vuajtur një brez të traktateve të prishura dhe ëndrrave të shkatërruara.** *Pasi kolonët e bardhë u erdhën në Territorin e Dakotës, pas zbulimit të arit në vitin 1874 në kodrat e zeza, ata kapën miliona hektarë tokë dhe pothuajse asgjësuan popullsinë vendase të buallit.*Mësohet se*terrenet e tyre tradicionale të gjuetisë u avulluan dhe kultura gërryhej, Lakota, në të cilën dikur lëviznin të lirë si bizoni në Rrafshinat e Mëdha, e gjetën veten të kufizuar kryesisht në rezervat e qeverisë.*

Gjatë gjithë vitit 1890, Lakota duroi thatësira dhe epidemi të fruthit, kollës së mirë dhe gripit. **Lëvizja Ghost Dance**, e cila u shfaq për herë të parë në Nevada rreth vitit 1870, fitoi popullaritet në mesin e Lakota, pas ringjalljes së saj në vitin 1889 nga **profeti Paiute Wovoka.**

Adhuruesit e saj besonin se pjesëmarrësit në një kërcim rrethor ritual, do të sillnin në një të ardhme utopike në të cilën një kataklizëm do të shkatërronte SHBA, do të zhdukte kolonistët e bardhë nga kontinenti dhe do të sillte ringjalljen e gjithçkaje që kishin humbur, tokën e tyre, tufat e tyre të buallit dhe edhe paraardhësit e tyre të vdekur.

Të veshur me këmisha të bardha muslin, që ata besonin se do t'i mbronin nga rreziku dhe madje do të zmbrapsnin plumbat, gati një e treta e Lakota i ishte bashkuar lëvizjes mesianike në dimrin e vitit 1890.

---

[133]Sliwinski, Marek. 1995. Le Génocide Khmer Rouge: un analyse démographique. Paris: Editions L'Harmattan
[134]U.S. Central Intelligence Agency. 1980. "Kampuchea: A Demographic Catastrophe." Washington, DC, January 17

Trupat amerikane të mobilizuara kundër kërcimtarëve fantazmë. Ndërsa **lëvizja Ghost Dance u përhap**, kolonët e bardhë të frikësuar e besuan se ishte një prelud i një kryengritjeje të armatosur.

Qeveria federale, ndaloi ceremonitë e vallëzimit të fantazmave dhe mobilizoi vendosjen më të madhe ushtarake, që nga Lufta Civile. Gjenerali Nelson Miles mbërriti në preri me një pjesë të Kalorësisë së 7-të, e cila ishte asgjësuar në Betejën e Little Bighorn 14 vjet më parë, dhe urdhëroi arrestimin e udhëheqësve të fiseve të dyshuar, për promovimin e lëvizjes Ghost Dance.

Më 28 dhjetor, kalorësia e SHBA-së u kap me Spotted Elk dhe grupin e tij me kryesisht pleq, gra dhe fëmijë, pranë brigjeve të Wounded Knee Creek, i cili gjarpëron nëpër preritë dhe Badlands të Dakotës Jugperëndimore. Forcat amerikane arrestuan Spotted Elk-in, i cili ishte shumë i sëmurë me pneumoni për t'u ulur, e lëre më të ecte dhe vendosën armët e tyre Hotchkiss në një lartësi me pamje nga kampi Lakota.

Ndërsa tensionet u ndezën dhe një zhurmë shpërtheu mëngjesin tjetër, ushtarët amerikanë hipën në kuajt e tyre dhe rrethuan Lakotën. Gjithsesi, kalorësia shkoi tip në tipi duke sekuestruar sëpata, pushkë dhe armë të tjera. Teksa një ushtar tentoi t'i nxirrte një armë nga duart e një Lakota, papritmas u dëgjua një e shtënë. *Nuk ishte e qartë se cila anë qëlloi e para, por brenda pak sekondash ushtarët amerikanë lëshuan një stuhi plumbash nga pushkët, revolverët dhe armët Hotchkiss me qitje të shpejtë, që shpërthyen Lakotën.*

Elk i ndotur u qëllua aty, ku ishte i shtrirë në tokë. Djemtë të cilët vetëm pak çaste më parë po luanin me kërcim, u kositën nga plumbat e ushtarëve. Përmes pluhurit dhe tymit, gratë dhe fëmijët u zhyten për t'u strehuar në një luginë pçr tu mbrojtur, por ishte e pamundur.

Kur të shtënat u ndalën disa orë më vonë, trupat u shpërndanë në grykë. Disa po merrnin frymë, shumica jo. **Viktimat, fëmijë, gratë dhe pleqtë e moshuar, që ishin gjuajtur pa mëshirë nga plumbat e ushtarëve, ndërsa përpiqeshin të iknin, u gjetën tre milje larg.** *Disave iu hoqën nga trupi këmishat e shenjta e ua moren si suvenire makabre. Të paktën 450 Lakota u vranë së bashku me 25 ushtarë amerikanë. Dy të tretat e viktimave të pafajshme indian vendas, ishin gra, pleq dhe fëmijë.*

Pjesëmarrësit ushtarakë të masakrës kundër indianeve autokton, morën nderimetdhe urdhra më të larta ushtarake. *Të vdekurit u çuan në kishën Episkopale aty pranë dhe u vendosën në dy rreshta, poshtë kurorave festive dhe dekorimeve të tjera të Krishtlindjeve.Ditë më vonë erdhi momenti i varrimit, ku hapën një gropë të madhe dhe i hodhi trupat e ngrirë në një varr masiv.* **Ushtria e SHBA-së u dha Medaljen e Nderit, vlerësimin e saj më të lartë, 20 anë-**

tarëve të Kalorësia e 7-të, që mori pjesë në gjakderdhjen apo masakrën direkte kundër indianëve vendas.

Nuk ishte hera e fundit, që gjaku i pafajshëm I fëmijëve, grave dhe pleqëve rridhte rrëke, pranë **Përroit të Gjurit të Plagosur**. Në shkurt te vitit 1973, *aktivistët e Lëvizjes Indiane Amerikane, pushtuan vendin për 71 ditë, për të protestuar ndaj keqtrajtimit të qeverisë amerikane të amerikanëve apo indianëve etnik vendas, sikurse njihen realisht si* **Native America**.

Pushtimi i gjurit të plagosur, i njohur gjithashtu si **Gjuri i Plagosur i Dytë, filloi më 27 shkurt 1973,***kur rreth 200 Oglala Lakota (nganjëherë të referuar si Oglala Sioux) dhe pasuesit e Lëvizjes Indiane Amerikane (AIM), kapën dhe pushtuan qytetin e Gjurit të plagosur, Dakota e Jugut, Shtetet e Bashkuara, në Rezervimin Indian Pine Ridge.*

Për më tepër, protestuesit kritikuan dështimin e qeverisë amerikane, për të përmbushur traktatet me popullin vendas të Amerikës dhe kërkuan rihapjen e negociatave të traktateve, për të arritur me shpresë në një trajtim të drejtë dhe të barabartë të amerikanëve vendas...

Më 30 qershor 1980, *Great Sioux Reservation fitoi një çështje ligjore* **në Gjykatën e Lartë, që pranon paligjshmërinë e blerjes së tokës së rezervuar nga SHBA në vitin 1876**. Pretendimi i Sioux, ishte hedhur vazhdimisht poshtë nga gjykatat e njëanshme dhe anti-indian, që nga vitet 1920 dhe çështja arriti Gjykata e Lartë jo rastësisht. Pas një dekade ekspozimi mediatik dhe luftimesh, për sovranitetin fisnor, narrativa e indianëve amerikanë u bë e njohur, në vend të fshirjes dhe harresës.

Gjatë njëqindvjetorit të Masakrës së Gjurit të Plagosur të vitit 1890, në 1990, Russell Means e ndaloi Guvernatorin e Dakotës së Jugut, George S. Mickelson, të merrte pjesë në përkujtimin e të vdekurve atje.

Pavarësisht mosmarrëveshjeve, në lidhje me trajtimin e **Gjurit të Plagosur të Dytë**, incidenti hodhi një dritë mbi problemet e shumta, me të cilat përballeshin vazhdimisht indianët vendas amerikanë dhe u tregoi atyre se mund të kishin një zë. *Gjuri i I dhe II i Plagosur,* është tani një simbol i rëndësishëm historii i organizmit dhe aktivizmit indianëve etnikë amerikanë, duke u bazuar në kuptimin e tij fillestar simbolik të *mizorive të kryera nga ushtria e kolonistëve europianë të Qeverisë së SHBA-së, kundër popullit të pafajshëm etnik indian amerikanë, për t'u vjedhur hapur ose ditën për diell, me forcën e armëve tokat dhe pasuritë e tjera nën dhe mbi tokësore deri në ditët tona...*

1973 - Lindja e Mesme

Kërcënimi bërthamor dhe kërcënimi i luftës botërore nga SHBA-ja, gjatë Luftës së Lindjes së Mesme. *Pak histori*. Në tetor të vitit 1973, **anëtarët e Organizatës së Vendeve Arabe Eksportuese të Naftës (OAPEC), të udhëhequr nga Mbreti Faisal i Arabisë Saudite,** shpallën një embargo të naftës, qëdenonte vendet që kishin mbështetur Izraelin, gjatë Luftës së Yom Kipur. *Vendet fillestare të synuara ishin: Kanadaja, Japonia, Holanda, Mbretëria e Bashkuar dhe Shtetet e Bashkuara, megjithëse embargoja u shtri më vonë edhe në shtetet e tjera, si: Portugalia, Rodezia dhe nëAfrikën e Jugut.*

Që kur Izraeli shpalli pavarësinë në vitin 1948, **filluan konfliktet e vazhdueshme, midis arabëve dhe izraelitëve në Lindjen e Mesme, duke përfshirë disa luftëra.**

Kriza e Suezit, e njohur gjithashtu si Lufta e Dytë Arabo-Izraelite, u ndez nga bllokimi i portit jugor të Izraelit të Eilat nga Egjipti, i cili gjithashtu shtetëzoi Kanalin e Suezit, që i përkiste investitorëve francezë dhe britanikë.

Lufta Gjashtë Ditore e vitit 1967, *përfshiu një pushtim izraelit të Gadishullit Sinai të shtetit të Egjiptit, i cili rezultoi në mbylljen e Egjiptit të Kanalit të Suezit për 8 vjet.* Pas Luftës së Yom Kipur, kanali u pastrua në vitin 1974 dhe u rihap përsëri në vitin 1975.*Vendet e OAPEC, ulën prodhimin e naftës dhe vendosën një embargo ndaj eksporteve të naftës në Shtetet e Bashkuara, pasi Presidenti ameirkan Richard Nixon kërkoi 2.2 miliardë dollarë, për të mbështetur përpjekjet e Izraelit për luftë.*

SHBA-ja importonte 350 milionë fuçi (56 milionë metra kub) në vit deri në fund të viteve 1950, kryesisht nga Venezuela dhe Kanadaja. Për shkak të kostove të transportit dhe tarifave, ajo kurrë nuk bleu shumë naftë nga Lindja e Mesme.

Kur republikani **Richard Nixon** u bë president në vitin 1969, vendosi një tavan çmimi për naftën në vitin 1971, pasi kërkesa për naftë po rritej dhe prodhimi po binte shumë, gjë që rriti varësinë nga importet e huaja të naftës, sepse konsumi i saj u rrit nga çmimet e ulëta.

Në vitin 1973, Presidenti Nixon, shpalli fundin e sistemit të kuotave. Ndërmjet viteve 1970 dhe 1973 importet amerikane të naftës bruto ishin dyfishuar pothuajse, duke arritur në 6.2 milionë fuçi në ditë në vitin 1973.

Pesë anëtarët themelues të OPEC, ishin: **Venezuela, Iraku, Arabia

Saudite, Irani dhe Kuvajti. OPEC, u organizua pasi kompanitë e naftës ulën çmimin e postuar të naftës, por çmimi i postuar i naftës mbeti vazhdimisht më i lartë, se çmimi i tregut i naftës midis viteve 1961 dhe 1972.

Sërisht Presidenti **Nixon nxori Urdhrin Ekzekutiv 11615 më 15 gusht të vitit1971,duke mbyllurdritaren e arit.** Ky veprim e bëri dollarin të pakonvertueshëm në ar drejtpërdrejt, përveç në tregun e hapur, dhe së shpejti u quajt **Nixon Shock**, duke çuar përfundimisht në kolapsin e sistemit Bretton Woods në vitin 1976.

Për shkak se nafta u vlerësua në dollarë, të ardhurat reale të prodhuesve të naftës u ulën, kur dollari filloi të lundronte pa lidhjen e vjetër me arin. *Në shtator të vitit1971, OPEC lëshoi një komunikatë të përbashkët, ku thuhej se që atëherë e tutje, ata do t'a çmonin naftën në terma të një sasie fikse ari.*

Edhe pse disa anëtarë të Organizatës së Vendeve Arabe Eksportuese të Naftës (OAPEC) mbështetën përdorimin e naftës si armë (politike), për të ndikuar në rezultatin politik të konfliktit arabo-izraelit, **Arabia Saudite, ka qenë tradicionalisht mbështetësja më e fortë e ndarjes së naftës nga politika.**

Asokohe sauditët, ishin të kujdesshëm ndaj taktikës, për shkak të disponueshmërisë së naftës nga vendet joarabe prodhuese të naftës, dhe në dekadat që çuan në krizë, monarkitë konservatore të rajonit ishin rritur të varura nga mbështetja perëndimore, për të siguruar mbijetesën e tyre të vazhdueshme, ndërsa Naserizmi fitoi tërheqje.

Nga ana e tjetër, shtetet e tilla si: **Algjeria, Iraku dhe Libia e kishin mbështetur fuqimisht përdorimin e naftës si armë politike në konflikt.** *Gazetat arabe si egjiptiane Al-Ahram, libaneze An-Nahar dhe irakiane Al-Thawra, kishin qenë historikisht mbështetës të përdorimit të naftës si armë politike.*

Embargoja e naftës, gjithsesi ndryshoi natyrën e politikës në Perëndim drejt rritjes së kërkimit të energjisë alternative, ruajtjes së energjisë dhe politikës monetare më kufizuese, për të luftuar më mirë inflacionin.

1973–Kili

Cila ishte fabula? Një grusht shteti ushtarak, rrëzon presidentin Salvador Allende.Ai vret veten ome pistoletë, në pallatin presidencial, mbasi ishte i rrethuar nga ushtria dhe forcat ajrore kiliane. *Pak histori.* **Forcat e armatosura të Kilit, organizojnë një grusht shteti, kundër qeverisë së Presidentit Salvador Allende**, udhëheqësit të parë marksist të zgjedhur në mënyrë demokratike në Amerikën Latine.

Allende u tërhoq me mbështetësit e tij në La Moneda, pallati presidencial i ngjashëm me fortesë në Santiago, i cili ishte i rrethuar nga tanke dhe këmbësoria dhe i bombarduar nga avionët e forcave ajrore.

Allende i mbijetoi sulmit ajror, por më pas vrau veten, ndërsa trupat sulmuan pallatin e djegur, duke përdorur një pushkë automatike që iu dha si dhuratë nga diktatori kuban Fidel Castro.

Qeveria e SHBA-së dhe Agjencia e saj Qendrore e Inteligjencës (CIA), kishin punuar për tre vjet, për të nxitur një grusht shteti kundër Presidentit Allendes, *i cili konsiderohej nga administrata e Nixon si një kërcënim për demokracinë në Kili dhe Amerikën Latine.*

Ironikisht, Allende i zgjedhur në mënyrë demokratike, u pasua nga diktatori brutal, **gjenerali Augusto Pinochet**, *i cili sundoi Kilin barbarisht, me një grusht të hekurt për 17 vitet e ardhshme.*

Pas fitores së Salvador Allende Gossens dhe koalicionit të tij të majtë, Presidenti i SHBA-së Richard Nixon thirri drejtorin e CIA-s Richard Helms në Shtëpinë e Bardhë dhe e urdhëroi atë në asnjë mënyrë të pasigurt që të ndalonte Allende, që të vinte në pushtet ose **t'a rrëzonte atë, sepse ai kishte kërcënuar se do të shtetëzonte industritë në pronësi të SHBA-së në Kili dhe Nixon nuk donte që një Fidel Kastro tjetër të vinte në pushtet, në një hemisferë amerikane gjatë kohës së tij.**

Ai autorizoi 10 milionë dollarë, për operacionin e fshehtë, kundër Allendes dhe udhëzoi që ai të kryhej pa dijeninë e ambasadës së SHBA-së në Kili. Me vetëm një javë të mbetur para se Kongresi Kilian të votonte për zgjedhjen e Allendes, selia e CIA-s i dërgoi një kabllogram zyrës së saj kiliane, ku shkruhej: *"Është politikë e vendosur dhe e vazhdueshme, që Allende të rrëzohet nga një grusht shteti. Do të ishte shumë e preferueshme që kjo të ndodhte para 24 tetorit, por përpjekjet në këtë drejtim do të vazhdojnë fuqishëm, përtej kësaj date."*

Disa ditë më vonë, një grusht shteti i shkatërruar nga një grup oficerësh ushtarakë kilianë, ndihmoi për të mbledhur vendin rreth Allendes, i cili u inaugurua më 3 nëntor.

Në vitin 1971, Presidenti Allende filloi shtetëzimin e bizneseve të huaja në Kili, *duke përfshirë minierat e bakrit në pronësi të SHBA-së, burimi kryesor i mbrojtjes së Kilit dhe një kompani të madhe telefonike, të drejtuar nga amerikanët.*Asokohe **Presidenti republikan Nixon,** *ishte i indinjuar dhe ai krijoi një task forcë ndërinstitucionale, për të organizuar reprezalje ekonomike kundër Kilit. Task-forca hartoi plane ekonomike perms një fushate propagandistike* *politike, për të ulur çmimin botëror të bakrit dhe urdhëroi një ndalim të plotë të ndihmës ekonomike të SHBA-së.*

Pas grushtit të shtetit, gjenerali **Augusto Pinochet Ugarte (1915-2006)**, si Komandant i Përgjithshëm i Forcave të Armatosura, u bë diktator katil i Kilit. **Në vitin 1988**, Pinochet ra dakord, për një **Referendum Kombëtar,** për të ardhmen e Kilit dhe shumica e kilianëve kundërshtuan vazhdimin e diktaturës së tij. Zgjedhjet demokratike, u mbajtën në vitin 1989 dhe në vitin 1990, ku Pinochet dha dorëheqjen, pasi Presidenti Patricio Aylwin Azócar u betua si lideri i ri i Kilit. *Atë vit, eshtrat e ish presidentit komunist Salvador Allendes, u zhvarrosën dhe iu dhanë një varrim zyrtar.*

Pas një tërheqjeje të gjatë ligjore, sekretari i Brendshëm i Britanisë, deklaroi në janar *të vitit* 2000 se 84-vjeçari Pinochet, nuk ishte i përshtatshëm për t'u gjykuar dhe urdhëroi që ai të kthehej në Kili, ku ai dha dorëheqjen nga detyra e senatorit në vitin 2002, pas një *Vendimi* të Gjykatës së Lartë, se ai nuk mund të gjykohej për shkak të shëndetit të tij të dobët, por më vonë në vitin 2004, **Gjykata e Lartë e Kilit**, më në fund vendosi, **se ai ishte në gjendje të gjykohej**. *Në dhjetor të vitit 2004, ai u akuzua për disa krime…*

1975 – Kamboxhia

Numri i civilëve kamboxhianë dhe vdekjeve të Kmerëve të Kuq, të shkaktuar nga bombardimet e SHBA-së variojnë nga 30,000 në 50,000 ose **afërsisht 17% e vdekjeve totale të luftës civile, mund t'i atribuohen bombardimeve të SHBA-së,** të përqendruara në zonat kufitare të papopulluara. *Pak histori.* **Gjenocidi kamboxhian,** ishte vrasja e qytetarëve kamboxhianë, nën udhëheqjen komuniste të komunitetit khmerik të Partisë së Kampuçesë, të krysuar nga **Pol Pot (1925-1998). Ajo rezultoi me vdekjen e 1.5 deri në 2 milion njerëzve në vitet 1975-1979, gati një e katërta e popullsisë së Kamboxhias në vitin 1975** (*rreth 7.8 milion*).

Pol Pot dhe Khmer Rouge, *ishin mbështetur prej kohësh nga Partia Komuniste Kineze (CCP) dhe kryetari i saj, Mao Ce Dun;* me 1 miliard dollarë ndihmë ekonomike dhe ushtarake, pa interes vetëm në vitin 1975.

Kmerët e Kuq, donin t'a kthenin vendin në një *republikë socialiste agrare,* të themeluar mbi politikat e maoizmit dhe të ndikuar nga Revolucioni Kulturor. *Ato u takuan me MaoCe Dunin kinez në Pekin në vitin 1975, duke marrë direct miratim dhe këshilla.***Në vitin 1976,** Kmerët e Kuq e riemëruan vendin si **Kampuchea Demokratike.**

Masakrat në fjalë,*përfunduan kur ushtria vietnameze pushtoi vendin në vitin 1978 dhe rrëzoi regjimin e Kmerëve të Kuq.*Deri në janar 1979, 2 milionë njerëz kishin vdekur, për shkak të politikave të Kmerëve të Kuq, duke përfshirë 200,000–300,000 kamboxhiano-kinezë, 90.000–500.000 çamë kamboxhiane (*myslimanë*), vietnamezë, kamboxhianë. Mbi 20.000 njerëz kaluan nëpër **Burgun e Sigurisë 21, një nga 196 burgjet**, *që vepronin asokohe, nën pushtetin eKmerëve të Kuq, ku vetëm shtatë prej tyre të rritur mbijetuar.*

Të burgosurit u dërguan në Fushat e Vrasjes, ku ekzekutoheshin (shpesh me kazma, për të kursyer plumbat dhe varroseshin në varre masive (kolektive).*Rrëmbimi dhe indoktrinimi i fëmijëve ishte i përhapur, dhe shumë prej tyre, kur rritën u mësuan dhe detyruan me forcë të kryenin mizori kudo që shkonin.*

Që nga viti 2009,Qendra e Dokumentacionit e Kamboxhias, ka zbuluar 23,745 varre masive që përmbajnë rreth 1.3 milionë viktima të dyshuara se u ekzekutuan asokohe.Ekzekutimi i drejtpërdrejtë, besohet se përbën 60% të numrit të përgjithshëm vdekjeve të gjenocidit, dhe viktima të tjera, që i nënshtroheshin urisë, rraskapitjes ose sëmundjeve.

Gjenocidi, shkaktoi një fluks të dytë refugjatësh, shumë prej të cilëve u arratisën në Tajlandën fqinje dhe, në një masë më të vogël, në Vietnam.

Në vitin 2001, qeveria kamboxhiane, **themeloi Tribunalin e Kmerëve të Kuq,** për të gjykuar anëtarët e udhëheqjes së Kmerëve të Kuq si përgjegjës, për gjenocidin kamboxhian. *Gjyqet filluan në vitin 2009, dhe në vitin 2014, Nuon Chea dhe Khieu Samphan u dënuan dhe morën dënime të përjetshme, për krime kundër njerëzimit të kryera gjatë gjenocidit.*

Sihanouk u rrëzua në vitin 1970 nga Kryeministri Lon Nol, me mbështetjen e Asamblesë Kombëtare, duke krijuar Republikën Kmere pro Shteteve të Bashkuara. Me këshillën e Partisë Komuniste Kineze (PKK), Sihanouk, i cili ishte në mërgim në Pekin, krijoi një aleancë me Kmerët e Kuq dhe u bë kreu nominal i një qeverie në megrim, të dominuar nga Kmerët e Kuq i mbështetur nga Kina.

Edhe pse plotësisht e vetëdijshme, për dobësinë e forcave të Lon Nolit dhe dëshirën për t'iu përkushtuar forcës ushtarake amerikane (*në konfliktin e ri në çdo formë tjetër përveç fuqisë ajrore*), **administrata amerikane e Presidentit Nixon, njoftoi mbështetjen e saj për Republikën e re Kmere.**

Më 29 mars 1970, *Vietnami i Veriut, nisi një ofensivë ushtarake, kundër ushtrisë kamboxhiane.* **Dokumentet,** *që u zbuluan nga arkivat e Bashkimit Sovjetik, zbulojnë se pushtimi u nis me kërkesë të qartë të Khmerëve të Kuq, pas ne-*

gociatave që u mbajtën me Nuon Chea.

Deri në vitin 1975, *kur qeverisë së Lon Nolit i mbaruan municionet,***për shkak të humbjes së mbështetjes së SHBA-së,** *ishte e qartë se kolapsi i saj ishte i pashmangshëm. Më 17 prill 1975, Kmerët e Kuq pushtuan Phnom Penh dhe i dhanë fund luftës civile.,* ku vdiqën 310.000 vetë.

Në vitet 1970 deri në 1973, një fushatë masive bombarduese e Shteteve të Bashkuara, kundër Kmerëve të Kuq, shkatërroi Kamboxhinë rurale. Një *fushatë e mëparshme e bombardimeve të Kamboxhias nga SHBA,* filloi më 18 mars **1969** me **Operacionin Mëngjesi.**

NE FUND TE SHEKULLIT XX

1976-1992 - Angola

Një operacion i CIA-s, për të ofruar mbështetje ushtarake, për bandat e armatosura në Afrikën e Jugut, gjatë Luftës Civile. *Pak histori.* **Aktivitetet e Agjencisë Qendrore të Inteligjencës së SHBA-së (CIA) në Angola.** Komunisti kuban Fidel Castro, vendosi të dërgonte trupa në Angola më 4 nëntor 1975, në përgjigje të pushtimit të Afrikës së Jugut. Shtetet e ndryshme dinin shumë për planet e fshehta të pushtimit të Afrikës së Jugut dhe bashkëpunuan ushtarakisht me trupat e saj, **në kundërshtim me atë që Sekretari i Shtetit Henry Kissinger, dëshmoi para Kongresit Amerikan dhe shkroi më vonë në kujtimeve të tij.**

Kuba, mori vendimin për të dërguar trupa ushtarake, pa informuar asokohe Bashkimin Sovjetik dhe i vendosi ato, në të kundërt për atë që është pretenduar gjerësisht, pa asnjë ndihmë sovjetike, për dy muajt e parë.

Presidentin Ford, Sekretarin e Shtetit Kissinger, Sekretarin e Mbrojtjes James Schlesinger dhe drejtorin e CIA-s William Colby ndër të tjera, **diskutuan mbi ndërhyrjen e SHBA-së në luftën civile të Angolës,** ku CIA kishte operacione të fshehta.

1980 – Iran

Kërcënim bërthamor për Iranin. Misione të SHBA-së, bëjnë përpjekje të dështuara, për të shpëtuar pengjet nga ambasada, ku 8 ushtarë dhe një civil vdes në këtë përpjekje.

Pak histori. Kriza e pengjeve në Iran, ishte një përplasje diplomatike midis SHBA-së dhe Iranit. Asokohe 52 diplomatë dhe shtetas amerikanë u mbajtën peng, pasi një grup studentësh të kolegjit islam dhe ushtarakë iranianë (*Studentët Muslimanë Pasues të Imamit*), të cilët mbështetën Revolucionin Iranian, morën peng ambasadën e SHBA-së në Teheran dhe morën personalin.

Pengjet u mbajtën për 444 ditë, nga 4 nëntori 1979 deri në lirimin e tyre më 20 janar 1981. Kriza konsiderohet si një episod kryesor, në historinë e marrëdhënieve Iran-SHBA.

Presidenti Jimmy Carter e quajti marrjen e pengjeve një **akt shantazhi** dhe pengjet **viktima të terrorizmit dhe anarkisë**. Në Iran, ai u pa gjerësisht si një akt kundër SHBA-së dhe ndikimit të saj në Iran, duke përfshirë përpjekjet e saj, të perceptuara për të minuar Revolucionin Iranian dhe mbështetjen e tij të gjatë të Shahut të Iranit (*Mohammad Reza Pahlavi, i cili u përmbys në 1979*).

Disa muaj përpara Revolucionit Iranian, në natën e Vitit të Ri 1977, Presidenti i SHBA-së Jimmy *Carter, zemëroi më tej iranianët anti-Shah, me një dolli televizive për Pahlavi, duke pretenduar se Shahu ishte i "adhuruar" nga populli i tij.*

Pas revolucionit, që filloi në shkurt të vitit 1979, me kthimin e Ajatollah Khomeinit, Ambasada Amerikane u pushtua dhe stafi i saj u mbajt peng, për një kohë të shkurtër. Gurët dhe plumbat kishin thyer aq shumë xhama të ambasadës përballë, saqë u zëvendësuan me xham antiplumb. Stafi i ambasadës u reduktua në pak më shumë se 60 nga numri më i lartë prej gati 1000 në fillim të dekadës.

Asokohe 6 diplomatë amerikanë arritën të shmangnin kapjen dhe u strehuan në Ambasadën Britanike, përpara se të transferoheshin në Ambasadën Kanadeze. Në fund të vitit 1979, *qeveria e kryeministrit Joe Clark nxori fshehurazi një urdhër në Këshill, që lejonte lëshimin e pasaportave kanadeze për disa shtetas amerikanë, në mënyrë që ata të mund të arratiseshin.*

Në një operacion të përbashkët të fshehtë të njohur si **Kaperi Kanadez**, qeveria kanadeze dhe CIA, arritën t'i largonin nga Irani më 28 janar 1980, *duke përdorur pasaporta kanadeze dhe një histori kopertine, që i identifikonte ata si një grup xhirues.* Të tjerët shkuan në Ambasadën Suedeze në Teheran për tre muaj.

Administrata Carter, u përpoq pa sukses të zbuste ndjenjën antiamerikane, duke promovuar një marrëdhënie të re me qeverinë de facto iraniane dhe duke vazhduar bashkëpunimin ushtarak, me shpresën se situata do të stabilizohej.

Pranimi i Shahut në Shtetet e Bashkuara e intensifikoi anti-amerikanizmin e revolucionarëve iranianë dhe krijoi thashetheme, për një tjetër grusht shteti të mbështetur nga SHBA, që do ta rivendoste atë. Khomeini, i cili ishte internuar nga shahu për 15 vjet, rriti retorikën kundër *"Satanit të Madh"*, siç e quajti ai SHBA-në.

Sovjetikët, Kuba, Libia dhe Gjermania Lindore, dyshoheshin se kishin ofruar ndihmë indirekte për pjesëmarrësit, në marrjen e Ambasadës së SHBA-së në Teheran.

Pasi Shah Pahlavi u rrëzua, atij iu dha azil dhe u pranua në SHBA. Asokohe Shahu, u largua nga SHBA në dhjetor 1979 dhe në fund iu dha azil në Egjipt, ku vdiq në moshën 60-vjeçare, më 27 korrik 1980. Regjimi i ri iranian, kërkoi kthimin e tij, në mënyrë që të gjykohej për krimet, që ai akuzohej se kishte kryer kundër iranianëve, gjatë sundimit të tij nëpërmjet policisë së tij sekrete. Këto kërkesa u refuzuan, të cilat Irani i shihte si bashkëfajësi të SHBA-së në ato abuzime. *SHBA-të e panë marrjen e pengjeve si një shkelje të jashtëzakonshme të parimeve të së drejtës ndërkombëtare* (Konventa e Vjenës), e cila u dha diplomatëve imunitet nga arrestimi dhe i bëri komplekset diplomatike të paprekshme.

Gjashtë diplomatë amerikanë, që iu shmangën kapjes u shpëtuan nga përpjekje e përbashkët CIA dhe Kanadesë më 27 janar 1980. Kriza arriti kulmin në fillim të vitit 1980, pasi negociatat diplomatike nuk arritën të fitonin lirimin e pengjeve.

Presidenti Carter, urdhëroi ushtrinë amerikane të provonte një mision shpëtimi, të koduar **Operacioni Eagle Claw**, duke përdorur anije luftarake, që përfshinin USS Nimitz dhe USS Coral Sea, të cilat patrullonin ujërat pranë Iranit. *Përpjekja e dështuar më 24 prill1980, rezultoi në vdekjen e një civili iranian dhe vdekjen aksidentale të tetë ushtarakëve amerikanë, pasi një nga helikopterët u përplas me një avion transporti.*

Në shtator 1980, Iraku pushtoi Iranin, duke filluar Luftën Iran-Irak. Këto ngjarje e bënë qeverinë iraniane të hynte në negociata me SHBA-në, me Algjerinë që vepronte si ndërmjetëse.

Analistët politikë përmendën ngecjen si një faktor kryesor në rënien e vazhdueshme të presidencës së Carter dhe humbjen e tij dërrmuese në zgjedhjet presidenciale të vitit 1980.

Pengjet u liruan zyrtarisht nga paraburgimi, një ditë pas nënshkrimit të Marrëveshjes së Algjerit, vetëm disa minuta pasi presidenti republikan amerikan Ronald Reagan u betua në detyrë dhe lëshoi një ultimatum në drejtim të qeverisë iraniane.

1981-1992 - El Salvador

Operacionet ushtarakeamerikane, kundër rebelëve.**Lufta Civile e Salvadorit**, ishte një periudhë 12-vjeçare e luftës civile në El Salvador, që u zhvillua midis qeverisë së El Salvadorit dhe Frontit Nacional Çlirimtar Farabundo Martí (FMLN), një koalicion ose ombrellë, e krahut të majtë, të mbështetur nga regjimi kuban i Fidel Kastros si dhe nga Bashkimi Sovjetik.

Grusht i shteti i vitit 1979, i ndjekur nga vrasjet e qeverisë të protestuesve kundër grushtit të shtetit, shihet gjerësisht si fillimi i luftës civile. Lufta, nuk përfundoi zyrtarisht deri më 16 janar të vitit 1992, me nënshkrimin e Marrëveshjes së Paqes Chapultepec në Mexico City.

Kombet e Bashkuara (OKB) raportojnë, se **lufta vrau më shumë se 75,000 njerëz në vitet 1979-1992, së bashku me rreth 8,000 persona të zhdukur.** Shkeljet e të drejtave të njeriut, veçanërisht rrëmbimi, torturimi dhe vrasja e simpatizantëve të dyshuar të FMLN-së nga forcat e sigurisë shtetërore dhe skuadrat paraushtarake të vdekjes, ishin të përhapura.

Asokohe Qeveria Salvadorane, konsiderohej një aleate e SHBA-së, në kontekstin e Luftës së Ftohtë. Gjatë administratave të në fillim *Carter dhe Reagan ne vijim, SHBA-ja jepte 1 deri në 2 milionë dollarë në ditë ndihmë ekonomike për qeverinë Salvadorane.***SHBA, gjithashtu ofroi trajnime dhe pajisje të rëndësishmc për ushtrinë. Deri në maj 1983, u raportua se oficerët ushtarakë të SHBA-së po punonin brenda Komandës së Lartë Salvadorane dhe po merrnin vendime të rëndësishme strategjike dhe taktike.**

Qeveria amerikane, besonte se ndihma e saj e gjerë për qeverinë e El Salvadorit, ishte e justifikuar me arsyetimin se kryengritësit mbështeteshin nga Bashkimi Sovjetik. *Taktikat kundër kryengritjes, të zbatuara nga qeveria salvadorane, shpesh synonin joluftëtarët civilë.*

Në shkurt 1980, Arqipeshkvi i Kishës Katolike të vendit **imzot Óscar Romero, botoi ne media një letër të hapur, drejtuar presidentit amerikan Jimmy Carter,***në të cilën ai i lutej, që të pezullonte programin e vazhdueshëm të ndihmës ushtarake amerikane për regjimin e Salvadorit.*

Më 24 mars 1980, Kryepeshkopi u vra, ndërsa po kremtonte meshën, një ditë pasi ai u bëri thirrje ushtarëve salvadoranë dhe anëtarëve të forcave të sigurisë, që të mos ndiqnin urdhrat e tyre, për të vrarë civilët salvadoranë. **Në vitin 1993, një hetim i OKB-së konfirmoi se D'Aubuisson urdhëroi vrasjen.**

Ndihma ushtarake e SHBA-së, u ndërpre për një kohë të shkurtër në përgjigje të vrasjeve, por u rinovua brenda gjashtë javësh. *Administrata në largim Carter, rriti ndihmën ushtarake, për forcat e armatosura të Salvadorit në 10 milionë dollarë, e cila përfshinte 5 milionë dollarë në pushkë, municione, granata dhe helikopterë.*

Shtetet e Bashkuara, kishin frikë se El Salvador, si Nikaragua dhe Kuba më parë, mund të binte për revolucionin komunist. Kështu, administrata e Jimmy Carter-it e mbështeti me energji qeverinë e re ushtarake, duke shpresuar të promovonte stabilitetin në vend.

Carter, ofroi njëfarë mbështetje për qeverinë, administrata pasuese rriti ndjeshëm shpenzimet e SHBA në El Salvador. **Deri në vitin 1984, administrata e Ronald Reganit, do të shpenzonte gati 1 miliard dollarë, ndihmë ekonomike për qeverinë salvadorane.**

Asokohe guerilët e FMLN ishin përgjegjës për 5% të mizorive të kryera gjatë luftës civile, ndërsa 85% u kryen nga forcat e sigurisë salvadorane.

Përgjegjësia, për këto mizori të kohës së luftës civile, është penguar nga një ligj amnistie i vitit 1993. *Në vitin 2016, megjithatë, Gjykata e Lartë e El Salvadorit, vendosi se ligji ishte jokushtetues dhe se qeveria e Salvadorit, mund të ndiqte penalisht kriminelët e dyshuar të luftës.*

1981-1990 - Nikaragua

Marina e SHBA-së dhe CIA, organozojnë Operacionin në Nikagagua, për të shuar revolucionin vendas.

1982-1984 - Libani

Marina dhe Forcat Ajrore të SHBA-së, përfshihen në luftë kundër rebelëve shiitë, 241 marinsa të vrarë. *Pak histori.* Lufta e Libanit e vitit 1982, e quajtur Operacioni Paqja për Galilenë (*Lufta e Izraelit ose Shelegi i Parë i Izraelit*) dhe i njohur në Liban si "pushtimi", filloi më 6 qershor 1982, kur Forcat Mbrojtëse të Jugut të Izraelit (ID) ndoqën me seri sulmesh dhe kundërsulmesh antarë të *Organizatës për Çlirimin e Palestinës* (PLO), që vepronte në Libanin Jugor dhe IDF, të cilët kishin shkaktuar viktima civile në të dy anët e kufirit.

Më 6 qershor 1982, forcat izraelite nën drejtimin e ministrit të Mbrojtjes **Ariel Sharon(1928-2014),** filluan një pushtim të trefishtë të Libanit jugor, në Operacionin Paqe për Galilenë. Rreth 60,000 trupa dhe më shumë se

800 tanke, të mbështetura shumë nga avionë, helikopterë sulmues, artileri dhe anije me raketa, kaluan kufirin Izrael-Liban në tre zona. Njëkohësisht, forca të blinduara izraelite, parashutistët dhe komandot detare u nisën me anije zbarkimi amfibe nga Ashdodi drejt bregut libanez, në veri të Sidonit. *Objektivi i Izraelit ishte të shtynte forcat e PLO-së 40 kilometra (25 milje) në veri.*

Operacioni ushtarak, u nis pas personave të armatosur nga organizata e Abu Nidal u përpoq të vriste Shlomo Argov (1929-2003), ambasadorin e Izraelit në Mbretërinë e Bashkuar. Kryeministri izraelit **Menachem Begin(1913-1992)**, fajësoi armikun e Abu Nidal, PLO, për incidentin, dhe e përdori incidentin si një rast për të pushtimi.

Të rrethuar në Bejrutin Perëndimor dhe të nënshtruar ndaj bombardimeve të rënda, forcat e PLO dhe aleatët e tyre negociuan kalimin nga Libani me ndihmën e të dërguarit të posaçëm të Shteteve të Bashkuara, *Philip Habib (1920-1992)*dhe mbrojtjen e paqeruajtësve ndërkombëtarë. *Duke dëbuar PLO, hequr ndikimin sirian mbi Liban dhe instaluar një qeveri të krishterë pro-izraelite, të udhëhequr nga* **presidenti Bachir Gemayel (147-1982),** *Izraeli shpresonte të nënshkruante një traktati që premtoi se do t'i jepte Izraelit 40 vjet paqe.*

Pasi forcat izraelite u tërhoqën nga pjesa më e madhe e Libanit, Lufta e Kampeve shpërtheu, midis fraksioneve libaneze, mbetjeve të PLO dhe forcave siriane, në të cilat Siria luftoi ish-aleatët e saj palestineze. Lufta Civile Libaneze, do të vazhdonte deri në vitin 1990, pikë në të cilën Siria kishte vendosur dominimin e plotë mbi Libanin.

Gjatë Luftës Civile Libaneze, një forcë shumëkombëshe, që përfshin 800 marinsa amerikanë, zbarkon në Bejrut, **për të mbikëqyrur tërheqjen palestineze nga Libani. Ishte fillimi i një misioni me problem, që do të shtrihej në 17 muaj dhe** do të linte të vdekur 262 ushtarakë amerikanë.

Në vitin 1975, një luftë e përgjakshme civile, shpërtheu në Liban, me guerilët myslimanë palestinezë dhe të majtë, që luftonin kundër milicive të Partisë së Krishterë Falange, komunitetit të krishterë maronitë dhe grupeve të tjera. Gjatë disa viteve të ardhshme, *ndërhyrjet siriane, izraelite dheOKB-së dështuan, për të zgjidhur luftimet fraksionale dhe në gusht të vitit 1982, mbërriti një forcë shumëkombëshe, për të mbikëqyrur tërheqjen palestineze nga Libani.*

Marinsat amerikanë, u larguan nga territori libanez më 10 shtator, por u kthyen më 29 shtator, pas masakrës së refugjatëve palestinezë nga një milici e krishterë. Të nesërmen, marinsi i parë amerikane, që vdiq gjatë misionit u vra, gjatë çaktivizimit të një bombe. **Më 18 prill 1983, Ambasada e SHBA-**

së në Bejrut, u shkatërrua nga një makinë bombë, duke vrarë 63 njerëz, përfshirë 17 amerikanë.

Më pas, më 23 tetor, terroristët libanezë, iu shmangën masave të sigurisë dhe futën një kamion të mbushur me eksploziv në kazermën e marinës amerikane në Bejrut, duke vrarë 241 personel ushtarak amerikan. Pesëdhjetë e tetë ushtarë francize, u vranë pothuajse njëkohësisht në një sulm të veçantë terrorist vetëvrasës. Më 7 shkurt **1984, Presidenti Ronald Reagan, njoftoi fundin e pjesëmarrjes së SHBA-së në forcën paqeruajtëse.**

1983-1984 - Grenada

Një pushtim ushtarak amerikan, katër vjet pas revolucionit.*Pak historia.* **Pushtimi i Grenadës, filloi në agimin e 25 tetorit 1983, ku SHBA dhe një koalicion prej gjashtë vendeve të Karaibeve, pushtuan kombin ishullor** të Grenadës, 100 milje (160 km), në veri të Venezuelës. *I koduar Operacioni Urgent Fury nga ushtria amerikane, ai rezultoi në okupim ushtarak brenda pak ditësh.*

Ajo u shkaktua nga grindjet brenda Qeverisë Revolucionare Popullore, e cila rezultoi në arrest shtëpiak dhe ekzekutimin e udhëheqësit të mëparshëm dhe kryeministrit të dytë të Grenadës, *Maurice Bishop (1944-1983),* dhe krijimin e Këshillit Ushtarak Revolucionar, me *Hudson Austin (1938-2022)* si kryetar.

Pushtimi rezultoi në emërimin e një qeverie të përkohshme, e ndjekur nga zgjedhjet në 1984. **Grenada,** *kishte fituar pavarësinë nga Mbretëria e Bashkuar në vitin 1974.* Lëvizja komuniste New Jewel mori pushtetin, me një **grusht shteti në vitin 1979, nën drejtimin e Maurice Bishop**, duke pezulluar Kushtetutën dhe duke ndaluar disa të burgosur politikë.

Në shtator 1983, filloi një luftë e brendshme për pushtet mbi performancën e udhëheqjes së Bishop-it. Bishopit iu bë presion në një takim partie për të ndarë pushtetin me zv/Kryeministrin *Bernard Coard (1944).*

Një konfrontim pasoi më pas në selinë ushtarake, midis ushtarëve grenadianë besnikë të Coard-it dhe civilëve, që mbështesin Peshkopin. Të shtënat vranë 19 ushtarë dhe civilë, më 19 tetor 1983, duke përfshirë Bishopin, partneren e tij Jacqueline Creft, dy ministra të tjerë të kabinetit dhe dy drejtues sindikatash.

Administrata e Reganit,ndërmori një ndërhyrje ushtarake të SHBA-së, pas marrjes së një apeli zyrtar për ndihmë nga Organizata e Shteteve të Karaibeve Lindore, e cila kishte marrë një thirrje të fshehtë, për ndihmë nga *Guvernatori i Përgjithshëm i Grenadës, Paul Scoon(1935-2013)*.

Pushtimi, ndodhi vetëm dy ditë pas bombardimit të kazermës së marinës amerikane në Bejrut. *Forca pushtuese përbëhej nga batalionet 1 dhe 2 të Regjimentit të 75-të Ranger të Ushtrisë Amerikane, Divizioni i 82-të Ajror, dhe elementë të ish-Forcës së Shpërndarjes së Shpejtë, Marinsave Amerikanë të Forcave Delta të Ushtrisë së SHBA-së, Forcave të Marinës SEAL dhe forcave ndihmëse, gjithsej 600 troje, së bashku me forcat xhamajkane dhe trupat e Sistemit të Sigurisë Rajonale (RSS)*.

Forca, mposhti rezistencën Grenadiane, pas një sulmi ajror në lartësi të ulët nga Rangers dhe 82-të Ajror në Aeroportin Point Salines, në skajin jugor të ishullit, dhe një helikopter të marinës dhe ulje amfib në skajin verior, në Aeroportin Pearls. Qeveria ushtarake e Austin u rrëzua dhe u zëvendësua, me Scoon si Guvernator të Përgjithshëm, nga një Këshilli Këshillimor i Përkohshëm deri në zgjedhjet e vitit 1984.

Pushtimi u kritikua nga shumë vende. **Kryeministrja britanike Margaret Thatcher(1925-2013)**, nuk e miratoi privatisht misionin, pjesërisht sepse ajo nuk u konsultua paraprakisht dhe iu dha një njoftim shumë i shkurtër për operacionin ushtarak, por ajo e mbështeti atë në shtyp. *Asambleja e Përgjithshme e OKB-së e dënoi atë si **një shkelje flagrante të së drejtës ndërkombëtare** më 2 nëntor 1983, **me një votim 108 kundër 9**.*

Data e pushtimit, është tani një festë kombëtare në Grenada, e quajtur *Dita e Falenderimeve*, që përkujton lirimin c disa të burgosurve politikë, që u zgjodhën më pas në detyrë. Një komision i së vërtetës dhe pajtimit, u krijua në vitin 2000, për të rishqyrtuar disa nga polemikat e kokës

1983-1989 - Honduras

Pushtimi amerikan, manovra dhe ndërtimi i bazës ushtarake. Për këtë temë, shih me lart, ku flitet për pushtimet në Honduras.

1984-Gjiri Persik

Dy avionë iranianë, rrëzohen mbi Gjirin Persik.**Luftëtarët e Arabisë Saudite F15, të udhëhequr nga aeroplanët e radarëve amerikanë AWACS**, rrëzuan dy avionë luftarakë iranianë F4, që kishin hyrë në hapësirën ajrore saudite si mbrojtje e parë e suksesshhme e hapësirës ajrore të mbretërisë së naftës, që kur Irani, në hakmarrje për sulmet irakiane ndaj anijeve pranë terminaleve iraniane, filloi të bombardonte anijet, në ujërat e gjirit, jashtë zonës së afërt bregdetare të dy vendeve ndërluftuese.

Tre cisterna nafte saudite, janë goditur me parë nga avionët iranianë, brenda kësaj linje, gjatë raundit aktual të sulmeve hakmarrëse, në luftën gati 4-vjeçare të Gjirit. *Avionët iranian,* u rrëzuan aeroplanët iranianë sot, megjithëse në Jubail, në lindje të objektit bregdetar të naftës saudite.

Në Washington, zyrtarët e mbrojtjes shprehën lehtësim, që sauditët kishin qenë të gatshëm të luftonin. SHBA, u ka shitur Arabisë Saudite 62 aeroplanë F15 dhe raketa, paisje **për sigurimin e avionëve të inteligjencës AWACS dhe tankerëve KC10, për karburant në ajër**, për të rrëzuar luftë-tarët iranianë.

F15-ët sauditë të përfshirë në të shtëna, ishin të armatosur me raketa amerikane AIM9L, që kërkojnë nxehtësi, me sa duket ishin pjesë e një grupi skautist, që ka patrulluar gjirin brenda vijës së imponuar nga Arabia Sau-dite.

Të dy aeroplanët sauditë të përfshirë në sulm, lëshuan secili nga një raketë ajër-ajër në avionin iranian, i cili ishte nisur nga baza ajrore Bushehr në bregun perëndimor të Iranit dhe ishte drejtuar drejt një vendi në Gjirin Persik.

Pentagoni, pranoi se një anëtar i ekuipazhit saudit ishte në bordin e avionit amerikan AWACS dhe ishte në kontakt të drejtpërdrejtë me pilotët F15, para dhe gjatë sulmit. Më parë Uashingtoni kishte dërguar 400 raketa tokë-ajër gjuajtës, për t'u përdorur kundër avionëve me fluturim të ulët.

1986 - Libi

Bombardimet detare amerikane. *Pak histori.* **Bombardimi i Libisë i vitit 1986 nga SHBA,** i koduar *Operacioni El Dorado Canyon,* përbëhej nga sulme ajrore amerikane kundër Libisë. Sulmi u krye nga Forcat Ajrore, Marina dhe Marina e SHBA, Korpusi nëpërmjet sulmeve ajrore, si hak-marrje për bombardimin e diskotekës së Berlinit Perëndimor dhjetë ditë më parë, për të cilën **Presidenti Ronald Reagan** fajësoi liderin libian **Muammar Gaddafi (1942-2011),** ku ka pasur 40 viktima libiane dhe një avion amerikan u rrëzua. *Një nga vdekjet e pretenduara libiane ishte e një fos-hnjeje, e raportuar të jetë vajza e Gadafit, Hana Gaddafi.*

Libia, asokohe *përfaqësonte një prioritet të lartë për Presidentin Ronald Rea-gan,* pas inaugurimit të tij në vitin 1981. Udhëheqësi libian Muammar Gaddafi ishte kundërshtar i fuqishëm i Izraelit dhe kishte mbështetur or-ganizatat e dhunshme, në territoret palestineze dhe Siri.

Ambiciet e Gadafit, për të krijuar një Federatë të Shteteve Arabe dhe Mysli-mane në Afrikën e Veriut, ishin shqetësime alarmante për interesat e SHBA. Pas sulmeve të dhjetorit 1985, në aeroportin e Romës dhe Vjenës, të cilat vranë 19 dhe plagosën rreth 140, *Gaddafi, tregoi se ai do të vazhdonte të mbështeste Fraksionin e Ushtrisë së Kuqe, Brigadat e Kuqe dhe Ushtrinë Republikane Irlan-deze, për sa kohë që qeveritë evropiane mbështesnin anti-Gaddafin.*

Pas viteve të përleshjeve të herëpashershme me Libinë, për pre-tendimet territoriale të Libisë në Gjirin e Sidrës, **amerikanët, menduan një sulm ushtarak, për të goditur objektivat, brenda kontinentit libian.**

Më 5 prill 1986, *agjentët libianë bombarduan klubin e natës "La Belle" në Berlinin Perëndimor, duke vrarë tre persona, duke përfshirë një ushtarak amerikan, dhe plagosur 229 persona.* Informacione më të hollësishme u morën vite më vonë, kur **arkivat e Stasit** u hetuan nga Gjermania e ribashkuar. *Agjentët libianë, që kishin kryer operacionin nga ambasada libiane në Gjermaninë Lindore u identifikuan dhe u ndoqën penalisht nga Gjermania në vitet 1990.*

Misioni i sulmit u kodua Ghost Rider (kundër Libisë), i ishte para-prirë në tetor 1985 një stërvitje, në të cilën TFW e 20-të e stacionuar, në bazën ajrore RAF Upper Heyford në MB, e cila ishte e pajisur me F-111E Aardvarks etj. **Operacioni ushtarak,** ishte një provë e plotë, për një sulm me rreze të gjatë kundër Libisë. Misioni u përfundua me sukses.

Elementë të Grupit Taktik të atëhershëm sekret 4450 (USAF) u vunë në gatishmëri, për të fluturuar në misionin e goditjes kundër Libisë. **Mbi 30 avionë sulmues stealth F-117 Nighthawk, tashmë ishin dorëzuar në Komandën Ajrore Taktike (USAF) dhe po operonin nga Aeroporti Tonopah Test Range në Nevada.**

Sulmi ajror, u krye me avionë konvencionalë të marinës amerikane dhe USAF. F-117 do të mbetej plotësisht i panjohur për botën edhe për disa muaj të tjerë, përpara se të zbulohej në vitin 1988 dhe të shfaqej dukshëm në mbulimin mediatik të **OperacionitStuhia e Shkretëtirës.**

Për sulmin libian, Shteteve të Bashkuara iu mohuan të drejtat e flu-turimit nga Franca, Spanja dhe Italia, si dhe përdorimi i bazave kontinen-tale evropiane, duke detyruar pjesën e USAF të operacionit të fluturonte rreth Francës dhe Spanjës, mbi Portugali dhe përmes ngushticave e Gji-braltarit etj.

1986 - Bolivi

Ushtria Amerikane, merr pjesë në Luftën e Kokainës.*Pak histori*. **Trupat amerikane dhe një forcë goditëse boliviane (Leopardët),***zbritën në xhunglat lindore të vendit dhe kapën një laborator të madh kokaine të aftë, për të prodhuar mijëra paund drogë në javë, tha një zëdhënës i qeverisë.* Njësia boliviane e narkotikëve, ka marrë nën kontroll gjashtë laboratorë të tjerë, më të vegjël të kokainës në ditët e fundit pa ndihmën e forcave amerikane.

Laboratori, në provincën lindore Beni të Bolivisë, është në gjendje të prodhojë midis 2200-3300 paund kokainë në javë. Në bastisjet e mëparshme, Leopardët e financuar nga SHBA, u zhvendosën në rajonin Chapare të Bolivisë qendrore dhe kapën gjashtë laboratorë të tjerë, ku gjethet e kokës u përpunuan në paste përpara se të ktheheshin në formë pluhuri.

Rreth 160 ushtarë dhe avionë amerikanë filluan të mbërrijnë në Bolivi, për të marrë pjesë në përpjekjen e përbashkët SHBA-Bolivi, kundër drogës. Ardhja e personelit ushtarak amerikan dhe fluturimet e përditshme të transporteve të mëdha ushtarake amerikane mbi çatitë me pllaka të kuqe të këtij qyteti, kryeqyteti i departamentit Beni me një popullsi prej 45,000 banorësh.

1987-1988 - Irani

Marina dhe Forcat Ajrore të SHBA-së, ndërhyjnë në luftën në Irak, duke bombarduar dhe rrëzuar një aeroplan iranian.*Pak histori*. **Operacioni Praying Mantis ishte një sulm më 18 prill 1988 nga Forcat e Armatosura të SHBA-së,** brenda ujërave territoriale iraniane në hakmarrje, për minierat detare iraniane të ujërave ndërkombëtare në Gjirin Persik, gjatë Luftës Iran-Irak dhe dëmtimin pasues të një luftanijeje amerikane.

Më 14 prill, fregata me raketa e drejtuar USS Samuel B. Roberts goditi një mine, ndërsa ishte vendosur në Gjirin Persik si pjesë e *Operacionit Earnest Will*, misionet e kolonës 1987-1988, në të cilat anijet luftarake të SHBA-së, shoqëruan cisternat e naftës të Kuvajtit të riflamuar, për t'i mbrojtur ata nga sulmet iraniane. Shpërthimi shpërtheu një vrimë 4.5 meter në bykun e Samuel B. Roberts dhe gati e fundosi atë. Dhoma e motorit të anijes dhe dhomat e inxhinierisë u përmbytën, tre gjeneratorë u bënë të padobishëm dhe sistemi elektrik i anijes pushoi së punuari, pasi anija luftarake u fut me shpejtësi në ujë.

Ekuipazhi e shpëtoi anijen e tyre pa humbje jetësh dhe Samuel B.

Roberts u tërhoq në Dubai, Emiratet e Bashkuara Arabe më 16 prill. Pas minierës, zhytësit e Deponimit të Mjeteve Eksplozive të Marinës së SHBA-së (EOD), gjetën mina të tjera në zonë. Kur numrat serialë u zbuluan se përputheshin me ato të minave të konfiskuara së bashku me Ajr të Iranit, **zyrtarët ushtarakë amerikanë planifikuan një operacion hakmarrës, kundër objektivave iraniane në Gjirin Persik.**

Sulmi nga SHBA-të, ndihmoi në presionin e Iranit, për të rënë dakord për një armëpushim me Irakun më vonë atë verë, duke i dhënë fund konfliktit 8-vjeçar, midis fqinjëve të Gjirit Persik.

Më 6 nëntor 2003, Gjykata Ndërkombëtare e Drejtësisë, vendosi, se: *"Veprimet e SHBA-së, kundër platformave të naftës iraniane më 19 tetor 1987 (Operacioni Nimble Archer) dhe 18 prill 1988 (Operacioni Praying Mantis), nuk mund të justifikohen si masa të nevojshme, për të mbrojnë interesat thelbësore të sigurisë së SHBA-së."*

Kjo betejë, ishte më e madhja nga pesë angazhimet kryesore të sipërfaqes detare të SHBA-së, që nga Lufta e Dytë Botërore, të cilat përfshijnë gjithashtu Betejën e Chumonchin Chan, gjatë Luftës Koreane, incidentin e Gjirit të Tonkin dhe Betejën e Dong Hoit, gjatë Luftës së Vietnamit, dhe Veprimi në Gjirin e Sidrës në vitin 1986.

Më 18 prill, Marina e SHBA-së sulmoi me disa grupe anijesh luftarake sipërfaqësore, plus avionë nga aeroplanmbajtësja USS Enterprise dhe shoqërimi i saj kryqëzor, USS Truxtun. Aksioni filloi me goditje të koordinuara nga dy grupe sipërfaqësore.

Irani, u përgjigj duke dërguar skafet Boghammar, për të sulmuar objektiva të ndryshëm në Gjirin Persik, duke përfshirë anijen e furnizimit me flamur amerikan Willie Tide, platformën e naftës me flamur panamez Scan Bay dhe cisternë britanike York Marine. Të gjitha këto anije u dëmtuan në shkallë të ndryshme. Pas sulmeve, avionët A-6E Intruder të nisur nga USS Enterprise, u drejtuan drejt skafeve nga një fregatë amerikane.

Pas sulmit në Sabalan, *forcat detare të SHBA-së, u urdhëruan të merrnin një qëndrim de-përshkallëzues, duke i dhënë Iranit një rrugëdalje dhe duke shmangur luftimet e mëtejshme.* **Irani**, *pranoi ofertën dhe luftimet pushuan, megjithëse të dyja palët mbetën në gatishmëri, dhe gati përleshjet ndodhën gjatë gjithë natës dhe të nesërmen, ndërsa forcat u futën me avull brenda Gjirit.Dy ditë pas betejës, Lynde McCormick, u drejtua të shoqëronte një naftëtar amerikan, jashtë ngushticës së Hormuzit, ndërsa një tregtar me flamur skandinav mbeti afër, ndoshta për mbrojtje. Ndërsa anijet mbetën në gatishmëri, nuk u morën indikacione armiqësore dhe përleshja mbaroi.*

Më 3 korrik, *Vincennes rrëzoi Iran Air Flight 655, një aeroplan komercial që fluturonte në një rrugë të planifikuar, duke vrarë të gjithë 290 ekuipazhin dhe pasagjerët.*

1989 - Ishujt e Virgjër (SHBA)

Ushtarët amerikanë, shtypin një trazirë të njerëzve me ngjyrë, në Shën Peterborg. **Pak histori**. Ishujt e Virgjër të SHBA-së, (USVI), janë një grup ishujsh të vendosura në Antilet e Vogla të Karaibeve Lindore, të përbërë nga tre ishuj kryesorë (Saint Croix, Saint John dhe Saint Thomas) dhe pesëdhjetë ishuj dhe guva (shpella) më të vogla. *Historia e ishujve karak-terizohet nga vendbanimet vendase amerikane, kolonizimi evropian dhe tregtia e sklleverve në Atlantik.*

Para periudhës koloniale, ishujt ishin të banuar në periudha të ndryshme nga popujt: Arawak, Ciboney dhe Kalinago.*Evropianët, u ndeshën për herë të parë me ishujt, gjatë udhëtimit të dytë të lundërtarit italian epokal* Kristofor Kolombit (*Christopher Columbus 1451-1506*).

I larguar nga kursi i lundrimit, gjatë udhëtimit të tij 1493–1496, Kolombi zbarkoi në Saint Croix, më pas vazhdoi të eksploronte Saint Thomas dhe Saint John. Ai u dha ishujve emrat e tyre origjinalë spanjollë: Santa Kruz, San Tomas dhe San Juan, të gjithë emra me kuptim fetar. **Rreth vitit 1550, mbreti Karli V i Spanjës i shpalli fiset vendase armiq të peran-dorisë. Si rezultat, shumica e popullsisë së mbetur indigjene ose u larguan, u skllavëruan ose u vranë shpejt pas kësaj.**

Gjatë shekullit të ardhshëm, kolonëtnga e gjithë Evropa Perëndimore, pretenduan tokën dhe shumica e popujve indigjenë ose u zhdukën ose u zhvendosën. *Ishujt, fillimisht përfituan nga tregtia trekëndore dhe shumë popuj të skllavëruar u sollën në ishuj, duke filluar nga viti 1673.*

Ishujt u blenë nga Kompania Daneze e Indisë Perëndimore midis viteve 1672-1733, **duke u bërë të njohur përfundimisht si** Inditë Perëndimore Daneze, **në vitin 1754, kur ata ranë nën kontrollin e drejtpërdrejtë të Mbretit të Danimarkës.**

*Pas një rebelimi të sklleverve,në vitin 1848 skllavëria, u shfuqizua në territoret daneze dhe ekonomia e plantacioneve të ishujve u shemb.*Përballë deficiteve në rritje, qeveria daneze u përpoq vazhdimisht të shiste ishujt. Pas dekadash negociatash, **SHBA blenë ishujt në 1917 dhe u bënë zyrtarisht një territor i pa inkorporuar amerikan në vitin 1927.**

SHBA, i ofroi Danimarkës 3.5 milionë dollarë ar, për të tre ishujt. Më pas filluan negociatat për çmimin e shitjes dhe privilegjet e popullsisë së ishullit. Më 24 janar 1902, më në fund u arrit një marrëveshje dhe u nënshkrua një traktat. Kongresi i SHBA-së e ratifikoi traktatin në muajin shkurt. *Në Danimarkë, dhoma e ulët e miratoi shitjen më 14 mars me 88 vota kundër 7, por dhoma e sipërme konservatore e gjeti veten në një ngërç e cila solli mosmiratimin e ligjit...*

Ambasadori amerikan Brun, merr një çek prej 25 milionë dollarësh, duke finalizuar shitjen e Indeve Perëndimore daneze në Shtetet e Bashkuara, më 31 mars **SHBA i ofroi Danimarkës 3.5 milionë dollarë ar, për të tre ishujt.** *Më pas filluan negociatat për çmimin e shitjes dhe privilegjet e popullsisë së ishullit.* **Më 24 janar 1902, më në fund u arrit një marrëveshje dhe u nënshkrua një traktat.**

Kongresi i SHBA-së e ratifikoi traktatin në shkurt. Në Danimarkë, dhoma e ulët e miratoi shitjen më 14 mars me 88 vota kundër 7, por dhoma e sipërme konservatore e gjeti veten në një ngërç e cila solli mosmiratimin e ligjit... **Ambasadori amerikan Brun merr një çek prej 25 milionë dollarësh, duke finalizuar shitjen e Indeve Perëndimore daneze në Shtetet e Bashkuara, më 31 mars SHBA i ofroi Danimarkës 3.5 milionë dollarë ar, për të tre ishujt.**

Më pas filluan negociatat për çmimin e shitjes dhe privilegjet e popullsisë së ishullit. Më 24 janar 1902, më në fund u arrit një marrëveshje dhe u nënshkrua një traktat. Kongresi i SHBA-së e ratifikoi traktatin në shkurt. Në Danimarkë, dhoma e ulët e miratoi shitjen më 14 mars me 88 vota kundër 7, por dhoma e sipërme konservatore e gjeti veten në një ngërç e cila solli mosmiratimin e ligjit. *Negociatat vazhduan.*

Traktati i shitjes, u ratifikua më pas nga Parlamenti danez më 20 dhjetor 1916, i nënshkruar nga mbreti i Danimarkës më 22 dhjetor dhe nga Presidenti i SHBA-së më 16 janar 1917. Amerikanët, morën zyrtarisht në zotërim ishujt më 31 mars. 1917, kur ambasadorit danez *Constantin Brun*, iu paraqit një urdhër për 25 milionë dollarë të rënë dakord në ar.

Ekonomia e varur nga turizmi, u rimëkëmb në fillim të viteve 1980, pas një fushate reklamuese intensive, që synonte amerikanët e Veriut. Disa nga turistët që u dyndën këtu vendosën të qëndrojnë përgjithmonë ose të fluturojnë në dimër në atë që targat këtu e quajnë *Parajsa Amerikane*. Ndërsa ndërtesat e shtëpive dhe godinat u rritën, bumi i ndërtesave tërhoqi emigrantë sipërmarrës nga ishujt fqinjë, të cilët gjetën punë shpesh ilegalisht si punëtorë ndërtimi, shofer taksie dhe punonjës hotelesh. Emigrantët arabë dhe të Lindjes së Mesme filluan të hapnin dyqane dhe supermarkete.

Ndërsa krimi u rrit në ishull, tregtarët filluan të vendosnin shufra çeliku dhe banorët filluan të mbyllnin dyert e tyre. Ata nuk bënin më shëtitje në mbrëmje pranë gjirit të Christiansted.

*Vendasit e Ishullit të Virgjër, ishin të mërzitur dhe të frikësuar nga plaçkitjet, por të zemëruar me mediat e lajmeve të ekzagjeruara.*Trupat amerikane, filluan të mbërrinin në St. Croix, shkaktuan zemërim të veçantë. *Shumë banorë të ishullit, u shqetësuan nga pretendimet se Gardistët Kombëtarë thirrën për të kontrolluar situatën, dhe morën pjesë në grabitje.* Mario de Chabert, një avokat dhe biznesmen, tha: **"Kamionë të Gardës Kombëtare të ngarkuar me frigoriferë, televizorë..."**

Policët ushtarakë, kishin detyrën, për të kapur të burgosurit e lejuar të dilnin nga burgu i ishullit, kur ai rrezikonte të shembet.

1989 - Filipine

Trupat amerikane, bombardojnë ishujt Filipine, në përgjigje të një grushti shteti.*Pak histori. Përpjekja më serioze për grusht shteti, kundër Qeverisë së Presidentes të Filipineve Corazon Aquino (1933-2009), u organizua më 1 dhjetor 1989, nga anëtarë të Forcave të Armatosura të Filipineve, që i përkisnin Lëvizjes Reforma e Forcave të Armatosura (RAM) dhe ushtarë besnikë të ish-Presidentit Ferdinand Marcos (117-1989).*

Kryqyteti i madh i vendit Manila, u trondit nga ky grusht shteti në prag të Krishtlindjeve, i cili asokohe pothuajse *pushtoi Pallatin Malacañang.* Ajo u mund plotësisht nga qeveria Filipine më 9 dhjetor 1989. Politika e Filipineve midis viteve 1986 dhe 1991, u vu nga lufta e dëshpëruar e Aquino-s, për të mbijetuar fizikisht dhe politikisht një sërë përpjekjesh për grusht shteti, që kulmoi me një përpjekje të madhe, të përgjakshme dhe të mirëfinancuar në muajin dhjetor të vitit 1989.

Kjo përpjekje përfshinte më shumë se 3,000 trupa, duke përfshirë edhe elite Rangers dhe marinsat, në një seri të koordinuar sulmesh në Camp Crame dhe Camp Aquinaldo, Fort Bonifacio, Bazën Detare Cavite, Bazën Ajrore Villamor dhe në vetë Pallatin Malacañang, i cili u bombardua nga avionët e vjetër T-28.

Në fillim të grushtit të shtetit, rebelët pushtuan bazën ajrore Villamor, Fort Bonifacio, Sangley Airbase, Mactan Airbase në Cebu dhe pjesë të kampit Aguinaldo. Ato vendosën patrulla rreth pistës së Aeroportit Ndërkombëtar Ninoy Aquino, duke e mbyllur atë në mënyrë efektive.

Nga baza ajrore Sangley, rebelët lëshuan avionë dhe helikopterë të cilët bombarduan dhe sulmuan Pallatin Malacañang, Camp Crame dhe Camp Aguinaldo.

Shtatë kamionë të ushtrisë filluan kundërsulmin e Qeverisë, i cili u drejtua për në Kanalin 4 dhe aty ndodhën luftime të ashpra. Me **forcat besnike të nënshtruara fort nga rebelët,** Presidentja e vendit Corazon Aquino,*kërkoi ndihmën ushtarake të SHBA-së, me urdhër të komandantëve të saj ushtarakë, dhe ajo iu dha.*

Asokohe **mbi 120 marinsa, pjesë e një kontingjenti prej 800 trupash amerikane, të stacionuar në bazën detare Subic, u vendosën në ambjentet e Ambasadës së SHBA-së si një masë mbrojtëse.***Ndihma amerikane, ishte vendimtare për kauzën Aquino,* duke pastruar qiejt nga avionët rebelë dhe duke lejuar besnikët të konsolidojnë forcat e tyre. *Forcat qeveritare rimorën të gjitha bazat ushtarake, përveç bazës ajrore Mactan deri më 3 dhjetor, por forcat rebele që tërhiqeshin nga Fort Bonifacio pushtuan 22 ndërtesa të larta përgjatë zonës së biznesit Ayala në Makati.*

Qeveria, pretendoi se grushti i shtetit u shtyp, por luftimet e ashpra vazhduan gjatë fundjavës, me kampin Aguinaldo, të djegur nga rebelë. *Numri zyrtar i viktimave ishte 99 të vdekur (përfshirë 50 civilë) dhe 570 të plagosur.*

Ushtria e SHBA-së, mbështeti qeverinë e Aquino, gjatë këtij grushti shteti. Operacioni Classic Resolve, përfshinte përdorimin e fuqisë ajrore amerikane nga aeroplanmbajtëset USS Midway dhe USS Enterprise dhe luftëtarët F-4 Phantom II nga Baza Ajrore Clark. Avionët e Forcave Ajrore të SHBA-së rimorën aeroportet dhe kontrollin e qiejve për në Aquino.

Më pas, kryetari i shefave të përbashkët të shtabit, **gjenerali Colin Powell**[135] kujtoi Aquino-n, duke e thirrur Shtëpinë e Bardhë dhe duke kërkuar që USAF të bombardonte një bazë ajrore aty pranë, për të parandaluar që avioni të sulmonte Pallatin Malacañang. Powell dhe *Admirali Huntington Hardisty(1929-2003),* vendosën të udhëzonin pilotët amerikanë F-4 të ngriheshin nga baza ajrore Clark dhe të zhurmonin bazën ajrore rebele në mënyrë që demonstronte udhëzime të mëtejshme, për të rrëzuar

---

[135]Colin Luther Powell (April 5, 1937 – October 18, 2021) was an American politician, statesman, diplomat, and United States Army officer who was the 65th United States secretary of state from 2001 to 2005. He was the first African American Secretary of State. He was the 15th United States national security advisor from 1987 to 1989, and the 12th chairman of the Joint Chiefs of Staff from 1989 to 1993.

çdo aeroplan që do të ngrihej.

Në nëntor-dhjetor 1989, *forcat amerikane u zhvendosën për të evakuuar amerikanët, gjatë përpjekjes për grusht shteti dhe në përgjithësi, për të mbrojtur interesat e SHBA-së në Filipine*. Gjatë këtij operacioni, u formua një forcë e madhe e operacioneve speciale, avionët luftarakë të USAF, të cilat patrulluan mbi bazat ajrore rebele dhe dy aeroplanmbajtëse u pozicionuan jashtë Filipineve.

Presidenti i 43-të i SHBA-sëGeorge W. Bush(1945), miratoi përdorimin e avionëve luftarakë të amerikanë F-4 të stacionuar në bazën ajrore Clark në Luzon, për të sulmuar avionët rebelë në bazën e tyre, për të qëlluar përpara tyre, nëse ndonjë u përpoq të ngrihej dhe për t'i rrëzuar nëse e bënte këtë.

Më 2 dhjetor **1989, Presidenti Bush raportoi se** më 1 dhjetor avionët luftarakë amerikanë nga baza ajrore Clark në Filipine **kishin ndihmuar Qeverinë e Corazon Aquino**, për të zmbrapsur një përpjekje për grusht shteti. Përveç kësaj, 100 marinsa u dërguan nga baza e marinës amerikane në gjirin Subic, për të mbrojtur Ambasadën e SHBA-së në Manila. Ndërkohë, USS Enterprise, mbeti në stacion ndërsa po kryente operacione fluturimi, në ujërat jashtë gjirit të Manila.

Një nga rezultatet shkatërruese të kësaj kryengritjeje ishte se investitorët ishin të frikësuar, veçanërisht pasi pjesa më e madhe e luftimeve u zhvillua në parajsën e biznesit të **Makati**. Turizmi, një fitues kryesor i këmbimit valutor, u ndal. Udhëheqësit e biznesit vlerësuan se*rebelimi i kushtoi ekonomisë 1.5 miliardë dollarë.*

1989 - Panama

Ushtria amerikane, rrëzon qeverinë kombëtare, duke shkaktuar mbi 2000 njerëz të vdekur.**Presidenti panamez M. Noriega, mori mbi 100.000 dollarë amerikanë në vit nga vitet 1960 deri në vitet 1980, kur paga e tij u rrit në 200.000 dollarë në vit.** *Pak histori.*Pushtimi i **Panamasë, nga SHBA i koduar** *Operacioni* **Just Cause, filloi në dhjetor të vitir 1989 gjatë presidencës së George H. W. Bush.***Qëllimi kryesor i pushtimit ishte rrëzimi i sundimtarit de fakto të Panamasë, gjeneralit* **Manuel Noriega (1934-2017)**, i cili kërkohej nga autoritetet amerikane për shantazh dhe trafik droge. **Operacioni,** përfundoi në fund të janarit 1990, me dorëzimin e Noriegës. Forcat e Mbrojtjes së Panamasë (PDF), u shpërndanë dhe Presidenti i zgjedhur Guillermo Endara u betua në detyrë.

Noriega, i cili kishte lidhje të gjata me agjencitë e inteligjencës së Shteteve të Bashkuara, konsolidoi pushtetin për t'u bërë **diktatori de fakto i Panamasë në fillim të viteve 1980.** Në mesin e viteve 1980, marrëdhëniet midis Noriega-s dhe SHBA-së filluan të përkeqësohen. Aktivitetet e tij kriminale, dolën në dritë dhe në vitin 1988 *ai u padit nga juritë e mëdha federale*, për disa akuza të lidhura me drogën.

Negociatat, për të kërkuar dorëheqjen e tij, të cilat filluan nën presidencën e Ronald Reganit, përfundimisht ishin të pasuksesshme. Në vitin 1989, Noriega anuloi rezultatet e zgjedhjeve të përgjithshme në Panama, të cilat dukej se ishin fituar nga kandidati i opozitës, Guillermo Endara.

Presidenti Bush, u përgjigj duke përforcuar garnizonin amerikan në zonën e Kanalit. Pasi një oficer i marinës amerikane u qëllua për vdekje në një postblloqe PDF, Bush autorizoi ekzekutimin e planit të pushtimit të Panamasë.

Më 20 dhjetor filloi pushtimi i Panamasë nga SHBA. Forcat panameze u mposhtën me shpejtësi, megjithëse operacionet vazhduan për disa javë. Endara u betua si president menjëherë, pas fillimit të pushtimit. Noriega i shpëtoi kapjes për disa ditë, përpara se të kërkonte *strehim në misionin diplomatik të Selisë së Shenjtë në Panama City*. Ai u dorëzua më 3 janar 1990 dhe më pas u dërgua në SHBA, ku u gjykua, u dënua dhe u dënua me 40 vjet burg.

*Pentagoni vlerësoi se 516 panamezë u vranë gjatë pushtimit, duke përfshirë 314 ushtarë dhe 202 civilë.***U vranë 23 ushtarë dhe 3 civilë amerikanë.** Asambleja e Përgjithshme e OKB-së dhe Organizata e Shteteve Amerikane e dënuan pushtimin,**si shkelje të ligjit ndërkombëtar.**

Më 7 shtator 1977, presidenti i SHBA-së *Jimmy Carter (1924) dhe udhëheqësi de facto i Panamasë, gjenerali Omar Torrijos, nënshkruan Traktatet Torrijos-Carter, të cilat vunë në lëvizje procesin e dorëzimit të kanalit në kontrollin panamez deri në vitin 2000.* Edhe pse kanali ishte të destinuara për administratën panameze, bazat ushtarake mbetën dhe një kusht i transferimit ishte që kanali të mbetej i hapur, për transportin amerikan.

SHBA, *kishte marrëdhënie të gjata me pasardhësin e Torrijos,* **gjeneralin Manuel Noriega, i cili shërbeu si një aktiv i inteligjencës amerikane dhe informator i paguar i Agjencisë Qendrore të Inteligjencës (CIA) nga viti 1967, duke përfshirë periudhën kur George H. W. Bush(1924-2018), ishte drejtor i agjencisë (1976-1977).**

Vazhdimisht Noriega, kishte mbajtur anën e SHBA-së dhe jo me Bashkimin Sovjetik në Amerikën Qendrore, veçanërisht në sabotimin e forcave të qeverisë sandiniste në Nikaragua dhe revolucionarëve të Frontit Çlirimtar Kombëtar Farabundo Martí (FMLN) në El Salvador.

Presidenti Noriega, mori mbi 100,000 dollarë amerikanë në vit nga vitet 1960 deri në vitet 1980, kur paga e tij u rrit në 200,000 dollarë në vit. Edhe pse ai punoi me Administratën e Zbatimit të Drogës (DEA) për të kufizuar dërgesat e paligjshme të drogës, Noriega njihej se pranonte njëkohësisht mbështetje të konsiderueshme financiare nga tregtarët e drogës dhe lehtësonte pastrimin e parave të drogës. *Këta tregtarë droge morën mbrojtje nga hetimet e DEA-s, për shkak të marrëdhënies së veçantë të Noriegës me CIA-n.*

1990 - Liberia

evakuon të huaj, gjatë Luftës Civile.**Operacioni Sharp Edge**, ishte një operacion evakuimi jo luftarak i kryer nga Njësia e 22-të e Ekspeditës Detare (MEU 22) dhe MEU e 26-të e Korpusit Detar të SHBA-së në Liberi në vitet 1990 dhe 1991. MEU-të, u mbështetën nga Skuadron e Katërt Amfib (Amphibious Squadron Force), i përbërë nga USS Whidbey Island, USS Saipan, USS Ponce, USS Sumter, USS Barnstable County, USS Peterson dhe Fleet Surgical Team TWO.

Lufta e Parë Civile Liberiane, shpërtheu në dhjetor 1989. Dhuna në rritje midis fraksioneve politike dhe etnike, duke përfshirë kryeqytetin e Monrovia, e kishte bërë të pamundur që diplomatët dhe civilët amerikanë të bënin kalimin e sigurt drejt Ambasadës së SHBA, për të dalë nga vendi.

Zonat e zbarkimit, ishin nën zjarr sporadik nga armët e lehta, të mesme dhe të rënda nga palët ndërluftuese. Kompania "Hotel", siguroi një perimetër të zgjeruar rreth Ambasadës Amerikane dhe filloi evakuimin e ambasadave të tjera aleate. Elementet tokësore u mbështetën nga helikopterët AH-1T SuperCobra të Marinës amerikane dhe aeroplanët sulmues Marine AV-8B Harrier II. Njëkohësisht, elementë të BLT 2/4 siguruan zona uljeje në zonat përreth, duke nxjerrë shtetas amerikanë dhe të huaj.

Pas evakuimit fillestar të 20 gushtit 1990 nga MEU-ja e 22-të dhe elementët e saj mbështetës, MEU u lirua nga kompania "K" dhe një shkëputje e personelit të shtabit dhe mbështetjes (H&S) të Batalionit të 3-të, Regjimenti i 8-të Detar (i caktuar si zbarkimi i Batalionit Ekipi 3/8), një pjesë e Njësisë së 26-të të Ekspeditës Detare të MEU-së së 26-të, u nis në ishullin USS Whidbey.

Të pranishëm ishin gjithashtu Assault Craft Unit 4 Detachment B, elementë të grupit mbështetës të shërbimit nga elementi i komandës MEU, si dhe USS Barnstable County, i cili u përdor për të transportuar të evakuarit nga Monrovia. Duke qëndruar në stacion për 121 ditët e ardhshme, *marinsat e ishullit Whidbey evakuuan mbi 1000 personel civil nga Monrovia,* shumica e të cilëve u transportuan më pas në Freetown, Sierra Leone në bordin e kontesë shoqëruese USS Barnstable.

MEU-ja e 26-të u lirua nga Toga e 5-të e Kompanisë FAST të Trupave Detare në dhjetor të vitit 1990, kur ishulli Whidbey dhe trupat e saj hipën me avull drejt Mesdheut në mbështetje të parashikuar të Operacionit Desert Shield në rritje. *Kështu asokohe 26 MEU dhe 22 MEU evakuuan gjithsej 2.439 njerëz midis verës së vitit 1990 dhe 9 janarit 1991.*

1990-1991 - Irak

Bombardime, pushtim ushtarak amerikan, bllokadë detare e porteve irakiane dhe jordaneze, sulme ajrore; **200,000 njerëz u vranë në pushtimet e Irakut dhe Kuvajtit;** shkatërrimi i gjerë i ushtrisë irakiane.*Pak histori*. **Lufta e Gjirit Persik**, e njohur gjithashtu si *Operacioni***Stuhia e Shkretëtirës** (*Lufta e Parë e Gjirit*), filloi në vitin 1991, pasi Presidenti i Irakut *Sadam Husein (1937-2006)*, urdhëroi pushtimin e Kuvajtit fqinj, në fillim të gushtit të vitit 1990.

Të alarmuar nga këto veprime, *fuqitë arabe si Arabia Saudite dhe Egjipti u bëri thirrje Shteteve të Bashkuara dhe vendeve të tjera perëndimore të ndërhyjnë.* Huseini kundërshtoi kërkesat e Këshillit të Sigurimit të OKB-së për t'u tërhequr nga Kuvajti deri në mes të janarit 1991 dhe lështu *Operacioni Stuhia e Shkretëtirës*, filloi me një ofensivë masive ajrore të udhëhequr nga SHBA. Pas 42 ditësh sulmesh të pamëshirshme, presidenti i SHBA-së George H.W. Bush shpalli një armëpushim më 28 shkurt.

Lufta, *filloi me pushtimin irakian të Kuvajtit më 2 gusht 1990 dhe përfundoi me Çlirimin e Kuvajtit nga forcat e koalicionit.* Më pas, Iraku ra dakord me kërkesat e Kombeve të Bashkuara, më 28 shkurt 1991. Përfundimi zyrtar i Operacionit Stuhia e Shkretëtirës, nuk ndodhi deri në vitet 1996-1998.

Lufta e Gjirit të viteve 1990–1991, përfshiu fushatën ajrore, pasi forcat ajrore të koalicionit kryen një fushatë të gjerë bombardimesh ajrore nga 17 janari 1991 deri më 23 shkurt 1991 kundër Irakut. *I kryesuar nga SHBA, koalicioni fluturoi mbi 100,000 fluturime, duke hedhur 88,500 ton bomba, duke shkatërruar gjerësisht infrastrukturën ushtarake dhe civile.*

Sulmet fillestare u kryen nga raketat e lundrimit Tomahawk të lëshuara nga anijet luftarake të marinës amerikane, të vendosura në Gjirin Persik, nga bombarduesit stealth F-117A Nighthawk, me një armatim bombash inteligjente të drejtuara me lazer, dhe nga Avion F-4G Wild Weasel si dhe avion F/A-18 Hornet të armatosur me raketa anti-radar HARM.

Mbështetja e ngushtë ajrore e Korpusit të Marinës së Shteteve të Bashkuara AV-8B Harriers përdori topin e tyre rrotullues 25 mm, Mavericks, *municione thërrmuese dhe **napalm**, kundër forcave të gërmuara irakiane, për të hapur rrugën përpara për marinsat e SHBA, që shkelin mbrojtjen e presidentit irakian Sadam Husein.*

1991 - Kuwait

Kuvajti, pushtohetnga marina dhe ushtria amerikane.*Pak histori*. **Çlirimi i Kuvajtit**, ishte një operacion ushtarak i udhëhequr nga SHBA, **për të rimarrë Kuvajtin nga Iraku,** pas fushatës masive ajrore, midis 24 dhe 28 shkurt 1991. *Trupat e SHBA-së dhe koalicionit hynë për të gjetur irakianët, që dorëzoheshin masivisht; megjithatë, xhepat e rezistencës ekzistonin, veçanërisht në Aeroportin Ndërkombëtar të Kuvajtit, ku trupat irakiane, në dukje të pavetëdijshme se u ishte lëshuar një urdhër tërheqjeje, vazhduan të luftonin, duke rezultuar në një betejë të ashpër mbi vetë aeroportin.*

Shumica e luftimeve u zhvilluan në Irak dhe jo në Kuvajt. **Një forcë e përbërë nga 40 anije sulmi amfibe u vendos në brigjet e Kuvajtit dhe Arabisë Saudite.** Ishte forca më e madhe e tillë, që u mblodh që nga Beteja e Inchon. Ditë para sulmit, një forcë amfibe bëri sulme të përsëritura të shtirura dhe zbarkonte në qytetin e Kuvajtit, duke u përpjekur të mashtronte irakianët, që të mendonin se koalicioni do të sulmonte nëpërmjet sulmit amfib.

Forcat e koalicionit, të vendosura atje shpejt u mësuan me kërcënimet e vazhdueshme të raketave Scud, kërcënimet me raketa kimike dhe granatimet pothuajse të vazhdueshme nga artileria irakiane. **Pasi hynë në Kuvajt, amerikanët u nisën drejt qytetit të Kuvajtit.** Vetë trupat hasën pak rezistencë dhe, përveç disa betejave të vogla tankesh, u përballën kryesisht nga ushtarët e dorëzuar.

Më 27 shkurt, Sadam Huseini lëshoi një urdhër tërheqjeje për trupat e tij në Kuvajt, por megjithatë, një njësi e trupave irakiane dukej se nuk kishte marrë urdhrin e tërheqjes. Kur marinsat amerikanë mbërritën në

Aeroportin Ndërkombëtar të Kuvajtit, ata hasën në rezistencë të ashpër dhe iu deshën disa orë për të marrë kontrollin dhe për të siguruar aeroportin.

Pas betejës në Aeroportin Ndërkombëtar të Kuvajtit, **marinsat amerikanë u ndalën në periferi të qytetit të Kuvajtit, duke lejuar aleatët e tyre të koalicionit të marrin dhe pushtojnë qytetin e Kuvajtit,** duke i dhënë fund efektivisht operacioneve luftarake në teatrin e Kuvajtit të luftës.

Pas katër ditë luftimesh, *të gjitha trupat irakiane u dëbuan nga Kuvajti, duke i dhënë fund një pushtimi gati shtatë-mujor të Kuvajtit nga Iraku.* **Koalicioni ka pësuar 1100 viktima, ndërsa vlerësimet e viktimave të Irakut variojnë nga 30.000 deri në 150.000.**

1991-2003 - Irak

Iraku bombardohet, në zonat detare pa fluturime mbi veriun kurd dhe jugun shiit. Amerikanët fillojnë sulme të vazhdueshme ajrore dhe nisin bllokadën detare.*Sipas shumicës së raporteve sot, deri në atë kohë, Iraku nuk kishte armë të shkatërrimit në masë dhe nuk përbënte një kërcënim real për kombet e tjera. Pak histori.* Konflikti i zonave të ndalim-fluturimit në Irak, ishte një konflikt i nivelit të ulët, në dy zonat e ndalim-fluturimit në Irak, që u shpallën nga SHBA, Mbretëria e Bashkuar dhe Franca pas Luftës së Gjirit të vitit 1991.

Shtetet e Bashkuara deklaruan, se NFZ-të synonin të mbronin pakicën etnike kurde në Irakun verior dhe myslimanët shiitë në jug. Avionëve irakianë, u ndalua të fluturonin brenda zonave. Kjo u zbatua nga SHBA dhe Mbretëria e Bashkuar deri në vitin 2003, kur ajo u bë e vjetëruar nga pushtimi i Irakut në 2003.

Qeveria irakiane, pretendoi se 1.400 civilë u vranë nga bombardimet e koalicionit gjatë NFZ. Veriu i dominuar nga kurdët fitoi autonomi efektive dhe u mbrojt nga një përsëritje e frikshme e gjenocidit të Anfalit në 1988, që vrau dhjetëra mijëra civilë. *Mbi 280,000 fluturime u kryen në 9 vitet e para të NFZ-ve.*

Ky veprim ushtarak, nuk ishte i autorizuar nga OKB-ja. Qeveritë amerikane, britanike dhe franceze, justifikuan zonat e ndalimit të fluturimeve, duke u thirrur në Rezolutën 688 të Këshillit të Sigurimit të OKB-së, megjithëse *Rezoluta,* nuk bënte asnjë referencë të qartë për zonat e ndaluara për fluturime.

Nga marsi deri në dhjetor 2002 numri i bombave të rënë u rrit me

300%. **OKB-ja, raporton se vetëm në vitin 1999 mbi 144 civilë u vranë, gjatë sulmeve të bombardimeve të koalicionit.** Deri në vitin 1999 mbi 1800 bomba ishin hedhur në Irak.

Krijimi i zonave të ndaluara për fluturime e preu Sadam Huseinin nga pjesa më e madhe e veriut dhe siguroi popullsinë kurde, e cila fitoi autonomi efektive direkt pas ndërhyrjes. Kjo autonomi ka vazhduar të lulëzojë dhe madje ka shmangur kaosin dhe gjakderdhjen që karakterizoi pjesën tjetër të Irakut gjatë luftës në Irak të vitit 2003.

Në prill 1991, OKB-ja krijoi një *Komision të Posaçëm*, Komisionin Special të Kombeve të Bashkuara (UNSCOM), dhe njoftoi se do të fillonte menjëherë të inspektonte Irakun për armë të shkatërrimit në masë. Sipas sanksioneve të OKB-së, Irakut iu dhanë pesëmbëdhjetë ditë kohë, për të dhënë informacion mbi vendndodhjen e të gjitha objekteve të tij të WMD.

Inspektorët e UNSCOM-it punonin zyrtarisht për OKB-në, por **shumica e tyre vinin nga SHBA, Britania e Madhe** dhe vende të tjera të zhvilluara industriale.

Tensionet midis Irakut dhe aleatëve të udhëhequr nga SHBA-ja u përshkallëzuan. Iraku, dëboi gjashtë inspektorët e mbetur amerikanë dhe OKB-ja hoqi inspektorët e saj të fundit në shenjë proteste.

Për shkak të kundërshtimit nga Franca, Rusia dhe Kina, si dhe nga disa vende arabe, OKB-ja nuk ishte e përgatitur për të ndërmarrë veprime ushtarake kundër Irakut. Sulmet ajrore kundër objektivave ushtarake në Irak vazhduan për tre netët e ardhshme. Ato kishin dëmtuar rëndë 43 objektiva, dëmtuan mesatarisht tridhjetë të tjerë dhe dëmtuan lehtë dymbëdhjetë të tjerë, ndërsa kishin humbur trembëdhjetë objektiva.

Sipas shumicës së raporteve sot, deri në atë kohë, Iraku nuk kishte armë të shkatërrimit në masë dhe nuk përbënte një kërcënim real për kombet e tjera. Presidenti irakian S. Huseini, megjithatë, nuk ishte i gatshëm të bashkëpunonte plotësisht me inspektimet për ta vërtetuar këtë. Në pranverën e vitit 2003, Shtetet e Bashkuara pushtuan Irakun.

1992 - Los Angelos (SHBA)

Ushtria Amerikane dhe Korpusi i Marinës, *luftojnë kundër protestuesve dhe rebelëve.* **Pak histori. Trazirat e Los Anxhelosit të vitit 1992,** shpërthimi i madh i dhunës, plaçkitjeve dhe zjarrvënieve në **LA,** të cilat filluan më 29 prill 1992, **si përgjigje ndaj lirimit të katër policëve të bardhë të LAPD** (*Departalemtit të Policise së LA*)**, për të gjitha akuzat,** përveç njërës (për të cilën juria ishte bllokuar), **lidhur me rrahjen e rëndë të një automobilisti afrikano-amerikan, në mars të vitit 1991.**

Në një intervistë të mëvonshme, **Rodney King,** *i cili ishte në lirim me kusht, për një dënim për grabitje dhe kishte dënime të mëparshme për sulm, bateri dhe grabitje,* tha se ai nuk u dorëzua më parë, sepse **po drejtonte në gjendje të dehur,** gjë që ai e dinte se shkelte kushtet e lirimit të tij me kusht...

Origjina e Operacionit Hammer mund të gjurmohet në Lojërat Olimpike të vitit 1984 të mbajtura në LA. Deri në vitin 1990 më shumë se 50,000 njerëz, kryesisht meshkuj të pakicave, ishin arrestuar në bastisje të tilla. Gjatë kësaj periudhe, LAPD arrestoi më shumë të rinj me ngjyrë që nga trazirat e Watts të vitit 1965.

Si rezultat i trazirave disaditore, më shumë se 63 njerëz u vranë, më shumë se 2,383 ishin plagosur, më shumë se 12.000 ishin arrestuar *dhe vlerësimet e dëmeve pronësore ishin mbi 1 miliard dollarë, duke e bërë atë periudhën më shkatërruese të trazirave lokale në historinë e SHBA-së.*

Asokohe mbi 3,600 zjarre u ndezën, duke shkatërruar 1,100 ndërtesa, në disa pika. **Ka pasur edhe plaçkitje të gjerë.** *Rebelët, synonin dyqanet në pronësi të koreanëve dhe aziatikëve të tjerë etnikë, duke reflektuar tensionet mes tyre dhe komuniteteve afrikano-amerikane.*

Këto **dyshime konfirmoheshin nga një kasetë video e xhiruar më 3 mars 1991, nga një burrë, që shikonte oficerët e policies, duke rrahur brutalisht Rodney King(1965-2012), një automobilist afrikano-amerikan.**

Pa dijeninë e policisë dhe mbretit, incidenti u kap në një videokamerë nga civili lokal George Holliday nga apartamenti i tij aty pranë, përballë digës Hansen. Kaseta ishte afërsisht 12 minuta e gjatë. Ndërsa kaseta u prezantua gjatë gjyqit, disa video të incidentit nuk u publikuan për publikun. Videokaseta, e cila u transmetua në të gjithë SHBA-në, shkaktoi një shpërthim të madh protestash.Qindra protestues u mblodhën jashtë selisë së policies, në qendër të Los Anxhelosit, duke brohoritur: **Pa drejtësi, nuk pa Paqe.**

Më 29 prill 1992, *protesta dhe dhuna shpërthyen pothuajse menjëherë pasi* **juria liroi oficerët nga akuzat,** *që përfshinin sulmin me armë vdekjeprurëse dhe përdorimin e tepruar të forcës (megjithëse juria ishte i bllokuar për akuzën e forcës së tepruar ndaj njërit prej policëve).*

Juria, nuk kishte anëtarë që ishin tërësisht afrikano-amerikanë. Ajo përbëhej nga nëntë amerikanë të bardhë (*tre gra, gjashtë burra*), një burrë biracor, një grua latino-amerikane dhe një grua aziatike-amerikane, kurse **Prokurori, Terry White (1936), ishte me ngjyrë.**

Mbulimi i drejtpërdrejtë televiziv kapi një sulm ndaj një shofer kamioni të bardhë, Reginald Denny, i cili u tërhoq nga kabina e automjetit të tij, u rrah dhe u godit me një bllok zjarri (ai u shpëtua nga njerëzit nga lagjja që kishin parë ngjarjen të zhvillohej në televizioni). Ai incident u bë një nga imazhet më të qëndrueshme të trazirave, ashtu siç u shënua në mënyrë të pashlyeshme në kujtesën popullore si video e King. Policia e dërrmuar në vendngjarje ishte tërhequr.

Guvernatori i Kalifornis Pete Wilson(1933), shpalli gjendjen e jashtëzakonshme dhe mobilizoi më shumë se 10,000 roje, një kontingjent i parë i Gardës Kombëtare të Kalifornisë, ushtria e Shteteve të Bashkuara dhe disa agjenci federale të zbatimit të ligjit, vendosën me armatime, për të ndihmuar në përfundimin e dhunës dhe trazirave.

Presidenti George H. W. Bush Bush,dërgoi 3.000–4.000 trupa ushtarake dhe marinsa, së bashku me 1.000 oficerë të ligjit federal, të trajnuar për trazira, për të ndihmuar në rivendosjen e rendit. Të nesërmen **ai e shpalli LA, një zonë federale të fatkeqësisë.**

Në fund, **Rodney King** *mori një pagesë prej 3.8 milionë dollarësh nga Los Anxhelosi pasi dy nga oficerët që e kishin rrahur u dënuan në një padi civile për shkelje të të drejtave të tij civile.*

1992-1994 - Somali

Pushtimi nga Ushtria dhe Marina e SHBA-së në Luftën Civile.*Pak historë*. **Përpara Rezolutës 794, SHBA iu drejtuan OKB-së dhe ofruan një kontribut të rëndësishëm trupash në Somali, me paralajmërimin se ky personel nuk do të komandohej nga OKB-ja.** Rezoluta 794 nuk e identifikoi në mënyrë specifike SHBA-në si përgjegjëse për grupin e ardhshëm pune, por përmendi *"ofertën e një shteti anëtar të përshkruar në letrën e Sekretarit të Përgjithshëm, drejtuar Këshillit të datës 29 nëntor 1992 (S/24868), në lidhje me krijimin e një operacion për të krijuar një mjedis kaq të* **sigurt"**.

Rezoluta 794, u miratua unanimisht nga Këshilli i Sigurimit i OKB-së më 3 dhjetor 1992, dhe ata mirëpritën ofertën amerikane, për të ndihmuar në krijimin e një mjedisi të sigurt, për përpjekjet humanitare në Somali.

Presidenti George H. W. Bush, iu përgjigj kësaj duke filluar Operacionin Rikthimi i Shpresës më 4 dhjetor 1992, sipas të cilit Shtetet e Bashkuara do të merrnin komandën në përputhje me Rezolutën 794. Kështu Divizioni i Veprimtarive Speciale, u bë viktima e parë amerikane e konfliktit në Somali, kur automjeti i tij goditi një minë antitank. Ai ishte futur përpara pranisë zyrtare të SHBA-së, në një mision special zbulimi, duke shërbyer si ndërlidhës midis ambasadës së SHBA-së dhe forcave ushtarake që mbërrinin, ndërsa sig012ronte inteligjencë për të dy.

Marinsat e parë të UNITAF, zbarkuan në plazhet e Somalisë më 9 dhjetor 1992. *SHBA-ja, po ndërhynte në mënyrë që të fitonte kontrollin e koncesioneve të naftës për kompanitë amerikane, me një studim të Afrikës Verilindore nga Banka Botërore dhe OKB-ja duke e renditur Somalinë në vendin e dytë vetëm pas Sudanit si prodhuesi kryesor i mundshëm.*

Ushtria amerikane, *ka një traditë të gjatë të ndihmës humanitare, por megjithatë, asnjë operacion i tillë nuk është dëshmuar aq i kushtueshëm apo tronditës, sa ai i ndërmarrë në Somali nga gushti 1992 deri në mars 1994.* **Populli amerikan, u zgjua një ditë në fillim të tetorit 1993 me njoftimet e lajmeve për dhjetëra ushtarë tanë të vrarë ose të plagosur, në luftime të ashpra në rrugët e kryeqytetit, Mogadishu.**

*Përkushtimi dhe sakrificat e bëra nga ushtarët, avionët dhe marinsat amerikanë në atë vend të shkatërruar nga lufta japin një mësim mbi heroizmin, që mbetet bindës asokohe.***Përfshirja e paqëllimshme në grindjet civile në Somali, u kushtoi jetën tridhjetë ushtarëve amerikanë, katër marinsave dhe tetë personelit të Forcave Ajrore dhe krijoi përshtypjen e kaosit dhe katastrofës.**

Impulsi kombëtar për të ndërhyrë, për të ndihmuar, është i fuqishëm dhe forcat ushtarake të SHBA-së, janë të përshtatshme në mënyrë unike, për të vënë në jetë aftësitë, fuqinë punëtore dhe fuqinë e tyre logjistike kudo në botë.

Gjatë tremujorit të fundit të vitit 1992, situata në Somali vazhdoi të përkeqësohej. Fraksionet po ndaheshin në fraksione më të vogla dhe më pas u ndanë përsëri. Asokohe **300 mijë somalezë, kishin vdekur nga uria, dhe 1.5 milionë ishin në rrezik nga uria.**

Përballë presionit dhe zhgënjimit në rritje të publikut, OKB paraqiti disa opsione në Këshillin e Sigurimit. Rrugët diplomatike, ishin të pafrytshme. *Kapitulli VII i Kartës së OKB-së lejon:* "**Veprime nga forcat ajrore, detare ose tokësore siç mund të jetë e nevojshme, për të ruajtur ose rivendosur paqen dhe sigurinë ndërkombëtare".**

Komanda Qendrore e SHBA-së (USCINCCENT), krijoi **Forcën e Përbashkët Task (JTF) Somali, për të kryer Operacionin Rivendosja e Shpres**ës. Asokohe në Somali, pati disa konfrontime mbi metodat dhe mandatet e përdorura nga disa kontingjente. **Kështu kontingjenti italian u akuzua për ryshfet, ndaj milicive locale, për të ruajtur paqen, ndërsa trupat e Legjionit të Huaj Francez, u akuzuan për përdorim tepër të fuqishëm të forcës në çarmatimin e milicëve etj.**

Asokohe, fraksione të ndryshme somaleze u kthyen në tryezën e bisedimeve në përpjekje për t'i dhënë fund luftës civile. Kjo përpjekje ishte e njohur si Konferenca për Pajtimin Kombëtar në Somali dhe rezultoi në Marrëveshjen e Addis Abeba të nënshkruar më 27 Mars 1993, **e cila pati pak rezultate, pasi lufta civile vazhdoi më pas.** Mbi 60 avionë të ushtrisë amerikane dhe afërsisht 1,000 personel të aviacionit operuan në Somali në vitet 1992-1994.

1992-1994 - Jugosllavi

Bllokada detare e NATO-s në Serbi dhe Malit të Zi.*Pak histori*. Ngjarjet historike dhe politike në Ballkan dhe veçanti në Federaten Jugosllave precipituan me shpejtësi brenda shteteve dhe ndërmjet tyre. Në përputhje me **Rezolutën nr. 787,** të Këshillit të Sigurimit të OKB-së, veçanërisht paragrafët e saj operativë 9 deri në 12, thuhet se: **Autoriteti i Industrisë Detare (Marina), miraton masat e mëposhtme,** duke udhëzon të gjitha subjektet detare të interesuara, që të respektojnë rreptësisht sa vijon:

1. **Nuk ka transport**, *përmes Republikës Federale të Jugosllavisë (Serbia dhe Mali i Zi) të naftës bruto, produkteve të naftës, qymyrit, pajisjeve të lidhura me energjinë, hekurit, çelikut, metaleve të tjera, kimikateve, gomës, provave, automjeteve, avionëve dhe motorëve të të gjitha llojeve, me përjashtim të rastit, kur një transferim i tillë autorizohet në mënyrë specifike rast pas rasti nga Komiteti i krijuar me Rezolutën 724 (1992), sipas procedurës së tij pa kundërshtime, është rreptësisht i ndaluar.*

2. *Çdo anije në të cilën shumica ose interesi kontrollues mbahet nga një person ose ndërmarrje në ose që operon nga Republika Federale e Jugosllavisë (Serbia dhe Mali i Zi), do të merret parasysh, për qëllimin e zbatimit të rezolutës përkatëse të Këshillit të Sigurimit (K.S,), anijet e Republikës Federale të Jugosllavisë, pavarësisht nga flamuri me të cilin lundron anija.*

3. *Asnjë nga eksportet e Filipineve, nuk do të devijohet në Republikën Federale të Jugosllavisë (Serbia dhe Mali i Zi).*

4. Ngarkesat dhe destinacionet e të gjitha anijeve të transportit, për brenda dhe jashtë shtetit do të verifikohen, për të siguruar zbatimin e rreptë të dispozitave të rezolutës 713 (1991) dhe 751 (1992), që i referohet transportit të mallrave për dhe nga Republika Federale e Jugosllavia (Serbia dhe Mali i Zi).

Shkeljet e kësaj Qarkoreje, do të dënohen, sipas Memorandumit të MARINA-s, nr. 50, të vitit 1989.

1993 - Bosnje-Hercegovinë

Bombardime, patrulla ajrore, një zonë ndalim-fluturimi, luftë civile, vrasje të serbëve, sulme ndaj Serbisë dhe rrëzimi i avionëve të saj.*Pak histori*. Ndërhyrja e NATO-s në Bosnje dhe Hercegovinë, **qëllimi i së cilës ishte vendosja e paqes afatgjatë, gjatë dhe** pas Luftës së Bosnjës. **Ajo filloi si arsye politike dhe simbolike, por gradualisht u zgjerua për të përfshirë operacione ajrore në shkallë të gjerë** dhe vendosjen e afërsisht 60,000 ushtarëve të Forcës Zbatuese.

Përfshirja e NATO-s në luftërat në Jugosllavi, filloi në shkurt 1992, kur aleanca *lëshoi një deklaratë duke u kërkuar të gjithë palëve ndërluftuese në konflikt të lejojnë vendosjen e paqeruajtësve të OKB-së, e cila hapi rrugën për veprimet e mëvonshme ushtarake të Organizates Ushtarake të Atlantikut Verior.*

Në vitin 1992, në Helsinki, ministrat e jashtëm të NATO-s, ranë dakord të ndihmojnë OKB-në, në monitorimin e sanksioneve të vendosura sipas rezolutës 713 (1991) dhe 757 (1992) të Këshillit të Sigurimit të OKB-së kundër Serbisë. Kjo çoi në fillimin e Operacionit Maritime Monitor në brigjet e Malit të Zi, i cili u koordinua me *Operacionin e Bashkimit Evropian Perëndim*or Sharp Guard, në ngushticën e Otrantos më 16 korrik.

Asokohe **Këshilli i Sigurimit miratoi Rezolutën 781,** duke vendosur një zonë ndalim-fluturimi mbi Bosnje-Hercegovinë. Si përgjigje, më 16 tetor, NATO zgjeroi misionin e saj në zonë për të përfshirë Operacionin Sky Monitor, i cili monitoronte hapësirën ajrore të Bosnjës, për fluturimet nga Republika Federale e Jugosllavisë.

Rezoluta, u bëri thirrje vendeve anëtare të *"ndalonin të gjitha transportet detare brenda dhe jashtë në mënyrë që të inspektonin dhe verifikonin ngarkesat e tyre"*, për të siguruar respektimin e sanksioneve. **Misioni ajror i saj, gjithashtu kaloi nga monitorimi në zbatim.**

Më 12 prill 1993, **NATO filloi** Operacionin Deny Flight, **i cili kishte për detyrë të zbatonte zonën e ndalim-fluturimit, duke përdorur avionë luftarakë me bazë në rajon. Më 1994, shtrirja e NATO-s në Bosnje u rrit në shumë.** Në një incident pranë Banja Lukës, luftëtarët e NATO-s nga USAF, që vepronin nën Deny Flight, rrëzuan katër avionë serbë. **Ajo nisi misionin e saj të parë të mbështetjes ajrore më 10 prill** 1994, duke bombarduar disa objektiva serbë me kërkesë të komandantëve të OKB-së.

Organizata ushtarake, vazhdoi operacionet e saj ajrore mbi Bosnjë, në vitin 1995. Pas ngjarjeve në Srebrenicë, 16 vende u takuan në Konferencën e Londrës, (21 korrik 1995), për të shqyrtuar opsionet e reja për Bosnjën, ku komandanti ushtarak i OKB-së, bëri sulme ajrore të NATO-s, pa u konsultuar me zyrtarët civilë të OKB-së, si një përgjigje të sulmeve ndaj zonave të tjera të sigurta në Bosnje. Ajo planifikoi një fushatë të re ajrore agresive kundër serbëve të Bosnjës.

Në gusht 1995, NATO nisi zyrtarishtOperacionin Deliberate Force, me bombardime në shkallë të gjerë të zonave serbe, të cilat përfshinin sulme në 338 objektiva individualë.

Si pjesë e marrëveshjeve, NATO ra dakord të sigurojë 60,000 trupa për t'u dislokuar në rajon, si pjesë e Forcës Zbatuese (IFOR), përcaktimi i SHBA-së Operacioni Përpjekja e Përbashkët deri në dhjetor 1996, kur ato që mbetën në rajon u transferuan në Forcën e Stabilizimit (SFOR). SFOR-i qëndroi në Bosnje deri në vitin 2004.

Operacioni Deny Flight, ishte një operacion i NATO-s, që filloi më 12 prill 1993 si zbatimi i një zone të ndaluar fluturimi të OKB-së mbi Bosnjë dhe Hercegovinë. Ato më vonë zgjeruan misionin e operacionit, për të përfshirë sigurimin e mbështetjes së ngushtë ajrore për trupat e OKB-së në Bosnje dhe kryerjen e sulmeve ajrore shtrënguese, kundër objektivave në Bosnje.Anëtarët ushtarakë të organizatës kontribuan me forca në operacion dhe kryer 100,420 fluturime. **Operacioni përfshinte angazhimin në betejën ajrore më 1994 mbi Banja Luka, dhe bombardimi i objektivave tokësore në një operacion afër Goražde.**

Në fillimin e Luftës së Bosnjës (1992), Këshilli i Sigurimit i OKB-së, miratoi Rezolutën 781. Kjo rezolutë ndalonte fluturimet e paautorizuara ushtarake në hapësirën ajrore të Bosnjës. Pas rezolutës, filloi Operacionin Sky Monitor, gjatë të cilit forcat e NATO-s monitoruan shkeljet e zonës së ndalim-fluturimit, pa ndërmarrë asnjë veprim ushtarak kundër shkelësve.

Trupat ameirkane, kishin ndërmarrë veprime të njëanshme, për të ndihmuar civilët e kapur në konflikt, duke hedhur furnizime humanitare në Bosnje, nën **Operacionin Ofroni Premtimin,** *dhe shumë zyrtarë amerikanë argumentuan, për përdorimin e forcës ushtarake,* të etur për të zgjeruar operacionet ajrore amerikane, përmes Deny Flight, *duke shpresuar se një zonë agresive e ndaluar fluturimi dhe sulmet e mundshme ajrore do t'i jepnin fund konfliktit më shpejt.*

Zyrtarët amerikanë lobuan, për një rol të madh për fuqinë ajrore të NATO-s në Bosnje. Në veçanti, si pjesë e platformës së Bill Clintoni-t, gjatë fushatës së tij eklektorale të vitit 1992 premtoi një politikë heq dhe godit, e cila përfshinte përdorimin e sulmeve ajrore, kundër forcave serbe të

Bosnjës. *Pasi serbët e Bosnjës refuzuan planin Vance-Owen më 6 maj 1993, Clinton dhe zyrtarë të tjerë amerikanë i intensifikuan këto thirrje dhe diskutuan mundësinë e përdorimit të sulmeve në shkallë të gjerë për të detyruar serbët të pranohen.*

NATO shpejt filloi planifikimin e një mision të tretë, që përfshinte sulmet ajrore shtrënguesetë mbështetura nga trupat amerikane.Pas bombardimeve në tregun ushqimor të Sarajevës (1994), *NATO u lëshoi një ultimatum serbëve, që të tërhiqnin të gjitha armët e rënda nga një zonë e përjashtimit rreth Sarajevës ose të përballeshin me bombardimet.*

NATO, bëri një sulm në aeroportin e Udbinës, i cili përfshiu 39 avionë. Asokohe ai ishte operacioni më i madh luftarak, në historinë e organizates ushtarake. *Media ndërkombëtare,***kritikoi sulmin, sepse bëri pak dëme reale në aftësitë serbe, duke çaktivizuar vetëm përkohësisht pistat.**

Ish-presidenti demokrat amerikan **Jimmy Carter,** *negocioi personalisht një armëpushim katër mujor në Bosnje.* Tensionet e reduktuara, që rezultuan nga armëpushimi i Carter-it dhe ndërprerja e operacioneve ajrore të NATO-s, *fatmirësisht çuan në lirimin e shumicës së pengjeve të UNPROFOR-it, gjatë disa javëve të ardhshme.*

1994 - Haiti

Pushtimi nga SHBA, bllokada detare dhe përmbysja e juntës ushtarake të **gjeneralit haitian Cédras.** Pak histori. **Operacioni Mbështet Demokracinë, ishte një ndërhyrje ushtarake amerikane,** për të hequr regjimin ushtarak të instaluar nga grushti i shtetit të Haitit të vitit 1991, që përmbysi Presidentin e zgjedhur *Jean-Bertrand Aristide (1953). Operacioni u autorizua efektivisht me Rezolutën 940 të Këshillit të Sigurimit të Kombeve të Bashkuara të 31 korrikut 1994.*

Ai filloi me alarmin e SHBA-së dhe aleatëve të saj, për një hyrje të detyruar në shtetin ishullor të Haitit. Elementët e marinës, rojeve bregdetare dhe të Forcave Ajrore të SHBA-së, u inskenuan në Porto Riko dhe Floridën jugore, për t'u përgatitur *në mbështetje të pushtimit ajror, të kryesuar nga elementë të Komandës së Përbashkët të Operacioneve (HQ, Regjimenti i Ranger-it të 75-të), i ndjekur nga Grupi i 3-të i Forcave Speciale, Grupi i 7-të i Transportit i Ushtrisë Amerikane (elementet ujore dhe terminalet e ushtrisë) dhe Divizioni i 10-të malor.*

Më 16 shtator 1994, ish-presidenti Jimmy Carter, senatori amerikan Sam Nunn dhe kryetari i pensionuar i Shefave të Përgjithshëm të Shtabit të Përgjithshëm Colin Powell i bindi liderët e Haitit, që të tërhiqen dhe të lejojnë zyrtarët e zgjedhur të kthehen në pushtet. Udhëheqësi kryesor që mbante pushtetin ishte *gjenerali Joseph Raoul Cédras (1949)* dhe ishte fokusi kryesor i delegacionit.

Gjeneralin Cédras refuzoi të pranonte legjitimitetin e zgjedhjeve demokratike. *Asokohe u bëbë përpjekje e fundit diplomatike ndërkombëtare, për të detyruar diktatorin të jepte dorëheqjen pa dhunë.* Më tej, ata e informuan atë për angazhimin e SHBA-së, për të mbështetur demokracinë dhe se një sulm ajror me hyrje të detyruar në vendin ishull, sipas të gjitha gjasave, do të rezultonte, që Haiti të vinte nën kontrollin e SHBA-së, përpara lindjes së diellit të ardhshëm.

Brenda pak minutash, gjenerali Cédras kapitulloi, nën kushtet më të favorshme që kishte në atë kohë. Si rezultat, forcat amerikane, që zbarkuan në Haiti e panë objektivin e tyre si shkëputjen e udhëheqjes së juntës nga FAd'H, pa provokuar një panik në radhët e grupeve. **Rregullat amerikane të angazhimit**, ishin shumë kufizuese; edhe përkrahësit e juntës paraushtarake në FRAPH do të trajtoheshin si entitet politik legjitim dhe kështu nuk do t'i nënshtroheshin neutralizimit, nëse ata nuk sulmonin më parë.

Haitianët, kishin pritur që SHBA të kërkonte hakmarrje nga anëtarët e juntës. Presidenti Aristide i kërkoi popullatës të qëndronte e qetë deri në kthimin e tij. Pas protestave, midis ushtrisë dhe qytetarëve amerikanë, si dhe midis Haitianëve, Ushtria e SHBA-së ndryshoi shpejt ROE-në e saj.

Marinsat amerikanë që pushtuan qytetin e dytë më të madh të Haitit, Cap Haitien, kishin rregulla më pak kufizuese; ata filluan patrullimet e menjëhershme në këmbë me të mbërritur, duke krijuar një prani të fortë. Në vitet 1995-1996, 2,400 personel të SHBA-së nga Operacioni fillestar Mbështet Demokracinë, mbetën si një grup mbështetës i komanduar nga UNMIH nën kujdesin e **Operacionit Horizontet e Re**. Një kontigjent i madh i trupave amerikane (USFORHAITI), morën pjesë si paqeruajtës në UNMIH deri në vitin 1996. Forcat e OKB-së me emra të ndryshëm misionesh ishin në Haiti në vitet 1995-2000

Jean Bertrand Aristide u kthye në Haiti në tetor 1994, pas 3 vitesh mërgim të detyruar. *Operacioni Mbështet Demokracinë përfundoi zyrtarisht më 31 mars 1995, kur u zëvendësua nga Misioni i Kombeve të Bashkuara në Haiti (UNMIH).*

1997 - Liberia

Ushtria amerikane, evakonamerikanë në Liberi.*Pak histori*. Marrëdhëniet e SHBA-së me Liberinë, zënë fill në vitin 1819, **kur Kongresi Amerikan përvetësoi 100,000 dollarë për krijimin e Liberisë. Megjithëse Liberia shpalli pavarësinë e saj në vitin 1847, senatorët e Shteteve të Bashkuara nga shtetet jugore penguan njohjen e saj si një komb sovran deri në vitin 1862, gjatë** *Luftës Civile Amerikane*, **pasi i gjithë delegacioni jugor në Kongres ishte larguar. Të dy vendet kishin lidhje të ngushta diplomatike, ekonomike dhe ushtarake deri në vitet 1990.**

Presidenti i 37-të i SHBA-së William Howard Taft (1857-1930), i kushtoi një pjesë të konsiderueshme të Mesazhit të tij të Parë Vjetor Kongresit (7 dhjetor 1909) çështjes së Liberisë, duke vënë në dukje lidhjet e ngushta historike midis dy vendeve, ku mbështetja amerikane për pavarësinë, prosperitetin dhe reformën e Liberisë ishin prioritete. Roli kryesor amerikan, ishte trajnimi i ushtrisë liberiane, e njohur si *Forca Kufitare Liberiane*, duke përdorur oficerë elite me ngjyrë afrikano-amerikanë të SHBA-së.

Prania amerikane, *paralajmëroi largimin e fuqive perandorake evropiane, mposhti një sërë rebelimesh lokale dhe ndihmoi në sjelljen e teknologjisë amerikane, për të zhvilluar brendësinë e pasur me burime.* Demokracia, *nuk ishte një prioritet i lartë, pasi 15,000 amerikano-liberianë kishin kontroll të plotë të 750,000 vendasve.*

Fiset Krus dhe Greboe, mbetën shumë ngurrues, për të pranuar kontrollin nga Monrovia, por ata nuk ishin mjaft të fuqishëm, për të kapërcyer një regjim të mbështetur fuqimisht nga Ushtria dhe Marina e SHBA-së. Oficerët amerikanë, ishin të aftë në trajnimin e rekrutëve, duke ndihmuar qeverinë të minimizonte korrupsionin dhe mbrojtur huatë nga korporatat amerikane.

Në vitin 1970, marrëdhëniet e Liberisë dhe SHBA-së u tensionuan (në vitet 1971-1980), *për shkak të vendosjes së marrëdhënieve diplomatike nga Presidenti i 20-të i shtetit Liberia (1971-1980) William Richard Tolbert Jr. (1913-1980)me Bashkimin Sovjetik dhe vende të tjera të Bllokut Komunist Lindor. Në vitin 1978, presidenti amerikan Jimmy Carter, bëri vizitën e parë zyrtare presidenciale në Liberi.*

Gjatë presidencës së Taylor, SHBA ndërprenë ndihmën e drejtpërdrejtë financiare dhe ushtarake për qeverinë liberiane, tërhoqën operacionet e Korpusit të Paqes, vendosën një ndalim udhëtimi për zyrtarët e lartë të qeverisë liberiane dhe shpesh kritikuan qeverinë e Charles Taylor. Pjesa më e madhe e tensionit liberiano-amerikan nga kjo periudhë rrjedh nga mbështetja e pranuar e qeverisë liberiane për Frontin e Bashkuar Revolucionar, një grup rebel në Sierra Leone dhe rajonin përreth.

Dorëheqja dhe mërgimi i Presidentit të 22-të të shtetit Liberia (1997-2003)Charles McArthur Ghankey Taylor (1948),në vitin 2003, solli përmirësime në marrëdhëniet diplomatike midis SHBA-së dhe Liberisë. Asokohe administrata amerikane propozuan një Projekt-Rezolutë në Këshillin e Sigurimit të OKB-së, për të autorizuar vendosjen e një force stabilizuese shumëkombëshe. Presidenti amerikan George W. **Bush dërgoi 200 marinsa në aeroportin e Monrovias**, për të mbështetur përpjekjet paqeruajtëse.

Shtetet e Bashkuara, vendosën gjithashtu anije luftarake, përgjatë bregut të Liberisë si pjesë e përpjekjes për stabilizim. Ato dhanë 1.16 miliardë dollarë, për Liberinë në vitet 2004-2006. Agjencia e Shteteve të Bashkuara për Zhvillim Ndërkombëtar (USAID), zbatoi programin e asistencës zhvillimore të Qeverisë së SHBA-së.

Helikopterët e Forcave Speciale të SHBA-së evakuan 26 amerikanë nga kryeqyteti i Liberisë, Monrovia, i shkatërruar nga lufta dje vonë, ndërsa qeveria amerikane kishte vendosur plane për një evakuim në shkallë të plotë të 425 amerikanëve të tjerë.

Ky ishte evakuimi i tretë i qytetarëve amerikanënga Liberia, në luftën civile 6-vjeçare të vendit, e cila fillimisht vuri disa fraksione rebele kundër trupave qeveritare.

1997 - Shqipëria

Albania, ishte shtetdiktatorial komunist për 50 vjet, vendos ushtrinë amerikane brenda territorit të vet, për të evakuuar të huajt, pas trazirave në vend, për arsye politike.*Shqipëria, asokohe ndodhej në prag të një lufte civile Veri-Jug.* **Pak histori. Operacioni Silver Wake**, *ishte një operacion evakuimi jo-luftëtar (NEO) i drejtuar nga SHBA*, për evakuimin e qytetarëve amerikanë, joluftëtarëve dhe shtetasve të caktuar të vendeve të treta nga Tirana, kryeqyteti i Shqipërisë, gjatë trazirave civile në 1997.

SHBA,realizoi mbi 13 operacione nëditë, që filluan në mars të vitit 1997. Ato u krye nga marinsat amerikanë (*Njësia e 26-të e Ekspeditës Detare*), që kryente operacione nga Grupi i Gatishmërisë Amfibe USS Nassau. Marinsat amerikanë nga batalioni i parë, marinsat e 8-të siguruan kompleksin e strehimit të SHBA-së dhe mbajtën të siguruar Ambasadën e saj në kryeqytetin shqiptar. **Asokohe rreth 900 persona, u evakuan nga marinsat si pjesë e operacionit.** *Gjithashtu, 105 shqiptarë u shpëtuan në datat 16-17 mars 1997 nga mjetet lundruese të pasigurta dhe të mbipopulluara.*

Anije të tjera të Marinës amerikane, të përfshira ishin USS Nashville (LPD-13) dhe USS Ramage (DDG-61). *Disa nga çmimet e dhëna, për njësitë ushtarake pjesëmarrëse përfshinin Lavdërimin e Njësisë Meritore, Çmimin e Njësisë së Merituar të Përbashkët dhe Medaljen e Shërbimit Humanitar. Marinsave të përzgjedhur iu dha gjithashtu Shiriti i Veprimit Luftarak.*

Kryengritja me armë të rrëmbyera nga depot e armatimeve çoi Shqipërinë në prag të Luftes Civile Veri-Jug në vitin 1997. *Trazirat civile shqiptare të vitit 1997, u ndezën nga dështimet e skemave piramidale në Shqipëri, menjëherë pas kalimit të saj në një ekonomi tregu.*

Më 1 mars, kryeministri *Aleksandër Meksi (1939)* dha dorëheqjen dhe më 2 mars, **Presidenti shqiptar (1992-1997) dr. Sali Berisha(1944)**, (*dhe ish kryeministri i 32-të i vendit (në vitet 2005-2013), shënimi im K.K.*), shpalli gjendjen e jashtëzakonshme. Qeveria u rrëzua dhe më shumë se 2.000 njerëz u vranë. *Dhuna, që pasoi ishte një rebelim, që gradualisht u përshkallëzua në një luftë civile.*

Shkëndija e vërtetë, për luftën civile *dhe revolta popullore, kundër Qeverisë së Partisë Demokratike, të kryesuar nga dr. Sali Berisha*, ishte **presioni i FMN-së, i cili e detyroi shtetin të heqë garancitë për depozitat bankare dhe të liberalizojë sektorin bankar dhe financiar,** *duke lejuar që skemat piramidale që ofrojnë norma mujore interesi deri në 100% të bëhen ligjërisht të mundshme, dhe asokohe shumë njerëz depozituan kursimet e jetës së tyre në këto skema piramidale.*

Kjo gjendje u përball me rezistencë të ashpër nga popullsia e armatosur. U sulmuan armatime dhe u shpërndanë armët të burgosurit u liruan ndërtesat e partive politike u dogjën, stacionet e policisë dhe gjykatat gjithashtu u shkatërruan dhe dogjën. Revolta u përhap nga jugu i vendit dhe shumë shpejt përfshiu të gjithë vendin, me përjashtim të pjesëve të kryeqytetit, Tiranës, të cilin shteti dhe policia sekrete (SHIK) e kontrollonte plotësisht. **Policia e shtetit, nuk ekzistonte më.**

Kjo situatë kërcënoi BE-në, e cila kishte frikë se kryengritja mund të përhapej në Greqi dhe Maqedoni. *Asokohe, u krijua një task-forcë shumëkombëshe, e cila u dërgua menjëherë në Shqipëri, për të rivendosur rendin.*

Kjo u mbështet plotësisht nga partitë e majta në vend (**që në fakt, kishin organizuar dhe mbështetur rebelimin e armatosur komunist**

në vend), që u mblodhën rreth një Qeverie të Unitetit Kombëtar, të ud-hëhequr nga Partia Komuniste (sot Socialiste) e Shqipërisë (11 mars 1997), e cila shënoi fitoi një fitore të madhe kur kreu i saj komunist-*Bashkim Fino (1952-2021),* u emërua kryeministri i 29-të i vendit, në muajin korrik të vitit 1997.

Operacioni Alba, ishte një forcë paqeruajtëse shumëkombëshe e dër-guar në Shqipëri në vitin 1997. Ajo **udhëheqej nga Italia,** e cila synonte të ndihmonte qeverinë shqiptare të rivendoste ligjin dhe rendin, gjatë prag Luftës Civile shqiptare. *Duke filluar nga 15 prilli 1997, 7265 trupa u dislokuan nën komandën e operacionit nga të cilët më shumë se gjysma ishin shtetas italianë dhe rivendosën shpejt rendin në Tiranë.*

1998 - Sudan

Një sulm me raketa, në një fabrikë farmaceutike, që CIA thotë se pro-dhon armë kimike, për terroristët vendas.

1998 - Afganistan

Një sulm me raketë në ish-kampet e trajnimit të CIA-s, të përdorura nga grupet fundamentaliste islamike, që dyshohet se sulmuan ambasadën amerikane në vend.

1998 - Irak

Bombardime, katër ditë sulme intensive ajrore dhe raketa, pas akuzave se autoritetet penguan punën e inspektorëve të armëve.

1999 - Jugosllavia

Për here të parë, asokohe kemi bombardime të shumta, raketa të rënda dhe sulme ajrore të NATO-s, pasi Serbia refuzoi të largohej nga Kosova. Çlirimi i Kosovës nga NATO edhe pse ky vend i vogël nuk ishte antare e saj... edhe sot e kësaj dite.*Pak histori.* **Gjatë Luftërave Jugosllave të viteve 1990-2000,** *disa valë sanksionesh ndërkombëtare u vendosën kundër Republikës Federale të Jugosllavisë.* Ato u vendosën në përgjigje të Luftës së Bosnjës dhe Luftës Kroate dhe zgjatën midis prillit 1992 dhe tetorit 1995.

Embargoja, u hoq pas nënshkrimit të Marrëveshjes së Dejtonit, e cila i dha fund konfliktit. Gjatë dhe pas Luftës së Kosovës 1998-1999, Jugosllavia u sanksionua përsëri nga OKB-ja, Bashkimi Evropian (BE) dhe SHBA.

Pas përmbysjes së komunistit të nivelit të lartë serb (Kryetar i Lidhjes Komuniste të Serbisë 1980-1990), *Presidentit të Serbisë (1989-1997) dhe Jugosllavisë (1997-2000) Slobodan Millosheviç (1941-2005)*, u vendosën sanksione ekonomike nga OKB-ja, kundër Jugosllavisë së mbetur asokohe. Ato u hoqën gradualisht, pas **Luftës së Kosovës (1998-1999)**, duke filluar nga viti 2001.

Sanksionet, patën një ndikim shkatërrues në industrinë jugosllave, ku deri në vitin 1993, me 39% e popullsisë jetonte me më pak se 2 dollarë në ditë. Nivelet e varfërisë u rritën përsëri, kur sanksionet ndërkombëtare u rivendosën në vitin 1998. Rreth **300,000 njerëz emigruan nga Serbia në vitet 1990, 20 përqind e të cilëve kishin arsim të lartë.**

Në vitin 1991, shpërbërja e Jugosllavisë ishte në progres, me republikat më perëndimore të Sllovenisë dhe Kroacisë, që shpallën pavarësinë. **Lufta Kroate për Pavarësi(1991-1995)**[136], ishte në lëvizje të plotë me fushatën ju-

---

[136]**Lufta Kroate për Pavarësi (1991-1995)**, midis forcave kroate besnike ndaj qeverisë së Kroacisë, e cila kishte shpallur pavarësinë nga Republika Socialiste Federative e Jugosllavisë (RSFJ) dhe Ushtrisë Popullore Jugosllave (JNA), të kontrolluar asokohe nga serbët dhe serbëve lokalë forcat, me APJ-në, që i dha fund operacioneve të saj luftarake në Kroaci deri në vitin 1992. Në Kroaci, lufta quhet si **Lufta e Atdheut** (*Domovinski rat*) ose **Agresioni i Serbisë së Madhe** (*Velikosrpska agresija*). Shumica e kroatëve donin që Kroacia të largohej nga Jugosllavia dhe të bëhej një vend sovran, ndërsa shumë serbë etnikë (që jetonin në Kroaci), të mbështetur nga Serbia, kundërshtuan shkëputjen dhe donin që tokat e pretenduara nga serbët të ishin në një shtet të përbashkët me Serbinë. **Kroacia, shpalli Pavarësinë më 25 qershor 1991**, por ra dakord ta shtyjë atë me Marrëveshjen e Brionit dhe të ndërpresë të gjitha lidhjet e mbetura me Jugosllavinë më 8 tetor 1991. Asokohe, serbët krijuan Republikën e vetëshpallur të Krajinës Serbe (RSK) brenda Kroacisë, e cila filloi me Revolucionin e Logut. Pas armëpushimit të janarit 1992 dhe njohjes ndërkombëtare të Republikës së Kroacisë si shtet sovran, u vendosën linjat e kufirit dhe hynë menjëherë Forcat Mbrojtëse e Kombeve të Bashkuara (UNPROFOR). **Në vitin 1995**, Kroacia nisi dy ofensiva të mëdha të njohura si Operacioni Blic dhe Operacioni Stuhia, ku këto ofensiva i dhanë fund luftës në favor të saj. Lufta përfundoi me fitoren e Kroacisë, pasi ajo arriti qëllimet, që kishte shpallur në fillim të luftës: *Pavarësinë dhe ruajtjen e kufijve të saj*. Mbi 20,000 njerëz u vranë në luftë, dhe refugjatët u zhvendosën nga të

gosllave të vitit 1991 në Kroaci.

Më 16 nëntor 1992, Këshilli i Sigurimit i OKB-së miratoi Rezolutën 787, duke vendosur një ndalim të gjerë për dërgesat në dhe nga Jugosllavia. **OKB-ja asokohe miratoi mbi 100 rezoluta, gjatë rrjedhës së konfliktit të armatosur në ish-Jugosllavi.** *Rezolutat 820 dhe 942, ndaluan në mënyrë specifike shkëmbimet e import-eksportit dhe ngrinë asetet e Republika Srpska, në atë kohë një shtet i panjohur serb i krijuar nga lufta në Bosnje dhe Hercegovinë. Kur përfundoi Lufta në Bosnje, sanksionet e OKB-së kundër Jugosllavisë u hoqën pas zgjedhjeve në Bosnje më 14 shtator 1996.*

Sanksione të tjera ndërkombëtare, u vendosën kundër Jugosllavisë në vitin 1998, kur dhuna në Kosovë u intensifikua dhe më 24 mars 1999, NATO filloi bombardimin e Jugosllavisë, SHBA-ja dhe Bashkimi Evropian, *miratuan ndalime të mëtejshme të tregtisë dhe ndihmës financiare, duke përfshirë ndalimin e eksportit të naftës në Jugosllavi.*

NATO, kreu një fushatë bombardimi ajror kundër Republikës Federale të Jugosllavisë, gjatë Luftës së Kosovës. Sulmet ajrore zgjatën nga 24 mars 1999 deri më 10 qershor 1999. Bombardimet vazhduan, derisa u arrit një **Marrëveshje,** që çoi në tërheqjen e forcave të armatosura jugosllave nga Kosova dhe themelimin e Misionit të Administratës së Përkohshme të OKB-së në Kosovë, një mision paqeruajtës i saj.

Ndërhyrja e NATO-s, u nxit nga gjakderdhja e Jugosllavisë dhe spastrimi etnik i shqiptarëve, që i çoi shqiptarët në vendet fqinje dhe situata e re kishte potencialin e rrezikut për të destabilizuar rajonin. *Refuzimi i Jugosllavisë për të nënshkruar Marrëveshjen e Rambujesë, fillimisht u ofrua si justifikim për përdorimin e forcës nga NATO.*

Vendet e NATO-s, u përpoqën të merrnin autorizimin nga Këshilli i Sigurimit i OKB-së, për veprime ushtarake, por u kundërshtuan nga Kina dhe Rusia, të cilat treguan se do të vendosnin veton ndaj një mase të tillë. **Si rezultat, NATO nisi fushatën e saj pa miratimin e OKB-së,** duke deklaruar se ishte një ndërhyrje humanitare. **Karta e OKB-së ndalon përdorimin e forcës, përveç në rastin e një vendimi të Këshillit të Sigurimit sipas Kapitullit VII, ose vetëmbrojtjes kundër një sulmi të armatosur, asnjëra prej të cilave nuk ishte e pranishme në këtë rast.**

Fushata përfshiu 1000 avionë, që operonin nga bazat ajrore në Itali

---

dyja anët. Qeveritë serbe dhe kroate filluan të bashkëpunojnë në mënyrë progresive me njëra-tjetrën, por tensionet mbeten, pjesërisht për shkak të vendimeve të Gjykatës Penale Ndërkombëtare për ish-Jugosllavinë (ICTY) dhe padive të ngritura nga secili vend kundër njera-tjetrës.

dhe Gjermani dhe aeroplanmbajtësen USS Theodore Roosevelt, që lundronte në detin Adriatik. Gjatë dhjetë javëve të konfliktit, avionët e NATO-s fluturuan mbi 38,000 misione luftarake. Përveç fuqisë ajrore të krahut fiks, një batalion i helikopterëve Apache nga Regjimenti i 11-të i Aviacionit të Ushtrisë Amerikane u vendos për të ndihmuar misionet luftarake. **Mali i Zi u bombardua disa herë** dhe *NATO refuzoi të mbështeste pozicionin e pasigurt të liderit të saj anti-Milošević, Milo Gjukanoviç.*

NATO, bombardoi selinë e Radio Televizionit të Serbisë, duke vrarë 16 punonjës civilë. *Ky ishte etiketuar si një krim lufte nga Amnesty International.* NATO pretendoi se bombardimi ishte i justifikuar, sepse stacioni funksiononte si një mjet propagande për regjimin e Millosheviçit. Disa protestuan se këto veprime ishin shkelje të së drejtës ndërkombëtare dhe të Konventave të Gjenevës.

1999 - Bombardohet Ambasada Kineze në Beograd

Më 7 maj, SHBA-ja bombardoi ambasadën kineze në Beograd, *duke vrarë tre gazetarë kinezë dhe duke plagosur të paktën 20. Qeveria kineze, lëshoi një deklaratë ditën e bombardimit, duke thënë se ishte një* **akt barbar.** Presidenti amerikan *Bill Clinton,* kërkoi falje për bombardimin, duke thënë se ishte një aksident. SHBA i dha Kinës kompensim financiar.Bombardimi, acaroi marrëdhëniet midis Republikës Popullore të Kinës dhe NATO-s, duke provokuar demonstrata të zemëruara jashtë ambasadave perëndimore në Pekin.

FILLIMI I SHEKULLIT XXI

2000 -2019 Jemen

Sulm i marinës amerikane në Aden, 17 të vdekur.*Pak histori.* **Bombardimi i USS Cole,** ishte një sulm vetëvrasës nga al-Kaeda, kundër **USS Cole,** një shkatërrues raketash, i drejtuar i Marinës së SHBA-së, më 12 tetor 2000, ndërsa ajo po furnizohej me karburant në portin Aden të Jemenit. Asokohe 17 marinarë të marinës amerikane u vranë dhe 37 u plagosën në sulmin më vdekjeprurës, kundër një anijeje detare amerikane, që nga incidenti i USS Stark në vitin 1987.

Al-Kaeda, mori përgjegjësinë për sulmin kundër SHBA-së. Një gjykatës amerikan e ka mbajtur Sudanin përgjegjës për sulmin, ndërsa një tjetër ka lëshuar mbi 13 milionë dollarë në asete të ngrira sudaneze, për të afërmit e të vrarëve. Marina amerikane, ka rishqyrtuar rregullat e saj të angazhimit në përgjigje të këtij sulmi. Më 30 tetor 2020, Sudani dhe SHBA, nënshkruan një marrëveshje dypalëshe pretendimesh, për të kompensuar familjet e marinarëve, që vdiqën nga bombardimi.

Pjesa më e madhe e shpërthimit, hyri në një hapësirë mekanike poshtë galerisë së anijes, duke shtyrë dhunshëm lart kuvertën dhe vrarë anëtarët e ekuipazhit, që ishin rreshtuar për drake. Ekuipazhi luftoi me përmbytjet në hapësirat inxhinierike dhe e kishte nën kontroll dëmin pas tre ditësh. Zhytësit inspektuan bykun dhe përcaktuan se kavilja nuk ishte dëmtuar.

Sulmi, ishte më vdekjeprurësi kundër një anijeje detare të SHBA-së, që nga sulmi i Irakut në USS Stark, më 17 maj 1987. Sulmi asimetrik i luftës, ishte organizuar dhe drejtuar nga organizata terroriste al-Kaeda.

Në qershor 2001, një video e rekrutimit të al-Kaedës, ku shfaqet Osama bin Laden, i cili mburrej për sulmin dhe inkurajoi sulme të ngjashme kudo.*Pas bombardimeve, kryeministri i Jemenit Abdul Karim al-Iryani raportoi se Mihdhar, kishte qenë një nga planifikuesit kryesorë të sulmit dhe kishte qenë në vend në kohën e sulmeve. Ai më vonë u kthye në Amerikë, për të marrë pjesë në rrëmbimin e 11 shtatorit të fluturimit* **77 të American Airlines**, *i cili fluturoi në Pentagon,* **duke vrarë 184 njerëz.**

Mbështetja e parë ushtarake e SHBA-së, ishte një Forcë e Reagimit të Shpejtë të Forcave të Sigurisë së Forcave Ajrore nga Skuadroni i Forcave të Sigurisë së Ekspeditës 363, në bazën ajrore Prince Sultan (Arabia Saudite), i transportuar me aeroplanët C-130. Ata u pasuan nga një grup tjetër i vogël marinsash të Shteteve të Bashkuara nga Kompania e Forcave të Sigurisë së Korpusit të Përkohshëm të Marinës (Bahrein), të fluturuar me avion P-3 Orion.

Të dy forcat zbarkuan disa orë pasi anija u godit dhe u përforcuan nga një togë marine e SHBA-së me Kompaninë e Sigurisë së Sigurisë së Flotës së Parë (FAST), me bazë në Norfolk (Virxhinia). Marinsat nga Toga e 6-të, 1st FAST mbërritën më 13 tetor nga Norfolk, Virxhinia. Toga FAST dhe forcat ajrore të sigurisë, siguruan Cole dhe një hotel aty pranë, që strehonte ambasadorin e SHBA në Jemen.

USS Donald Cook dhe USS Hawes, mbërritën shpejt në afërsi të Adenit (atë pasdite), duke ofruar riparime dhe mbështetje logjistike. USNS Catawba, USS Camden, Anchorage, Duluth dhe Tarawa mbërritën në Aden disa ditë më vonë, duke siguruar ekuipazhet e ndihmës së orës, sigurinë e portit, pajisjet e kontrollit të dëmtimeve, biletimin dhe shërbimin e ushqimit për ekuipazhin e Cole.

Anijet zbarkuese (LCU) nga anijet sulmuese amfibe siguronin fluturime ditore nga Tarawa me ushqime dhe furnizime të nxehtë dhe personel me traget drejt dhe nga të gjitha anijet e tjera detare, që mbështesin Cole. Në ditët e mbetura LCU 1632 dhe personel i ndryshëm nga LCU 1666 u bashkuan, për të patrulluar rreth Cole.

Më 14 mars 2007, një gjykatë federale amerikane, vendosi se qeveria sudaneze ishte përgjegjëse për bombardimin. *Vendimi u dha si përgjigje, ndaj një padie të ngritur kundër qeverisë sudaneze nga të afërmit e viktimave, të cilët pretendojnë se al-Kaeda nuk mund t'i kryente sulmet pa mbështetjen e zyrtarëve sudanezë.***Qeveria sudaneze, u ngarkua të paguante 8 milionë dollarë, për familjet e 17 marinarëve që vdiqën. Gjykatësi federal i SHBA-së gjeti Iranin dhe Sudanin si bashkëpunëtorë në bombardimin e vitit 2000 të USS Cole nga al Kaeda**. *Më 29 shtator 2004, një gjykatës jemenas dënoi me vdekje Abd al-Rahim al-Nashiri dhe Jamal al-Badawi për rolet e tyre në bombardimin. Deri në maj 2008, të gjithë të pandehurit e dënuar për sulmin ishin arratisur nga burgu ose ishin liruar nga zyrtarët jemenas.*

Në vitin 2009, gjykatësi federal i SHBA-së Kimba Wood, urdhëroi blookimin e 13.4 milionë dollarë në asete të ngrira që i përkisnin Sudanit, për t'u dhënë 33 bashkëshortëve, prindërve dhe fëmijëve të marinarëve të vrarë në sulm. Paratë u dhanë bazuar në Aktin e Sigurimit të Rrezikut të Terrorizmit të vitit 2002 dhe të udhëhequr nga Prokurori i Miami, Andrew C. Hall.

Më 1 janar 2019, *Jamal al-Badawi*, një militant i Al-Kaedës pas sulmit, *vdiq në një sulm ajror të SHBA-së*, konfirmoi Presidenti **Donald J. Trump**. Zyrtarët e mbrojtjes amerikane treguan, se një **goditje precise**, u krye në lindje të kryeqytetit të Jemenit, Sanaa.

2001 - Maqedonia Veriore

Dislokimi i trupave të NATO-sdhe amerikane në vend, edhe pse ky shtet nuk ishte antar i saj. *Pak histori*. **Maqedonia e Veriut (1991)**, ishte e vetmja ish-republikë jugosllave, që arriti të shkëputej pa dhunë nga federate sllave. **Ajo ishte vendi më i varfër i Ballkanit.** *Marrëdhëniet ndër etnike mes maqedonase dhe shqiptarëve etnikë, kishin bashkëjetuar me probleme, por në përgjithësi kishin qenë paqësore. Të gjitha qeveritë e njëpasnjëshme maqedonase kishin përfshirë partitë shqiptare si partnerë koalicioni dhe disa probleme u zgji-*

dhën, përmes dialogut politik.

Shkaku kryesor i incidenteve, *ishte represioni nga ana e qeverive maqe-donase, për përdorimin e gjuhës shqipe në Maqedoni dhe ndalimi i përdorimit të flamurit shqiptar në institucionet publike.*

Në vitin 1997, Gjykata Kushtetuese e kufizoi përdorimin e flamurit shqiptar në institucionet publike për festat shtetërore, *pasi kryetarët e komu-nave të Tetovës dhe Gostivarit* **ngritën ilegalisht flamurin shqiptar dhe turk,në bashkitë e Gostivarit dhe Tetovës.Heqja e flamujve shkaktoi protesta.**

Ushtria Maqedonase(1992), u formua me tërheqjen e Ushtrisë Kom-bëtare Jugosllave, dhe sipas marrëveshjes ajo do të merrte me vete të gjitha pajisjet e saj. Në vitin 2001, Ukraina ishte furnizuesi i vetëm i armëve ushtarake për Maqedoninë e Veriut, bazuar në një marrëveshje dypalëshe të bashkëpunimit ushtarak që filloi në vitin 1999, pas Luftës së Kosovës. Zyrtarët perëndimorë, protestuan ashpër ndaj dërgesave të armëve ukrainase në Maqedoni. Këshilltarja e Sigurisë Kombëtare e SHBA-së, **Condoleezza Rice, bëri presion qeverisë ukrainase, që të pezullojë furnizimet e saj me armë në Maqedoni.**

Kryengritja e vitit 2001 në Maqedoninë e Veriut, ishte një konflikt i armatosur, *filloi kur grupi militant i Ushtrisë Çlirimtare Kombëtare Shqiptare* **(UÇK)**, *i formuar nga veteranët e luftës dhe kryengritjes së Kosovës në Luginën e Preshevës, sulmoi forcat maqedonase të sigurisë,* në fillim të shkurtit 2001, dhe përfundoi me Marrëveshjen e Ohrit, e nënshkruar më 13 gusht 2001.

Gjatë konfliktit në Kosovë (1999), *Maqedonia e Veriut,* **hapi dyert e kufijve të saj për mijëra refugjatë shqiptarë të Kosovës**, *që po iknin, ku mbi 229,300 refugjatë shqiptarë të saj* (**ose 11% e popullsisë së vendit**), *hynë brenda territorit maqedon. Barra e trajtimit të 360,000 refugjatëve, bëri dëmin e vet në ekonominë e vendit mikpritës.* Arka e shtetit, pothuajse e zbrazur para shpërthimit të krizës, tani praktikisht ishte shteruar.

Nga ana e tjetër, *maqedonasit kishin frikë, se* **prania e refugjatëve shqip-tarë, mund të prishte ekuilibrin demografik të Republikës**, për efektet e mundshme destruktive, që mund të rezultojnë nga faza më e re e konfliktit të Kosovës.

Në mars të vitit 2001, forcat e NATO-s, të dislokuara në dhe rreth Kosovës filluan të ndalojnë furnizimet e rebelëve nga zonat nën kontrollin e KFOR-it, me mbikëqyrje të kryer nga dronët.

Forcat e Ushtrisë Amerikane *të Regjimenteve 2/502 dhe 3/502 të Këmbë-sorisë të Divizionit të 101-të Ajror (Sulm Ajror), kontrolluan pjesën më të madhe* *të kufirit. Skuadrat e këmbësorisë patrulluan malet 24/7, duke kryer vëzhgime dhe ndalime klandestine. Togat e mortajës siguruan mbështetje ndriçuese për vëzhgimin e natës.*

Në mars, KFOR-i dhe forcat maqedonase, udhëhoqën një *operacion të përbashkët kundër rebelëve shqiptarë*, në rajonin kufitar maqedono-kosovar, i cili rezultoi në pushtimin e fshatit Tanuševci. *Forcat amerikane u koordinuan me forcat maqedonase, për të minimizuar trafikun dhe aktivitetin kufitar.*

2001-2022 - Afganistani

Pushtimi i trupave amerikane, sulmet me bombardime dhe raketa, mobilizimi masiv në Shtetet e Bashkuara, për përmbysjen e regjimit taleban, gjuetia e luftëtarëve të Al-Kaedës, vendosja e regjimit të Presidentit kukull Karzait dhe lufta kundër talebanëve. **Më shumë se 30.000 trupa amerikane dhe kompani të shumta ushtarake private pushtojnë vendin.**

2002 – Filipine

Trupat amerikane të pranishme në Filipine dhe ndihma ushtarake dhe monetare. Misioni detar kundër Abu Sayyaf,[137] në arkipelagun Sulu, në

---

[137]Grupi Abu Sayyaf (1990 dhe sot), është një organizatë militante me bazë në ishujt jugorë në arkipelagun e Filipineve. Ai është një grup piratësh, që ndjek doktrinën vehabiste të islamit sunit dhe kërkon të vendos ligjin e Sheriatit. Ai është i vendosur në dhe rreth ishujve Jolo dhe Basilan në pjesën jug-perëndimore të Filipineve, ku për më shumë se 40 vjet, grupet Moro janë përfshirë në një kryengritje, që kërkon të bëjë provincën Moro shtet të pavarur. Ata kanë qenë të përfshirë në aktivitete kriminale, duke përfshirë përdhunimin, sulmin seksual të fëmijëve, martesën e detyruar, të shtënat me makinë dhe trafikun e drogës. Grupi është përcaktuar si grup terrorist nga SHBA, Australia, Kanadaja, Indonezia, Japonia, Malajzia, Filipinet, Emiratet e Bashkuara Arabe, Mbretëria e Bashkuar Angleze etj. Duke filluar në vitin 1990, grupi kreu sulme terroriste në Filipine, duke përfshirë një seri rrëmbimesh të profilit të lartë në vitet 2000-2001. Filipinet jugore kanë pasur një popullsi të konsiderueshme myslimane për shekuj me radhë. Njerëzit e ishujve jugorë janë ndër më të varfërit në vend. Në vitin 1970, Fronti Nacional Çlirimtar Moro (MNLF), filloi një luftë shkëputjeje, kundër qeverisë së Filipineve. Me kalimin e kohës, dezertimet, dezertimet dhe mosmarrëveshjet ideologjike, bënë që grupet rebele të shpërbën në banda më të vogla të armatosura. Grupi Abu Sayyaf, ishte një grup ish-guerrilasve, i udhëhequr nga

perëndim të ishujve Mindanaos, e populluar nga komuniteti islam vendas.

2003 - Kolumbia

Ushtria amerikane dhe forcat speciale dërgohen në zonën rebele, për të mbështetur ushtrinë kolumbiane, që mbron tubacionin e naftës. Pak histori. **Një makinë bombë shpërtheu**, në qytetin e Saravenës (19 janar 2003), në departamentin Arauca në Kolumbinë lindore, vetëm disa milje larg kufirit me Venezuelën. Ky shpërthim vrau një person dhe plagosi 15 të tjerë. Me sa dukej autorët e krimit synonin selinë e disa organizatave lokale të të drejtave të njeriut. **Sulmi, nuk ishte një rast i izoluar.**[138]

Arauca, është sërish në qendër të një konflikti vdekjeprurës, që përfshin guerilët e krahut të majtë, paraushtarakët, korporatat shumëkom-

---

Abdurajak Abubakar Janjalani, një ish-dijetar islamik karizmatik, që kishte udhëtuar në Afganistan në vitet 1980, për të luftuar kundër pushtimit sovjetik. Ai kishte 500 luftëtarë në mesin e viteve 1990. Abu Sayyaf krijoi lidhje me organizatat ndërkombëtare militante myslimane, duke përfshirë Al-Kaedën, etj. Qëllimi i deklaruar i Abu Sajafit ishte që një shtet i pavarur që përfshinte popullsinë myslimane të Filipineve, të qeveriset sipas ligjit të Sheriatit. Grupi kreu sulme kundër të krishterëve filipinas, dhe në aktivitete kriminale, veçanërisht rrëmbime, nga dëshira për para sesa nga ideologjia. Zakonisht robërit liroheshin, pas pagesës së shpërblimit, por disa vriteshin. Grupi radikal islamik bastisi dy shkolla në Basilan, duke marrë më shumë se 50 pengje, shumica prej tyre ishin fëmijë. SHBA, duke marrë parasysh lidhjet e Abu Sayyaf me al-Kaedën, qeveria amerikane pranoi në janar 2002 kërkesën e presidentit të ri të Filipineve, Gloria Arroyo (1947), dhe premtoi 100 milionë dollarë në ndihmën ushtarake, për eliminimin e Ebu Sajafit. Shtetet e Bashkuara dërguan 660 ushtarë të Forcave Speciale të Ushtrisë Amerikane për të vepruar si këshilltarë ushtarakë dhe për të trajnuar ushtrinë filipinase në taktikat kundër terrorizmit. Ndihma shkaktoi polemika të konsiderueshme në Filipine, por dukej se kishte mbështetjen e publikut, veçanërisht sepse forcat amerikane nuk do të merrnin pjesë në luftime aktuale. Shtetet e Bashkuara ofruan gjithashtu shpërblime të konsiderueshme monetare për informacionin që çon në kapjen e anëtarëve kryesorë të Abu Sayyaf. Që nga qershori 2021, grupi vlerësohet të ketë më pak se 50 anëtarë, nga 1250 në vitin 2000.

[138]Sipas Kombeve të Bashkuara, të paktën 130 njerëz janë vrarë dhe 3000 të tjerë janë zhvendosur në muajt e parë të vitit 2022.

bëshe dhe qeverinë e SHBA. *Në vitin 2020,* **Presidenti Donald J. Trump** dërgoi 50 forca speciale amerikane, për të trajnuar dhe këshilluar forcat kolumbiane në rajonet strategjike, duke përfshirë departamentin e Arauca. SHBA, në vitin 2021 i dhanë Kolumbisë 5 helikopterë UH-1 Bell Huey dhe 20 automjete të blinduara sigurie M1117, në një përpjekje për të rritur aftësitë ushtarake.

Nafta, u zbulua në Kolumbi (1866), pranë qytetit port të Barranquilla. Më 1876, u gjetën më shumë naftë rreth Gjirit të Urabá-s, afër kufirit me Panamanë, por shfrytëzimi serioz u bë në vitin 1922, pas ratifikimit të **Traktatit Urrutia-Thomson**, midis **Kolumbisë dhe SHBA-së.**

Në vitin 1983, testet në puset e gërmuara në Arauca, treguan se rezervat e naftës në atë vend arrinin në 500 milionë fuçi dhe zona e naftës së Kolumbisë mo merrte një hov zhvillimi.

Më 13 1953, komandanti i ushtrisë, gjenerallejtënant Gustavo Rojas Pinilla mori pushtetin dhe ofroi amnisti për pothuajse të gjithë guerilët dhe ndaloi partinë komuniste. **Në Arauca**, nafta e pompuar përmes tubacionit Caño Limón-Coveñas u bë një objektiv kryesor për të dy forcat guerile. **Rebelët e majtë, hodhën në erë tubacionin 460 herë midis 1985 dhe 1997.**

Përgjegjës, për gjakderdhjen në Arauca, janë: Forcat e Armatosura Kolumbiane dhe, indirekt, ndihma e SHBA-së dhe OXY kanë përkeqësuar vuajtjet për kolumbianët e pafajshëm. Kështu **në vitin 1998**, Forcat e Armatosura Kolumbiane, të mbështetura nga ndihma amerikane kundër drogës dhe një kompani private mbikëqyrëse amerikane me mbështetje logjistike dhe pajisje nga Occidental, *përdorën municione thërrmuese të SHBA-së për të bombarduar fshatin e vogël Santo Domingo, duke vrarë 18 civilë të pafajshëm, përfshirë 7 fëmijë dhe plagosur 25 të tjerë.*

Administrata e Bill Clinton-it, filloi të dërgoj 98 milionë dollarë për të trajnuar rreth 4,000 personel ushtarak kolumbian për të mbrojtur tubacionin Caño Limón në pronësi të OXY. **Në vitin 2020**, Carlyle Group, një nga grupet më të rëndësishme të investimeve në botë, bleu të gjitha asetet kontinentale në tokë të OXY për 825 milionë dollarë. *Komunitetet në Arauca, janë plotësisht kundër aktiviteteve të tyre nxjerrëse që kërcënojnë të shkatërrojnë ekosistemin local.*

Militarizimi i mbështetur nga SHBA-ja, është duke u zhvilluar në Arauca. Në tetor 2021, Komanda Jugore e SHBA-së dhuroi 20 automjete të blinduara sigurie M1117, në një ceremoni dorëzimi në Fortesën Ushtarake Buenavista. Më 10 mars 2021, Joe Biden *caktoi Kolumbinë si një aleat të madh, duke hapur rrugën për një bashkëpunim edhe më të madh ushtarak.*

Pavarësisht retorikës boshe dhe gënjeshtare të fushatës së Biden-it, për qëndrueshmërinë mjedisore, *administrata e tij ka dyfishuar politikat ndërhyrëse të vendosura nga administrata e Clinton-it në fillim të viteve 2000, duke hapur rajonet e përfshira nga konfliktet në Kolumbi, për kompanitë shumëkombëshe të huaja.* **Ai i ka kërkuar Kolumbisë të rrisë eksportet e naftës në SHBA me 40,000 fuçi në ditë.**

2003-2011 - Irak, luftë, bombardime, pushtimi, përmbysja e Sadam Huseinit. Pushtimi përfshiu më shumë se 250.000 ushtarë amerikanë. Forcat amerikane dhe britanike pushtojnë vendin dhe luftojnë kundër rebelëve sunitë dhe shiitë. Më shumë se 160,000 ushtarë dhe shumë kontraktorë private ushtarakë, janë angazhuar dhe ndërtojnë baza të mëdha të përhershme në vend.

2003 - Liberi

Pjesëmarrje amerikane në forcat paqeruajtëse, përmbysja e liderit të vendit.

2004-2005 - Haiti

Ushtria amerikane dhe marina, pushtojnë vendin.

2005 - Pakistan

Sulme me raketa dhe bomba, operacione të fshehta dhe sulme me dron modern ushtarak.

2006 - Somalia

Forcat raketore dhe detare dhe ushtria amerikane, marrin pjesë në operacion ushtarake. Forcat speciale SAWT, janë të përfshira në pushtimin etiopian, i cili u rrëzua nga qeveria islamiste; Sulmet AC-130, sulmet me raketa lundrimi dhe sulmet ajrore kundër kryengritësve islamikë; bllokadë ushtarake kundër *piratëve* dhe rebelëve vendas.

2008 - Siria

Forcat special amerikane, të përfshira në një sulm me helikopter 5 milje nga Iraku, ku 8 civilë sirianë vriten.

2009 - Jemen

Sulmet me raketa dhe sulmet e Al Kaedës vrasin 49 civilë.

2011 - Libi

Bombardimet dhe sulmet me raketa, pushtimet e udhëhequra nga NATO, sulmet ajrore të koordinuara dhe sulmet me raketa ndaj qeverisë së presidentit vendas Muhamet Gadafit, gjatë kryengritjes rebele. Forcat speciale amerikane. po kryejnë operacione të fshehta.

2014 - Irak

Bombardime, gjuajtje me raketa. **Pak histori**. Më 15 qershor 2014, Presidenti i SHBA-së Barack Hysen Obama, urdhëroi që forcat e amerikane të dërgoheshin në përgjigje të ofensivës së Shtetit Islamik në Irakun e Veriut (qershor 2014) si pjesë e **Operacionit Inherent Resolve**. Me ftesë të qeverisë irakiane, trupat amerikane shkuan, për të vlerësuar forcat irakiane dhe kërcënimin e paraqitur nga terroristët radikal islamikë.

Në fillim të gushtit 2014, ISIL filloi ofensivën e tij në Irakun e Veriut, ndërsa më 5 gusht, SHBA-ja filloi të furnizonin forcat kurde Peshmerga me armë. Tre ditë më vonë më 8 gusht, trupat amerikane filluan sulmet ajrore kundër pozicioneve të ISIL-it në Irak. Nëntë vende të tjera të NATO-s, filluan gjithashtu sulme ajrore kundër ISIL-it, pak a shumë në bashkë-punim me trupat tokësore të qeverisë kurde dhe irakiane.

Përveç ndërhyrjes së drejtpërdrejtë ushtarake, koalicioni i NATO-s, i udhëhequr nga Amerika ofroi mbështetje të gjerë për Forcat e Sigurisë irakiane nëpërmjet trajnimit, inteligjencës dhe personelit. Kostoja totale e mbështetjes së koalicionit për ISF-në, duke përjashtuar operacionet direkte ushtarake, u njoftua zyrtarisht në 3.5 miliardë dollarë deri në mars 2019, ku 189,000 ushtarë dhe policë irakianë u trajnuan nga forcat e koalicionit.

Parlamenti i Irakut, kërkoi që trupat amerikane të tërhiqeshin në janar 2020, pas vdekjes (vrasjes) së zëvendësshefit irakian të Njësive të Mobi-lizimit Popullor dhe udhëheqësit popullor iranian Quds, **Qasem Solei-meni në një sulm ajror të SHBA-së.**

Koalicioni përfundoi zyrtarisht misionin e tij luftarak në Irak në dhjetor

2021. Trupat amerikane, mbeten në Irak për të këshilluar, trajnuar dhe ndihmuar forcat irakiane të sigurisë kundër kryengritjes së vazhdueshme të ISIL, duke përfshirë sigurimin e mbështetjes ajrore dhe ndihmës ushtarake.

2014 - Siria

Bombardime, sulme me raketa, pushtimi nga operacionet e SHBA-së.

Presidenti rus Putini skjaron:

Dhe ai iu drejtua Senatit të SHBA-sluftë, me fjalët: "Kjo listë nuk është përgatitur nga administrata ime, **kjo listë është aktivizuar Dr. Zoltan Grossman**, *i cili përshkruan 150 operacione ushtarake, të kryera nga ushtria amerikane, si kundër vendeve të huaja, ashtu edhe brenda vendit, madje edhe në Washington.*

Përfundimet, në fakt, janë të qarta: kush janë kriminelët e luftës, kush provokon luftërat në botë, kush nxit konfliktet, kush dëshiron t'i nënshtrojë të gjithë vullnetit të tyre.

Rusia, *nuk mori pjesë në 150 luftërat, në të cilat u vranë miliona civilë, për të cilat ju në Senatin e SHBA-së votuat për të marrë pjesë."*

Shënim: *Teksti origjinal me datat dhe vitet përkatëse, është marrë nga rusishtja dhe plotësuarme shtesa të reja historike, brenda temës në fjalë nga unë, për të krijuar një ide më të plotë dhe saktë historike dhe kuptuar më lehtë nga e lexuesit.*

MANOVRAT POLITIKE PERSONALE TË BARACK HYSEN OBAMËS PËR TË FITUAR ÇMIMIN NOBEL PËR PAQE (2009)

"Për meritën e tij, unë mendoj se ai (Presidenti Donald J. Trump), ka bërë më shumë, duke u përpjekur për të krijuar Paqe Midis Kombeve, sesa shumica e të nominuarve të tjerë për Çmimin e Paqes. Unë nuk jam një mbështetës i madh i Donald J. Trump. Komisioni, duhet t'i shikojë faktet dhe t'a gjykojë atë në bazë të fakteve, jo në mënyrën se si sillet ndonjëherë. Njerëzit, që kanë marrë Çmimin e Paqes, në vitet e fundit, kanë bërë shumë më pak se sa Presidenti Donald J. Trump. Për shembull, Barack Hysen Obama, nuk bëri asgjë." - **Christian Tybring-Gjedde,** *parlamentar norvegjez dhe Kryetar i Delegacionit të Norvegjisë në Asamblenë Parlamentare të NATO-s.*

*"Në retrospektivë, mund të themi se argumenti i ndihmës së Obamës ishte vetëm pjesërisht i saktë. U bë e pamundur për Obamën, që të përmbushte pritshmëritë e larta të vendosura mbi të. Shumë nga mbështetësit e Obamës besuan se ishte një gabim. Si e tillë, ai nuk arriti atë që Komiteti kishte shpresuar." - **Geir Lundestad, historian, drejtor pa të drejtë vote i Institutit Nobel deri në vitin 2014.***

*"Dhënia e këtij çmimi, për liderin e vendit më të militarizuar në botë, i cili ka marrë familjen njerëzore kundër vullnetit të saj në luftë, do të shihet me të drejtë nga shumë njerëz në mbarë botën si një shpërblim për agresionin dhe dominimin e vendit të tij." - **Mairead Corrigan, bashkëfituese e Çmimit Nobel për Paqe** (1976)*

*"Shumë shpejt. Ai nuk ka bërë ende një kontribut të vërtetë. Për momentin, Obama vetëm po bën propozime. Por, ndonjëherë Komiteti Nobel e jep çmimin për të inkurajuar veprime të përgjegjshme." - **Lech Walesa,** ish-Presidenti i Polonisë, bashkëthemelues i Sindikatës Solidariteti dhe laureat i Nobel-it (1983)*

*"Përzgjedhja e Obamës, ishte një vendim politik i marrëzisë së rëndë, një shfaqje të shëmtuar të politikës cinike. Ai ka qenë në detyrë për më pak se nëntë muaj, kur u njoftua se ai ka fituar çmimin, kështu që unë mendoj, se ata do t'a kenë marrë vendimin disa javë më parë. Kjo e bën të gjithë sistemin farsë. Është për të ardhur keq që zoti Obama nuk e refuzoi çmimin. Ka njerëz si Morgan Tsvangirai, udhëheqësi i Zimbabves, të cilët kanë luftuar për vite e vite, për të drejtat e njeriut dhe për një marrëveshje të drejtë për njerëzit e tyre, që janë injoruar. Ndërsa dikush që është, pa dyshim, një personazh botëror, që sapo ka ardhur në detyrë, merr çmimin Nobel për Paqe. Pra, është qartazi një vendim tërësisht politik, jo një vendim i bazuar në merita. Sinqerisht, të emërohesh pasi ai ka qenë në detyrë për 11 ditë dhe të fitosh çmimin, pasi ai ka qenë në detyrë për më pak se nëntë muaj, mendoj se kjo diskrediton të gjithë sistemin." - **Alexander Downer,** ish-Ministri i Jashtëm i Australisë.*

Obama, ka vonuar dislokimin e 40.000 trupave amerikane në Afganistan, për të fituar Çmimin Nobel për Paqe

Që nga çmimi i parë në 1901, dhënia e çmimit Nobel, ka shkaktuar herë pas here kritika dhe polemika. Pas vdekjes së themeluesit të tij në vitin 1896, testamenti i industrialistit dhe bamirësit suedez **Alfred Nobel**, *Vendosi*, që të jepet një çmim vjetor, për shërbimin ndaj njerëzimit në fushën e fizikës, kimisë, fiziologjisë ose mjekësisë, letërsisë dhe paqes. Marrësi i Çmimit Nobel për Paqe, përcaktohet nga një *Komitet Nobel prej pesë personash, i cili emërohet nga Parlamenti i Majtë i Norvegjizë.*

Komiteti i vitit 2009, përbëhej nga dy anëtarë (**të majtë**) të Partisë së Punës Norvegjeze, [139] një nga Partia e Majtë Socialiste [140]*si Partia Konserva-*

---

[139]Partia Laburiste (më parë Partia e Punës e Norvegjisë e themeluar ne vitin 1887, është një parti politike social-demokrate në Norvegji. Ajo është e pozicionuar në qendrën e majtë të spektrit politik e përkushtuar ndaj idealeve socialdemokrate. Ajo është përshkruar shpesh si gjithnjë e më neoliberale, që nga vitet 1980, si nga shkencëtarët politikë ashtu edhe nga kundërshtarët e së majtës politike. Partia, është anëtare e Partisë së Socialistëve Evropianë

*tore e Norvegjisë dhe një nga Partia e Progresit e krahut të djathtë.*Kryetari i Komitetit, asokohe ishte **Thorbjørn Jaglan**[141] *ish-kryeministër i Partisë Laburiste Norvegjeze dhe Sekretar i Përgjithshëm i Këshillit të Evropës, që nga 29*

---

dhe Aleancës Progresive. Historia e saj komuniste dhe bolshevike si simotra ruse, fillon me anëtarësimin në vitet 1919–1923, në Internacionalen Komuniste (Comintern), një organizatë komuniste, midis viteve 1918 dhe 1923. si pjesë e Qendrës Marksiste Komuniste Revolucionare Ndërkombëtare (1932–1935), e Internacionales Laburiste dhe Socialiste (1938–1940) dhe si antare në Internacionalen Socialiste (1951–2016). Ajo u bë partia më e madhe në Norvegji, në zgjedhjet parlamentare të vitit 1927, një pozicion që ajo ka mbajtur që atëherë. Dominimi elektoral nga Partia e Punës gjatë viteve 1960-1970, fillimisht u thye nga konkurrenca me partitë më të vogla të krahut të majtë, kryesisht nga Partia Popullore Socialiste. Nga rrënjët e saj si një alternativë radikale komuniste, Partia përjetoi një ndarje në vitin 1921, të shkaktuar nga një vendim i marrë dy vjet më parëpër t'u bashkuar me Kominternin dhe u formua Partia Social Demokratike e Punës e Norvegjisë…

[140]Partia Socialiste e Majtë (1973), është një parti politike demokratike socialiste në Norvegji,e pozicionuar në krahun e majtë të spektrit politik, ajo është kundër anëtarësimit në Bashkimin Evropian dhe në Zonën Ekonomike Evropiane. Ajo u themelua në vitin 1973 si Lidhja Zgjedhore Socialiste, një koalicion elektoral me Partinë Komuniste të Norvegjisë, Partinë Popullore Socialiste, Socialistët Demokratike AIK dhe socialistët e pavarur. Ngado që t;a sjellesh historinë e saj nga themelimi deri në ditët tona, ajo del se e ka profilin e saj puro komuniste dhe socialiste, që në spekktrin politik dhe ideologjik, është njësoj si të thuash: Hoxhe Kadria apo Kadri Hoxha. Së fundi: Udhëheqësi aktual Audun Lysbakken, ka qenë një revolucionar i vetëshpallur, socialist dhe marksist.

[141]**Thorbjørn Jagland** (1950), është një politikan norvegjez nga **Partia e Punës** (*alias me bazë ideologjike komuniste*). Ai shërbeu si Sekretar i Përgjithshëm i Këshillit të Evropës në vitet 2009-2019, Kryeministri i 32-të i Norvegjisë në vitet 1996-1997, ministër i Punëve të Jashtme në vitet 2000-2001 dhe si president i Storting në vitet 2005-2009. Karrierën e tij politike filloi në **Lidhjen e Rinisë Punëtore** (*alias Komuniste*), të cilën e drejtoi në vitet 1977-1981. **Jagland**, u tall shumë nga media për citimet dhe deklaratat e tij dhe **shpesh portretizohej si i paaftë**. *Në vitin 2010, një grup prej dyzet historianësh të shquar e renditën Jagland si kryeministrin norvegjez më të dobët që nga fundi i Luftës së Dytë Botërore,* **të përshkruar si budalla**. Fatkeqsisht ai shërbeu si **Kryetar i Komitetit Norvegjez të Nobel-it në vitet 2009-2015***dhe u largua në vitin 2020.*

shtatori 2009.

Nga 6 vota, në Komitetin në fjalë, **mësojmë se vetëm** *4 (katër) antarë ishin komunistë ose socialistë ultra liberalë, kurse vetëm 2 (dy) antarë në minorancë (si numra formal) ishin konservatorë. Pra, komunistët, gjithsesi kanë vendosur vazhdimisht me vota, për kandidatët e tyre socialistë ndërkombëtarë të majtë, kudo në botë, duke i vlerësuar në fusha të ndryshme, ku ndahen këto "nderime", më shumë politike* **si çmime formale dhe të kompromentuara prej disa dekadave.**

*Ky pra, sikurse shihet kjartë nga burimet e sakta historike, del se ishte ai (ko*munisti Thorbjørn Jagland, si Kryetari i Komitetit Norvegjez të Nobel-it për Paqe), *që i dha Çmimin Nobel për Paqe, ish Presidentit Barack H. Obamës, djalit të Hysen Obamës, i cili, në rininë e tij ishte antar aktiv i partisë komuniste afrikano-amerikanë, për njerëzit me ngjyrë në shtetin e Kenias në fillim (Afrikë)* dhe më pas në SHBA…Koha dhe faktet e reja historike, janë gjykatësi më i mirë.

Nominimet për Çmimin Nobel të Paqes të vitit 2009, u mbyllën vetëm 11 ditë pasi Barack Hysen Obama mori detyrën. *A është kjo rastësi!?* Asokohe kishte 205 nominime për çmimin e vitit 2009, i cili përfshinte aktivistë të të drejtave civile kineze dhe afgane dhe politikanë afrikanë etj.

Polemikat më famëkeqe, kanë qenë *mbi çmimet për Letërsinë, Paqen, dhe Ekonominë. Kritikët, më së shpeshti dalluan paragjykimet politike dhe eurocentrizmin në rezultatet suprizë edhe për kandidatët suprizë të paparashikuar.* **Ishte absurde t'i jepej çmimi Barack Hysen Obamës, kur ai kishte urdhëruar 40,000 trupa shtesë me të gjithë llojet e armatimeve ushtarake në Afganistanin e shkatërruar dhe gjakosur nga kjo luftë, në vitin 2009.**

Kanali më i madh televiziv konservator amerikan **Fox News**, akuzon Barack Hysen Obamën, se ka vonuar dislokimin e trupave amerikane në Afganistan,për të fituar Çmimin Nobel për Paqe,ku sipas fjalëve të bashkëpunëtorit dhe analistit të *Fox News* dhe *Newsmax, autorit të* disa librave **Dick Morris** *"vonesën e vendimit, për të vendosur trupa në Afganistan, për të fituar këtë çmim."*

Duke iu përgjigjur raporteve fillestare, se Obamës iu dha Çmimi i Paqes, bashkëpunëtori i show-s *Fox & Friends,***Brian Kilmeade** tha se ai po pyet (në mënyrë retorike), nëse statuti i Nobel-it *"ka lidhje me vonesën e vendosjes së 40,000 trupave në Afganistan"*, duke shtuar, se "**Nëse i shtoni forcat një lufte vrastare, ju nuk mund të fitoni Çmimin e Paqes.**"

Analisti i pavarur amerikan **Morris:** *"Obama, po vonon vendimin për të dërguar trupa në Afganistan ... sepse ai e donte këtë çmim".* Gjatë një paraqitjeje në edicionin e 12 tetorit 2009, tek show i mbrëmjes së gazetarit dhe analistit **Sean Hannity, Morris** deklaroi: *"Unë mendoj, se arsyeja që Obama po vononte Vendimin, për të vendosur trupa në Afganistan është, sepse ai e donte këtë çmim, dhe ai ndoshta e dinte se ishte i nominuar për të. Kur të merret vendimi dhe ai nuk do të dërgojë trupa ushtarake, derisa ai çmim të jetë i sigurt në xhepin e tij."*[142]

Dhe më pas Brian **Kilmeade**, shtoi se:*"Unë, po shikoj statutin, dhe ne po e marrim këtë tani, por ky djalë, Alfred Nobel a parashikoi, që Çmimin e Paqes, duhet të shkojë personit, që do të ketë bërë më shumë dhe më të mirën punë për vëllazërinë midis kombeve dhe heqjen ose pakësimin e ushtrive nëpër këmbët e shtetëve të pushtuara, formimin dhe përhapjen e Tubimeve të Paqes. Pyes veten, a ka të bëjë kjo me vonesën e vendosjes së 40,000 trupave në Afganistan, sepse ky ishte deklarimi i tij më i madh e i vazhdueshëm, gjatë javës së fundit apo më shumë. A duhet të vendos më shumë trupa të armatosura ushtarake!?* **Nëse i shtoni forcat një lufte vrastare, ju nuk mund të fitoni".**[143]

Por le të shohim anën tjetër të medaljes hipokrite, kurKomiteti i Çmimit Nobel për Paqe, politikisht përdor dy standarte të turpshme dhe abuzon apo shkel me vetëdije*(sipas preferencave te hapura politike majtiste dhe globaliste)* Vendimin apo testamentin pozitiv, të themeluesit industrialist dhe filantropist Alfred Nobel.

Pasi *ndihmoi për të ndërmjetësuar Paqen, midis Izraelit dhe Emirateve të Bashkuara Arabe (EBA),* **Presidenti Donald J. Trump,** *është nominuar për Çmimin Nobel të Paqes, për vitin 2021.*

Asokohe, nominimi u paraqit nga Christian Tybring-Gjedde, një anëtar i Parlamentit të Norvegjizë, i cili lavdëroi Presidentin Donald J. Trump, për përpjekjet e tij drejt zgjidhjes së konflikteve të zgjatura në mbarë botën, duke theksuar: *"Për meritën e tij, unë mendoj se ai ka bërë më shumë duke u përpjekur për të krijuar paqe midis kombeve, sesa shumica e të nominuarve të tjerë për Çmimin e Paqes,"* **Tybring-Gjedde,** *një anëtar i Parlamentit Europian, dhe kryetar i delegacionit norvegjez në Asamblenë Parlamentare të NATO-s.*

Tybring-Gjedde, në Letrën e Tij të nominimit, drejtuar Komitetit të Nobelit, tha se administrata Trump, ka luajtur një rol kyç, në vendosjen e marrëdhënieve midis Izraelit dhe Emiratet e Bashkuara Arabe. *"Meqë pritet që vendet e tjera të Lindjes së Mesme të ndjekin gjurmët e Emirateve të Bashkuara Arabe, kjo marrëveshje mund të jetë një ndryshim i lojës, që do ta kthejë Lindjen e*

---

[142]Sean Hannity Fox News, 10/12/09
[143]Fox News' Fox & Friends, 10/09/2009

Mesme në një rajon bashkëpunimi dhe prosperiteti", shkroi ai.

Gjithashtu, në letër përmendej edhe *"Roli kryesor i presidentit Trump, në lehtësimin e kontaktit midis palëve në konflikt dhe ... krijimin e dinamikave të reja në konflikte të tjera të zgjatura, si mosmarrëveshja kufitare e Kashmirit midis Indisë dhe Pakistanit, dhe konflikti midis Koresë së Veriut dhe Jugut, si dhe duke u marrë me aftësitë bërthamore të Koresë së Veriut."*

Parlamentari norvegjez Tybring Gjedde,[144] më tej, vlerësoi Presidentin Trump, për tërheqjen e një numri të madh trupash nga Lindja e Mesme. *"Në të vërtetë, Trump ka thyer një seri 39-vjeçare të presidentëve amerikanë, ose duke filluar një luftë ose duke i sjellë Shtetet e Bashkuara në një konflikt të armato- sur ndërkombëtar.Presidenti i fundit, që shmangu t'a bënte këtë ishte laureati i Çmimit të Paqes, Jimmy Carter"*, shkroi ai. (Sikurse del edhe në letër, edhe i verbëri e sheh, se *këtu kemi të bëjmë me një hipokrizi dhe dy standartësi të pastër 100% të Komitetit Nobel për "Paqe", qe i dha këtë çmim, ish Presidentit majtist- demokrat Jimmy Carter, vetëm pse ishte i majtë dhe asgjë më shumë.*)

Ky nuk është nominimi i parë i tillë i Trump, pasi Tybring-Gjedde paraqiti një të tillë së bashku me një zyrtar tjetër norvegjez në vitin 2018, pas Samitit të presidentit të SHBA-së Trump në Singapor, me homologun Presidentin koreno-verior Kim Jong Un. Kryeministri japonez, thuhet se bëri të njëjtën gjë. Trump nuk fitoi.

"Unë nuk jam një mbështetës i madh i Trump. Komisioni, duhet t'i shikojë faktet dhe ta gjykojë atë në bazë të fakteve, jo në mënyrën se si sillet ndonjëherë.

---

[144]Christian Tybring-Gjedde, parlamentar norvegjez dhe Kryetar i Delega- cionit të Norvegjizë në Asamblenë Parlamentare të NATO-s: "Barack Obama fitoi çmimin në vitin 2009, ndërsa refuzoi të takohej me Kim Jong-il dhe, meqë ra fjala, zgjeroi programin amerikan të dronëve. (Ai fitoi për pro- movimin e tij, veçanërisht jo suksesin e tij në arritjen e "bashkëpunimit midis popujve".) Lexoni: Mendimet më të çuditshme për çmimin Nobel të Obamës. E gjithë kjo tregon një nga dy përfundimet: Komiteti Nobel mund t'ua japë çmimin organizatave më të mira si Kryqi i Kuq ose Mjekët pa Kufij (dhe t'i luajë gjërat më të sigurta), ose mund ta mbajë çmimin të mbyllur për një kohë të gjatë, ndërsa, dhe rivlerësoni arsyetimin e tij për një epokë moderne.Unë dyshoj, se ai rivlerësim do të përfundojë, nëse Komiteti është i sinqertë, me pranimin se Paqja, mund të njihet vetëm nga frytet e saj, të cilave u duhen dekada për t'u pjekur, dhe jo nga farat e saj. Të vazhdosh të japësh çmime për farat, është siklet dhe të bëhesh peng i nominimeve të çuditshme, që kërkojnë vëmendje si ai i Presidentit Donald J. Trump. Më mirë ta mbyllni, përpara se trollët ta bëjnë më parë."

Njerëzit, që kanë marrë Çmimin e Paqes në vitet e fundit, kanë bërë shumë më pak se merita e madhe që ka Presidenti Donald J. Trump. Për shembull, Barack Obama nuk bëri asgjë."

Çmimi Nobel për Paqe 2009, iu dha presidentit të atëhershëm Barack Obama, për atë që Komiteti Nobel i quajti gjoja *"përpjekjet e tij të jashtëzakonshme, për të forcuar diplomacinë ndërkombëtare dhe bashkëpunimin midis popujve"*.

Vendimi i marrë, vetëm 9 muaj pas mandatit të parë të Obamës, u prit me kritika në SHBA e gjetkë, duke përfshirë zotin Donald J. Trump, i cili asokohe një qytetar privat. Në arenën ndërkombëtare Lech Walesa, ish-presidenti i Polonisë dhe një laureat i Nobelit në vitin 1983, tha gjithashtu në atë kohë *ishte shumë herët, për t'i dhënë çmimin Obamës*, i cili kishte vetëm 263 ditë pas marrjes së detyrës si president: *"Shumë shpejt. Për momentin, Obama vetëm po bën propozime. Por ndonjëherë Komiteti Nobel e jep çmimin për të inkurajuar veprime të përgjegjshme."*

Edhe Obama u befasua, duke thënë në atë kohë se *ishte i befasuar dhe i përulur* nga vendimi politik i Komitetit të Nobelit. *"Të jem i sinqertë, nuk mendoj se e meritoj të jem në shoqërinë e kaq shumë prej figurave transformuese, që janë nderuar nga ky çmim, burra dhe gra që më kanë frymëzuar dhe frymëzuar mbarë botën, përmes ndjekjes së tyre të guximshme për paqen."*, tha ai

Përveç Obamës, tre presidentë të tjerë demokratë (liberal) të SHBA-së kanë fituar Çmimin Nobel për Paqe: Presidenti republikan Theodore Roosevelt në vitin 1906, për *"negocimin e paqes në luftën ruso-japoneze"*; Presidenti demokrat Woodrow Wilson, në vitin 1920, si: *"Arkitekti kryesor i Lidhjes së Kombeve"*; dhe njëkohsisht Presidenti demokrat më i dobët, në të gjithë historinë e presidentëve amerikanë Jimmy Carter në vitin 2002, gjoja për: *"Përpjekjet e tij të palodhura me dekada, për të gjetur zgjidhje paqësore, për konfliktet ndërkombëtare"*. Ky i fundit në fakt, ishte nominuar për çmimin Nobel të paktën 5 herë të tjera, përpara se ta fitonte atë, sipas librit të *Douglas Brinkley, "Presidenca e Papërfunduar"*.[145]

Përveç kësaj, nën/Presidenti republikan *Charles Dawes (1865-1951)*, ishte një bashkëfitues me anglezin konservator Austen Chamberlain (1863-1937) në vitin 1925, dhe ish-zv/Presidenti *demokrat Albert Arnold (Al) Gore*

---

[145]Ish Presidentit demokrat Jimmy Carter, në ditët tona tëvitit 2023, ia kalon si presidenti më i dobët në të gjithe historinë e presidentëve të SHBA-së, vetëm personi dhe familja më skandaloze dhe supëre korruptuar në botë e Joseph Robert Biden Junior ose sikurse njihet ndryshe e Big Guy zv/Presidentit (2008-2016) dhe sot Joe Biden (2020-).

Jr, ishte një bashkëfitues me *Panelin Ndërqeveritar të OKB-së*, për Ndryshimet Klimatike (2007).

Në një sondazh të USA Today/Gallup të kryer nga 16–19 tetor, *61% e të rriturve amerikanë të anketuar u përgjigjën se mendonin se Obama, nuk e meritonte të fitonte çmimin*, ndërsa 34% u shprehen me po.

Asokohe, *ka pasur një sërë thirrjesh për Obamën, që ose t'a kthejë çmimin ose ta rikthejë atë nga Komiteti i Nobel-it*. Në prill 2013, filloi një Peticion, duke kërkuar nga Komiteti Nobel të anulonte Çmimin e Paqes. *Peticioni, mblodhi 10,000 nënshkrime në ditën e tij të parë dhe gati 20,000 në fund të javës së tij të parë.*

Në vitin 2015, *Geir Lundestad*,[146] *drejtori pa të drejtë vote i Institutit Nobel dhe Sekretar i Komitetit të Nobel-it* në kohën e çmimit, botoi kujtimet e tij, ku ai shkroi: "*Në pamje të pasme, mund të themi se argumenti për t'i dhënë ndihmë Obamës ishte vetëm pjesërisht i saktë. Shumë nga mbështetësit e Obamës besuan se ishte një gabim.*"

Lundestad tha se Obama, ishte befasuar nga çmimi dhe mendoi të mos shkonte në Oslo për t'a pranuar atë. Ai tha gjithashtu në kujtimet e tij se**"Obama, që atëherë kishte dështuar të përmbushte pritshmëritë e Komitetit Nobel."**[147]

Ish-drejtor i Institutit Norvegjez të Nobelit, ka pranuar se, *duke parë*

---

[146]Geir Lundestad (1945), është një historian norvegjez, i cili deri në vitin 2014 shërbeu si drejtor i Institutit Norvegjez Nobel, kur Olav Njølstad mori detyrën. Në këtë cilësi, ai shërbeu edhe si sekretar i Komitetit Norvegjez të Nobelit. Megjithatë, ai nuk është anëtar i Komitetit. I lindur në Sulitjelma, Lundestad studioi histori në Universitetin e Oslos dhe Universitetin e Tromsø, duke u diplomuar në 1970 me një diplomë dhe në vitin 1976 mori doktoraturë. Në vitet 1974-1990, ai mbajti poste të ndryshme si pedagog dhe profesor në Universitetin e Tromsø, para se të fillonte pozicionet e tij në Institutin dhe Komitetin Norvegjez Nobel. Më pas, ai ka qenë i lidhur me Universitetin e Oslos si një profesor ndihmës i Historisë Ndërkombëtare. Lundestad erdhi disa herë në SHBA si studiues, në Universitetin e Harwardit, në vitet 1978-1979 dhe në vitin 1983, dhe në Qendrën Woodrow Wilson në Uashington, DC, në vitet 1988-1989.

[147]Former Nobel secretary says Obama prize was a mistake. Geir Lundestad, the former secretary of the Nobel Peace Prize committee, says President Obama's 2009 prize was a"mistake" and "disappointment." CBSN's Contessa Brewer has the latest.https://www.cbsnews.com/video/former-nobel-secretary-says-obama-prize-was-a-mistake/

prapa(se çfare ka ndodhur), **ai nuk është aq i sigurt, nëse dhënia e çmimit Obamës, ishte gjithashtu një veprim i mirë.**

Në një libër, me reflektime të reja, të titulluar: "**Sekretari i Paqes: 25 vjet me Çmimin Nobel**", **Geir Lundestad,** drejtor pa të drejtë vote i Institutit Nobel deri në vitin 2014, shkruan se ai ka krijuar dyshime rreth vendimit të Komitetit Norvegjez të Nobel-it, për t'i dhënë Obamës Nobel-in.

"Në retrospektivë, mund të themi se argumenti i ndihmës së Obamës ishte vetëm pjesërisht i saktë. U bë e pamundur për Obamën, që të përmbushte pritshmëritë e larta të vendosura mbi të. Shumë nga mbështetësit e Obamës besuan se ishte një gabim. Si e tillë, ai nuk arriti atë që Komiteti kishte shpresuar."

Sipas rrëfimit të Lundestad, Shtëpia e Bardhë madje u përpoq të gjente një mënyrë që Obama të shmangte ceremoninë, megjithëse Komiteti i Nobel-it e paralajmëroi atë se marrësit e çmimit lejoheshin të shmangnin ceremoninë vetëm në rrethana të jashtëzakonshme.

Libri i Lundestad, përmbante gjithashtu një sërë pasazhesh të tjera të diskutueshme, duke përfshirë disa kritika ndaj majtistit ish-Kryetarit të Komitetit Thorbjørn Jagland dhe zbulimin se ish Ministri i Jashtëm i Norvegjisë **Jonas Gahr Store** *ishte përpjekur dhe dështoi të parandalonte, që Komiteti t'i jepte* **Çmimin Nobel për Paqe disidentit anti-komunist kinez Liu Xiaobo,** *në vitin 2010.* Kjo kishte ndodhur nga frika, se ai me këtë vendim, do të tensiononte marrëdhëniet e vendit të tij Norvegjizë me Pekinin. Kjo tregon se ky antarë i Komitetit në fjalë, ishte i kompromentuar me politikën e ditës.

Barack Hysen Obama, mund të jetë *një nga fituesit më të diskutueshëm kohët e fundit të Çmimit Nobel për Paqen*, por ai është larg nga i pari i famshëm, drejtuesi i Pavarësisë shtetit të madh të Indisë **Mohandas Gandhi, i cili çuditërishtnuk e fitoi kurrë Çmimin,** *pavarësisht se u nominua disa herë. Vetë Lundestad më vonë tha se* **"ishtebraktisja më e madhe e Nobel-it".**

Në Norvegji, një sondazh i kryer nga **Synovate** për gazetën Dagbladet, tregoi se 43% e popullsisë norvegjeze besonte se dhënia e çmimit Obama ishte e drejtë, ndërsa **38% besonin se ishte e gabuar,** ndersa 19% nuk kishin asnjë mendim. Sondazhi tregoi një ndarje të madhe midis të rinjve dhe të moshuarve; nga ata mbi 60 vjeç, 58% ishin pro dhe vetëm 31% kundër, kurse ata ndërmjet 18 dhe 29 vjeç, vetëm 25% e miratuan vendimin, **ndërsa 42% nuk e miratuan.**

Torstein Dahle, lideri i partisë ekstreme të majtë Red, e quajti çmimin një skandal, duke përmendur faktin se **Obama, ishte Komandanti i Përgjithshëm i një vendi në luftë në Irak dhe Afganistan.**

Mairead Corrigan **(bashkëfituese e Çmimit Nobel për Paqe në vitin 1976)**[148]shprehu zhgënjimin e saj, duke thënë:*"Dhënia e këtij çmimi për liderin e vendit më të militarizuar në botë, i cili ka marrë familjen njerëzore kundër vullnetit të saj në luftë, do të shihet me të drejtë nga shumë njerëz në mbarë botën si një shpërblim për agresionin dhe dominimin e vendit të tij."*

Stuart Rees, drejtor i Fondacionit të Paqes në Sidnej në Australi, vuri në dyshim çmimin.*"Ndoshta organizata Nobel dëshiron t'i japë atij një shkop magjik. Unë mendoj, se djali është plot me premtime, por nuk mendoj se premtimi*

---

[148]**Mairead Maguire (1944)**, i njohur gjithashtu si Mairead Corrigan Maguire dhe më parë si Mairéad Corrigan, **është një aktiviste paqeje nga Irlanda e Veriut.***Ajo bashkëthemeloi, me Betty Williams dhe Ciaran McKeown, Gratë për Paqe* (Komuniteti për Njerëzit e Paqes), një organizatë për të inkurajuar një zgjidhje paqësore të problemeve në Irlandën e Veriut. Maguire dhe Williams, u nderuan me Çmimin Nobel të Paqes në vitin 1976. *Lëvizja e përbashkët e qytetarëve romakë katolikë dhe protestantë, të përkushtuar për t'i dhënë fund grindjeve sektare në Irlandën e Veriut.* Maguire, që në moshë të re e fitonte jetesën si sekretare, ajo gjithashtu ishte që në rini anëtare e Legjionit të Marisë, një organizatë laike katolike e mirëqenies, dhe përmes saj u përfshi thellësisht në punën sociale vullnetare midis fëmijëve dhe adoleshentëve në të ndryshme Lagjet katolike të Belfast-it. Ajo u nxit për të vepruar kundër dhunës në rritje në Irlandën e Veriut, pasi dëshmoi në gusht të vitit 1976 një incident në të cilin një makinë që drejtohej nga një terrorist i Ushtrisë Republikane Irlandeze (IRA) doli jashtë kontrollit kur njeriu i IRA-s u qëllua nga trupat britanike. Makina goditi dhe vrau tre fëmijët e motrës së Maguire. Williams ishte gjithashtu dëshmitar. Brenda pak ditësh, çdo grua kishte denoncuar publikisht dhunën dhe bëri thirrje për kundërshtim masiv ndaj saj. U organizuan marshime të grave katolike dhe protestante, të numëruara në mijëra, dhe pak më vonë u themelua **Populli i Paqes** bazuar në bindjen se pajtimi i vërtetë dhe parandalimi i dhunës në të ardhmen ishin të mundur, kryesisht përmes integrimit të shkollave, zonave të banuara dhe sportive apo klubeve. Williams u shkëput nga Peace People në 1980, *Maguire mbeti një anëtar aktiv dhe më vonë shërbeu si president nderi i grupit.* Në vitin 2006, Maguire iu bashkua Williams-it dhe fituesve të çmimit Nobel për Paqe, Shirin Ebadi, Jody Williams, Wangari Maathai dhe Rigoberta Menchú për të themeluar Iniciativën e Grave Nobel. Ajo foli kundër luftërave të udhëhequra nga SHBA në Irak (2003-2011) dhe Afganistan (2001-2014).

është realizuar ende veçanërisht në lidhje me Lindjen e Mesme."

Çmimi i fundit Paqes, nxiti reagime të drejta negative.Komentatori konservator **Rush Limbaugh** tha, se: *"Obama mban fjalime, që shkatërrojnë vendin e tij dhe ai merr një çmim për këtë. Komiteti i Nobel-it, sapo kishte bombarduar veten dhe e kishte ulur besueshmërinë e çmimit në çfarëdo çmimi që ata po vendosin në Cracker Jacks këto ditë".*

Asokohe kundërshtarët politikë të Obamës dhe media e pavarur konservatore, kishin shumë të drejtë se Çmimi Nobel për Paqe, u është dhënë disidentëve politikë dhe luftëtarëve të lirisë me histori të gjata të sakrificave të mëdha personale kundër shtypjes brutale.Për krahasim, **rekordi i Obamës, ishte negativ dhe ironik, mbasi SHBA dhe administrate Obama-Biden, ishte e përfshirë në luftra të përgjashme,***me pasoja katastrofike të shoqëruara fatkeqsisht me mijëra viktima ushtarë amerikanë dhe të shteteve apo popujve të sulmuar ushtarakisht.*

Asokohe një opinion në gazetën e majtë **Washington Post**, sugjeroi se *ishte jokushtetuese, që Obama të merrte çmimin Nobel, sepse shkelte Nenin I, Seksioni 9, të Kushtetutës së SHBA-së,i cili i ndalon mbajtësit e posteve të 'shpërblehen' nga një mbret i huaj.*

Fatkeqësisht asokohe edhe pas *Çmimi Nobel për Paqe* **(2009) ish Presidenti Barack Hysen Obama, vazhdoi shumë nga të njëjtat politika të Bushit dhe realisht në fakt ai për 8 vjet (2008-2016) e zgjeroi Luftën në Afganistan (2001-2021), në vend që t'a përfundonte atë. Eshtë ironik, ai momenti propagandistik i turpshëm e i sikletshëm, kur një fitues politik luftënxitës i çmimit Nobel për "Paqe", sulmon dhe bombardon me drone ushtarake, fëmijët, pleqtë dhe plakat e një tjetër popullsie realisht paqësore. Dhe ky stil kaubojsisht, nuk është hera e parë.**

Dhe historia tregon, se *avionët e SHBA-së dhe NATO-s, gjatë kohës së Presidences Obama-Biden,* **bombarduan një spital të operuar nga Mjekët pa Kufij në Afganistan.** *Sulmi, zgjati një orë dhe vazhdoi edhe pasi mjekët i telefonuan furishëm NATO-s dhe Uashingtoni," për t'u treguar atyre se çfarë po bombardonin.*

Sulmuesit, tashmë e dinin mire, se cili ishte objektivi i tyre. Mjekët pa Kufij, kohë më parë, u kishin siguruar atyre koordinatat GPS të objekteve të tyre. Dhe qeveria afgane e instaluar nga SHBA, e cila kishte bastisur të njëjtin spital në korrik të vitit 2009, kishte kërkuar sulmin, duke pretenduar se spitali po përdorej nga kryengritësit.

Sulmi vrau 22 persona, duke përfshirë 12 punonjës mjekësorë dhe 10 paciente. Tre nga pacientët ishin fëmijë.Bombardimi i parë kishte në shënjestër Njësinë e Kujdesit Intensiv, ku një infermiere dëshmitare okulare tha: "Pacientët po digjeshin në shtretërit e tyre". Dhe një kujdestar spitali tha se ai mund të dëgjonte gratë dhe fëmijët, duke bërtitur për ndihmë brenda spitalit, ndërsa ai ishte djegur nga bombardimi.

Mjekët pa Kufij, fituan çmimin Nobel për Paqe, në vitin 1999. **Presidenti Obama, u nderua me çmimin në vitin 2009. Si Komandant i Përgjithshëm i Ushtrisë Amerikane, që bombardoi Spitalin e Mjekëve pa Kufij, kjo e bën Obamën ndoshta fituesin e parë të çmimit Nobel për Paqe, që bombardonte një tjetër Nobel Fitues i Çmimit të Paqes.**[149][150]

"**Alfred Nobel**, *tha se çmimi duhet* **t'u jepet atyre që punuan për çarmatimin**. *BE-ja (Fituse e Cmimit Nobel per Paqe (2012) dhe SHBA (Obama, 2009) nuk e bën këtë. Ato janë sot një nga prodhuesit më të mëdhenj të armëve në botë."* *tha* **Elsa-Britt Enger,** *një përfaqësuese e* **Grandmothers for Peace**. **(Reuters)**

CPUSA dhe antarët komunistë shqiptarë të peshkopit të kuq Nolit, bëjnë thirrje të votohet kandidati komunist për president Henry A. Wallace

Partia Komuniste e Shteteve të Bashkuara të Amerikës (CPUSA), ishte partia politike e krahut të majtë amerikanë, e cila veproi në vitet **1919-1950**. Anëtarësia e saj arriti kulmin në 85,000 antarë në vitin 1942, pikërisht kur Amerika hyri në Luftën e Dytë Botërore, **CPUSA,** ishte mbledhur me entuziazëm, në favor të një përpjekjeje luftarake sovjeto-amerikane, kundër Gjermanisë naziste.

Në vitin 1919, të frymëzuara nga Revolucioni i Tetorit të Rusisë (1917), dy parti komuniste të SHBA-së dolën nga krahu i majtë i Partisë Socialiste të Amerikës (SPA): Partia Komuniste e Amerikës (CPA), e përbërë nga federatat e gjuhëve të huaja të SPA dhe e udhëhequr nga Federata Ruse e madhe dhe me ndikim, dhe Partia e Punës Komuniste e Amerikës (CLP), grupi kryesisht në gjuhën angleze.

Fillimisht ajo operoi në fshehtësi (ilegalitet), për shkak të Bastisjeve të Palmerit, që filluan gjatë Frikës së Parë të Kuq, partia ishte me ndikim në

---

[149]Henry Kissinger, u nderua me Çmimin Nobel për Paqen në vitin 1973 dhe ai organizoi bombardimet sekrete të Kamboxhias dhe Laosit për Presidentin Nixon rreth asaj kohe. Menjëherë pas kësaj, doli në dritë se në atë fushatë, spitalet ishin në shënjestër rutinë për bombardime. (The Nation)
[150]**Kryqi i Kuq, tashmë kishte marrë tre Çmime Nobel për Paqen.**

politikën amerikane, në gjysmën e parë të shekullit XX dhe gjithashtu luajti një rol të spikatur në historinë e lëvizjes punëtore në vitet 1920-1940, duke luajtur një rol kyç në themelimin e Kongresit të Organizatave Industriale.

Ata u krijuan ligjërisht, por shpejt u detyruan të fshiheshin në ilegalitet. Megjithëse dy partitë u grindën mes vete dhe fraksionet e ndryshme u shkëputën, për të krijuar grupe komuniste konkuruese. Asokohe Internacionalja Komuniste Botërore, nxiti bashkimin e këtyre organizatave amerikane.

Gjatë viteve 1920, krahu i sindikatave të CPUSA, Lidhja Arsimore e Sindikatave, promovoi sindikalizmin industrial përballë Federatës Amerikane të Punës (AFL), të orientuar nga sindikatat e zejeve.

Në vitin 1922, PKSH u bashkua me Partinë Komuniste të Bashkuar (e cila ishte themeluar kur CLP iu bashkua një fraksioni separatist të CPA), për të krijuar Partinë e Punëtorëve të Amerikës (WPA) ligjore dhe mbitokësore, pa patur nevoj të hyj në ilegalitet.

Kur Punëtorët e Bashkuar të Amerikës, një grup që adoptoi të njëjtat taktika si WPA, u bashkua me organizatën e fundit, partia e quajti veten Partia e Punëtorëve (Komuniste), duke u vendosur më në fund me emrin Partia Komuniste e SHBA-së në vitin 1929.

Kur ajo strategji rezultoi e pasuksesshme, **CPUSA me urdhër direkt nga Moska e transformoi Lidhjen Arsimore të Sindikatave në Lidhjen e Unitetit të Sindikatave në vitin 1929,***e cila iu kushtua organizimit të punëtorëve kryesisht të pakualifikuar të emigrantëve, afrikano-amerikanëve dhe femrave në sindikata industriale.*

Megjithëse Lidhja e Unitetit të Sindikatave, nuk ishte pothuajse aq e suksesshme sa AFL,. Ajo siguroi një terren trajnimi për organizatorët e CPUSA, kur ata u aktivizuan në sindikatat e Kongresit të Organizatave Industriale (CIO).

Gjatë viteve të Depresionit të Madh (1929-1930), CPUSA u shfaq si militantë të përkushtuar, brenda lëvizjes së të papunëve. Më vonë në vitet 1930, me rreth 65,000 anëtarë dhe liberalizmin e New Deal, që përfshiu vendin, CPUSA u bë me ndikim, në shumë aspekte të jetës këtu.

Asokohe anëtarët e CPUSA u bënë udhëheqës kombëtarë, rajonalë dhe të komunitetit në organizatat liberale, kulturore dhe studentore. Përveç kësaj, për shkak të roleve të tyre si organizatorë të sindikatave industrial, gjatë mesit dhe fundit të viteve 1930, ata u bënë një forcë kryesore në disa sindikata të rëndësishme CIO nga fillimi i viteve 1940. **Qyteti i New York-u fatkeqsisht, u bë një bastion i mbështetjes së partisë ku ko-**

munistët angazhoheshin aktivisht në betejat për strehimin, ku kandidatët e CPUSA u zgjodhën në këshillin e qytetit.

Pas Luftës së Dytë Botërore, me fillimin e Luftës së Ftohtë dhe rritjen e ndjenjave anti-sovjetike, CPUSA u sulmua gjithnjë e më shumë. E privuar nga ndikimi i rëndësishëm në lëvizjen punëtore kur CIO dëboi 11 sindikata të udhëhequra nga CPUSA në vitet 1949-1950, ajo pësoi humbje shtesë të pushtetit në shumë organizata të majta-liberale, kur iu nënshtrua **Mc-Carthyism** në fillim të viteve 1950.

Në vitin 1956, mbështetja për pushtimin sovjetik të Hungarisë dhe *zbulimi i krimeve të Jozef Stalinit* në **fjalimin e fshehtë** të **Nikita Hrushovit(1894-1971)**, në Kongresin XX të Partisë Sovjetike, çoi në dezertime masive nga CPUSA.

Edhe pse komunistët mbajtën poste drejtuese në disa organizata kundër Luftës së Vietnamit gjatë viteve 1960-1970, ata ushtruan pak ndikim në lëvizjen punëtore të SHBA-së.

Kundërshtimi i saj ndaj Planit Marshall dhe Doktrinës Truman, dështoi të fitonte tërheqje dhe kandidati i tij i miratuar **Henry A. Wallace i Partisë Progresive** *nuk performoi keq në zgjedhjet presidenciale të vitit 1948.*

Shqiptaro-amerikanët bolshevikë dhe leninistë nolistë, fatkeqsisht asokohe të drejtuar nga lideri i tyre komunist internacional imzot Theofan Stilian Noli e mbështetën fuqishëm këtë kandidaturën komuniste, i cili vijonte papushim të jetonte me adhurimin për bolshevikët dhe leninistët e krahut ekstrem të majtë dhe me regjimin komunist të diktatorit otomano-arab Enver Hoxha, e mbështën njëzëri kabdidaturën komuniste me influencë ruse.

Për këtë mbeshtetje politike të kandidatit komunist **Henry A. Wallace**, vetë **Noli me Shoqatën Panshqiptare Private** (sepse e kontrollonte peshkopi i kuq leninist, sikur të ishte beu i tyre) **"Vatra" (1912) dhevetë gazeta e tij propagandistike prokomuniste shqipshkruese "Dielli" (1909) dhe "Liria"**(*e cila u botua po në Boston*), **do të bënin artikuj të gjatë kilometrik me lëvdata pshtiruese... dhe thirrje histerike të hapur, që shqiptaro-amerikanët shumica e të cilëve ishin analfabetë** (sepse vinin nga zonat më të humbura të Shqipërisë së Jugut, krysisht nga provincat apo katundet e Korcës), **që të votojnë të gjithë për kandidatin komunistHenry A. Wallacepër president të SHBA-së, i cili fatmirësisht deshtoi, sepse nuk gjeti mbeshtetjen e madhe të popullit të zgjuar, largpamës dhe anti-komunistë amerikanë.**

Pas ngordhjes së diktatorit fashist J. V. Stalinit (1956), vetë Sekretari i

Parë i Komitetit Qendror të Bashkimit Sovjetik **Nikita Hrushovi dhe partia e tij shpërtheu kundër Stalin, duke e dënuar publikisht diktatorin,** ku anëtarësimi i komunistëve amerikane zbriti në disa mijëra ishin gjithnjë e më shumë të tjetërsuar nga pjesa tjetër e së majtës amerikane për mbështetjen e tyre ndaj Bashkimit Sovjetik.

Historikisht, dihet se CPUSA mori fonde të konsiderueshme nga Bashkimi Sovjetik dhe krijoi pozicionet e saj publike në përputhje me ato të Moskës. Nga ana e tjetër,CPUSA përdori gjithashtu një aparat të fshehtë **Spiunazhi**, për të ndihmuar sovjetikët me aktivitetet e tyre të inteligjencës në Amerikë dhe përdori një rrjet organizatash, për të formuar opinionin publik. *Ato kundërshtuan Glasnostin dhe Perestrojkën në Bashkimin Sovjetik dhe si rezultat financimi i madh nga Partia Komuniste e Bashkimit Sovjetik u ndepre dhe përfundoi në vitin 1991.*

BILIONERI ELON MUSK EKSPOZON SHKAKTARËT DHE ZJARRVËNËSIT E LUFTËS GJAKDERDHËSE MES VËLLEZËRVE KUFITARË SLLAVO-ORTODOKSVE RUSI-UKRAINË

(*Biden, NATO dhe Europa të korruptuara, nuk duan Paqen, por Luftën lokale dhe botëroredhe derdhjen e gjakut të pafajshëm të popujve historikisht vëllezër në kufi*)

> *"Paqja Ukrainë-Rusi: Ribëni zgjedhjet e rajoneve të aneksuara nën mbikëqyrjen e OKB-së. Rusia largohet, nëse ky është vullneti i popullit. Krimea, zyrtarisht pjesë e Rusisë, siç ka qenë, që nga viti 1783 (deri në gabimin e Hrushovit). Furnizimi me ujë në Krime, është i siguruar. Ukraina, të mbetet neutrale... Ky ka shumë të ngjarë të jetë rezultati në fund, vetëm një pyetje se sa njerëz vdesin para kësaj. Gjithashtu, vlen të përmendet se një rezultat i mundshëm, megjithëse i pamundur, nga ky konflikt është lufta bërthamore. Vdekja nga të dyja palët, do të jetë shkatërruese. Rusia, ka më shumë se 3 herë popullsinë e Ukrainës, kështu që fitorja për Ukrainën nuk ka gjasa në luftë totale. Nëse kujdeseni për popullin e Ukrainës, kërkoni Paqen." - **Elon Musk**, CEO Tesla Inc and SpaceX.*

Duke parë me kujdes lajmet dhe lexuar vazhdimisht disa gazeta kryesore ditore botërore dhe amerikane online, **pash si drita e diellit, mashtrimin propagandistik klasik non stop të zëdhënsve të Deep State, Cabala, Fake News, Big Tech, Big Media etj.,** kur shkruajnë dhe komentojnë direkt në Tv, se*multibioneri Elon Musk, po deshton, për të kërkuar Paqen, sepse askush nuk është me planin e tij për Paqe!!!*

Pra, media botërore manipulative globaliste, falë hipokrizisë tradicionale, sot vazhdimisht po del *hapur kundër Paqes dhe Bilionerit Paqësor Musk, vetëm për inatin dhe urretjen patetike të vazhdueshme, që këto njerëz destruktiv dhe vrasës, me pushtet politikë si globalistë luftënxitës, kanë pasur dhe kanë ende sot me popullin e lashte të Rusisë dhe rusifobinë, Presidentin Putin dhe putinofobinë me shtetin më të madh dhe fuqishëm me arm*ë *bërthamore në botë.*

E vërteta e boss-it të Twitter-it Elon Musk

Ky kaosshkatërrimtar, është për të krijuar me ndërgjegje dhe pava kamerave botërore televizive situatën e re gjeopolitike ndërkombëtare, të pëpiluaruar arfificialisht nga zyrat e larta të të papërgjegjshmit politikanë në disa shtete të zhvilluara ekonomikisht, por jo mendërisht të Europës së majtë globaliste dhe SHBA-së komuniste të të papërgjegjshmit dhe të paaftit mendërisht dhe fizikisht, ultra majtis dhe kontraversal Joe Biden, nuk kishte se si të ndodhte ndryshe.

Bisnesmeni inteligjent Musk, me ose pa dashje *ekspozoi para botës, se kush janë shkaktarët e vërtetë të luftës, të cilët papushim po vazhdojnë t'i hedhin armatime dhe bensinë ($$$) zjarrit të panevojshëm të luftës, për t'a mbajtur atë të ndezur me çdo çmim dhe kusht.*

Qëllimi i tyre final dhe kriminal, është rritja e fitimit të parave (dollarë dhe euro) të pista dhe gjakosja e vazhdueshme e popujve, nga shitja e armatimeve shkatërrimtare shtetëve kukulla të tyre të preferuara, në luftrat e ndryshme të përgjakshme.

Republikanët në Kongresin Amerikanë, thanë (**premtuan**) se kur ato të rimarrin drejtimin e pushtetit legjislativ (*Kongresin Amerikan ose sikurse njihet ndryshe Dhoma e Përfaqsuesve të Popullit Amerikan*), menjëherë **do të ndërpresin rubinetin e qylit të burimeve financiare për Ukrainën**, në një kohë që vendi ynë po përjeton ditëtmë të errëta nga katastrofa ekonomike, biseneset dhe falimentimin financiarë, ku e plandosi idiotësia e politikës së mbrapshtë të regjimit të papërgjegjshëm Joe**Biden, i cili si gjel sërisht tha me zë të lartë para mediave komuniste globaliste, se do të vazhdoj të financojë luftën** *në atë vend sllav, që historikisht dhe logjikisht s'ka pasur dhe s'ka asnjë lidhje me popullin taksapagues amerikanë.*

Atyre u djeg e vërteta, mbasi **Elon Musk** nuk është në një linjë absurde me ato dhe se efekti propagandistik i tyre për shpërlarjen e vatrave të trurit të tij, nuk ka ndikuar në trudhosjen e ndërgjegjes mbi të vërtetën historike dhe realitetin objektiv sot të tij.

Sipas mesazhit të tyre luftënxitës dhe logjikës anti-njerëzore dhe anti-humane, del se krerët Deep State, Klubit 300, Cabala-sit të çmendur të botës, që fatkeqsisht dhe aksidentalisht kanë në dorë fatet e brishta të njerëzimit (e ndodhur nën gjumin letargjik si pasojë e propagandës), sot janë për luftë, gjak, shkatërrim, dhe deri në përdorimin e mundshëm të armëve bërthamore të shkatërrimit në masë dhe Jo për ndalimin e luftimeve dhe vendosjen e menjëhershme tëdialogut dhe vendosjen e Paqes mes shtetëve sllave orthodokse në konflikt.

Ato duke abuzuar me pushtetin pakufi që zotërojnë gabimisht sot, vazhdimisht po derdhin biliona dollarë, mercenarë ndërkombëtarë, fryjnë zjarrit të luftimeve dhe po përdorin armatimet nga më modernet, që ky gjak mes popujve vëllezër sllavo-orthodoks të rrjedh papushim si lum i gjatë, para syve të televizorëve të botës.

Kjo lojë horror si një film real, me kufoma dhe shkatërrime totale, po bëhet e shihet ne TV hapur nga skenaristë dhe producentët antikapë (*të çmendur*), gjë e cila për fat të keq po i kushton sot shumë shtrenjtë ekonomisë botërore dhe aktorëve real të Bashkimit Globalist Majtis Europian, regjimit socialkomunist të papërgjegjshëm Biden në SHBA etj. Ato vazhdimisht po shukojnë me veprimet e tyre të çmendura, pjesën tjetër të botës, vendeve të pavarura dhe pa angazhuara paqësore.

I pavetëdijmi e i paafti mendërisht dhe fizikisht Biden dhe Europa e kontrolluar nga forcat e majta regressive socialkomuniste globaliste, sikurse po shihet kjartë çdo ditë, duan që e gjithë bota të futet në luftë me Federatën Ruse, *duke përdorur në terren* (apo më saktë në frontin e përgjakshëm të luftës) *edhe ish armikun më të madh të njerëzimit Neo-Nazistët e ditëve tona të Batalionit Azov dhe Supremacistët e Bardhë, që luajnë rolin kryesor të luftës në Ukrainë,* të cilët historikisht dihet se janë pasardhës apo vijim i drejtpërdrejtë i ideologjisë dhe doktrinës së nazistëve të kryenazistit kriminel **Adolf Hitler (1889-?)**, gjatë periudhës së errët dhe të përgjakshme të Luftës së Dytë Botërore (**WWII**).

Është i habitshëm fakti i ditëve tona, se si shteti i Izraelit, që dikur thuhej me të madhe se ishte viktimë e nazizmit, gjatë periudhës së errët të *Luftës së Dytë Botërore 1939-1945*, sot hesht për këtë luftë, që po përballohet në Ukrainë nga **Batalioni Neo-Nazi Azov dhe Supremacistët e Bardhë**, që kanë pushtet të madh në vend, edhe pse formalisht president i vendit është një ebrej dhe aktor ekzotik komik, antarët e familjes së të cilit janë vrarë mizorisht nga nazistët ukrainas të **Stepan Banderës (1909-1959)**, *sot Hero Kombëtar* (2010) i vendit dhe një ndër figurat më popullore dhe më të dashura në vend.

Shteti i Izraelit (1948) e ftoi të përshëndes online presidentin ukrainas, të flas para të gjithë ligjvenësve të dhomës parlamentare izraelite. *Ky president ebrej-ukrainas, në fjalimin e tij të gjatë, për habinë e të gjithë izraelitëve dhe botës, që e pa atë Live në TV, nuk foli asnjë fjalë për pushtetin absolut ushtarak, që kanë sot neo-nazistët banderas në Ukrainë, ku ky është President i vendit dhe i atyre (neo-nazi)!?*

Historia, si nanë e pagabueshmena kujton, se **gjatë periudhës së Luftës së Dytë Botërore në Ukrainë kishte mbi 85.000 antarë të trupave speciale SS apo nazistë dhe supremacistë të bardhë ukrainas besnik të kryenazistit Adolf Hitlerit,** *të cilët kanë vrarë me Genocide mbi 35.000 ebrej ukrainas brenda një jave, sikurse se edhe mijëra rusë, polakë, hungarezë, gjeorgjian etj.*

Gjithashtu si rikujtesë e mos-harresës, është mirë të theksohet, se faqet e errëta të histories së njerëzimit, gjatë periudhës barbare të Luftës së DytëBotëroretë Përgjakshme, janë vrarë mizorisht nga nazistët gjermanë mbi 27.000,000 rusë ose 17% e popullsisë së vendit (fëmijë, gra, burra, pleq, plaka dhe të rinj), *duke e radhit këtë shtet në vendin e parë në botë, për humbje njerëzore ose e thënë ndryshe, kjo shifër e lartë e vrasjeve përbën gjysmën e popullsisë të vrarë në të gjithë botën nga Gjermania Naziste e Adolf Hitlerit.*

Kjo politikë e luftës, është pikëpërpikë konform Planit të Klubit 300 apo Cabala, Deep State, Big Tech, Big Media etj., që duan reduktimin e popullisë së botës në një formë a tjetër, sikurse bënë deri më sot edhe me Plandeminë e virusit kinez…

Sipas logjikës së tyre të turpshme, del se meqenëse në këtë rast, në luftë është armiku i tyre i përjetshëm Rusia, ato *me propagandë non stop rusofobie, po nxisin shtetet europiane dhe administën e papërgjeshme dhe deshtake të Joe Biden, që të japin vazhdimisht billiona dollarë për armatime, mercenarë, specialist të logjikës ndërkombëtare ushtarake me financime astronomike, për mbajtje ndezur luftën Rusi-Ukrainë.*

E thënë ndryshe, kjo luftë duket kjartë se është midis Federatës Ruse dhe SHBA (NATO, Europë), mbasi **Ukraina, sikurse e shohin të gjithë është thjeshtë pretekst dhe një viktimë e radhës së kësaj katastrofe** në shumë aspekte, mbasi *lufta po bëhet në tokën sllave dhe jo të shtetëve të tjera luftënxitëse europane apo SHBA-së.*

Kështu administrata e Joe Biden, përmes Kongresit dhe Senatit Amerikanë, të kontrolluar nga demokratët deshtak (2020-2022), pa dëshirën e popullit amerikanë deri tani kanë dhuruar për vazhdimin e luftës në Ukrainë mbi 150.000.000.000, në një kohë që ekonomia dhe gjithçka tjetër në SHBA po shkojnë drejt greminës…

Mjafon vetëm kaq, për të kuptuar mbarë njerëzimi, se shpëlarja e turpshme e trurit ndërkombëtar nga mediat dhe Big Tch etj., po bëhet e hapur dhe e paraprogramuar, në emër të "demokracisë" komuniste globaliste.

Porosia e sinqertë e multibionerit të famshëm ndërkombëtarë Elon *Musk,* **është një thirrje-dhimbjeje e brendshme e miliarda njerëzve kudo në botë.**

Pikërisht, kjo nismë paqësore nuk u pelqen atyre, sepse Elon Musk ka dalë nga rreshti i propagandës rusofobie dhe po bën lojën e pavarur të djalit planprishës. Për tupin e tyre Cabala, Deep State, Klubi 300 etj., sot janë mbështetur tek slogani apo thënia e vjetër vrastare, se: *"Paqja na shkatërron, kurse lufta nga ripërtërinë"*.

Si mund të vendoset Paqja mes dy popujve vëllezër sllavë Rusisë dhe Ukrainës!?

1. **Paqja Ukrainë-Rusi,** mund të vendoset menjëherë nga diplomatët dhe politikanët ndërkombëtarë të karrierës, nëse ata e kanë vullnetin e mirë dhe të sinçertë për dialog.

Por në realitet, *faktet dhe zhvillimi i ngjarjeve me rrezikshmëri të lartë, për degradimin në një Luftë të Tretë Botërore,* janë shumë më afër realitetit, se sa dialogu, paqja dhe prosperiteti.

Ndoshta, një ditë në mengjez, drekë, mbasdite ose në mbremje kur të gjithë të jenë në gjymë ose zgjuar në shtpi apo gjetkë, ne nuk do t'a shohim më njeri-tjetrin, familjen, gruan, fëmijët, motrat, vëllezërit, nënën apo babanë, miqtë dhe shokët tanë, në shtëpi, lagje, rrugë, qytet, aeroplan, traget, tren, autobus, në makinë, stadium, spital, shkollë, kinema, teatër, kompiutër, telefon, Tv, etj. dhe bashkë me ne, do të kaloi në botën tjetër (amshim) edhe autori apo bashkautorët e kësaj katastrofe biologjike apo nukleare të përmasave të shkatërrimit botërorë të njerëzimit dhe të mirave materiale. Dhe fitues nuk do të jetë askush, në këtë planet, që më së shumti drejtohet nga anormalët.!!!

Kjo për faktin, sepse mediat e majta globaliste, duan vetëm luftë dhe gjak të pafajshëm të derdhet kudo, sikurse sot mes dy popujve të pafajshëm kufitarë.

Ata nuk duan Paqen e sugjeruar nga njerëzit e famshëm pozitiv dhe apolitikë në botë, mbasi ajo i vë ato në pozitë të vështirë, dhe i zbulon shpirtin e ngushtë policor dhe gjaksor, sepse qëllimi i tyre është largimi me çdo mjet dhe kusht i Presidentit të Federatës Ruse Vladimir Putinit nga arena politike dhe pushteti në Kremlin, gjë që nuk ka shanse për të ndodhur kurrë. Ajo është një ëndërr në beze pa vlerë dhe iluzion i humbur… fatmirësisht prej kohësh.

2. Duke parë zvarritjen e qëllimshme të regjimit të papërgjeshëm luftënxitës të Joe Biden, NATO dhe Europës lavire, **Elon Musk,** *porositë apo sugjeron për vendosjen e Paqes, vetëm përmes rrugës së dialogut,* duke ofruar

alternative të sakta dhe korrekte, ndonesë ai nuk është politikan: Ai shton, se: **"Duhen ribërë zgjedhjet e rajoneve të aneksuara nga Rusia, përmes referendumeve popullore, nën mbikëqyrjen e OKB-së."**

3. **Elon Musk,** me të drejtë, shkruan se populli i Krimesë dhe 4 (katër) republikave, *duhet të ribëjnë edhe një herë Referendum,* nën vëzhgimin serioz të OKB-së, që e ka për detyrë vendosjen e paqes kudo në botë, ashtu sikurse edhe mes shtetëve kufitare sllave të Rusisë dhe Ukrainës.

Por fakeqsisht OKB-ja, është kthyer prej kohësh në një organizatë burokratike e tejpolitizuar (*kujtojmë faktin, se OKB-ja nuk ka pranuar deri më sot të hetohet origjina e virusit kinez Covid-19 më Kinë* (në vitet 2020-2022), *sepse nuk do që t'i bie ndesh shtetit komunist, që sot është bërë donatorja më e madhe e saj* (pas SHBA-së së Bidenit)*, sikurse faktit tjetër se Kombet e Bashkuara mbështesin kompanitë e fuqishme farmaceutike të prodhimit të vaksinës së deshtuar, kundër virusit kinez…*) nga Deep State, Cabala, Big Tech, Big Media, nuk po e kryen deri tani këtë mision fisnik, për të cilën është formuar, sepse sikurse dihet nga të gjithë ajo tesh 3 vjet është kthyer në një organizatë politike globaliste, që *kontrollohet fatkeqsisht nga i paafti deshtak Joe Biden dhe forcat regresive e majta globaliste luftënxitëse.*

Faqja e Elon Musk në Twitter, sot për sot është më e frekunetuar dhe mbushur me komente pozitive dhe negative. Aty vende të ndryshëm të botës, shohin vizionin paqësor të multibionerit, se sa të politikanit apo politikanëve të korruptuar, kjoshin këto amerikanë, me në krye pensionistin e lodhur Joe Biden në krye, ashtu edhe ato burokratëve të tjerë të korruptuar europiano-globaliste dhe ato botërorë bythlëpirës.

Futuristi Musk, shton i sigurtë, se nëse dalin negative rezultatet e Referendumeve të reja për Rusinë, atëherë thotë ai: **"Rusia largohet, nëse ky është vullneti i popullit."**

4. Të gjithë historianët dhe akademikët e universiteteve të botës e dine, se Krimea ndër shekuj ka qenë territor i lashtë etnik me popullsi etnike tradicionalisht ruse.

Ata nuk duan t'a pranojnë të vërtetën, kur ajo buron apo del nga goja e multibionerit Elon Musk dhe se ai fatmirësisht është në këtë rast në anën e Rusisë dhe historisë reale botërore.

Duke e parë me shumë kujdes këtë ngjarje, shohim se kjo po ndodh sot fatkeqsisht, për hir të urretjes së madhe dhe të turpshme të akumuar prej dekadash, që rusofobët, kanë pasur dhe kanë ende sot si të verbuar, kundër supërfuqisë popujve të Federatës Ruse.

Multibilioneri bashkëkohor amerikan, përmes cicërimës së tij në

Twitter, u rikujton propaganduesve mashtruese si: Fake News, Cabala, Deep State, Big Tech, Big Media etj., të ndalojnë propagandën e trushpërlarjes masive mediatike dhe fabrikimeve të turpshme, *duke lënë për të kuptuar mes rreshtave, se boll gënjyet botën, duke thënë se Krimea është territor ukrainas.*

Elon Musk, ekspozoi para botës hipokrizinë e deshtakut të superkorruptuar Biden

Futuristi Elon, fatmirësisht ekspozoi malin e madh me gënjeshtra të njëpasnjëshme non stop 24/7 luftënxitëse të NATO-s dhe Europës (kurvë të motit), sikurse ka thënë *poeti brilant kombëtar At Gjergj Fishta O.F.M.* Multibioneri amerikanë ekspozoi edhe një herë hapur propagandën gjakderdhëse pa kuptim, të Presidentit erotiko-komik-nudisttë Ukrainës Vladimir Zelenskyy etj.

Dje para botës mediatike dhe rrjetet sociale, bisnesmeni me reputacion ndërkombëtarë Elon Musk, u vu përballë hipokrizisë, për vijimin e luftës vrastare, me paratë (**$$$ dhe Euro**) pa dhimbje dhënë Ukrainës nga administrata Biden e programuar mbrapsht nga Cabala dhe Deep State.

Propozimi i Musk, nëse shikohet me kujdes, ishte për të kërkuar një zgjidhje të negociuar, për misionin çlirimtar të Rusisë, **kundër Neo-Nazi të Batalionit Azov dhe Supremacistëve të Bardhë,** de-militarizmit të vendit, duke ribërë edhe një herë Referendumet demokratike në 4 krahinat apo republikat në Donbas dhe Krime.

Por, **BE dhe Biden, nuk e duan këtë akt demokratik të sanksionuar në kartat ndërkombëtare dhe OKB-së**, sepse e dijnë fundin e turpshëm të tyre, mbasi në këtë mënyrë ekspozohen planet e tyre edhe me keq, para syve kritikë botës.

Billioneri Elon Musk, përdori forcën e madhe të komunikimit të drejtpërdrejtë me fansat e tij dhe të gjithë botën në Twitter-it, *për të propozuar një plan real paqe, të negociuar midis Ukrainës dhe Rusisë.*

Me një sondazh opinioni miliarderi Musk, u kërkon përdoruesve të Twitter të vlerësojnë një plan mirëkuptimi, për t'i dhënë fund luftës në Ukrainë, e cila fatmirësisht ka ngjallur një stuhi masive vlerësimesh shumë pozitive.

Propozimi i drejtë i Paqes, i paraqitur nga sipërmarrësi i **Tesla Inc dhe SpaceX**,përfshin zgjedhjet e mbikëqyrura nga Kombet e Bashkuara, në katër rajonet ukrainase, të shpallur të pavarur me Referendume dhe aneksuar me të drejtë, *pas rezultateve* **PRO** *nga Rusia.*

Nga burimet historike dhe enciklopeditë botërore në shumë gjuhë të botës del se historikisht popullsia etnike ruse në Krime, është një territor i pastër etnik rus, por që komunisti bolsheviko-muzhik Nikita Hrushovi ia dhuroi Ukrainës në mënyrë absurde.

Krimea, pas vitit 2014 iu ribashkua shtetit amë Rusisë, me vullnet të lirë, pas **Referendumit Pro ribashimit në msën 98.7%**. Ajo është pikës-trategjikisht e rëndësishme, për daljen e saj në Detin e Zi.

Njohja me të vërtetën reale të Elon Musk
mbi Rusinë dhe Ukrainën

Bilioneri Elon Musk, në fillim duke mos kuptuar sa duhet historinë reale mes dy shteteve, ka treguar më parë njëanshmëri dhe paragjykim në shej solidariteti me Ukrainën dhe u ka ofruar atyre përmes kompanisë së tij pajisje **SpaceX**, për shërbimin e saj të internetit **Starlink**, në mënyrë që vendi të ruajë aksesin online në pjesën tjetër të botës.

Tani, që Musk i mirëinformuar po thotë të vertetën e i janë hapur sytë dhe ndiçuar mendja nga faktet dhe provat historike, sot ukrainasit i shohin propozimet e tij si një trathti të mbështetjes së tij të mëparshme.

Presidenti i Ukrainës Vladimir Zelenskyy, u përgjigj duke nisur një sondazh në Twitter dhe akuzuar Elon Musk, se po kundërshtonte veten. Për hir të së vërtetës, duhet thënë se në fakt bilioneri i suksesshëm *Musk po refektonte me cicërimat e tij, duke e shikuar historikisht ndryshe origjinën e luftës ruso-ukrainase.*

Këto mesazhe reale, në rrjetin e tij social Twitter, ishin një shuplakë për aktorët e hapur dhe fshehur luftënxitës, që duan që kjo luftë e pa kup-timtë dhe e përgjakshme të zgjasë papushim, pavarësisht se në front der-dhet gjaku i pafajshëm i mijëra të rinjve dhe popujve në të dy anët e kufirit sllavo-orthodox.

Nëse e shan Rusinë, nuk ka rëndësi
se çfarë fjalori rrugësh duhet të përdorësh

Nëse ambasadori rus apo ndonjë diplomat tjetër, do të ishte shprehur me këtë gjuhë dhe kulturë vulgare të re majtiste diplomatike globaliste, sikurse bëri **Andrij Melnyk**, ambasadori i Ukrainës në Gjermani, ndaj të vërtetave reale dhe djegëse të Elon Musk ai dhe të gjithë si ai do të ishin objekt i kritikave, fyerjeve banale marramendëse mediatike nga kompanitë e mashtrimit masiv non stop 24/7 si: Big Tech dhe Big Media dhe atyre Fake Neës në SHBA dhe Europë. Por jo, ata heshtën, sepse **ai shau në mënyrë banale Rusinë**.

Andrij Melnyk nga Gjermania (dikur aktor aktiv kryersor i nazizmit, gjatë periudhës së errët të Luftës së Dytë Botërore, asokohe kundër shtetëve ruse), shkroi cicërimen e tij të zakonshme në Twitter: *"F-off, është përgjigja ime shumë diplomatike, për ju @elonmusk."*

Musk, iu përgjigj Zelenskyy në një postim publik në Twitter, duke thënë se ai ende mbështet Ukrainën, por **i frikësohej pasojave të përshkallëzimit të luftës.**

Elon, më pas dërgoi një postim të tretë në Twitter, duke argumentuar se Rusia do të hynte në "**mobilizim të plotë të luftës**", *në krahasim me mobilizimin e pjesshëm të shpallur më 21 shtator 2022, nëse Krimea ishte në rrezik.*

Twittet e miliarderit, fituan vlerësimin e Moskës dhe aleatëve të saj kudo në botë. Kremlini, tha se ishte një **hap pozitiv,** që Musk po përshkruante një marrëveshje të mundshme paqeje.

Zëdhënësi Dmitry Peskov, u tha gjithashtu gazetarëve, në një telefonatë konferencë se: "**Moska, ka qenë gjithmonë e hapur, për një fund të negociuar të konfliktit."**

Ish Presidenti rus Dmitry Medvedev tha se Musk "**ja bëri mirë**"dhe se ai ishte "**i denjë për t'u vlerësuar me gradën e re të oficerit**".

BLACK LIVES MATTER ISHTE DHE MBETET GËNJESHTRA
MË E MADHE E SHITUR NDONJËHERË
PARA PUBLIKUT AMERIKAN

"Më shndërruan në armikun numër një publik, sepse fola me sak-
tësi për George Floyd, jo në cilësinë e heroit, por në cilësinë e një
personi, që ishte i varur nga droga dhe që kishte mjaftueshëm fen-
tanil në sistemin e tij, për të vrarë një kalë në kohën kur ai vdiq.
Ata grabitën emocionet e amerikanëve, ata nxorrën emocione. Ata
përdorën dhimbjen e zezë, për të krijuar konfuzion dhe për të
*marrë miliona dollarë nga njerëzit."- **Candace Owens**, regjizore*
& producente e filmit

Disa ditë pasi prezantuesja e talk show-t **Candace Owens** u pa në krah
me reperin dhe bisnesmenin e famshëm me ngjyrë afrikano-amerikanë
Kanye West, të veshur me bluza të stamposura West, një bluzë të zezë me
germa të bardha, ndërsa Owens kishte një bluzë të bardhë me germa të
zeza, ku lexohej shkrimi: **White Lives Matter**. (*Jetët e tëbardhëve kanë*
rëndësi).

Ato sëbashku thanë për gazetarët, se i kishin bërë bluzat e tyre ashtu,
për të theksuar se *Black Lives Matter,* **është një mashtrim me propaganda**
globaliste anarkiste-marksiste.

Gjithashtu para mediave **Candace Owens** njoftoi, se ajo po lançon një
film dokumentar, që do të ekspozojë me detaje dhe prova origjinale
gënjeshtrat e vazhdueshme të organizatës marksiste-anarkiste BLM, e
cila ka kohë që kthyer një mashtrim të madh në ditët tona.

"Për ironi, ju vuani nga një jetë me privilegje të jashtëzakonshme të bardhë.
Ju thoni 'jetët e zezakëve kanë rëndësi' jo, sepse e keni parasysh, por sepse shpresoni
që kjo t'ju ofrojë legjitimitet brenda një komuniteti, që nuk e keni njohur kurrë.",
tha Owens.

Vajza inteligente dhe e mirëshkolluar me ngjyrë afrikano-amerikane
Candace Owens, është një aktiviste e fjalës së lirë dhe gjatë këtyre viteve,
është autore librash, në përmbajtjen e të cilave ka treguar publikisht dhe
hapur me fakte dhe prova vetë ekzistencën e privilegjit të elitës së njerëzve
me ngjyrë, që kanë krijuar një skemë mashtrimi, për përfitime personale

financiare nga organizata Fake, me emërin mashtrues BLM.

Gjatë verës së vitit të zi 2020, anarkistët-marksistë, **kanë rrëzuar mbi 185 monumente** historike të kombit amerikanë, statuja, bustet, permendore, simbole kombëtare dhe kanë shkatëruar dhe vandaluar dhe lyer apo përçudnuar me bojëra me ngjyra bustet dhe figurat më të shquara të historisë së lavdishme amerikane.

Në këtë rast duhet theksuar, se *më së shumti janë vandalizuar nga anarkisto-marksistët e majtë të BLM* monumenti i madh në Capitol Hill i **Presidenti Abraham Lincoln**[151] në Washington D.C., i cili, ka miratuar ligjin e

---

[151] Abraham Lincoln (1809-1865), ishte avokat, politikan dhe burrë shteti amerikan, që shërbeu si presidenti i 16-të i Shteteve të Bashkuara nga 1861 deri në vrasjen e tij në 1865. Bashkimi, përmes Luftës Civile Amerikane, për të mbrojtur kombin si një bashkim kushtetues dhe pati sukses në shfuqizimin e skllavërisë, forcimin e qeverisë federale dhe modernizimin e ekonomisë së SHBA. Lincoln lindi në një shtëpi të varfër, në një kasolle druri në Kentaki dhe u rrit në kufi (Indiana). Ai ishte i vetë-edukuar dhe u bë avokat, udhëheqës i Partisë Whig, ligjvënës i shtetit të Illinois dhe kongresmen amerikan nga Illinois. Në vitin 1849, ai u kthye në praktikën e tij të suksesshme të ligjit në Springfield, Illinois, kurse në vitin 1854, ai u zemërua nga Akti Kansas-Nebraska, i cili hapi territoret ndaj skllavërisë dhe ai u rikthye në politikë. Ai shpejt u bë lider i Partisë së re Republikane. Ai arriti një audiencë kombëtare në debatet e fushatës së Senatit të vitit 1858, kundër Stephen A. Douglas. Lincoln, kandidoi për president në vtin 1860, duke përfshirë Veriun për fitore. Elementët pro skllavërisë në Jug e panë zgjedhjen e tij si një kërcënim për skllavërinë dhe shtetet jugore filluan të shkëputeshin nga kombi. Gjatë kësaj kohe, Shtetet e sapoformuara Konfederate të Amerikës, filluan të kapnin bazat ushtarake federale në Jug. Pak më shumë se një muaj pasi Lincoln mori presidencën, Shtetet Konfederate sulmuan Fort Sumter, një fortesë amerikane në Karolinën e Jugut. Pas bombardimeve, Lincoln mobilizoi forcat për të shtypur rebelimin dhe për të rivendosur bashkimin. Lincoln, një republikan i moderuar, duhej të lundronte në një grup të diskutueshëm fraksionesh me miq dhe kundërshtarë nga të dyja partitë Demokratike dhe Republikane. Aleatët e tij, Demokratët e Luftës dhe Republikanët Radikalë, kërkuan trajtim të ashpër ndaj Konfederatave Jugore. Demokratët kundër luftës (të quajtur Copperheads) përçmuan Linkolnin dhe elementë të papajtueshëm pro-Konfederatë komplotuan vrasjen e tij. Ai i menaxhoi fraksionet, duke shfrytëzuar armiqësinë e tyre të ndërsjellë, duke shpërndarë me kujdes patronazhin politik dhe duke i bërë thirrje popullit amerikan. Fjalimi i tij në Gettysburg, u pa si një nga deklaratat më të mëdha dhe më me ndikim të qëllimit kombëtar amerikan. Lincoln mbikëqyri nga afër strategjinë dhe tak-

barazië sociale në shoqërinë amerikane, ka hequr me ligj skllavërinë, i cili fatkeqsisht ka ekzistuar për shumë shekuj, ku viktima kryesore kanë qenë komuniteti me ngjyrë afrikano-amerikanë.

Owens e njeh shumë mirë komunitetin e saj me ngjyrë afrikano-amerikanë, sepse vetë ajo vjen nga ai komunitet. Media e majtë globaliste, anarkiste-marksiste si hyenat janë hedh në sulm kolektiv keqinformues, të orkestruar si piranja të pamëshirshme, duke kritikuar vajzën e talentuar dhe të zgjuar (*brisk nga goja dhe me mendje produktive të shëndoshë*) të mirë-shkolluar me ngjyrë Candace Owens, sepse ajo hapur u zbulon dhe thotë hapur vazhdimisht të vërtetën e të vetëquajtur lider apo krerët e komunitetit të saj, se sa politikanët e majtë të Partisë Komuniste Demokratike Amerikane dhe rrymat e tjera të ekstremit të majtë, që veprojnë këtu, që i keqpëdorin ato si shifra numerike.

Ato hipokritë, kujtohen për njerëzit me ngjyrë afrikano-amerikanë, pikërisht sa herë që bëhen datat e zgjedhjeve, për vendet në Senatin Amerikan, apo karriget politike për në Kongresin Amerikan (Dhoma e Përfaqsuesve) dhe garat para presidenciale (primare) dhe më vonë presidenciale, për kandidatët si governatorë, apo për kryetar bashkie etj., ku komuniteti me ngjyrë gjithnjë del me humbje apo nuk arrin të kualifikohet apo zgjedh përfaqsues të tyre, gjatë primareve brenda partisë së majtë, ku

---

tikat në përpjekjet e luftës, duke përfshirë zgjedhjen e gjeneralëve, dhe zbatoi një bllokadë detare të tregtisë së Jugut. Ai pezulloi habeas corpus në Maryland dhe gjetkë, dhe shmangu ndërhyrjen britanike duke shpërbërë Çështjen Trent dhenë vitin 1863, lëshoi Proklamatën e Emancipimit, e cila shpalli skllevërit në shtetet në kryengritje si të lirë. Ai udhëzoi gjithashtu Ushtrinë dhe Marinën që "të njohin dhe ruajnë lirinë e personave të tillë dhe t'i pranojnë ata në shërbimin e armatosur të Shteteve të Bashkuara." Lincoln, u bëri presion shteteve kufitare, për ta shpallur të jashtëligjshme skllavërinë dhe ai promovoi Amendamentin e Trembëdhjetë të Kushtetutës së SHBA, i cili pas ratifikimit të tij shfuqizoi skllavërinë, përveç si dënim për një krim. Presidenti Lincoln, menaxhoi fushatën e tij të suksesshme të rizgjedhjes. Ai u përpoq të shëronte kombin e shkatërruar nga lufta përmes pajtimit. Më 14 prill 1865, vetëm pesë ditë pas përfundimit të luftës në Appomattox, ai po ndiqte një shfaqje në Teatrin Ford në Uashington, D.C., me gruan e tij, Mary, kur u qëllua për vdekje nga simpatizuesi i Konfederatës John Wilkes Booth.Lincoln, mbahet mend si një martir dhe një hero kombëtar, për udhëheqjen e tij, gjatë luftës dhe për përpjekjet e tij për të ruajtur Bashkimin dhe për të shfuqizuar skllavërinë. Abrahami, shpesh renditet si në sondazhet e njohura ashtu edhe nga studiuesit si presidenti më i madh në historinë amerikane.

ato aderojnë prej disa dekadash, në masën më të madhe.

Dokumentari aktual i Owens, ka si subjekt organizatës me kontra-versale marksiste-anarkiste BLM, që gjatë verës së vitit 2020, ka gjeneruar dhunë dhe vandalizma huliganësh kudo në shumë shtete të SHBA-së, monumentet e cultures dhe historise sone kombetare dhe pronat private e shtetërore, si dhe makinat e policisë dhe vetë viktimat e dhunës së tyre që ishin forcat e rendit në shumë shtete këtu.

Në këtë mënyrë, **filmi dokumentar zbulon akuzat e drejpërdrejta ndaj rrjetit internacional globalistë marksistë dhe anarkistë të BLM, e cila keqpërdori maksimalisht, për interesa pasurimi personal fondet dhe donacionet financiare të ndryshme** (*kryesisht nga donatorëmajtistë global-istë*), **që ka marrë për aktivitetin skandaloz komunist dhe anarkist kudo në botë.**

Akuzat e saj në film, fatmirësisht janë përsëritur shpesh edhe nga vetë antarët e BLM, por që deri më sot askush nuk i ka marrë dhe vlerësuar se-riozisht abuzimet e kupolës së saj, të cilat sot kanë degjeneruar në skandale korruptive të mëdha në mbarë vendin.

Kushdo duke parë me shumë kujdes filmin e ri, natyrshëm zbulon se ato fakte të dokumentuara janë të vërteta dhe ekspozuar e treguar tashmë, përmes dokumentëve masive investigative nga vetë prodhuesja Candace Owens dhe stafi i saj.

Ekipi profesional i filmit dokumentar investigativ, sëbashku ato arrijnë të nxjerrin në dritë para publikut botërorë dhe atij amerikanë qindra dhe mijëra dokumente origjinale, faksimile, duke zbuluar hap pas hapi kor-rupsionin e madh sistematik të organizatës anarkiste-marksiste BLM.

Sipas analistëve të pavarur amerikanë, arrihet në përfundimin se fat-mirësisht, këto fakte dhe prova, sot përputhen me saktësi edhe me kon-statimet apo investigimet e afatgjata të gazetarëve të pavarur amerikanë dhe botërorë (kryesisht europianë), që i kanë shprehur kohët e fundit, në lumin e madh e gjatë të shkrimeve kritike në mediat online, gazetat e përditshme dhe rrjetet e ndryshme sociale.

Media e majtë këtu dhe vetë partia socialkomuniste me emrin "demokrate", tani kanë ra në hall, sepse BLM po ekspozohet botërisht për mashtrimet e saj me fondet dhe bashkëpunimin e madh dhe të vazh-dueshëm, që ajo kishte pasur dhe ka edhe sot me demokratët në Kongres dhe Senat, si dhe në pushtetin lokal të shtete të ndryshme, ku drejtojnë "demokratët" amerikanë.

"Demokratët" këtu, sot janë më shumë të interesuar për hallin e vet, se janë zënë ngusht para stuhisë së kuqe të votuesve të zemëruar amerikanë, në ditën e madhe të votimeve më 8 nëntor 2022.

Sikurse dihet, kohët e fundit ose më saktë tesh 2 vjet të administratës komuniste globaliste **Obama-Biden 3,** është rritur në maksimum zemërimi mbarëpopullor amerikan, si pasojë e shkatërrimit dhe falimentimit të ekonomisë së SHBA-së, dhe të vetë komunitetit me ngjyrë afrikano-amerikanë, i cili e ka ndier me shumë se askush tjetër degradimin total drejt humnerës të ekonomisë, mbasi shumë prej tyre kanë dalë pa punë dhe s'kanë mundësi të përballojnë ditët e vështira të jetës së tyre, nën administratën e reme motive venezueliane komuniste të Joe Biden.

Shfaqja e këtij filmi dokumentar, një javë para zgjedhjeve të përgjithshme për Kongres dhe Senatin Amerikan, do të thotë më pak vota dhe karrige politike, për elitën politike të "demokratëve" e ekspozuar hipokritë, që dominon fatkeqsisht në të gjithë forumet nga njerëzit e bardhë ekstremistë komunistë.

Ndoshta kjo është një arsye më shumë, se përmes filmit dokumentar të Candace Owens, ata (demokratët) do të humbasin zgjedhjet kudo, sikurse e tregojnë fatmirësisht edhe sondazhet kombëtare e bëra nga vetë mediat e majta globaliste anarkiste-marksiste, mbasi për fat të mirë komuniteti me ngjyrë afrikano-amerikanë po ndërgjegjësohet çdo ditë, duke ekspozuar mashtrimin e madh mediatik dhe të vetë politikanëve demokratë, të cilët vazhdimisht u kanë bërë atyre retorikë, me fjalë boshe tesh 2 vjet (*premto dhe mos bëj asgjë*), duke ua shpërlarë edhe më tej trurin dhe lenë prej dekadash në gjendjen e mjerueshme ekonomike dhe financiare.

Gjatë viteve 2016-2020, nën presidencën e republikanit **Presidentit Donald J. Trump**, komuniteti me ngjyrë afrikano-amerikanë me 13% të përbërjes së saj në shkallë vendi, kishte nivelin më të ulët të papunësisë, duke arritur në shifra rekord në të gjithë historinë e SHBA-së.

Presidenti Trump, gjatë vitit 2016, kishte premtuar se do të ulte pappunësinë dhe përmirësonte jetën e komunitetit me ngjyrë, që edhe ata të integrohen me dinjitet në jetën amerikane, krahas komuniteteve të tjera, që jetojnë këtu. Dhe **ai e mbajti këtë premtim dhe e tejkaloj atë disa herë.**

Kurse sot nga 20 janari i vitit të zi 2021 dhe deri më sot nëntor 2023, gjendja ekonomike dhe papunësia është shumë e keqe me të gjithë treguesit, për komnitetin me ngjyrë. **Papunësia,** si plagë e madhe është rritur në shifra rekord, sikurse në të njëjtin nivel janë edhe krimet brenda këtij komunitetit, **duke iu rikthyer kohës së administrates deshtake Obama-Biden 1 dhe 2 dhe sot 3.**

Në qytetin Chicago,çdo ditë vriten 3-4 vetë dhe më e keqja është se afrikano-amerikanët (*ose më saktë duhet thënë* **amerikanët me ngjyrë këtu**, *sepse ato kanë lindur dhe rritur brenda territorit të SHBA-së*) vriten me njeri-tjetrin dhe organizata e tyre hipokrite marksiste-anarkiste BLM dhe organizatat e tjera simotra si dhe i vetëquajturi lider Al Sharpton, nuk kanë bërë asgjë (aksion), për të ndihmuar këtë komunitet dhe ulur dramat e panumërta të gjakderdhjes me armë zjarri mes tyre.

Jeta ekonomike e familjeve të tyre prej dekadash, është e varur tërërisht nga shteti dhe ndihmat apo asistencat e ndryshme sociale, që u ofrohen atyre thjeshtë sa për të mbajtur frymën gjallë. Kjo fatkeqsisht po ndodh në të gjithë shtetet e gomarëve blu, ku drejtojnë govenatorët dhe kryetarët e bashkive "demokratë" të bardhë dhe servilët e tyre me ngjyrë. Shembulli më klasik është **Eric Adams**, *kryetari i Bashkisë së New York City, ku kriminaliteti dhe papunësia është ulur këmbkryq kudo në shifra rekord, duke ia kaluar disa herë edhe paraardhësit të tij deshtak komunistit Bill DeBlasio.*

Gënjeshtra më e madhe e shitur ndonjëherë me emrin BLM

Në dokumentarin e ri të Candace Owens **"Gënjeshtra më e madhe e shitur ndonjëherë" (2022)**, ka shumë episode interesante, duke përfshirë edhe vetë shokët afrikano-amerikanë të dhomës së George Floyd, në kohën e vdekjes së tij më 25 maj 2020, të cilët në unison me të drejtë pretendojnë se Organizata Arnarkisto-Marksiste **BLM, nuk ka dhënë mbështetje atyre dhe vetë familjes Floyd, por i kanë përdorur ato për të bërë para.** (*Los Angeles Times*)

Confession: I DO NOT support George Floyd and I refuse to see him as a martyr. But I hope his family receives justice.[152]

Në dokumentarin e ri të Owens, zbulohet se themeluesi i BLM, të cilët shpenzojnë mijëra e miliona dollarë, për rinovimin e oborrit prej 1.4 milion dollarësh në shtëpinë e re në LA (*Los Angeles*)**,** të blerë me paratë apo donacionet, që i janë dhënë organizatës në fjalë, në një kohë që në Harlem (New York) dhe vende të tjera në Californietj., është shumë i gjatë rreshti i njerëzve me ngjyrë afrikano-amerikanë, si lypsarë, ish burgaxhi, që nuk kanë familje, drogaxhive, të sëmurëve mendor, pa streh,

---

[152]https://www.facebook.com/realCandaceOwens/videos/confession-i-do-not-support-george-floyd-and-i-refuse-to-see-him-as-a-martyr-but/273957870461345/)

ushqim, veshmbajthje, shërbime shëndetësore etj., **të cilët vazhdimisht votojnë fatkeqisht demokratët**, për "*lumturinë*" apo mjerimin e tyre, që vjen direkt nga liderët me pushtet të partisë demokratike amerikane, si: të dinastisë Clinton, Barok Hysen Obamës, Joe Biden, Nancy Pelosi etj., dhe liderëve të komunitetit apo organizatave dhe grupimeve të tjera me ngjyrë afrikano-amerikanë në Kongres dhe Senatin Amerikan.

Një vit pasi qejfi i blerjes së pasurive të paluajtshme të themeluesit të BLM, u ekspozua nga gazeta kombëtare e vjetër konservatore **New York Post**, një dokumentar i ri me realizuesen afrikano-amerikanë Candace Owens, tregon se zhytet thellë me hulumtime apo investigime të hollë-sishme, mbi burimet dhe financat e errëta të **Fondacionit Global të Black Lives Matter** dhe takon (*sikurse shihet me zë dhe figurë brenda dokumentarit*) disa nga njerëzit, që dyshohet se i kanë dëmtuar apo përdorur ato (antarët), jashtë qëllimeve të organizatës në fjalë.

"*Gënjeshtra më e madhe e shitur ndonjëherë*", është një film i realizuar nga komentatorja konservatore Candace Owens, e cila me sukses u shfaq si premierë në *Teatrin Nashville*, në një shfaqjen e të cilit morën pjesë antarë të komunitetit afrikano-amerikanë dhe V.I.P. si: **Kanye West, Ray J dhe Kid Rock.**

Në dokumentar, prezantuesja e *Daily Wire*, shqyrton atë se *Patrisse Cullors*, si bashkëthemeluesja e vetë-përshkruar **marksiste e trajnuar** e **BLM**, *bëri me 90 milionë dollarët që grupi i saj grumbulloi pas vrasjes së George Floyd* në maj të vitit 2020, njeriu me ngjyrë, klithma e të cilit: *Nuk mund të marr frymë*, shkaktoi protesta të dhunshme globaliste kudo, kur ai vdiq nga sasia e madhe e drogës në trup dhe nën gjurin e një oficeri polici të bardhë në qytetin Minneapolis.

Cullors dha dorëheqjen nga organizata "*jofitimprurëse*" kombëtare në vitin 2021, një muaj pasi gazeta njujorkeze **New York Post,** zbuloi dhe ekzpozoi hapur me fakte dhe prova, se ajo kishte shpenzuar miliona, për blerjen e pasurive të paluajtshme në muajt e mëparshëm dhe organizata BLM, ka mbetur e zhytur në skandale të mëdha financiare ndër vite...

Ajo tha, se largimi i saj nuk kishte lidhje me ato sulme mediatike ndaj saj dhe se ajo po largohej për t'u fokusuar në një marrëveshje për botimin e një libri dhe pjesëmarrje në show televizive.

BLM, si gjithnjë kur i zbulohen skandalet e njëpasnjëshme, ka mohuar se ka ndodhur ndonjë shkelje financiare.

Kanye West, i cili krijoi shumë polemika, kur ai dhe Candace Owens veshin këmisha *White Lives Matter*, në shfaqjen e tij të modës Yeezy, në

Paris (në fillim të muajit tetor 2022) ishte me Owens në premierën e saj të dokumentarit të ri.

Organizata marksiste-anarkiste "Jetët e zezakëve kanë rëndësi" (BLM), ka reaguar për filmin dokumentar kushtuar atyre, duke akuzuar producenten e saj Candace Owens se është *"një organizatë mashtruese, që ... përdor emocionet e zezakëve dhe dhimbjen e zezë, për të zhvatur dollarë nga Amerika e bardhë"*.

BLM ish dhe drejtuesit e saj deri më sot, nuk kanë provuar të kundërten e filmit të Owens, por vetëm kanë bërë zhurmë emocionesh mbi ish skllavërinë dhe të drejtat e njeriut, me blah blah blah, sikurse e kanë në zakonin e tyre rutinë.

Mirëpo ajo që ka rëndësi për publikun amerikanë, i cili e ka parë me kujdes filmin dokumentarë, sheh se në sekuencat e momenteve më prekëse të filmit, ishin pikërisht njerëzit me ngjyrë afrikano-ameirkanë, që u dëmtuan nga BLM dhe mbështetësit e saj. Ata pa frikë, tashmë flasin me kurajo dhe hapur, duke i ilustruar fjalët apo historitë e tyre me përvoja negative apo shembuj konkretë asokohe.

Kështu Alvin Manago dhe Theresa Scott Alvin Manago dhe Theresa Scott jetuan me George Floyd për katër vjet, para vdekjes së tij, sot publikisht dëshmojnë hapur historitë e tyre të hidhura.

Asnjë nga dhuratat prej 90 milionë dollarësh të BLM, nuk e ndihmoi çiftin, që ndau katër vitet e fundit të jetës me George Floyd. Shokët e shtëpisë Alvin Manago dhe Theresa Scott, jetonin me Floyd-in, në një shtëpi të rregullt dykatëshe të kuqe, në një pjesë qoshe në lagjen me gjethe Minikahda Vista të Minneapolis.

"Ai ishte një person popullor," u thotë Manago regjisorëve të Floyd. *"Një Bibël ishte e vetmja gjë, që do të shihje në tavolinën e tij."*

Në film, Scott shfaq Biblën e Floyd-it, të mbushur me pikat kryesore rozë dhe të verdhë, që ai përdori, për të zgjedhur vargje nga *Fjalët e Urta dhe Ungjilli i Mateut.*

"Unë e dëgjoja atë, duke e lexuar atë Bibël me zë të lartë gjatë gjithë kohës," kujton ajo me një buzëqeshje Manago, në shtëpinë e tij, thotë në film. Ai shton se BLM, nuk bëri asgjë për t'a ndihmuar atë dhe Scottin të paguanin faturat e tyre, pas vdekjes së Floyd. (**The Daily Wire LLC**)

Çifti, ka ende Biblën e Floyd-it, sepse asnjë anëtar i familjes së tij të gjerë nuk erdhi t'a pretendojë atë. *"Unë nuk kam takuar kurrë një motër, nuk kam takuar kurrë një vëlla,"* thotë Smith.

Kur Floyd vdiq, duke e katapultuar familjen e tij në qendër të vëmendjes së mediave, *"ata as nuk erdhën të shikonin dhe të shihnin se ku jetonte njeriu"*, thotë Smith. *"Ata nuk erdhën kurrë dhe nuk morën asgjë nga gjërat e tij. Asgjë!!!."*

Kjo i la Manago dhe Smith me një grumbull pasurish dhe faturash në rritje. *"Ne do të ndajmë gjithçka, qiranë, dritat, gazin"*, thotë Smith. Scott kujton shokun e saj të dhomës Floyd, duke lexuar me zë të lartë fragmente nga Bibla e tij. (**Associed Press**)

Makina e Floyd-it, një PT Cruiser me ngjyrë jeshile e errët e mbështjellë me pëlhura blu dhe të zeza, kundër motit të ashpër (lagështirës) së Mine-sotës, u la për t'u modeluar në rrugën e tyre.

"Nuk mund të bënim asgjë me të, sepse nuk e kishim titullin. Ata nuk do ta marrin ose nuk do ta lëvizin.", thotë Manago

Manago, shpjegon se çfarë ndodhi me të gjithë aktivistët e BLM-së, të mbledhur dhe pse asnjë prej tyre nuk shkoi për t'i ndihmuar ata. ***"Kjo duket, sikur ata e përdorën atë (Floyd) ... si një mënyrë, për të financuar vetvetën, cilido kjoftë motivimi i tyre,"*** thotë ai.

Një detaj interesant në filmin dokumentar, është edhe pronari i butikut **Fraser Ross** (*duke u intervistuar nga Owens*), i cili tregon se influencuesit e mediave sociale e detyruan atë që të bëj një donacion për BLM, për t'i mba-jtur ata që të mos inkurajonin njerëzit të plaçkisnin dyqanin e tij. (**Daily Wire LLC**)

"Ne u grabitëm për mallra me vlerë mbi 400,000 dollarë. Ishte një fatkeqësi."**, tha Fraser Ross nga butiku i tij Kitson në Los Angeles, Califor-nia.

Por protestat e 30 majit 2020, që çuan në plaçkitjen e dyqaneve të preferuara të të famshmëve, ishin vetëm fillimi i poshtërimit të Ross nga duart e aleatëve të vetëshpallur të BLM, rrëfen ai në film.

Plaçkitja erdhi vetëm disa orë, pasi modelja Chrissy Teigen postoi mesazhe në mediat sociale, duke premtuar 100,000 dollarë për të liruar protestuesit nga burgu, gjë që Ross me të drejtë mendonte se po inkura-jonte dhunën.

"Kur ke afërsisht 30 milionë ndjekës, mund të nisësh një lëvizje", thotë ai në film.

"Dhe më pas ju kishit të famshëm si Jennifer Garner, duke i dhënë katër zemra atij postimi. Epo, nuk janë gjërat e tyre duke u shkatërruar. Unë hyra në internet dhe postova një Instagram të dyqanit që po grabitej dhe e etiketa atë, "Faleminderit, Chrissy", shton ai.

Ross thotë në film, se më shumë se 400,000 dollarë mallra u morën nga dyqani i tij. Postimi i tij ndezi një luftë flakë me Teigen dhe dy nga miqtë e saj të shquar në internet, Jen Atkin nga Ouai Haircare dhe influencuesja e Instagramit Dana Omari, të cilët talleshin publikisht me humbjet e Ross dhe e akuzuan atë për racizëm.

"Ata po tallen me plaçkitjen! Ju duhet të jeni në burg federal, nëse jeni duke nxitur dhunë, me kaq shumë njerëz që ju ndjekin.", thërret ai.

Postimet gjithnjë e më të këqija arritën kulmin me një ultimatum nga Omari, Ross pretendon: ose t'i kërkojë falje publike Teigen-it dhe të pranojë, se zemërimi i tij për plaçkitjen *"vjen nga një vend privilegji"* ose të shkruajë një çek 10,000 dollarë për Black Lives Matter.

"Unë isha i shqetësuar se sa agresivë ishin ata," thotë ai. *"Dhe plaçkitja po afrohej akoma"*, butiku kryesor i Kitson. Ai pagoi 10 mijë dollarë.

Në film, Ross pretendon se ndikuesi Dana Omari kërkoi të shihte një faturë, për donacionin e tij BLM ose ajo do të postonte më shumë për dyqanin e tij.

Filmi tregon atë që Ross thotë se është një mesazh me tekst nga Omari, i cili kërkoi të shihte faturën e tij nga BLM, ose ndryshe...

Dhe presioni vazhdon: *"Mos harroni, se nëse nuk e bëni donacionin, unë do t'i kthej postimet nga arkivi,"* thuhet në tekst. *"Dhe unë do të bëj një postim tjetër, për këtë situatë fatkeqe. Faleminderit!"*

Dhe ajo më tha: *"Chrissy Teigen, më falënderoi"*, për atë që bëri, shton Ross. Omari, mohon historinë e Ross në dokumentar, duke u thënë krijuesve të filmit se ai e bëri dhurimin e BLM me vullnetin e tij. Një përfaqësues për Teigen, nuk iu përgjigj një kërkese për koment.

Pastori Charles Karuku në bashkëbisedim me Owens në film, mendon se BLM nuk ka bërë mjaftueshëm, për të mbështetur komunitetin e Minneapolis dhe bizneset e dëmtuara, gjatë protestave të vitit 2020. (**Daily Wire LLC**)

Katër milje në lindje të bllokut paqësor, ku jetoi George Floyd në Minneapolis, është rruga e rëndë ku vdiq: Chicago Avenue, e njohur tani si George Perry Floyd Jr. Place.

Pastori Charles Karuku, një emigrant kenian, ka jetuar në këtë zonë që nga viti 1987. *"Ishte thjesht një qytet tipik i mesperëndimit me krim të ulët dhe njerëz punëtorë,"* kujton Karuku në film.

"Ne pamë zemërim, kaos, plaçkitje, shkatërrim pronash, djegie të zonave të policisë", thotë pastori, për protestat e BLM, që u kthyen në trazira pas vdekjes së Floyd. *"Dhe ishte krejtësisht e huaj për mua."*

Karuku, predikoi në Chicago Avenue, gjatë gjithë kaosit. *"Ne kemi parë vdekjen. Ne kemi parë një burrë të qëlluar pikërisht përballë nesh; ne kemi parë një grua që ishte shtatzënë të qëlluar pikërisht përballë nesh.* **Ne pamë zemërim, kaos, plaçkitje, shkatërrim të pronës,"** tha **Karuku** për protestat.

Vrasjet në Minneapolis u rritën me 60% në vitin 2020 dhe kanë mbetur kokë-fortë të larta që atëherë.

Kur dokumentarët erdhën për të filmuar në mars të vitit 2022, lagja ende mbante plagët, me vitrina bosh lart e poshtë brezit me dy blloqe.

"Ndjehem sikur ka pasur një humbje të madhe," thotë Karuku. *"Është një gjë e vështirë, për njerëzit të rindërtojnë veten, veçanërisht, pas asaj që kanë kaluar."*

Por milionat e BLM, nuk shkuan për të përfituar lagjen e shkatërruar, thotë Karuku.

"Gjithçka duket më keq se sa ishte," shton ai. *"Kaq shumë elementë ... përfituan nga vdekja e George Floyd, për të nxitur emocione raciste, për përfitime politike, për përfitime financiare dhe për të përhapur ndarje. Ata nuk po e ndihmojnë komunitetin. Ata po ndihmojnë veten."*

Jehona e Suksesit të Premierës

Mendjendritura Candace Owens, publikon një dokumentar mbresëlënës mbi *jetën e njerëzve me ngjyrë* (zezakëve), **"Gënjeshtra më e madhe e shitur ndonjëherë."**

Më 12 tetor 2022, Candace Owens më në fund publikoi dokumentarin e shumëpritur të saj nga publiku amerikan, e cila me fakte origjinale zbulon shumë detaje tronditëse, pas rritjes anarkiste-marksiste të Black Lives Matter, në vitin e zi 2020.

Filmi i ri realist, ilustrohet me dokumente dhe fakte të shumta, *Gënjeshtra më e madhe e shitur ndonjëherë: George Floyd dhe Ngritja e BLM,* ekspozon se si organizata anarkiste-marksiste sistematikisht ka shpërdoruar fondet e donacioneve të marra, pas vdekjes së drogaxhiut me veprimtari kriminale George Floyd në vitin 2020, një temë e cila ka qenë një pikë debate, që nga fillimi i këtij vitit 2022.

Pas premierës, dokumenti mori një rezultat prej 98 vlerësimesh maksimale nga shikuesit në Rotten Tomatoes dhe përdoruesit e mediave sociale, për të vërtetat konkrete të ekspozuar një pas një në pjesën e pasur investigative.

Candace Owens në bashkëbisedim me Tucker Carlson Show në Fox News, hyri në detaje se pse ajo ka qenë kaq e argumentuar me fakte, për të nxjerrë në sipërfaqe keqpërdorimin mashtrues të BLM mbi paratë e donacionëve.

"Ishte e rëndësishme të ndaleshim dhe të reflektonim dhe të konsideronim atë që ndodhi dhe të bënim një pyetje shumë të madhe, për të cilën për çfarëdo arsye, asnjë gazetar nuk ishte i interesuar në atë kohë. Na u kërkua të gjithëve që katrori vjollcë-zi të dhuronim për Black Lives Matter ose për të bërë disa që ju njihni, deklaratë në internet se si po vuajnë njerëzit me ngjyrë, për t'u siguruar që Jetët e Zezakëve Kanë Rëndësi (BLM) do të merrnin 80 milionë dollarët brenda një viti. Por askush nuk e bëri pyetjen, ku po shkojnë të gjitha ato para!?", tha gazetarja investigative **Candace Owens.**

Në fillim të këtij viti, themeluesja e BLM Patrisse Cullors dhe bashkëthemeluesja e saj Alicia Garza, dhe bashkëthemeluesja tjetër e BLM në Los Angeles Melina Abdullah, u akuzuan për blerjen e një prone prej 6 milionë dollarësh, për përdorim personal në vitin 2020.

Por, treshja e BLM, më vonë argumentoi se 12 bujtina, pra dhoma gjumi u blenë për të strehuar Fondacionin Global të Rrjetitme Ngjyrë të Organizatës, Black Lives Matter, një hapësirë ku kineastët, muzikantët dhe artistët me ngjyre afrikano–amerikane (zezakë), mund të mblidheshin së bashku dhe *"të nxisin kreativitetin".*

Një pjesë e dokumentarit tregon Owens, kur bëri një vizitë të paparala-jmëruar në shtëpinë e Laurel Canyon të Cullors në fillim të muajit majit, për të folur me të personalisht për akuzat. Cullors më vonë akuzoi yllin konservator (Owens) si armiqësore.

Një video e shkurtër nga shkëmbimi i tyre u transmetua, gjatë bisedës së Candace Owens me **Tucker Carlson** e cila tregoi gazetarin, duke kërkuar të fliste me dike në pronën e Cullors.

"Unë, nuk mund të shoh se si kjo blerje i ndihmoi Black Lives Matter kudo në Amerikë", thotë Owens në një moment, ndërsa qëndron jashtë portës gjigante të përparme në kufi me shtëpinë e Cullors. *"Unë nuk mund të gjej as një jetë të zezë në këtë pronë."*

Faktet e tjera të eksploruara në film janë masive, përgjatë gjithë minutave të rëndsishme të dokumentarit në fjalë. Përveç fakteve të reja të pasurive të paluajtshme, dokumentari investigativ i Candace Owens, eksploron masivisht gjithashtu disa në lidhje me keqmenaxhimin e parave të BLM, një nga të cilat organizata dhuroi miliona dollarë, për lëvizjen transgjinore.

"Ku shkuan shumë nga këto para!? Pastaj, ka vetëm një shteg të vdekur, sepse e vetmja gjë që të jepet kur vendos se je transgjinor është se mund të ndryshosh emrin. Kështu që ju nuk e dini se kush nga këta njerëz ishte fillimisht, por ata

morën qindra e mijëra e miliona dollarë para të gatshme.", thotë Candace Owens.

Filmi i ri, gjithashtu bën me fakte konkrete disa investigime mbresëlënëse, për drogaxhiun dhe kriminelin e denuar 5 herë me burg sot "shën" George Floyd.

"Më shndërruan në armikun numër një publik, sepse fola me saktësi për George Floyd, jo në cilësinë e heroit, por në cilësinë e një personi, që ishte i varur nga droga dhe që kishte mjaftueshëm fentanil në sistemin e tij, për të vrarë një kale, në koha kur ai vdiq. Ata grabitën emocionet e amerikanëve, ata nxorrën emocione. Ata përdorën dhimbjen e zezë, për të krijuar konfuzion dhe për të marrë miliona dollarë nga njerëzit.", tha konservatorja me inteligjente brilante me ngjyrë afrikano-amerikane Candace Owens, për ndikimin e BLM, pas vdekjes së George Floyd.[153]

---

[153]**Mary Kay Linge**, *'Not helping the community': George Floyd roommates, others slam BLM in new film*, **New York Post**, *Octover, 14, 2022.*

PSE NATO DHE REGJIMI BIDEN
KËRKON TË HYJË NË LUFTË ME RUSINË SUPËRFUQI

"Mbi luftën apo konfliktin Ukrainë-Rusi, janë të njëjtat agjenci lajmesh dhe individë që flasin sërisht sot, ashtu sikurse kanë folur për luftrat në Afganistan, Iraq, Siri, Libi etj. Unë mendoj, se amerikanët nuk e kuptojnë, sepse nuk po informohen saktësisht. Ata dëgjojnë papushim, se çfarë u japin të gatshme media si propagandë, si: MSNBC, CNN, The New York Times etj., duke bërë në mënyrë të pandryshueshme fabrikimin, sipas porosisë që ato marrin. Në mënyrë konstante, kanë bërë me të njëjtën metodë apo taktikë propagandistike edhe më përpara, duke gënjyer si me Afganistanin, Irakun, Libinë dhe Sirinë. Ajo që më habit mua, është se ata e kanë bërë këtë veprim propagandistik, duke bërë vazhdimisht lëvizje të përsëritura dhe pa pushim. Fatkeqsisht, ne vazhdojmë t'i dëgjojmë, se çfarë fabrikimesh të tjera ato vazhdojnë të bëjnë. Republika Federale Ruse, në konfliktin e Ukrainës sot, kërkon të bëj de-nazistifikimin dhe de-militarizmin e këtij vendi. Sot, në SHBA kanë lindur shumë pikëpyetje dhe ne e kemi të vështirë të marrin përgjigje të sakta. Anologjia, që unë po përdori është kjo. Ne sot, po ndjekim sërisht filmin Godfather, një film i preferuar për mua. Sa herë që e shoh këtë film, personazhi Soni, shkon jashtë drejt makinës së tij e merr dhe asnjëherë nuk vjen mbrapa... Pra, sa herë që shoh këtë film Soni Koleone nuk vjen. Dhe njerëzit aty bërtasin: "Soni mos shko, Soni mos shko...!" Unë kam një mik amerikan, që jeton në Krime. Ai shkruan për ngjarjet e ditës atje. Sot media amerikanë po gënjejnë, për armatimet në Ukraninë, për armët e ndryshem që përdoren atje. Dhe kjo bëhet, për të mbajtur nën propagandë popullin amerikan. Sot për sot Big Media, nuk tregon të vërtetën, se çfarë po ndodh në Ukraninë dhe për Rusinë..." – **Wilmer J. Leon, III**, *Ph.D, Author & Political Scientist*

"Perëndimi, mohon normat morale, fenë, familjen. Ne nuk duam vërtet që në Rusi të kemi "prindin numër një, dy, tre" në vend të

"mamit dhe babit" dhe perversitete që çojnë në degradim dhe zhdukje, që u imponohen fëmijëve në shkolla, duke supozuar se ka disa gjini, përveç grave dhe burrave? Për ne kjo është e papranueshme. Ata mohojnë vlerat e vullnetit të popullit, të familjes, të fesë, ndërsa shumë popuj refuzojnë një botë unipolare dhe luftojnë për sovranitetin e tyre. Nëse e konsideroj Rusinë atdheun tim, do të thotë se e dua në rusisht, mendoj dhe mendoj, këndoj dhe flas në rusisht, se besoj në forcën shpirtërore të popullit rus, shpirti i tyre është imi, fati i tyre është fati im, vuajtja e tyre është dhimbja ime, lulëzimi i saj është gëzimi im..." – **Vladimir Putin**, President i Federatës Ruse.

Globalistët komunistë ndërkombëtarë: *Big Tech, Big Media, Deep State, Cabala, Joe Biden* etj., **mbasi deshtuan me Plandeminë Globaliste të Virusit Kinez,** tani kanë në dorë kartën e fundit të turpshme, *për të futur me çdo mjet dhe rrugë popujt në Luftën e Tretë Katastrofike Botërorë.*

E gjithë kjo bëhet për të pakësuar deri në 90% numërin e popullsisë së botës, në rrugë dhe forma të ndryshme, që shumë herë me logjikë normale këtë sherrbudallësi nuk ia merr asnjëherë as mendja e zgjuar e njeriut...

Dhe ketë gjë apo *ide shkatërrimtare apokaliptike, pa pikë turpi e kanë deklaruar edhe antarët e Forumit Ndërkombëtar (Botëror) të Ekonomisë, sa herë që mblidhen, për të bërë planet e kobshme të shkatërrimit biblik, të njerëzimit në planetin tonë.*

Idea e tyre e çmendur egoiste, është shumë absurde dhe kriminale, sepse *sipas tyre në planet nuk duhet të jetojnë më shumë se 500.000.000 banorë, në 5 kontinentet e banuara aktualisht dhe normalisht deri më sot.* Pra, ata *janë shprehur hapur, për zhdukjen kriminale të 7.5 billion banorëve nga planeti ynë,* sepse gjoja nuk janë kushtet ekonomike, fnanciare, pasuritë mbi dhe nëntokësore, uji i pijshëm, shërbimi shëndetësor, standarti i jetesës, varfëria në disa kontinente dhe shumë shtete të botës së tretë etj. etj.

Dhe këto kriminelë apo terroristë ndërkombëtarë, me kollare dhe pozitë të lartë shtetërore, politike dhe shoqërore, fatkeqsisht të mirëedukuar në universitete prestigjioze botërore britanike dhe amerikane, *për fatin e keq të njerëzimit sot, nuk arrestohen për komplote dhe organizimin e hapur të Plandemisë së krimit më të lartë, kundër planetit dhe njerëzimit.*

Ata kërcënojnë hapur dhe pa pikë turpi (ditën për diell) dhe para kamerave prestigjioze të botës, kur deklarojnë teoritë e tyre gjenocide dhe absurde të pakësimit të popullisë, *duke qenë edhe kundër vullnesës së Zotit.*

Fatkeqsisht, vetë papa i Romës Francesco I, me idenë e adhurimit të globalizmit dhe barazisë së shoqërive në shtete të ndryshme të botës, aktualisht është i brymosur qysh në rini me idetë komuniste, të cilat mbisundojnë sot në Vatikan...

Ai është në të njëjtën linjë, me shumë lider të tjerë të feve të ndryshme në botë, të cilët si oportunistë dhe servilë heshtin dhe në një farë mënyrë janë 100% dakord, me aktin më të madh terrorist sot. Ato disa herë kanë bërë bekime dhe lavdërime hiperbolizuese të turpshme, të paloforumeve, me konferenca shterpe të shtypit apo intervista, para mediave globaliste majtiste botërore, që sot diktojnë planet e mbrapshta të Deep State, Cabala, Big Tech, Big Media, Bashkimit Europian, Parlamentit Europian, presidentëve dhe qeverive ultra të majta nga Veriu në Jug dhe nga Lindja në Perëndim...

Kjo ndodh fatkeqsisht, se në krye të "drejtësisë" kudo në botë, sot janë antarët e Deep State, Cabala etj., të cilët kanë të njëjtit ide me kriminelët manjakë të çmendur, si: ekonomistë, bisnesmenë, Big Tech, Big Media, financierë, politikanë etj., të deklaruar hapur sot.

Ato akuzojnë sot njerëzit e ndershëm, gjoja për përhapjen e teorive të konsipiracionit, sa herë që zbulohen me fakte dhe prova planet e tyre të shkatërrimit të ekonomisë, demografisë, financave kudo në botë, sepse duan t'i fusin popujt dhe shtetet në kaos dhe nën suazën e Bankës Qendrore Botërore si pjesë e Deep State.

Një ndër idetë e tyre të turpshme, është edhe ajo që Organizata Botërore e Kombeve të Bashkuara **(OKB-ja), të krijojë dhe drejtojë si qeveri botërore kudo,** duke shkrirë kufijtë, qeveritë dhe organizimin shtetëror të ndryshëm kudo, **duke i kthyer njerëzit gradualisht në shifra numerike,** të drejtuar nga laboratorët e robotëve me chip (me kode numerike), si qenie pa vlerë dhe pa ndërgjegje...

Kthimi i Ukrainës në tokë të djegur nga të huajt

Duhet thënë, për hir të së vërtetës historike, se Ukraina nuk përbën kërcënim për Sigurinë Kombëtare të asnjë shteti europian dhe as vetë SHBA-së, sepse ajo gjeografikisht ndodhet me kufij tokësor dhe detar dhe ajror disa qindra milje larg nesh (Amerikës)...

Atëherë pse NATO e i papërgjeshmi dhe i pavetëdijshmi menderisht dhe fizikisht kryepolici Joe Biden, kërkon të hyjnë në luftë apokaliptike me pasoja biblike, me një shtet demokratik si Federata Ruse, kur ajo nuk përbën Kërcënim të Sigurisë

Kombëtare të askujt!?

Mendoj, se argumenti për të hyrë patjetër në luftë me shtetin federal rus (*që nuk do të bëhet me chip skllavi numerik i pavetëdijshëm i Bankës Globaliste Botërore, OKB-së*), është një synim dhe logjikë idiote dhe absurde e cila totalisht stonon me kohën dhe faktet historike.

Gjatë kohës së Luftës së Dytë Botërore (WWII), dihet se SHBA-ja, Anglia dhe Franca, i shpallën me vonesë luftë Gjermanisë Naziste të Adolf Hitlerit... dhe fatmirësisht e fituan atë si pasoj e efektit domino në shtetet në Perëndim të Europës.

Historia, me përvojat pozitive dhe negative, duhet thënë ashtu sikurse ka ndodhur në realitet, se asokohe Rusia komuniste e diktatorit kriminel bolshevik Josif V. Stalin (*i cili brutalisht ka vrarë mbi 40 milion njerëz të pafajshëm, gjatë dhe pas luftës në fjalë*), kishte kohë që po luftonte në frontin e saj perëndimorë (*në kufi me trupat nazi gjermane*), që asokohe kishin përqendruar 80% e forcave, armatimeve të rënda dhe divizione masive ushtarake të tyre si **trampolineedhe në Ukrainë**, për të shkatërruar totalisht shtetin federal boleshevik të ish Bashkimit Sovjetik. Ata në fillim të sulmit të papritur dhe rrufeshëm, kishin përparuar shumë shpejt dhe arritën sipas planit ushtarak të paramenduar shumë mirë të afroheshin me trupa ushtarake shumë afër qytetit të madh të Moskës...

Në veri të Europës ose me saktë në Veri të Francës (Normandi), nazistët asokohe kishin përqendruar vetëm 5% të ushtrisë së tyre, kundër 3 shteteve aleate anti-naziste, që cituam më lart.

Fitorja e merituar në zonën bregdetare franceze, i buzeqeshi me të drejtë tre forcave aleate, që më pas për dekada deri më sot, këtë luftë të papërfillshme (*në krahasim me atë të sovjetikëve*) e pompuan dhe frynë me shumë me heroizma propagandistike, si: filma, dokumentarë non stop 24/7 ndër dekada...

Në atë kohë ish B.S., luftën e madhe masive anti-nazi me përqindje të madhe, po përballonte e vetme me njerëz dhe armatime. Kjo dëshmohet edhe nga kronistët historikë të kohës, për të cilën është shkruar edhe në librin: "*10 goditjet staliniane*", e cila është e botuar edhe në anglisht.

Afrimi i shpejtë i stinës së dimrit me borë të madhe dhe fillimi i ngricave të acarta dhe ngrirja e shpejtë e lumit të famshëm Vollga etj., (*mbasi nëna natyrë, u bë si aleat i favorshëm në frontin e luftimeve të përgjakshme*), i solli në derë fatin e suksesit të madh popujve bolshevik të ish B.S... Ato po luftonin e vetme në frontin e parë lindor, përballë 80% të trupave naziste gjermane, me armatime moderne ushtarake të kohës...

Ish Bashkimi Sovjetik, arriti më në fund të mposhtë totalisht trupat naziste dhe si kundërpeshë e hakmarrje trupat e irrituar bolshevike sovjetike hynë deri në kryeqytetin e vendit në Berlin dhe e kthyen atë shpejt në gërmadh dhe hi, duke vrarë me qindra dhe mijëra njerëz të pafajshëm familje të ushtarëve gjermanë asokohe…

Ato e aneksuan Gjermaninë Lindore, menjëherë (*sipas Marrëveshjes së Katër Shteteve apo Fuqive të Mëdha Fituese të Luftës*), dhe e kthyen në territor dhe ideologji sovjetike, për shumë dekada deri në vitin 1989, kur ndodhi edhe rrëzimi i **Murit të Madh** (*nga Presidenti amerikan republikani Roland Regan dhe Sekretari i Parë i Partisë Komuniste të Bashkimit Sovjetik Michael Gorbacov*), të vendosur mes dy shteteve gjermane… (*Republika Demokratike Gjermane (RDGJ) me kryeqyteti Berlinin dhe që kontrollohej nga forcat komuniste bolshevike sovjetike dhe Republika Federale Gjermane (RFGJ) me kryeqytet Bonin dhe që kontrollohej asokohe nga forcat aleate të luftës anti-nazi, si: SHBA, Anglia dhe Franca*)

Sot në vitin 2023, Kancelari majtis globalist kristiandemokrat (CDU) i shtetit gjerman, u shpreh i gatshëm të ndihmoj Ukrainën (**dikur pro nazi**) me dërgimin e armëve të tyre kërcenuese ose më saktë të tankeve (*sikurse kishin bërë me qindra dhe mijera tanke gjermane, gjatë kohës së zezë së nazizmit gjerman të WWII*), duke hyrë kështu në një rrugë pa krye ose më saktë direkt në një luftë, që s'ka të bëj me te dhe Sigurinë Kombëtare të Gjermanisë.

Eshtë hera e dytë në histori, që tanket ushtarake gjermane hyjnë në Ukrainë, jo si mjete ushtarake paqësore, por si fuqi ushtarake lufte, përballë ushtrisë federale ruse.

Këtë gjë e përmendi këto ditë edhe Presidenti rus Vladimir Putin, duke thënë para mediave botërore, se tanket gjermane po hyjnë në Ukrainë, për të ndihmuar **Batalionin Neo-Nazi Azov**, që vepron ligjërisht me uniforma dhe simbole ushtarake naziste (*suatika, SS, flamuri nazi, librat propagandistik dhe rivlerësimi i figurave dhe historisë së nazi*) në vend prej shumë vitesh, *ditën për diell dhe para syve të mediave dhe qeverive të Europës dhe regjimit komunist Obama-Biden 3…*

Ukraina deri tani nëmuajin maj të vitit 2023, ka humburmbi 362 aeroplanë, mbi 192 helikopterë, mbi 2719 makina transportuese ushtarake, mbi 399 makina që mbajnë armatime bombarduese, 7.222 raketa ajrore, tanke dhe makina të tjera ushtarake, mbi 935 makina rakethedhëse, mbi 3704 altileri të rënda, mbi 7737 armë dhe mortaja të tjera, si dhe makina ushtarake të lehta dhe të rënda, deklaron **Ministri i Mbrojtjes së Federatës Ruse Lejtnant Gjeneral Igor Konashenkov.**

Nga ana e tjetër, në ditët tona, dihet botërisht se për shumë dekada ish B.S. komuniste dhe *Federata Ruse postkomuniste, ka furnizuar sistematikisht dhe pa ndërprerje në masën 70% me gaz natyrorë popullin gjerman* nga tubacionet, që vijnë nga territori rus dhe kalonin në rrugën ujore të Detit Balltik deri në Gjermani…

Këto tubacione në vitin 2022, u hodhën në erë, menjëherë, mbas deklarimit të regjimit komunist personal të vetë Joe Biden "paqedashës",**se ato** *(tubacionet)nuk do t'a kishin jetën e gjatë* dhe më vonë u përsëriten edhe nga zedhënësit e tij.[154][155]

Administrata Biden, përgjegjëse direkte për shkatërrimin e tubacionëve të gazit Rusi-Gjermani

*"...Një ngjarje shumë më e rëndësishme në planin afatgjatë, ishte njoftimi se gazsjellësit Nord Stream I & II, që dalin nga Rusia (që unë e solla në vëmendjen e botës si President, kur shpjegova se sa dëmtuese mund të ishte mbështetja në të për Gjermaninë dhe pjesë të tjera të Evropës. Të gjithë qeshën në atë kohë, por ata nuk po qeshin më!) është Sabotuar. Kjo mund të çojë në përshkallëzim të madh, ose në luftë!" - **Presidenti Donald J. Trump***

Joe **Biden**, në emër të regjimit të tij, para mediave globaliste me siguri dhe besueshmëri të lartë, kishte premtuar më 7 shkurt 2021: *"Nëse Rusia pushton, kjo do të thotë që tanket ose trupat do të kalojnë, përsëri kufirin e Ukrainës, atëherë ne, nuk do të kemi më një Rrjedhës Verior 2. Ne do t'i japim fund."*

(Gazetarja) Pyetje: **Por si do t'a bëni - si do ta bëni këtë saktësisht, pasi projekti dhe kontrolli i projektit është nën kontrollin e Gjermanisë?**

Joe Biden: **Ne do - ju premtoj, ne do të jemi në gjendje ta bëjmë atë.**

Ky veprim i turpshëm dhe hipokrit anti-human dhe anti-ekonomik, u shfaq për miliona gjermanë dhe europianë të tjerë, që përfitonin gaz natyror të lire vazhdimisht prej shumë vitesh nga Federata Ruse. Sot po-

---

[154]**Kapinova, Klajd, "Trump kishte të drejtë për gjithçka", "***Ne, do t'i japim fund tubacioneve të gazsjellësit rus Nord Stream 1 dhe 2." –* **Joe Biden,** *fatkeqsia e jonë kombëtare,* New York, 2023, **Amazon.com books, Barnes and Noble.com books** etj.

[155]https://www.youtube.com/watch?v=y_NT_6TRqWQ

pulli gjermanë e blen gazin natyrorë nga shtete të tjera 8 herë më shtrenjte, se të njëjtin gaz natyrorë, qe u vinte në shtëpitë e tyre nga tubacionet e investimeve të përbashkëta gjermano-ruse.

Kjo është shenja e respektit me falënderim apo mirënjohje të thellë publike ndërkombëtarë, që **ish-ministri polak i Mbrojtjes dhe eurodeputeti aktualglobalist i Parlamentit Europian Radek Sikorski**, *ia atribuon me krenari drejtpërdrejtë SHBA-së*, menjëherë mbas sabotimit me shpërthime katastrofike apokaliptike, në thellësi të ujërave të detit Baltik[156]të tubacioneve të gazsjellësit **Nord Stream 1 dhe 2** (në tre pika të ndryshme), të cilët transportojnë pa ndërprerje gaz natyror nga **Rusia** (*Vyborg, St. Petersburg, Ust-Luca*) **në drejtim tëGjermani** (*Greifswald*).[157]

Gazi po rrjedhte nga dy tubacionet ruse Nord Stream. Nord Stream 1, **i cili ka qenë operacional dhe kritik, për Sigurinë Energjetike të Evropës, dhe Nord Stream 2, që ishte projekti i ëndrrave të Rusisë**.[158]

Biden, i shpalli luftë energjetikës amerikane, sapo mori detyrën në janar të vitit 2021. Është disi ironike, që ai ndezi gazsjellësin Nord Stream 2 për rusët, por më pas vrau tubacionin amerikane në kufi me Kanadanë Keystone XL këtu dhe ata pezulluan qiratë e naftës dhe gazit natyror në tokat tona federale.[159]

Rrjedhje të shumta zbulohen në të njëjtën kohë nëpër dy tubacione të ndryshme, ku asnjëra prej tyre nuk duket e natyrshme. *SHBA-ja mund të fitoi shumë, nëse linjat energjetike midis Rusisë dhe Evropës do të dëmtoheshin strukturisht.*[160][161][162][163][164]

---

[156]**Baltic Sea**, është një krah i Oqeanit Atlantik, i rrethuar nga Danimarka, Estonia, Finlanda, Gjermania, Letonia, Lituania, Polonia, Rusia, Suedia dhe Rrafshina e Evropës Veriore dhe Qendrore.

[157]https://www.youtube.com/watch?v=RxYag4oBtXk

[158]https://www.youtube.com/watch?v=i1hxMUQOd_g

[159]https://www.youtube.com/watch?v=OMcs_j6gk1g

[160]https://www.youtube.com/watch?v=OMcs_j6gk1g

[161]https://www.youtube.com/watch?v=OMcs_j6gk1g

[162]https://www.youtube.com/watch?v=OMcs_j6gk1g

[163]https://www.youtube.com/watch?v=OMcs_j6gk1g

[164]https://youtu.be/weCuz0wtEtU

*"Nëse Rusia pushton Ukrainën, në një mënyrë ose në një tjetër, Nord Stream 2 nuk do të ecë përpara." - **Viktoria Nuland**, zv/Sekretare e administratës Biden*

Nga ana e tjetër, vetë Joe Biden, në një takim me mediat vendase dhe ndërkombëtare në Shtëpinë e Bardhë, së bashku me kancelarin e ri gjerman, *premtoi hapur më 7 shkurt 2022, se do të parandalonte funksionimin e Nord Stream 2, nëse do të shpërthente një konflikt Rusi-Ukrainë.* [165]

Nëse Presidenti Trump do të ishte në këtë situatë, ai menjëherë do hidhej në gjyq për Shkarkim nga Big Media, Big Tech, Kongresi dhe Senati Amerikan, i kontrolluar fatkeqsisht nga ato dhe komunistët fanatikë amerikanë.[166]

Regjimi komunist Biden realizoi katastrofën e Ngrohjes Globale

Këto janë titujt kryesorë të shumë kanaleve televizive dhe gazetave të pavarura online, mijëra websiteve të pavarura, që nuk kontrollohen nga qeveria dhe shtetet socialiste globaliste kudo në botë, si dhe në Europë dhe SHBA.[167]

Më 28 shtator 2022, **AP** mbanste titullin editorial: "**Rrjedhje rekord metani nga tubacionet e dëmtuara të Detit Baltik**" dhe raportoi, se: *"Rrjedhja e metanit nga tubacionet e dëmtuara Nord Stream 1 dhe 2, ka të ngjarë të jetë shpërthimi, më i madh katastrofik (apokaliptik) i gazit të fuqishëm serrë në histori, deri tani,"* thotë **Andrew Baxter.**

Eksperti **Andrew Baxter**, është një inxhinier kimik, i cili, më parë ka punuar në industrinë e naftës dhe gazit në det të hapur dhe tani është në grupin mjedisor EDF. I pyetur nga media ndërkombëtare, ai tepër i tronditur nga ngjarja shkatërruese ekologjike me pasoja tragjike, tha: "**Është katastrofike për klimën.**" Ai vuri në dukje se metani "**është 82,5 herë më i fuqishëm se sa dioksidi i karbonit, në thithjen e nxehtësisë së diellit dhe ngrohjen e Tokës.**"[168]

Presidenti rus **Vladimir Putin**, kishte synuar përfundimisht (dhe

---

[165]https://www.youtube.com/watch?v=L6-LCAvMH4A
[166]https://www.youtube.com/watch?v=L6-LCAvMH4A
[167]https://www.youtube.com/watch?v=L6-LCAvMH4A
[168]https://www.youtube.com/watch?v=L6-LCAvMH4A

ndoshta së shpejti), që gazi në Evropë të rrjedhë përsëri, dhe u tha vendeve të BE-së më 16 shtator, **"Vetëm hiqni sanksionet mbi Nord Stream 2, që është 55 miliardë metra kub gaz për vit, thjesht shtypni butonin dhe gjithçka do të shkojë mirë."**[169]

Më 28 shtator 2022, South Front, titulloi shkrimin e saj editorial: *"Nuk ka rrugë kthimi për Evropën"* dhe raportoi: **Me arsye dyshohet se gazsjellësi është hedhur në erë nga shërbimet speciale të Shteteve të Bashkuara, për të ndaluar përfundimisht furnizimin me gaz në Gjermani nga Rusia."**

Më 27 shtator 2022, një shkëputje e anijeve luftarake të udhëhequr nga **anija sulmuese amfibe amerikane USS Kearsarge**, raportoi për përfundimin e detyrave të tyre në zonën e sabotimit të supozuar në Detin Baltik dhe u drejtuan për në Detin e Veriut.

Që nga fillimi i shtatorit, në zonë vërehet një aktivitet i dyshimtë nga helikopterët anti-nëndetëse të Marinës Amerikane. Në ditët e fundit, aktivitetet e zbulimit të avionëve të NATO-s, janë intensifikuar ndjeshëm, në zonën e Detit Baltik.

Në veçanti, **një avion zbulues amerikan Boeing E-3 Sentry**, ishte në patrullë të vazhdueshme mbi shtetet baltike dhe **një US Joint STARS, u vu re mbi Gjermani dhe Poloni.**

Federa Ruse, i kërkon BE-së të trajtojë SHBA-në si të dyshuar për sabotim të qëllimshëm të tubacioneve

Infrastruktura nënujore, që sjell gazin rus direkt në Gjermani, u dëmtua në atë që shumë besojnë të jetë një sulm klandestin i mirëorganizuar.

Zëdhënësja e Ministrisë së Jashtme ruse **Maria Zakharova**, ka pyetur se kë synon të ndëshkojë BE-ja me *"përgjigjen më të fortë të mundshme"*, për dëmtimin e tubacioneve të gazit Nord Stream.

Diplomati, tha se ish-ministri i Jashtëm i Polonisë e ka identifikuar tashmë SHBA-në si pale konkrete faktike, pas sabotimit të dukshëm. **Radoslaw Sikorski**[170], është i lidhur mirë me elitat e Washington-it, përmes

---

[169] https://www.youtube.com/watch?v=L6-LCAvMH4A

[170] **Radosław Tomasz "Radek" Sikorski (1963)**, është një politikan dhe gazetar polak, anëtar i Parlamentit Evropian. Ai ishte Marshall i Sejmit në vitet 2014-2015, Ministër i Punëve të Jashtme në kabinetin e Donald Tusk në vitet 2007-2014. Ai shërbeu si z/ministër i Mbrojtjes Kombëtare (1992), z/ministër i Punëve të Jashtme (1998-2001) dhe ministër i Mbrojtjes Kombëtare (2005-

punësimit të tij, në institute të ndryshme si mendimtar.

Dy tubacionet Nord Stream 1 dhe 2, u dëmtuan rëndë në 3 zona të ndryshme këtë javë, në atë që saktësohet me fakte, se ishte një sulm i qëllimshëm amerikan.

Presidentja e Komisionit Evropian **Ursula von der Leyen** tha se: "Ky është një aksion sabotues" dhe paralajmëroi, se *"çdo ndërprerje e qëllimshme e infrastrukturës aktive të energjisë evropiane, është e papranueshme dhe do të çojë në reagimin më të fortë të mundshëm."*

Zakharova, pyeti se për kë do të zbatohej saktësisht paralajmërimi. *"Nuk e kuptoj. Eurodeputeti Sikorski falënderoi SHBA-në për atë që kishte ndodhur, kështu që kë po kërcënon Ursula atje!?"*, ka shkruar ajo në rrjetet sociale.

Pas dëmtimit të tubacioneve 1 dhe 2 të Rrjedhës së Gazit në Veri të Europës, presidenti rus **Vladimir Putin** tha se *"do të duhet të bisedojë me vendet që kontrollojnë rrugën alternative, për të rifilluar furnizimet"*.

Deri më sot, **Nuk** ka pasur vazhdimisht kërcënime nga disa vende perëndimore, kundër tubacioneve ruse nënujore, veçanërisht Nord Stream 2, para dhe pas fundit të shkurtit 2022, kur Moska dërgoi trupat special, në mbrotje të shtetasve të vet, në Ukrainën Jug-Lindore.

Sekretari amerikan i Shtetit Antony Blinken, komentoi incidentin, duke deklaruar se sulmi i tubacioneve ruse ishte *"në interesin e askujt* **(përveç SHBA-së)"**.

Ish-ministri i Jashtëm polak Sikorski, falënderon SHBA-në, për dëmtimin e Nord Stream Sipas Radoslav Sikorsky, ajo kufizon hapësirën e Rusisë, për manovrim Varshavë, 28 shtator. (**TASS**).

Më parë, tre rrjedhje u zbuluan në tubacionet Nord Stream dhe Nord Stream-2, brenda disa orësh nga njëra-tjetra. E para prej tyre u zbulua në Nord Stream 2, pranë ishullit danez të Bornholm. Më pas, dy rrjedhje u zbuluan në Nord Stream.

2007). Ai është diplomuar në Pembroke College, Oxford, në vitet 1986-1989, ku ai punoi si gazetar për The Observer dhe The Spectator dhe në vitin 1986 ishte korrespondent lufte në Afganistan. Në vitin 1989, ai raportoi për konfliktin në Angola. Në vitet 2003-2005, ai ishte anëtar i institutit konservator të Institutit Amerikan të Ndërmarrjeve. Në vitin 2012, ku ai u përfshi në listën e Top 100 Mendimtarëve Global 2012, të publikuar nga revista Foreign Policy. Në vitin 2015, ai u bë anëtar i lartë në Qendrën për Studime Evropiane të Universitetit të Harvardit. Ai është anëtar i lartë i rrjetit në Rrjetin Evropian të Lidershipit (ELN).

Agjencia daneze e energjisë, raportoi se një sasi e madhe gazi ka rrjedhur në det, duke sjell shqetësime në mjedis, ku**sizmologët suedezë më vonë thanë se kishin regjistruar dy shpërthime**, përgjatë rrugëve të gazsjellësit, të cilat janë katastrofike për ekologjinë e mjedisit dhe ngrohjen e përgjithshme globale të planetit tonë.

Avionët dhe anijet,asokohe ishin urdhëruar që të qëndrojnë të paktën pesë milje detare larg nga vendi i incidentit.

Zyrtarët amerikanë të regjimit komunist, që gabimisht ndodhen sot në zyrën ovane në Washington D.C., duhet të pranojë rolin e tij si sabotatorë, në rrjedhjet e gazsjellësit Nord Stream, tha në një konferencë për shtyp zëdhënësja e Ministrisë së Jashtme ruse Maria Zakharova."*Në çdo rast, Shtetet e Bashkuara duhet të shpjegojnë veten dhe të rrëfejnë në fund të fundit. Dhe çfarë po ndodh këtu? Pse po ia delegojnë këtë ish-Ministrit të Jashtëm polak zotit Radoslaw Sikorski, i cili, si eurodeputet, falënderoi Shtetet e Bashkuara, për incidentin në tubacionet e gazit rus nga thellësia e zemrës së tij, dhe ne e shohim tani se çfarë lloj zemre ka ai"*, tha diplomatja.

Sipas investigimeve emergjente në terren, është zbuluar se janë konstatuar katër rrjedhje të tubacionit të gazit Nord Stream, ku më e fundit është identifikuar nga roja bregdetare e Suedisë.[171]

Më herët, kompania **Nord Stream AG raportoi,** se tre fijet e tubacioneve të gazit Nord Stream 1 dhe 2 në det të hapur (Baltik), kishin pësuar dëmtime shumë të mëdha dhe të papreçedentë tesh 20 vjet shërbimi publik, për shtetet europiane dhe Gjermaninë në veçanti e cila merr 70% të gazit natyror, për nevojat e popullisë së saj.

Sipas agjencisë së lajmeve **TASS**, mësohet se kontaktet mes Rusisë dhe Bashkimit Evropian, nuk janë ndërprerë zyrtarisht, tha zëdhënësja e Ministrisë së Jashtme ruse *Maria Zakharova*, në kanalin **YouTube Soloviev Live**.

---

[171]Last June, the Navy divers operating under the cover of a widely publicized mid-summer NATO exercice known as Baltops 22, planted the remotely triggered explosives that, three months later destroted three of the four Nord Stream pipelines, according to a source with direct knowledge of the operational planning. Seymour Hersh Aaron Mate, The Grayzone, Prior to the explosion, Biden admin and Nuland threatened to end Nord Stream 2, **Tucher Carlson Show, Fox News.**

Ëndrra e keqe e historisë

Mos të harrojmë, se nga nëna histori dijmë, se edhe vetë trupat aleate të SHBA-së të kohës së Presidentit **Franklin Delano Roosevelt (1882-1945)** dhe kryeministrit të Britanisë së Madhe **Sir Winston Leonard Spencer Churchill (1882-1965)**, me aviona bombarduan vazhdimisht në të gjitha drejtimet me ose pa të drejtë kryeqytetin gjerman Berlinin dhe lanë aty mbi 100.000 njerëz të vdekur, duke përfshirë të gjithë grupmoshat e papërfshirë në luftë, me idenë apo pretendimin absurd, se *"çdo gjerman, është nazi"*...

Pas fitores së WWII, ish Bashkimi Sovjetik, me në krye diktatorin Stalin, asokohe krijoi eufuri dhe epërsi propagandistike dominuese totale internacionale, tek rinia botërore, me ideologjinë e saj shterpe dhe trushpërlarëse komuniste, duke i shtrirë tentakulata e saj kancerogjene shumë thellë Europës dhe arriti fatkeqsisht deri në SHBA, ku admirimi pa ndërgjegje për Marksin, Englesin, Lenin, Stalinin dhe komunizmin sharlatan të sovjetëve u rrit dhe zgjerua shumë si një sëmundje e frikshme...

Në shtetin e New York-ut dhe më saktë në kryeqendrën metropolitane të multikulturës botërore qytetin New York, NY (Manhattan), forcat e majta komuniste dhe vetë Partia Komuniste Amerika, bënte parakalime histerike me fotot gjigande, me parullat dhe pankartat neveritëse të trushpërlarjes, për adhurimin deri në idotësi të filozofëve dhe ideologjisë së tyre të klasike të marksizëm-leninizmit...

Ky ishte një zhgënjim drastik, për kontinentin e plakur të Europës, forcat anti-komuniste dhe nacionaliste atdhedashëse, e cila i kishte varur shpresat tek **"demokracia, liria dhe të drejtat e njeriut"**, sipas stilit dhe Kushtetutës Amerikane.

Kjo bëri, që Europa Lindore dhe Qendrore dhe Jug Perëndimore (*përfshi edhe Shqipërinë e diktatorit Enver Hoxha alis Dullës dhe Kosovën e kontrolluar asokohe nga komunistët vendas si veglë qorre Fadil Hoxha dhe Presidentin e Jugusllavisë Josif Broz Titos*) të shkas fatkeqsisht shpejt në komunizmin konglomerat sharlatan bolshevik-kinez-shqiptar...

Mirëpo në Hemisferën Perëndimore asokohe, patriotët republikanë amerikanë, që fatmirësisht kontrollonin dy dhomat e Kongresit, si: Dhomën e Përfaqsuesve ënë Kongresin Amerikan dhe Senatin, përmes lëvizjeve të shpejta financiare (fondeve) dhe ideologjikë (propagandistike) anti-komuniste shpetuan *Mrekullisht* Europën Perëndimore (*dhe posaçër-*

isht dhe fatmirësisht Greqinë e vlerave botërore të ONESCO-s... e cila gati sa nuk ka në duart e komunistëve kriminelë... të mbështetur edhe nga regjimi komunisto-fashist i dullës apo Enver Hoxhës, gjatë viteve të ripushtimit 1944-1990), përmes **Planit Marshall,** në dobi të Perendimit të Europës, e cila e shpëtoi atë fatmirësisht pa u përpi nga stuhia dhe kuçedra komuniste e Stalinit...

Zjarrvënja dhe Lufta botërore mes shteteve demokratike

Nga burimet historike, mësojmë se në atë kohë qëllimi dhe motivi i Luftës së Dytë Botërore (WWII), ishte i justifikuar, për të mposhtur me vendosmëri fashizmin italian (Duçen), nazizmin gjerman (Hitlerin) dhe militarizimin japonez (Perandorin)...

Por sot, dihet nga të gjithë shumë mirë, se nuk ka shtete nazi apo fashiste dhe se nuk ka gjithashtu objekt me gisht tregues apo arsye të fortë bindëse, për të bërë një luftë të re botërore mes shteteve demokratike, mbasi për të filluar një Luftë të Re Botërore, duhet të kesh motivimin e fortë dhe objektivin konkret, për të bërë mobilizimin e popujve, për vetëvrasje apo ketë gjakderdhje me kasaphane masive, aq të dashur sot, për manjakët e sëmurë mendërisht dhe kokëtredhurit politikanë globaliistë...

Në ditët tona, dihet nga të gjithë se **Italia**, është shtet demokratik e i **de-fashtistizuar** prej dekadash; **Gjermania Federale**, është shtet demokratik pruralist e i **de-nazistifizuar** prej dekadash dhe **Japonia,** po ashtu si shtet monarkik-perandorak, është aktualisht i **de-militarizuarnga idetë raciste, fashiste dhe nazi.**

Në **Gjyqin e Nurembergut**, dihet botërisht se për shumë dekada, shumë ish bashkëpunëtorë dhe kriminelë e lartë ushtarakë të kohës së Luftës së Dytë Botërore, janë nxjerrë para gjyqit ndërkombëtar dhe janë denuar me burgim të përjetshëm, pushkatim apo varje në litar, kurse të tjerët janë arrestuar nga qeveritë e shteteve të ndryshme si në SHBA, Europë dhe nga vetë Izraeli, që pas ish Bashkimit Sovjetik, kishte humbjen më të madhe të popullisë së saj.

Ata janë arrestuar në shtetet ku ata kanë shkuar, për t'i shpërtuar arrestimit kryesisht në vendet e Amerikës Latine, si në: Argjentinë, Brazil, Uruguaj, Paraguaj, Kili, Venezuela, Honduraz, SHBA, Europë (me emra të ndryshme ose me emrin e tyre original) etj., duke jetuar në zonat periferike, larg vëmendjes së medias dhe vetë qeverive të shteteve, ku ata kanë shkuar, pas kapitullimit të nazizmit dhe fashizmit...

Atëherë ku janë dy blloqet e mëdha kundërshtare fashiste apo naziste, që duhen për luftë globale kundër tyre!?

Sot nga historia, ka mbetur jehona negative e Ukrainës, e cila gjatë Luftës së Dytë Botërore, ishte aleati më i ngushtë i nazistëve gjermanë dhe **në Kiev etj., kishte mbi 85.000 ushtarë nazi besnik të togave speciale SS**, të cilët asokohe *kanë bërë krime brenda Ukrainës, duke vrarë bashkëvendas ose më saktë mbi 35.000 ebrej si dhe rus, polakë, ukrainas, hungarez, bjellorus etj.*, që ndodheshin si pakica kombëtare brënda këtij shteti sllavo-orthodox, të ish Perandorisë Ruse deri në fillim të shekullit XX...

Ukraina asokohe, ishte e ndarë në dy fronte lufte, admirimi dhe mbështetjeje politike dhe ushtarake: *njëra që përkrahte dhe adhuronte deri në vdekje nazistët gjermanë dhe pjesa tjetër me Ushtrinë e Kuqe bolshevike të ish Bashkimit Sovjetik.* Ajo në të dy krahët (rrymat e luftës politike dhe ushtarake), fatkeqsisht ishte viktimë dhe sipas burimeve historike pësoi viktima të shumta në numër.

Edhe pas WWII, diktatori fashisti i kuq gjeorgjian J.V.Stalini, iu versul me tërbim popullit ukrainas, duke bërë gjenocid të madh me miliona vetë dhe internuar edhe në kampet e punës së detyruar (përqendrimit) dhe vdekjeve të ngadalshme, por të sigurtë...

Ukraina, shteti më kontraversal në Europë dhe botë

Sot fatkeqsisht, në Ukrainë para syve të Europës "demokratike" dhe SHBA-së miope vepron Batalioni Neo-Nazi AZOV, e cila ka pushtet ekonomik, ushtarak, biznes, dhe poste të larta kudo brenda vendit.

Në një vend konsevaor dhe me tradita sllavo-orthodox-e ruse, ish mbështetësi kryesor i ushtrisë naziste gjermane, gjatë kohës së WWII, dhe në ditët tona, me një admirim shembullor, pothuajse të lartë për nacional-istët ekstremistë dhe neo-nazistë e *Stepan Banderës*, sot Presidenti i vendit është një ish **aktor komik Vladimir Zhelinski**, me origjinë ebreje, i cili, vjen nga një familje e mbijetuar nga masakrat e WWII, ndaj pakicës ebreje, që jeton në Ukrainë...

Për më tepër, një aspekt tjetër kontraversal, është fakti se nazisti dhe nacionalisti ekstremist **Stepan Bandera, është shpallur Hero Kombetar i Ukrainës (2010),** kur dihet se ai dhe disa të tjerë kanë bërë krime (Geno-cide).

Ato janë themeluesit e mbështetësit kryesor të nazizmit, gjatë periu-dhës së Luftës së Dytë Botërore... e më pas me krijimin dhe rigjallërimin neo-nazizmit masiv në vend, pas shpërberjes së ish Bashkimit Sovjetik, kur Ukraina fiton Pavarësinë… *Ai, është sot idhull-simbol kombëtar shumë i nderuar dhe respektuar në vend…*

Pas viteve 1990, me shpërbërjen e ish Bashkimit Sovjetik, në Ukrainë u bë 100% zëvendësimi i të gjithë toponimeve, emrave të qyteteve, lagjeve, shkollave, rrugëve, urave, qendrave sociale dhe kulturore, stadiumeve etj., me emrat dhe simbolet e nazizmit gjerman, për të nderuar dhe respektuar edhe më shumë paraardhësit e tyre kriminel nazi, në këtë shtet sllav, orthodoks dhe ish komunist…

Idhulli kryesor më i nderuar dhe respektuar Stepan Bandera, ka sot monumente, lapidare, buste, libra etj., dhe për hir të tij janë organizuar disa herë marshime natën me flakë në dorë (**si dikur në Gjermani, gjatë viteve 1930…**), me pjesëmarrjen e qindra dhe mijëra admiruesve dhe pasuesve të tij… Kjo ka ndodhur në mes të Europës "demokratike" në ditët tona dhe para syve të qeverive dhe presidentëve republikanë dhe demokratë amerikanë prej disa dekadash…

Turpi i ri, është bërë ndërkombëtarisht publik sot, me dërgimin e armëve të rënda si **tanke M1-Abrams amerikane. Së bashku me Gjermaninë dhe Danimarkën, Holanda po i siguron Ukrainës të paktën 179 tanke të rinovuar Leopard 1A5 nga stoqet e vjetra industriale.**

Ato po pastrojnë depot apo magazinat e armative të rënda të tyre stoqe prej shumë dekadave dhe po e kthejnë Ukrainën shumë shpejt në varreza apo epiqender e scrape-ve, të mbetjeve të tyre të ndryshkura ushtarake (armeve) të vjetra.

Këto shtete luftënxitëse, duke mos qenë asnjëratë cënuar nga Rusia, për Sigurinë Kombëtare të tyre, janë shprehur në një deklaratë të përbashkët, se: "*Ne mbetemi të vendosur për të mbështetur Ukrainën, në luftën e tyre kundër agresionit rus.*",sikurse edhemonicione të ndryshme si dhe predha dhe raketa vrastare, për të derdhur edhe më shumë gjak, mes dy popujve vëllezër sllavo-orthodox, në kufi me njëra-tjetrën.[172]

Administrata e papërgjeshme Biden, ka dërguar deri tani mbi 2000.000.000.000 dollarë nga taksat tona, për një shtet të huaj, që nuk është pjesë e SHBA-së, pra nuk është shteti i 51-të i hartës politico-administrative të Amerikës, në një kohë që vendi ynë, tesh dy vjet po vuan Recensionin apo krizën më

---

[172]Together with Germany and Denmark, the Netherlands are providing Ukraine with at least 179 refurbished Leopard 1A5 tanks from industrial stocks. We remain determined to support Ukraine in their fight against the Russian aggression.

të madhe dhe thellë në historinë e SHBA-së, si: ekonomike, financiare, politike etj.

Armët e shumta, që hyjnë çdo ditë në Ukrainë, sot atje janë në duart e njerëzve të papërgatitur, për këtë luftë. Ato fatkeq të pavetëdijshëm, po mbajnë në dorë armatime shumë të sofistikuara dhe mderne vrastare, duke qenë vetë viktimat e parë eksperimentale, në frontin e kësaj lufte absurde.

Njerëzit atje, janë të papërgatirur (të pastërvituar), nga specialistë dhe oficerë ushtarakë, për t'i përdorur ato armatime dhe se ata që po vriten direkt çdo ditë, në frontin e luftimit nuk janë ushtarët amerikanë as antarë apo ushtarë shumëkombësh të trupave "paqeruestese" të NATO-s apo OKB-së, por vetëm **ukrainasit e shkrete fatkeq, që po shkojnë vazhdimisht si për lesh apo qeni në rrush**…

Nga ana e tjetër, në mes të familjes europiane, forcat politike opozitare në Ukrainë nuk ekzistojnë. Nxitësit dhe zjarrvënësit e luftës së humbur, Big Tech, Big Media, globalistët dhe Cabala e Europës "demokratike" në letër dhe SHBA e Joe Biden*(që e kanë bërë syrin qorr)*, nuk flet dhe shkruan asnjëherë për liritë dhe të drejtat e njeriut apo diktaturën e re në vend. **Aktori komik (kloun) dhe erotic me video nudo Vladimir Zhelinski si President kukull i Ukrainës, ka futur në burg krerët e opozitës dhe hierarkinë e lartë të klerit dhe Kishës Ortodokse në Ukrainë.**

Shtypi i lirë dhe media me TV të pavarura nuk ekzistojnë atje. Duke e ditur shumë mire, se popullariteti i tij ka rënë në mënyrë drastike në vendin e tij, ai ka anulluar datën e zgjedhjeve presidenciale në vend, gjoja me pretekstin absurd të luftës, në një kohë që kjo luftë zhvillohet në pjesën juglindore në vend dhe askund tjetër.

Ai është kthyer në një diktator globalist marionetë, *që si aktor komik, kërkon vazhdimisht e luftës vllavrasëse dhe sa më shumë dollarë, euro dhe armatime, për të mbytur në gjak apo vetëvrarë popullin e vet, në një luftë, që ia e ka humbur pa e filluar.*

Kjo është njësoj sikur t'i japësh armatime moderne ushtarake fiseve të prapambetura të Afrikës, të cilët vetëvriten nga pakujdesia dhe keqpërdorimi i armëve, duke eliminuar vetën pa pasur nevoj të shkojnë në frontin e luftës…

Të gjithë fatkeqsitë, që e kanë kapluar Planetin tonë sot dhe do të vijojnë pa përcaktim në të ardhmen Europën dhe vetë pjesën lindore të saj, është sepse u bë vjedhja dhe manipulimi i organizuar kriminal më i madh i zgjedhjeve presidenciale të 3 nëntorit 2020 (*tashmë të provuar me fakte të shumta*), në të gjithë historinë e SHBA-së, për të krijuar këtë kaos botërorë, në emër të "demokracisë" majtiste, të nxitur dhe udhëhequr nga Big Tech, Big Media, Deep State, Cabala, dhe administratat globaliste europiane dhe ajo fatkeqsisht amerikane, që e kanë futur Botën dhe Europën në çorrsokak apo rrugë pa krye…

Nëse Presidenti Donald J. Trump, do të ishte në Shtepinë e Bardhë si fituesi real i Presidencës së vjedhur, me vota të manipuluara nga komunistët dhe media amerikane, sot Ukraina fatkeqe, nuk do ishte kjo që është sot e mbuluar në gjak dhe e shkatërruar nga papërgjeshmëria e politikanëve të Bashkimit Europian, NATO-s, OKB-së dhe regjimit komunist globalist amerikan të Joe Biden, që është fatkeqsi për ne dhe për të gjithë botën e përfshirë nga gjumi propagandistik letargjik…

Ky është mesazhi më negativ dhe luftënxitës, që i japim ne botës të përgjumur, që fatkeqsisht është e pa-vetëdijshme e i mban sytë e shpresës kot nga ne.

Pse nuk dergoni diplomat për të shuar sa më shpejtluftën vllavrasëse, por i hedhni benzinë me armë, para dhe mercenarë një shteti më të korruptuar në botë!?

Ushtria Amerikane, nuk fitoi luftën e gjatë me talebanët në Afganistan tesh 20 vjet (2002-2022). *Si komandant i forcave të armatosura të SHBA-së, Biden na largoi me turp e disfatë nga Afganistani, duke lënë atje vetëm për një ditë 13 marinsa heronj të vrarë dhe 15 të tjerë të plagosur rëndë si dhe humbën jetën në aeroportin internacional në Kabul dhe qindra afganë të pafajshëm nga aktet e organizuara terroriste të talebanëve dhe Al Qaides...*

Biden me trathti kombëtare, u dhuroi mbi 85.000,000,000 dollarë amerikanë armatime moderne, prodhime të teknologjisë së fundit forcave armike terroriste talebane, që fatkeqsisht kontrollojnë Afganistanin (*shtetin e sheriatit islamik*), me armetime dhe municione të sofistikuara moderne. **Ushtria më e armatosur sot në botë, është ajo talebale,** *që ka armatimet amerikane më moderne, që e kanë zili edhe shumë shtete të përparuara të botës dhe Europës.*

Ne, historikisht nuk e fituam luftën e gjatë dhe të vështirë edhe në **Vietnamin komunist**, *sikurseedhe shumë vende të tjera…*

Kur macet ikin, mijtë bëjnë dasëm

Situata botërore është shumë e turbullt dhe kaotike sot. Kështu, nëse fillon Lufta e Tretë Botërore, Serbia sulmon pa humbur kohë Kosovën e brishtë si shtet dhe të pa mbrojtur dhe e fut me një kafshatë në suazën e vet për disa orë.

Shqipëria e de-shqiptarizuar, nuk mund t'a ndihmoj, Kosovën se ajo vetë po braktiset çdo ditënga shqiptarët "nacionalistë", që krekosen e ulërijnë për nacionalizimin primitive, në profilet e rrjetit social Fakebook-ut. Sikurse dihet sot, ato duan të ikin një orë e më parë si emigrantë në shtete të tjera, që edhe ato mund të jenë të përfshirë në Luftën e Re Botërore (WWIII) direkt ose indirekt.

Të gjithë e dijnë se edhe në bllokun ushtarak të Pakti i Atlantikut Verior ose sikurse quhet ndryshe NATO, problemet dhe konfliktet brenda kësaj familje ushtarake janë shumë serioze dhe mund të degradojnë shpejt drejt konflikteve të përgjakshme ushtarake.

Më klasiku sot është **konflikti prej shumë dekadash midis dy antarëve të NATO-s: Turqia dhe Greqia**, për arsyen e ishujve në Detin Egje dhe më saktë për ishullin grek të Qipros, e cila sot është e ndarë midis dy shteteve, që citova më parë.

Përballë hallit apo interesave të tyre, as Greqia dhe as Turqia nuk rreshtohen përkrah NATO-s, kundër Rusisë sot..., Kinës apo Indisë në Azi nesër...

Konfliktet e vjetra të fjetura deri tani zgjohen nga gjumi dhe dalin para derës së shtëpisë, për vetëmbrojtje...

Kështu Korea e Veriut dhe e Jugut fillon luftën vëllavrasëse brenda vetës... edhe pse ato janë vëllezer apo motra të një familjeje me gjak, gjuhë tradita, zakone etj., pra si një komb i njëjtë. Në kontinentin me ngjyrë të Afrikës, dy shtetet kufitare Maroko dhe Algjeria, kanë disa dekada, që janë në konflikt me njeri-tjetrin, për arsye të kufirit mes tyre.[173]

---

[173]**Lufta e Rërës** (حَرْبُ أبْرَل الرّمال), ishte një konflikt kufitar midis Algjerisë dhe Marokut, që u zhvillua nga **25 shtatori 1963 deri më 30 tetor 1963**, megjithëse një traktat zyrtar paqeje u nënshkrua deri më 20 shkurt 1964. Kjo rezultoi kryesisht nga **pretendimi i qeverisë marokene, për disa pjesë të provincave Tindouf dhe Bechar të Algjerisë.** Lufta, çoi në tensione të rrritura midis dy vendeve për disa dekada. Konfrontimi i plotë filloi më 25 shtator 1963, pasi forcat marokene pushtuan qytetet kufitare Hassi Beida dhe Tindjoub, duke

Në këtë rast SHBA-ja, nuk mund t'i dalë zot më Koresë së Jugut... edhe pse ajo i ka bazat e veta ushtarake aty, sepse ka hallin e vet. Ajo nuk mund të ndahet në shumë copa ushtarake, për të shuar apo nxitur zjarrin e konflikteve botërore, sepse në luftrat e fundit me shtete të veçanta nuk ka shenuar asnjë fitore...

Shtetet muslimane me 1.2 miliard banorë,nuk janë në krahun e NATO-s as të SHBA-së. Pse!? Atë le t'a shpiegoj historia e dekadave të funditdhe Biden "paqeruajtësi" sot...

Kina, si supërfuqi botërore në Lindjen e Largme, tashmë i ka duart e lira, sepse **u bë deti kos** dhe pa humbur kohë **sulmon dhe e merr me një kafe mengjezi Taivanin,** ishullin e saj origjinal kinez... pavarësisht edhe pse aty prej kohësh ndodhen bazat e forta ushtarake amerikane...

Në Europën lavire, lëvizjet dikur të fjetura separatiste nder kufitare marrin hov, rigjallërohen dhe mund të shkojnë sa hap e mbyll sytë në konflikte me gjak të paparishikuar...

Kështu katalanasit ri-fillojnë revoltën brenda Spanjës, për të dalë të pavarur si shtet, sipas ëndrrës së tyre të vjetër.

Po ashtu në Britani të Madhe, shumë shtete si Skocia dhe Wellsi, apo edhe Irlanda e Veriut, nuk duan të jetojnë apo bashkëjetojnë më të pushtuar, brenda monarkisë së deshtuar koloniale britanike...

Iraku, nga ana e tjetër vazhdimisht kërkon provincën e 20-të saj, Kuvajtin e pasur naftëmbajtës, e cila mbrohet deri tani nga politika dhe forca ushtarake amerikane...

Regjimi i mullave në Iran, vazhdimisht ka probleme me Izraelin dhe shpesh është shprehur se *"në rast të ndonjë konflikti të armatosur me te, do të donte t'a fshinte nga faqja e dheut..."* Ajo prej vitesh po vazhdon programin bërthamor, për pasurimin e uraniumit dhe prodhimin e armëve me mbushje bërthamore, për ta përdorur atë kundër shtetit ebrej të Izraelit, në Lindjen e Mesme shumë të trazuar... Palestina me Izraelin,sikurse dihet

---

filluar një betejë me forcat algjeriane, për kontrollin mbi qytetet. Në veri, Algjeria hapi një front pranë Ich, ndërsa Maroku filloi një ofensivë drejt Tindouf në jug. Trupat komuniste kubane (**të diktatorit komunist Fidel Castros**) mbërritën në Algjeri, për t'u përgatitur për një ofensivë në Marokun lindor, duke bërë që Maroku të përgatitej për një ofensivë të dytë drejt Tindouf. Megjithatë, të dy sulmet u pezulluan dhe një armëpushim u shpall zyrtarisht më 30 tetor 1963. Ky armëpushim shënoi misionin e parë paqeruajtës shumëkombësh të kryer nga Organizata e Unitetit Afrikan. Një traktat zyrtar paqeje, u nënshkrua përfundimisht më 20 shkurt 1964.

edhe sot gjenerojnë shpërthime dhune me raketa vrastare... dhe ato vazh-dojnë të jenë në konflikt zjarri prej shumë dekadash, për motive të terri-toreve kufitare.

Kryeministri i Izraelit Benxhamin Netanjaku (Bibi), thotë se Izraeli ruan prej vitesh marrëdhënie shumë të mira me Federatën Ruse dhe Ukrainën, të përfshirë në konflikt të armatosur me njëra-tjetrën. Ajo është e gatshme të ndihmoj me ndihma humanitare popullin e Ukrainës dhe njëkohsisht ruan marrëdhenje diplomacie shumë planëshe me Rusinë.

Kështu **Bibi**, i tha kanalit televiziv ultra liberal CNN, se nëse i kërkojnë, që të luaj rolin e ndërmjetësit, ai është i gatshëm të ndërmjetësoi midis dy shtetëve në konflikt Rusi-Ukrainë. **"E kuptoi, se është shumë e vështirë. Nuk është e lehtë**...", shtoi ai.

Izraeli, në mënyrë të përsëritur ka refuzuar të dërgoj në Ukrainë ar-matime, raketa, tanke etj.

Njerëzit po bëhen të pasur në SHBA. Kjo është arsyeja pse Washingotn D.C. mbështet luftën dhe dërgimin e biliona dollarëve në Ukrainë, shtetin me të korruptuar në botë. Ata njerëz, që krijuan dhe po e mbajnë të ndezur këtë luftë absurde, po pasurohen, mbi gjakun e derdhur të njerëzve të pafajshëm.

Në Afrikëmenjëherë rifillojnë konflitet mes shtetëve, dhe ish vendet koloniale të Britanisë së Madhe dhe Francës, të cilët duke shfrytëzuar kaosin botërorë, do të kërkojnë automatikisht pavarësi reale, pa fjalë boshe dhe *mund të ketë vazhdimisht trazira me motive të ndryshme civile, fetare dhe kombëtare, që mund të fillojnë njëra pas tjetrës... si efekti domino...*

Në Europë, *askush nga popujt paqedashës nuk e mbeshtet këtë luftë të re vetëvrasëse me përmasa botërore me butona bërthamore, sepse ka ende të mbijetuar nga historitë e përjetuara dramatike të periudhës së errët dhe të përgjashme të Luftës së Dytë Botërore.*

Nga ana e tjetër, vetë kontinenti i Europës në vetvete ka probleme të vjetra dhe të reja, konfikte me kufijtë e saj, të cilat rizgjohen dhe dalin në siperfaqe, duke përfituar nga konfliktet e mëdha globale dhe luftrat zinx-hir, që janë një shans i mirë pavarësie për mosgjykimin e tyre.

Kështu **Shqipëria**, është e copëtuar qysh nga viti 1913 në 5 shtete (*Malin e Zi, Kosovën, Maqedoninë e Veriut dhe Greqinë*), por që nuk përbën rrezik sot për asnjë shtet në kufi me të, sepse ajo nuk është e zonja të ngre lart brekët e veta të grisura nga ekonomia dhe koha... Edhe në të ardhmen ajo nuk do të ketë asnjë ndryshim apo përfitim në hartën e re politike që mund të krijohet brenda Europës së plakur.

Bullgaria dhe Maqedonia e Veriut, kanë probleme të vjetra territoriale me njeri-tjetrin. Shteti i lashtë helen Greqia, ka probleme territoriale, dhe deri për emrin real të Maqedonisë së Veriut.

Bota sot nga dita në ditë pret ndezjen me apo pa dashje të fitilit, sepse projektet e luftrave të pa-parashikueshme janë gati.

Shumë shtete të NATO-s nuk duan luftën shkatërrimtare me armë bërthamore me Rusinë, sepse e njohin shumë mirë pasojënnga kapaciteti shkatërues i armëve të saj nukleare. Ato për më tepër, nuk duan që të kenë pasoja katastrofike për popujt dhe ekonominë e tyre nga një luftë, që s'ka lidhje me popujt e tyre larg konfliktit…

Sipas disa anketimeve të bëra nga media të pavarura, del se *mbi 70% e anglezëve thonë se nuk janë dakord të dërgojnë armatime dhe të përfshihen direkt në luftën gjakderdhëse me popujt e Federatës Ruse.*

Absurdi sot arrin kulmin në Gjermani, ku Ministri i Mbrojtjes para mediave vendase thotë hapur, se ne jemi në luftë me Rusinë (pra, **Ministri deklaron Luftën!!!!**), kurse Kancelari kukull në detyrë, pa mbeshtjetje popullore, nuk do luftë, por do të dergoj në shej "paqeje" armë dhe tanke në Ukrainë…

Dhe **Presidenti nacionalist rus Vladimir Putini**, me ose pa të drejtë, për arsye të tankeve gjermane, që do të dërgohen në luftë afër kufirit të tij, bën lidhjen historike apo **paralelizmin midis Gjermanisë naziste dje dhe neo-nazi sot**, po në Ukrainë, në kufi me Federatën Ruse…

Duke u rikthyer disa dekada mbrapa në kohë dihet nga historia, se Gjermania naziste ka eksperince negative nga ish Ushtria e Kuqe të ish Bashkimit Sovjetik, gjatë periudhës së errët dhe të përgjakshme të WWII…

Kujtesa historike europiane është sot për sot 0000… **Mbi 27 milion sovjetikë, u vranë gjatë WWII ose 17% e popullsisë** së vendit dhe asokohe ish B.S. arriti fitoren historike mbi fashizmin dhe nazizmin më 9 maj 1945…

Në ditët tona, sërisht Japonia me Kinën, ri-fillojnë armiqsitë e vjetra, që kurrë si kanë harruar. Në shekullin 21 ato mund të luftojnë sërisht kundra njera-tjetrës, dhe tashmë jo me pushkë me bajoneta primitive apo kallashnikov, por me butona nga zyrat e tyre luksoze.

Po në kontinentin aziatik, në teatrin e provokimeve të hapura politike dhe Sigurisë Kombëtare për **Japoninë**, shohim se **Korea e Veriut** here pas here, dhe pa iu dridhur çerpiku hedh raketa provokuese në detet apo pranë territoreve të ishujve japonezë si shenj alarmi (*si në lojërat elektronike me luftë për argëtimin e femijëve*), se një ditë mund të qëllohen realisht objektivat ushtarake dhe civile… Edhe banorët e Tibetit, po kërkon prej dekadash pavarësi nga regjimi pushtues komunist kinez.

Dy shtetet kufitare: **Pakistani dhe India** (të cilët respektivisht kanë se-cili armë të shkatërrimit në masë, me mbushje bërthamore), janë gati të hyjnë me pasion atdhedashurie në luftë apo derdhin gjak mes njera-tjetrës, për çështjen e territorit asnjanjës të **Kashmirit.**

Në hartën politike të kohës, shohim se shumë shtete dhe ishujt apo ar-qipelagun në **Indonezi**, kanë hesape të vjetra në kohë të reja, pra probleme serioze të pambyllura me njeri-tjetrin. E njejta situatë politike paraqitet edhe në **Amerikën Latine**...

Përballë kaosit botërorë, zyrat globaliste burokratike të Organizatës Botërore të OKB-së kanë heshtur. Selia më e madhe në Manhattan, New York, gjithnjë është treguar e njëanshme në shumë situata, duke qenë di-rekt apo indirekt strumbulluari i nxitjes së konflikteve kudo në botë.

Ajo ka qenë vazhdimisht në krahun e shteteve të forta, që kanë paguar dhe paguajnë më shumë fonde mercenarëve, për mbijetesën e saj burok-tratike majtiste, si p.sh. Kina Komuniste, në rastin e Plandemisë botërore të **virusit kinez Covid-19**, duke e mbuluar qeverinë kineze, shkakun, au-torët përgjegjës dhe origjinën e vërtetë të krijimit të saj nga vetë laboratori i shtetit komunist, i cili synonte kriminalisht përmes planedemisë masive planetare të realizoj reduktimin në maksimum të popullsisë kineze dhe botës.

OKB-ja, fatkeqsisht sot është pjesë e lojës së keqe në rezonancë me Deep State, Cabala, Klubit 300 etj., duke treguar fytyrën e vet negative. **Shumë shtete po kërkojnë reformimin e saj ose që ajo sa më shpejt t'i largojë zyrat e saj burokratike dhe korruptive nga New York-u dhe të rithemelohet apo rikonceprohet, duke pushuar nga detyra të gjithë brezin e vjetër dhe të korruptuar burokratik të saj...**

Ne jemi gati të negociojmë, por katër rajonet janë ruse

Duke parë njëanshmërinë e OBK-së politike, Federata Ruse thotë se kush dërgon armatime në Ukrainë, për të qëlluar mbi ushtarët federalërusë në frontin e luftës, (*pra është e përfshirë direkt ose indirekt në këtë konflikt*), do të konsiderohet si agresor i saj dhe ajo (Rusia),do të mbrohet me çdo mundsi dhe armatime, që ka në dispozicion, për situata të tilla.

Kështu Presidenti i Federatës Ruse Vladimir Putin, në fjalimin e tij, ndër të tjera tha se: "*Më lejoni të jem i qartë dhe i dëgjuar nga Kievi dhe Perëndimi: Njerëzit, që jetojnë në katër rajonet e reja të aneksuara të Rusisë, do të jenë përgjithmonë qytetarë rusë.* **Ne jemi gati të negociojmë, por gjithësesi katër rajonet janë ruse.**

Perëndimi, është gati të kapërcejë detin, për të ruajtur sistemin neo-kolonial, që e lejon atë të plaçkisë botën dhe të mbledhë haraç nga njerëz-imi.

Perëndimi, po ndjek një politikë të ç'zotërimit total në botë. Prandaj agresioni i tij, kundër vlerave tradicionale dhe sovranitetit të vendeve, shkatërron shtete të tëra, që nuk pranojnë të heqin dorë nga sovraniteti i tyre.

Perëndimi, printon dollarë dhe euro, por nuk mund të ushqehet njeri me letra dhe gënjeshtra, ka nevojë për ushqim, energji. Kështu që poli-tikanët, po përpiqen t'i bëjnë bashkëqytetarët e tyre të hanë më pak dhe të lahen më pak dhe të vishen më shumë, për të qëndruar ngrohtë në shtëpi. Dhe nëse dikush fillon të bëjë pyetje, ata etiketohen si ekstremist.

Perëndimi, nuk dëshiron të zgjidhë problemet, nuk ndjek një botë të drejtë, por synon të vazhdojë të ushtrojë force, në mënyrë që të ruajë hegje-moninë e tij.

Që nga Lufta e Parë Botërore, ne kemi parë kontradiktat e Perëndimit, megjithatë kriza ekonomike që rezultoi e ka lejuar dollarin të pozicionohet si monedha më e fuqishme në botë.

Tani pyesni veten, se ku shkon gruri ukrainas. Përgjigja, është e vërtetë se ajo shkon vetëm në vendet evropiane, dhe vetëm një pjesë e vogël arrin në vendet e varfra, të uritura të botës. Ato nuk kanë para, për të blerë grurin, për të ushyer ppuje t etyre te varfer.

Vullneti, është të shkatërrohen shtetet kombëtare, evropianët po pra-nojnë gjithnjë e më shumë sanksione kundër Rusisë, pavarësisht se janë të vetëdijshëm se SHBA-ja dëshiron vetëm refuzimin e gazit rus. Ata përkulen para vullnetit të tyre, me çmimin e vdekjes së popullit të tyre.

Ata hedhin në erë tubacionet e gazit në Balltik, mbyllin termocentralet e energjisë. **Drejtuesit janë Shtetet e Bashkuara, të cilat e mbajnë me forcë Perëndimin nën shantazh, përmes bazave të tyre ushtarake të shpërn-dara kudo.** Dhe çdo vend, që kërkon të fitojë sovranitetin e tij energjetik, konsiderohet armik i Shteteve të Bashkuara.

Sanksionet, nuk u mjaftojnë anglo-saksonëve: ata janë kthyer në sabo-tim. E pabesueshme, por është një fakt. Në të vërtetë, ata kanë filluar të shkatërrojnë infrastrukturën energjetike pan-evropiane. Është e qartë për të gjithë ata që përfitojnë prej saj.

Amerikanët janë hipokritë, *janë i vetmi vend në botë, që kanë përdorur* *armë bërthamore dy herë, duke krijuar një precedent.*

Diktatura e elitave perëndimore, është e drejtuar kundër të gjithë popujve të botës, përfshirë këtu vetë popullsinë e vendeve perëndimore. Bota ka hyrë në një periudhë transformimesh revolucionare.

Ne, kemi një të ardhme tjetër, tonën. Shtypja e vlerave morale, përvetëson karakteristikat e satanizmit. **Rënia e hegjemonisë perëndimore, është e pakthyeshme.**

Perëndimi, mohon normat morale, fenë, familjen. Ne, nuk duam vërtet që në Rusi të kemi "**prindin numër një, dy, tre**" në vend të "**mamit dhe babit**" dhe perversitete të tilla, që çojnë në degradim dhe zhdukje, të cilat u imponohen fëmijëve në shkolla, duke supozuar se ka disa gjini, përveç grave dhe burrave!!!?

Për ne, kjo është e papranueshme. Ata mohojnë vlerat e vullnetit të popullit, të familjes, të fesë, ndërsa shumë popuj refuzojnë një botë unipolare dhe luftojnë për sovranitetin e tyre.

Nëse e konsideroj Rusinë atdheun tim, do të thotë se e dua në rusisht, mendoj dhe mendoj, këndoj dhe flas në rusisht, se besoj në forcën shpirtërore të popullit rus, shpirti i tyre është imi, fati i tyre është fati im, vuajtja e tyre është dhimbja ime, lulëzimi i saj është gëzimi im..."

Stop Luftës dhe Po PAQES kudo në botë

Në rast të një agresioni serb, ndaj trojeve dardane, shohim se Kosova e re s'ka ushtri dhe armatime, dhe se Kryeministri i Shqipërisë **Edvin Kristaq Rama(1964)**, nuk ka autoritet, forcë dhe moral të bëj mobilizimin e ushtrisë shqiptare, për të ndihmuar Kosovën, që për vete është nën nivelin e varfërisë së vendeve të botës së tretë.

Popullit të manipuluar naiv shqiptar, nuk i thuhet e vërteta, **se antarësimi i vendit të shqiponjave në NATO,**[174] **është bërë thjeshtë formale**

---

[174]Në vitin 1992 Shqipëria aplikon dhe pranohet zyrtarisht në Këshillin e Bashkëpunimit të Atlantikut të Veriut (NACC). Po atë vit shënohet vizita e parë zyrtare nga Presidenti i Shqipërisë, dr. Sali Berisha, në selinë e NATO-s, ku takohet me Sekretarin e Përgjithshëm të Aleancës Manfred Verner. Në vitin 1993, për herë të parë, viziton Shqipërinë Sekretari i Përgjithshëm i NATO, Manfred Verner dhe në muajin maj 1993, Shqipëria pranohet anëtare e Asamblesë së Atlantikut të Veriut. NATO (1994) lëshoi dokumentin ftesë të *Partneritetit për Paqe*, duke e përcaktuar atë si një program të drejtpërdrejtë dhe një mekanizëm praktik, për të transformuar marrëdhëniet ndërmjet

si shifër numerike, për të shtuar një karrige më shumë, në zyrat burok-tratike të organizatës luftënxitëse globaliste, të drejtuar nga Deep State, Klubi 300 dhe Cabala.

Shqipëria, nuk është në gjendje financiare, që të paguaj rregullisht 2% të GDP, aq sa duhen për të paguar detyrimin si antar i NATO-s, ku kjo e fundit e mban atë si antarë thjesht për shifër numerike propagandistike, për të treguar se radhët e saj janë shtuar si kundërpeshë ndaj Federatës Ruse dhe Presidentit të saj Vladimir Putinit.

Qëllimi i drejtuesve burokratë të NATO-s sot, është vetëm hyrja në konflikte katastrofike pa krye me Rusinë, çka do të bënte që të derdhej gjak popujsh ndërkombëtarë.

Dialogu politik paqësor, fatkeqsisht për NATO-n dhe OKB-në deri tani nuk ekziston, çka mund të sjellë pasoja katastrofike globale, tashmë të etiketuar si Made in NATO dhe Made in UN…

Federata Ruse dhe Perëndimi komunist globalist, tashmë janë në luftë. **"NATO, është bërë de fakto një nga pjesëmarrësit në konfliktin në Ukrainë"**, tha zëdhënësi i Kremlinit **Dmitry Peskov**,[175]në një deklaratë të

NATO dhe shteteve jo anëtare, kryesisht të *Bllokut Lindor*, që nuk përfshi-heshin nën *ombrellën e sigurisë*, sipas artikullit 5 të saj. Parlamenti shqiptar (1994), ratifikoi dokumentin themelor të PfP. Shqipëria (1994), paraqiti në NATO dokumentin e prezantimit të Shqipërisë në PfP, ku deklaroi ka-pacitetet dhe kuadrin e bashkëpunimit si vend partner. Ajo në vitin 1995, u përfshi zyrtarisht në procesin e planifikimit dhe rishikimit të partneritetit për paqe (PARP), proces i cili krijon kushte për të përfituar dhe aplikuar eksperiencën e NATO në fushën e planifikimit të mbrojtjes. Në vitin 1999 (gjatë krizës së Kosovës), Shqipëria ofroi lehtësirat e saj aeroportuale në ndihmë të operacionit ushtarak të NATO në Kosovë dhe mund të thuhet pa mëdyshje se Shqipëria, de facto, reagonte e vepronte sikur te ishte një vend anëtar i NATO. Shqipëria (gusht 2002), dërgon misionin e parë në Afgan-istan, misioni ISAF, 23 veta nga regjimenti komando, më 2003, sërisht dërgon misionin e vet të parë në Irak, një kompani komando. Gjithashtu forcat e ar-matosura shqiptare, kanë përfunduar misionet paqeruajtëse në: **Irak, Çad dhe Gjeorgji, në detin Egje, në Mali, ISAF dhe atë RSM në Afganistan.** Sot ato janë të angazhuara në misione paqeruajtëse dhe luftarake në: **Bosnje dhe Hercegovinë, Kosovë, Sudani i Jugut dhe eFP Letoni.**

[175]**Dmitry Sergeyevich Peskov (Дмитрий Сергеевич Песков, 1967)**, është një diplomat rus dhe Sekretar Shtypi i Presidentit rus Vladimir Putin. Ai ka lindur në Moskë. Babai i tij, Sergei, drejtoi misionin diplomatik sovjetik në Pakistan. Në vitin 1989, Peskov u diplomua në Institutin e Vendeve Aziatike dhe Afrikane, në Uni-

raportuar nga agjencia e lajmeve *Ria Novosti*.

Sipas Vladimir Putinit, fakti që **Pakti i Atlantikut** ka hyrë në konflikt, në asnjë mënyrë nuk paragjykon detyrat e Moskës. *"Në veçanti, bëhet fjalë për t'i dhënë fund operacionit të posaçëm ushtarak"*, nënvizoi zëdhënësi i Kremlinit, duke shtuar se prania e NATO-s i vështirëson gjërat dukshëm. *"Kjo ndoshta kërkon mobilizimin tonë të brendshëm ekonomik dhe të tjera. Regjimi i Kievit, është një gjë dhe potenciali i NATO-s është një tjetër. Kjo është një barrë shtesë. Por potenciali ynë, na lejon të vazhdojmë operacionin në këto kushte,"* shtoi Peskov.

Ndërkohë, armët e Teheranit mbërrin për të mbështetur Moskën. Irani, është gati të dërgojë raketa dhe dronë në Rusi, për luftën në Ukrainë, raporton gazeta ultra liberale komuniste **Washington Post**, duke cituar oficerët e sigurisë së SHBA-së dhe forcave aleate. Teherani, pranoi të dërgonte jo vetëm dronët sulmues, por edhe ato që disa zyrtarë e kanë përshkruar si raketat e para tokë-tokë të prodhuar nga Irani, të destinuara për t'u përdorur kundër qyteteve dhe pozicioneve të trupave ukrainase. Rritja e fluksit të armëve nga Teherani, mund të ndihmojë në kompensimin e atyre amerikane, sikurse thonë edhe zyrtarët e regjimit të papërgjeshëm të Joe Biden.

Rama dhe qeveria e tij brekgrisur, sistematikisht me propagandë gënjen hapur votuesit robotik trushpërlarë naiv, për të ashtëquajturin *"modernizimin e ushtrisë shqiptare"*, ashtu sikurse dikur Sadam Huseni, që gënjente publikisht, për ekzistencën e *"ushtrisë së tij të pamposhtur"*, kur në fakt ushtarët e tij në luftë me SHBA-në, nuk kishin këpucë në këmbë dhe

---

versitetin Shtetëror të Moskës, i specializuar në Histori dhe studime lindore. Ai iu bashkua Ministrisë së Jashtme Sovjetike. Në vitin 1990, Peskov u emërua në ambasadën sovjetike në Ankara, Turqi, si asistent administrativ. Më pas ai plotësoi pozicionet e atasheut dhe sekretarit të tretë në ambasadë. Në vitin 1994, ai u caktua të punonte në Ministrinë e Jashtme ruse në Moskë. Pas dy vjetësh atje, ai shkoi përsëri në Ankara (1996) me gradën diplomatike të dytë, dhe më pas sekretar i parë në ambasadën ruse. Në vitin 2000, Peskov u kthye në Rusi, për si sekretar shtypi për presidentit rus Putin, duke shërbyer në një sërë pozicionesh, duke përfshirë një mandat 4-vjeçar si z/sekretari i parë i shtypit i presidentit rus, në vitet 2004-2008. Ai ka shërbyer si zëdhënës i Putinit, që nga viti 2000. Peskov u emërua si sekretar i shtypit i kryeministrit Viktor Zubkov më 25 prill 2008, duke e vënë atë në vend për të udhëhequr operacionet e shtypit të Vladimir Putin, kur ai kaloi në detyrën e Kryeministrit nën presidencën e Dmitry Medvedev. Në maj 2012, kur Putin u bë përsëri president, Peskov pasoi Natalya Timakova si zëdhënëse presidenciale.

luftonin me sandale, çallma, fustane dhe kallashnikov të vjetër rus…

WWIII do të zgjatë disa orë, më pak se dy të parat

Politika e jashtme e administratës së SHBA-së sot, nuk mund të hap fronte lufte dhe të bëj rolin e kryepolicit me të gjithë botën, sepse në botë nuk ka aleat tradicional si qen besnik, që të rrahin gjoksin: *"futu ti në Luftë, se unë vi mbas teje…"* …

Nëse fillon Lufta e Tretë Botërore, **ajo do të zgjatë më pak se dy të parat**, sepse nuk do të ketë përballë ushtri, por vetëm butona nga zyrat e kryetarëve të shteteve, që posedojnë kodet e armëve shkatërruse në masë të popujve dhe vetës së tyre…

Dihet se "ushtria" e prapambetur dhe primitive e Ukrainës deshtoi 12 herë, për të bërë mobilizimin e ushtrisë së saj të shkatërruar totalisht. Deri tani në Ukrainë, kanë vdekur mbi 400,000 vetë.

Fatkeqsisht, Policia Ushtarake e Ukrainës, po del çdo ditë në rrugë dhe shkon shtëpi më shtëpi, për të mbledhur rekrut të rinj dhe të reja, që të derdhin gjakun, për një luftë pa motiv dhe të pakuptimtë, që e kanë humbur qysh në fillim, për faj të presidentit të tyre erotiko-komik, të cilin fatmirësisht, nuk e duan as vetë bashkatdharët e tij të lodhur me idiotësitë e tij.

Me qindra video qarkullojnë online, në rrjetet sociale dhe kanalin globalist YouTube, ku shihen kjartë policët ushtarakë ukrainas, që marrin me forcë qytetarë të rinj, që nuk duan të shkojnë në frontin e luftës vllavrasëse.

Makina e shfrenuar mediatike globaliste non stop 24/7, nuk tregon asnjëherë pamje rrënqethëse të të rinjve, që mobilizohen me forcë, por vazhdon të bëj propagandë absurde se: *"Ukraina po e fiton luftën me Rusinë"*, duke mos dhënë asnjëherë pamje të sukseseve të "ushtrisë" së saj në frontin e luftës…

Eksodet bilblike të largimit të vazhdueshëm të popullisisë dhe dezertimit masiv të "ushtrisë" së fortë ukrainase, nuk janë asnjëherë objekt i kameramanëve globalistë majtist.

Sipas statistikave të fundit, tregohet se mbi 18 milion vetë janë larguar nga Ukraina, me një popullsi 34 milion banorë. Po sipas burimeve statistikore të mediave të pavarura investigative në terren, i bie që mbi 57% e popullsisë ukrainase është larguar nga lufta si refugjatë në shtetet kufitare, për të mos mbetur viktima në vendin e vet të kontrolluar nga mercenarët e huaj.

Shumë analistë nga fronti i luftës në Ukrainë dhe fatmirësisht edhe gjeneralë amerikanë në pension, në intervistat dhe opinionet e tyre të shpeshta në kanalet televizive amerikane dhe të pa-censuruara botërore, si: **Newsmax, OAN, Truth, Inforwars, Gettr, Fox News** dhe **rrjetet e reja sociale**, po tregojnë hapur dhe pa dorashka lakuriqsinë e vertetë të Luftës, **në territorin e shkatërruar të Ukrainës nga vetë ukrainasit**, të cilëve u kanë mbetur vetëm disa ditë të dorëzohen, për të mos derdhur më gjak me pavetëdije.

E përbashkëta e deklarimeve të drejta të tyre, është se: *"Ne, nuk kemi pse të dërgojmë më armatime, në një luftë absurde, që nuk është e jona (SHBA-së) dhe të vazhdohet turpërisht të derdhet gjak njerësish të pafajshëm, për inate personale rusofobie dhe putinofobie, të politikanëve të papërgjegjshëm amerikanë, europiane, të organizatës globaliste burokratike të OKB-së etj."*

Tashmë, të gjithë dijnë, se kjo luftë, që nuk rrezikon Sigurinë Kombëtare të SHBA-së dhe Europës kurvë, po bëhet për të mbuluar dhe zhdukur me djegie masive të dokumenteve sekrete të korrupsionit të 12 antarëve të familjes Biden, djalit Hunter Biden, vëllait Jim Biden... dhe korrupsionit ndërkombëtar të zyrtarëve të tjerë amerikanë dhe vendas të Ukrainës, sikurse edhe krizën e thellë politike ekonomike dhe financiare në SHBA, Europë, Britani të Madhe, Bankës Qendrore Botërore etj.

Federata Ruse, Kina, India, Brazili dhe shumë shtete të tjera të Amerikës Latine dhe Afrikës, nuk duan të që futen në suazën e lojës së ndyrë të Bankës Qendrore Botërore, që kërkon me çdo kusht të kontrollojë shtetet dhe jetët e banorëve të tyre, *sipas skenarit të Deep State, Cabala dhe globalistëve bilionerë, që në finale duan të bëjnë reduktimin e popullsisë së botës në planetin tonë, se gjoja populsia po rritet me shifra të frikshme astronomike dhe të mirat material dhe financiare po zvogëlohen gjithnjë e më shumë...*

Pse lufta në Ukrainë dhe jo dikund tjetër?

Sipas **Marrëveshjes së Parisit të vitit 1991**, është rënë dakord, që NATO nuk do zgjerohet në kufi me ish Bashkimin Sovjetik, sepse rrezikon Sigurinë Kombëtare të saj, ashtu sikurse dikur rrezikonte Sigurinë Kombëtare të SHBA-së, kur armët me mbushje bërthamore, të cilat udhëheqësi rus **Nikita Hrushovi** i dërgoi tek Gjiri i Derrave në Kubë (**në vitin 1962**)... dhe se **Presidenti demokrat John F. Kennedy,** me të drejtë asokohe protestoi dhe më vonë bëri që ato armë bërthamore (*të shkatërrimit në masë*) të rikthen sërisht në shtetin sovjetik...[176]

Kjo Marrëveshje në fjalë(për të cilin mëgjerësisht kam shkruar në librin e dytë: **"Presidenti Trump kishte të drejtë për gjithçka"** (*New York, 2023*)), është shkelur disa herë (**nga NATO dhe SHBA**). E ashtëquajtura agjencia propagandistike Voice of America (VOA), në gjuhën shqipe, nuk informon asnjëherë saktë e drejtë naivëtfanatikë shqiptarë, se kush nxiti, është fajtor dhe fshihet pas kësaj lufte të pakuptimtë, mes dy popujve orthodoxo-sllavë në kufi, por vazhdon të bëjë propagandë trushpëlarje të dëgjuesve dhe shikuesve nga vendlindja dhe Kosova.

Të propagandosh të zezën si të bardhë për 24/7, se Ukraina po e fiton luftën me Rusinë, është njësoj sikurse të thuash se Venezuela mund ta fitojë një luftë të mundshme kundër SHBA-së!!!! *Stop Luftës dhe Po PAQES kudo në botë.*

---

[176] Kapinova, Klajd, **"Trump kishte të drejtë për gjithçka"**, *New York*, 2023, Amazon and Barnes and Nible.

KONGRESMENJA REPUBLIKANE E PAMPOSHTUR MARJORIE TAYLOR GREENE: JOE BIDEN DUHET TË FAJËSOHET, TË GJYKOHET NË KONGRES DHE SENAT: TË DËNOHET DHE TË HIQET NGA DETYRA

Në një intervistë me **Greg Kelly** *në kanalin televiziv konservator të* **Newsmax***, kongresmenja konservatore republikane* **Marjorie Taylor Greene,** *përjetësoi fakte dhe provat bindëse, që kanë lidhje me familjen Biden dhe vetë atë (bossin) në Ukrainë, duke treguar para publikut amerikan, se vetë zv/Presidenti i SHBA-sëJoe Biden (2008-2016), ishte blerë nga interesat e huaja dhe kryesisht nga qeveria komuniste kineze.* **Deri në shtator 2022, Greene kishte prezantuar dhe depozituar në Kongresin Amerikan 5 (pesë) Rezoluta të ndryshme Shkarkimi, për të fajësuar me fakte dhe prova origjinale kryetarin e shtetit aktual Joe Biden.**

Marjorie Taylor Greene (1974), e njohur gjithashtu me inicialet e saj **MTG**, është një politikane amerikane, biznesmene, e cila ka qenë përfaqësuese e SHBA-së për distriktin 14-të të shtetit të Gjeorgjisë, që nga viti 2021-2023.

Ajo lindi në Milledgeville, Georgia, më 27 maj të vitit 1974, dhe është vajza e Robert Taylor. Pas mbarimit të shkollës së mesme, Greene u diplomua nga South Forsyth High School në Cumming, Georgia në 1992, dhe Universitetin e Gjeorgjisë me një Bachelor në Administrim Biznesi në vitin 1996.

Greene u pagëzua, u rrit dhe u martua si anëtare tradicionale e Kishës Katolike Romake. Ajo **më vonë ndaloi së ndjekuri shërbimet e meshëskatolike, si reagim proteste, ndaj krizës së abuzimit seksual të vazhdueshëm ndaj fëmijëve në kishë (Skandalit botëror të Pedofilisë).** Pas kësaj, Greene u ripagëzua në vitin 2011 në Kishën e Komunitetit të North Point, një rrjet Megakishë Ungjillore me bazë në Alpharetta, nga një festë pagëzimi të publikuar në një video në internet.

Politikanja konservatore Greene, flet shpesh për besimin e saj dhe ka thënë se dëshiron të sjellë *"besimin tim dhe vlerat e mia familjare në Uashington"*. Ajo u martua me Perry Greene në vitin 1995, ndërsa ishte në kolegj. *Ata kanë tre fëmijë.* Perry Greene, njoftoi në shtator të vitit 2022, se ai po bënte kërkesë për divorc me te dhe se martesa e tyre u thye më 22 dhjetor 2022, ku u finalizua divorci zyrtarisht.

Ajo u zgjodh në Kongres në vitin 2020, pas daljes në pension të presidentit të partisë republikane*Tom Graves*[177] dhe u rizgjodh sërisht si kongresmene në vitin 2022.

Kongremenja republikane Greene, është mbështetëse e fortë e **Presidentit të 45-të të SHBA-sëDonald J. Trump (2016-2020)**, ku ndihmoi dhe mbështeti përpjekjet e Trumpit për rizgjedhje si dhe për të treguar manipulimin dhe vjedhjen e zgjedhjeve presidenciale të SHBA-së më 3 nëntor të vitit 2020. Ajo me të drejtë ka mbështetur pretendimet e sakta me fakte dhe prova, se *Presidenti Trump, kishte fituar bindshëm në shkallë kombëtare, por zgjedhjet ia kanë vjedhur atij.*

Gruaja e hekurt Greene, bëri thirrje që rezultatet e zgjedhjeve presidenciale të SHBA-së të vitit 2020 në Gjeorgji të de-certifikohen, dhe ishte pjesë e Grupit të Sedition, një grup ligjvënësish republikanë, që sfiduan me fakte dhe prova të shumta votat e manipuluara për llogari të Joe Biden, gjatë numërimit të votave të Kolegjit Zgjedhor të Shteteve të Bashkuara në vitin 2021 edhe pse agjencitë federale dhe gjykatat e korruptuara, që "mbikëqyrin" apo manipuluan zgjedhjet i kishin para syve provat e mashtrimit real zgjedhor.

Një ditë pas inaugurimit të Joe Bidenit, kur hapi siparin Kongresi i ri Amerikan Greene menjëherë paraqiti dhe depozitoi kërkesën për shkarkimin njeriut më të korruptuar në botë. Ajo gjithashtu paraqiti artikuj fajësimi, duke theksuar me të drejtë abuzimin prej shumë dekadash me pushtetin të Biden dhe familjes së tij si dhe kërkoj Shkarkimin e tij të menjëhershëm (Impeachment).

Komunistët radikal, që fatkeqsisht morën kontrollin e Kongresit Amerikan më 4 shkurt 2021, votuan për t'a hequr atë nga të gjitha rolet e Komisionit, në përgjigje të deklaratave të saja të drejta politike dhe *guximin*

---

[177]**John Thomas Graves Jr. (1970)**, është një biznesmen dhe politikan amerikan, që shërbeu si përfaqësues i SHBA-së për distriktin e 14-të të Kongresit të Gjeorgjisë në vitet 2013-2020. Ai shërbeu një mandat si përfaqësues i SHBA-së për distriktin e 9-të të Kongresit të Gjeorgjisë në vitet 2010-2013, pas fitores së tij në zgjedhjet speciale të mbajtura, për të plotësuar vendin e mbetur bosh nga dorëheqja e Nathan Deal. Para zgjedhjes së tij në Kongres, Graves shërbeu si anëtar republikan i Dhomës së Përfaqësuesve të Xhorxhias në vitet 2003-2010. Ai zgjodhi të mos kandidojë për rizgjedhje në vitin 2020 dhe dha dorëheqjen nga Dhoma e Përfaqësuesve më 4 tetor 2020.

e saktë të paraqitjes së Kërkesës me shkrim, për Shkarkimin (Impeachment) nga Shtëpia e Bardhë të korruptuarin Joe Biden.

Ligjvënsja konservative Greene, ishte një zyrtare e lartë e Projektit *Family America*, një grup konservator, i themeluar në janar të vitit 2018.

Në Zgjedhjet e Dhomës së Përfaqësuesve të Shteteve të Bashkuara të vitit 2020 në Gjeorgji, Greene e filloi fushatën e saj në distriktin e 6-të, ku banonte, më 4 qershor 2019, ku permendi buxhetin dhe kërkoj që Kongresi të frenoj përdorimin e fuqisë së tij kushtetues, për të shpenzuar para të reja të mëdha, duke e zhytur vendin drejt katastrofës ekonomike dhe financiare. Ajo asokohe tha se: "*Nëse e shikojmë vendin tonë si familjen tonë, ne do të kalojmë nën mbyllje apo falimentim, sepse po shpenzojmë tepër.*"

Më 13 dhjetor 2019, Greene njoftoi se ajo po e zhvendoste fushatën e saj në distriktin e 14-të, pasi presidenti aktual Tom Graves njoftoi se nuk do të kandidonte për rizgjedhje atje. Zona elektorale (distrikti), përfshin pjesën më të madhe të Gjeorgjisë Veriperëndimore, që shtrihet nga ana e zonës metropolitane Chattanooga deri në periferi të Atlantës, kryqytetit të shtetit.

Sipas Kushtetutës anëtarëve të Dhomës së Kongresit Amerikan, u kërkohet që të jetojnë në shtetin që përfaqësojnë, por *jo domosdoshmërisht në të njëjtin distrikt kongresi.*

Kandidatja republikane Greene, kishte jetuar prej kohësh në *Milton*, në distriktin e 6-të, ajo nuk do të kishte pasur asnjë pengesë ligjore për të kandidua për të distriktin 14-të. Më pas ajo bleu një shtëpi në Paulding aty pranë, e cila ndodhet në distriktin 14.

Më 29 shkurt 2020, Greene foli në një tubim politik, për të drejtën kushtetuese të mbajtjes së armëve në Villanow të organizuar nga Silent Nonger, një grup aktiv, që po bën fushatë, *për t'a bërë Walker County një vend të shenjtë të Amendamentit të Dytë.*

Në tubim, ajo mbajti një parullë, me titull: "**Save America, Stop Socialism!**",*për të gjithë Patriotët e Vërtetë në SHBA (një grup patriotësh konservatorë vendas),* që përpiqeshin të rrisin ndikimin e tyre, mes republikanëve të tjerë të shtetit të Gjeorgjisë.

Kandidatja republikane MTG në atë vit që garoi përfundoi e para në zgjedhjet paraprake (primare), që u mbajtën më 9 qershorit 2019. Ajo fitoi balotazhin e zhvilluar më 11 gusht.

Një ditë pas fitores së saj në balotazh, *Presidenti Donald J. Trump, postoi në Twitter mbështetjen e tij për të, **duke e quajtur atë një yll të ardhshëm republikan.***

Asokohe, mendohej se Greene konsiderohej një ndër favoret kryesore, për të fituar vendin në zgjedhjet e përgjithshme për në Kongresin Amerikan, pasi historikisht dihet se distrikti i 14-të zakonisht voton me shumicë republikanët.[178]

Më 19 shtator 2020, Greene u shfaq në një tubim, për të drejtën kushtetuese të armëmbajtjes, në qytetin Ringgold të Gjeorgji.

Asokohe pritej që Greene të përballej në zgjedhjet e përgjithshme me demokratin pa reputacion Kevin Van Ausdal, por ai u tërhoq nga gara më 11 shtator 2020. Kjo e la Greene pa kundërshtar, në zgjedhjet e përgjithshme, të cilat ajo i fitoi me 74% të votave të përgjithshme.

Gjatë fjalimit të saj të fitores, Greene e quajti drejtuesen e Kongresit Amerikan ultraliberalen *Nancy Pelosi-n (D-CA)* si anti-amerikane, hipokrite të cilën prentoi se do t'a dëbojmë nga Kongresi, sikurse edhe ndodhi në realitet, sepse komunistët demokratë në shkallë kombëtare humbën, dhe ajo menjëherë dha dorëheqjen si lidere e tyre dhe sot është thjeshtë një kongresmene, pa peshë politike.

Republikanët e shquar, që mbështetën asokohe Greene në kandidaturën e saj përfshinin: **Presidenti Donald J. Trump**; Përfaqësuesit e Kongresit Amerikan **Jim Jordan, Andy Biggs** dhe **Matt Gaetz**, Themeluesin e Pikës Kthese të SHBA-së (**Turning Point USA**)**Charlie Kirk**; dhe shefi i shtabit të Trump, **Mark Meadows.** Gruaja e Meadows, **Debbie Meadows**, është drejtoresha ekzekutive e **RightWomenPac**, e cila mbështeti Greene dhe kontribuoi me 17,500 dollarë, në fushatën e saj të balotazhit. Donatorë të tjerë financiarë, përfshinin **Barb Van Andel-Gaby** kryetarin e bordit të *The Heritage Foundation* dhe *avokatin e famshëm* **L. Lin Wood**, i cili, më vonë tregoi me fakte vjedhjen dhe manipulimin e zgjedhjeve presidenciale të 3 nëntorit të vitit 2020 në SHBA.

Greene, asokohe mori gjithashtu mbështetje nga **Fondi i Lirisë së Shtëpisë**, një *Komitet Veprimi Politik* dhe krahu për mbledhjen e fondeve, për fushatën e grupit parlamentar të Lirisë së Shtëpisë. Partia Republikane e Gjeorgjisë, kontribuoi me 5,220 dollarë, në thesarin e fushatës së saj më 2 mars 2020.

Gjatë vitit 2022, Greene mundi Jennifer Strahan, në zgjedhjet paraprake (primare) republikane. Ajo u rizgjodh në vitin 2022, duke e mposhtur kandidatin demokrat Marcus Flowers, me një diferencë mbi 30 pikë më shumë.

---

[178]Në vitin 2017, *The Cook Political Report* e renditi qarkun në vendin e 10-të më republikan në SHBA.

Trump Won

MTG, duke u betuar para liderit republikan të shumicës republikane në Kongres **Kevin McCarthy** dhe në ditën e saj të parë në detyrë në Capitol Hill, ajo mbajti një maskë në fytyrë në dyshemenë e Dhomës së Përfaqësuesve, ku shkruhej **Trump Won.**

Konservatorja e pamposhtur Greene me vendosmërinë, ka mbështetur përpjekjet drejta plot fakte dhe prova, për të fajësuar të korruptuarin Joe Biden dhe familjen e tij, ku bie ne sy djali i tij *Hunter Biden* me **Laptop from Hell**.

Në një intervistë me **Greg Kelly** *në kanalin televiziv konservator të* **Newsmax***, kongresmenja konservatore republikane* **Marjorie Taylor Greene,** *përjetësoi fakte dhe provat bindëse, që kanë lidhje me familjen Biden dhe vetë atë në Ukrainë, duke treguar para publikut amerikan, se vetë Joe Biden ishte blerë nga interesat e huaja dhe kryesisht komuniste kineze.* **Deri në shtator 2022, Greene kishte prezantuar dhe depozituar në Kongresin Amerikan 5 (pesë) Rezoluta të ndryshme Shkarkimi, për të fajësuar me fakte dhe prova origjinale kryetarin e shtetit aktual Joe Biden.**

Radikalët komunistë amerikanë, që Kontrollonin Kongresin (2018-2022), në shenj hakmarrje për ekspozimin e fuqishëm që MTG po i bënte korrupsionit të familjes Biden dhe vetë atij, më 19 mars 2021, paraqiten zyrtarisht rezolutën e tyre, për të dëbuar Greene, me mbështetjen e 72 demokratëve dhe asnjë republikani. Kjo asokohe konsiderohej e pamundur të fitojë shumicën e kërkuar prej dy të tretave të nevojshme për t'a kaluar rezolutën.

Në muajin maj, fatmirësisht Greene votoi kundër komisionit fallco (fake) të 6 janarit 2021 (J6), një komision mashtrues, i propozuar nga komunistët radikalë në Kongres, që do të "hetonte" protestën e drejtë të popullit amerikan në Capitol Hill, Washington D.C.

Gjatë një fjalimi, që ajo bëri kundër krijimit të një Komisioni të manipuluar, absurd dhe fallco, *Greene bëri thirrje për drejtësi, për ish ushtaraken amerikane nga California* **Ashli Elizabeth Witthoeft Babbitt (1985-2021)**, një mbështetëse e Trump, *e cila u qëllua për vdekje nga* Lt. *Michael Leroy Byrd* (53 vjec), *një oficer policie me ngjyrë afrikano-amerikanë i Kapitolit*, kur ajo "sulmoi" paqesisht Kongresin, sikurse tregojnë sot videot e reja të fshehura me qëllim të zhdukjes së gjurmëve dhe fakteve të krimit nga *Komisioni J6* i Kongresit Amerikan asokohe, të kontrolluar nga gënjeshtarët komunistë amerikanë.

Ende sot e kësaj dite, nuk është hetuar akti i vrasjes dhe arrestimi i autorit me ngjyrë, që vrau pa arsye një protestuese të bardhë paqësore, sikurse para disa viteve në Mineapolis një polik i bardhë i shkakloi vdekjen drogaxhiut George Floyd, shkak i cili u bë që të digjet nga "demostruesit" "paqësorë", gjatë gjithë verës së vitit 2020, ku ishte në kulmin e saj gara presidenciale zgjedhore. Asokohe u dogj dhe shkatërrua pothuajse e gjithë Amerika nga organizatat ekstremiste globaliste komuniste të partisë "demokratike": *BLM dhe Antifa...*

Ana e tjetër e historisë negative të SHBA-së, është se Big Tech, makina propagandistike e mediave pro komunistëve në vend, gjatë 4 viteve të kontrollit komunist të Kongresit Amerikan, nuk bënë asnjë hetim, arrestime dhe nuk ngritën asnjë komision hetimi, për vjasjet e qindra policëve, shkatërrimin katastrofik të busteve të presidentëve të amerikanë ndër shekuj, shumë qyteteve dhe shteteve të SHBA-së, ku drejtonin governatorët dhe kryetarët e bashkive të gomerëve blu, me administratë fatkeqsisht totalisht ultra liberale komuniste.

Në qershor 2021, **Greene ishte një nga 21 republikanët e Dhomës së Përfaqësuesve, që votuan kundër një resolute, për t'i dhënë Medaljen e Artë të Kongresit oficerëve të policisë të Kapitolit më 6 janar 2021.**

Radikalët komunistë (demokratë) e heqin **MTG** nga detyrat e Komisionit të Dhomës së Përfaqësuesve. Greene, ishte anëtare e Komisionit për Buxhetin dhe Komisionit për Arsimin dhe Punën, përpara se të hiqej nga të gjitha detyrat e Komisionit më 4 shkurt 2021. Ajo u emërua në rolet e reja të rëndësishme të komitetit në Kongres, në janar të vitit 2023, kur republikanët **rimorën kontrollin e Kongresit Amerikan me 222 vende**...

Konservatorja me stafin e saj të zyrës së Kongresit, **Team Greene**, në ditën e saj të parë në detyrë, 3 janar të vitit 2021 **kundërshton abortin**, duke e quajtur atë **"vraga më e keqe, që një grua mund të mbajë, për pjesën tjetër të jetës së saj"**.

Në videot e regjistruara në vitet 2017 dhe 2019, ajo tha se aborti dhe Planifikimi Familjar, janë dy faktorë, që pengojnë pakicat në vend, dhe në një intervistë tjetër të muajit gusht 2020, në kanalin televiziv konservator **Fox News**, ajo tregoi mbështetjen e saj për mosfinancimin e Planifikimit në fjalë.

Jo maska, për fëmijët

Në shtator të vitit 2020, Greene shkroi me të drejtë në Twitter, se: **"Fëmijët, nuk duhet të mbajnë maska"**, duke i quajtur rekomandimet nga Qendrat, për Kontrollin dhe Parandalimin e Sëmundjeve (CDC) dhe zyrtarë të tjerë të shëndetit publik si të padrejta. **"Maskat, janë të pashëndetshme, për rritjen e tyre psikologjike, emocionale dhe edukative"**.

Ajo i quajti kufizimet e vendosura në Capitol Hill si **kontroll tiranik** nga demokratët komunistë ultraliberalë. *Ajo me të drejtë dhe vendosmërinë e një patrioteje të vërtetë amerikane, kundërshtoi çdo formë të vendosjes së detyrueshme të maskave, vaksinimit të detyrueshëm ose bllokimeve në përgjigje të plandemisë.*

Anthony Fauci, si *Përgjegjësi Kryesor i Stimulimit të Virusit Kinez (që për pasojë fatkeqsisht solli tradigjikisht vdekjen masive të mbi 7.000.000 njerëzve në të gjithë botën dhe kalimin në amshim të mbi 1.000,000 amerikanëve nga diktatura e C-19)*, si drejtori i Institutit Kombëtar të Alergjisë dhe Sëmundjeve Infektive, me censurë sistematike shtetërore dhe keqinformimin e tij të vazhdueshëm (*duke shfrytëzuar postin më të lartë shtetëror*), **u tregua i ashpër, injorant, fodull dhe arrogant**, kundër doktorëve më të aftë se ai, ekspertëve të famshëm ndërkombëtarë dhe amerikanë (*të cilët, kanë studiuar në universitetet më prestigjioze të botës dhe mbajnë titullin professor*), si doktorëve, kongresmenëve dhe senatorëve, të cilët *tregonin të vërtetën, për diktaturën komuniste të virusit kinez Covid-19, të drejtuar fatkeqsisht nga Deep State, Cabala, regjimi censurues Biden, zyrtarët e lartë apo kupola e korruptuar e FBI, Big Tech, Big Media globaliste komunistë etj.*

Ai me arrogancë dhe moskopetencë profesionale, iu kundërvua edhe kongresmenes Greene, duke thënë para mediave të korruptuara, se qëndrimi i kongremenes **MTG** ishte *"shumë shqetësues"*, duke manipuluar dhe gënjyer hapur publikisht, mbi të dhënat dhe seriozitetin e shpërthimit të virusit kinez.

Me të drejtë Greene dhe republikanët e tjerë, sikurse edhe miliona amerikanë të tjerë, që nuk iu nënshtruan mashtrimit të diktaturës komuniste të virusit kinez, refuzuan hapur dhe publikisht të mbanin maska, në një dhomë me anëtarët e tjerë të Kongresit.

Patriotja e shquar dhe politikanja e talentuar Greene, fatmirësisht refuzoi të merrte "vaksinën" vdekjeprurëse të trumpetuar me të madhe nga **Deep State, Cabala, regjimi diktatorial Biden etj.,** duke thënë me të drejtë, se nuk kishte asnjë arsye për këtë, sepse ajo **është fizikisht përsosmërisht e shëndetshme.**

Fatkeqsisht miliona vetë në botë dhe SHBA, kanë vdekur dhe po ndërrojnë jetë edhe sot (viti 2023), mbasi kanë marrë "vaksinën" vdekjeprurëse ndër moshat e reja, duke përfshirë qindra dhe mijera sportistë në të gjithë botë, të cilët kanë ndërruar jetë nga goditjet e zemrës, si pasojë drejtpëdrejtë e vax së deshtuar, *qysh në ditën e parë, kur ajo u bë publike dhe me detyrim nga regjimi i papërgjeshëm Biden.*

MTG, është gjobitur 20 herë nga komunistët në Kongres me shumën $48.000, për mos vënien e maskës

Në rrjetet sociale Facebook, Twitter etj., të kontrolluar nga Big Tech, Big Media globaliste, Cabala, Deep State, regjimi diktatorial Biden, asokohe kongresmenja Greene si patriote amerikane sugjeroi me të drejtë, se plani mund të jetë **"shenja e bishës nga Biden"**, një referencë nga *Libri i Zbulesës.* Ajo shtoi: **"Është ende fashizëm, ose komunizëm, si të doni t'a quani, por vjen nga kompanitë private. Pra, unë kam një term për këtë. Unë e quaj 'komunizëm korporativ'"**.

Ditë më vonë, Greene. prezantoi një projektligj në Dhomën e Përfaqësuesve, i cili kërkonte të ndalonte pasaportat e vaksinave, si dhe aktin shumë të drejtë **Fire Fauci**, i cili do të eliminonte pagën e Faucit ($434312 në vit)[179] derisa pasardhësi i tij të konfirmohej nga Senati, për pozicionin e drejtorit të ri të NIAID-it.

Kongresmenja Greene, *është gjobitur nga komunistët amerikanë të regjimit Biden shumë here, për mosmbajtjen e maskës në hollin e Kongresit.* **Rasti i parë ishte më 18 maj të vitit 2021**, kur ajo u gjobit me **500 dollarë** dhe **herën e dytë** me një gjobë **$2,500**. Dy ditë më vonë, në një podcast të organizuar nga komentatori ungjillor David Brody, Greene e quajti Nancy Pelosin *të sëmurë mendor* dhe *Speaker Maskhole.*

Tre javë më vonë, ajo e krahasoi sugjerimin e regjimit Biden, për të ofruar vaksina derë më derë me **këmishat kafe mjekësore (nazist** dhe shtoi, se: **"Nuk mund t'i detyrosh njerëzit të jenë pjesë e eksperimentit njerëzor."**

Fatkeqsisht, për arsye të pastra politike *deri në fund të muajit tetor 2021,* **MTG ishte gjobitur 20 herë, për mosmbajtjen e maskës në dyshemenë**

---

[179] https://www.youtube.com/watch?v=0Xc7a_Kq9qM

e Kongresit. Sipas "rregullave" të reja, të dikatturës komuniste në Kongresin e kontrolluar nga radikalët socialkomunistë, *gjobat pasuese për kongresmenen Greene ishin 2500 dollarë secila, me një total prej 48,000 dollarë.*

Më 4 qershor 2021, Greene i dërgoi Biden një letër, duke bërë thirrje për një hetim ndaj Fauci-t, mbi deklaratat e tij, mbi origjinën e Sars-CoV-2, virusi kinez, që shkakton Covid-19.

**Virusi kinez, ishte eksperimenti i financuar
nga zyrtari shtetëror Anthony Fauci**

Këtë gjë fatmirësisht e pranoi edhe Departamenti i Energjisë së administrates Biden. Në letër, ajo e quajti Covid-19 **një murtajë të prodhuar (të shkaktuar) nga një virus i prodhuar nga laboratori i virusologjisë (Wuhan Lab.) në Kinë.** Ditë më vonë, ajo sugjeroi se *vetëm një bio-armë, mund të shpjegonte ekzistencën dhe përhapjen e virusit.*[180]

Në korrik 2021, Greene hodhi poshtë variantet e C-19, duke përfshirë variantin *Delta* dhe gjithashtu postoi informata në lidhje me virusin kinez, duke thënë se *"nuk është i rrezikshëm për njerëzit jo-obezë dhe ata nën 65 vjeç."* Ajo pohoi se virusi ishte eksperimenti i Fauci-t.

Gjatë një fjalimi në **Konferencën e Veprimit Politik Konservator 2021,** Greene kundërshtoi me vendosmëri ndihmën e huaj, duke thënë: *"Doja të merrja vlerat e zakonshme, normale, normale dhe të përditshme amerikane, që janë: Ne e duam vendin tonë. Ne besojmë, se kemi fituar me vështirësi dollarët e taksave amerikane, duhet të shkojnë vetëm për Amerikën, jo për... Kinën, Rusinë, Lindjen e Mesme, etj."*

Në një tubim të shtatorit të vitit 2020, për të **Drejtën e Armëmbajtjes, sipas Amendamentit të Dytë, të Kushtetutës Amerikane** në Ringgold, Gjeorgji, Greene tha se ajo *do të mbronte gjithmonë të drejtat e pronarëve të armëve dhe nuk do të votonte për asnjë ligj, që e bënte më të vështirë për njerëzit, që*

---

[180] **By Katherine Eban and Jeff Kao Covid-19: Investigating a "Complex and Grave Situation" Inside a Wuhan Lab.** The Wuhan Institute of Virology, the cutting-edge biotech facility at the center of swirling suspicions about the pandemic's onset, was far more troubled than previously known, explosive documents unearthed by a Senate research team reveal. Following the trail of evidence, *Vanity Fair* and ProPublica provide the clearest picture yet of a laboratory institute in crisis.
https://www.vanityfair.com/news/2022/10/covid-origins-investigation-wuhan-lab

të zotëronin armë. Ajo tha: **"Qeveria, nuk do të më thotë kurrë mua se sa armë mund të zotëroj dhe sa plumba më lejohet të gjuaj, nëse dikush do të më sulmonte mua ose fëmijët e mi."**

Ajo e quajti faturën prej 1.2 trilion dollarësh si marrjen peng të Amerikës nga komunistët, në Kongres dhe Senat. **Greene**, me të drejtë kritikoi 13 republikanët (Rino's), që votuan për projektligjin si *"vrasës amerikanë të vendeve të punës dhe energjisë"* dhe i përqeshi ata si me shprehjen e kundert: *Kina e Para dhe Amerika e Fundit.*

Ish bossi Twitter, ka censuruar brutalisht apo pezulluar dhe bllokuar llogaritë e kongresmenes Greene

Më 2 shkurt 2021, Greene bashkë-sponsorizoi një projekt-ligj, për të ndaluar ambasadat e SHBA-së, që të vendosin apo valvitin zyrtarisht në emër të shtetit amerikan flamurin e "krenarisë" së ylberit (**LGBT**).

Dy ditë më vonë, rrjeti radikal policor pro qeveritar Twitter e censuroi cicërimen e saj të drejtë mbi *"besimin absolutisht me gjithë zemër, se krijimi i Zotit, është që ai i krijoi ata mashkull dhe femër"*.

Greene, gjithashtu vazhdimisht kundërshton gënjeshtrat globaliste komuniste "shkencore", se ndryshimi i klimës shkaktohet kryesisht nga aktiviteti njerëzor, duke shpjeguar pozicionin e saj.

Shpesh llogaritë e Greene në Twitter, janë pezulluar dhe bllokuar pa të drejtë shumë here, për arsye politike të "politikave" fallco dhe komuniste globaliste të rrjetit social Twitter.

Llogaria e saj në Twitter, u pezullua përkohësisht pesë herë në vitin 2021, nga rishikimet manuale ose sistemet e automatizuara. Llogaria e saj personale, u pezullua përgjithmonë, për saktësinë e informatave të vaksinës Covid-19, kurse llogaria e saj zyrtare e kongresit mbetet aktive.

Profili i saj personale, fatmirësisht u ri-vendos në nëntor të vitit 2022, disa javë pasi bossi **Elon Musk bleu Twitter dhe po respekton Amendamentin e Parë të Kushtetutës Amerikane, qe do të thotë Free Speech.**

Llogaria personale e Greene në Twitter u mbyll ose u burgos për 12 orë më 17 janar 2021 me pretendime absurde globaliste komuniste *"për shkelje të shumta të politikës sonë të integritetit qytetar"*.

Me t'u rikthyer në Twitter, ajo kritikoi kompaninë globaliste komuniste, duke cicëruar, se: **"Ndryshe nga sa e vlerësoni ju veten tuaj (Twitter, Facebook dhe Big Tech) dhe paqartësitë tuaja morale, ju nuk jeni gjykatësi i njerëzimit. Zoti është."**

MTG dhe kontributi i shquar i saj në disa rezuluta dhe projekt-ligje të Kongresit Amerikan: Amerika e Para
(Washington, DC, 22 Qershor 2021)

Kongresmenja konservatore republikane *Marjorie Taylor Greene, paraqianti Aktin e Parë të Mbrojtjes së Amerikës,* për t'i dhënë fund krizës së thellë shkatërruese të të paaftit dhe të papërgjegjshmit Joe Biden, në kufirin jugor me Meksikën, duke ndaluar të gjithë emigracionin për katër vjet, duke financuar për të ndërtuar murin, duke përshpejtuar dëbimin e të huajve të paligjshëm, për të shpëtuar DACA & DAPA, dsikurse masat e tjera, që mbrojnë sovraniteti tonë kombëtar.

Protect America First Act, është pjesa më e plotë e legjislacionit të Sigurisë Kufitare, që u paraqit në Kongresin e kaluar të 117-të (viti 2020-2022). *"Kur miratohet në ligj,* **Akti i Parë i Mbrojtjes së Amerikës,** *do t'i japë fund vërshimit (përmbytjes) së vendkalimeve të paligjshme kufitare, të lëshuara gjatë 50 ditët e para të administrates Biden,"* argumentoj asokohe kongresmenja Greene, për projekt-ligjin e saj të imigracionit.

"Joe Biden, po shpërblen trafikantët dhe kojotat njerëzore, që kontrabandojnë të huajt e paligjshëm përtej kufirit.

Projekt-ligji im, do t'i jap fund këtyre stimujve, të krijuar nga demokratët, duke ndaluar të gjithë imigracionin e jashtëligjshëm, gjatë administratës së deshtuar të Joe Bidenit.

Qytetet e shenjta, përshpejtojnë heqjen e të huajve të paligjshëm, shfuqizojnë urdhrat radikale ekzekutive të Bidenit, dhe shumë më tepër.

Akti Amerika e Para, është veprimi më thelbësorë, për të siguruar kufirin tonë jugor, për të ruajtur kulturën amerikane dhe për të mbrojtur sovranitetin e SHBA-së".

Cili ishte synimi konkret i konservatores MTG me Aktin e saj të Parë të Mbrojtjes së Amerikës?

Ajo kërkonte që Kongresi **së pari,** që *të Miratohej një Moratorium 4-vjeçarë, për imigracionin dhe përshpejtoi kohën, midis kapjes dhe dëbimit të tyre nga SHBA-ja.*

Së dyti, siguron që kthimi i sigurtë i fëmijëve të huaj të pashoqëruar, zvogëlon trafikimin e qenieve njerëzore, rrit dëbimin për të huajt kriminelë dhe përfundon migrimin e zinxhirit.

Së treti, shpejton heqjen e të huajve të paligjshëm nga 3 muaj në 30 ditë.

Së katërit, ndërtoni murin dhe emërojeni atë *Presidentit Donald J. Trump.*

Së pesti, të ndalohen fondet, për qytetet e shenjta; si dhe:

Mbështesni zbatimin e ligjit lokal, në ekzekutimin e tyre mbi politikën e imigracionit;

Fuqizoni ligjin, për të ndaluar dhe dëbuar të huajt e dhunshëm krimi-nale;

Ringjallni politikën e tolerancës zero të Presidentit Trump;

Të hiqen fondet për vendet qendrore dhe të Amerikës së Jugut (Latine), qyte-tarët e të cilëve shkelin këtë akt, duke migruar këtu në mënyrë të paligjshme.[181]

Shkarkimi i Presidentit Joe Biden (Uashington, DC, 23 gusht 2021)

Kongresmenja Marjorie Taylor Greene, paraqiti **Tre Rezoluta për shkarkimin e Joe Biden:** *për mospërfillje të detyrës në Afganistan, shkeljet e ligjit të imigracionit, që shkaktuan një krizë të Sigurisë Kombëtare në kufirin tonë jugor me Meksikën dhe pushtimin e balancës kushtetuese të pushtetit, duke in-joruar vendimin e Gjykatës së Lartë.*

Kongresmenja Greene, lëshoi deklaratën e mëposhtme: *"Në shtatë muaj, Joe Biden ka bërë që Amerika të humbasë respektin e të gjithë botës. Provat, janë të qarta dhe veprimet e tij janë aq skandaloze, sa ai duhet të fajësohet.*

Në Afganistan, gjeneralët e zgjuar të Bidenit vunë bishtin dhe vrapuan (ikën). Ai ç'nderoi sakrificat e çdo ushtari amerikan, që luftoi në luftën 20-vjeçare, veçanër-isht ata që dhanë jetën për kauzën tonë.

Biden, la pas mbi 10,000 qytetarë amerikanë, për t'u përballur me sundimin e tmerrshëm të talebanëve, ndërsa ata vendosin ligjin e Sheriatit në të gjithë vendin. Asnjë komandant i përgjithshëm, nuk duhet t'i lërë amerikanët pas një dështimi.

Në kufirin tonë jugor me Meksikën, Joe Biden, ka lejuar miliona të huaj të paligjshëm të hyjnë ilegalisht në vendin tonë. Administrata e tij, së bashku me Ka-

---

[181]Congresswoman Marjorie Taylor Greene introduced the Protect America First Act to end Joe Biden's crisis at the Southern border by halting all immi-gration for four years, funding and building the ëall, expediting the depor-tation of illegal aliens, rescinding DACA & DAPA, and other measures protecting our national sovereignty. https://greene.house.gov/news/doc-umentsingle.aspx? DocumentID=156

*mala Harris, ka shkelur ligjet tona të imigracionit, ka privuar Patrullën tonë Kufitare nga fuqia punëtore dhe burime dhe **ka krijuar një krizë të Sigurisë Kombëtare**, duke lejuar të hyjnë ilegalisht në vendin tonë shtetas të huaj të panjohur, që dëshirojnë të dëmtojnë amerikanët.*

Në të gjithë vendin, amerikanët po përballen me një krizë ekonomike të krijuar nga politikanë tiranike e demokratëve.

***Joe Biden, duke vepruar si një diktator, ka injoruar Gjykatën e Lartë dhe ka lëshuar moratoriumin e tij të dëbimit.** Ai po copëton Kushtetutën dhe po uzurpon balancën e pushtetit, duke nxjerrë një dekret, që Gjykata e Lartë e shpalli procesin si një e drejtë e Kongresit.*

Ky është një proces, që askush nuk dëshiron të kaloj, por është një proces i domosdoshëm, për sigurinë e vendit dhe të popullit amerikan.

*Ne, jemi një komb në ankth. **Aleatët tanë të huaj dhe madje edhe qytetarët tanë, nuk mund t'i besojnë më qeverisë sonë, në duart e Joe Biden.***

Është detyrë e Kongresit, të mbajë presidentin përgjegjës, kur ai e vë kombin tonë në rrezik dhe injoron sundimin e ligjit.

Aktualisht qeveria jonë është jolegjitime, sepse nuk po i shërben më qytetarëve.

***Ne, duhet të rivendosim respektin për Amerikën**, në mënyrë që aleatët tanë dhe qytetarët tanë t'i besojnë qeverisë.*

***Joe Biden duhet të fajësohet, të gjykohet në Senat, të dënohet dhe të hiqet nga detyra"**.*

Greene, paraqiti nenet e reja të fajësimit të Joe Biden, më 19 shtator 2022

Neni i fajësimit, për shpërdorim detyre të Joe Biden përfshin:

• **Joe Biden,** nuk arriti të sigurojë nxjerrjen e mijëra civilëve amerikanë dhe aleatëve afganë para dhe gjatë tërheqjes midis 14 gushtit dhe 16 gushtit 2021, duke vënë mijëra jetë në rrezik të menjëhershëm nga talebanët.

• **Si Komandant i Përgjithshëm**, Joe Biden **ka armatosur armiqtë tanë**, duke lënë armë të shumta, municione dhe pajisje të tjera ushtarake, që mund të përdoren kundër qytetarëve amerikanë, aleatëve dhe civilëve të tjerë në Afganistan.

• **Joe Biden**, i ka treguar popullit amerikan, se administrata e tij nuk arriti të përgatitej siç duhet, për nxjerrjen e aseteve civile dhe ushtarake nga kombi i Afganistanit.

• **Joe Biden**, braktisi dhjetëra mijëra qytetarë amerikanë dhe aleatë afganë të mbërthyer në Afganistan në rrezik për t'u kapur, torturuar, mbajtur peng për shpërblim ose vrarë.

• **Joseph R. Biden**, tregoi braktisje të rëndë të detyrës dhe vazhdon të tregojë se **nuk është i përshtatshëm, për të mbajtur postin e Presidentit të Shteteve të Bashkuara**.

Artikujt e fajësimit për krizën kufitare përfshijnë:

• **Departamenti i Sigurisë Kombëtare i Presidentit Biden**, ka refuzuar me dashje të mbajë kontrollin operacional të kufirit, siç kërkohet nga Akti i Gardhit të Sigurtë të vitit 2006. *Veprimet e tij kanë çuar drejtpërdrejt në një rritje fluksi të të huajve të paligjshëm dhe narkotikëve të paligjshëm, përfshirë fentanilin vdekjeprurës, që hyjnë në Shtetet e Bashkuara.*

• **Administrata e Presidentit Biden shkeli** me dashje Aktin e Emigracionit dhe Kombësisë, duke lëshuar të huaj të paligjshëm në brendësi të Shteteve të Bashkuara. Akti kërkon në mënyrë të qartë që DHS të ndalojë të huajt, që kërkojnë pranim në Shtetet e Bashkuara, ndërsa përpunohen. Sipas ligjit, DHS nuk ka opsionin, që thjesht të lirojë të huajt në brendësi të Shteteve të Bashkuara.

• Presidenti **Joe Biden rivendosi politikat e kapjes dhe lirimit** të administratës së Obamës dhe ka lëshuar alienët në brendësi të Shteteve të Bashkuara, pa lëshuar njoftime për paraqitjen e të huajve.

• Nën administrimin e Presidentit Biden, Departamenti i Sigurisë Kombëtare përfundoi Protokollet, për Mbrojtjen e Emigrantëve, të cilat siguruan një rrugë për të përpunuar kërkesat, në përputhje me ligjin dhe shërbyen si një pengesë për imigracionin e paligjshëm dhe të huajt, që bënin kërkesa mashtruese për azil.

• Si rezultat i politikave të Presidentit Biden, takimet me CBP janë rritur çdo muaj, që kur ai u bë President. **Që nga shkurti i vitit 2021, më shumë se 1 milion të huaj janë hasur nga personeli i CBP në kufirin tokësor jugperëndimor.**

• Përveç të huajve të paligjshëm, **politikatBiden**, *kanë çuar në një rritje të konsiderueshme të kontrabandës së paligjshme të drogës përtej kufirit jugor.*

Nenet e fajësimit për uzurpimin e autoritetit të Kongresit dhe injorimin e autoritetit gjyqësor të Gjykatës së Lartë përfshijnë:

• Kongresi, ka autoritetin të numërojë kompetencat, detyrat dhe funksionet, që duhen ushtruar nga agjencitë, si dhe të kundërshtojë drejtpërdrejt, nëpërmjet legjislacionit të mëvonshëm, veprime të caktuara agjencive, që zbatojnë autoritetin e deleguar.

• **Kushtetuta**, përshkruan se *"pushteti ekzekutiv do t'i jepet një presidenti të Shteteve të Bashkuara"*. Kështu, Presidenti shërben si shefi ekzekutiv i degës ekzekutive të qeverisë federale. Çdo rregullore, udhëzim ose zgjerim i bërë nga departamentet ekzekutive rrjedh nga pushteti ekzekutiv i Presidentit dhe i nënshtrohet atij.

• Në shtator 2020, Qendrat për Kontrollin dhe Parandalimin e Sëmundjeve (CDC), lëshuan një **urdhër për ndalimin e përkohshëm të dëbimeve të banesave, për të ndaluar përhapjen e Covid-19, sipas nenit 361 të Aktit të Shërbimit Shëndetësor Publik**. Sipas Departamentit të Shëndetit dhe Shërbimeve Njerëzore (HHS), Seksioni 361 i Aktit të Shërbimit Shëndetësor Publik (42 U.S.C. 264), i jep Sekretarit të Shëndetësisë dhe Shërbimeve Njerëzore *autorizimin, për të marrë masa, për të parandaluar hyrjen dhe përhapjen e sëmundjeve ngjitëse nga të huajt, vende në Shtetet e Bashkuara dhe ndërmjet shteteve.*

• Urdhri i CDC-së u zgjat nga Administrata Biden në mars 2021, për të mbetur në fuqi deri më 30 qershor, pas së cilës u zgjat përsëri deri më 31 korrik 2021.

• Drejtësia Kavanaugh u shpreh më 29 qershor 2021, se Kongresi dhe jo dega ekzekutive, është përgjegjës për marrjen e masave legjislative, për moratoriumin e dëbimit në përgjigje të pandemisë Covid-19. Në fakt, gjykatësi Kavanaugh, deklaroi shprehimisht në mendimin e tij se *"për mendimin tim, autorizimi i qartë dhe specifik i Kongresit (nëpërmjet legjislacionit të ri), do të ishte i nevojshëm, që CDC të zgjaste moratoriumin pas 31 korrikut."*

• Më 3 gusht 2021, Qendrat për Kontrollin e Sëmundjeve, *zgjatën moratoriumin e tyre të dëbimit deri më 3 tetor 2021, në kundërshtim të drejtpërdrejtë me mendimin e Justice Kavanaugh më 29 qershor 2021.*

• Me këto veprime, Presidenti **Biden, ka demonstruar mungesën e respektit të tij të qartë, për Kongresin, popullin amerikan dhe shtetin e së drejtës,** duke uzurpuar prerogativat e Kongresit, të renditura në mënyrë eksplicite në Kushtetutë dhe të riafirmuara nga Gjykata e Lartë.

Artikujt e fajësimit, **për shpërdorim të pushtetit,** duke mundësuar ryshfet dhe krime dhe kundërvajtje të tjera të larta përfshijnë:

• Joe **Biden abuzoi me pushtetin e Zyrës së zv/Presidentit,** *duke mundësuar ryshfet dhe krime dhe kundërvajtje të tjera të larta, duke lejuar djalin e tij, të ndikojë në politikën e brendshme të një kombi të huaj dhe të pranojë përfitime të ndryshme, duke përfshirë kompensimin financiar nga shtetasit e huaj në këmbim për disa favore.*

•Si Zëvendës President, Joseph Biden ishte zyrtari i lartë i administratës Obama, që mbikëqyrte përpjekjet kundër korrupsionit në Ukrainë. Prandaj, *çdo aktivitet i paligjshëm, që përfshin korrupsionin i kryer nga Hunter Biden brenda ose në lidhje me Ukrainën, do të binte nën kompetencën e Zyrës së Zëvendës Presidentit Biden dhe përpjekjeve të Departamentit të Shtetit Obama kundër korrupsionit.*

•Në fakt, shumë zyrtarë të Departamentit të Shtetit, brenda administratës Obama, regjistruan vazhdimisht rezerva, për rolin e **Hunter Biden,** në bordin e Burisma-s, një kompanie ukrainase gaznjerrëse të korruptuar. Kështu, çdo rast korrupsioni në emër të Hunter Biden, nëpërmjet rolit të tij si anëtar bordi i firmës energjetike Burisma, të drejtuar nga ukrainasit, ose nuk u hetua ose u mbulua. *Provat e njohurive të përhapura, korrupsionit dhe marrëveshjeve të fshehta, në emër të familjes Biden me shtetas të huaj, janë të qarta dhe bindëse.*

•Presidenti **Biden, rrezikoi rëndë Sigurinë e Shteteve të Bashkuara dhe institucioneve të saj të qeverisë.** Nëpërmjet nepotizmit flagrant, **ai i mundësoi djalit të tij të ndikojë në politikën e jashtme dhe të përfitojë financiarisht, si rezultat i rolit të tij si Zëvendës President.***Ai mbështeti djalin e tij, që të përfshihej në bashkëpunim me zyrtarë të lidhur me Partinë Komuniste Kineze.* **Ai e lejoi djalin e tij të tregtonte takime me të atin dhe zyrtarë të tjerë të lartë të administrates, në këmbim të kompensimit financiar.***Ai e lejoi djalin e tij të merrte para nga oligarkët rusë, përfshirë Elena Baturinën, gruan e ish-kryebashkiakut të Moskës.*

•**Joe Biden**, *kërcënoi integritetin e sistemit demokratik, ndërhyri në tranzicionin paqësor të pushtetit dhe rrezikoi një degë të koordinuar të qeverisë.* Në këtë mënyrë, **ai tradhtoi besimin e tij si ish-zëvendëspresident dhe president aktual,** për dëmtimin e dukshëm të popullit të Shteteve të Bashkuara.

Artikujt e fajësimit për rrezikimin, kompromentimin dhe minimin e sigurisë energjetike të Shteteve të Bashkuara, *duke shitur naftë nga Rezerva Strategjike e Naftës së Shteteve të Bashkuara, tek kombet e huaja* përfshijnë:

•Vendimi i Presidentit Biden, për të likuiduar Rezervën Strategjike të Naftës së Shteteve të Bashkuara (SPR), tregon se *administrata e tij është më e shqetësuar për pasurimin e kombeve të tjera, sesa për mbrojtjen e qytetarëve të Shteteve të Bashkuara në shtëpi, edhe kur ato kombe nuk kanë nevojë për naftën e Shteteve të Bashkuara, për të mbijetuar.*

•SPR, aktualisht mban 392.1 milionë fuçi naftë bruto, që nga 11 nëntori. Kjo ndodhi pasi agjencia e lajmeve britanike **Reuters**, raportoi në gusht se SPR *"ra në nivelin më të ulët, që nga viti 1984".*

•**Vendimi i Presidentit Biden**, për të likuiduar një sasi të madhe nafte bruto nga SPR, i ka vënë Shtetet e Bashkuara në rrezik të paprecedentë, duke reduktuar furnizimin e tyre thelbësor të burimeve natyrore, në rast të një fatkeqësie natyrore, krize globale të zinxhirit të furnizimit ose lufte.

•**Vendimi i Presidentit Biden** për të dërguar naftë bruto nga SPR në Kinë, është një sabotim i hapur strategjik, kundër Shteteve të Bashkuara, një veprim i cili do të shërbejë vetëm për të ndihmuar epërsinë e Kinës për të zhvendosur Shtetet e Bashkuara si hegjemon global ekonomik dhe ushtarak. *Kina, ka të ngjarë të përdorë naftën e marrë nga SPR për të fuqizuar ushtrinë e saj, për të pushtuar Tajvanin, në një datë të ardhshme.*

•Vendimi i Presidentit **Biden**, për të varfëruar SPR-në, është i panevojshëm, pasi Shtetet e Bashkuara kishin demonstruar tashmë materialisht se ishin të pavarura nga energjia dhe plotësisht të afta, për të prodhuar sasi të mjaftueshme nafte bruto brenda vendit, nën administrimin e **Presidentit Donald J. Trump**.

Këto veprime demonstrojnë një përpjekje të bashkërenduar, për t'i privuar Shtetet e Bashkuara nga stabiliteti dhe siguria energjetike, ndërkohë që u ofron kombeve të tjera mallra dhe shërbime thelbësore.

•**Administrata Biden**, *ka anuluar lejet federale të qiradhënies së tokës dhe në det të hapur, ka rritur rregulloren dhe taksat e propozuara,ka varfëruar rezervat strategjike të naftës dhe është kthyer në prodhimin e huaj të naftës, duke bërë gjithçka që është në fuqinë e saj për të penguar prodhimin vendas të naftës.*

•Presidenti **Biden**, *me një sjellje të tillë, ka treguar se do të mbetet një kërcënim, për Sigurinë Kombëtare dhe energjetike të Shteteve të Bashkuara, nëse lejohet të qëndrojë në detyrë, dhe ka vepruar në një mënyrë krejtësisht të papajtueshme me vetëqeverisjen dhe sundimin e ligjit.*

Ligji për Mbrojtjen e Pafajësisë së Fëmijëve
(Washington, DC, 20 shtator 2022)

Kongresmenja konservatore Marjorie Taylor Greene, organizoi një konferencë shtypi, për të ndriçuar në qendër të vëmendjes abuzimin e fëmijëve me të ashtuquajturin **"kujdes për afirmimin e gjinisë"** dhe për të nxjerrë në pah legjislacionin e saj historik, Ligjin për Mbrojtjen e Pafajësisë së Fëmijëve. H.R. 8731, do të kriminalizojë gjymtimin gjenital dhe kastrimin kimik të fëmijëve të mitur.

Rep. Greene, ishte e nderuar të kishte **Chloe Cole** si të ftuar special, në mbështetje të projektligjit të saj. Chloe, është një e re e guximshme, që iu nënshtrua *"kujdesit për afirmimin e gjinisë"*, duke filluar nga mosha 13-vjeçare me terapi testosterone dhe bllokues të pubertetit. Chloe Detrans në moshën 16-vjeçare dhe tani është një mbrojtëse e hapur e të rinjve të tjerë, që po abuzohen.

Fëmijët e Amerikës, po indoktrinohen sistematikisht me ideologji perverse gjinore nga mësuesit, këshilltarët e shëndetit mendor dhe në platformat e mediave sociale.

Ndihmës Sekretarja e Shëndetësisë e Presidentit Biden, "Rachel" Levine, kohët e fundit i bëri thirrje qeverisë që *"të fuqizojë fëmijët që të përdorin bllokues të pubertetit dhe të bëjnë një operacion për ndryshimin e seksit"*.

Këtë verë, Spitali i Fëmijëve në Boston publikoi video, që promovonin disforinë gjinore dhe ofronin "kujdes gjinor", për të miturit, duke përfshirë sterilizimin, kastrimin dhe gjymtimin.

"Kujdes për afirmimin e gjinisë", është kryerja e çdo operacioni me qëllimin e ndryshimit të trupit të një individi, që t'i përgjigjet një seksi, që ndryshon nga seksi i tij origjinal biologjik.

Çfarë bën ky projektligj:

• **Akuzon çdo person**, që me vetëdije ka kryer kujdes për afirmimin e gjinisë ndaj një të mituri me një krim të klasës C (10 deri në 25 vjet burg ose maksimum 250,000 dollarë gjobë).

• **Ndalon** të gjithë kujdesin, për afirmimin gjinor të financuar nga taksapaguesit.

• **Ndalon** institucionet e arsimit të lartë, të japin udhëzime, për kujdesin gjinor.

• **I konsideron të huajt,** pse kanë kryer kujdes gjinor ndaj një të mituri si të papërshtatshëm, për të marrë viza ose për t'u pranuar në Shtetet e Bashkuara.

Bashkëpunëtorët aktualë janë 49 republikanë: Kryetari i RSC Banks (IN), Miller (IL), Duncan (SC), Good (VA), Norman (SC), Gaetz (FL), Gonzales (TX), Higgins (LA), Owens (UT), Tenney (NY), Clyde (GA), Harshbarger (TN), Gooden (TX), Gosar (AZ), Boebert (CO), Jackson (TX), Grothman (WI), Nehls (TX), Gohmert (TX), Cawthorn (NC), Van Drew (NJ), Keller (PA), Steube (FL), Babin (TX), Weber (TX), Rosendale (MT), Hartzler (MO), Lamborn (CO), Meuser (PA), Moore (AL), Donalds (FL), Fleischmann (TN), Loudermilk (GA), Hern (OK), Mann (KS), Comer (KY), Reschenthaler (PA), Timmons (SC), Williams (TX), Harris (MD), Fischbach (MN),

Carl (AL), Johnson (LA), Allen (GA), Rouzer (NC), Lesko (AZ), Cloud (TX), Hice (GA), Cline (VA).

Grupet Mbështetëse: CPAC & Kryetari Matt Schlapp, Projekti i Parimeve Amerikane (APP), Qytetarët, për Rinovimin e Amerikës (CRA).

Greene paraqet nenet e fajësimit kundër
Prokurorit të Përgjithshëm Merrick Garland
(Washington, DC, 12 gusht 2022)

Kongresmenja Marjorie Taylor Greene, paraqiti H. Res. 1318, **nenet e fajësimit, kundër Prokurorit të Përgjithshëm Merrick Garland,** *për armatosjen politike të Departamentit të Drejtësisë (DOJ), kundër kundërshtarit kryesor politik të Joe Biden, Presidentit Donald J. Trump.*

Kongresmenja Greene, lëshoi deklaratën e mëposhtme: *"Merrick Garland, ka armatosur DD-në dhe ka lëshuar FBI-në për të synuar, ngacmuar dhe persekutuar armiqtë politikë të Joe Biden.*

Bastisja e paprecedentë në shtëpinë e Presidentit Trump është lloji i veprimit tiranik që ndodh pak para se një vend të bjerë në një diktaturë të dhunshme.

Sistemi ynë i drejtësisë nuk duhet të përdoret kurrë për të frikësuar opozitën politike thjesht sepse partia në pushtet ka frikë ta humbasë atë pushtet.

Në këtë rast, abuzimi me DD-në (DOJ) për të parandaluar Presidentin Trump të kthehej në Shtëpinë e Bardhë.

Veprimet e Prokurorit të Përgjithshëm, janë një turp dhe një njollë për kombin tonë të madh. **Merrick Garland, duhet të fajësohet, të dënohet dhe të hiqet nga detyra"**.

Rep. Greene RIPS ish-ekzekutivët e Twitter
në seancën e Mbikëqyrjes dhe Përgjegjshmërisë së Dhomës
(*Washington, 8 shkurt 2023*)

Kongresmenja Marjorie Taylor Greene dha vërejtjet e mëposhtme, në seancën dëgjimore të Komisionit të Dhomës së Përfaqësuesve, për Mbikëqyrjen dhe Përgjegjshmërinë me titull, *"Pjesa 1: Roli i Twitter në shtypjen ise fshehjen e qëllimshmet*ë *historisë së korrupsionit laptopëve Biden".*

Transkripti:
Z. Baker, zonjusha Gadde, z. Roth dhe zonjusha Navaroli, mund t'a konsideroni fjalimin tuaj të anuluar, gjatë kohës sime, sepse e anuluat timen.

E shihni, ju e keni ndaluar përgjithmonë llogarinë time personale në Twitter. Dhe ajo ishte gjithashtu llogaria ime e fushatës. Pra, *le të flasim për ndërhyrje në zgjedhje, apo jo?*

Më 2 janar 2022, ju e ndaluat përgjithmonë llogarinë time në Twitter. Kjo ishte llogaria ime, në të cilën do të vendosja reklamat e fushatës sime, do të mblidhja para, do të luftoja, kur më sulmonin me gënjeshtra kundërshtarët politikë demokratë dhe do të mund të flisja direct me votuesit e mi, në qarkun tim, por ju e ndaluat.

Dhe pastaj më lejoni të shpjegoj. Llogaria ime, nuk u rivendos deri më 21 nëntor 2022. Kjo ishte pas zgjedhjes sime më 8 nëntor.

E dini, në kompaninë tuaj, ose në **ish kompaninë tuaj të mëparshme ku keni punuar, punonjësit e Twitter, mbi 98% e tyre, dhurojnë (financërisht) gjithnjë për demokratët.**

Pra, ndërsa ju koordinuat me DHS-në, FBI-në, CIA-n, qeverinë tonë dhe grupe të jashtme, për të ndaluar përgjithmonë konservatorë amerikanë dhe kandidatë si unë dhe Presidentin e Shteteve të Bashkuara, Donald J. Trump. Ju po censuronit vazhdimisht, duke shkelur të drejtat tona të fjalës së lirë, të sanksionuar në Amendamentin e Parë të Kushtetutës sonë.

Merreni me mend, se **asnjëri prej jush nuk ka leje sigurie, asnjëri prej jush nuk është i zgjedhur dhe askush nga ju nuk përfaqëson 750,000 njerëz si unë.**

Le të shpjegohem: Neni 52 i Ligjit të Shteteve të Bashkuara 10101, thotë: *"Asnjë person, nuk duhet të frikësojë, kërcënojë, detyrojë ose tentojë të ndalojë ndonjë person tjetër me qëllim që të ndërhyjë në të drejtat e tyre, për të votuar ose për të votuar, sipas dëshirës së tij."*

Ju nuk e ndaluat asnjëherë përkohsisht ose përgjithmonë kundërshtarin tim demokrat. Ju ma bëtë këtë. Dhe kjo ishte e gabuar dhe kundër ligjit.

Rezolutë për hetimin e dollarëve të taksapaguesve amerikanë, të shpenzuar në Ukrainë

Ndërkohë, që luftënxitësit dhe administrata e Bidenit, kanë dërguar mbi 113 miliardë dollarë të tjera ndihmë të huaj për Ukrainën, *patrulla (rojet) tona kufitare kërkuan vetëm 15.46 miliardë dollarë, për të Siguruar Kufirin tonë Jugor dhe për të ndaluar rrjedhën e fentanilit dhe trafikimit të qenieve njerëzore të prodhuara nga Kina, Karteli Meksikan në Shtetet e Bashkuara.*

Muri kufitar i kërkuar asokohe nga Presidenti Trump do të kushtonte vetëm 22 miliardë dollarë, për të ndaluar më shumë se 6 milionë të huaj, që kanë pushtuar vendin tonë ilegalisht, që kur Biden mori detyrën.

Rezoluta e kongresmenes Greene kërkonte, që Biden, së bashku me Sekretarin e Mbrojtjes Austin dhe Sekretarin e Shtetit Blinken, t'i japin Dhomës së Përfaqësuesve të gjithë informacionin përkatës, se si po përdoren dollarët e taksapaguesve amerikanë në Ukrainë.

Sistemi i Drejtësisë Amerikane me dy standarte dhe Vërejtjet në Takimin Organizativ të Komitetit të Dhomës, për Mbikëqyrjen dhe Përgjegjshmërinë
(Washington, 31 janar 2023)

Kongresmenja MTG, iu drejtua zonjës Crockett, duke i thënë se jam dakord me ju, për vdekjen e **Tyree Nichols**. E pashë videon dhe ishte tragjike dhe jashtëzakonisht e vështirë për t'u parë.

Dua të theksoj gjithashtu, se ai qytet është i kontrolluar prej kohësh nga demokratët dhe pesë oficerët që janë arrestuar dhe akuzuar janë me ngjyrë, sikurse viktima.

Meqenëse gjithnjë sipas traditës rutinë të tyre, demokratët amerikanë, gjithënjë në situatat që nuk u shkon përshtat atyre e përdorin për qëllime politike, duke vënë në plan të parë **ish Racizmin**dhe **ish Skllavërinë**e shumë shekujve më parë.

Ata keqpërdorin emocionalisht historinë e shkuar të komunitetit me ngjyrë, duke i nxitur ata të mendojnë, se Amerika është një shtet që gjithnjë shfaq racizmin.

Kjo teori e rigjallërimit të racizmit, në mendjet e tyre të sëmura është e gabuar dhe ka hasur vazhdimisht rezistencë nga vetë *grupe dhe individë të komunitetit me ngjyrë afrikano-amerikanë, të cilët e kanë kuptuar, se demokratët përdorin kartën e racizmit dhe skllavërisë, sa herë që deshtojnë në drejtime të tjera politike.*

Askush deri tani nuk i ka dhënë përgjigje pyetjes historike, se cili nga presidentët amerikanë ka bërë më shumë, duke dhënë fonde financiare për universitetet e komunitetit të njerëzve me ngjyrë Barack Hysen Obama i komunitetit me ngjyrë, gjatë 8 viteve 2008-2016 apo Presidenti Donald J. Trump në vitet 2016-2020!?

Por, kongresmenja republikane Greene, u thotë hapur të ftuarve, që ishin aty para Kongresit, për këtë ngjarje tragjike, ku viktima dhe shkaktarët e tij ishin me ngjyrë.

"Unë mendoj, se kjo nuk është një çështje racizmi apo diçka e tillë.

Mendoj, se gjyqtari dhe juria në gjyq, duhet të përcaktojnë se çfarë ndodhi atje. Por unë do të doja të theksoja edhe diçka, që shpresoj ta ndani me mua.

Është një grua në këtë dhomë, vajza e së cilës u vra më 6 janar 2021, Ashli Babbitt. Dhe nuk ka pasur kurrë një gjyq ndaj autorit.

Në fakt, askush nuk është interesuar, për personin që e qëlloi dhe e vrau. Dhe askush në këtë Kongres, nuk e ka trajtuar me të vërtetë këtë çështje. Komisioni i 6 janarit, nuk e trajtoi atë.

Besoj, se ka shumë njerëz, që erdhën në Kapitol më 6 janar, të drejtat dhe liritë civile, të të cilëve po shkelen rëndë.

Dhe ky komitet, shpresoj, zoti Kryetar, do të shqyrtojë këto abuzime të të drej-tave civile, sepse ato po ndodhin, në një burg pikërisht këtu në këtë qytet.

Shpresoj, se zonjusha Norton, do të kujdeset edhe për këtë, si dhe për burgjet në të gjithë vendin. Unë kam qenë në atë burg. Dhe nuk janë vetëm të pandehurit e 6 janarit, në procedurë paraprake, meqë ra fjala, janë shumë prej të burgosurve atje, që jetojnë në kushte të tmerrshme.

Unë mendoj, se kjo është diçka, për të cilën ju dhe unë mund të kujdesem. Unë do të doja të them dhe theksoj këtë: të drejtat dhe liritë civile janë të rëndësishme. **Ne, duhet të sigurohemi, që të godasim (prishim) sistemin e drejtësisë me dy nivele (standarte), sepse kjo duhet të marrë fund.**

*Kjo është ajo që i mungon Kongresit. Unë do të doja gjithashtu t'i kujtoja Komisionit, se pas dy vjetësh të një kontrolli shumë të rëndë këtu në Kongres dhe në komisione, ku republikanët nuk kishin zë (**veçanërisht unë nuk kisha zë**), asnjë komision nuk do të hiqet nga ish-kryetari ynë dhe demokratët në Kongres.*

Mendoj, se është gjithashtu e rëndësishme të theksohet se për sa i përket fletëthirrjeve të Presidentit Trump dhe mënyrës sesi familja e tij është trajtuar nga demokratët, ku **Eric Trump në veçanti, është thirrur nga demokratët mbi 400 herë edhe pse nuk ka shkelur kurrë asnjë ligj.**

Unë mendoj, se fuqia e thirrjes është jashtëzakonisht e rëndësishme. Unë e kundërshtoj këtë amendament, sepse demokratët kanë vërtetuar se çfarë bëjnë me fuqinë e thirrjeve, veçanërisht me Komitetin e 6 Janarit, dhe mendoj se mund t'u besojmë republikanëve në këtë komitet dhe kryetarit tonë të ri, **Jamie Comer***, që të bëjnë një punë të shkëlqyer me të.*

Mendoj, se është e rëndsishme që ne të gjithë të pranojmë, se Shtëpia e Bardhë sapo njoftoi se do t'i jepte fund urgjencës Covid-19."

Rep. MTG kërkon që FBI të mbahet përgjegjëse, për heqjen jo Kushtetuese të amerikanëve nga të drejtat e tyre të Amendamentit të Dytë (*Washington, 26 tetor 2022*)

Amendamenti i dytë

Kongresmenja Marjorie Taylor Greene, i dërgoi letra Prokurorit të Përgjithshëm të Shteteve të Bashkuara Merrick Garland dhe Christopher Wray, drejtorit të FBI-së.

Letrat kërkojnë, që FBI të mbahet përgjegjëse, për frikësimin e qytetarëve amerikanë, që të heqin dorë nga e drejta e tyre për të zotëruar, blerë dhe përdorur armë zjarri.

Është zbuluar, *se personeli i FBI-së krijoi një formë që përdorej fshehurazi, për të detyruar amerikanët të hiqnin dorë "vullnetarisht" nga e drejta e tyre, për të zotëruar, blerë ose përdorur armë zjarri.*

Të paktën 15 amerikanë, nënshkruan formularin nga 2016-2019 dhe informacioni i tyre u fut në Sistemin Kombëtar të Kontrollit të Menjëhershëm të Sfondit Kriminal (NICS).

Këta amerikanë, nuk kishin kryer asnjë krim, por ata u frikësuan të nënshkruanin formularin anti Kushtetues, kur agjentët e FBI-së, u zunë pritë në shtëpitë e tyre dhe në vende të tjera.

Pronarët e armëve të Amerikës (GOA), njoftuan Prokurorin e Përgjithshëm, se **FBI kishte shkelur të drejtat e Amendamentit të Dytë të atyre, që u detyruan të nënshkruanin formularin sekret.**

Prokurori i Përgjithshëm, kishte 30 ditë për t'u siguruar, që ndryshimet e duhura ishin bërë në NICS, por ai nuk e bëri këtë, duke shkelur edhe ai ligjin.

Letra e kongresmenes Greene, kërkon përgjigje, për pyetjet e bëra, drejtuar Merrick Garland. Kjo përfshin konfirmimin se:

1. Departamenti i Drejtësisë, ka identifikuar dhe ka ndërmarrë veprime për të "hequr" të dhënat fyese nga çdo "bazë e të dhënave", që lidhet me ata që kanë nënshkruar formularin mashtrues të FBI-së;

2. FBI (nën autoritetin e Prokurorit të Përgjithshëm), ndërmori veprime, për të "hequr" të dhënat e ofendimit nga sistemi NICS; dhe

3. FBI, ka ndaluar përdorimin e formularit të paligjshëm dhe antikushtetues të NICS Indices Self-Submission Form.

Kongresmenja Greene lëshoi deklaratën e mëposhtme:

"Zyrtarët e korruptuar në FBI, duhet të mbajnë përgjegjësi para taksapaguesve amerikanë. Kjo shkelje skandaloze e të drejtave kushtetuese të amerikanëve, nuk mund të lejohet të qëndrojë. Unë gjithmonë, do të mbroj të drejtat e amerikanëve, për të mbajtur dhe mbajtur armë."

Fatmirësisht, 14 anëtarë të tjerë të Kongresit, nënshkruan letrën e kongresmenes Greene.

Kongresmeni republikan **Chip Roy** tha: *"Pavarësisht disa shembujve të individëve qartësisht të trazuar, që detyrohen të nënshkruajnë këto formularë, DD e Biden nuk mund t'i heqë paraprakisht të drejtat para se të kryhet një krim. Kjo shkelje e dukshme e procesit të rregullt kushtetues, është një shembull tjetër i përpjekjeve të pafytyra të FBI-së, për të synuar disa amerikanë që nuk i pëlqejnë kësaj administrate.*

Nëse populli amerikan i kthen ndonjëherë republikanët në mazhorancë, ne duhet ta përdorim atë për të detyruar administratën të përgjigjet, se nga kanë ardhur këto forma dhe saktësisht se si janë përdorur.

Për më tepër, ne nuk duhet të pajtohemi me një qindarkë shtesë, për FBI-në derisa të kemi përgjigje, për këtë dhe listën në rritje të lavanderi të veprimeve të tjera, të zbatimit të DOJ-së së Bidenit, në dukje të politizuara."

"Përpjekjet e FBI-së, për të ushtruar presion ndaj amerikanëve, që të heqin dorë nga të drejtat e tyre të Amendamentit të Dytë, janë jashtëzakonisht të korruptuara dhe garantojnë mbikëqyrje të shpejtë të Kongresit", tha kongresmeni **Andrew Clyde**.

"Jam krenare, që bashkohem me kongresmenen Marjorie Taylor Greene, për të kërkuar llogari dhe për të siguruar, që burokratët e pazgjedhur dhe kundër armëve të mos shkelin më tej të drejtën kushtetuese të amerikanëve, për të mbajtur dhe mbajtur armë".

Kjo letër, është një nga shumë veprimet e ndërmarra nga kongresmenja Greene, për të vënë në dukje sistemin e drejtësisë me dy standarte (nivele), që funksionon i pakontrolluar në Shtetet e Bashkuara. Sistemi i krijuar për të mbrojtur qytetarët amerikanë, ka dështuar në mënyrë katastrofike.

"Administrata e Bidenit, është e vendosur të anashkalojë Kongresin dhe Kushtetutën tonë, për të shkelur të drejtat e Amendamentit të Dytë të Amerikanëve", tha kongresmeni **Lance Gooden**. *"Jam krenare që qëndroj me kongresmenen Greene, ndërsa luftojmë kundër këtyre sulmeve të paligjshme ndaj amerikanëve që i binden ligjit."*

Kongresmeni **Paul Gosar** tha: *"Etërit tanë, themelues siguruan pronësinë e armëve në Ligjin e të Drejtave, duke e bërë të drejtën për të mbrojtur lirinë e* *dikujt nga Qeveria shtypëse në mënyrë unike amerikane. Fatkeqësisht, adminis-trata Biden, është e përfshirë në një sulm të paprecedentë ndaj Amendamentit të Dytë dhe taktikat më të fundit të FBI-së me krahë të forte, përfaqësojnë zgjerimin më të madh të Qeverisë, që shkel të drejtat e pronarëve të armëve, që i binden ligjit në Shtetet e Bashkuara."*[182]

---

[182]Rep. MTG Demands the FBI Be Held Accountable for Unconstitutionally Stripping Americans of Their Second-Amendment Rights, Washington, October 26, 2022, Second Amendment. https://greene.house.gov/news/documentsingle.aspx? DocumentID=207

PASURIA E ANTHONY FAUCIT U RRIT
NGA 7.6 MILIONË NË 12.6 MILIONË DOLLARË

"Tre vjet më parë, deklarova se Covid-19 pothuajse me siguri erdhi nga laboratori kinez në Wuhan. Tani, bota më në fund po e pranon të vërtetën. Mbulimi i origjinës së Covid-19 është një nga skandalet më të mëdha në historinë e botës. Miliona njerëz, në të gjithë planetin, kanë vdekur nga virusi kinez. Tani është koha për t'a mbajtur përgjegjës Kinën dhe forcat e korruptuara, që kanë lehtësuar këtë shtypje kolosale të fakteve përgjegjëse për dëmin, që i kanë shkaktuar mbarë njerëzimit." - **Donald J. Trump @realDonaldTrump, TRUTH Social**

"Unë do t'i dërgoj një letër Departamentit të Drejtësisë, duke kërkuar një referim penal, sepse ai (Dr. Anthony Fauci) ka gënjyer Kongresin." **– Senator Rand Paul**

"Origjina e Covid-19, nuk ka qenë kurrë sekret. Historia e vërtetë, zemërimi më i madh, është se njerëzit që e dinin ose duhej ta dinin të vërtetën gënjejnë për të, për të fshehur rolin e Qeverisë kineze në vrasjet masive." - **Tucker Carlson** *Tonight Show*

"Kartelet më të mëdha të drogës në botë, mblidhen dhe blejnë të gjitha mediat dhe të gjithë politikanët dhe i detyrojnë të gjithë njerëzit në botë të qëndrojnë të mbyllur në shtëpitë e tyre, dhe njerëzit mund të dalin vetëm nëse marrin drogën e kartelit dhe vazhdojnë të marrin ato pa pushim." - **Woody Harrelson**, *i ftuar në Saturday Night Live*

E vërteta e eksperimentëve me virusin kinez në Wuhan

Këto ditë fatmirësisht Kongresi Amerikan, i kontrolluar nga patriotët republikanë, hetoj një proçes gjyqësor mbi origjinën e virusit kinez dhe gënjeshtrat seriale me mashtrime dhe mbulimit me paramendim të krimit brenda territorit tonë për 4 vjet (2019-2023) deri në ditët tona...

Si hap i parë për këtë investigimin paraprak në gjerësi dhe thellësi u bë në Washington D.C., pranë Kongresit Amerikan, përmes*Aprovimit të ligjit, që Detyron De-Klasifikimin e Dokumentëve Sekrete mbi Origjinën e Covid-19, të nënshkruar më vonë edhe nga vetë Joe Biden.*

Me datën 10 shkurt 2023, kongresmenët republikanë paraqitën para Kongresit ligjin e ri në fjalë, i cili u hodh në votim dhe u miratua me shumicë votash të republikanëve dhe demokratëve.

Ky ligj shumë i rëndsishëm e i mirëpritur nga populli amerikanë, i hap rrugën ivestigimit mbi origjinën e virusit kinez Covid-19 dhe problemeve apo fenomeneve negative të tjera, që lidhen me të, brenda territorit të SHBA-së në vitet 2019-2023 dhe në vazhdim dhe roli i Amerikës në këtë histori.

Përfaqësuesja republikane **Nancy Mace**, detajon me kujdes komplikimet e veta shëndetësore nga vaksina kundër Covid-19, gjatë seancës dëgjimore në Kongresin Amerikan, ku ishin të ftuar të dëshmojnë ish punonjësve të lartë drejtues të Twitter, të cilët në mënyrë sistemaitke kanë çensuruar doktorët dhe intelektualët e ndryshëm amerikanë dhe bota.

Rep. Nancy Mace, R-S.C.[183], foli për 5 minuta në Komitetin e Mbikëqyrjes dhe Përgjegjshmërisë së Dhomës, gjatë një takimi organizativ për Kongresin e 118-të të SHBA-së, në Capitol Hill në Washington D.C., më 31 janar 2023.

Përfaqësuesja republikane **Nancy Mace,** tha hapur dhe publikisht, se **ishte e penduar për marrjen e "vaksinës" (vaxx) Covid-19,** pasi ajo vetë

---

[183]**Nancy Ruth Mace (1977)**, është një politikane amerikane, që shërben si përfaqësuese e SHBA, për distriktin e parë të Kongresit të Karolinës së Jugut, që nga viti 2021. Distrikti i saj përfshin pjesën më të madhe të pjesës së shtetit në Bregun Lindor, nga Charleston në Hilton Head Island. Në vitin 1999, Mace ishte gruaja e parë, që u diplomua nga programi i Korpusit të Kadetëve në The Citadel. Në vitet 2018-2020, ajo përfaqësoi distriktin e 99-të në Dhomën e Përfaqësuesve të Karolinës së Jugut, duke mbuluar Hanahan, Mount Pleasant në verilindje dhe Daniel Island. **Rep.Mace**, është gruaja e parë republikane, që zgjidhet në Kongres nga Karolina e Jugut. Mace punoi në fushatën presidenciale të Donald Trump në vitin 2016. **Në vitin 2021, ajo votoi kundër fajësimit të Trump në lidhje me sulmin e 6 janarit në Kapitolin e SHBA**. Mace lindi në Fort Bragg, Karolina e Veriut, nga oficeri i Ushtrisë së Shteteve të Bashkuara James Emory Mace dhe mësuesja e shkollës Anne Mace. Mace mori një diplomë master në gazetari dhe komunikim masiv nga Kolegji Henry W. Grady i Gazetarisë dhe Komunikimit Masiv në Universitetin e Gjeorgjisë.

përjetoi vështirësi të pashpjegueshme mjekësore, pas dozës së dytë.

Zonja Mace si përfaqsuese e shtetit të Karolinës së Jugut, i bëri zbulimet e pasojave të saj, pas marrjes së vaxx, kundër Covid-19, *gjatë një seance direkte dëgjimore, për Mbikëqyrjen dhe Përgjegjshmërinë e Dhomës së Përfaqësuesve,* të përqendruar në çensurimin e Twitter, për historinë e "**Laptop from Hell" të Hunter Biden** (*Djalit të Joe Biden*), përpara zgjedhjeve të vitit 2020 dhe marrëveshjen e Twitter me agjentët federalë, për të shtypur të vërtetën dhe lirinë e fjalës të shtetasve taksapagues dhe specialistëve të shquar të mjeksisë amerikane.

Ish-shefi ligjor i Twitter, *Vijaya Gadde*, ish-zëvendës këshilltari i përgjithshëm *James Baker* dhe ish-kreu i besimit dhe sigurisë, *Yoel Roth*, u përballën me ligjvënësit në Kongresin Amerikan për herë të parë, që kur pronari i ri i Tëitter-it, **Elon Musk**, filloi të publikonte dokumente të **Skedarëve të BrendshmeTwitter**, që tregonin hapur prirjen e krahut të majtë komunist politik të platformës, që nxiti çensurën e organizuar në nivel të lartë të shtetit dhe shërbimeve sekrete amerikane, të fakteve dhe pikëpamjeve të vërteta shkencore konservatore mbi virusin e laboratorit të institutit ushtarak kinez.

Zonja Mace pyeti tre dëshmitarët, për vendimin e tyre, për të shënuar postimet e **Jay Bhattacharya**,[184] një mjek dhe *profesor i shquar i Universitetit*

---

[184]Jayanta "Jay" Bhattacharya (1968), është një profesoreshë indiano-amerikane për mjekësi, ekonomi dhe politikave kërkimore shëndetësore në Universitetin Stanford. Ai është drejtor i Qendrës së Stanfordit, për Demografinë dhe Ekonominë e Shëndetit dhe Plakjes. Hulumtimi i tij fokusohet në ekonominë e kujdesit shëndetësor. Ai është kundër bllokimeve dhe mandateve të maskave si përgjigje ndaj plandemisë Covid-19. Me Martin Kulldorff dhe Sunetra Gupta, ai ishte një bashkautor në vitin 2020 i Deklaratës së Madhe Barrington, e cila mbrojti heqjen e kufizimeve të Covid-19, për grupet me rrezik më të ulët, për të zhvilluar imunitetin e tufës, përmes infeksionit, duke promovuar argumentin shumë të diskutueshëm, që njerëzit e cenueshëm mund të mbrohet nga virusi. Ai, ka katër diploma nga Universiteti Stanford: një BA (Phi Beta Kappa), një AM, një MD dhe një doktoraturë në ekonomi. Ai, është profesor i mjekësisë në Universitetin e Stanfordit, profesor i ekonomisë në Stanford, profesor në Departamentin e Kërkimeve Shëndetësore dhe Politikave të Stanfordit, një bashkëpunëtor i lartë në Institutin e Stanfordit për Kërkimin e Politikave Ekonomike, drejtor i Qendrës së Stanfordit për Demografia dhe Ekonomia e Shëndetit dhe Plakjes, një bashkëpunëtor i lartë në Institutin Freeman Spogli për Studime Ndërkombëtare, bashkëpunëtor kërkimor në Acumen LLC dhe bashkëpunëtor kërkimor në

Byronë Kombëtare të Kërkimeve Ekonomike. Në vitet 2006-2008, ai ishte studiues në Institutin Hoover dhe në vitet 1998-2001, ekonomist në Korporatën RAND, profesor në Departamentin e Ekonomisë të UCLA. Bhattacharya, ishte kundërshtar i hershëm i bllokimeve në përgjigje të plandemisë Covid-19 dhe vuri në dyshim ashpërsinë e virusit. Më 24 mars 2020, Bhattacharya ishte bashkë-autor një artikull opinioni në The Wall Street Journal me titull "A është Coronavirus aq vdekjeprurës sa thonë ata?", i cili argumentoi se kishte pak prova, për të mbështetur urdhrat e strehimit në vend dhe karantinat e Covid-19 plandeminë në Shtetet e Bashkuara. Ai është bashkautor i Deklaratës së Madhe Barrington, një propozim për një qasje alternative të shëndetit publik, për t'u marrë me Covid-19, përmes "mbrojtjes së fokusuar" të njerëzve më të rrezikuar. Në të, Bhattacharya dhe dy studiues të tjerë u bënë thirrje qeverive që të përmbysin strategjitë e tyre për koronavirusin dhe të lejojnë të rinjtë dhe të shëndetshëm të kthehen në jetën normale duke mbrojtur më të rrezikuarit. Kjo do të lejonte që virusi të përhapet në grupe me rrezik të ulët, me synimin për të arritur "imunitetin e tufës", i cili do të rezultonte që mjaft popullata të bëhej rezistente ndaj virusit për të shuar pandeminë. Bhattacharya shkroi deklaratën me Martin Kulldorff, profesor i mjekësisë në Shkollën Mjekësore të Harvardit dhe Sunetra Gupta, profesore e epidemiologjisë teorike në Universitetin e Oksfordit. Në mars 2021, Bhattacharya i quajti bllokimet në karantinë kolektive nga Covid-19 si "gabimi më i madh i shëndetit publik që kemi bërë ndonjëherë si Dëmi për njerëzit është katastrofik". Në prill, Bhattacharya mori pjesë në tryezën e rrumbullakët të Guvernatorit të Floridës Ron DeSantis rreth censurës së teknologjisë së madhe dhe plandemisë Covid-19.Ai kundërshtoi publikisht pasaportat dhe mandatet e vaksinës Covid-19. Në dhjetor, me Kulldorff dhe Scott Atlas, Bhattacharya ndihmoi në krijimin e një programi të quajtur Akademia për Shkencë dhe Liri në Kolegjin Hillsdale, një shkollë konservatore e arteve liberale të krishtera. Ai u emërua gjithashtu një studiues i lartë në Institutin Brownstone, një institut i ri i krijuar nga Jeffrey Tucker, që botoi artikuj të cilët kundërshtonin masa të ndryshme kundër Covid-19. Në prill 2022, Bhattacharya shkroi se ai përjetoi sulme raciste dhe kërcënime me vdekje gjatë plandemisë. Ai tha, se Prigët e mëdha të teknologjisë si Facebook dhe Google shtypën idetë tona, duke i konsideruar ato në mënyrë të rreme "dezinformata". Në dhjetor 2022, guvernatori i Floridës Ron DeSantis emëroi Bhattacharya, Kulldorff dhe disa të tjerë në Komitetin e tij të sapoformuar të Integritetit të Shëndetit Publik për të ofruar vlerësime kritike të rekomandimeve nga agjencitë federale të shëndetit. Sipas një publikimi të Dhjetorit 2022 të Dosjeve të Twitter, prof.Bhattacharya u vendos në një "listë të zezë të tendencave" të Twitter në gusht 2021, që pengoi tweetet e tij, të shfaqeshin në kërkimet e temave në trend…

të Stanford-it, i cili, ishte kritik ndaj përgjigjes jo të sinçertë të Qeverisë amerikane ndaj Plandemisë në SHBA dhe botë.

"Unë, së bashku me shumë amerikanë, kemi efekte afatgjata nga Covid-19," tha ajo. *"Jo vetëm që kam qenë një transportues i gjatë, por kam efekte nga vaksina. Nuk ishte goditja e parë, por ishte e dyta që tani pata astmë e cila nuk më është larguar kurrë, qysh nga injektimit te dytë të vaxx. Kam dridhje në dorën e majtë dhe kam dhimbje të herëpashershme në zemër, që asnjë mjek nuk mund t'a shpjegojë."*[185]

Fatmirësisht, republikanët amerikanë, thonë se dokumentët e mbledhur nga investigimi i pavarur i tyre janë të bollshme, ku do të zbulohet hapur për popullin amerikan, çdo gjë kriminale, që ka të bëj me këtë fatkeqsi kombëtare të planifikuar, ku vdiqen mbi 1 milion vetë.

Vetëm në shtetin e New York-ut humbëm jetën apo vdiqen për faj të ish governatorit të shtetit **Andrew Cuomo** mbi *15.000 njerëz të moshuar pleq dhe plaka, të cilët jetonin në azilet e pleqve, gjoja "nën kujdesin" e shtetit…*

Ky është ndër krimet apo skenarët e frikshme më të "mire"të organizuar në shkallë ndërkombëtare e kombëtare të ndodhur ndonjëherë në SHBA dhe se media e majtë globaliste e ka fshehur me qëllim krimin deri më sot të padenueshëm dhe të painvestiguar.

Zgjohu Amerikë!

Nga ana e tjetër, Big Tech, Big Media, **kanë bërë në mënyrë sistematike çensurë totale dhe të mirëorganizuardhe mirëorkestruar nga regjimi Biden**, *që doktorët dhe amerikanët e thjeshtë të mos tregojnë dhe shkruajnë të vërtetën e krimit më të lartë të ndodhur ndonjëherë në historinë e SHBA-së, duke shkelur brutalisht dhe hapur ligjet dhe Kushtetutën Amerikane.*

Në fakt, ata me gënjeshtra të kamufluara dhe shpesh të hapura, të mbuluar me mjeshtëri edhe nga propaganda e shfrenuar non stop e mediave ultra të majtë globaliste, duke përhapur me paramendim keqinformim dhe kanë kompromentuar mjeksinë qeveritare dhe shërbimin mjekësorë amerikanë.

Të rezistuarit amerikanë dhe botërorë si heronj të vërtetë, *dolën fitues mbi këtë garë të pa barabartë kriminale, duke vënë në rrezik sigurinë për jetëgjatësinë e tyre në të ardhmen….*

---

[185]Rep. Nancy Mace details own health complications from COVID vaccine during Twitter hearing. By Joseph Clark - The Washington Times - Wednesday, February 8, 2023

Por, këtu ka një problem serioz, sepse **njerëzit e vaxx** me dhunë dhe detyrim shtetëror nga administrata e papërgjegjshme Biden, **mund të hedhin në gjyq kompanitë ku ata punojnë**, sepse i kanë detyruar me kërcënim me largim nga puna, (*sikurse ka ndodhur faktikisht me policët, ushtarakët, mjekët, aviatorët dhe stjuardeshat, mjekët, mësuesit, infemierët, punëtorët e thjeshtë etj.*) të bëjnë vaxx, jashtë deshirës së tyre.

Në ditët tona, si fenomene negative katastrofike, janë bërë rastet e shpeshta me vdekje nga goditjet e zemrës të shumë viktimave të rinj amerikanë (*kryesisht sportistë etj.*)dhe në botë, si pasojë e marrjes së vaxx me detyrim, të cilat të gjitha janë të pa-liçensuara deri tani këtu, sipas satandartëve të larta dhe të kontrolluara të mjeksisë tonë…

Rrej rrej, se diçka do të mbij

"Ka 9 milionë arsye, pse dy shkencëtarët e mirë ndryshuan qëndrimin e tyre, ndaj teorisë së rrjedhjeve nga laboratori kinez Ëuhan. Kështu, tre ditë pasi thanë se erdhi nga një laborator, ata ndryshuan pozicionin e tyre dhe e vetmja ngjarje, që ndërhyri në mes ishte një telefonatë konferencë me dr. Fauci dhe dr. Collins. Përsëri, një telefonatë që z. Redfield (drejtori i CDC-së në atë kohë), nuk u lejua të aktivizohej… Dhe më pas, tre muaj më vonë ata marrin 9 milionë dollarë nga dr. Fauci. Pse!? A nuk është kjo diçka!?"
– Jim Jordan (R-OH), kongresmen.

Mbasi kanë rrejtur sistematikisht si deri tani dhe hunda nga rrenat u është bërë si pinoku, më në fund **Departmenti i Enërgjisë së Shtetit** (dhe gazeta e famshme **Wall Street Journal**), kanë pranuar faktin real, se **virusi kinez, ka dalë nga laboratori apo Instituti ushtarak kinez Wuhan** (themeluar në vitin 1956), **i financuar me 9.000.000 dollarë nga Qeveria Amerikane e kryesuar nga virusologu veteran Anthony Fauci.**

Këto para janë marrë nga taksat e qytetarëve amerikanë, të cilat më vonë virusi kinez i dalë nga laboratori kinez, arriti të kthei në viktima mbi 1.000.000 taksapagues amerikanë dhe 6.000,000 njerëz të tjerë në të gjithë botën.[186187]

---

[186]**House holds first hearing on COVID-19 origins after 'bombshell' Fauci emails House Judiciary Committee Chairman Rep. Jim Jordan, R-Ohio, claimed that Dr. Anthony Fauci 'downplayed' the theory of COVID-19 originating from a lab leak on 'The Evening Edit.' https://www.youtube.com/watch?v=rIitFg5T2LU**

Po ky department, ka heshtur me paramendim qysh në fillim edhe pse e ka ditur me ndërgjegje të plotë të vërtetën, duke mbrojtur me çdo kusht regjimin fajtor të Joe Biden dhe psedoshkencëtarin Anthony Faucin, në bashkëpunim me kongresmenët dhe senatorët komunistë amerikanë, sikurse edhe mediat mashtruese të korruptuar dhe kompromentuar nga Cabala, Deep State etj…

Pra, virusi në fjalë, është krijuar me qëllim në Bio-Laboratorin e Ushtrisë së Republikës Popullore Komuniste të Kinës, *duke e klasifikuar atë në armën vdekjeprurëse bio-nukleare të shkatërrimit në masë të mbarë njerëzimit në botë.*

Kina komuniste, me paramendim dhe përmes një plani të parapërgatitur në mënyrë strategjike, ka lejuar shtetasit e saj të semurë me virus kinez, që të dalin me aviona interkontinentale jashtë terriorit të vet dhe të bëjnë shpërrndajen e shpejtë të virusit **si pjesë e Plandemisë Botërore, në shtetet e tjera të Europës dhe ShBA-së,** ku ajo mbërriti në vitin 2019…

Regjimi komunist amerikanë i të papërgjeshmit Joe Biden, deri në vitin 2022, ka vazhduar t'i dërgoj sistematikisht qindra dhe mijëra dollarë në Cash Bio-Laboratorit të Virusologjisë në Wuhan të Kinës, ku u krijua virusi vdekjeprures kinez Covid-19.[188]

Kjo është sot, një ndër skandalet shtetërore më e madhe e organizuar e shekullit 21 në shkallë planetare, ku deri tani kanë humbur jetën mbi 7.000,000 njerëz në të gjithë botën dhe nga këto mbi 1.000,000 të pafajshëm kanë kaluar në amshim vetëm në SHBA…

Kongresi Amerikan, sot fatmirësisht i kontrolluar nga patriotët republikanë, ka planifikuar që së shpejti të filloi një investigim të thellë dhe total mbi origjinën e virusit dhe abuzimet, gjatë Plandemisë komuniste të organizuar nga pseudodoktori Anthony Fauci, regjimi Biden në fuqi, CDC etj.

Faucime kompani, duhet të akuzohet direkt për Gjenocidë (Genocide)

---

[187]Lab Leak Liars: Hoë China and authorities deceived us Sky News AustraliaFor so long anyone who dared suggest COVID-19 began in a Wuhan lab was dismissed, criticised and mocked. Now the US Energy Department and FBI have conceded a lab leak most likely caused the pandemic. Sky News Digital Originals presents this report from Host Rita Panahi. https://www.youtube.com/watch?v=PifQ_ToAYZA

[188]Fox News host **Tucker Carlson reacts to report that the Energy Department has concluded COVID-19 most likely came from a Chinese lab on 'Tucker Carlson Tonight.'** https://www.youtube.com/watch?v=yMb2Hgztntw

dhe krime me paramendim, sipas një plandemisë planetare, të organizuar kundër njerezimit dhe jo të lihet i lirë të kaloi pleqërinë apo pensionin e tij i qetë në shtëpinë e vet apo nëresortet përrallore botërore.Ai duhet të dëshmoi para Gjyqit Ndërkombëtar të Hagës, për skenaristët e tjerë kriminalë, që fshihen mbas këtij misioni të mirëorganizuar kriminal dhe terrorist ushtarak biobakteriologjik laboratorik, të shkatërrimit në masë të popullsisë së botës.

Ana tjetër e këtij Skandali planetar vdekjeprurës, është se *regjimi Biden, nuk ka njoftuar asnjëherë popullin amerikanë* (që thotë se e ka votuar në Zyrën Ovale) *mbi origjinën e Covid-19, por të vërtetën për herë të parë amerikanët e kanë mësuar me datën 26 shkurt 2023 nga gazeta e përditshme Wall Street Journal, në një editorial special të saj.*[189][190]

Zyra e Shtypit dhe vetë Zyra Ovale e të paafit Biden, ka vazhduar sistematikisht t'i fshej të vërtetën popullit amerikanë,ç'ka përbën mbulimin me ndërgjegje të fakteve krimit, që kanë qenë të njohura më parë, por që ai i ka fshehur (**për të ndihmuar qeverinë komuniste të Kinës**) me paramendim, duke përdorur nga ana e tjetër njëçensurë totale sistematike propagandistike pafajsie brenda vendit tonë…

Qellimi i pastër i tyre, ka qenë pakësimi i popullsisë së botës dhe SHBA-së si **dhe të mos e lejojnë prensidentin aktual amerikan Donald J. Trump, me rifitu masivisht garën presidenciale 100% të sigurtë.** Në këtë mënyrë Fauci, Deep State, Cabala, CDC etj., me vetëdije mund të realizojnë planin e tyre të turpshëm të Plandemisë shkatërruese në SHBA dhe botë…

---

[189]**Former CDC Director Robert Redfield sounds off on 'The Story' after testimony before House Select COVID Committee.** #foxnews#thestory**Ex-CDC director speaks out on COVID lab leak theory https://www.youtube.com/watch?v=BXQDHggRxp4**
[190]House holds first hearing on COVID-19 origins after 'bombshell' Fauci emails. Mar 8, 2023House Judiciary Committee Chairman Rep. Jim Jordan, R-Ohio, claimed that Dr. Anthony Fauci 'downplayed' the theory of COVID-19 originating from a lab leak on 'The Evening Edit.' https://www.youtube.com/watch?v=rIitFg5T2LU

Miliona dollarët e Faucit, sipas Open The Books

Doktori i Covid-19 Anthony Fauci, pothuajse dyfishoi vlerën e pasurisë së tij, gjatë abuzimit me proçesin e fshehjes dhe përhapjes së Plandeminë botërore edhe në SHBA.

Sipas një raporti plot fakte origjinale, që do të publikohet së shpejti nga grupi vëzhgues **Open The Books**, *dr. Anthony Fauci dyfishoi pasurinë e tij personale, gjatë viteve të pikut të Plandemisë 2019 deri në 2021.*

…**Kjo pasuri financiare e tij u rrit nga 7.6 milionë dollarë në 12.6 milionë dollarë. Jo keq, doktor!!!!.**

Gjatë një interviste, themeluesi i *Open the Books* **Adam Andrzejeëski,** iu bashkua **The Evening Edit në Fox Business,** për të diskutuar mbi Faucin, Kinën dhe më shumë pas gjetjeve të shkakut të origjinës së Covid-19, *sipas Departamentit të Energjisë,* **se Covid-19 e ka origjinën e tij nga një rrjedhje laboratorike në Wuhan të Kinës.**[191]

Andrzejewski hodhi disa bomba

"Ne, po e lëmë Kinën të ikë, për shumë gjëra," tha **Andrzejewski.** *"Dhe kjo ka vazhduar për dekada. Është një strategji kineze. Për shembull, vjeshtën e kaluar, organizata jonë në OpenTheBooks.com (openthebooks.com), theksuam raportin e teknologjive strider, ku 150 ish-punonjës të Laboratorit Kombëtar të Los Alamos, (Laboratorit tonë të Xhevahirit Kombëtar), nuk po punojnë më në Amerikë. Ata po punojnë përsëri në Kinë, në emër të Partisë Komuniste Kineze dhe kundër interesave tona kombëtare ushtarake…"*

Andrzejewski, vazhdoi t'i drejtohej pasurisë përrallore të grumbulluar nga "doktor" Fauci, duke lënë jashtë punës pa të drejtë miliona amerikanë punëtorë dhe bisnese të vogla dhe mesme.

*"Ne hetuam dr. Fauci-n, sepse as që mendoj se është e diskutueshme, që **ai është një nga burokratët dhe hipokritët më të fuqishëm, që ka ekzistuar ndonjëherë në historinë e vendit tonë.***

---

[191]Feb 28, 2023 #foxnews#tucker#foxChinese virologist Dr. Li Meng Yan reacts to a classified intelligence report from the Energy Department that found COVID-19 most likely came from a Chinese lab on 'Tucker Carlson Tonight.'hinese virologist tells Tucker COVID-19 'was not an accident' https://www.youtube.com/watch?v=WedKKuP9NNw.

Dhe padyshim, në hartimin e përgjigjes së Amerikës ndaj Covid-19 gjatë Plandemisë, ne bëmë mbikëqyrjen e financave të familjes Fauci," thotë Andrzejewski.

Ai vazhdon: *"Ne zbuluam se* **dr. Fauci ishte punonjësi federal më i kompensuar dhe ai fitoi më shumë se presidenti i SHBA-së, për një kohë të shkurtër. Vitin e kaluar. Ai fitoi 480,000 dollarë.**
Dhe zonja Fauci, Christine Grady,192është e punësuar si Shefe Bioetike nga punëdhënësi dhe burri i saj Anthony Fauci, pranë Institutit Kombëtar të Shëndetsisë.

Pra, ndërsa Fauci po hartonte politika kombëtare të pandemisë së kujdesit shëndetësor, ajo po i ndalonte ato politika, përmes zyrës së saj mbi etikën dhe studimet morale. **Ajo në fakt fitoi më shumë se zv/Presidentja e Shteteve të Bashkuara Kamala Harris.**

Tani, dr. Fauci doli në pension në fund të vitit 2022, me pensionin më të madh në gjithëhistorinë federale të vendit tonë. **Ne e vlerësojmë atë pension në shumën 375,000 dollarë në vit…"**

Andrzejewski, bëri një koment të ngjashëm vitin e kaluar, për **Fox News Digital**.

"Dr. Fauci, ka qenë punonjësi federal më i paguar për vite me radhë, dhe tani e dimë se **edhe në pension, paga e tij do të jetë përrallore dhe historike e denjë vetëm për rekordet Ginnes,"** tha Andrzejewski, në një deklaratë për mediat kombëtare dhe ndërkombëtare.

"Me fleksibilitetin për të kaluar ditët e tij siç dëshiron, Fauci do të mbledhë

192Christine Grady (New Jersey, 1952), është një infermiere dhe bioetike amerikane, që shërben si drejtuese e Departamentit të Bioetikës në Qendrën Klinike të Institutit Kombëtar të Shëndetit. Ajo u diplomua në Livingston High School, pas së cilës ajo fitoi një B.S. në infermieri dhe biologji nga Universiteti Georgetown në 1974, një Master i Shkencave në Infermieri nga Kolegji i Bostonit në 1978 dhe një Ph.D. në filozofi nga Universiteti Georgetown në 1993. Ajo ka punuar në infermierinë, kërkimin klinik dhe kujdesin klinik, me një specializim në HIV dhe ishte Komisionere në Komisionin Presidencial për Studimin e Çështjeve Bioetike në vitet 2010-2017. Grady, është anëtar i Akademisë Kombëtare të Mjekësisë, një anëtare e lartë në Institutin e Etikës Kennedy, anëtare e Qendrës Hastings dhe Akademisë Amerikane të Infermierisë. Ajo mori çmimin CEO të Institutit Kombëtar të Shëndetësisë në 2017 dhe çmimin e Drejtorit nga e njëjta organizatë në vitin 2015 dhe 2017. Grady është e martuar me Anthony Fauci, një imunolog amerikan dhe ish-drejtues i Institutit Kombëtar të Alergjisë dhe Sëmundjeve Infektive (NIAID) në Institutin Kombëtar të Shëndetit. Ata kanë tre vajza.

*më shumë se sa fiton lideri i botës së lirë (**Joe Biden**) në një vit. Me sa duket, nuk ka kufi, për paratë që taksapaguesit do të duhet të shpenzojnë për të në përjetësi."*

Një pagesë përrallore "historike" dhe gjithçka, që duhej të bënte ishte të ishte i tmerrshëm në punën e tij. (**I DRILLDOWN / 01 MARS 2023**)[193]

Ai disa herë e ka mohuar këtë fakt origjinal ose ma saktë **ka rrejt hapur me ndërgjegje para Kongresit Amerikan** (*sepse asokohe kontrollohej nga partia e tij komuniste amerikane*), sepse i ka pas krahët e ngrohta apo mbeshtetjen e regjimit komunist të të paftit Biden (*që i ka ra në qaf gabimisht zyrës ovale*), kongresmenët, senatorëve dhe medias globaliste e tërbuar komuniste amerikane, sebashku me Big Tech, ku midis të cilëve dallohen ish bossi i Twitter dhe FAKEbook, Google, YouTube, The New York Times, Washington Post, CNN (**Kanali Televiziv i Familjes Clinton**) etj., të cilët në kor kanë fshehur origjinën reale të Covid-19, duke përhap sistematikisht teori të tjera **brainwashed (***trushpërlarjeje***)**, duke irrituar me të drejtë shkentarët e ndershëm amerikanë dhe kudo në botë…

Regjimi komunist këtu, nuk ka pranuar tesh 2 vjet që të hetohet origjina e virusit kinez Covid-19, sepse delte e zbuluar loja e ndryrë e tyre, para fakteve të vërteta të mbulimit skandaloz me paramendim të Plandemisë në fjalë.

Kjo edhe për faktin tjetër, se **Hunter Biden**, djali i kryetarit të shtetit më të madh në botë Joe Biden, **ka marrë nga regjimi komunist miliona dollarë, për të bërë lojën e tyre antiamerikane**.

Tashmë të gjithë e dijnë këtu dhe mbarë botën, se asgjë nuk është e rastësishme. **Sleepy Biden**, hapur po vijon t'i shërbej si vegël qorre apo marionetë e telekomanduar Kinës Komuniste, në shumë drejtime.

Në këtë mënyrë, ne shohim se *regjimimi totalitar komunist kinez, ka mbështetur përpara dhe tani finaciarisht me miliona dollarë Joe Biden, në dixhitalizimin e dokumenteve sekrete dhe top-sekrete*, që ai ka marrë rregullisht në shtepi të vet, kur ishte në fillim senator (për 47 vjet) dhe më vonë si zv/President i SHBA-së në vitet 2008-2016, në administratën më të deshtuar me ish presidentin Obama….

Sot, FBI nga halli i presionit dhe zemërimit popullor amerikan dhe

---

[193]**FAUCI'S MILLIONS: COVID Doc Nearly Doubled His Netëorth During Pandemic. THE GRADUATE WAS WRONG. THE FUTURE ISN'T IN PLASTICS — IT'S IN MASKS AND MANDATES.**
https://thedrilldown.com/newsroom/faucis-millions-covid-doc-nearly-doubled-his-networth-during-pandemic/

Kongresit Amerikan, të kontrolluar nga republikanët patriotë, po heton mbi dokumentet e pa de-klasifikuar. Sipas ligjit amerikan zv/Presidenti Joe Biden dhe kushdo tjetër, që është në këtë detyrë të lartë shtetërore në SHBA, s'ka të drejtë të bëj de-klasifikimin e dokumentëve sekrete dhe top-sekrete.

Këto dokumente kompromentuese, mendohet se i ka parë edhe vetë djali i tij i droguar herë pas here Hunter Biden dhe të dashurat apo prostitutat e tij, në garazhdin e makinave në shtëpinë e tij private, i cili, edhe ai ka marrë shumë të mëdha nga qeveria komuniste kineze. Ai gjithnjë ka qenë i shoqëruar me prostituta, vajza dhe gra të ndryshme, të cilat here pas here i sillte në shtepinë private të Joe Biden, ku ishin edhe dokumentet sekrete dhe top-sekrete të shtetit amerikan.

"Doktorët" dhe "specialistët" e rrjetet sociale globaliste komuniste amerikane, me shtrirje gjeografike në të gjithë botën, sistematikisht kanë çensuruar dhe përjashtuar si dënim qindra dhe mijëra doktorë në të gjithë botën, dhe midis tyre mijëra specialistë amerikanë, që kanë mbaruar studimet e larta në universitetet më prestigjoze të botës dhe kanë 2 ose 3 grada shkencore si doktorë dhe pedagogë apo ligjerues të fanshëm, në universitetet amerikane dhe botërore.

Ato kanë shkelur me vetëdije **Amendamentin Një** (*Free Speech*) të Kushtetutës Amerikane dhe për këtë do të kenë shumë shpejt konseguenca serioze ligjore.

Fatmirësisht, kjo gjë u deshmua kjartë e saktë javën e kaluar në Kongresiin Amerikan, ku **katër dëshmtarë ish menaxherët kryesorë ekzekutiv si përgjegjes direkt të Twitter, pranuan se nuk janë as doktorë apo ekspertë ose infemierë**, por kanë vijuar sistematikisht të bëjnë rolin e çensoruesit, në bashkëpunim me qeverinë e regjimit Biden.

Nga mosha 18-49 vjeç njerëzit në SHBA po vdesin çdo ditë pas vax

*Shkencëtari kryesor **Dr. Denis Rancourt, PhD**, pretendon se vax e Covid-19, **kanë vrarë mbi 13 milion njerëz në të gjithë botën.***

Makina e mediave globaliste dhe më së shumti ajo amerikane, ka gënjyer vazhdimisht dhe sistematikisht tesh 3 vjet (2019-2022 dhe sot) mbi origjinën e virusit kinez Covid-19. *Njerëzit, në SHBA dhe kudo në botë, po vdesin çdo ditë sot pas vaxx, duke filluar nga mosha* **18-49 vjeç.**

Specialisttë amerikanë të mjeksisë, thonë se këto njerëz, të kësaj grupmoshe nuk duhet të kishin vdekur kurrësesi, për shkak të eksperimentëve të "vaksinave" të paliçensuara zyrtarisht deri më sot.

Dje dhe sot, media vazhdon të mos raportoj popullin amerikanë, për këto tragjedi në rritje në shkallë botërore dhe këtu në SHBA. Kështu **është rritur vdekshmëria mbi 10% në shifra të frikshme, pasi njerëzit me dëshirë apo detyrim kanë marrë "vaksinat" eksperimentale.**

Sot po ndodh, që babai po lufton për vajzën apo djalin e vet, që po vdesin nga vaksinat eksperimentale dhe *kjo nuk duhet të kishte ndodhur në këtë vend, që pretendon se mjekësia është nivele të larta në shërbim të komunitetit.*

Gjithashtu fatmirësisht sot, kudo në botë ka protesta antiqeveritare dhe antiglobaliste, për shkak të burokratëve të shërbimit të dobët dhe abuzues shëndetsore.

Kjo po ndodh gjithashtu për faktin, se media e korruptuar po punon me qeverinë, që ka fshehur deri tani origjinën e virusit kinez dhe kishte mbyllur me detyrim në burgun e mureve të shtëpisë miliona amerikanë dhe në shtetet e tjera të botës.

CDC e pavotuar nga ne, është e politizuar nga komunistët amerikanë dhe po përdoret si armë presioni politik, kundër popullit amerikanë.

*CDC dhe Kompanitë apo Korporata Supër të Mëdha Farmaceutike,**janë të politizuar*** dhe po punojnë çdo ditë me qeverinë dhe Shtëpinë e Bardhë të korruptuar, vetëm për përfitime përrallore financiare.

Dëmet dhe tragjeditë me vdekshmëri të lartë, sot janë katastrofike dhe në radhë të parë në shëndetin e miliona amerikanëve si me goditje të zemrës mes moshave të reja, duke filluar nga sportistët e shëndetshëm etj., sepse qeveria Biden, CDC, Anthony Fauci etj., asnjëherë nuk kanë qenë transparetë me popullin amerikanë, që sot fatkeqsisht është viktimë e parë, me shifra që po shkojnë gjithnjë në rritje.

Pjesa më e madhe e politikanëve republikanë dhe demokratë, të cilët me heshtje sistematike 3-vjeçare, janë bërë pjesë e lojës së turpshme, kundër votuesve të tyre në Zyrën Ovale, Kongres dhe Senatin Amerikan.

Ajo që është e habitshme, mbetet fakti se më shumë njerëz po vdesin në shtetet konservatore (**me ngjyrë të kuqe**), të përbërë kryesisht nga votues republikanë. Kështu në 26 shtetet republikane të vaksinuar (**shumica me detyrim**), vdekja e njerëzve po rritet çdo ditë, me shifra të frikshme...

Ka ardhur koha, që vaksinat eksperimentale të ndalohen menjëherë, sepse po shkaktojnë vdekjen e mijëra vetëve nga mosha 18-49 vjeç. Këto fakte mjekësore nuk kanë qenë asnjëherë teori konspiracioni, por janë realitete, me shifra të frikshme dramatike brenda territorit tonë.

Dhe së fundi, tashmë dihet se virusi kinez, ishte një pretekst apo puç mirorganizuar i komunistëve kinez, amerikanë dhe ndërkombëtarë, për të larguar rizgjedhjen në Shtëpinë e Bardhë të Presidentin Donald J. Trump.

Fauci derdh lot gëzimi në inaugurimin e komunistit
Joe Biden në Capitol Hill

Anthony Fauci, është filmuar duke qeshur me sarkazëm mbi teorinë e rrjedhjes nga Laboratori apo Instituti i Virusologjisë në Wuhan të Kinës, dhe duke uruar vetën, sepse kishte bërë të mundur që populli amerikanë në SHBA të vishte maska më shpejt në fytyrë.

Fauci, në film ështe ende duke hedhur vetës flakë apo emocione frike. Pamjet e videos së Anthony Fauci-t, shoqëruar nga kryebashkiakia e Washington D.C., që u refuzaun publikisht të shesin vaxx derë më derë nga njerëzit e zakonshëm, duke e nxjerrë atë skifo.

Sipas një raporti investigative, del se SHBA-së iu faturua dyfishi i shumës në miliona dollarë si grante për laboratorët e **Wuhan** në shtetin komunist të Kinës.

Nga ana e tjetër, Anthony Fauci u shfaq në video duke qeshur me sarkazëm mbi teorinë e vërtetë të pranuar tashmë sot gjerësisht mbi rrjedhjes apo prodhimin në laboratorin ushtarak kinez të virusit kinez si **"molekularisht e pamundur"**. Kjo doli nga një dokumentar i ri, kushtuar Anthony Fauci-t, ndërsa ai tha gjithashtu në video, se do të kishte zbatuar karantinat dhe mandatet e maskave më shpejt.

Këshilltari i atëhershëm i Shtëpisë së Bardhë, u ndoq nga kanali televiziv qeveritar **PBS**, gjatë viteve 2021 dhe 2022, pasi ai u bë një figurë polarizuese, ndërsa drejtonte për mediat vendase amerikane dhe ndërkombëtare përgjigjet në emër të Joe Biden ndaj plandemisë.

Në të (dokumentar), Fauci kritikoi senatorin *Rand Paul (R-Ky.), i cili sipas tij* **"në mënyrë tinëzare"**, kishte sugjeruar në Kongres në korrik 2021, se Instituti i tij Kombëtar i Shëndetit kishte financuar kërkime të fitimit (kërkimit) të funksionit në laboratorin në Wuhan, kur u shfaq për herë të parë Covid-19.

Fauci, konfirmoi se *"numri i eksperimenteve që duheshin bërë mbi viruset"* përfshin *"bërjen e diçkaje në rrethana të caktuara, që e bëjnë një patogjen më të transmetueshëm ose më patogjen"*.

Fauci asokohe pretendoi, se ishte "molekularisht e pamundur", që kërkimi që ai financoi në laboratorin e Wuhan-it të fillonte me prodhimin e virusit kinez Covid-19, të cilin disa njerëz i referohen si **'fitim funksioni'**," tha ai me një vështrim neverie ndaj termit, të cilin e ka mohuar gjithmonë.

"Rand Paul, në mënyrë tinëzare po hidhte në sugjerimet e tij, se puna e bërë në laboratorin e Wuhan, e financuar nga një grant i vogël nga NIH ... krijoi një virus, që e bëri Covid," tha Fauci.

Teoria e rrjedhjes së laboratorit në Wuhan, tani shihet si burimi i mundshëm i virusit nga shumë agjenci qeveritare, duke përfshirë Departamentin e Energjisë të SHBA-së dhe FBI-në.

Mirëpo, më në fund *Anthony Fauci pranoi, se ai financoi kërkime që përfshinin bërjen e* **"një patogjeni më të transmetueshëm ose më patogjen"**.

Fauci, megjithatë, qeshi ndërsa *tallej me teorinë e rrjedhjes së virusit kinez nga laborator kinez*, në një nga 10 intervistat që ai dha **PBS**, gjatë 23 muajve të xhirimeve. *"Mikrobi mbi të cilin po punonim, jo vetëm që nuk ishte SARS-CoV-2, por do të ishte molekularisht e pamundur, që t'a kthenin në SARS-CoV-2"*, tha ai për emrin shkencor.

"Ata ishin kaq të ndryshëm, është sikur ju keni një Chevrolet dhe keni një motoçikletë dhe ju thoni, 'Unë dua ta bëj atë Chevrolet si motoçikletë.'"

Fauci u intervistua në shtëpi si pjesë e dokumentarit të PBS. Ai gjithashtu qeshte me sarkazëm vazhdimisht, ndërsa hidhte poshtë teorinë e rrjedhjes nga laboratori kinez të virusit Covid-19.

PBS: *"Pavarësisht se çfarë i bëni atij Chevrolet, nuk do ta shndërroni atë në një motoçikletë?*

Fauci: *"Pikërisht, atë them se për çfarë po flisni?"* tha ai, duke iu drejtuar kritikës dhe jo analogjisë ndaj tij. *"Ju sulmoheni nga njerëz të çmendur të krahut të djathtë,"* tha ai duke shpërfillur kritikat nga *"anëtarët konservatorë të Kongresit të ekstremit të djathtë. Njerëzit besojnë çdo gjë, që dikush u vë përpara,"* tha ai kundër idesë së përhapur, se laboratori i Wuhan ishte burimi i rrjedhjes së virusit kinez Covid-19.

Dokumentari: "American Masters: Dr. Tony Fauci"

Dokumentari me seri, i cili u transmetua gjatë muajit mars 2023, e kapi Faucin duke shijuar famën e tij në atë kohë në rritje, ndërsa punonte nga shtëpia e tij, e cila është e mbuluar me imazhe të fytyrës së tij, duke përfshirë mbulesat e jastekëve dhe madje edhe kokën e tij.

Ai u pa duke fshirë lotët, ndërsa shikonte inaugurimin e Presidentit Biden, më pas duke thënë se Shtëpia e Bardhë*"nuk miraton asgjë" për Covid-19, "nëse nuk them **Po**".*

Ai u pa, duke riparë intervistat e veta, që ai dha në fillim të plandemisë, duke i hedhur poshtë maskat si të paefektshme, dhe më pas duke qenë forca lëvizëse kryesore propogandistike dhe mediatike, për t'i mandatuar ato.

"A kam ndryshuar!? Jo!" tha ai për ndryshimin e vazhdueshme të mesazheve të tij. *"Ju keni marrë informacion shtesë, që ju bëri të ndryshoni atë që po thoni."*

Senatori dr. Rand Paul, i përgjigjet dokumentarit Fauci, duke thënë, se: "Ai po debaton me një kashtë... **Laboratori në Wuhan, ka mbi 100 koronaviruse, që ata i kanë manipuluar, por nuk i kanë publikuar.***Në vitin 2018, ata i kërkuan USG-së (Qeverisë Amerikane) para, për të bërë kërkime të tjera shtesë, ku do të merrnin një koronavirus..."*[194]

Kryebashkiakia e Washington D.C., Muriel Boëser dhe Tony Fauci u refuzuan në përpjekjet e tyre të vazhdueshme, për të shitur vaxx derë më derë në një video të sikletshme tashmë të bërë virale në rrjetet sociale dhe kudo në ëebsite dhe shoë televizive amerikane.

Një klip nga seriali "**American Masters**" të kanalit televiziv amerikanë **PBS**, tregon Anthony Fauci (82 vjeç), dhe kryebashkiaken demokrate të Washington D.C., duke bërë xhiron në lagjen Anacostia, në qershor të vitit 2021, raportoi *Fox News*. Në atë kohë, ai ishte ende drejtor i Institutit Kombëtar të Alergjisë dhe Sëmundjeve Infektive të SHBA-së.

"Ata janë një lloj grupi i privuar nga e drejta me të cilin ne duhet t'i afrohemi," thotë Fauci para kamerës, duke iu referuar banorëve të lagjes historikisht të zezakëve, ku normat e vaksinimit ishin të ulëta.

Një burrë me kurajo të lartë qytetare kundërshtoi hapur dyshen (Fauci dhe Kryetaren e Bashkisë) me një dozë të madhe skepticizmi dhe mos besimi për atë që ata thonin dhe për të cilin ai nuk kishte besim tek "vaxx", që ende sot është e panjohur apo e legalizuar ligjshmërisht, sipas standarteve të mjekësisë amerikane. *Populli amerikanë, nuk e ha sapunin për djath të Faucit dhe qeverisë komuniste të Biden-it në fuqi etj.*

"**Pra, unë nuk do të rreshtohem asnjëherë, për të marrë një**

---

[194]Lee Brown, **"Fauci filmed laughing off lab-leak theory and wishing he'd made US wear masks sooner"**, New York Post, https://nypost.com/2023/03/22/documentary-shows-fauci-laughing-off-lab-leak-theory/

"vaksinë", për diçka që nuk dihet se cfarë është në radhë të parë," i thotë ai (qytetari amerikanë që duket në video, duke debatuar me dyshen e cituar) "mjekut" kryesor (pra Faucit) dhe Bowser, kryetare e Bashkisë së Washington D.C.

Anthony Fauci dhe kryebashkiakia e Washington DC Muriel Bowser-shfaqen në një shfaqje të re të televizionit shtetëror **PBS** në dokumentarin e stërgjatë **"American Masters"**, së cilës media ultra e majtë i bënte jehonë dhe publicitet fallco pseudodoktorit hipokrit Anthony Fauci-t, për të ashtëquajturën luftën e tij të vazhdueshme, për të bindur popullin amerikanë, i cili nuk ka besim dhe heziton të marrë "vaksinat" eksperimentale në trupin e tyre, në kulmin e plandemisë.

Kanali televiziv qeveritar **PBS** *tregon se* Anthony Fauci dhe kryebashkiakia e D.C., demokratia ultraliberale **Muriel Bowser**, takohen me banorët vendas (kryesisht antarë të komunitetit afrikano-amerikanë), *në përpjekjet e tyre të dështuara, për të promovuar vaksinën eksperimentale në trupin e njerëzve që e kundërshtojnë me të drejtë atë, mbasi deri tani kanë vdekur më shumë njerëz, mbas marrjes së vaxx, se sa ato që thuhet se kanë qenë të "sëmurë" me virusin kinez Covid-19.*

Fauci dhe Bowser, u ndeshën me skepticizmin në rritje në shkallë kombëtare dhe ndërkombëtare, në lidhje me sigurinë dhe efikasitetin e goditjes së plotë të vaxx, kundër virusit kinez Covid-19.

Gazetari i PBS, thotë:*"Nëntë muaj nuk janë padyshim të mjaftueshëm, që askush të mos marrë asnjë vaksinë, që të gjithë keni menduar,"* thotë ai kur Fauci i thotë se sa kohë u desh për të zhvilluar injektimin (vaxx).

Nga ana e tjetër, në dokumentar shihet kjartë deshtimi i dyshes, kur Kryebashkiakia demokrate Bowser, përpiqet të zbusë shqetësimet e Faucit, për rezistencën e papritur, që po has nga banorët uashingtonas shtëpi më shtëpi, në të gjithë zonën e territorit të Washington D.C., kryeqytetin e SHBA-së.

Vetë demokratët e shtetit blu të Washington D.C., po e kundërshtojnë me forcë marrjen e vaxx, në një kohë kur dihet se ky shtet i gomerëve është bastion tradicionalisht politik dhe elektoral i vazhdueshëm, në mbështetje të partisë demokratike amerikane.

"Arsyeja e vetme që po flas me ju tani, aq afër sa jemi ne, është se unë jam vaksinuar. Nëse mijëra njerëz si ju nuk vaksinohen, ju do t'a lini këtë virus të vazhdojë të depërtojë në këtë vend dhe në këtë botë," u thotë ajo vazhdimisht banorëve uashingtonas, kur e sheh se ato po deshtojnë në përpjekjet direkte, për të bindur njerëzit që të vaxx.

Mirëpo Fauci si kryeneçndërhyn gjatë dialogut të të tjerëve, për të bindur njerëzit shtëpi më shtëpi që të vaxx, duke thënë: *"Diçka si gripi i zakonshëm, apo jo?"*

Një burrë me moshë mesatare (*shihet në videon e dokumentarit kushtuar Faucit*), që e refuzon atë për 2 minuta e 30 sekonda me argumente të forta. **Kështubanori i D.C., flet direkt me Fauci-n dhe Bowser.**

Fauci, mundohet me përralla të shpjegoi, se teknologjia për zhvillimin e vaksinës kishte qenë në punë, që ka kërkuar dy dekada, duke shtuar se rreth 30,000 njerëz vdiqën nga gripi në vitin 2020 krahasuar me rreth 600,000 vdekje nga Covid-19 në kohën e videos.

Por banori uashingtonas e largon (përzë Faucin), duke i thënë: **"Përsëri, ky është numri i të gjithëve"**. *Banori afrikano-amerikanë,* mbetet i pakënaqur ndaj ekipit të Faucit dhe Kryetares së Bashkisë, që përfaqson qeverinë lokale dhe qendrore dhe shpreh dyshime për stimuj të ndryshëm, që u ofroheshin në atë kohë personave, që pranonin të vaksinoheshin.

"Kur filloni të flisni për pagesën e njerëzve, për t'u vaksinuar, kur filloni të flisni për stimulimin e gjërave për t'i vaksinuar njerëzit, është diçka tjetër që po ndodh me këtë. Fushata juaj, ka të bëjë me frikën. Bëhet fjalë për nxitjen e frikës tek njerëzit. Ju të gjithë i sulmoni njerëzit me frikë. Kjo është ajo që është kjo pandemik, është një frikë, është frikë, kjo pandemi. Kjo është gjithçka," shton burri i palëkundur washingtonas, përpara se Fauci dhe Bowser të largohen me turp e marre.

Më vonë, një grua uashingtonas u thotë atyre: *"Kam dëgjuar, se (vaxx) nuk të shëron. Shumë njerëz, që kanë marrë vaxx, po sëmurën dhe vdesin vazhdimisht nga virusi kinez Covid-19."*

Por Fauci në dokumentar, mundohet t'a korrigjoi një grua tjetër kurajoze, që i thotë të vertetën ndër sy hipikritit. Mirëpo, ai vazhdon të bëj punën e tij mashtruese:*"Jo, në një shans, shumë, shumë, shumë të rrallë që ta merrni atë edhe nëse jeni i vaksinuar, është shumë, as nuk ndiheni të sëmurë. Është sikur se dini se jeni infektuar. Është shumë, shumë e mirë për t'ju mbrojtur."*

Por koha dhe faktet, vërtetuan të kundërtën e Fauci-t dhe se populli amerikanë kishte shumë të drejtë, që kundërshtoi me forcë marrjen e vaxx, që sot po shkakton fatkeqsisht mijëra të vdekur, në shkallë kombëtare dhe ndërkombëtare.

Të paktën 60.000 banorë të D.C., u infektuan me Covid-19

Kur Bowser pyet Faucin për shtetet që nuk e kishin lejuar vaksinën, ai thotë se ato shtete thjesht do të lejonin që shpërthimi të mos kontrollohej.

Një grua i tha Fauci-t, se kishte dëgjuar se vaxx *"nuk e shëron (Covid-19) dhe nuk ju mbron t'a rimerrni atë."*

Rrjedhja e virusit kinez nga laboratori i virologjisë, ka të ndodhur në Kinë, sipas Departamentit të Energjisë së SHBA-së. Mirëpo, Fauci në filmin dokumentar, që të tjerët kanë bërë për atë, është ende duke hedhur flakë frike.

Ndërkombëtarët, do të kishin ndihmuar në pagimin e furnizimeve mjekësore, pajisjeve, shpenzimeve të udhëtimit dhe pagave në laboratorët e Wuhanit, sipas *CBS News*, i cili publikoi historinë.

Midis tyre ishte Instituti i Virologjisë në Wuhan, ku taksapaguesit financuan kërkime të diskutueshme të fitimit të funksionit mbi koronaviruset e lakuriqëve të natës, që zyrtarët federalë e pranojnë tani. Midis tyre ishte Instituti i Virologjisë Wuhan, ku taksapaguesit amerikanë financuan kërkime të diskutueshme të fitimit të funksionit mbi koronaviruset e lakuriqëve. Më në fund, zyrtarët federalë amerikanë, tani pranojnë se mund të ketë çuar në plandeminë e virusit kinez Covid-19.

Një hetues i punësuar nga senatori Roger Marshall (R-Kan.), zbuloi fillimisht financimin e supozuar mashtrues nga NIH dhe USAID, raportoi *CBS News*, dhe gjetjet e saj nxitën një hetim të brendshëm nga një inspektor i përgjithshëm.

"Ajo që kam gjetur deri më tani janë provat, që tregojnë për faturim të dyfishtë, vjedhje të mundshme të fondeve qeveritare," tha Diane Cutler për CBS News, për financimin e SHBA për laboratorët e Wuhan, e cila tha se kishte shqyrtuar 50,000 dokumente për këtë çështje. (**LinkedIn / Diane Cutler**)

Anthony Fauci, i ka rezistuar shumë teorive, duke mohuar hapur në Senat dhe Kongres (*sepse asokohe kontrollohej nga komunisttë ameirkanë dhe regjimi Biden*), se financimi i NIH mund të ketë kontribuar, në një rrjedhje faktike laboratorike të virusit kinez Covid-19.

Pas publikimit, Presidenti dhe CEO i Aleancës EcoHealth Peter Daszak kontaktoi **The Post** (*New York Post*), duke thënë se raporti përmbante "disa pasaktësi" në lidhje me pranimin e fondeve nga organizata e tij, për kërkime në Kinë.

"USAID dhe NIH mbështetën dy projekte të ndryshme që janë plotësuese, por të dallueshme dhe nuk përfshijnë dyfishim të përpjekjeve," tha Daszak për *The Post* në një email, duke shtuar se një raport i ardhshëm i Zyrës së Përgjegjësive të Qeverisë së SHBA-së (GAO), do të vërtetonte se nuk ka dyfishim mashtrues. Ai gjithashtu tha se raporti GAO, do të tregojë se financimi arriti në më pak se 1.3 milion dollarë.

Mirëpo, Daszak pranoi, se financimi nga NIH, ndihmoi me projekte kërkimore mbi *"koronaviruset e lidhura me SARS në Kinë"*, ndërsa financimi i USAID, sipas tij ndihmoi *"për të parandaluar shpërthimet dhe pandemitëme mbikëqyrjen e një game të gjerë virusesh te njerëzit, bagëtitë e kafshët e egra (lakuriqët, mostrat e primatëve, brejtësve"*, por pohoi se të dhënat e grantit ishin keqinterpretuar.

"Përsëri, puna e kryer sipas këtyre dy linjave të veçanta të financimit, u vlerësua për dyfishimin e mundshëm të përpjekjeve dhe u miratua, pas rishikimit të përbashkët të agjencisë së qeverisë amerikane, më pas raportohet çdo vit nga përfituesi i grantit, rishikohet nga NIH dhe USAID dhe u konsiderua i përshtatshëm dhe korrekt.

Ai gjithashtu auditohej në mënyrë të pavarur çdo vit, pa asnjë problem të identifikuar. Në fakt, hulumtimi i lidhur me SARS kishte të bënte me punën me koronaviruset e lakuriqëve të natës, asnjë prej të cilëve nuk është treguar se infekton njerëzit.

Për më tepër, puna e financuar nga të dyja agjencitë nuk ishte e rrezikshme, por mundësoi masat e shëndetit publik, duke përfshirë ndërtimin e programeve më të mira të mbikëqyrjes, duke ndihmuar në testimin e terapive dhe vaksinave anti-Covid-19 dhe identifikimin e shkakut të ngordhjes së bagëtive që kanë potencial për të shkatërruar prodhimin e derrit në SHBA, ndër shumë përfitime të tjera." shtoi ai.

Në përgjigje, Marshall hodhi poshtë të gjitha pretendimet e Daszak, duke thënë se ai ishte "i sigurt në provat, që ne i dhamë *Zyrës së Hetimeve të USAID OIG.*

Aleanca EcoHealth, *ka një histori të gjatë të paraqitjes së qëndrimeve, në lidhje me kërkimin dhe veprimet e tyre, që nuk mbështeten nga fakte, veçanërisht në NIH.*

EcoHealth do të ketë mundësi të mjaftueshme për t'u shpjeguar hetuesve të USAID OIG. Ne e ftojmë EcoHealth të **'shpjegojë'** *financat e tyre, duke i ofruar publikut menjëherë librat e plotë të kontabilitetit të granteve. Hapi ato libra, Peter Daszak."* shtoi ai. Gazeta citoi burime anonime, që nuk e kundërshtuan[195]

---

[195]Josh Christenson, "US was double billed tens of millions of dollars in grants to Wuhan labs: report", New York Post,

Sen. Ron Johnson përballet me sekretarin e HHS, për emailet e redaktuara të Faucit mbi origjinën e Covid-19

Senatori Ron Johnson, R-Wis., dhe Sekretari i HHS, Xavier Becerra, debatuan, gjatë një seance dëgjimore të Komitetit të Financave të Senatit me 22 mars 2023, mbi agjencinë e sekretarit, që u jepte emaile të redaktuara nga Anthony Fauci senatorëve, që i kërkuan ato.

Senatori i Wisconsin, Ron Johnson, një republikan aktiv, në investigimin e origjinës së virusit kinez, u përball me *Sekretarin e Departamentit të Shëndetësisë dhe Shërbimeve Njerëzore* (HHS), **Xavier Becerra,**[196] në lidhje me emailet e pa redaktuara nga ish-drejtori i Institutit Kombëtar të Alergjive dhe Sëmundjeve Infektive (NIAID), Anthony Fauci, në lidhje me origjinën e Covid-19.

Sen. Johnson e pyeti Becerrën, nëse ai beson se është e rëndësishme të **kuptohet se si lindi koronavirusi**, të cilit Becerra u përgjigj absolutisht.

Johnson, vazhdoi linjën e tij të marrjes në pyetje të sekretarit të HHS, duke pyetur Becerra-n për punonjësit në departamentin e tij, që po drejton hetimin për origjinën e virusit kinez Covid-19.

Becerra u përgjigj se inspektori i përgjithshëm i departamentit, Qendrat për Kontrollin dhe Parandalimin e Sëmundjeve (CDC) dhe Instituti Kombëtar i Shëndetit (NIH) *"po bëjnë një pastrim". Ne të gjithë po përpiqemi të marrim sa më shumë informacion. Vështirësia është se ne nuk po marrim shumë*

---

https://nypost.com/2023/03/13/tens-of-millions-of-dollars-in-us-grants-went-to-wuhan-labs/

[196]Xavier Becerra (1958), është një avokat dhe politikan amerikan, që shërben si Sekretar i Shërbimeve Shëndetësore i SHBA-së, që nga muaji marsi i vitit 2021. Becerra ka shërbyer më parë si Prokuror i Përgjithshëm i Kalifornisë në vitet 2017-2021. Ai ishte anëtar i Dhomës së Përfaqësuesve të Shteteve të Bashkuara, duke përfaqësuar qendrën e Los Anxhelosit në Kongres në vitet 1993-2017. Ai është anëtar i Partisë Demokratike. I lindur në Sacramento, Kaliforni, Becerra u diplomua në Universitetin e Stanfordit dhe mori gradën e tij të doktoraturës nga Shkolla Juridike e Stanfordit. Ai punoi si avokat në Korporatën e Ndihmës Juridike të Masaçusets qendrore, përpara se të kthehej në Kaliforni në vitin 1986, për të punuar si asistent administrativ për senatorin shtetëror Art Torres. Ai shërbeu si zv/Prokuror i Përgjithshëm në Departamentin e Drejtësisë të Kalifornisë në vitet 1987-1990, përpara se të zgjidhej në Asamblenë e Shtetit tëKalifornisë, ku shërbeu një mandat në vitet 1990-1992.

bashkëpunim nga disa prej burimeve të jashtme, që ndoshta mund të na japin një kuptim më të mirë."

"Epo, le të flasim për mungesë bashkëpunimi, sepse unë do të thosha se e njëjta gjë është e vërtetë për sa i përket bashkëpunimit jashtë agjencive," **ndërhyri Johnson, duke e pyetur Becerrën nëse ai beson se publiku ka** *"të drejtë të dijë",* *se si qeveria po i shpenzon dollarët e taksave dhe si funksionojnë."*

Becerra u përgjigj pozitivisht, duke thënë se *"publiku, ka të drejtë të dijë".*

Sen. Johnson, vuri në dukje se ekzistojnë dy metoda kryesore për këtë kërkesat e *Aktit të Lirisë së Informacionit (FOIA) dhe Mbikëqyrja e Kongresit.*

Sekretari i Shëndetësisë dhe Shërbimeve Njerëzore, Xavier Becerra, është intervistuar nga *Associated Press*, më 17 mars 2022, në Washington.

A do të jeni dakord, që FOIA në përgjithësi i nënshtrohet më shumë redak-timeve, sesa do të ishte mbikëqyrja e Kongresit?" pyeti Johnson.

"Unë nuk do ta thosha këtë, por ne duhet të jemi të kujdesshëm, për atë që hyn në public, duke respektuar konfidencialitetin," u përgjigj Becerra.

"E kuptoj, ka disa përjashtime, që janë shumë të qarta atje. Shumë prej tyre kanë kuptim," ndërhyri përsëri senator Johnson. *"Por unë do të argumentoja, siç bëjnë shumë njerëz, se mbikëqyrja e Kongresit me të vërtetë nuk i nënshtrohet të njëjtave redaktime, veçanërisht kur kemi leje sigurie dhe mund t'i hedhim një sy informacionit të klasifikuar që është redaktuar siç duhet nën FOIA. Më lejoni t'ju jap disa shembuj,"* vazhdoi Johnson, duke hequr një paketë dokumentesh nga një kërkesë e FOIA e urdhëruar nga gjykata e vitit 2021 me *"4000 faqe dokumente, kryesisht emaile të Anthony Fauci".*

Johnson tha se **"pesë anëtarë** të Komitetit të Sigurisë Kombëtare të Senatit, kërkuan dokumentet e pa redaktuar dhe vuri në dukje një ligj, që kërkon qarkullimin e dokumenteve të pa redaktuar.

Republikani i Wisconsin, tha se ai dhe kolegët e tij e ulën numrin e faqeve të kërkuara në 400, morën vetëm 350 faqe dhe kërkuan 50 faqet e fundit **"për më shumë se një vit".**

"Kjo është se si duken 50 faqet," tha Johnson, duke mbajtur lart dhe duke shfletuar dokumentet pothuajse plotësisht të redaktuara.

"Unë po ju pyes: a do të angazhoheni sot për të ofruar mbikëqyrjen tonë... a do të angazhoheni të na jepni 50 faqet e fundit të komunikimit midis Anthony Fauci, Francis Collins, David Ferrar, pasi lidhet me origjinën e koronavirusit. A do të angazhohemi për këtë?" pyeti senatori Johnson.

"Senator, unë absolutisht do të angazhohem për t'u siguruar, që ne të ndjekim me ju kërkesën tuaj, për të marrë disa nga ato informacione," u përgjigj Becerra. *"Përsëri, kjo është në përputhje me ligjin që ju e merrni infor-*

macionin. Nuk e di se çfarë statuti i veçantë, në lidhje me zbulimin është zbatuar këtu, por ju keni absolutisht të drejtë të merrni informacionin me ligj, si një anëtar i Senatit ose Dhoma e Përfaqsuesve (Kongresi)."

Sen. Johnson ndërhyri për herë të tretë, duke akuzuar Becerra për **"mos respektim të ligjit"**, sepse ai po **redakton gjërat**, midis agjencive dhe organizatave jashtë agjencive federale.

"Përsëri, këto redaktime nuk janë në përputhje me ligjin," tha Johnson. *"Ne do të vazhdojmë me ju. Pres të shoh së shpejti 50 faqet e pa redaktuara."*

"Ne respektuam ligjin, senator," pohoi Becerra. "Por ne absolutisht do të sigurohemi që të vazhdojmë të bashkëpunojmë me ju."[197]

Anthony Fauci do të denohet mbi 5 vjet burg, sepse gënjeu para Kongresit Amerikan

Atë që nuk e benë senatorët demokratë në Senatin Amerikan e bëri senatori patriot republikan **Rand Paul**. Ai kritikoi ashpër Faucin, duke sjellë fakte para Senatit dhe popullit amerikan, që e ndiqte direkt në tele-vision.

Gjatë argumenteve të tij për 5 minuta, senatori iu referua shkenctarëve dhe doktorëve të famshëm amerikanë, që janë njëkohsisht edhe profesor të univeristeteve të mirënjohura dhe pretigjioze amerikane.

Senator Paul i tha Faucit, të thirrur për dëgjim nga Komisioni i Shëndetësisë në Senatin Amerikan, se: **"Dr. Fauci, ju duhet t'a dini se për dëshmi të rreme, ju viheni para ligjeve të shtetit."**

Senatorët hipokrit "demokratë", nuk i bënë asnjë pyetje atij, në një kohë që numëri i të vdekurve në të gjithë SHBA ka shkuar në shifra të larta rekord. Sipas statistikave të pavarura, kanë vdekur apo mbetur me pasoja negative mijëra amerikanë si pasoj e marrjes së tre "vaksinave" vdek-jeprurëse.

Unë mendoj, se senatori Rand Paul preku një nerv të gënjeshtrës së dr. Fauci-t. Ai i ka faktet, ndërsa *dr. Fauci vallëzon rreth akuzave*. Kjo e thënë është shumë e vërtetë e u provua nga dialogu midis dy doktorëve, para

---

[197]Houston Keene "Sen. Ron Johnson confronts HHS secretary about redacted Fauci emails on COVID-19 origins", Johnson blasted HHS's 'lack of cooperation' with the redacted documents, Fox News,
https://www.foxnews.com/politics/ron-johnson-confronts-hhs-secretary-redacted-fauci-emails-covid-19-origins

mediave dhe kanaleve televizive amerikane, që transmetonin Live debatin e shumëpritur.

Ai është kaq mbrojtës me gënjeshtra, sa që po habit edhe miqët e tij, që i kanë bërë tifozllek deri në ato momente? Fauci, po përpiqet të mbuloj gjurmët e tij, sepse e di shumë mirë sepse ai është përgjegjës.

Mediat investigative, fatmirësisht kanë zbuluar prova dhe fakte të reja, se ai **(Fauci) i ka dhënë si sponzorizues miliona dollarë për 10 vjet (2012-2022) nga taksat tona laboratorit ushtarak kinez Wuhan**[198] në Kinë, që me virusin e tij djall ka vrarë kaq shumë jetë në SHBA dhe në të gjithë botën.

Turp për ju Fauci, ishte refreni apo argumenti i shumë amerikanëve, në ambientet publike, rrjetet sociale dhe në rrjetet mediatike sociale Free Speech, si: **Gettr**, Truth, etj., kur panë direkt në televizor debatin.

Fauci ishte qesharak, se kërcente si gjeli, se gjoja ndihej i ofenduar kur akuzohet për vrasjen e njerëzve për muaj e muaj me radhë prej tyre, duke thënë se Donald J. Trump ishte përgjegjës për vdekjet amerikanëve.

Për 2 vjet (2021-2023), gjatë regjimit komunist të Joe Biden, humbën jetëm nga virusi kinez, sipas statistikave zyrtare amerikane mbi 800,000, pra 4 herë më shumë amerikanë dhe ai nuk dha dorëheqjen.

Fauci e ka gënjyer këtë vend sistematikisht, për shumë kohë. **Egojae tij**, duhet të jetë një nga më të mëdhatë në botë. **Arroganca e tij**, duket në mënyrën sesi ai flet me këdo, që e vë në dyshim vërtetetësinë e fjalës të tij. Rrotullimi i tij i dëshpëruar i së vërtetës zbërthehet! *Ai duhet të çuditet, sepse është përgjegjës për miliona jetë të humbura, që janë shkatërruar përgjithmonë!*

Nëse ka ndonjë drejtësi në SHBA, ai duhet të gjykohet për krime kundër njerëzimit. Biseda e dyfishtë e Faucit, për të mbajtur apo fshehur hapur të vërtetën nga populli amerikan, është një tjetër krim i rëndë, që peshon në shpatullat e tij.

Lëvizjet e pakontrolluar të syve, dridhjet e shpeshta të duarve, frika e madhe që lexohet në sytë e tij, janë ana e jashtme e fajësisë së tij.

Ky është një njeri, i cili është kapur me fakte dhe e di që ai është i izoluar nga peshqit e mëdhenj të Big Tech, media në të majtë të tij, të cilët janë duke e përdorur atë si marionetë nga lart.

Ai duhet t'a dinte nga kërcimi, që aleatët e tij përfundimisht shumë shpejt do t'a braktisnin si limon të shtrydhur, për të mbrojtur bythen e tyre.

Politika, *është një lojë e ndyrë, që luhet nga aktorët dhe mercenarët pa karak-*

---

[198]Wuhan Insitute of Virology. (1956)

ter, të cilët janë përshtatur për këto skenare.

Fauci, është kapur mat dhe ai nuk mund të dalë prej saj! Heret apo vonë, ai do të burgoset një ditë.

Dikush duhet të paguaj, për miliona jetë të humbura në SHBA dhe në të gjithë botën. Ndoshta jo sot mbase jo nesër, ai do të paguaj një ditë për atë që bëri.

Senatori Rand Paul i dërgoj një letër DOJ për Faucin

Privatësia dhe fjala e lirë, janë nën sulm të vazhdueshëm nga Big Tech, media dhe qeveria e majtë globaliste. **Senatori republikan dr. Rand Paul** (R-KY) i tha analistit investigativ *Sean Hannity* në kanalin televiziv Fox News, se ai *do të dërgonte një letër referimi kriminale në Departamentin e Drejtësisë për Anthony Fauci.*

Gazetari Hannity i referohet komenteve të dr. Paul më herët, gjatë ditës gjatë një dëgjese të zjarrtë në Capitol Hill, për pandeminë Covid-19 dhe pyeti senatorin, *"Ju filluat pyetjen tuaj të dr. Fauci-t me pesë vjet burg. A bazohet besimi juaj në provat e Senatorit se ai gënjeu para Kongresit dhe theu ligjin?"*

Paul u përgjigj, *"Po, dhe unë do t'i dërgoj një letër Departamentit të Drejtësisë (DOJ), duke kërkuar një referim penal sepse ai ka gënjyer Kongresin"*.

Ai tha në **Fox News**, se ekspertët mjeksorë, që kanë mendime të ndryshme nga Fauci, në lidhje me virusin kinez Covid-19, nuk do të dalin në publik nga frika, se kjo do të ndikoj në financimin e tyre.

Senatori Paul tha: *"Fauci, ka qenë atje për 40 vjet, ku ai kontrollon të gjitha fondet, kështu, që njerëzit kanë frikë vdekjeprurëse prej tij. Unë marr letra nga shkencëtarët, gjatë gjithë kohës. Ju mund t'i gjeni. Ata janë shumë mosbesues ndaj asaj që ai po thotë,"* shtoi Paul në lidhje me Fauci-n, i cili ka qenë drejtor i Institutit Kombëtar të Alergjisë dhe Sëmundjeve Infektive (NIAID) që nga viti 1984.

"Ata nuk mendojnë, se ai ka kuptim. Ata nuk mendojnë se ai po e lexon shkencën me saktësi, por ata kanë frikë të flasin, sepse shumë prej tyre janë shkencëtarë universitarë dhe varen nga fondet e NIH (Institutet Kombëtare të Shëndetit) dhe ta kalosh atë do të thotë se janë paratë e fundit që do të marrësh ndonjëherë."

Dr. Paul, është një nga kritikët më të hapur të dr. Fauci-t. Të dy shpesh janë përplasur, gjatë dëgjimeve të Senatit mbi plandeminë e virusit kinez.

Senator Paul, detajoi provat, që ai pretendon dhe provon me fakte, se eksperimentimi mbi hulumtimin e fitimit të funksionit po ndodhte në In-

stitutin e Virologjisë Wuhan dhe citoi mjekun Fauci, që e bëri këtë punë si për punën e saj, ashtu edhe për shumën e fondeve që ajo mori nga NIH.

Senatori dr. Paul e ndërpreu Faucin, duke i thënë, se: "*Ju merrni një virus të kafshëve dhe rritni transmetueshmërinë e tij tek njerëzit, duke thënë se kjo nuk është fitim funksional?*"

"*Kjo është e saktë,*" - mbrojti Fauci, dhe vazhdoi: "*Senatori Paul nuk e dini se për çfarë po flisni, sinqerisht, dhe unë dua ta them zyrtarisht: Ju nuk e dini për çfarë po flisni.*"

Senatori skjaroi se "*ne nuk e dime*" se do të ishte rasti, me Faucin që pohoi atëherë se do të ishte e pamundur. Ai akuzoi Faucin, për mospërfillje të së vërtetës, një akuzë të cilën ai e mohoi, duke thënë se: "*Unë dua që të gjithë të kuptojnë, se nëse i shikoni ato viruse, dhe kjo gjykohet nga virologë të kualifikuar dhe biologë evolucionarë, ato viruse janë molekulare e pamundur të rezultojnë në SARS-Covid-2.*"

"*Askush nuk po thotë se ato viruse kanë shkaktuar pandemik. Ne po themi se ato janë fitim të viruseve të funksionit, sepse ishin viruse të kafshëve, që u bënë më të transmetueshme tek njerëzit dhe ju e financuat atë. Dhe nuk do t'a pranoni të vërtetën.*" skjaroi dr. Paul

"*Dhe ju po nënkuptoni, se ajo që bëmë ishte përgjegjëse për vdekjet e indivi- dëve, dhe unë tërbohem plotësisht për këtë dhe nëse dikush është shtrirë këtu, senator, ju jeni, ju.*" - tha Fauci,

Senatori së pari iu drejtua Fauci-t, duke thënë, se: "*Eshtë një krim që të gënjesh Kongresin. Në udhëtimin tuaj të fundit në komitetin tonë, më 11 maj, ju keni deklaruar, që NIH nuk ka financuar kurrë dhe nuk financon tani hulumtimin e funksioneve në Institutin e Virologjisë Wuhan tërësisht në Institutin Wuhan nga dr. Shi, dhe u financua nga NIH*".

Pali hyri në një rekord për Kongresin, i titulluar: "*Zbulimi i një pellgu gjenesh të pasur të koronavirusëve, të lidhur me SARS, siguron njohuri të reja mbi origjinën e SARS koronavirus.*"

Paul deklaroi, se në këtë punim **dr. Shi** përshkruan hulumtimin e saj, të cilin Senatori e përshkruan si "fitim të funksionit", shuma e fondeve nga NIH shënohet dhe NIH, vlerësohet për dhënien e këtyre fondeve për kërkimet e saj.

Dr. Shi "*mori dy gjenet e koronavirusit lakuriq, gjenet spike, e i bashkoi ato me një shtyllë kurrizore të lidhur me SARS, për të krijuar viruse të reja, që nuk gjenden në natyrë. Laboratorët që krijuan viruse, u treguan se replikoheshin tek njerëzit*", lexoi Paul.

Ishte ky punim, me të cilin Fauci mori çështjen. "*Viruset që në natyrë prekin vetëm kafshët,* u manipuluan në laboratorin e Wuhan, për të fituar funksionin e infektimit tek njerëzve." Ky hulumtim përshtatet me përkufizimin e hulumtimit që NIH tha se ishte subjekt i 'pauzës' në 2014-2017, një pauzë për të fituar funksionin.

Dr. Pali tha, që NIH nuk arriti t'a njohë këtë dhe ajo *"kurrë nuk u vu nën ndonjë vëzhgim."* Nga ana e tjetër, Paul citoi mjekë të tjerë, të cilët vunë në dukje se ky hulumtim për *"koronavirusët e rinj ishte i rrezikshëm për njerëzit"*. Këto ishin patogjenë, citoi Paul, se këto viruse gjenden vetëm në laborator dhe citoi një mjek, që tha se kjo praktikë *"mishëron fitimin e funksionit"*.

Më shumë besueshmëri i është dhënë teorisë se virusi kinez, ka rrjedhur nga Instituti i Virologjisë Ëuhan, në vend që të formohet në natyrë ose të transmetohet nga kafshët tek njerëzit në muajt e fundit.

Fatmirësisht Fauci me profesionalizëm e ka konsumuar me kohë rrenen, para kongresmenëve, pak kohë më parë dhe para senatorëve në Senat. Senatori dr. Rand Paul e vërtetoi dje rrenen e Fauci-t, para kamerave amerikane dhe botërore direkt nga salla e dëshmisë.

Mos harroni doktoreshen **Judy Mikovits**, që me kurajo civile dhe profesionale si *specialiste e Institutit Kombëtar të Alergjisë dhe Sëmundjeve Infektive*, ishte e para që denoncoi përrallat e virusit kinez apo Covid-19, të ashtëquajturin "ekspertin" apo "doktor" Fauci-n si dhe vaksinat në tërësi.

Sot Facebook, (ish) Twitter, Youtube etj., Big Tech dhe media **Fake News** e çensurojnë atë pse si patriote thotë hapur të vërtetën para amerikanëve, duke i hapur sytë dhe ndriçuar mendjen. **Virusi kinez, ka ekzpozuar edhe korrupsionin e madh të shekullit të Organizatës Botërore të Shëndetsisë, pranë organizatës burokratike marksiste OKB.**

Republika Komuniste e Kinës, duhet të mbaj përgjegjësi direkte dhe demshpërblej kinezët e vet dhe gjithë botën, sepse **ka qenë në dijeni qysh në muajin shtator të vitit 2019, për virusin kinez** dhe nuk ka njoftuar Organizatën e vet Botërore të Shëndetsisë, **që edhe sot me përkëledheli i mban krahun asaj, duke i mbuluar krimin e madh me gjethe fiku,** për të vërtetën mbi laboratorin e saj vdekjeprurës.

Raportet e reagimit kundër vaxx Covid-19 midis veteranëve

Dokumenti i ri i regjistrimeve të Veteranëve Amerikanë (VA), tregon raportet e reagimit të kundër vaksinave Covid-19 midis veteranëve. Kujtojmë se Agjencia në fjalë, mban raporte të vazhdueshme dhe të hollësishme për krijimin e KRRT-së, në planin e vaksinave.

Gjithashtu *Judicial Watch, njoftoi se ka marrë 75 faqe të dhëna nga Departamenti i Çështjeve të Veteranëve, që detajojnë reagimet anësore të veteranëve ndaj vaksinave Covid-19.* Për më tepër, dokumentet përfshinin një pjesë të përqendruar tërësisht në garë, me titull: "*Adresimi i pabarazive shëndetësore*".

Dokumentet u morën përmes një kërkese të *Aktit të Lirisë së Informacionit* (FOIA) më 14 prill 2021, për të gjitha raportet, që lidhen me ndonjë reagim të kundërt ndaj çdo vaksine Covid-19, të administruar në çdo institucion mjekësor, të Departamentit të Çështjeve të Veteranëve.

Nga ana e tjetër, këtu përfshihen të gjitha politikat, rregulloret ose dokumentet e tjera udhëzuese, në lidhje me raportimin ose gjurmimin e reaksioneve anësore ndaj vaksinave Covid-19.

Një dokument i titulluar "*Vaksina për Raportimin e Ngjarjeve të Pamundshme*", përfshin tabela të shumta, që dokumentojnë ato që VA, i përshkruan si reagime serioze dhe jo serioze ndaj vaksinës Covid-19.

Gjithashtu **ka pasur 895 raporte të ngjarjeve të rënda.** Këto ngjarje përfshijnë "*Ngjarjet, ku vdekja, shtrimi në spital dhe/ose Ngjarja Kërcënuese e Jetës shënohet si rezultat*". Nga ana e tjetër, **janë konstatuar edhe 24.585 ngjarje jo serioze.**

Kujtoj, se raportet e ngjarjeve anësore të vaksinës *Johnson & Johnson,* përfshijnë pesë aksidente cerebrovaskulare, katër raste të trombozës së venave të thella dhe tre emboli pulmonare, për pacientët veteranë amerikanë.

Raportet e ngjarjeve anësore të vaksinës *Moderna,* përfshijnë 15 goditje kardiake, 16 aksidente cerebrovaskulare, pesë raste të trombozës së venave të thella, pesë infarkte të miokardit dhe shtatë emboli pulmonare për pacientët veteranë. Punonjësit, që morën vaksinën, thuhet se pësuan pesë aksidente cerebrovaskulare, katër raste të trombozës së venave të thella, dy infarkte të miokardit dhe dy embolizma pulmonare.

Raportet e ngjarjeve anësore të vaksinës *Pfizer,* përfshijnë pesë goditje kardiake, 10 aksidente cerebrovaskulare, një rast të trombozës së venave të thella, tre infarkte të miokardit dhe shtatë emboli pulmonare, për pacientët veteranë. Aty gjithashtu kishte një rast të trombozës së venave të thella të një punonjëse.

Një seksion me titull: "*Adresimi i pabarazive shëndetësore*", raportohet se caktimi i vaksinës Covid-19, u dha përparësi personave me ngjyrë, pjesërisht, për shkak të "*padrejtësive shoqërore*".

Të dhënat kombëtare të SHBA-së, tregojnë se Covid-19, ka prekur në mënyrë disproporcionale persona me ngjyrë.

Përveç kësaj, personat me ngjyrë kanë më shumë të ngjarë të punojnë dhe jetojnë në mjedise me ekspozim më të lartë ndaj virusit kinez SARS-Covid-2. Kjo është, thjesht të jesh njeri me ngjyrë afrikano-amerikanë ose hispanik ose vendas amerikan nuk bën që dikush të kontraktojë më lehtë me SARS-CoV-2.

Ekspertët, mendojnë se përkundrazi, disavantazhet shoqërore, gjatë gjithë jetës të përjetuara nga persona me ngjyrë, i bëjnë ata më të prirë të kenë probleme shëndetësore, që i predispozojnë ata të kontraktojnë SARS-CoV-2 dhe më shpesh vuajnë rezultate serioze ose fatale.

Kështu, këta individë, sëbashku me të tjerët, që janë në rrezik të pësojnë sëmundje serioze ose fatale, për shkak të pranisë së sëmundjeve shoqëruese, do të kenë përparësi për vaksinën Covid-19, si pasojë e faktorëve të rrezikut.

Veteranët Amerikanë, në një letër drejtuar Judicial Watch, vërejnë se të gjitha reagimet e vaksinave të Covid-19 raportohen tek Administrata e Ushqimit dhe Barnave (FDA) dhe Qendra për Kontrollin e Sëmundjeve (CDC), përmes bazës së të dhënave të tyre FDA/CDC VAERS. PBM, këshilloi që të dhënat e VAERS të jenë në dispozicion publikisht në web-faqen e Shëndetit dhe Shërbimeve Njerëzore.

"Pavarësisht çensurës dhe shtypjes nga administrata e Biden dhe Big Tech, populli amerikan përfiton më shumë, dhe jo më pak, informacion në lidhje me sigurinë dhe efikasitetin e vaksinave Covid-19", tha Presidenti i *Judicial Watch* **Tom Fitton.**

ZGJEDHJET NË SHQIPËRI 2023, KOPJE E MODELIT TË VOTIMEVE PRESIDENCIALE 2020 NË SHBA

"I urrej viktimat, që respektojnë ekzekutuesit e tyre." - **Jean-Paul Sartre** *(1905-1980)*

"Populli, që zgjedh politikanë të korruptuar, nuk është viktimë, por bashkëpunëtor i tyre." – **George Orwell** 199.

"Të këqijat më të mëdhaja këtij vendi i kanë ardhur nga politika e ligji, që bëjnë politikanët në dobi të interesit tyre, duke lënë shteg devijimi, për të shpëtuar veten e tyre? Lufta duhet të fillojë kundër atyre që prodhojnë ligje, por nuk i zbaton. Lufta kundër korrupsionit është "vetëm propagandë. Për këtë, vendit i duhen energjitë dhe njerëzit e pastër të tij, jashtë apo brenda Shqipërisë. Ata besojnë, se Shqipëria do bëhet vetëm nga shqiptarët..." – **Edval Nuri**, *Gazeta "Telegraf", Tiranë, Albania*

Shkodranët, po përjetojnë me sukses efektin e Sindromës së Stokholmit - Ia pishi lëngun dhe ia ndishi lezetin

Duke folur këto ditë, me një mik timin suedez, në bisedë e sipër ra fjala për Sindromën e Stokholmit, vendi i origjinës i të cilit është atdheu i tij i lindjes Suedia.

Më pas fjala nxori fjalën… dhe unë i thashë ndër të tjera, se **qyteti im Shkodra,**[200] e ka ndjerë më shumë se askush peshën e shtypjes së egër të

---

[199]George Orwell(Eric Arthur Blair 1903-1950), ishte një romancier, eseist, gazetar dhe kritik anglez. Vepra e tij karakterizohet nga proza e kthjellët, kritika sociale, kundërshtimi ndaj totalitarizmit dhe mbështetja e socializmit demokratik. Orëell prodhoi kritikë letrare, poezi, letërsi artistike dhe gazetari polemike.

[200]Shkodër is the fifth-most-populous city of the Republic of Albania and the seat of Shkodër County and Shkodër Municipality. It is one of Albania's oldest continuously inhabited cities, with roughly 2,200 years of recorded history. The city sprawls across the Plain of Mbishkodra between the southern

part of Lake Shkodër and the foothills of the Albanian Alps on the banks of Buna, Drin and Kir. Due to its proximity to the Adriatic Sea, Shkodër is affected by a seasonal Mediterranean climate with continental influences. The city of Shkodër was founded under the name Skodra upon the traditional lands of the Illyrian tribes of the Ardiaei and Labeates in the 4th century BCE. It has historically developed on a 130 m (430 ft) hill strategically located in the outflow of Lake Shkodër into the Buna River. The Romans annexed the city after the third Illyrian War in 168 BCE, when Gentius was defeated by the Roman force of Anicius Gallus. In the 3rd century CE, Shkodër became the capital of Praevalitana, due to the administrative reform of the Roman Emperor Diocletian. With the spread of Christianity in the 4th century CE, the Archdiocese of Scodra was founded and was assumed in 535 by Byzantine Emperor Justinian I. Shkodër is regarded as the traditional capital of northern Albania, also referred to as Gegëria, and is noted for its arts, culture, religious diversity and turbulent history among the Albanians. The architecture of Shkodër is particularly dominated by mosques and churches reflecting the city's high degree of religious diversity and tolerance. Shkodër was home to many influential personalities, who among others, helped to shape the Albanian Renaissance. The city was first attested in classical sources as the capital of the Illyrian kingdom with the name Skodra (Ancient Greek: Σκόδρα; genitive Σκοδρινῶν "of the Skodrians", appearing on 2nd c. BC coins) and Scodra (Latin form). Although the ultimate origin of the toponym Σκόδρα Scodra is uncertain, the name is certainly pre-Roman. A Paleo-Balkan origin has been suggested, relating it to the Albanian: kodër (definite form: kodra) 'hill', and Romanian: codru '(wooded) mountain, forest', with the same root as the ancient toponym Codrio/Kodrion. The further development of the name has been a subject of discussion among linguists over the exact location of Albanian-speakers in classical antiquity. Linguists Eqrem Çabej and Shaban Demiraj treat the development from Illyrian Σκόδρα Skodra to Albanian Shkodra/Shkodër as evidence of regular development within the Albanian language. Other linguists have argued that Albanian Shkodra/Shkodër fails to display certain known phonological changes that would have to have happened if the name had been continually in use in Proto-Albanian since pre-Roman times, as in that case, it has been claimed that IllyrianΣκόδρα Skodra would have become Hádër in Albanian, instead of Shkodër. Nevertheless, the evolution of Scodra into Shkodra/Shkodër certainly observes Albanian phonetic rules in the Roman period. In modern times, the term was adapted to Italian as Scodra (Italian pronunciation: skɔːdra) and Scutari (skuːtari); in this form it was also in wide use in English until the 20th century. In Serbo-Croatian, Shkodër is known as Skadar (Serbo-Croatian Cyrillic: Скадар), and in Turkish as İşkodra. View of the fortifications of Rozafa Castle.The earliest signs of human activity in the lands of Shkodër can be traced back to the Bronze Age. The favorable conditions on the fertile plain, around the lake, have brought people here from early antiquity. Artefacts and inscriptions, discovered in the Rozafa Castle, are assumed to be the earliest examples of symbolic behaviour in humans in the city. Although, it was known under the name Scodra and was inhabited by the Illyrian tribes of the Labeates and Ardiaei, which ruled over a large territory between modern Albania up to Croatia. King Agron, Queen Teuta and King Gentius, were among the most famous personalities of the Ardiaei. The city was first mentioned during antiquity as the site of the Illyrian Labeates in which they minted coins and that of Queen Teuta. In 168 BCE, the city was captured by the Romans and became an important trade and military route. The Romans colonized the town. Scodra remained in the province of Illyricum and, later, Dalmatia. By it 395 CE, it was part of the Diocese of Dacia, within Praevalitana. In the early 11th century, Jovan Vladimir ruled Duklja amidst the war between Basil II and Samuel. Vladimir allegedly retreated into Koplik when Samuel invaded Duklja and was subsequently forced to accept Bulgarian vassalage. He was later slain by the Bulgarians. Shingjon (feast of Jovan Vladimir) has since been celebrated by Albanian Orthodox Christians. Relief commemorating the Siege of Shkodër from the 15th century in Venice. In the 1030s, Stefan Vojislav from Travunija expelled the last strategos and successfully defeated the Byzantines by 1042. Stefan Vojislav set up Shkodër, as his capital. Constantine Bodin accepted the crusaders of the Crusade of 1101 in Shkodër. After the dynastic struggles in the 12th century, Shkodër became an integral part of the Serbian Nemanjić Zeta province. In 1214 the city was briefly annexed to Despotate of Epirus under Michael I Komnenos Doukas. In 1330, Stefan Dečanski, King of Serbia, appointed his son Stefan Dušan as the governor of Zeta with its seat in Shkodër. In the same year Dušan and his father entered the conflict which resulted with campaign of Dečanski who destroyed Dušan's court on Drin River near Shkodër in January 1331. In April 1331, they made a truce, but in August 1331 Dušan went from Shkodër to Nerodimlje and overthrew his father. During the disintegration of the Serbian Empire, Shkodër was taken by the Balšić family of Zeta, who surrendered the city to the Republic of Venice in 1396, in order to form a protection zone from the Ottoman Empire. During the Venetian rule the city adopted the Statutes of Scutari, a civic law written in Venetian. The Statutes of Scutari mention Albanian and Slavic presence in the city, but under Venetian rule many Dalmatians were brought to Shkodra and as such formed the majority there. After the Black Death killed most of the inhabitants Albanians and Slavs formed the majority in the city. Venetians built

regjimit totalitar komunist, sot është përfshirë nga **epidemia apo virusi infektiv i Sindromës së Stokholmit**...

Gjatë bisedës, unë i ofrova fakte historike bashkëbiseduesit suedezo-amerikanë, se **qyteti i Shkodrës** *rreth viteve '50-të me 40.000 banorë, **kishte 26 qeli burgu**,* **ka 601 të pushkatuar nga regjimi komunist, 136 të vdekur ndër burgje, 2846 të burgosur politik dhe 1924 të internuar politikë.**

Duke shtuar i thashë se muaj maj u mbajtën zgjedhjet lokale 2023 në Shqipëri, ku komunistët, bijtë dhe nipat e tyre i "fituan" ato në mënyrë masive, njësoj sikurse në vendet e botës së tretë, ku viktima dhe skllevërit e komunizmit votuan masivisht dhe me dashni për skllavopronarët apo persekutorët e tyre... *Ai u habit shumë!*

E përshtatur në kushtet e qytetit dhe banorëve të larjes së kujtesës së shkuar të hidhur plot gjak dhe martirizime të Shkodrës fatkeqe, del apo po provohet aktualisht në vitin 2023, se **Sindroma e Stokholmit** (lexo e Shkodrës), *është një gjendje në të cilën ish të persekutuarit, sot fatkeqsisht po zhvillojnë një lidhje flirtie psikologjike me përmbatje dashurie, me persekutorët e tyre gjysmëshekullore.*[201]

Janë bërë shumë studime shkencore mbi dëmet psikologjike të dhunës totalitare ndaj të arrestuarve dhe të burgosurve të kohës së diktaturave komuniste kudo në botë... ose edhe ndaj popullsisë në përgjithësi, që bashkëjetonin me këtë regjim.

Nga ana e tjetër, ndër vite edhe në**Hollywood** (California), SHBA, kanë arritur të realizojnë disa filma artistik me aksion..., dhe në Europë filluan të dalin**broadcast** sikurse ai**suedez** (David Gilmour: *"The Stockholm Syndrome", Sweden, Broadcast, 1984, 2x CD set*), duke patur në qendër të vëmendjes këtë subjekt psikologjik, të quajtur në mënyrë rutinë tashmë si *Sindroma e Stokholmit.*

(Meqenëse atje shkodranët e ish persekutuar po përjetojnë me dashni kohën e absurdit postkomunist të sindromit në fjalë, nuk është çudia, që një ditë një grup artistësh apo individë (femijë) apo pasardhës të tjera si nipa (mbesa) apo sternipa (stërmbesa) të të persekutuarëve) po nga ky qytet, në të ardhmen jo shumë të

---

the St. Stephen's Church (later converted into the Fatih Sultan Mehmet Mosque by the Ottomans) and the Rozafa Castle. In 1478-79 Mehmed the conqueror laid siege on Shkodër. In 1479 the city fell to the Ottomans and the defenders of the citadel emigrated to Venice, while many Albanians from the region retreated into the mountains. The city then became a seat of a newly established Ottoman sanjak, the Sanjak of Scutari.

[201]https://www.britannica.com/science/Stockholm-syndrome

largët *t'i kushtojnë disa këngë, poezi apo libra fiction apo një albume nderimi dhe respekti, për të persekutuarit e tyre me emra dhe mbiemra konkret, mbasi një pjesë e të cilëve janë gjallë (dhe në prag të kalimit në botën tjetër), të ndjehen krenar, për atë gjakdedhje masive, që ato kanë bërë në këtë qytet martir… e cila fatkeqsisht, sot gjakun e tyre e bëri ujë…)*

Sindroma në fjalë, supozohet të rezultojë nga një grup rrethanash mjaft specifike, përkatësisht mosbalancimet e pushtetit të përfshira si në persekutimet totalitare komuniste, apo sot në forma të reja si marrjen e pengjeve, rrëmbimet dhe marrëdhëniet abuzive.

Prandaj, është e vështirë të gjesh një numër të madh njerëzish, që përjetojnë sindromën e Stokholmit, për të kryer studime me çdo lloj vlefshmërie ose madhësie të dobishme si shembull apo model prove.

Kjo e bën të vështirë përcaktimin e tendencave në zhvillimin dhe efektet e gjendjes dhe, në fakt, është një *"sëmundje e kontestuar"*, për shkak të dyshimeve për legjitimitetin e gjendjes.

Lidhjet emocionale, mund të krijohen midis rrëmbyesve dhe robërve, gjatë kohës intime së bashku, por këto përgjithësisht konsiderohen të paarsyeshme në dritën e rrezikut, që përballen viktimat (**Shembulli më klasik është Shkodra dhe banorët e saj…**).

Sindroma e Stokholmit,nuk është përfshirë kurrë në Manualin Diagnostik dhe Statistikor të Çrregullimeve Mendore ose DSM, si mjeti apo njësia standarde, për diagnostikimin e sëmundjeve dhe çrregullimeve psikiatrike në SHBA, kryesisht për shkak të mungesës së një grupi të qëndrueshëm të kërkimit akademik.

Sindroma, **është e rrallë: *sipas të dhënave nga* FBI (SHBA), *rreth 8% e viktimave të pengjeve tregojnë prova të Sindromës së Stokholmit.***

Ky term në fjalë, u përdor për herë të parë nga media në vitin **1973**, kur katër pengje u morën, gjatë një grabitjeje spektakolare bankare në Stokholm të Suedisë.

Pengjet mbrojtën rrëmbyesit e tyre (!!!), *pasi u liruan dhe nuk pranuan të dëshmonin në gjykatë kundër tyre.* U vu re se në këtë rast, megjithatë, policia u perceptua se kishte vepruar me pak kujdes dhe jo profesionalisht, për sigurinë e pengjeve, duke ofruar një arsye alternative për mosgatishmërinë e tyre për të dëshmuar.

E njëjta situate apo sindromë në fjalë e freskët paraqitet fatkeqsisht edhe sot në Shkodër, ku asnjë ish i Përndjekur dhe Persekutuar i regjimit komunist, gjatë vitëve totalitare 1944-1990, nuk ka hapur proces gjyqësor denoncues (**për të fituar pafajsinë zyrtarisht në gjyq me vulë dhe firmë**), *kundër sistemit dhe* *persekutorëve barbarë të tyre dhe familjeve dhe të afërmve të tyre, gjatë kohës së inkuizicionit të zi të komunizmit, sikurse e kanë bërë ebrejt, mbas Luftës së Dytë Botërore tesh 50 vjet...*

Ajo është paradoksale,*sepse ndjenjat simpatike që ndiejnë robërit ndaj rrëmbyesve të tyre, janë e kundërta e frikës dhe përbuzjes, që një shikues mund të ndiejë ndaj rrëmbyesve.*

Ka **katër komponentë kyç,** që karakterizojnë sindromën e Stokholmit:

1   **Zhvillimi i ndjenjave pozitive të pengut ndaj rrëmbyesit** (*të përsekutuarit, ndaj përsekutorëve apo skllavit ndaj skllavopronarit*).

2   **Nuk ka marrëdhënie të mëparshme**, midis pengut dhe rrëmbyesit(*të burgosurve politikë të kohës së komunizmit me xhelatët e Sigurimin e Shtetit komunist*).

3   **Një refuzim i pengjeve**, për të bashkëpunuar me policinë dhe autoritetet e tjera qeveritare (*refuzimi total historik dhe stoik, që qëndresa dhe rezistenca antikomuniste, ka ndodhur në Shkodër, gjatë viteve të diktaturës komuniste në vitet 1944-1990 nga i gjithë Kleri Katolik, ajka e intelektualëve të shquar shkodranë dhe të gjithë të dënuarit e tjerë, pa dallim feje në qytet dhe rrethina.*)

4   **Besimi i një pengu në humanizmin e rrëmbyesit**, duke mos i perceptuar ata si kërcënim, kur viktima ka të njëjtat vlera si agresori (*aktualisht sot viti 2023, ku shkodranët kolektivisht ose masivisht, përjetojnë plotësisht me sukses, efektin e Sindromës së Stokholmit…*)

Është fakt, që *katër rrethanat e lartpërmendura, që gjenerojnë një përgjigje psikologjike të tipit të Sindromës së Stokholmit, kanë qenë tipike për jetën, nën regjimin e egër policorë të diktatorëve dhe kanë ndikuar në masë të madhe në "dashurinë" e popullit, për xhelatët totalitarë.*

Po si ndodhi?

Historia e saj, fillon megrabitjen e bankës në Stokholm(Suedi). Kështu në vitin 1973, *Jan-Erik Olsson*, një i dënuar me kusht, mori peng katër punonjës (**tre gra dhe një burrë**) të *Kreditbanken*, një nga bankat më të mëdha në Stokholm, gjatë një grabitjeje të dështuar bankare. Ai negocioi lirimin nga burgu të mikut të tij Clark Olofsson, për t'a ndihmuar atë.

Ata i mbajtën pengjet robër për gjashtë ditë (23–28 gusht), në një nga kasafortat e bankës. **Kur pengjet u liruan, asnjëri prej tyre nuk do të dëshmonte kundër asnjërit prej pengmarrësve në gjykatë** (*procesin gjyqësor*); në vend të kësaj, ata filluan të mbledhin para për mbrojtjen e tyre (rrëmbyesve).

Nils Bejerot, *një kriminolog dhe psikiatër suedez e shpiku termin, pasi policia e Stokholmit i kërkoi ndihmë, për të analizuar reagimet e viktimave ndaj grabitjes së bankës, në vitin 1973 dhe statusin e tyre si pengje.*

Meqenëse **ideja e larjes së trurit,**nuk ishte një koncept i ri, Bejerot, duke folur në *"një lajm të transmetuar pas lirimit të robërve"*, e përshkroi reagimet e pengjeve si rezultat i *shpëlarjes së trurit nga rrëmbyesit e tyre.*

Ai e quajti atë Norrmalmstorgssyndromet (pas Sheshit Norrmalmstorg, ku ndodhi tentativa për grabitje), që do të thotë **Sindroma Norrmalmstorg**, e cila më vonë u bë i njohur jashtë Suedisë si *Sindroma e Stokholmit.*

Fillimisht, u përcaktua nga **psikiatri Frank Ochberg**, për të ndihmuar në menaxhimin e situatave të pengjeve.

Kjo analizë u bë nga Nils Bejerot, pasi u kritikua në radion suedeze nga **Kristin Enmark**, një nga pengjet.*Ajo, pretendon se kishte krijuar një raport strategjik me rrëmbyesit.* Kristin e kishte kritikuar Bejerotin, se po rrezikonte jetën e tyre, duke u sjellë në mënyrë agresive dhe duke agjituar rrëmbyesit.

Ajo kishte kritikuar policinë, për drejtimin e armëve drejt të dënuarve, ndërsa pengjet ishin në vijën e zjarrit dhe u kishte thënë mediave, se *një nga kapësit u përpoq të mbronte pengjet, që të mos kapeshin nga zjarri.*

Sërisht, ajo ishte gjithashtu kritike ndaj **kryeministrit Olof Palme**, pasi kishte negociuar me rrëmbyesit për lirimin e tyre, por kryeministri i tha asaj se do t'i duhej të kënaqej, që të vdiste në postin e saj në vend që t'i dorëzohej kërkesave të rrëmbyesve.

Sindroma, mbërrin në SHBA

Një rast tjetër i bujshëm, ishte Patty Hearst, mbesa e botuesit William Randolph Hearst, e cila u mor dhe u mbajt peng nga Ushtria Çlirimtare Symbionese, *"një grup guerrilas urban"*, në vitin 1974.

Ajo u regjistrua, duke denoncuar familjen e saj si dhe policinë me emrin e saj të ri, **"Tania"**, dhe më vonë u pa duke punuar me SLA, për të grabitur bankat **në San Francisco**.

Ajo pohoi publikisht *"ndjenjat e saj simpatike"* ndaj SLA dhe ndjekjeve të tyre. Pas arrestimit të saj në vitin 1975, pretendimi për sindromën e

Stokholmit (*edhe pse termi nuk u përdor atëherë, për shkak të kohëzgjatjes së ng-jarjes*), nuk funksionoi si një mbrojtje e duhur në gjykatë, për zemërimin e madh të avokatit të saj mbrojtës F. Lee Bailey.

Fatkeqsisht, dënimi i saj me 7 vjet burg, u zbut më vonë dhe ajo u fal përfundimisht nga Presidenti Bill Clinton, i cili u informua se ajo nuk po vepronte me vullnetin e saj të lirë.

Një rast tjetër, janë viktimat e abuzimit seksual. Herëpas here, është provuar në kohë dhe rrethana të ndryshme, se shumë viktima të abuzimit seksual në fëmijëri, ndjejnë një lidhje me dhunuesin e tyre. *Ata shpesh ndi-hen të kënaqur nga vëmendja e të rriturve ose kanë frikë se zbulimi do të krijojë përçarje në familje.*

Në moshën madhore, ata i rezistojnë zbulimit, për arsye emocionale dhe personale. Një shembull i tillë, u shfaq në rastin e rrëmbimit të *Jaycee Dugard.*

E parë në një këndvështrim me popullin shkodran, theksoj se kjo pa-sojë psikike, që karakterizohet te viktimat e persekutuargeg shkodran i mbajtur peng e i keqtrajtuar mizorisht për 50 vjet, **në vend që të urrejë dhe të dënojë kriminelët dhe aktin e tyre kriminal**, që ka ushtruar dhunë sistematike psikikologjike dhe fizike, në qelitë e Degës së Punëve të Brend-shme në Shkodër, *viktimat për çudi në zgjedhjet e majit të vitit 2023 votoi për ato, duke krijuar kështu simpati dhe dashni absurde.***Kjo dukuri absurde,shukoi gjithë Shqipërinë dhe diasporën nëpët botë,** *por më së shumti në Europë, SHBA dhe Kanada.*

Zakonisht, *Syndrome Stockholm, quhet pikërisht kjo kthesë absurde psikologjike e të përsekutuarve antikomunistë, ndaj kasapëve të qelive të burgjeve në Shkodër dhe sistemin, që e krijoi atë masakër kolektive, atëhere kur kriminelët, duke parë (hetuesit dhe xhelatët komunistë të Sigurimit të Shtetit), që u rrezikohet pozita e tyre në postkomunizëm (në demokraci), kryejnë disa veprimtari mirësjell-jeje (në mënyrë hipokritike), ndaj viktimave të komunizmit, dhe kështu fitojnë sim-patinë e tyre dhe mosdënimin apo ndëshkimin moral dhe ligjorë...*

Edhe pse asnjë nga ish persekutorët komunistë të kohës së regjimit sadist deri më sot në vitin 2023, nuk kanë kërkuar **Falje** publike (*me shkrim apo gojë*), dhe bile ato po mbyllin jetën e tyre të qetë, pa i ngacmuar dhe gjykuar askush deri më sot (nga ish të përsekutuarit dhe përndjekur poli-tikë në Shqipëri), ku, **fatkeqsisht ato nuk kanë ngritur asnjë padi penale** përqindra (**krime kundër njerëzimit**) dhe mjëra jetë të humbura të të afër-mve të tyre, që fatkeqsisht shumë prej tyre nuk u dihet as varri... *Eshtë fakt, se atyre ende u mohohet e drejta e rikthimit të tokave dhe pronave të tyre, të para* *vitit 1944…*

Duke iu rikthyer temës në fjalë, theksojmë se *reagimi psikik në mënyrë anomalike, ndaj kriminelëve komunistë si dhe përshtatja e tyre me kushtet e dhunës, e cila u është ushtrua viktimave quhet Sindromi i Stokholmit.*

Në Shqipëri e keqja nuk vjen nga të varfërit që s'kanë se çfarë të hanë, por nga të pasurit që s'kanë të ngopur!

Tmerr dhe vetëm tmerr, ndjen çdo njeri i thjeshtë shqiptar, sikurse edhe diaspora dhe të huajt jo shqiptar, *kur sheh në Hartën e Re Politike të Shqipërisë rishfaqjen e mbizotërimit të ngjyrës rozë (oktapodit), që fare lehtë lexohet si rikthim në origjinë i ngjyrës së kuqe komuniste të Dullës më 2 dhjetor 1945 deri në vitin 1990…*

Këto zgjedhje në Shqipëri me "fitore" absolute komuniste mbi 95% e votave, të kujtojnë kohën e largkjoftit (**diktatorit Enver Hoxha**)… sikurse edhe zgjedhjet *"demokratike"*, që bëheshin vazhdimisht në vendet komuniste të Afrikës, Azisë, Amerikës Latine dhe ish Europës Lindore…

Në këtë situate, njerëzit kanë zgjedhur vetëm emigrimin masiv. Në gjashtë vitet e fundit (2017-2023) **mbi 300.000 vetë janë larguar nga Shqipëria në drejtim të shtetëve të ndryshme të botës**, por më së shumti në Europën Perëndimore dhe në veçanti në Britani të Madhe.

Kjo ka çuar në **një krizë të ripërtëritjes apo riprodhimit normal të popullsisë se vendit, mbasi 95% e të larguarve janë meshkuj (burra dhe djem të rinj),** krizë të fuqisë punëtore në vend, ku punë ka s'i në fason ndërtim, por punë nuk duan, kurse bujqësia i ka mbetur pleqve, mbasi të rinjtë kanë ikur ku të mundin nëpër botë!

Ato sot fatkeqsisht dhe për inerci të së kaluarës, po vazhdojnë të bëhen rutinë, në vendet e prapambetura të botës së tretë, ku sundon ligji i xhunglës dhe forca ushtarake, vjedhja e hapur dhe manipulimi zyrtar në nivelin më të lartë si pasoj e korrupsionit profesional qeveritar vendas dhe ai globalist majtis ndërkombëtarë, të cilët vetëbëhen si vazhgues të paftuar të *"zgjedhjeve"*, pas mbushjes së xhepave të tyre dhe si shpërblim bëjnë hapur në emër të *"demokracisë"* liçensimin e turpshëm të tyre absolut kudo nëpër botë.

Socialdemokatët apo Joe Biden-ët shqiptarë

*"Partia Socialdemokrate mori 86 mijë vota ose 6.4%, me 116 mandate për këshilltarë. Nëse krahasohet me rezultatin e zgjedhjeve të vitit 2021, numri i votave të PSD-së është rritur me 2.4 herë, ndërsa numri i mandateve potenciale për parlament është rritur me mbi dy herë." – **Gjergj Erebara**, Reporter.al*

Pas datës 14 maj 2023, socialdemokratët dhe kryepolitikani i tyre, mund t'i thotë atyre, që e kanë shpallur persona non grata, është koha për ju, që ju të më **Kiss My Ass**…

"Kryepolitikani" socialdemokrat, nuk ka më nevoj pse të vij këtu në SHBA si turist, sepse ëndrrën e tij amerikane e ka gjetur tashmë në Shqipëri, mbasi më 14 maj 2023 nga rezultati bombastik i zgjedhjeve locale, *ai ka gjetur sa hap e mbyll sytë Amerikën në vendlindje apo Atdheun e tij, duke u është kthyer me urdhër të peshkut brenda natës së 14 majit 2023 si fotokopje e modelit tëJoe Biden-in amerikan,* nga mënyra se si i ka fituar zgjedhjet atje pa bërë asgjë.

Mburojat apo imuniteti i paprekshmërisë zyrtare shqiptare dhe ndërkombëtare

Të majtët në tërësi, *socialistët me simotrën e saj socialdemokratët* atje **i mbron Rama, me Qeverinë dhe armën e vet** policinë militante paraushtarake të verbër, që shkojnë vazhdimisht **si mishi për top**, pas shtetit të korruptuar dhe droguar të tij, *Governatorët apo Ambasada Amerikane në Tiranë, administrata e papërgjeshme dhe e korruptuar antiamerikane e Joe Biden-it në SHBA, Sorosi dhe bythlëpirësit e tij shqipfolës, Bashkimi Komunist Globalist Europian, OSBE e korruptuar dhe socialkomuniste, Big Media e Supër Korruptuar shqipfolëse*(si: Top Qeni, Tv Klan, RTVSH, Tv Vizion Plus etj.,), të cilat përfshihen në dyfalëshin e mirënjohur **Fake News etj.,** ndërsa këtu në SHBA Biden-in e mbron për fat të keq (*edhe për pak kohë*) njerëzit më të korruptuar në nivelin më të lartë të*FBI, DOJ, CIA, kongresmenët dhe senatorët komunistë amerikanë,* Soros, Big Media, Big Tech, Fake News, etj.

Këshillat bashkiakë, socialdemokratë *sa hap e mbyll sytë, si në lojërat magjike u ngjiten në vend të katërt, ndërsa merhumi anglishtfolës këtu në vend të parë.*

Surpriza më e madhe elektorale e këtyre zgjedhjeve, është **rritja me**

2.4 herë e Partisë Socialdemokrate, të drejtuar nga "politikani" Tom Doshi, e cila **ka fituar 86 mijë vota dhe 116 mandate në të gjithë vendin.**

Ai, gjatë vitëve dhe muajve prill-maj 2023, kur u zhvillua fushata elektorale në terren në mbarë Shqipërinë, nuk ka përdor asnjë fjalë politike dhe nuk ka bërë fushatë elektorale, por ka fituar me urdhër të peshkut sa hap e mbyll sytë 2.4 herë, më shumë vota se asnjëherë tjetër si kryetar i partisë hibrite komuniste.

Interesant, është fakti i hështjen si gurr varri i governatorëve të përhershëm të Ambasadës Amerikane në Tiranë, që nga ana e tjetër përshëndet e i buzëqesh nga larg fitoren e komunistëve shqiptarë. Kjo ndodh, sepse ata i bashkon ideali globalist komunist si kudo në botë, mbasi janë të integruar me kohë në politikën e tyre internacionale socialkomuniste.

Për nga numëri i posteve në këshillat bashkiakë të Shqipërisë dhe votave të fituara ai renditet në vend të katërt, pas Partisë Socialiste, koalicionit **Bashkë Fitojmë** dhe Partisë Demokratike "zyrtare" të Shalgjatit.

Nëse më 14 maj 2023, do të kishte pasur zgjedhje parlamentare, Tom Doshi do të kishte fituar tre mandate deputetësh në Shkodër, dy në Tiranë, një në Durrës dhe një në Dibër, ndërsa nuk është shumë larg fitimit të një mandati edhe në El-basan dhe një mandat tjetër në qarkun e Fierit, ku PSD ka marrë rreth 8600 vota. Me 7 deri në 9 mandate deputetësh, kryetari i socialdemokratëve, *i sanksionuar nga amerikanët si persona non grata*, me shumë gjasa mund të jetë një nga politikanët më të fuqishëm të vendit…

Partia e Rindertuar Komuniste (alias Socialiste) e Shalgjatit mori 580 mijë vota dhe 757 këshilltarë, pasuar nga koalicioni i opozitës kryesore Bashkë Fitojmë me 248 mijë vota dhe 292 mandate. Partia Demokratike "zyrtare" po e Shalgjatit mori 104 mijë vota dhe 123 mandate.

Në Shkodër, ku kandidati socialist Benet Beci fitoi duke marrë gati 35 mijë vota në zgjedhjet lokale, **PSD arriti të marrë 13 mijë vota për këshill bashkiak,** duke sugjeruar se më shumë se 1/3 e suksesit të Becit i dedikohet mbështetjes nga PSD.[202]

Shqipëria e Shalgjatit dhe ShBA-ja e të fjeturit në këmbë

Edhe i pa-afti e i fjeturi në këmbë, ose sikurse njihet këtu **komunisti Joe Biden** dhe regjimi itij globalistsupër i korruptuar, thotë vazhdimisht përmes makinës së shfrenuar të mediave të komanduar dhe korruptuar

---

[202]Gjergj Erebara, Reporter.al, 19/05/2023

të majta propagandistike globaliste, Big Tech, rrjetet ndërkombëtare sociale komuniste me kampionen Fakebook dhe Fake News, se i lodhuri mendërisht dhe fizikisht këtu (Biden), ka "fituar" 81 milion vota, në një kohë që aktualisht të gjithë qytetarët amerikanë vazhdojnë të qeshin dhe ofrojnë fakte me prova të sakta, se është e kundërta e gënjeshtrave të tyre, me gjithë çensurën e madhe dhe të shumanshme komuniste, kundër së vërtetës, që ekziston sot këtu.

Shkodra, fatkeqsisht dhe me dëshirën sherrbudall të "votuesve" shkoj në origjinën e vet të komunistëve të vitëve të zeza 1932 të shekullit të kaluar (XX), *ku sundonin pionierët e ideve trushpërlarëse të mbrapshta komuniste, debatikasit bolshevikë dhe leninistë jugorë: peshkopit të kuq Fan Stilian Nolit dhe Ali Kelmendit…, dhe për të mbërritur fatkeqsisht deri në Verilindje të Shqipërisë, ku vepronin komunistët, si: Qemal Stafa, Vasil Shanto, Zef Mala, Tuk Jakova me kompani…*

Tukun naiv e fatkeq asokohe, sikurse edhe shumë të tjerë komunistë (pasi i shërbeu Dullës) si robot pa ndërgjegje, ai sa hap e mbyll sytë u hodh në rrugë si limon i shtrydhur shumë shpejt, u internua familjarisht dhe më pas u burgos. *Komunizmi i përdori si marionetë naivët e rinj punëtorë të rëndomtë komunistë shkodranë.*

Nga bashkëvuajtësit e Tukut në burg, mësojmë se ai në vitet e qelisë u pendua më vonë, për përqafimin dhe shpërndarjen me fanatizëm të ideve vrastare dhe absurde komuniste, por ishte shumë…, shumë vonë për te, sepse i iku jeta e tij dhe e të afërmëve të dashur…

Shembulli klasik i komunistit të burgosur për 4 vjet më 1939 dhe riburgos për 20 vjet nga komunizmi i tij më 1958

Ministri i Financave pa asnjë ditë shkollë Tuk Jakova, (1914-1959), *ishte realisht një marangoz i rëndoshtë, anëtar i flaktë e fanatikgrupit komunist të Zef Malës*, një nga pjesëtarët kryesor të komunistëve terrorist, gjatë Luftës së Dytë Botërore si komisar i Brigadës I-rë Sulmuese.

Sëbashku me komunistët e tjerë, si: *Qemal Stafën, Zef Malën dhe Vasil Shanton etj.*, ka qenë ndër veprimtarët e *Grupit të Shkodrës*. Ai u arrestua, gjykua me të drejtë si terrorist debatikas dhe dënua shumë pak vetëm 4 vjet burg, për idetë e tij dhe organizimin e aktiviteteve vrastate terroriste komuniste në vitin 1939.

Me riorganizimin e terroristeve të kuq të Partisë Komuniste, nën direktivat dhe bekimin terrorist jugosllav më 8 nëntor 1941, ai u zgjodh fatkeqsisht ndër 7 anëtarët e Komitetit Qendror Provizor të Partisë Terroriste Komuniste të Shqipërisë, që shënon edhe datën e saktë të pushtimit masiv të vendit të shqipnjave fatkeqe.

Më pas qeveria terroriste komuniste e hurit dhe litarit e bëri president të sindikatave inekzistente dhe formale servile komuniste. Kur ai u kthye nga Beogradi (1948), në kohën kur u zhvillua Kongresi i Parë i Partisë Terroriste Komuniste, ai u zgjodh Sekretar i Komitetit Qendror të Partisë Komuniste Terroriste, Ministër i Financave, zv/Kryeministër dhe pastaj pjesë e *luftës së klasave brenda llojit.*

Atij regjimi komunist fatmirësisht ia hoqi të gjithë gradat figurative, që kishte fituar për besnikërinë e tijndaj regjimit dhe përfundimisht i hoqi edhe titullin e lartë pa vlerë Hero i Popullit, dhe e internoi si shpërblim me gjithë familje në kampet e vdekjeve të ngadalta port e sigurtë të internimeve nazisto-komuniste dhe regjimi duke mos u mjaftuar me kaq, e rrasi Tukun burg.

Për qëndrimin dhe pikëpamjet e tij egoiste brenda luftës së partisë së tij dashur, në vitin 1951, **Tuk Jakova u përjashtua si anëtar i Byrosë Politike**, dhe u akuzua si *zbutës i luftës së klasave* dhe **në vitin 1955 u përjashtua nga posti i anëtarit të Komitetit Qendror** dhe u la për t'u diskutuar qëndrimi si anëtar i partisë.

Në vitin 1955, përjashtohet nga Komiteti Qendror i PPSH-së, ndërsa në nëntor të të njëjtit vit internohet së bashku me familjen në Berat. **Debatikasi marangoz,** dikur i përkushtuar gegë, pas dy vitesh, dhe më sëtë **në vitin 1957 dënohet sërisht me izolim të përjetshëm**në monumentin e trashëgimisë kulturore dhe hsitorike në Kalanë e Janinës, **në rrethin e Vlorës.**

Sikur të mjaftoj me kaq, diktatura çdo dite e më tepër po i nxirrte jashtë dhëmbet e vet vrastare dhe për të konsoliduar pushtetin e hurit dhe litarit, filloi hante një e nga një këlyshët e vet. Kështu në vitin 1958, Tuku shpallet tradhëtar dhe dënohet me 20 vjet heqje lirie dhe menjëherë dërgohet me makinën e policisë drejt burgut. Ai vdiq një vit më vonë, më 1959, në rrethana misterioze.

Tuk Jakova, *përfshihet me të drejtë në listën e kriminelëve aktiv, të përpiluar nga Instituti i Studimit të Krimeve dhe Pasojave të Komunizmit, që përmbledh pjesëmarrësit, të cilët kanë përgjegjësi direkte për krimet e Partisë Komuniste Shqiptare dhe të Ushtrisë Nacionalçlirimtare,* **duke qenë, sipas ligjit nr. 41, anëtarë të strukturave politike dhe ushtarake:** *"Që kanë inspiruar, organizuar, urdhëruar, ekzekutuar ose ndihmuar forcat partizane në vepra kriminale".*

E vërteta historike, që i është fshehur me ose pa qëllim qytetit dhe banorëve "antikomunistë" të Shkodrës

Sipas studiuesit **Kastriot Dervishi,** mësojmë se: *"Grupi Komunist i Shkodrës ose* **Grupi i Shkodrës, ka qenë një organizim parapartiak fanatik dhe analfabet komunist,** *që u formua dhe veproi nga koha e mes luftërave botërore dhe deri në themelimin e Partisë Komuniste në Shqipëri.*

Formimi i këtij grupi, lidhet me një grup të rinjsh idealistësh ëndërrimtarë, te elemti ortodoks i qytetit dhe te zanatçinjtë e qytetit (sidomos zdrukthtarët).

Për shumë vite grupi ishte pika e vetme komuniste, në Veriun e Shqipërisë. **Në vitet 1932-1933, ka hyrë literatura komuniste në qytet nga Mbretëria Jugosllave, duke mundur të hynte në Gjimnazin e Shkodrës.**

... Të bërit bashkë të të rinjve: **Qemal Stafa, Xhemal Broja** *dhe* **Vasil Llazari** *në gjimnazin e qytetit më* **1934** *nga shkollat e klerit, që u mbyllën me Reformën "Ivanaj", zgjoi jetën e gjimnazit. Ato morën kontrollin e Shoqërisë "Besa Shqiptare", e cila qe formuar më 1931, nën drejtimin e Ernest Koliqit.*

Ata u morën me organizimin e shfaqeve teatrale amatore si dhe me botimin e revistës "Shkëndija", ku shkruajtën Q. Stafa, Xh. Broja, **Pashko Gjeçi**, *Elez Braha, etj. Ky botim nuk doli më, numri pasardhës u konfiskua dhe u dogj, ngaqë regjimi zogist ra në gjurmë të përpjekjeve të kësaj shoqërie bolshevike dhe leniniste.*

Pas një takimi më **1937** *me* **Niko Xoxin**, *i larguar nga Grupi i Korçës, dhe një shoshitje me* **Andrea Zisin** *për çështjen e grupeve, përafërisht* **fundi i 1937 dhe fillimi i 1938, është koha kur u formua Grupi i Shkodrës.**

Nismëtarët ishin Zef Mala, **V. Llazari**, *Q. Stafa, Xh. Broja,* **Voin Grabova dhe Vaso Kadiq**. *Stafa, pasi u shpërngul në Tiranë, ku kishte si bashkëpunëtor edhe* **Vasil Shanton**, *krijoi bërthamën e dytë të grupit.*

Më 1938 u ngre celula në Elbasan mbi bazën e ish-celulave të Grupit të Korçës. **Sami Baholli,** *kaloi me të Shkodrës. Në Elbasan, qe ndikimi i fortë te Normalja e qytetit. Një numër i madh nxënësish, iu bashkuan lëvizjes komuniste në vitet 1938-1941. Nën drejtimin e Myzafer Trebeshinës e më vonë të Dashnor Mamaqit, u organizuan të rinjtë. Gjatë 1938, grupi shkoi në 150 anëtarë."*[203]

Por **Arian Spahiu,** ka disa teza interesante. Në komentin e tij, ai shkruan tekstualisht: *"Nuk është krejtesisht e saktë.* **Shkodra, para 1939-ës,**

---

[203]Kastriot Dervishi "**Lëvizja komuniste në vitet 1924-1944 dhe formimi i PKSH-së**", Tiranë: 55, 2016. fq. 147-149.

njihet me grupin më të fuqishëm komunist në Shqipëri. *Grupi tjetër ishte ai i Korçës.*

Por emisarët serboçetnikë, Milladin e Mugosha, grupin e Korçës, në të cilin kishte përgjithsisht ortodoksë e favorizuan dhe e nxorën në krye të PKSH-së.

Grupit të Shkodrës, nuk i pëlqente fare sjella e emisarëve të huaj dhe kjo i bëri që emisarët e theksuar t'i nxjerin jashtë loje si të parëndsishëm në marrjen e vendimeve parësore.

Që këtu lindi antipatia ndaj Veriut në përgjithësi e ndaj Shkodrës në veçanti. *Ja disa veprime të komunistëve të Shkodrës, që vërtetojnë sjelljen korrekte të tyre, ndaj çështjeve shqiptare dhe që është anashkaluar nga historianët komunistë.*

Më 1943 komunistët e Kosovës, që i takonin grupit të Shkodrës, refuzojnë materialet e dërguara nga shtabi i PKJ dhe nga ana tjetër kërkojnë nga shtabi i PKSH-së, që udhëzimet për veprimtarinë e tyre, t'ju dërgohen nga ata e jo nga PKJ.

Përgjigja, ka qenë shumë e shpejtë dhe e prerë ndaj komunistëve kosovarë me plot ofendime: **"Ne, jemi vëllezër dhe jo sektash, luftojmë për një qëllim të vetëm,...".**[204]

Shkodra, që ruan ende dhimbje shpirtërore dhe fizike

Në qytetin e Shkodrës, ndodhet **Muzeu Historik i Kujtesës së kohës së komunizmit të zi.** Një fakt i tillë, tregon tmerrin e përjetuar në atë kohë dhe krijimi i muzeut të krimeve të komunizmit në qytet, është për qytetarët një tjetër mënyrë, për të kthyer dinjitetin, si dhe për të vlerësuar fisnikërinë e Shkodrës, për mënyrën se si janë përballuar me krimet e komunizmit.

Shkodranët e ruajnë ende në kujtesën e tyre tmerrin e kësaj ndërtese në qendër të qytetit, pasi i kanë akoma të kjarta gjurmët e torturave, që u janë bërë intelektualëve dhe njerëzve të pafajshëm, gjatë kohës së diktaturës 50-vjeçare.

Sot, ajo shërben si pikë referimi. **"Te ish Dega e Brendshme"**, sikurse i thonë shkodranët njëri-tjetrit, kur duan të tregojnë diçka, në afërsi të kësaj godine, ndërtuar me kontributin financiarë edhe të **Fondacioni Gjerman "Konrad Adenauer".**[205]

---

[204]Pse komunistët e Korçës triumfuan mbi ata të Shkodrës? Teza mbi një armiqësi të hershme të komunistëve me Shkodrën dhe gjithë Veriun e Shqipërisë. Shqiptarja.com

[205]Lekë Plani, **"Muzeu i kujtesës historike"**, Shkodër, 26/08/201326 Gusht 2013, Deutsche Wellen, **https://www.dw.com**

Muzeu u ngrit në një nga burgjet më të egra të regjimit komunist, ish dega e Punëve të Brendshme, **sot pronë e Provincës Françeskane.** Arkitektët dhe kuratorët vendas, kanë studiuar edhe modele muzesh të ngjashëm, të ndërtuar kryesisht në vendet e Europës Lindore.[206]

Burrat e vërtetë të qytetit ndodhën në Zall të Kirit

Kjo **nuk është teori konspiracioni**, por është një fakt, që ka qendruar i heshtur për shumë vjet dhe që fatmirësisht deshmohet prej disa dekadave me shembuj të shumtë nga disa ish të përndjekurit të moshuar politikë dhe qytetarë shkodranë, me banim në Shkodër dhe përsona të arratisur para vitit 1990, që jetuan dhe punuan në disa shtete të SHBA-së, Europës dhe atyre banorëve dëshmitarë afër Varrezave Katolike të Rrmajit, që i panë me sytë e tyre pushkatimet… *"Shkodra, dikur nji qytet i vogël me njerëz të Mëdhenj, sot asht nji qytet i madh me njerëz të vegjël."* – **Jacob Enver Parmeza**

Shkodranët apo Burrat e vërtetë, me eshtrat e tyre të krijuar nga plumbat e togave të zeza të pushkatimit, si provë e madhe dhe e pamohueshme ndodhen në **Zall të Kirit**, ka thënë i ndjeri shkodran, miku im i

---

[206]**Muzeu i kujtesës historike (2013),** është një projekt dhe financim i përbashkët me një fond prej 57 milionë lekësh i Bashkisë së Shkodrës dhe Ministrisë së Turizmit, Kulturës, Rinisë dhe Sporteve. Ai ka një galeri hyrëse prej betoni, rreth 50 m të gjatë, prej së cilës mbërrin tek zona e ish-burgut, me 40 birucat e tmerrshme, që dikur shërbenin për izolimin e të burgosurve. Pjesë e muzeut janë edhe mjedise të tjera të jashtme, sikurse oborri i ajrimit, anekse të tjera plotësuese, si dhe paisje, shkrime dhe të dhëna origjinale të asaj kohe, të cituara nga të burgosur politik. Ambjentet e ish-burgut dhe selisë së sigurimit, që ndodhet në të majtë të ndërtesës, janë ruajtur të paprekura. Edhe ndërhyrjet që janë bërë, janë të gjitha në funksion të idesë së hedhur nga **arkitekti Viktor Dhimgjini,** i cili është marrë prej afro tre vitesh më hartimin e projektit të muzeut të vuajtjeve nga diktatura komuniste. Kalimi nga njëri ambjent në tjetrin bëhet nga element, që të kujtojnë prangat, zinxhirët, apo edhe sende që kanë shërbyer si pjesë e torturave. Janë ruajtur të paprekura gjithashtu edhe shënimet e bëra nga vetë të burgosurit. Në këtë burg, kanë vuajtur shumë intelektualë shkodranë, si klerikët katolikë: **At Zef Pëllumbi, Imzot Ernest Çoba, At Benardin Palaj,** përfaqësues të tjerë të besimit klerik, të burgosur myslimanë si Myfit Qamil Bushati, Ethem Rrem Mehmeti, Ragip Nut Lohja etj, ortodoksë, qytetarë të njohur nga Shkodra e më gjerë.

vjetër shqiptaro-amerikan **Zef Loro Luka (1926-2012)**[207], i arratisur nga ferri komunist, i cili sakrifikoi gjithcka si parashutist i pamposhtur, për të përmbysur me armë në dorë komunizmin e zi në Shqipëri...

Ai është autor i librit *Ditar* me kujtime: "**100 shqipe qi erdhen për me prue lirin n'Shqipni**"[208] me parathanie brilante, shkruar nga bashkëqyte-

---

[207]**Veprimtaria e Zef Lukës në arkivat e Sigurimit të Shtetit**. Aktiviteti antikomunist i Zef Lukës në Shqipëri, nuk është i pasqyruar vetëm në fletët e ditarit të tij, por ai është dokumentuar edhe në mjaft raporte e materiale të shumta arkivore të Sigurimit të Shtetit, i cili e ndiqte atë hap pas hapi. Po kështu, aktiviteti antikomunist i tij, është pasqyruar edhe në disa libra të ish-oficerëve dhe drejtuesve të lartë të Sigurimit të Shtetit, si **Mark Dodani** ("**Fronti i Heshtur**"), **Themi Bare** ("**Provokacione, Komplot, Dështime**"), **Rakip Beqaj**, ("**Veprimtaria e Armiqësore e Klerit Katolik Shqiptar, 1943-1971**") etj., të botuara para viteve '90-të, në kohën e regjimit komunist të Enver Hoxhës. Sipas Injac Saraçit nga Shkodra, (i cili ka bërë edhe parathënien e kujtimeve të Zef Lukës), në një dokument të arkivit të Ministrisë së Brendshme (**Dosja 51**, Viti 1949, fq.109), ndërmjet të tjerash shkruhet: "*Tue pas frikë se kur të zbarkojshin në Shqipëri, grupet e diversantëve mund të vriteshin nga populli dhe nga forcat e tij të Sigurimit, tregonte Gjon Gjinaj, nga Vatikani vijshin eksponentë të ndryshëm për t'u dhanë kurajo përpara nisjes. Kështu Gjon Gjinaj theksonte: "Para dite, më 27 dhjetor të vitit 1949, erdhi oficeri italian i Ministrisë së Punëve të Mbrendëshme, Karobi, i shoqnuem nga një prift i Vatikanit, i cili na bekoi që zoti të na shpëtonte nga çdo e keqe. Më 28 dhjetor të po atij viti, grupi diversant i kryesuar nga Gjon Gjinaj ishte përgatitë të nisej për në Shqipni, i shoqnuem nga Karobi, nga De Anxhelo dhe nga tre pilotë. Në çastet e nisjes ky grup ishte takue me një amerikan që kishte bisedue me Karobin, me Gjon Gjinajn dhe Kol Çunin. Tue spjegue mënyrën se si u hodhën në tokën shqiptare, diversanti Gjon Gjinaj, theksonte: "...U nisëm nga Roma për në Bari. Kur duelëm nga ana e Shkodrës, Karobi na tha: "Bahuni gati. Kur të dali drita jeshile ju duhet të hidheni shpejt". Kështu ne filluem të hidhemi njeni mbas tjetrit: i pari Pashko Letaj, i dyti Ndue Frisku, i treti Kolë Çuni, i katërti Zef Luka, i pesti Pjetër Gjoci, i gjashti Mirash Marku, i shtati Bardhok Gjeta, i teti Nikoll Nika dhe i nanti unë. Kishim zbarkue në pyjet e Komit, në krahinën e Mirditës*".

[208]**Fragmente nga Ditari i Zef Lukës, 9 Maj 1945**. Me shkodranët që ishim ushtar në Delvinë, bisedojshim shpesh herë për me ikë (me u arratisë), por nuk e caktojshim ditën mbasi pritshim se po ndërron situata. Hamit Sait Toshi, ishte prej katundit Villgarë të Anës së Malit, në kufi me Jugosllavi. Nanës së tij i thoshin File. Ajo kishte motrat të martueme në Ulqin si dhe një vëlla. Hamiti ishte trim e besnik dhe e njihte babën tim kur vinte në pazar me shit ndonjë gja. Unë dhe Hamiti e kishim lanë me ik të dielën më 16 maj

tari shkodran **Injac Saraçi**.

*Sikur të ishte gjallë sot sypatremburi parashutisti trim **Zef Luka nga Clev-***

1945, kur ishte liri-dalje prej orës 13 deri në orën 20 të mbramjes. Do t'u takoshim në orën 13 tek Kroni i Delvinës. Hamiti më thotë se vjen dhe Osman Dervishi që ishte oficer. Unë i thashë: Hamid, unë nuk i besoj Osmanit. E ai m'u përgjigj: Ti me beson mue? Osmani ka probleme, hasmin e ka në Brigadë. Ky na ndihmon me nxjerr disa armë. Te Kroni i Delvinës na kishim mshehun 12 bomba doret. Kur ushtria ishte me liri-dalje, skuadrat zbuluese ishin patrullë se mos të ikshin nga ushtria. Pra u donte që të kalohej Ura e Bistricës, ajo kambsore, e cila ruhej fort, para se të bëhej apeli në orën tetë të mbrëmjes. Në këtë kohë vjen Osmani, i cili kishte sjellë automatikun e vet dhe revolen "Beretë" që ia dha Hamidit. Unë mbeta me 12 bomba doret që i kisha të lidhuna në një facoletë, tuj mbetë kështu i pakënaqun e i pambrojtun. Përpara se të vishem të Kroni, i thashë shokut tim, Angjelin Zojzit, se: jam tuj ikë. Aty pashë edhe Fofon me shoqe. Asaj i dhashë një napolon arit qi kisha, mbasi nuk mendojshe se kalojshëm gjallë në Greqi. Fofo nisi me kja, ndërsa unë vazhdova rrugën tuj kalu rrugë pa rrugë deri sa dolëm te Ura e Bistricës, pra te ajo që ishte kambsore prej drunit, e ngushtë sa me ecë vetëm një njeri. **Arratisja nga Delvina në Greqi**. Ecëm gjithë natën, kaluem Konispolin e Bamadatin, katunde moderne me vila. Thuhej se të gjitha familjet kishin njerëzit e tyre në SHBA që i ndimojshin. Vijuam rrugën dhe kaluam lumin e Bistricë duke u lidhur dora dorës. Pak më tej dëgjuem disa kumonë delesh, u avitëm dhe pyetëm çobanin: A asht Greqi apo Shqipni këtu? Por ai nuk u përgjegj me asnjë fjalë. Tuj ec shtegut, shohim se shpijat ishin shumë larg njena-tjetrës. Në një qoshe të malit shohim një plakë me dhi, e cila na dha djalin e vet me na përcjellë te posta e kufirit grek. Vijuem rrugën në një shteg të ngushtë qi shkonte teposhtë. Te një kaçubë u ndalëm me hangar atë bukë e voe (vezë), që na kishte dhënë një çikë (vajze), që patëm takue rastësisht rrugës. Nuk zgjati shumë dhe një patrullë prej ma se 7 vetësh, qi ngitshin në drejtimin tonë. Vetëm kambët ju shifshim. Mos të ishim ndalë me hangar, do t'u vritshim me ta. Zoti na shpëtoi. Kur u avitëm afër postës së kufinit grek, i thamë Osmanit: Ti shko i pari brenda, në rast se janë komunista, vraju (gjuaju) me ta, edhe na po vritemi këtu jashtë. Osmani doli në penxhere të asaj kulle dhe na thirri. Unë kur ju afrova rojes te dera, pashë se kishte kunorën mbretnore të Greqisë në kapelë. Kur hina brenda nuk mujshem me hangër se na ishte tha fyti, pimë vetëm pak tamël. Kambët na ishin ba shika gjak, sa që mezi me ecë. Na vunë në tre mushka dhe prej Kakavije u nisëm për në Delvinancion. Atje ishte rruga e makinës e na nisën për në Duljana, ku për një javë rresht na morën në pyetje grekët e inglezët, që prej asaj dite që kishim le, e deri m'atë ditë…

land, Ohio, do të kapte krytin me grushta... dhe do të thoshte, se për këto lloj *pasardhës pa identitet as mish as peshk... na fatkeqsisht kena dasht me u dhanë lir-inë... Vetë Zefi si antikomunist i përbetuar kaloi nga Kolegji i Jezuitëve, në kampet e refugjatëve në Greqi e Itali dhe deri sa një ditë mbërriti në Tokën e Bekuar të SHBA-së...*

Këtë përkufizim të saktë, do të kishte thënë **nga plasja e zemrës apo zemërimi** edhe miku im i vjetër shqiptaro-amerikan, i ndjeri **Kolec Pikolini** (15 mars 1923-19 shkurt 2019)[209]nga **Detroit, Michigan**, me origjinë po nga qyteti i *"djepit të komunizmit dhe socializmit"*, i cili, edhe ai u arratis në viitin 1951[210] nga ferri i Dullës...

Ai në librin e tij me kujtime: **"Regjimi i hienave"** (*parathënien e së cilës e kam shkruar unë*) dhe në bisedat e lira në Detroit, më thoshte shpesh, se **komunizmi e ka shkatërrur keqas Shkodrën dhe banorët e saj, të cilët fatkeqsisht sot flasin me vete dhe kanëhumbur kujtesën...**

Pasardhësit e qytetit antik sot, po vijojnë fatkeqsisht të lakojnë historinë e së kaluemes (*duke e përdorur atë sot si pashaportë identiteti, përballë të tjereve jo shkodranë*), së heronjve të heshtur..., sepse ato sot që jetojnë aty (Shkodër), për inerci të transmetimit të brezave, janë thjeshtë kalimtarë apo frymorë rutinë, pa histori... *sepse tash 33 vjet, nuk ishin të zot t'i përfaqsojnë idetë për-parimtare, jetën plot kalvare dhe gjakun e pararendësve të tyre martir...*

Nga nëna histori kujtojmë, se gjatë vitëve 1944-1945 dhe 1946, shtetet dhe qeveritë antikomuniste anglo-amerikane, përmes njerëzve të tyre në Shkodër dhe disa qytete antikomuniste në Shqipëri, u bënë thirrje treg-tarëve shkodranë, që të kontribuojnë financiarisht, për të blerë armë të

---

[209]Klajd Kapinova, **"Ndërroi jetë në Detroit, në moshën 96-vjeçare kundërkomunisti Kolec Pikolini"**, Gazeta **"Dielli"**, organi i Federatës Pan-shqiptare **"Vatra"**, Neë York, 21 shkurt 2019.

[210]Familja e tij u përshkua vazhdimisht nga keqtrajtimi. Vëllau Paloka u masakrua, nën tingujt e këngëve dhe valleve partizane, që kishin ardhur si pushtues dhe "triumfator" nga Jugu i Shqipërisë.Me një urretje të thellë për banorët e qytetit kundërkomunist partizanët komunistë menjëherë vranë 8 martirë shkodran, para Bashkisë së Shkodrës. Por dufi i tyre nuk soset me kaq. Fyerjet e komunistëve vijuan para turmës fanatike komuniste, që gëzo-hej, këndonte e hedhte valle para pamjeve horror... të kufomave shqiptarë... O Zot çfarë po ndodhte kështu!? Historia, është një mësuese e mirë, por njerëzit që abuzojnë janë nxënës të këqinj. E për fat të mirë autori mbijetoi, për të dëshmuar, fakte dhune të tërmetit komunist, që hienat i ngrinë buzëqeshjen në buzë shkodranëve, për shumë dekada deri në vitin 1990...

kohës, për t'iu kundërvu direkt komunizmit si në kryengritjen e Malcisë së Madhe (*krahina heroike dhe trime e Kelmendit*), me në krye martirin **Prek Calin (1872-1945)** dhe në kryengritjen e Postribës..., **sepse kështu i don mushka drutë**..., por ata *"patriotë" (parexhi) të kuletës*, nuk pranuan me dhanë disa qypa me flori... dhe kështu ata i groposën edhe më thellë, nëpër bahçet e tyre private... nga frika se mos ua "marrin" anglo-amerikanët...

Dulla, duke e nuhatur këtë situatë satirike historike dhe me ndihmën e spiunëve komunistë po shkodranë, për të shpetuar nga kolapsi mbretërine e tij të hurit dhe litarit, shpejt e shpejt nisi fushatën propagandistike të denigrimit, kundër pasanikëve të Shkodrës e i detyroi ata me lopata e kazma me rihap gropat, ku i kishin fsheh qypat me flori dhe ua mori e i rrasi të gjithë në burg, gjoja si pasanikë, sepse sipas tij kishin shfrytezuar "popullin" dhe ishin bërë të pasur…, një propagandë rutinë dhe bajate proletare-leniniste-bolshevike, e cila fuksionoi dhe pati shumë sukses asokohe...

Këto zotërinj të nderuar të qytetit të lashtë, në kuptimin e mirë të fjalës, **Dulla një nga një** *i futi në në 46 burgje, që kishte ngritur si ferr në të gjithë Shqipërinë, ndërsa të tjerët i internoi përjetësisht në qindra kampe përqendrimi dhe gradualisht me gjyqe fallco apo pa gjyq i vari në litar ose i pushkatoi për siguri, që të mos mbijetonin si dëshmi e historisë së perskutimit të tyre...*

Mbas këtij gjenocidi rutinë, ai iu përvesh furishëm dhe me fanatizëm anadollak Klerit dhe popullsisë etnike katolike dhe besimeve të tjera në qytet, mbasi fatkeqsisht vetë ai vinte nga një familje e mirëfilltë e katundeve otomane, dhe kishte një axhë si biçim hoxhe, në qytetin e ish kolonëve të huaj të Gjinokastrës…

Dulla, duke gjetur dhe përzgjedhur njerëz si vetëvetja, vuri në pushtet me votime fallco fanatikët më të medhenj…, fëmijët nipat apo mbesat e të cilëve kanë drejtuar për dekada dhe vazhdojnë edhe sot për 33 vjet të udhëheqin partinë komuniste (alias socialiste) dhe "demokratike", **sipas modelit të Katovicës**. Kjo fatkeqsi vazhdon të sundoj edhe sot...

Sajimi i rrenës së madhe, sepse qëllimi justifikon mjetin

Të gjithë sot në media, po perdorin **Fabulën absurde**, se gjoja Shkodra humbi për arsye të *non grates*, që **administrat e korruptuar dhe non grata e Joe Biden** (*75.000.000 votues amerikane nuk e njohin Biden si kryetar shteti, sepse ai faktikisht nukështë fituesi zgjedhjeve presidenciale, që u mbajtën me 3 nëntor 2020*), i bëri liderit **dr. Sali Berishës** etj.

Duhet të jeni të kjartë, se regjimi katastrofik komunist, i të përgjumurit në këmbë *Joe Biden, e ka përdorur këtë armë propagandistike politike subversive dhe mashtrimi kudo nëpër botë, për të mbajtur dhe zgjedhur qeveritë lolo kudo në botë, që i konvenojnë Merhumit,* që s'mban mend se çfarë ka hanger nadje... apo kur gruaja e tij "doktoreshe" (*sikurse rren hapur pa turp para medieve se ka dhënë mësim (leksione) si profesoresh në universitet, por nuk përmend emrin e universitetit*), harron me ia ndërru *pampers* dhe ai nga pesha e **sh...** humb orientimin dhe ia zgjat dorën "**qenieve**" të padukshme, jashtë sistemit tonë diellor...

Lexuesi i vëmendshëm, brenda dhe jashtë vendlindjes, duhet të kuptoj, se këtu nuk është fjala personalisht tek dr. Sali Berisha (*apo Edi Ramën etj., nëse do të ishte lidër i opozitës antikomuniste në Shqipëri*), por si fenomen rutinë (*sepse këtë gjë e kanë gjetur të gjithë si pretekst të humbjes së opozitës sot në muajin Maj 2023 në Shqipëri*), por se regjimi komunist i së papërgjegjeshmit Biden, këtë veprim apo manovër absurde politike, të shpalljes së **Persona Non Grata**, e ka bërë apo aplikuar vazhdimisht në të gjithë shtetet dhe liderët e djathtë apo konservatorë kudo në botë, të cilët nuk kanë regjime komuniste dhe supër të korruptuara në pushtet sikurse ajo e Biden-it me familje...

Kjo është bërë me paramendim, për të manipuluar dhe dëmtuar maksimalisht popujt dhe elektoratin, në prag zgjedhjeve lokale dhe të përgjithshme kurdo që ato zhvillohen.

Komunistët amerikanë, tradicionalisht si në fillim me Bill Clinton, djalin e komunistit Hysen, presidentin më të deshtuar dhe më të dobët, që ka parë historia e presidentëve të SHBA-së, njëfarë Barok Hysen Obamën 1, 2 dhe me **sot me administratën e vijimsisë Obama-Biden 3** në fuqi, **si armë të tyre të preferuar kanë ish Racizmin dhe ish Skllavërinë,** që kanë ndodhur fatkeqsisht shumë shekuj më parë në SHBA..., për të provokuar dhe rizgjuar ndjejat emocionale (***A mund të ketë njeriu ndjenja emocionale mbas 400 vjeteve!?***) dhe manipuluar sot votuesit me ngjyrë afrikano-amerikanë, ispanjikë etj., të keqinformuar dhe të paedukuar nga propaganda boshe politike majtiste... Po ajo që konstatohet nga historia amerikane, është se Organizata Raciste **Ku Klus Klan-i (KKK) është themeluar dhe drejtuar nga vetë Partia Demokratike Amerikane.**[211]

---

[211]**Ku Klux Klan (KKK = Parti Demokratike.** Në vitin 1868, gjatë rinisë mbresëlënëse të Presidentit demokrat Woodrow Wilson, Klan shërbeu si një pjesë kryesore e partisë demokratike, duke folur në Konventën Kombëtare.Anëtarët e Klan përqeshën parullat e tyre të bardha në çdo hap,

duke përdorur taktika për të lidhur legalisht njerëzit me ngjyrë nëpër Dixie. Antarët e organizatës raciste Klansmen madje marshuan drejt Washingtonit (shiko fotot origjinale në Google dhe Youtube), duke djegur kryqe në mënyrë rutinore dhe terrorizuar qytetarët duke përçarë kombin amerikan. Tema kryesore e zërave më të zhurmshëm në Amerikë ishte: *"Ky është një vend i një njerëzve të bardhë, dhe le të qeverisin burrat e bardhë"*.Kur Kongresi Amerikan, u përpoq të transformonte Jugun e shkatërruar nga lufta, shtetet jugore të drejtuara nga demokratët u pajtuan me retorikën politike pasi fuqia punëtore ushtarake kishte humbur. Me pak fjalë, një lloj tjetër beteje për të mbajtur afro-amerikanët të zvogëluar u vu në lëvizje. Klan luajti një rol aktiv në mbajtjen e njerëzve me ngjyrë të lirë nga votimi, arritjen e përparimit ekonomik ose ushtrimin e ndonjë të drejte që Kushtetuta jonë u siguronte atyre. Termi liberal, gjatë kësaj kohe në historinë e Amerikës nuk ka shumë ngjashmëri me përkufizimin aktual, sepse kuptimi fillestar bazohej në Kushtetutshmëri, që u privua në mënyrë sistematike nga qytetarët me ngjyrë afrikano amerikanë nga racizmi i thellë i shtetit në kombin tonë. Me fjalë të tjera, disa demokratë konservatorë patriotë të vërtetë amerikanë (me bindje republikane), që u shkëputën me ndërgje të plotë nga politikat raciste të partisë demokratike u izoluan politikisht, për qëndrimin e tyre konservatorë, dhe mezi u njohën nga populli. Partia demokratike amerikane, gjatë depërtimit aktiv të Klan në politikë përfaqësoi një platformë radikale vërtet liberale.(https://www.chicagotribune.com/chinews-mtblog-2006-09 democrats_started_the_kkk-story.html)

Po ashtu ligjet e Jim Crow çuan në doktrina të veçimit racor *"të veçantë, por të barabartë"*. Ligjet institucionalizuan dis-avantazhe ekonomike, sociale dhe arsimore, për komunitetet jo të bardha, përfshirë taksat e sondazheve, që i mbanin njerëzit me ngjyrë afrikano amerikanë, që të mos ushtronin të drejtat e tyre për të votuar.Këto dekada të heqjes së të drejtave të komuniteteve të zeza u theksuan nga udhëheqja raciste në jug. Më i famshëm, ndoshta, se çdo tjetër ishte **Presidenti demokrat Woodrow Wilson**. Modeli i tij i emërimit të demokratëve të Jugut në kabinetin e tij siguroi që modelet e ndarjes do të bëheshin gjithnjë e më të zakonshme. Presidenti demokrat Wilson, besonte se ndarja ishte më e mirë si për afro-amerikanët ashtu edhe për evropiano-amerikanët.**Republikanët, kritikuan demokratët për përdorimin e** *fuqisë së skllavit,* për të ndikuar në qeverinë federale edhe **pas heqjes së skllavërisë, për njerëzit me ngjyrë në SHBA nga presidenti republikan Abraham Lincoln.** Për shembull, senatori demokrat i Karolinës së Jugut Andrew Butler ishte një ithtar i zjarrtë i skllavërisë. Lidhjet e tij me KKK u dëshmuan më tej nga familjet e tij të forta në Kongres (një kushëri, vëllai i tij dhe nipi shërbyen të gjithë në Dhomën e Përfaqsuesve në Kongresin Amerikan). **Si shumë shtete të jugut, Karolina e Veriut (Kongresmeni Brooks, Guver-**

natori Manning dhe Gjykatësi Heyward), Georgia (Guvernatorët Cobb, Forsyth, Early, Telfair, Troup, Walton, Milledge, Colquitt, Crawford dhe Senator Barrien), Alabama (Guvernatorët Watts dhe Bibb), Karolina e Jugut (Senatori W. Hampton I, Gjykatësi Heyward dhe Guvernatori W. Hampton III) dhe Tenesi (Guvernatori Houston), të gjithë kishin udhëheqës demokratë, që ishin pronarë skllevërish.*Zyrtari i lartë shtetëror William Aiken Jr., ish Guvernatori i Karolinës së Jugut, për shembull, konsiderohej një nga nëntë pronarët më të mëdhenj të skllevërve apo njerëzve me ngjyrë në Union.* Po ashtu Freemason dhe ushtruesi në detyrë i Presidentit demokrat më 4 mars të vitit 1849, David Atchinson ishte një pronar skllevërisht dhe mbështetës i Klan.Edhe **Presidenti demokrat Andrew Jackson,** gjithashtu zotëronte dhe tregtonte skllevër me ngjyrë afrikano amerikanë, ndërsa ishte në detyrë dhe nuk i liroi ata pas vdekjes së tij.Presidenti demokrat *William Henry Harrison* dihet nga të gjithë amerikanët se zotëronte shumë skllevër. Për më tepër ai udhëhoqi një lëvizje pro skllavërisë në territorin perëndimor dhe lindi gjashtë fëmijë me një nga skllavet e tij. Në historinë e presidentëve amerikanë demokrati *James Polk*, Presidenti i njëmbëdhjetë i Shteteve të Bashkuara të Amerikës, u bë i nominuari demokrat për president në vitin 1844, pjesërisht vetëm për shkak të tolerancës së tij ndaj skllavërisë, në kontrast me Presidentin tjetër demokrat *Van Buren*. Ai si president i SHBA-së në përgjithësi mbështeste skllavërinë. Vullneti i tij parashikoi lirimin e skllevërve të tij, pas vdekjes së gruas së tij, megjithëse Proklamata e Emancipimit dhe Ndryshimi i Trembëdhjetë i Kushtetutës së Shteteve të Bashkuara përfunduan, duke i liruar ata shumë para vdekjes së saj në 1891, sipas studimit.Demokrati *Madison, Presidenti i tretë i Shteteve të Bashkuara* që ishte në detyrë para se republikanët demokratikë të ndaheshin në dy parti, propozoi kompromisin e tre të pestave, duke deklaruar se *puna e skllevërve, ishte një domosdoshmëri për ekonominë e jugut.* Pavarësisht mendimeve të tij private, Madison ishte një president i dobët për çështjen e skllavërisë. *John Tyler*, Presidenti i dhjetë i Shteteve të Bashkuara, një demokrat i kthyer në Whig, ishte një mbështetje e fortë e të drejtave të shtetit dhe besonte dhe zotëronte skllevër. Qëllimi i tij ishte të rregullonte skllavërinë, për ta taksuar dhe lejuar atë në të gjithë territorin. Të gjithë këta udhëheqës kishin lidhje të forta me skllavërinë dhe shtypjen e njerëzve me ngjyrë, shumë edhe pas heqjes së skllavërisë. ***Presidenti Van Buren, themeluesi i Partisë Demokratike origjinale, ishte një ithtar i skllavërisë ndërsa ishte në detyrë.*** Sidoqoftë, pasi presidenca e tij u bë më konservatore në lidhje me institucionin dhe mbështeste Peticionin e Abraham Lincoln për t'i dhënë fund skllavërisë. Ashtu si aborti në debatin e sotëm politik, skllavëria ishte faktori vendimtar, midis demokratëve dhe republikanëve në vitet e para të kombit tonë. Familjet më të pasura të tokave në kolonitë e reja dhe më pas skllevërit në pronësi ishin demokratë. **Vendi u** nda **shumë shpejt për çështjen e sklavërisë, republikanët ishin të vetëm që kërkonin të shpërndanin praktikën kundër sklavërisë, demokratët që mbronin praktikën e kundërt pro sklavërisë. Kur shpërtheu Lufta Civile, në pjesën Veriore të vendit nuk kishte asnjë skllevër.**Kthimi i vemendjes së Presidentit W. Wilson tek Rindërtimi, është i rëndësishëm, **për të demonstruar marrëdhënien e gjatë, që kishte Ku Klux Klan me Partinë Demokratike Amerikane.** Republikanët e Veriut ndryshuan pikëpamjet e tyre mbi sklavërinë, kur demokratët e Jugut u mbajtën të vendosur për kauzën e *të drejtave të shteteve*, për gati 100 vjet, pasi fituam pavarësinë tonë nga Anglia. *Demokratët jacksonian, ata që ishin në detyrë pas vitit 1829, nuk donin të prishnin ekuilibrin delikat të fuqisë midis burrave të bardhë.***Ata i konsideruan njerëzit me ngjyrë, hispanikët dhe indianët si popuj inferiorë dhe favorizuan vendosjen e normave diskriminuese, që do të përfitonin të bardhët e varfër mbi idetë e rindërtimit, që duhet të përfitonin njerëzit me ngjyrë.**Këta pronarë sklevërish, që nuk bënë asgjë për të ndaluar veprimtarinë e Klan, përdorën fuqinë e tyre politike për të shtypur zezakët e çliruar dhe bënë shumë pak për të promovuar idetë e rindërtimit në jug. Me pak fjalë, i vetmi ndryshim midis politikanëve dhe qeveritarëve të lartë demokratë dhe Ku Klux Klan në ditët pas Luftës Civile ishte kostumi që ata vishnin.Demokratët, mund të thonë gjithçka që duan për GOP sot, por fakti historik mbetet real, se **Partia Republikane Amerikane u krijua për t'i dhënë fund sklavërisë**, në një kohë kur udhëheqësit demokratë refuzuan të pranonin amerikanët me ngjyrë afrikano amerikanë si *persona* në vend të *pronës*, duke larguar me forcë amerikanët vendas nga tokat e tyre, dhe madje themeluan Ku Klux Klan për të luftuar kundër të drejtave kushtetuese, të fituara nga njerëzit me ngjyrë pas Luftës Civile. *Pse ata nuk duan sot që amerikanët e rinj ti mësojnë lidhjet e tyre me racizmin kundër afrikano amerikanëve për shumë dekada?*Gjatë 200 viteve të kaluara, demokratët thjesht kanë zhvendosur veprimet e tyre nga racizmi i hapur në racizëm të fshehtë. Taktikat që ata përdorin për të kontrolluar pakicat në Amerikë sapo kanë ndryshuar. Ata u zhvendosën nga sklavëria aktuale në plantacionet e pambukut, për t'u siguruar që njerëzit me ngjyrë afrikano amerikanë të qëndronin në *"plantacionin"* e ndihmës qeveritare, të varur ndonjëherë nga mbikëqyrësit e tyre demokratë.*"Nuk ka asnjë referencë në Konventën Demokratike të vitit 1924, e njohur në histori si "Klanbake". Kongresi me 103 vota u mbajt në Madison Square Garden. Qindra delegatë ishin anëtarë të Ku Klux Klan, Klan aq i fuqishëm sa që një dërrasë që dënonte dhunën e Klan u mund plotësisht. Për të festuar, Klan organizoi një tubim me 10,000 Klansmen me kapuç në një fushë në New Jersey drejtpërdrejt Hudson nga vendi i kongresit. Të ndjekur nga qindra delegatë të kongresit brohoritës, tubimi shfaqi kryqe të djegura dhe thirrje për dhunë kundër afro-amerikanëve dhe katolikëve."* - **Jeffrey Lord**, 13 gusht 2008.Në një goditje të vetme, 52 vitet e historisë së zezë demokrate zhduken. U zhduk më shpejt se e vërteta në administratën e Klintonit. Pse do të ishte kjo? **Po çfarë mungon? 1.** Nuk ka asnjë referencë për numrin e platformave të Partisë Demokratike, që mbështesin skllavërinë. Kishte gjashtë nga viti 1840 deri në vitin 1860. **2.** Nuk ka asnjë referencë për numrin e presidentëve demokratë që zotëronin skllevër. Ishin shtatë nga viti 1800 deri më 1861. 3. Nuk ka asnjë referencë për numrin e platformave të Partisë Demokratike që ose mbështetën ndarjen plotësisht ose heshtën për këtë temë. Ishin 20, nga viti 1868 deri në vitin 1948. **4.** Nuk ka asnjë referencë për *"Jim Crow"* dhe *"Ligjet e Jim Crow"*, as nuk ka asnjë referencë për rolin që Demokratët luajtën në krijimin e tyre. Këto ishin ligjet pas Luftës Civile të miratuara me entuziazëm nga demokratët, në atë pjesë të bezdisshme 52-vjeçare të viteve të munguara të DNC. Këto ligje veçojnë shkollat publike, transportin publik, restorantet, dhomat e pushimit dhe vendet publike në përgjithësi (gjithçka, nga ftohësit e ujit te plazhet). Arsyeja që Rosa Parks, u bë e famshme është se ajo u ul në pjesën e karrigeve të një autobuzi, ku ishte e shkruar: *"Vetëm për të bardhët"*, ide kjo e KKK si rezultat i drejtpërdrejtë i demokratëve. **5.** Nuk ka asnjë referencë për formimin e Ku Klux Klan, i cili, sipas historianit të Universitetit Columbia *Eric Foner: "KKK u bë një forcë ushtarake që i shërbente interesave të Partisë Demokratike"*. As nuk i referohet përshkrimit të historianit të Universitetit të Karolinës së Veriut, *Allen Trelease*, për Klan-in, si: *"Krahu terrorist i Partisë Demokratike"*. **6.** Nuk ka asnjë referencë për faktin se demokratët kundërshtuan ndryshimet e 13, 14 dhe 15 të Kushtetutës (Skllavëria e 13-të e ndaluar dhe I 14-të) përmbysi në mënyrë efektive vendimin famëkeq të vitit 1857 Dred Scott (të marrë nga gjyqtarët e Gjykatës së Lartë pro-skllavërisë Demokratike), duke garantuar procesin e duhur dhe mbrojtjen e barabartë të ish-skllevërve. I 15-ti u dha të drejtën e votës amerikanëve me ngjyrë afrikano amerikanë. **7.** Nuk ka asnjë referencë për faktin se *demokratët njëzëri kundërshtuan Aktin e të Drejtave Civile të vitit 1866.* Ai u miratua nga Kongresi Republikan mbi veton e Presidentit demokrat Andrew Johnson, i cili kishte qenë një demokrat para se të bashkohej me biletën e Linkolnit në vitin 1864. Ligji ishte krijuar për ti siguruar njerëve me gjyrë të drejtën për të pasur pronë private, nënshkruajnë kontrata, padisin (hedhin në gjyq) dhe të shërbejnë si dëshmitarë në një procedurë ligjore. **8.** Nuk ka asnjë referencë për kundërshtimin e demokratëve ndaj Ligjit për të Drejtat Civile të vitit 1875. Ai u miratua nga një Kongres Republikan dhe u nënshkrua në ligj nga Presidenti Ulysses Grant. Ligji ndaloi diskriminimin racor, në vendet publike dhe akomodimet publike. **9.** Nuk ka asnjë referencë për platformën e demokratëve të vitit 1904, e cila i kushton një pjesë të madhe *"Agjitacionit Seksionar dhe Racor"*, duke pretenduar protestat e GOP kundër ndarjes dhe mohimit të të drejtave të votimit për njerëzit me ngjyrë afrikano amerikanët e kërkuar për të *"ringjallur racat e vdekura dhe* *të urrejtura dhe armiqësitë sektoriale në çdo pjesë të vendit tonë të përbashkët"*, që nga ana tjetër do të thotë *"konfuzion, shpërqendrim i biznesit dhe rihapja e plagëve që tani janë shëruar për fat të mirë"*. **10.** Nuk ka asnjë referencë për katër platforma demokratike, të harkut kohor të viteve 19081920, që heshtin mbi njerëzit me ngjyrë afrikano amerikanë, ndarjen, linçimin dhe të drejtat e votes, ndërsa nga ana e tjetër problemet racore në vend rriten. Në të kundërt, platformat GOP të atyre viteve adresojnë posaçërisht "Të Drejtat e Njerëzve me Ngjyrë" (1908), kundërshtojnë linçimin (në 1912, 1920, 1924, 1928) dhe, ndërsa fillon marrëveshja e re, flasin për rreziqet e bërjes së njerëzve me ngjyrë afrikano ameirkanë nga *"repartet e shtetit"*. **11.** Nuk ka asnjë referencë në Konventën Demokratike të vitit 1924, e njohur në histori si *"Klanbake"*. Kongresi me 103 vota u mbajt në Madison Square Garden, në Manhattan, New York. Qindra delegatë ishin anëtarë të Ku Klux Klan, Klan aq i fuqishëm sa që një dërrasë e shkruar që dënonte dhunën e Klan u mund plotësisht. Për të festuar, Klan organizoi një tubim me 10,000 klansmen me kapuç të bardhë në formë piramide në një fushë në New Jersey drejtpërdrejt lumit Hudson nga vendi i Kongresit. Të ndjekur nga *qindra delegatë të kongresit brohoritës, tubimi shfaqi kryqe të djegura dhe thirrje për dhunë kundër afroamerikanëve dhe katolikëve.* **12.** Nuk ka asnjë referencë për faktin se ishin demokratët ata që ndanë qeverinë federale, nën drejtimin e Presidentit Woodrow Wilson, me marrjen e detyrës në vitin 1913. Ekziston një referencë për faktin se Presidenti Harry Truman integroi ushtrinë pas Luftës së Dytë Botërore. **13.** Ka një referencë për faktin se Demokratët krijuan Bordin e Rezervave Federale, miratuan ligjet e punës dhe të mirëqenies së fëmijëve dhe krijuan Sigurimet Shoqërore me Lirinë e Re të Wilson dhe New Deal të FDR. Nuk përmendet që këto programe u krijuan si rezultat i një marrëveshjeje për të injoruar ndarjen dhe linçimin e njerëve me ngjyrë afrikano amerikanë. As nuk ka një referencë për mijëra zyrtarë lokalë, ligjvënës shtetërorë, guvernatorë shtetëror, kongresmenë amerikanë dhe senatorë amerikanë, të cilët u zgjodhën si mbështetës të skllavërisë dhe më pas segregacionit midis vitit 1800 dhe vitit 1965. As nuk ka asnjë referencë për marrëveshjen me djallin, që u largua ndarja dhe linçimi si mënyrë e jetës në këmbim të mbështetjes zgjedhore për *tre presidentët demokratikë pas Luftës Civile, Grover Cleveland, Woodrow Wilson dhe Franklin Roosevelt.* **14.** *Nuk ka asnjë reference, që tre të katërtat (3/4) e kundërshtimit të Projektligjit për të Drejtat Civile të vitit 1964 në Shtëpinë e SHBA erdhën nga demokratët, ose se 80% e votave "Jo" në Senat erdhën nga demokratët.Sigurisht që nuk ka asnjë reference, për faktin se opozita përfshinte udhëheqësin e ardhshëm të Senatit demokratik Robert Byrd nga West Virginia (një ish anëtar i Klan) dhe Senatorin e Tennessee Albert Gore Sr., babai i Zëvendës Presidentit Albert Al Gore Jr.* **15. *E fundit,*** por, sigurisht jo më e rëndsishmja, nuk ka asnjë referencë për faktin se Birmingham, Ala., Komisioneri i Sigurisë

Sot këtu, në Kushtetutën Amerikane, me ligje dhe drekte, federale dhe të 50 shteteve, *askush nuk është skllav dhe në asnjë rast në ligje nuk përdoret racizmi.*

Mirëpo ajo që i tërbon sot komunistët amerikanë, është se shumë afrikano-amerikanë të mirëshkolluar dhe edukuar, mbasi kanë mësuar edhe historinë e mëparshmë dhe të sotme, po arrijnë të dallojnë dhe e kanë kuptuar këtë gjë, sepse të bardhët senatorë, kongresmenë dhe presidentë komunistë amerikanë, po përdorin vazhdimisht votat e tyre, për të marrë dhe qëndruar për vete në pushtet dhe asgja nuk kanë bërë dhe nuk po bëjnë për përmirësimin e jetës së tyre, punësimin, integrimin etj.

Këtë gjë komunistët amerikanë e bëjnë sa herë që afrohen zgjedhjet dhe në ndihmë të tyre si gjithnjë vjen nga pas makina e fuqishme manipulative propagandistike e Fake News, Big Tech, rrjetet sociale komuniste etj.

Ata nuk mund të përdorin arsyet absurde si *teorinë e racizmit dhe skllavërisë* në Shqipëri, sepse aty nuk ka afrikano-amerikanë apo hispanjik, por përdorin masivisht dhe në mënyrë abusive, sa herë që vijnë në pushtet "të drejtën", që ka Departamenti i Shtetit, për të shpall për arsye të mirëfillta politike *persona non grata*, në emër të "korrupsionit" imagjinar dhe të pa provuar këdo antikomunistë dhe antiglobalistë, që kërkon të hyj brenda territorit të SHBA-së...

P.sh. regjimi komunist amerikanë, këtë praktikë pune rutinë e ka aplikuar edhe në shtetet e kontinentit me ngjyrë të Afrikës, që janë pro Rusisë, Azisë, Amerikën Latine, Europën Lindore etj., por atyre popujve të tyre dhe ruseve nuk ia ndin për të fjeturin në këmb...

Të vetmit shtete "skllevër", që bëjnë **Amin,** për gjithçka me banorë tejmase naivë e sensitivë nga frika dhe që manipulohen më lehtë falë injorancës, janë ato shqipfolës, ku drejtojnë idhujt sorosianë dhe kushdo tjetër…, por kurrsesi shqiptarët e vertetë etnik...

Korrupsioni ndërkombëtar dhe lokal i shteteve të veçanta, ka për qëllim në vetvete të legjitimojë totalitarizmin, një sistem i tërë i ngritur mbi privilegjet e një pakice, që përqendron çdo pushtet në pak duar.

Publike Bull Connor, i cili në mënyrë famëkeqe lëshoi qen dhe çorape zjarri mbi protestuesit e të drejtave civile, ishte në të vërtetë (po vërtet), një anëtar i si Komiteti Kombëtar Demokratik ashtu edhe Ku Klux Klan.

Jo dr. Berisha, por Antony Blinken është persona non grata, për popullin amerikan

Vetë **Antony Blinken**, që e ka shpall dr. Berishën persona non grata, thjeshtë për arsye politike, është me hije dhe **në një farë mënyre si persona është non grata nga Kongresi Amerikan...** mbasi ai pritet që të akuzohet, për organizimin direkt të *fallcifikimit dhe fabrikimit dokumentetit, për hartimin e nënshkrimit gënjeshtër nga 51 agjente sekretë të CIA, se **Laptop from Hell i Hunter Biden** asht sajesë e sherbimit sekret rus...*gjë faktet dhe provat me 100% siguri të lartë e nxorën atë si rrencak të madh, sepse vetë ish punonjësi i CIA-së, deklaroi para Kongresit Amerikan (gjatë dëshmisë së tij), se ka qenë vetë Antony Blinken ai qe e ka nisur këtë inisiativë.[212]

Nëse ata do të kishin fakte për dr. Berishën, menjëherë do t'i kishin botuar (publikuar) apo nxjerrë në sheshin e konsumit politik, sepse *komunistët amerikanë janë specialistë, sikurse komunistët shqiptarë, për gënjeshtra, ,mbasi ato i dallon vetëm gjuha e ndryshme që flasin anglisht dhe shqip e asgjë më shumë...*

U bënë dy vjet dhe nuk ka asnjë "Dosje", me fakte konkrete për dr. Berishën... Këtu po ndodh e kundërta, sepse për Sekretarin e Shtetit Blinken, tashmë është përgatit *Dosja*, me rrenat e tij, që po zgjerohet dita-ditës para Kon-

---

[212]**President Donald J. Trump** specifically cited a "laptop" that contained emails allegedly belonging to Hunter Biden. "There are 50 former national intelligence folks ëho said that ëhat he's accusing me of is a Russian plant," Biden said."... Five former heads of the CIA, both parties, say ëhat he's saying is a bunch of garbage. Nobody believes it except his good friend Rudy Giuliani." The former acting CIA Director, Michael Morell, just revealed the bomb shell truth behind the letter that ëas signed by 51 former CIA losers in October 2020. The letter declared Hunter Biden's laptop ëas a product of Russian disinformation... Morell noë admits that the letter ëas composed by the current Secretary of State, Anthony Blinken, and Biden's campaign and then they colluded ëith crooked CIA members to have the false statement signed and announced to Public. They ëere all in together and used their collective poëer to discredit the laptop of hell so that they could demand the crooked FBI to force Big Tech to censor any information related to the laptop as Russian disinformation and made Leftist Media believe it ëas fake neës so they could lie to Public and turn truth into the Russian misinformation. Their goal is to shut doën truths of Biden corruption and crookedness to help him ëin the electionat all costs. (**Fox News**)

gresit, të kontrolluar fatmirësisht nga republikanët konservatorë...

Në botë, askujt nuk ia ndin për këtë gjë, veçse në vendet e botës e tretë, që besojnë në *gjith*çka si naiv (si Shqipëria dhe Kosova), mbasi komunistët amerikanë, që e njohin shumë mirë mentalitetin tuaj atje, dijnë ku me prek në tela dhe më pas me lujt arushë me ato, që besojnë se fluturon gomari blu amerikan...

Nejse, si punët e Biden-it, sikurse thotë Presidenti Donald J. Trump, **se çfarëdo që administrate e Joe Biden merr përsipër të kryej, kthehet automatikisht nëshit…**

Nga përvoja negative këtu, që kaloi SHBA, në zgjedhjet presidenciale të vitit vitin 2020, është se kur Qeveria fut me këmbëngulje teknologjine e re të makinave të votimit dhe numërimit e bën vetëm për të vjedhur sa më lehtë dhe shpejt votat…

Votimet me makina elektronike janë të manipuluara, sepse kot nuk thonë komunistët janë specialistë, mbasi ato kudo e gjejnë rrugën për të vjedhur votat, sepse kompiuterat dhe maqinat lidhen shumë lehtë me internet.

Zgjedhjet presidenciale më 3 nëntor 2020 në SHBA, 90% e tyre janë vjedhur apo ndryshuar me kompiutër dhe njerëzit kanë shkuar kot për të votuar.

Si mundet Biden komunist këtu të fitoj 81 milion vota, duke ndenjur gjithë ditën në bodrum 24/7 i mbuluar me 4 maska të zeza!?

Presidenti Donald J. Trump dhe ekipi i tij, ka prova dhe fakte bindëse, për manipulimin e zgjedhjeve presidenciale të vitit 2020, dhe këto raporte origjinale i kam pasqyrur edhe ne librin tim: **"Presidenti Trump dhe këneta globaliste"** (*Shkodër, New York*) dhe burimet e mia janë anerikane dhe nga avokate dhe investigues profesional anerikanë…

Antony Blinken për çdo gënjeshtër para
Kongresit Amerikan rrezikon 5 vjet burg

Sekretari i Shtetit Anthony Blinken, ka rrejtur popullin amerikanë, me një dokument fallco të nënshkruar nga 51 agjentë të lartë të Shërbimit Sekret Amerikan, të cilët sëbashku me Blinken i pret burgu nëse zbatohen ligjet këtu. Kështu, e-mailet e reja të zbuluar, tregojnë se Blinken, është i përfshirë në korrupsionin e djalit të Joe Biden, shumë vite më parë.

Kutia e famshme e Pandorës, sapo është hapur dhe është zbuluar deri tani vetëm **Maja e Ajzbergut,**të krimeve dhe korrupsionit galopant, show, që pritet me shumë interes nga populli amerikanë.

Këtu janë ngritur prova dhe fakte origjinale të dokumentuara (*nga investigimet shumevjecare të Senatit, Kongresit Amerikan etj.*), për 12 antarë të familjes Biden, djalin e të përfjeturit në këmbë "bisnesmenit" Hunter Biden, ndaj të cilit ka katër vjet që DOJ, Departamenti i Thesarit, FBI, Kongresi dhe Senati Amerikan intensivisht po investigojnë për 4 veprimtari të tjera kriminale: *si pastrim parash, mos pagim të taxave, prostitucion etj.*

Këto ditë po dalin vazhdimisht në Fox News, New York Post, Inforwars, Newsmax, etj., para publikut amerikanë, **Dëshmi supër skadaloze,** që po trondisin SHBA dhe botën. Kështu Sekretari i Shtetit Anthony Blinken, i cili bën presion politik komunist mbi Shqipërinë e varfër nga burimet e reja që p dalin në dritë, para Kongresit, tregojnë se ai personalisht kur ishte në stafin e kampit të fushatës elektorale të kandidatit "demokrat"Joe Biden, ka organizuar një grup agjentesh prej 51 vetësh të Shërbimit të Lartë Sekret Amerikan (**CIA**), që të nënshkruajnë një letër, sipas së cilës thuhet, se: **Laptop from Hell i Hunter Biden** nuk është i tij, por është **sajesë e shërbimit sekret rus,** letër të cilën me dëshirë e kanë firmosur 51 agjentë të CIA.

Këtë letër me firmë, e ka përdorur Biden si "argument" apo shembull në debatin e fundit televiziv me kundërshtarin e tij politik Presidentin Donald J Trump, për të bindur votuesit amerikanë, që të votojnë për të, duke genjyer dhe manipuluar publikisht dhe hapur votuesit dhe popullin amerikan.

Kjo sipas analistëve kushtetues amerikanë, përbën veprimtari të mirëfilltë kriminale, në nderhyrjet direkte në zgjedhjet presidenciale në SHBA. Në këtë mënyrë, për shkelje të ligjit të ndërhyrjes së jashtëligjshme në zgjedhjet presidenciale,**organizatori apo skenaristi Antony Blinken dhe 51 autorët e nënshkrimit të letrës Gënjeshtër,** mund të rrezikojnë heqjen e lirë ose *të drejtën e pamohueshme, për të hyrë me deshirë në shtepinë pa qira, qe këtu quhet thjeshtë:***Jail.**

Blinken, me hipokrizi bërtet, për çimen e vogël në sytë e korrupsionit, për çaj dhe limonata apo dreka dhe darka në Shqipëri e Dardani… dhe nuk do që të tjerët dhe media e pavarur amerikane dhe botërore, të flasin dhe shkruajnë me prova dhe fakte për Supër Korrupsionin e tij dhe DOJ, FBI, CIA apo regjimit Biden, ku këtu flitet për miliona dhe triliona dollarë…

Investigimi ndaj Blinken, është sot çështje primare, për Kongresin Amerikan. Kryetari i Komitetit të Drejtesisë, pranë Kongresit **Jim Jordan,**

i ka dërguar një letër Sekretarit të ShtetitAntony Blinken, që së shpejti ai duhet të paraqitet para Dhomës së Përfaqsuesve.

Nëse këto fakte vërtetohen zyrtarisht në Kongres, atëherë Sekretarit të Shtetit Blinken, i duhet të gjej një avokat të fortë të mbroj veten, ashtu **sikurse edhe boss-it të DOJ apo Prokurorit të Përgjithshem të SHBA-së sot në detyrë, i duhet patjetër të gjej një super-avokat të shtrenjtë, tëmbroj vetën nga rruga drejt shtëpisë pa qira, që e pret për Dëshmi të rremë**, sepse ai para disa javëve **para Kongresit dhe Senatit nuk ka thënë të vërtetën**, edhe pse është betuar me dorën lart, se do të dëshmoj të vërtetën dhe vetëm të vërtetën.

Kostoja e çdo gënjeshtre, të bërë nga persona të ndryshëm, që thirren të betohen dhe pastaj të dëshmojnë para Kongresit apo Senatit Amerikan (të cilat janë pushtete, që përfaqsojnë popullin apo elektoratin amerikanë) shkon në 5 (pesë) vjet Burg të shëndetshme… dhe sa herë dikush ka gënjyer, kur ka bërë betimin para Kongresit shumezohen me shifren 5…

Këtë fat si privilegj shumë të mirë, pritet ta ketë shumë shpejt edhe virusologu gënjeshtar Anthony Fauci…

Gjithësesi e thënë shkurt dhe saktë, ky do të jetë fillimi i fundit të Lojës së Turpshme të Gjatë Anti Amerikane e luajtur nga shteti dhe aktorët e turpshëm në SHBA, për disa vite me radhë, duke marrë peng vendin dhe Shtëpinë e Bardhë… **Game is over…**

Ngrihen disa akuza abusive për Shkarkimin e Joe Biden

Një lajm i gëzuar e i mirëpritur, po pushton mediat amerikane dhe botërore. *Shumë shpejt në Kongresi fillon proçesi i Shumë Pritur i Shkarkimit të Joe Biden…* për shumë çështje të rëndsishme, si: **korrupsion familjar; tradhti kombëtare mbi tërheqjen skandaloze dhe me viktima të ushtrisë amerikane nga Afganistani**, vrasja në Kabul të 13 marinsave amerikanë dhe plagosja rëndë e 15 të tjerëve; përfitime financiare të jashtëligjshme deri në 10% si Big Guy (**pa patur asnjë bisnens të vetin**); kërcënim dhe shkarkimi i Prokurorit të Përgjithshëm të shtetit të pavarur Ukrainës, për arsyen pse ai po hetonte korrupsion e Kompanisë Gaznxjerrese "**Burisma**", ku djali i Joe Biden "bisnesmeni" Hunter Biden ishte në bordin e drejtimit të tij dhe paguhej pa bërë asnjë punë mbi $80.000 në muaj dhe mbi 3.000,000 në vit; dëshmi të rreme të përsëritura, se *"nuk ka dijeni per bisnesi e djalit te tij Hunter Biden"*, kur në fakt ai ka pozuar në foto të shumta me bordin e kësaj kompanie dhe i ka pritur mbi 80 herë në Shtepinë e Bardhë antarët e kësaj kompanine, kur ai ishte në rolin e zv/Presidentit të SHBA-së.

Nga viti 2008-2023, ai ka fshehur korrupsionin e familjes së tij, në forma të ndryshme dhe tashmë dhe në vecanti **nga viti 2021-2023, ka heshtur, duke nxitur administratën e tij, që të mos hetoj dhe mbuloj sa të jetë e mundur (cover up) familjen dhe djalin e tij Hunter Biden.**

Biden dhe agjentët e sherbimit secret, kanë shfrytëzuar postin qeveritar, për të përhapur lajme të rreme, që më pas kanë ndikuar në rezultatin e zgjedhjeve presidenciale me 3 nëntor 2020 në SHBA. **Kjo është një vepër e pastër kriminale dhe denueshme**, sipas ligjeve federale amerikane. *Nëse korrupsioni i Hunter Biden, do të ishte mbuluar me realizëmnga media, sipas sondazheve del se 70% e amerikanëve nuk do të kishin votuar Joe Biden.*

Lufta absurde e Ukrainën, nuk ka asnjë lidhje me SHBA, sepse ajo nuk është shtet i 51-të i Amerikës, por ajo ndodhet mijëra milje larg nesh, në një kontinent tjetër… Ajo është thjeshtë një çështje e brendshme mes dy shteteve sllavo-ortodokse, në kufi me njeri-tjetrin, që historikisht kanë patur probleme me territorin dhe popullsinë etnike ruse…

Mbatja ndezur e luftës, me para armatime, mercenarë dhe propagandë fallco, po bëhet për të fshehur korrupsionin e familjes së të përfjeturit në këmbë Biden, pra thjeshtë është një konflikt interesave private të së supërkorruptuarJoe Biden-it dhe familjes së tij, brenda Ukrainësdhe jashtë saj, për shumë vite me radhë…

Sikurse mësojmë nga mediat e pavarura, shohim se dëshmitari drejtpërdrejtë do të dëshmoj para Kongresit Amerikan shumë shpejt, nën mbrojtjen e sigurisë nga autoritetet shtetërore mbrojtëse të sigurisë së larte dhe avokatëve të tij, mbasi dëshmitë dhe dokumentet e shumta origjinale, janë shumë serioze dhe sensitive.

Ai ka pranuar, që të dëshmoj direkt dhe hapur para Kongresit, i cili, në këtë rast pasuron edhe me shumë Dosjen e Madhe të faktëve dhe provave origjinale, për të filluar kështu shumë shpejt proçesin final të Shkarkimit të Domosdoshëm të Joe Biden nga Kongresi Amerikan.

Avokatët e tij, u intervistuan nga **Fox News**, në lidhje me deshmitë, qe pritet të ofroi klienti i tyre, të flas hapur para Kongresit Amerikan, për gjithçka, që ai di me fakte dhe prova origjinale, të cilat ai posedon fatmirësisht.

Bankat amerikane, me kërkesën zyrtare të Kongresit Amerikan, fatmirësisht kanë ofruar transferat marramendëse financiare të 9 antarëve apo personave me emër dhe mbiemër të familjes së korruptuar Biden.[213]

Kongresi Amerikan në Capitol Hill në Washington D.C., mbajti një Konferencë të Jashtëzakonshme[214]

Me datën 10 maj 2023, në Capitol Hill në Washington D.C., në një Konferencë të Jashtëzakonshme, pranë Kongresit Anerikan, kongresmenët patriotë republikanë paraqiten LIVE, përmes mediave dhe kanalëve televizive amerikane dhe botërore, për **ngritjen e akuzave direkte të fajësimit të drejtpërdrejtë për ish zv/Presidentin e SHBA-së zotin Joseph Robert Biden Junior, për veprimtari anti Kushtetuese,** gjatë kohës që ai ishte në atë post në Shtëpinë e Bardhë, bashkë me Barock Hysen Obamën (2008-2016), duke i ofruar drejpërdrejtë popullit amerikanë fakte dhe prova të dokumentuara, mbi aktivitetin anti-ligjor të Joe Biden, i cili, ka marrë miliona dollarë nga Qeveria Komuniste e Republikes Popullore të Kines, etj., duke i favarizuar kinezët dhe shtetet e tjera, në dëm të SHBA-së.[215]

Gjithashtu si fillim sa për të hapur oreksin **9 nga 12 antarë të familjes Biden do t'u ngrihen akuza serioze bazuar në dokumente, fakte dhe prova origjinale bankare etj., për korrupsion financiarë,** sepse kanë marrë nga komunistët kinezë etj., miliona dollarë, në shkëmbim të privilegjeve, favoreve politike, ekonomike, financiare etj., gjatë presidencës së deshtuar dhe më të keqe në historinë e SHBA-së të dyshes **Obama-Biden**

---

[213]CORRUPTION Total: + $10.000,000 Banks have filed 170 reports of suspicious activity on Biden's bank transactions 170!!! When banks receive suspicious transfers, they are required to report them to the government. But the government did nothing. Here are the 9 Biden family members ëho received ëire transfers from Chinese/other foreign accounts:

1) **Hunter Biden**
2) **James "Jimmy" Biden**
3) **Sara Biden**
4) **Hallie Biden**
5) **Kathleen Buhle Biden**
6) **Melissa Cohen Biden**
7) **grandchild** (*2 yrs. old*)
8) **grandchild** (*4 yrs. old*)
9) **grandchild**

[214]https://www.youtube.com/watch?v=Ra-ËktksIrM&feature=youtu.be
[215] https://www.youtube.com/watch?v=vB1QE81_ddA

1, 2 në vitet e errëta të vendit **2008-2016**… [216][217][218][219][220][221][222][223][224][225][226][227][228][229]

[216]https://www.youtube.com/watch?v=KëfPpn8RWGs

[217]GOP rep. warns the 'clock is ticking very soon' for Biden. Rep. Nick Langworthy, R- N.Y., discusses the latest in the investigation into Biden family business deals and the Department of Justice's handling of the Hunter Biden probe.
https://www.youtube.com/watch?v=oWO_ZIutZs8

[218]Biden will go down as one of the most corrupt presidents: Rep. Nancy Mace. Rep. Nancy Mace, R-S.C, shreds how officials have investigated the president's son on 'Maria Bartiromo's Wall Street.'
https://www.youtube.com/watch?v=uCC_8z8evXU

[219]Byron Donalds Details Investigations Into President Biden, Says Impeachment Articles Are Coming. At a Town Hall on Wednesday Night, Rep. Byron Donalds (R-FL) spoke about House investigations into the President and provided an update on bringing articles of impeachment against Biden.
https://www.youtube.com/watch?v=MOblDUh_mhw

[220]'Family Grifting Operation': Prof Explains Why The Walls Could Be Closing In On Joe And Hunter Biden. University of Chicago Professor Emeritus Charles Lipson joins "Forbes Newsroom" to discuss his op-ed "Are the walls closing in on ol' Joe?" and the growing legal problems facing President Biden and Hunter Biden.
https://www.youtube.com/watch?v=-54kY4mD8qA

[221]Tucker Carlson Today [Ep. 8] 6/30/23 FULL END SHOW | TRUMP BREAKING NEWS June 30, 2023
https://www.youtube.com/watch?v=NIWCaUEeAcU

[222]More details emerge from Hunter Biden's laptop amid ongoing probe. FOX Business' Cheryl Casone, former Georgia Congressman Doug Collins and Walser Wealth Management President Rebecca Walser discuss the investigations into the Biden family business dealings and the majority of voters wanting the FBI to make Biden's alleged bribery scheme document public.
https://www.youtube.com/watch?v=5wuwiTz_thM

[223]Hunter Biden texts China: 'My father' is sitting here 'waiting for the call'. Rep. Nathaniel Moran, R-Texas, argues that Americans deserve to see 'equal application of the law.' #FOXBusiness
https://www.youtube.com/watch?v=qwC_hkSi3Ao

[224]BREAKING NEWS: Wesley Hunt Drops The Hammer On Hunter Biden At John Durham Hearing. At today's House Judiciary Committee hearing, Rep. Wesley Hunt (R-TX) questioned Special Counsel John Durham about his report on the FBI and the investigations into former President Trump.

230231232233234235236237238239 240241242243244245246247248249

https://www.youtube.com/watch?v=GNMAkgEuLcU
[225]Hunter Biden set to be deposed under oath over laptop lawsuit. Fox News Digital reporter Brooke Singman on Hunter Biden's upcoming deposition over the infamous laptop case. #FoxNews
https://www.youtube.com/watch?v=pkqQSfLQCLI
[226]James Comer: Joe Biden is 'compromised'. Rep. James Comer, R-Ky., reacts to revelations in the Hunter Biden investigation and next steps the House Oversight plans to take on 'Hannity.'
https://www.youtube.com/watch?v=LYS_3bywD8Q
[227]IRS Whistleblowers, Hunter Biden and Merrick Garland | WSJ Opinion. Credible IRS whistleblowers are accusing the Justice Department of blocking investigators in the Hunter Biden probe from following leads that involved President Biden.
https://www.youtube.com/watch?v=dMtmvy6AOeY
[228]IRS whistleblower says he was told not to pursue steps involving President Biden. Gary Shapley, the IRS whistleblower in the Hunter Biden tax investigation, said he feels Biden was given preferential treatment. In an exclusive interview with CBS News Chief Investigative Correspondent Jim Axelrod, he also said that he was told not to pursue steps that could involve investigating President Biden.
https://www.youtube.com/watch?v=8O21paUC3qs
[229]BREAKING NEWS: Marjorie Taylor Greene Rips 'Stupid Charges' Against Hunter Biden, Demands Testimony. In a video released to social media, Rep. Marjorie Taylor Greene (R-GA) speaks to reporters slamming the Hunter Biden charges, calling them insubstantial and ignoring what she calls "Biden crimes."
https://www.youtube.com/watch?v=TXBsFKoj0ds
[230]Kevin McCarthy's Full Reaction to Hunter Biden's Plea Deal. (NBC) Raw video of Rep. McCarthy's comments on Hunter Biden charges and plea deal today.
https://www.youtube.com/watch?v=kOHBzJW0ne8
[231]BREAKING NEWS: Lauren Boebert Introduces Articles Of Impeachment Against Biden On The House Floor. Rep. Lauren Boebert (R-CO) introduced articles of impeachment against President Biden on the House floor.
https://www.youtube.com/watch?v=luGPxSOA1yY
[232]Hunter Biden probe 'leads back' to the president: GOP rep. Rep. Tom Tiffany, R-Wis., unpacks whistleblower testimonies and evidence in the Hunter Biden investigation on 'Mornings with Maria.' #foxbusiness
https://www.youtube.com/watch?v=jMgsssZBcGs
[236]Jesse Watters: Biden lost control. Fox News host Jesse Watters says Presi-

dent Biden has never been asked direct questions about his family finances on 'Jesse Watters Primetime.'
https://www.youtube.com/watch?v=WRxPgngdJ8g

[233]'If Any Of You Did It, You'd Be In Jail': GOP Rep Rips Hunter Biden's 'Sweetheart Deal' From DOJ. At last week's House Judiciary Committee hearing on Oversight, Rep. Jeff Van Drew (R-NJ) slammed the "sweetheart deal" received by Hunter Biden.
https://www.youtube.com/watch?v=2ci7s1iPooI

[234]Hunter Biden's text messages 'biggest piece of new evidence': Byron York. The Washington Examiner's Byron York reveals the piece of evidence that claims to expose President Biden's alleged corruption.
https://www.youtube.com/watch?v=hN32g2lPl-I

[235]House Republicans Release Probe Into Biden Family Finances | Hunter Biden News LIVE | US News LIVE. House Republicans Release Probe Into Biden Family Finances | Hunter Biden News LIVE | US News LIVE
https://www.youtube.com/watch?v=sbhJqOuZo1Y

[237]Blackburn To FBI: Is Your Job To Protect & Shield Joe Biden Or Is It To Protect This Country?
During a Senate Judiciary Committee hearing, Tennessee Senator Marsha Blackburn grilled Deputy Director Paul Abbate over why the FBI is protecting the Bidens and the Clintons.
https://www.youtube.com/watch?v=IytUsR5CqZ8

[238]Jesse Watters: The Biden scandal just got bigger. Fox News host Jesse Watters sounds off on the mainstream media finally covering President Biden's alleged role in his son's business dealings on 'Jesse Watters Primetime.' #foxnews …
https://www.youtube.com/watch?v=X8R_0S1dfgU

[239]Hannity: The walls are closing in on top Biden family syndicate protector. Fox News host Sean Hannity reacts to the latest Biden family business saga and the growing number of IRS whistleblowers in Tuesday's opening monologue. #foxnews#hannity
https://www.youtube.com/watch?v=Pv3LHUz11Ws

[240]Hunter Biden revelations 'becoming worse' with deducted prostitute payments from his taxes. Sky News host Amanda Stoker says the Hunter Biden revelations are "becoming worse", with new reports suggesting he deducted prostitute payments from his tax returns.
https://www.youtube.com/watch?v=mTnfH76q1jg

[241]NY Times reports Dems are 'uncomfortable' with Hunter Biden's public appearances. New York Post political reporter Jon Levine joins 'America's Newsroom' to discuss the newly revealed Hunter Biden messages.

#FoxNews
https://www.youtube.com/watch?v=ixycHlx61RQ
242This is an inferno and an obvious cover-up: Rantz. Seattle radio host Jason Rantz joined 'The Faulkner Focus' to discuss new bombshell Hunter Biden texts and the Republican-led push to garner additional information on the origins of COVID. #FoxNews
https://www.youtube.com/watch?v=9SH2cPGEvH0
243Evidence of Biden's involvement with Hunter deals 'very powerful': Tom Fitton. Judicial Watch President Tom Fitton discusses the investigation into the Biden family business deals and the new information revealed by the IRS whistleblower. #foxbusiness
https://www.youtube.com/watch?v=xxgAnWHjxB0
244Americans need to realize how 'absolutely corrupt' this was: Compagno. 'Outnumbered' panelists discuss the latest updates in the Hunter Biden investigation as the first son is set to be deposed in a civil defamation case brought by John Paul Mac Isaac. #FoxNews
https://www.youtube.com/watch?v=SXGGqoChJVU
245How 'compromised' is Biden on a 1-10 scale? Former DNI John Ratcliffe gives off-the-charts estimate on just how 'compromised' President Biden could be on 'The Ingraham Angle.' #foxnews#ingraham
https://www.youtube.com/watch?v=RFKwQ5EPfQ0
246Hunter Biden reportedly omitted from White House visitor logs. Rep. Mark Alford, R-Mo., joined 'Fox & Friends First' to discuss his concerns surrounding the Biden family investigation and why he believes the president is 'compromised.' #FoxNews
https://www.youtube.com/watch?v=TRKBD0c8xdo
247Trump Reads Alleged Message Between Hunter Biden & Chinese Business Contact At Pickens, SC, Rally. At his rally in Pickens, South Carolina, yesterday, former President Trump continued to attack President Biden and his son Hunter Biden, alleging corruption and bribery, which has become a major Republican attack on President Biden going into the 2024 presidential election.
https://www.youtube.com/watch?v=plClRuUUATA
248IRS Whistleblower CONFIRMS David Weiss Had NO AUTHORITY to Charge Hunter. The Biden Crime Family IRS Whistleblower confirms that David Weiss told others he had no authority to charge Hunter Biden outside of specific instances. The New York Times corrobates the story and Congress weighs in. Jun 29, 2023 #BidenCrimeFamily#HunterBiden#BidenCoverup
https://www.youtube.com/watch?v=hPGkMpO0p-4
249House DEMANDS Hunter's Suspicious Activity Reports (SARs) from

RAPORTI I JOHN DURHAM, KORRUPSIONI
APO HISTORIA E SKANDALËVE TË FBI DHE REFORMIMI I SAJ
SI DETYRË KRYESORE PËR KONGRESIN SOT

John Henry Durham (1950), është një avokat amerikan, që shërbeu si Prokurori i Shteteve të Bashkuara për Distriktin e Konektikatit (D. Conn.) në vitet 2018-2021. Deri në prill 2019, administrata Trump e caktoi atë të hetonte origjinën e hetimit të Byrosë Federale të Hetimit (FBI) për ndërhyrjen ruse në zgjedhjet e vitit 2016 në SHBA, dhe në tetor 2020 ai u emërua këshilltar special për Departamentin e Drejtësisë për këtë çështje.[250]

Ai ka shërbyer më parë si ndihmës avokat i SHBA-së në pozicione të ndryshme në **Distrikt Columbia** për 35 vjet. Ai njihet për rolin e tij si prokuror special në shkatërrimin e kasetave të marrjes në pyetje në vitin 2005 të krijuar nga Agjencia Qendrore e Inteligjencës (CIA), gjatë së cilës ai vendosi të mos ngrejë asnjë akuzë penale në lidhje me shkatërrimin e kasetave të torturës në një objekt të CIA-s.

Deri në prill 2019, Prokurori i Përgjithshëm i SHBA-së, **William Barr**,[251]

Treasury Secretary Janet Yellen. House GOP demands that Secretary of Treasury Janet Yellen deliver Suspicious Activity Reports related to Hunter Biden to the Oversight Committee. Rep. James Comer explains the request and Former DNI John Ratcliffe explains Biden's compromised position. https://www.youtube.com/watch?v=A7TZEEmQ1ZY

[250]JUST IN: John Durham Testifies To Congress On FBI's Trump-Russia Probe — Part 1. **Special Counsel John Durham testifies about his report on the FBI's handling of an investigation into former President Trump and Russia investigation to the House Judiciary Committee.** https://www.youtube.com/watch?v=I4qOkbVTxV8

[251]**William Pelham Barr (New York City, 1950)**, është një avokat amerikan, që shërbeu si Prokurori i Përgjithshëm i 77-të dhe 85-të i Shteteve të Bashkuara, në administratat e Presidentëve George H. W. Bush dhe Donald J. Trump. Ai u arsimua në Shkollën Horace Mann, Universitetin e Kolumbisë dhe Shkollën Juridike të Universitetit George Washington. Në vitet 1971-1977, Barr ishte i punësuar në Agjencinë Qendrore të Inteligjencës dhe më pas si nëpunës ligjor, për të gjykuar Malcolm Richard Wilkey të Gjykatës së Apelit të Shteteve të Bashkuara për Qarkun e Distriktit të Kolumbisë. Në vitet 1980, Barr punoi për firmën ligjore Shaw, Pittman, Potts & Trowbridge,

kishte ngarkuar John Durham-in të mbikëqyrte një rishikim të origjinës së hetimit të Rusisë dhe të përcaktonte nëse mbledhja e inteligjencës, që përfshinte fushatën e Trump ishte **e ligjshme dhe e përshtatshme.**[252][253][254][255][256]

---

me një punë 11-vjeçare në Shtëpinë e Bardhë të administratës së Presidentit republican Ronald Reganit, ku u trajtoi politikat ligjore. Ai mbajti shumë poste të tjera brenda Departamentit të Drejtësisë, duke përfshirë udhëheqjen e Zyrës së Këshillit Ligjor (OLC) dhe shërbimin si zv/Prokuror i Përgjithshëm. Në vitet 1994-2008, ai bëri punë ligjore korporative për GTE dhe kompaninë pasardhëse të saj Verizon Communications, gjë që e bëri atë një multimilioner. Në vitet 2009-2018, Barr shërbeu në bordin e drejtorëve për Time Warner. Në vitin 1989, Barr, si kreu i OLC, justifikoi pushtimin e Panamasë nga SHBA, për të arrestuar Manuel Noriega dhe si zv/Prokuror i Përgjithshëm, Barr autorizoi një operacion të FBI-së në vitin 1991, i cili liroi pengjet në burgun federal Talladega. Nën këshillën e Barr, Presidenti George H. W. Bush në vitin 1992, fali gjashtë zyrtarë të përfshirë në çështjen Iran-Contra. W. Barr, u bë Prokuror i Përgjithshëm për herë të dytë në vitin 2019. Më 1 dhjetor 2020, Barr deklaroi se hetimet e FBI-së dhe Departamentit të Drejtësisë nuk gjetën prova të parregullsive, që do të kishin ndryshuar rezultatin e zgjedhjeve presidenciale. Barr është personi i dytë që ka shërbyer ndonjëherë në dy mandate jo të njëpasnjëshme si Prokuror i Përgjithshëm i SHBA-së, pas John J. Crittenden.

[252]MUST WATCH: **Congressman Matt Gaetz GRILLS Special Counsel John Durham!**Premiered Jun 21, 2023
https://www.youtube.com/watch?v=nCVV_CF25MU

[253]'The Five': **The Durham report is an 'enormous embarrassment' for the FBI**
'The Five' co-hosts discuss Special Counsel John Durham's report on the Trump-Russia probe, saying the investigation never should have been launched. #foxnews#fox#thefive
https://www.youtube.com/watch?v=nX6llEdD5Ms

[254]Durham report shows Congress must leverage 'power of the purse' against FBI: Jordan. Rep. Jim Jordan tells 'Hannity' that agency appropriations are 'the only leverage we have' for reform. #foxnews#hannity
https://www.youtube.com/watch?v=Zz3JlkLQYJY

[255]Durham Report Exposes Corporate Media as "Russia Collusion" Frauds, with Fifth Column Hosts. May 16, 2023 The Megyn Kelly Show | The Fifth Column Podcast
Megyn Kelly is joined by the Fifth Column podcast hosts, Kmele Foster, Michael Moynihan, and Matt Welch, to talk about the Durham report revealing that the corruption of the FBI, how there's no accountability for the cor-

Ish-Prokurori i Përgjithshëm i SHBA-së Barr, zbuloi në dhjetor 2020, se ai e kishte ngritur statusin e Durham, në **Këshilltar Specialnë muajin tetor 2020**, duke siguruar, që hetimi i këshilltarit special të Durhamit mund të vazhdonte pas përfundimit të administratës Trump.

Pas 31 vitesh dhe dy muaj hetime dhe ndjekjesh penale, Durham, kishte siguruar një pranim fajësie dhe një dënim me kusht për një akuzë që nuk kishte lidhje me origjinën e hetimit të Rusisë, dhe dy procedime të pasuksesshme gjyqësore. *Durham pretendoi në dy gjyqet se FBI ishte mashtruar nga të pandehurit.*

John Durham, ka lindur në Boston, Massachusetts. Ai fitoi një diplomë Bachelor të Arteve nga Universiteti Colgate në 1972 dhe një Doktor Juris nga Shkolla e Drejtësisë e Universitetit të Connecticut në 1975.

Pas diplomimit, ai ishte vullnetar i **Vista** për dy vjet (1975–1977) në Rezervimin Indian Crow në Montana. Pas punës vullnetare të Durham, ai u bë Prokuror i Përgjithshëm i shtetit në Konektikat.

Në vitet 1977-1978, ai shërbeu si zv/Ndihmës Prokuror i Shtetit në Zyrën e Kryeprokurorit të Shtetit, ndërsa në vitet 1978-1982, Durham shërbeu si Ndihmës Prokuror i Shtetit, në Zyrën e Prokurorit të Shtetit të New Haven.

Pas këtyre pesë viteve si prokuror shteti, **Durham u bë Prokuror Federal**, duke iu bashkuar Zyrës së Prokurorit të SHBA-së, për Distriktin e Konektikatit. Në vitet **1982-1989**, ai shërbeu si avokat dhe më pas mbikëqyrës në Zyrën Fushore të New Haven të Forcave Greva të Bostonit, në Seksionin e Departamentit të Drejtësisë, për Krimin e Organizuar dhe Reketim.

Sërisht në vitet 1989-1994, ai shërbeu si Shef i Divizionit Penal të Zyrës, ndërsa në vitet 1994-2008, ai shërbeu sizv/Prokurori i SHBA-së dhe shërbeu në detyrën e përkohshme në vitet 1997-1998.

Në dhjetor 2000, Durham **zbuloi dokumente sekretetë** Byrosë Federale të Hetimit (**FBI**), që bindën një gjykatës të lironte dënimet për vrasjen

---

porate media's Russia collusion lies, Hillary Clinton's role in all of this, how liberals are blaming the right instead of accepting the findings of the report, and more.
https://www.youtube.com/watch?v=ksfItdP8v7Y
[256]Tulsi Gabbard Exposes The Durham Report | PBD Podcast | Episode 271. PBD Podcast Episode 271. In this episode, Patrick Bet-David is joined by Tulsi Gabbard and Adam Sosnick.
https://www.youtube.com/watch?v=FGXVacT887E

e 1968 të *Enrico Tameleo, Joseph Salvati, Peter J. Limone dhe Louis Greco*, sepse ato ishin përshtatur nga agjencia.

Në vitin 2007, dokumentet ndihmuan Salvatin, Limone dhe familjet e dy burrave të tjerë, të cilët kishin vdekur në burg, të fitonin një vendim civil prej 101.7 milionë dollarësh kundër qeverisë.

Në vitin 2008, Durham drejtoi një hetim mbi pretendimet se agjentët e FBI-së dhe Policia e Bostonit, kishin lidhje me mafian. Ai gjithashtu udhëhoqi një seri ndjekjesh të profilit të lartë në Konektikat, *kundër Mafies së New England dhe politikanëve të korruptuar, duke përfshirë ish-guvernatorin John G. Rowland.*

Në vitet 2008-2012, John Durham shërbeu si ushtrues detyre i Prokurorit të SHBA-së, për Distriktin Lindor të Virxhinias, ndërsa **më 1 nëntor 2017**, *ai u emërua nga Presidenti Donald J. Trump për të shërbyer si Prokurori i SHBA-së për Connecticut.* Më 16 shkurt 2018, emërimi i tij u konfirmua me votim zanor të Senatit. Ai u betua më 22 shkurt 2018.

Në maj 2019, William Barr zgjodhi Durhamin, për të udhëhequr **një hetim mbi origjinën e hetimit të Uraganit Crossfire (***Crossfire Hurricane***) të FBI-së** dhe hetimin e këshilltarit special të Mueller.

Më 19 tetor 2020, *Barr caktoi Këshilltarin Special të Durhamit, për të udhëhequr hetimin e këshilltarit special* të Durhamit, në një përpjekje për të siguruar, që hetimi të vazhdonte pas përfundimit të administratës Trump.

Durham dha dorëheqjen si prokuror i SHBA-së në fuqi më 28 shkurt 2021. Ai ishte një nga 56 avokatët e mbetur të emëruar nga Trump, Presidentit të SHBA-së, Joe Biden, që iu kërkua të jepte dorëheqjen në shkurt 2021. **Ai mbetet Këshilltar Special, që nga janari 2023.**

Emërimet si hetues special dhe rasti Whitey Bulger

Mes akuzave se informatorët e FBI-së James "Whitey" Bulger dhe Stephen "The Rifleman" Flemmi kishin korruptuar drejtuesit e tyre, Prokurorja e Përgjithshme e SHBA-së Janet Reno, emëroi **Durham-in siProkuror special në vitin 1999**. Ai mbikëqyri një grup pune të agjentëve të FBI-së të sjellë nga zyra të tjera, për të hetuar Trajtimi i informatorëve nga zyra e Boston-it.

Në vitin 2002, Durham ndihmoi në sigurimin e dënimit të agjentit të pensionuar të FBI-së, John J. Connolly Jr., i cili u dënua me 10 vjet burg për akuzat federale, të shantazhit për mbrojtjen e Bulger dhe Flemmit nga ndjekja penale dhe paralajmërimin e Bulger, që të ikte pak përpara aktakuzës së gangsterit në vitin 1995.

Grupi i punës i Durham-it, gjithashtu mblodhi prova kundër agjentit të pensionuar të FBI-së H. Paul Rico, i cili, u padit në Oklahoma me akuzat shtetërore, se ai ndihmoi Bulger dhe Flemmi të vrisnin një biznesmen Tulsa në 1981. Rico vdiq në 2004, përpara se çështja të shkonte në gjyq.

Në vitin 2008, Durham u emërua nga Prokurori i Përgjithshëm *Michael Mukasey*, për të hetuar shkatërrimin e video kasetave të CIA-s, të marrjes në pyetje të të burgosurve.

Më 8 nëntor 2010, Durham mbylli hetimin, pa rekomanduar ngritjen e ndonjë padie penale. Raporti përfundimtar i Durham-it mbetet sekret, por ishte objekt i një padie të pasuksesshme sipas Aktit të Lirisë së Informacionit, të paraqitur nga gazetari i The New York Times, Charlie Savage.

Në gusht 2009, Prokurori i Përgjithshëm *Eric Holder*, caktoi Durhamin për të udhëhequr hetimin e Departamentit të Drejtësisë, për ligjshmërinë e përdorimit të CIA-s, të të ashtuquajturave *"teknika të përmirësuara të marrjes në pyetje"*, në torturimin e të burgosurve.

Mandati i Durham, ishte të shikonte vetëm ato marrje në pyetje, që kishin shkuar *"përtej udhëzimeve të sanksionuara zyrtarisht"*, me Holder, duke thënë *se hetuesit që kishin vepruar me "mirëbesim"*, bazuar në udhëzimet e gjetura në Memorandumet e Torturës, të lëshuara nga Departamenti i Drejtësisë së Bushit,*nuk duhet të të ndiqet penalisht.*

Më vonë, në vitin 2009, profesori i drejtësisë i Universitetit të Toledos, *Benjamin G. Davis,* mori pjesë në një Konferencë, ku ish-zyrtarët e administratës së Bushit u kishin treguar pjesëmarrësve të konferencës histori tronditëse dhe rrëfime për paligjshmërinë nga ana e zyrtarëve më të lartë të Bushit. Davis i shkroi një apel ish-zyrtarëve të administratës **George W. Bush**, që t'i çonin llogaritë e tyre të paligjshmërisë drejtpërdrejt në Durham.

Një hetim penal, për vdekjen e dy të arrestuarve, Gul Rahman në Afganistan dhe Manadel al-Jamadi në Irak, u hap në vitin 2011. Ai u mbyll në vitin 2012 pa u ngritur asnjë akuzë.

Këshilltar Special, për të shqyrtuar origjinën
e hetimit Trump-Rusi-Crossfire Hurricane

Duke filluar nga viti 2017, Trump dhe aleatët e tij treguan të vërtetën, mbi hetimin me tendenca të njëanshme të FBI-së (i njohur si **Uragani Crossfire**), për kontaktet e mundshme midis bashkëpunëtorëve të tij dhe zyrtarëve rusë (*që çoi në hetimin e Mueller*) **ishte një mashtrim ose gjueti shtrigash**, që ishte nisur pa bazë nga armiqtë e tij politikë.

Dhe kjo histori e sajuar, u vërtetua nga Raporti Final prej 300 faqesh, i përpiluar nga John Durham, gjatë përfundimit të hetimeve dhe u publikua për popullin amerikan dhe mediat amerikane në muajin maj 2023. Sot ky **Raport i plotë**, fatmirësisht ndodhet edhe online dhe mund të lexohet shumë lehtë nga të gjithë të interesuarit.

Në prill 2019, Prokurori i Përgjithshëm William Barr, njoftoi se ai kishte nisur një rishikim të origjinës së hetimit të FBI-së, për ndërhyrjen ruse në zgjedhjet e Shteteve të Bashkuara të vitit 2016 dhe u raportua në maj se ai kishte caktuar Durham, për të udhëhequr disa javë më parë.

Durham-it, iu dha autoriteti *për të ekzaminuar gjerësisht mbledhjen e inteligjencës së qeverisë, që përfshin ndërveprimet e fushatës së Trump me rusët*, duke shqyrtuar dokumentet e qeverisë dhe duke kërkuar deklarata vullnetare të dëshmitarëve.

Në dhjetor 2020, Barr i zbuloi Kongresit se ai kishte emëruar Durham, për të udhëhequr hetimin e **Këshilltarit Special** të Durhamit më 19 tetor. Ai qëndroi në këtë cilësi, pasi dha dorëheqjen si Prokuror i SHBA-së.

Më 15 maj 2023, Durham publikoi "**Raportin mbi çështjet, që lidhen me aktivitetet e inteligjencës dhe hetimet, që dolën nga Fushatat Presidenciale 2016**" (i njohur ndryshe si Raporti i Durhamit).

Raporti, ishte shumë kritik ndaj FBI-së dhe arriti në përfundimin, se: "**FBI, nuk duhet të kishte nisur kurrë një hetim të plotë, mbi lidhjet midis fushatës së Donald J. Trump dhe Rusisë, gjatë zgjedhjeve të 2016.**"

Raporti në fjalë, gjithashtu thoshte, se: "**FBI, përdori të papërpunuara, të paanalizuara, dhe inteligjencë të pakonfirmuar**", për të nisur hetimin: "*Crossfire Hurricane" ndaj Trump dhe Rusisë, por* **përdori një standard tjetër**, *kur peshonte shqetësimet, për ndërhyrjet e supozuara në zgjedhje, në lidhje me fushatën e Hillary Clinton.*"

Në vitin 2011, Durham u përfshi në listën e **The New Republic**, të njerëzve më të fuqishëm dhe më pak të famshëm të Washington-it.

Në vitin 2004, Durham u dekorua me **Çmimin e Prokurorit të Përgjithshëm, për Shërbimin e Jashtëzakonshëm dhe**, në vitin 2012, *dhe me*Çmimin e Prokurorit të Përgjithshëm, për Shërbimin e Shquar.

Hetimi i këshilltarit special të Durham filloi në vitin 2019 kur Departamenti i Drejtësisë i SHBA-së, caktoi **prokurorin federal John Durham**, për të rishikuar origjinën e një hetimi të FBI-së, për ndërhyrjen ruse në zgjedhjet e 2016-ës në Shtetet e Bashkuara.

Gjithashtu Durhamit, iu dha autoriteti për *"ekzaminimin e gjerë të mbledhjes së inteligjencës së qeverisë, që përfshin ndërveprimet e fushatës së Trump me rusët"*, rishikimin e dokumenteve qeveritare dhe kërkimin e deklaratave vullnetare të dëshmitarëve.

Në dhjetor të vitit2020, Prokurori i Përgjithshëm William Barr, njoftoi se ai kishte emëruar Durham si një *Këshilltar Special*, duke e lejuar atë të vazhdojë hetimin, pas përfundimit të administratës së presidentit Donald J. Trump.

Hetimi i Durham, u bazua në pretendimet e drejta të Presidentit Donald J. Trump dhe aleatëve të tij, duke filluar në vitin 2017 se hetimi i Rusisë, i koduar Uragani Crossfire *"ka të ngjarë të rrjedhë nga një komplot nga inteligjenca ose agjencitë e zbatimit të ligjit"*.

"Hetimi" fallco apo gjuetia politike e shtrigave, i nxitur nga komunistët amerikanë në Kongres dhe Senat, kishte gjetur shumë lidhje të dyshimta midis bashkëpunëtorëve të Trump-it dhe zyrtarëve dhe spiunëve rusë dhe çoi në hetimin e Mueller. Me të drejtë asokohe dhe sot Presidenti Trump, tha se hetimi ishte **pjesë e një komploti të thellë shtetëror dhe një mashtrim ose gjueti shtrigash,** që u iniciua nga armiqtë e tij politikë.

Më 15 maj 2023, raporti i fundit i paklasifikuar me 306 faqe dhe 1753 fusnota i John Durham doli publikisht

Durham, tha se kishte pasur parashikime të pamjaftueshme, për të hapur menjëherë një hetim të plotë dhe jo një hetim paraprak. *Raporti arriti në përfundimin se* **FBI, kishte treguar njëanshmëri konfirmimi dhe një mungesë rigoroziteti analitik.** Ai nga ana e tjetër rekomandoi, që FBI të krijojë *"një pozicion për një agjent ose avokat të FBI-së, për të siguruar mbikëqyrjen e hetimeve të ndjeshme të nisur nga motivet politikisht, në kundërshtim me statusin e saj aplotik"*.

Më 24 tetor 2019, u raportua se ajo që kishte qenë një rishikim i hetimit të Rusisë, ishte tani një hetim penal, për këtë çështje me arsye të pastra politike. Departamenti i Drejtësisë, tani mund të përdorë fuqinë e thirrjes si për dëshmitë e dëshmitarëve ashtu edhe për dokumentet.

Hetuesi Special Durham, kishte gjithashtu në dispozicion të tij fuqinë për të mbledhur një juri të madhe dhe për të ngritur padi penale, nëse ishte e nevojshme.**Pikërisht, kjo ishte pika më e dobët e Raportit të tij, sepse nuk shpallalli fajtor asnjë shkelës të ligjit, gjë që tregon se Raporti apo Hetimi i tij Special, ishte thjeshtë formal, me pamje konstatues dhe**

këshillues dhe jo vënien përpara dejtësisë të shkelësve me paramendim të ligjit dhe fabrikime të gnjështrave ndaj Presidentit Donald J. Trump, duke ulur poshtë reputacionin e tij, me trillime të turpshme nga ana e njerëzve më të ndyer dhe korruptuar, në radhët e shërbimit më të lartë policor, të agjencisë **speciale federaleamerikane…**

Durham, lëshoi një deklaratë duke thënë: *"Ne nuk pajtohemi me disa nga konkluzionet e Raportit (Robert Muller), në lidhje me predikimin dhe mënyrën se si u hap çështja e FBI-së."*

Në dhjetor 2019 se Durham po shqyrtonte rolin e **ish-drejtorit të CIA-s John Brennan**, në vlerësimin e ndërhyrjes ruse në vitin 2016, duke kërkuar email, regjistrat e thirrjeve dhe dokumente të tjera. Brennan, kishte qenë njeriu më i zëshëm në krijimin e i një komploti të miroganizuar kundër Presidentit Trump. Për çudinë e të gjithëve nga Durham, ai si skenaristi kryesor i gjithë kësaj historie të turpshme, nuk u vu para drejtësisë amerikane.

Media asokohe raportonte, se Durham po shqyrtonte në mënyrë specifike pikëpamjet e Brennan, për **Dosjen e Steele** dhe atë që ai i tha në lidhje me të FBI-së dhe agjencive të tjera të inteligjencës. Brennan dhe **ish-drejtori i Inteligjencës Kombëtare James Clapper,**kishin dëshmuar në Kongres se CIA dhe agjencitë e tjera të inteligjencës,*nuk u mbështetën në dosje në përgatitjen e vlerësimit të komunitetit të inteligjencës në janar 2017,për ndërhyrjen ruse* dhe aleatët e Brennan thanë se ai nuk ishte dakord me pikëpamjen e FBI-së së dosjes duhet t'i jepet një peshë e konsiderueshme, pasi CIA e karakterizoi atë si thashetheme në internet.

Në shkurt të vitit2020, Durham po shqyrtonte mundsinë,*nëse zyrtarët e komunitetit të inteligjencës, dhe veçanërisht Brennan, kishin fshehur ose manipuluar prova të ndërhyrjes ruse për të arritur një rezultat të dëshiruar.* E ato agjentë të mirëfilltë politikë, që punonin hapur për kandidatin demokrat Hillary Clinton, në fakt i kishin fshehur të vërtetat me paramendim, sepse e kanë ditur qysh në fillim, se nuk ka bashkëpunim të Presidentit Trump dhe ekipit të tij të fushatës elektorale me rusët, per zgjedhjet presidenciale të vitit 2016, por ajo ishte një sajesë e fëlliqur e fushatës elektorale të komunistëve ameirkanë të zonjës Clinton dhe agjentëve të korruptuar të FBI, që ishin isntaluar në kampin elektoral komunist me emrin e çuditshëm të partisë "demokrate".

Po atë vit,në muajin shtator 2020, Durham, **kishte kërkuar gjithashtu dokumente dhe intervista në lidhje** *me mënyrën se si FBI trajtoi një hetim ndaj Fondacionit Clinton.*

Tre vjet me vonë, më 12 maj 2023, Durham,gjithashtu i *paraqiti Prokurorit të Përgjithshëm Merrick Garland një raport të paklasifikuar prej 306 faqesh, për publikim dhe një shtojcë të klasifikuar prej 29 faqesh.* Raporti u nxor publikisht më 15 maj, pa komente thelbësore apo redaktime nga Garland.

Durham,po ashtu tregoi hapur, se FBI e hapi hetimin bazuar në **"inteligjencën e papërpunuar, të pa analizuar dhe të pavërtetuar"**. Ai, pranoi se *hetuesit nuk e kishin dosjen, deri disa javë pas hapjes së hetimit.*

Ai tha gjithashtu, se dështimi i FBI-së *"për të analizuar në mënyrë kritike informacionin, që binte ndesh me narrativën e një marrëdhënieje të fshehtë Trump-Rusi, gjatë Uraganit Crossfire, është jashtëzakonisht i mundimshëm dhe shkaktoi dëm të rëndë reputacionin"* në byro. E rëndësishme është të theksohet, se **Durham,** tha se **fushata e Hillary Clinton, kishte ndihmuar drejtpërdrejtë, në nxitjen e një hetimi fallco dhe fanatike të FBI-së për kandidatin republikan presidencial Donald J. Trump.**

Durham, tha se FBI, ishte e justifikuar për hapjen e një **"vlerësimi paraprak ose më së shumti një hetim paraprak dhe se nuk duhet të kishin shkuar aq larg, sa të hapnin një hetim absurd të plotë, nëse individët e lidhur me fushatën e Trump po koordinoheshin me qeverinë ruse"**.

Raporti i Durham-it, deklaroi se DD dhe FBI **"dështuan të mbështesin misionin e tyre të rëndësishëm, të besnikërisë së rreptë ndaj ligjit"**.

Ish kongresmeni republikan John Ratcliffe,[257] si Drejtor i Inteli-

---

[257]**John Lee Ratcliffe (1965)**, është një politikan dhe avokat amerikan, që shërbeu si Drejtor i Inteligjencës Kombëtare në vitet 2020-2021. Më parë ai shërbeu si përfaqësues i SHBA-së, për distriktin e 4-të të Teksasit në vitet 2015-2020. Ratcliffe shërbeu gjithashtu si kryebashkiak i Heath, Teksas, në vitet 2004-2012 dhe si ushtrues detyre i Prokurorit të Shteteve të Bashkuara për Distriktin Lindor të Teksasit në vitet 2007-2008. Presidenti Donald J. Trump, njoftoi më 28 korrik 2019, se ai synonte të emëronte Ratcliffe për të zëvendësuar Dan Coats si Drejtor i Inteligjencës Kombëtare. Më 28 shkurt 2020, Presidenti Trump njoftoi se do të emëronte sërish Ratcliffe si Drejtor të Inteligjencës Kombëtare, dhe pas miratimit të Senatit, ai dha dorëheqjen nga Dhoma, dhe u betua më 26 maj. I lindur në Mount Prospect, Illinois, në veriperëndim të Çikagos, Ratcliffe ishte më i vogli nga gjashtë fëmijët; të dy prindërit e tij ishin mësues. Ai u diplomua në shkollën e mesme të komunitetit Carbondale në Carbondale, Illinois; nga Universiteti i Notre Dame në vitin 1987 me një Bachelor të Arteve në Qeveri dhe Studime Ndërkombëtare; dhe Shkolla e Drejtësisë e Universitetit Metodist Jugor (tani Shkolla Juridike Dedman) me një Doktor Juristi në vitin 1989. Pas mbarimit të shkollës juridike, Ratcliffe ishte një avokat private. Ratcliffe u zgjodh në katër mandate

radhazi 2-vjeçare si kryebashkiak i Heath, Teksas, një qytet me rreth 7000 banorë, 25 milje në lindje të qendrës së Dallasit. Ai shërbeu në atë detyrë në vitet 2004-2012. Në vitin 2009, Ratcliffe u bë partner me ish-Prokurorin e Përgjithshëm John Ashcroft, në firmën ligjore Ashcroft, Sutton, Ratcliffe. Në fund të vitit 2013, Ratcliffe njoftoi se do të kandidonte në zgjedhjet paraprake republikane kundër kongresmenit aktual me 17 mandate Ralph Hall të distriktit të 4-të. Në moshën 91-vjeçare, Hall ishte anëtari më i vjetër i Kongresit dhe personi më i vjetër që ka shërbyer ndonjëherë në Dhomën e Përfaqësuesve. Asnjë demokrat nuk u paraqit, që do të thotë se kushdo që fitonte zgjedhjet paraprake do të ishte i sigurt për fitoren në nëntor. Ratcliffe mposhti Hall me 53 për qind të votave, hera e parë në 20 vjet, që një kongresmen republikan në Teksas ishte rrëzuar në zgjedhje paraprake. Ratcliffe, ishte një nga katër kandidatët, për të mposhtur një përfaqësues aktual aktual të SHBA-së, në zgjedhjet paraprake në 2014. Në zgjedhjet e përgjithshme të nëntorit 2014, Ratcliffe kandidoi pa kundërshtar. Më 1 mars 2016, Ratcliffe mundi lehtësisht dy sfidues në zgjedhjet paraprake republikane, duke marrë 68 përqind të votave, 47 pikë përqindje përpara vendit të dytë. Edhe një herë, asnjë demokrat nuk u paraqit për të kandiduar në zgjedhjet e përgjithshme të nëntorit, ku ai fitoi me 88% të votave. Më 6 nëntor 2018, Ratcliffe fitoi rizgjedhjen për një mandat të tretë me gati 76 për qind të votave, duke mposhtur sfiduesin demokrat Catherine Krantz dhe sfiduesin libertarian Ken Ashby. Në një seancë dëgjimore të Shtatorit 2016 të Komitetit Gjyqësor të Dhomës së Përfaqësuesve, Ratcliffe pyeti drejtorin e atëhershëm të FBI-së, James Comey, nëse vendimi i FBI-së për të mos rekomanduar akuza penale kundër Hillary Clinton-it, në lidhje me polemikën e email-it erdhi para ose pasi Clinton u intervistua nga hetimet; Comey u përgjigj se vendimi përfundimtar ishte marrë pas intervistave. Me të drejtë **Ratcliffe sugjeroi më pas, se FBI kishte paracaktuar rezultatin e hetimit. Në një postim në mars 2019,** *Ratcliffe pohoi, se ish-avokatja e FBI-së Lisa Page, i kishte konfirmuar nën betim se Departamenti i Drejtësisë së Obamës, kishte urdhëruar FBI-në të mos merrte në konsideratë akuzat për neglizhencë të rëndë kundër Hillary Clinton-it, në lidhje me trajtimin e saj të materialeve të klasifikuara. Megjithatë, raporti i inspektorit të përgjithshëm të DD-së në qershor 2018 për këtë çështje thoshte se analiza e DD-së për statutin përkatës, zbuloi se provat e FBI-së për një akuzë të tillë mungonin dhe se interpretimi ishte në përputhje me "rastet e mëparshme nën udhëheqje të ndryshme, duke përfshirë vendimin e vitit 2008, për të mos ndjekur penalisht ish-Prokurorin e Përgjithshëm Alberto Gonzales për keqpërdorim të dokumenteve të klasifikuara."* Analistët vunë në dukje gjithashtu se FBI nuk akuzon individë, përkundrazi DD-ja e bën, siç i sqaroi Page Ratcliffe më vonë në dëshminë e saj, por që Ratcliffe nuk e përmendi në tweet-in e tij. Fox News raportoi gjerë-

gjencës Kombëtare, gjatë administratës Trump, *lëshoi disa nga shënimet e shkruara me dorë të Brennan nga konferenca dhe deklaroi publikisht, se Komuniteti i Inteligjencës nuk ishte në gjendje të vërtetonte, se Rusia e dinte në të vërtetë se kishte një plan të tillë të zonjës Clintonit dhe nuk e dinte nëse ishtin të fabrikuara.*

Durham, tha se FBI ishte më e respektueshme ndaj Clinton-it, sesa ndaj Trump-it, duke hapur një hetim paraprak dhe jo të plotë ndaj Clinton-it. Ky hetim paraprak i vitit 2016, u hap në bazë të informacionit nga libri **"Clinton Cash"**, shkruar nga **Peter Schweizer**, një redaktor i lartë i organizatës mediatike të **Breitbart News**. *Libri në fjalë, tregon me fakte se fuqitë e*

---

sisht rrëfimin e Ratcliffe për këtë çështje, të cilin Trump e postoi në Twitter rreth disa minuta më vonë. Gjatë Kongresit të 114-të (**2015–2017**), Ratcliffe u ul në komitetet e Gjyqësorit dhe të Sigurisë Kombëtare, ku ai ishte kryetar i nënkomisionit në Nënkomitetin e Sigurisë Kombëtare të Dhomës për Sigurinë Kibernetike, Mbrojtjen e Infrastrukturës dhe Teknologjitë e Sigurisë. Gjatë Kongresit të 115-të (**2017–2019**), Ratcliffe ishte anëtar i komiteteve të Etikës, Gjyqësorit dhe Sigurisë Kombëtare, brenda Komitetit të Sigurisë Kombëtare, ai ishte anëtar i nënkomitetit për Mbikëqyrjen dhe Efikasitetin e Menaxhimit dhe kryesoi nënkomitetin për Sigurinë Kibernetike dhe Mbrojtjen e Infrastrukturës. Në kuadër të Komisionit Gjyqësor, ai ishte anëtar i Nënkomitetit për Krim, Terrorizëm, Siguri Kombëtare dhe Hetime dhe nënkryetar i Nënkomisionit për Reformën Rregullative, Ligjin Tregtar dhe Antitrust. Gjatë Kongresit të 116-të (**2019**), Ratcliffe u ul në Komitetet e Etikës, Gjyqësorit dhe Inteligjencës, brenda Komitetit Gjyqësor, Ratcliffe ishte anëtari më i lartë i Nënkomitetit për Krimin, Terrorizmin dhe Sigurinë Kombëtare dhe anëtar i Nënkomitetit për Gjykatat, Pronësinë Intelektuale dhe Internetin, brenda Komitetit të Inteligjencës, Ratcliffe ishte anëtar i Nënkomitetit të Teknologjive Strategjike dhe Kërkimit të Avancuar dhe Nënkomitetit për Gatishmërinë e Inteligjencës dhe Modernizimit. Ratcliffe është i njohur për kritikat e FBI-së dhe hetimit të këshilltarit special si të njëanshëm kundër Trump. Ratcliffe ka pretenduar gjithashtu se ndërhyrja ruse mund të ketë përfituar më shumë për kandidaten rivale të Trump në vitin 2016, Hillary Clinton, sesa për Trump. Agjencitë amerikane të inteligjencës, Komiteti i Inteligjencës së Senatit dhe Robert Mueller kanë pohuar se Rusia ka ndërhyrë, për të ndihmuar Trump. Një javë para njoftimit të Trump, Ratcliffe kishte argumentuar se hetimi i këshilltarit special e vendosi Trumpin **nën ligjin**, sepse nuk pranoi të shfajësonte Trump. Më vonë, Ratcliffe pretendoi në Fox News se raporti i hetimit të këshilltarit special nuk ishte shkruar nga këshilltari special Robert Mueller, **por ngaekipi ligjor de facto i Hillary Clinton.** Ratcliffe u konfirmua nga Senati më 21 maj 2020, me një votim prej 49 pro dhe 44. Ai u betua më 26 maj.

huaja botërore, po përpiqeshin të blinin ndikimin politik, përmes dinastisë Clinton. Dhe kjo rezultoi e vërtetë.

Raporti i John Durham, tregoi mbi korrupsionin dhe historinë e skandalëve të FBI dhe ishte e nevojshme një reformim i saj si një detyrë e re kryesore për Kongresin Amerikan sot.

Ai shkroi në raport, se Trump nuk i ishte dhënë një konferencë mbrojtëse, përpara se të hapej Uragani Crossfire, megjithëse ai u informua në fund të korrikut ose gusht 2016, menjëherë pasi fitoi nominimin republikan.

Deri në shtator 2020, Durham kishte zgjeruar fushën e hetimit të tij, për të përfshirë një ekzaminim se si FBI hetoi çështjet, që përfshinin Clinton, si: **Fondacioni Clinton**, polemikat e **Uranium One** dhe **Polemikat e saj me E-mail.**

E vërteta vonon, por nuk harron

Profesori i drejtësisë Jonathan Turley dhe senatori republikan Marsha Blackburn, *pohuan se teoria e marrëveshjes së fshehtë ruse, ishte një mashtrim i shpikur nga Clinton dhe operativët e saj.* Kështu kongresmeni republikan **Jim Jordan**, ka deklaruar publikisht se *do të thërrasë Durhamin, për të dëshmuar në Kongresin Amerikan* dhe unë do të vërej siç kanë bërë të tjerët, John Durham duhet të jetë **Ekspozita A,** në të ashtuquajturin *Armatizimi i Nënkomitetit Qeveritar, sepse ai u armatos nga Bill Barr dhe u kthye kundër vetë institucioneve nga të cilat ai del.*

John Durham, dëshmoj para Dhomës së Përfaqësuesve (Kongresit) të udhëhequr nga GOP, në një seancë publike dhe me dyer të mbyllura në qershor 2023, duke adresuar Hetimin e tij të Posaçëm të këshilltarit ndaj hetuesve Trump-Rusi dhe gjetjet e raportit të tij bombë.[258]

Durham, dëshmojë në një seancë publike përpara **Komitetit Gjyqësor të Dhomës së Përfaqësuesve, i cili u udhëhiq nga Rep. Jim Jordan (R-OH)**, më 21 qershor, tha punonjësi i kongresit të GOP, Russell Dye, ku këshilltari special foli gjithashtu me dyer të mbyllura me Komitetin e Zbulimit të Dhomës së Përfaqësuesve, i kryesuar nga **Rep. Mike Turner (R-OH)**, një ditë më parë më 20 qershor 2023.[259]

---

[258]Jerry Dunleavy, "John Durham do të dëshmojë para Komitetit Gjyqësor të Dhomës së Përfaqësuesve të udhëhequr nga GOP në muajin qershor 2023", Reporter i Departamentit të Drejtësisë, 26 maj 2023, Washington Examiner.
[259]Ryan King, "Raporti i Durham: Jim Jordan R-OH) i kërkon Kongresit të

Raporti i Durham, zbuloi se provat e marrëveshjes së fshehtë Trump-Rusi nuk u materializuan kurrë dhe se Dosja e diskredituar e **ish-spiunit britanik Christopher Steele,** ishte e lidhur me burime ruse.

Ai gjithashtu arriti në përfundimin se fushata e ish-Sekretares së Shtetit Hillary Clinton, luajti një rol të jashtëzakonshëm, në shtyrjen e pretendimeve të tilla, për marrëveshje të fshehta mes mediave dhe FBI.

Jordan e ftoi zyrtarisht Durhamin të dëshmonte para komitetit të tij, ditën kur u publikua raporti i këshilltarit special.

Komiteti Gjyqësor i Dhomës së Përfaqësuesve, postoi në Twitter ditën kur u publikua raporti i Durhamit se *"ata të gjithë na gënjejnë"*, në lidhje me drejtorin e shkarkuar të FBI-së James Comey, zëvendës ndihmësdrejtorin e kundërzbulimit të shkarkuar të FBI-së Peter Strzok dhe ish-avokatin e FBI-së Lisa Page, figura kryesore në Hetimi Crossfire Hurricane, **si dhe gënjeshtrat e përsëritura tëRep. Adam Schiff (D-CA), i cili shtyu pretendime të pabaza me fantazi të tij plot trillime për marrëveshje të fshehtë Trump-Rusi dhe lexoi pjesë të Dosjes së diskredituar të Steele, në rekordin e Kongresit në fillim të vitit 2017.**

"Raporti i Durham, zbuloi se FBI hodhi katër hetime kriminale ndaj Clintons, por nuk e kishte aspak problem të shtynte një dosje të rreme për të rrëzuar Trump", shkroi kongresmeni republikan **Jim Jordan**. *"Çfarë ndodhi me drejtësinë e barabartë sipas ligjit?"*

Raporti i Durham, gjithashtu zbuloi se zv/Presidenti i atëhershëm dhe tani presidenti Joe Biden u informua në verën e vitit 2016 nga ish-drejtori i CIA-s, John Brennan, rreth një plani të pretenduar nga Clinton, për të lidhur ish-presidentin Donald J. Trump me Rusinë, për të hequr vëmendjen nga përdorimi i paligjshëm i saj i serverit privat, të postës elektronike, gjatë kohës që ishte sekretare e shtetit.

Durham, foli privatisht me Komitetin e Inteligjencës së Dhomës së Përfaqësuesve, një ditë para se të merret në pyetje nga Jordan dhe Nadler. *"Raporti konfirmon, se personeli i FBI-së në mënyrë të përsëritur shpërfilli mbrojtjen kritike, të krijuar për të mbrojtur popullin amerikan nga mbikëqyrja e paligjshme. Veprime të tilla nuk duhet të kishin ndodhur kurrë dhe është thelbësore që Kongresi të kodifikojë parmakë të qartë që parandalojnë abuzimet e ardhshme të FBI-së dhe rikthen besimin e publikut në institucionet tona të zbatimit të ligjit."* tha **Rep. Mike Turner (R-OH).**

---

përdorë 'fuqinë e kuletës' kundër FBI-së", 21 maj 2023, Washington Examiner.

63% e amerikanëve besojnë se Trump ishte objektivi i një goditjeje të orkestruar nga Hillary Clinton, gjatë fushatës së vitit 2016

Nga ana e tjetër, në një përfitim të mundshëm për ofertën presidenciale të ish-presidentit Donald J. Trump, *shumica e amerikanëve jo vetëm që besojnë se ai ishte objektivi i të ashtuquajturës afera* **Russiagate**, *por duan që zyrtarët e FBI të përfshihen penalisht.*[260]

Sondazhi i fundit i **Rasmussen Reports** i ndarë me Secrets tha se 63%, besojnë se Trump ishte objektivi i një *goditjeje* të orkestruar të fushatës së Hillary Clinton, gjatë fushatës së vitit 2016, ku vetëm 30%, nuk ishin dakord.

Rezultatet erdhën, pasi një raport nga hetuesi special John Durham *zbuloi detaje rreth skemës, për të minuar fushatën dhe presidencën e Trump në 2016, duke pretenduar se republikani kishte bashkëpunuar me rusët në fushatën e tij të vitit 2016.*

Trump me të drejtë, ka thënë prej kohësh, se Presidenca e tij do të kishte qenë më mirë, nëse ai nuk do të ndiqej nga akuzat, të nxitura nga një media anti-Trump.

Në raport, Durham, ngriti pyetje serioze, në lidhje me operacionet e FBI-së dhe koordinimin me ekipin e Klintonit, për të dëmtuar direkt kandidatin kundërshtar republikan Donald J. Trump.

Sondazhi, sugjeroi se amerikanët duan të hakmerren, ndaj të përfshirëve në kundërshtim me ligjin amerikan.

Rasmussen tha se 59% e votuesve të mundshëm, duan që ata brenda **FBI-së, që promovuan pretendimet e rreme të Trump, në skandal të ndiqen penalisht.**

Durham, zbuloi se FBI, ishte në dijeni se fushata e Hillary Clinton ishte burimi i pretendimeve, për marrëveshjen e fshehtë të Trump dhe Rusisë, të cilat nuk kishin asnjë bazë në prova.

Profesori i drejtësisë në Universitetin George Washington, **prof.Jonathan Turley** e quajti akuzën për marrëveshje të fshehtë ruse kundër Trumpit *"një punë të mirë-orkestruar të goditur nga fushata e Klintonit dhe zyrtarët e qeverisë"*.

---

[260]Paul Bedard, "Gjashtë në 10 duan që zyrtarët e FBI-së në Russiagate të ndiqen penalisht", Kolumnist i Uashington Secrets, 25 maj 2023, Washington Examiner.

Dy senatorë kryesorë republikanë, po kërkojnë përgjigje nga këshilltari special John Durham, në lidhje me figurat kryesore të Uragani Crossfire, që refuzuan të bashkëpunojnë në hetimin e tij dhe nëse ai u përpoq t'i thërriste ata.[261]

Senatorët Chuck Grassley (R-IA) dhe Ron Johnson (R-WI), i dërguan një letër, Durham-it duke e shtyrë atë për hetimin e tij ndaj hetuesve Trump-Rusi, duke vënë në dukje se *"duket e çuditshme se individët do të lejohen të shmangin bashkëpunimin e plotë me zyrën tuaj, veçanërisht duke pasur parasysh autoritetin tuaj për të detyruar dëshminë dhe regjistrimet."*

Letra e GOP, theksonte se disa figura të rëndësishme ose nuk bashkëpunuan plotësisht me Durham ose nuk bashkëpunuan fare, duke përfshirë drejtorin e shkarkuar të FBI-së, James Comey, shkarkimin e zv/drejtorit të FBI-së, Andreë McCabe, shkarkimin e zëvendës-ndihmës drejtorit të kundërzbulimit të FBI-së, Peter Strzok, ish-ndihmës drejtorin e Divizionit të Kundërzbulimit të FBI-së, Bill Priestap, ish-avokati i FBI-së, Kevin Clinesmith, dhe bashkëthemeluesi i Fusion GPS, Glenn Simpson.

Raporti i gjatë i Durham, arriti në përfundimin, se FBI nuk kishte bazën e duhur, për të nisur hetimin e diskutueshëm zgjedhor të vitit 2016, i cili, shpejt u shndërrua në hetimin e gjerë të këshilltarit special Robert Mueller.

Ai zbuloi gjithashtu se nuk kishte asnjë provë të marrëveshjes së fshehtë Trump-Rusi, vuri në dukje lidhjet ruse pas dosjes së diskredituar të ish-spiunit britanik Christopher Steele dhe arriti në përfundimin se fushata e ish-Sekretares së Shtetit Hillary Clinton luajti një rol në shtyrjen e pretendimeve të fshehta në media dhe FBI.

Senatorët i thanë Durhamit, se: *"Kongresi, kërkon informacion shtesë në lidhje me këtë refuzim, për të bashkëpunuar dhe si përfundoi ai përfundimisht."*

Senatorëtrepublikanë Grassley dhe Johnson *vunë në dukje se zyra e Mueller-it lëshoi më shumë se 2800 fletëthirrje dhe ekzekutoi rreth 500 urdhëra kërkimi dhe sekuestrimi, gjatë rrjedhës së hetimit të saj, por në të kundërt, hetimi i Durhamit i shërbeu më shumë se 190 fletëthirrjeve dhe ekzekutoi shtatë urdhra kërkimi.* Ata kërkuan këtë informacion deri në fund të muajit maj 2023.

Një nga zhvillimet më të fundit dhe sensasional në politikën amerikane ishte edhe *kongresmeni demokrat Adam Schiff (D-CA),* **i cili duhet të paguajë**

---

[261]Jerry Dunleavy, "GOP i shtyn Durham-it të lërë Comey dhe figurat kryesore Trump-Rusi të largohen", Reporter i Departamentit të Drejtësisë, 24 maj 2023, Ëashington Examiner.

milionadollarëpër gënjeshrat e tij të përsëritura apo ndjekjen e teorisë tashmë të diskredituar se ish-Presidenti Donald J. Trump u përplas me Rusinë, përpara zgjedhjeve presidenciale të vitit 2016, sipas një republikani të Dhomës së Përfaqësuesve.[262]

Republikanja Anna Paulina Luna (R-FL),[263]fatmirësisht paraqiti një

---

[262]Elizabeth Stauffer , "Në një qytet të mbushur me korrupsion dhe gënjeshtarë, Adam Schiff renditet i pari", 22 maj 2023, Washington Examiner.

[263]**Anna Paulina Luna (1989)**, është një politikane dhe aktiviste amerikane, që shërben si përfaqësuese e SHBA nga distrikti i 13-të i Kongresit të Floridës, që nga viti 2023. Ajo është anëtare e Partisë Republikane dhe është gruaja e parë meksiko-amerikane e zgjedhur në Kongres nga Florida. Anna Paulina Mayerhofer lindi në vitin 1989 nga George Mayerhofer, një arkitekt, dhe Monica Todd, një mësuese e shkollës fillore dhe nënë që qëndron në shtëpi, në Santa Ana, Kaliforni. Nëna e saj ka prejardhje meksiko-amerikane dhe babai i saj ka prejardhje meksikane dhe gjermane. Gjyshi i saj nga babai ka lindur në Gjermani dhe, sipas familjes, është dërguar në Wehrmacht, gjatë Luftës së Dytë Botërore dhe dy nga stërgjyshërit e saj nga nëna kanë shërbyer gjithashtu në Forcat e Armatosura të Shteteve të Bashkuara, gjatë së njëjtës luftë. Stërgjyshi i saj nga nëna ishte një emigrant amerikan në Meksikë. Prindërit e Lunës nuk u martuan kurrë; nëna e saj u martua me një burrë tjetër kur Luna ishte rreth tetë vjeç. Luna u rrit në qytetet e Kalifornisë, Santa Ana, Irvine, Aliso Viejo dhe Los Angeles, dhe e ka quajtur Santa Monica qytetin e saj të lindjes. Ajo ndoqi shkollën e mesme në Los Anxhelos. Ajo ka një vëlla dhe një motër. **Luna**, shërbeu si specialiste e menaxhimit të aeroportit në Forcën Ajrore të SHBA në vitet 2009-2014, fillimisht në bazën e Forcave Ajrore Whiteman në Misuri dhe më pas në Fushën Hurlburt në Florida. Në vitin 2017, Luna fitoi një Bachelor të Shkencave në biologji nga Universiteti i Floridës Perëndimore. Ajo u bë Drejtoresha e Angazhimit Hispanik për Pikën e Kthimit në SHBA në vitin 2018. Në një segment të nëntorit 2018 të Fox News, **ajo e krahasoi Hillary Clinton me herpesin**, duke e bërë rrjetin të shkurtojë segmentin dhe të presë Rick Leventhal dhe prezantuesin Arthel Neville për t'u kërkuar falje shikuesve. **Në vitin 2020, Luna u shfaq në serialin e dokumentarëve të stilit PragerUAmericanos.** Më vonë atë vit, ajo u shfaq në një ngjarje *We Build the Wall* si **zv/Presidente e Bienvenido,** *një organizatë e dedikuar për shtrirjen konservatore hispanike.* Në mars 2021, Luna u bë korrespondentja kryesore për platformën konservatore të mediave dixhitale El American English. **Luna, vendosi të kandidojë për Kongresin në 2018.** Ajo hyri në zgjedhjet paraprake republikane për distriktin e 13-të të Kongresit të Floridës në shtator 2019, dhe Matt Gaetz e miratoi atë në nëntor 2019. **Ajo u miratua gjithashtu nga Charlie Kirk, Elise Stefanik, Studentët

Rezolutë të Privilegjuar, për të **censuruar, dënuar dhe gjobitur** Schiff me 16 milionë dollarë, që është gjysma e kostos së hetimit të Këshilltarit Special të konkluzionit të zgjedhjeve ruse, të udhëhequr nga Robert Mueller.[264]

Sikurse dihet, Schiff drejtoi një hetim të ngjashëm, gjatë kohës së tij si kryetar i Komitetit të Inteligjencës së Dhomës së Përfaqësuesve.

"Sapo paraqita një rezolutë të privilegjuar, H. Res. 437, për të censuruar, dënuar dhe gjobitur Rep. Adam Schiff me 16 milionë dollarë (1/2 e kostos së hetimit të Rusisë) për abuzimin e tij të jashtëzakonshëm të besimit. Unë, me kolegët e mi të GOP, presim me padurim një votë të afërt, për t'a mbajtur përgjegjës këtë njeri të pamend.", shkroi *Luna në Twitter*.

Kongresmenja republikane Luna, paraqiti një Mocion më 17 maj 2023, për të dëbuar Schiff, pasi raporti i Durham hodhi dyshime nëse FBI duhet të kishte hetuar lidhjet midis Trump dhe Rusisë. Shumë republikanë e kanë konsideruar hetimin ndaj Trumpit një marifet politik dhe politizim i tejska-

---

për Trump, dhe ish-kryebashkiaku i Shën Petersburg, Florida, Bill Foster. Në korrik 2020, ajo dhe bashkëshorti i saj blenë një shtëpi në Shën Petersburg, pranë bazës së Forcave Ajrore MacDill, ku ishte vendosur bashkëshorti i saj. Luna fitoi zgjedhjet paraprake republikane, por humbi ndaj kryetarit aktual Charlie Crist në zgjedhjet e përgjithshme. Zgjedhjet e Dhomës së Përfaqë-suesve të Shteteve të Bashkuara në Florida, Distrikti 13. Luna u zgjodh si për-faqësuese e SHBA-së, për distriktin e 13-të të Kongresit të Floridës në zgjedhjet e vitit *2022, duke mposhtur kandidatin demokrat Eric Lynn, një ish-këshilltar i lartë i Barack Obamës.* **Donald J. Trump miratoi Lunën dhe Marjorie Taylor Greene bëri fushatë për të në Florida. Ajo është gruaja e parë meksiko-amerikane e zgjedhur në Kongres nga Florida.** Gjatë zgjedhjeve të Kryetarit të Dhomës 2023, **Luna votoi kundër Kevin McCarthy në 11 votimet e para,** në vend të kësaj propozoi Përfaqësuesin Jim Jordan dhe më vonë Përfaqësuesin Byron Donalds. **Në maj 2023, Luna bashkësponsoroi rezolutat e Marjorie Taylor Greene, për të fajësuar Prokurorin e Përgjithshëm Merrick Garland, Drejtorin e FBI Christopher Wray, Sekretarin e Sigurisë Kombëtare Alejandro Mayorkas, dhe Prokurorin e SHBA për D.C. Matthew M. Graves dhe në muajin maj 2023, Luna sponsorizoi një rezolutë për të hequr Adam Schiff nga Kongresi dhe për të gjobitur 16 milionë dollarë.**
[264]Rachel Schilke, **"Republikanja e Dhomës së Përfaqësuesve që përpiqet të dëbojë Adam Schiff dhe kërkon që ai të paguajë 16 milionë dollarë gjobë për pretendimet e marrëveshjes së fshehtë"**, 24 maj 2023, Washington Examiner

jshëm të qeverisë federale.

Asokohe Schiff, ka qenë një objektiv prej kohësh i grupit republikan, për shkak të rolit e madh, që luajti në shkarkimin e Trump dhe në hetimin fallco, nëse Rusia ndërhyri në zgjedhjet presidenciale të 2016-ës.

"Schiff gënjeu popullin amerikan. Ai përdori pozicionin e tij në House Intel, për të nxitur një gënjeshtër, që u kushtoi taksapaguesve amerikanë miliona dollarë. Ai është një Turp, për Dhomën e Përfaqë-suesve.", tha Luna.

Tashmë Mocionet kundër Shifit, mund të rrezikojnë shanset e tij për të pasuar senatoren*Dianne Feinstein (D-CA)*, e cila do të tërhiqet pas këtij mandati. Përfaqësuesja Katie Porter (D-CA) dhe Barbara Lee (D-CA), po konkurrojnë gjithashtu për vendin e Feinstein në 2024.

Një zyrtare e FBI-së, pohoi se ajo nuk e kishte lexuar raportin e Durham-it, gjatë dëshmisë së saj në Komitetin e Dhomës për Sigurinë Kombëtare.

Zëvendës Ndihmës Drejtoresha e Kundërzbulimit të FBI-së Jill Mur-phy, dëshmoi para Kongresit. Gjatë dëshmisë, **Rep. August Pfluger (R-TN)**, kryetar i Nënkomitetit të Sigurisë Kombëtare për Kundërterrorizmin, Zbatimin e Ligjit dhe Inteligjencën, e pyeti Murphy-n rreth raportit të Durham-it, vetëm që ajo të zbulonte se nuk e kishte lexuar ende.[265] **"Unë nuk e kam lexuar atë raport, zotëri,"** u përgjigj Murphy kur u pyet nëse ajo ishte e njohur me të. Ajo shtoi se nuk e kishte lexuar ende raportin e Durham-it kur u pyet përsëri.

Kongresmeni republikan Pfluger qëndroi i heshtur për disa sekonda pas përgjigjes së saj shokuese. **"Sinqerisht, jam pa fjalë në këtë moment"**, tha ai në fund. *"Unë nuk jam i sigurt, se çfarë të mendoj për këtë si dikush, që ka kaluar një karrierë të tërë në kundërzbulim."*

Pfluger më pas shpjegoi shkurtimisht gjetjet e raportit, duke thënë se FBI kishte punuar me prova të pavërtetuara dhe pyeti nëse kishte të bënte me Murphy. "Pra, përsëri, zotëri, nuk e kam lexuar raportin e Durhamit. Kështu që nuk jam i sigurt, ju e dini, nuk kam njohuri për..." u përgjigj ajo, duke u larguar.

Pfluger, pyeti nëse kishte një arsye pse Murphy nuk e kishte lexuar ende raportin, të cilës ajo u përgjigj, se nuk kishte pasur kohë për t'a bërë.

---

[265]Brady Knox, **"Zyrtarja e FBI-së i pranon kryetarit të GOP se nuk e ka lexuar raportin e Durham"**, Reporter i lajmeve të fundit, 23 maj 2023, Wash-ington Examiner.

Drejtori i FBI-së, Christopher Wray, ka arritur të ngrejë zemërimin e republikanëve, në një pikë vlimi, në një pjesë të madhe duke qëndruar i heshtur.

Një seri zbulimesh të turpshme rreth FBI-së, gjatë javës së kaluar, kanë nxjerrë zhgënjime të zhveshura me Wray-in, që kanë zier në konferencën e GOP të Dhomës së Përfaqësuesve për muaj të tërë.

Me shumicë në muajin janar 2023, republikanët e Dhomës së Përfaqësuesve në komitete të shumta, filluan të hetojnë atë që ata e panë si abuzim me pushtetin nga FBI.

Agjencia e Wray, ka refuzuar bashkëpunimin pothuajse në çdo hap.Përplasja e fundit erdhi kur stafi i Komitetit të Mbikëqyrjes së Dhomës së Përfaqësuesve u kthye duarbosh nga një takim me FBI-në, lidhur me një dokument të brendshëm, që **tregon hapur një skemë kriminale, midis nënpresidentit të atëhershëm Joe Biden dhe një shtetasi të huaj.**

"Në konferencën e stafit me zyrtarët e FBI-së, FBI përsëri nuk e paraqiti të dhënat e paklasifikuara të thirrura nga **Kryetari James Comer.** Komiteti Mbikëqyrës do të shpallë së shpejti hapat e ardhshëm", tha një zëdhënës i komitetit për Washington Examiner.

Kongresmeni republikan Comer, i kishte bërë presion FBI-së për dokumentin, në mënyrë të përsëritur, *duke përfshirë në një letër*, që e quajti refuzimin e byrosë për t'a prodhuar atë *të papranueshëm*.

Dokumenti, sipas republikanëve të Dhomës, përmban detaje në lidhje me pagesat, që **Biden dyshohet se ka pranuar nga një shtetas i huaj, që kërkon të ndikojë në politikën amerikane**.

Republikanët e Dhomës së Përfaqësuesve, kanë bërë presion për më shumë informacion në lidhje me fokusin e FBI-së, ndaj prindërve që protestojnë, në mbledhjet e bordit të shkollës, ndjekjen e saj agresive të aktivistëve kundër abortit, në lidhje me trajtimin e aktivistëve pro të drejtave të abortit, një memo nga një prej zyrave të saj në terren, lidhur me mbikëqyrjen e sugjeruar të famullive tradicionale katolike dhe më shumë.

Megjithatë, shumica e asaj që ligjvënësit e GOP, kanë mësuar deri më sot, kanë ardhur nga dëshmitë origjinale.

Republikanët, akuzuan zyrtarët e lartë të FBI-së, se po përpiqeshin të mbyllnin edhe atë tubacion të kufizuar informacioni, duke u hakmarrë kundër sinjalizuesve (**whistleblower**), që kishin folur me Kongresin.

Disa sinjalizues (Whistleblower), tha Komiteti Gjyqësor i Dhomës së Përfaqësuesve, në një raport, u hoqën nga lejet e tyre të sigurisë ose u pezulluan nga postet e tyre, pasi zbuluan në Kongres shqetësimet për politizimin e FBI-së.

"*Ne e dime, se sinjalizuesit (**whistleblower**) e FBI-së, po hakmerren kundër FBI-së, jo sepse ata gënjejnë, por sepse po thonë të vërtetën. Duket se byroja ka disa shpjegime për të bërë*", tha **Rep. Darrell Issa (R-CA)** për *Washington Examiner*.[266]

Drejtori Wray, do të dëshmojë në mes të muajit korrik 2023, para Komisionit Gjyqësor të Dhomës së Përfaqësuesve, ku ai do të përballet me pyetje të vështira, se *pse byroja nën udhëheqjen e tij është përfshirë në kaq shumë polemika, të gjitha ato përfshijnë të paktën perceptimin e trajtimit të padrejtë ndaj konservatorëve vetëm.*

Një nga më të fundit njoftime, doli nga një *Dosje* gjyqësore, që tregoi se **FBI ka abuzuar me një mjet vëzhgimi,** për të hetuar ata që dyshohen se kanë marrë pjesë, në trazirat e Kapitolit të 6 janarit 2021.

Për më tepër, Një gjykatë, zbuloi se agjentët e FBI-së, kishin kryer mijëra kërkime për komunikimet private të njerëzve, që ata dyshonin se ishin të pranishëm në trazira, *duke shkelur standardin për përdorimin e bazës së të dhënave të vëzhgimit dhe madje, në disa raste, duke shqyrtuar informacionin pa urdhër.*

Republikanët, filluan shqyrtimin e tyre të FBI-së këtë vit me hetimet, se *pse byroja kishte trajtuar një hetim të keqpërdorimit të supozuar të dokumenteve të klasifikuara nga ish-Presidenti Donald J. Trump, në mënyrë shumë më agresive, sesa një hetim i ngjashëm, nëse Biden kreu të njëjtën vepër.*

Mirëpo FBI, nuk ka hedhur asnjë dritë mbi këtë pyetje. **Më 15 maj 2023, Këshilltari i Posaçëm John Durham** publikoi një raport të shumëpritur, mbi origjinën e hetimit të marrëveshjes së fshehtë rus, që *zbuloi ndër të tjera, se si agjentët e FBI-së u futën me kokë në një hetim të fushatës së Trump në 2016, mbi ndikimin e pretenduar të huaj, duke hedhur poshtë ndoshta më të fortë dhe më të mire*, **Akuzat me burim, për të njëjtën vepër, kundër fushatës së Hillary Clinton.**

Wray u përgjigj, duke reklamuar reformat që byroja kishte ndërmarrë tashmë, pa u përballur me thelbin e asaj që gjeti Durham.

Paaftësia në dukje e Wray, për të kthyer faqen nga fundi i diskutueshëm i mandatit të ish-drejtorit të FBI-së, James Comey, ka gërryer besimin midis republikanëve në Wray, të cilët në një kohë gëzonin

---

[266]Sarah Bedford, gazetare Investigative, "Frustrimi republikan i Dhomës së Përfaqësuesve me drejtorin e FBI-së, Wray, që arrin pikën e vlimit", 22 maj 2023, Washington Examiner.

mbështetje të gjerë dypartiake. **Popullariteti i tij si udhëheqës i ri i byrosë buroi nga zotimi i tij, për të mos lejuar që politika të depërtonte në biznesin e FBI-së.**

Ligjvënësit e GOP, mund të luftojnë për t'a bërë çështjen kundër Wray mjaft të mprehtë dhe konçize, *për të mbledhur mbështetjen publike për largimin e tij, duke pasur parasysh vëllimin dhe gjerësinë e madhe të akuzave, që ata kanë ngritur posaçërisht kundër tij.*

Gjetjet në raportin e Durham, ndërsa përmbajnë detaje të reja, pasqyrojnë gjerësisht atë që gjetën hetimet e mëparshme, duke krijuar një ndjenjë për vëzhguesin e rastësishëm, se sjellja e keqe e FBI-së në hetimin e Rusisë ishte tashmë një çështje e zgjidhur.

FBI, *është fshehur pas natyrës së vazhdueshme të rasteve të dokumenteve të klasifikuara të Trump dhe Biden, hetime për shkelësit e 6 janarit 2021 dhe një sërë çështjesh të tjera, për të shmangur shpjegimin e asaj që republikanëve u duket si trajtim i njëanshëm.*

Dhe Wray mban mbështetjen e një institucioni të Washington-it, se përdor faktin se Trump e emëroi atë si një mbrojtje tërheqëse të besueshmërisë së tij.

Gazetari i Departamentit të Drejtësisë Jerry Dunleavy, detajoi raportin e këshilltarit special John Durham mbi hetimin Trump-Rusi

Ai në shkrimin e tij nënvizon, se gjetjet treguan se operacioni i FBI-së **Crossfire Hurricane,***ishte i mbushur nga keqmenaxhimi dhe sjellje të dobët profesionale.*

Raporti i Durham-it, parashtronte se hetimi për marrëveshjen e dyshuar të ish-presidentit Donald J. Trump me Rusinë, shfaqi fusha në të cilat *"FBI-ja nuk performoi keq dhe dështoi, jo vetëm në detyrat e saj ndaj publikut, por edhe në parandalimin e dëmtimit të rëndë të reputacionit që i ka ndodhur FBI-së, pasojë e Uragani Crossfire."*

Nëse ata që drejtonin hetimin do të kishin ndjekur *"parimet e tyre, në lidhje me objektivitetin dhe integritetin"*, ata mund të kishin qenë në gjendje të zbusnin dëmin e reputacionit të FBI-së dhe të njihnin informacione me të meta, sipas raportit.

Sipas raportit aty kishte dështime të dukshme në hetim, i tha Dunleavy prezantueses së C-SPAN Mimi Geerges në **Washington Journal**, duke përmendur *"përqafimin dhe mbështetjen e FBI-së, në dosjen e diskredituar tërësisht *të ish-spiunit britanik Christopher Steele".*[267]

Dosja bëri një mori akuzash, kundër ish-presidentit Trump, të cilat FBI-ja i kuptoi, tha Dunleavy. *"Ai në të cilin FBI u mbështet më së shumti ishte pretendimi i saj, se kishte një lloj konspiracioni të zhvilluar mire, midis Trump dhe Rusisë. Tani, nuk ka asnjë provë të zbuluar, qoftë nga këshilltari special Mueller, nga inspektori i përgjithshëm i DOJ, apo tani nga Durham, se ka pasur ndonjë lloj marrëveshjeje midis Trump dhe Rusisë. FBI, u mbështet në atë dosje, për të marrë urdhër spiunazhi, përmes gjykatës së mbikëqyrjes së inteligjencës së huaj, për të vëzhguar ish bashkëpunëtorin e fushatës së Trump,* **Carter Page**. *Ata gjithashtu u mbështetën në dosje në mënyra të tjera. Ish-drejtori i FBI-së James Comey, madje donte t'a përfshinte Dosjen në një inteligjencë vlerësimi i komunitetit, që u bë në fillim të janarit 2017, në lidhje me ndërhyrjen e Rusisë në zgjedhjet e 2016,"* tha gazetari Dunleavy.

Së bashku me mbështetjen e FBI-së në dosje, hetimi i Durhamit shfaqi një mori veprimesh, që FBI ndërmori në Uragani Crossfire, që tani reflektojnë dobët në atë që shumë e konsiderojnë si agjencia më e lartë e zbatimit të ligjit në Amerikë, sipas Dunleavy.

"Ka shumë më tepër detaje, në raportin Durham, për problemin me dosjen, por edhe vetë nisja e hetimit u bazua në atë që është informacion shumë i hollë dhe i dyshimtë", tha ai.[268][269]

Republikani Devin Nunes:
"Ky është kolapsi i plotë të sistemit të drejtësisë amerikane"

Ish-kongresmeni republikan **Devin Nunes (R-CA)**,tha se gjetjet e raportit të Durham, zbulojnë **"kolapsin e plotë të sistemit të drejtësisë"**.

Në një intervistë në **Fox News**, ish kongresmeni Nunes, përcaktoi se *gjetjet e këshilltarit special John Durham, ekspozuan shkallën e vërtetë të dëmtimit të sistemit të drejtësisë, në dritën e hetimit të FBI-së, për ma-*

---

[267]Luke Gentile, Prodhues i Mediave Sociale: "Jerry Dunleavy zbërthen raportin e Durhamit dhe të metat e Uragani Crossfire" Prodhues i Mediave Sociale, 22 maj 2023, Washington Examiner.

[268]Sarah Bedford, gazetare investigative: "Drejtori i FBI-së, Wray, pritet të dëshmojë para Gjyqësorit të Dhomës së Përfaqësuesve në mesin e korrikut në mes të shqyrtimit të FBI-së", 22 maj 2023, Washington Examiner.

[269]Heather Hamilton, reportere e mediave sociale: "Sarah Bedford shpreh "shumë pak pasoja" për lojtarët joetikë të FBI-së", 22 maj 2023, Washington Examiner.

rrëveshjen e supozuar të ish-presidentit Donald J. Trump me qeverinë ruse.

*"Mendoj, në përgjithësi, kjo është një ditë vërtet e trishtuar për Amerikën, sepse ajo që përfaqëson është kolapsi total i sistemit të drejtësisë. Shumë njerëz e shohin këtë si, oh, FBI/agjencitë e inteligjencës. Jo, jo, jo, kjo përfaqëson të gjithë kolapsin e sistemit të drejtësisë. Dhe me të vërtetë, **raporti i Durham lexohet si gur varri, për sistemin e drejtësisë dhe do të thoshte diçka e thjeshtë.** Këtu qëndron sistemi i drejtësisë, Departamenti i Drejtësisë, dhe ne e dinim se kishte kriminalitet dhe nuk mund të bënim asgjë për të."* ai vazhdoi.[270]

Nunes, **vlerësoi punën e Durham në hetim**, *por u ankua për faktin se***ai***nuk u ngritën asnjë akuzë. Për çfarë bëhet fjalë në të vërtetë, ka të bëjë me kolapsin e Departamentit të Drejtësisë, ka të bëjë gjithashtu me kolapsin e degës gjyqësore të qeverisë dhe kolapsin e mediave të lajmeve të rreme,"* tha ai.

Në hetimin e tij, Durham zbuloi se dosja e Steele, e cila shkaktoi hetimin Trump-Rusi, ishte thellësisht me të meta dhe se FBI nuk ishte në gjendje të vërtetonte *"një pretendim të vetëm thelbësor. Agjencia, vazhdoi me hetimin pavarësisht, një mungesë të plotë informacioni nga Komuniteti i Inteligjencës, që vërtetonte hipotezën mbi të cilën ishte bazuar hetimi."*

Gjetjet e hetimit 4-vjeçar, vërtetuan disa nga pretendimet e Presidentit Trump, *në lidhje me hetimin e marrëveshjes së fshehtë ruse të FBI-së, veçanërisht në lidhje me paragjykimet politike dhe dështimin e gjykimit.*

Megjithatë, *raporti i Durham-it,* **nuk arriti të zbulonte krimin e shekullit,** *dhe* **nuk rekomandoi asnjë akuzë penale,** *një fakt i kritikuar nga shumë konservatorë.*

Megjithatë, ky informacion u informua nga ish-drejtori i CIA-s, John Brennan, Presidentit Barack Hysen Obama, Zëvendës Presidentit Joe Biden, Prokurores së Përgjithshme Loretta Lynch dhe drejtorit të FBI-së James Comey.

Ndoshta dikush në shtyp, mund të dëshirojë të pyesë një ose dy prej tyre për këtë dhe nëse ata ende besojnë historinë e marrëveshjes së fshehtë me Rusinë.

FBI mori *Dosjen Steele*, të paguar nga fushata e Clinton-it, **në korrik 2016,** e përdori atë për të kërkuar një mbikëqyrje të inteligjencës **nga Gjykata e FISA-s në tetor 2016** dhe vazhdoi ta bënte këtë edhe pse në dhjetor 2016 përcaktoi se shpikësi kryesor i saj ishte Washington-i, shtetasi rus me bazë *Igor Danchenko* dhe në janar 2017 se burimet e tij ishin *"thashetheme*

---

[270]Brady Knox, "Devin Nunes thotë se raporti i Durhamit tregon 'kolapsin e plotë të sistemit të drejtësisë'", 21 maj 2023, Washington Examiner.

dhe spekulime".

Duhet të jetë dhe ka qenë në Shtetet e Bashkuara një parim i vendosur, që agjencitë e zbatimit të ligjit dhe inteligjencës nuk duhet të përpiqen të ndikojnë në rezultatet e zgjedhjeve. *Por, kjo është pikërisht ajo që ndodhi këtu.*

Drejtori i FBI-së, James Comey, për arsyet e tij, u kujdes që përmbajtja e dosjes Steele të bëhej publike dhe të caktohej një këshilltar special, ish-drejtori i FBI-së, Robert Mueller, për të hetuar marrëveshjen e fshehtë, që FBI nuk kishte gjetur asnjë bazë, që të besohet se ka ekzistuar.

Pra, le të jetë e qartë. **Nuk kishte asnjë marrëveshje të fshehtë mes Donald J. Trump apo fushatës së Trump dhe Rusisë**dhe kësisoj*nuk kishte asnjë bazë të vlefshme, për fillimin dhe vazhdimin e hetimit të FBI-së.***Dosja Steele, e paguar nga fushata e Clinton-it**, ishte një pjellë e imagjinatës së një aparatçiku të dyshimtë me bazë në Washington.

Siç shkroi **Brit Hume** i *Fox News*, një gazetar i rangut më të lartë (për më shumë se 50 vjet), në **Twitter**: *"Raporti i Durhamit, duhet të jetë një qortim serioz për shumë gazetarë,që gëlltitën Dosjen Steele dhe hetimin e bazuar, në mënyrë të pahijshme të FBI-së, për pretendimet e tij të egra. Mendoni,***për të gjitha tregimet rreth asaj, se sa nga dosjet false ishin shfajësuar. Asnjë prej tyre nuk ishte reale."**

FBI dhe agjencitë e inteligjencës dhe shumë gazetarët globalistë komunistë këtu, bashkëpunuan ose avancuan mashtrimin e fshehtë të Rusisë. **Kur do të pranojnë gabimin dhe do të kërkojnë falje, për dëmin që kanë bërë autorët dhe përparuesit e mashtrimit të fshehtë të Rusisë!?**

FBI e korruptuar i ofroi Christopher Steele 1 milion dollarë, për të vërtetuar akuzat e Trump në një Dosje fallco

Nga hetimi special **John Durham**,është vërtetuar, se **FBI i ofroi Christopher Steele 1 milion dollarë, për të vërtetuar akuzat e Trump në Dosjen Fallco kundër tij.**

Nga burimet historike del se, FBI i ofroi ish-agjentit britanik të inteligjencës, Christopher Steele, 1 milion dollarë, për të vërtetuar akuzat e kota (fallco) të bëra në Dosjen e tij, kundër Presidentit Donald J. Trump dhe anëtarëve të fushatës së tij të vitit 2016, por ai nuk ishte në gjendje ta bënte këtë, dëshmoi tek një zyrtar i FBI-së.

Analisti i kundërzbulimit mbikëqyrës i FBI-së, Brian Auten ishte dëshmitari i parë në gjyqin e Igor Danchenko, shtetasit rus, që shërbeu si nënburimi kryesor për **Dosjen anti-Trump** të Steele dhe është akuzuar për 5 akuza, për dhënie të deklaratave të rreme në byro (FBI).

Fatmirësisht Auten, dëshmoi se ai dhe një grup agjentësh të FBI-së, shkuan jashtë shtetit në fillim të tetorit 2021, për të folur me Steele, në lidhje me **Dosjen Fake, kundër asokohe kandidatit republikan, për garën presidenciale dhe sot Presidenti Donald J. Trump.**

Gjatë marrjes në pyetje nga Këshilltari Special John Durham, Auten tha se gjatë atyre takimeve FBI i ofroi Steele 1 milion dollarë, nëse ai mund të vërtetonte pretendimet në dosje. **Auten, dëshmoi se Steele nuk mund t'a bënte këtë.**

Auten tha gjithashtu, se FBI nuk kishte asnjë vërtetim të pretendimeve në Dosje, por megjithatë e mori atë informacion dhe e futi atë në Aktin e Mbikëqyrjes së Inteligjencës së Jashtme (FISA), për të vëzhguar ish-ndih-mësin e fushatës së Trump, Carter Page.

"Më 21 tetor 2016 (data e aplikimit të Carter Page FISA), a kishit ndonjë in-formacion për të vërtetuar atë informacion?" pyeti John Durham.

"Jo," tha Auten, duke konfirmuar, se FBI filloi të merrte raportet e Steele, të njohura më vonë si dosja, më 19 shtator 2016 dhe paraqiti ap-likimin e saj të parë FISA, më 21 tetor 2016.

19 shtatori i vitit 2016, ishte gjithashtu dita kur avokati i atëhershëm i fushatës së Hillary Clintonit, *Michael Sussmann* solli letrat e bardha në një takim në selinë e FBI-së me Këshilltarin e Përgjithshëm të atëhershëm të FBI-së, James Baker, që pretendonte se Organizata Trump, po përdorte një kanal sekret mbrapa, për të komunikuar me Kremlinin, lidhur Alfa Bank, në javët para zgjedhjeve presidenciale.

Sussmann u shpall e pafajshme, për një deklaratë të rreme në FBI, në muajin qershor 2016. Sussmann, dyshohet se ia kishte sjellë informa-cionin Baker (më 19 shtator 2016) dhe ai pretendoi se nuk po bënte punë në emër të ndonjë klienti, por përkundrazi i sillte të dhënat si një qytetar i shqetësuar për sigurinë kombëtare.

Christopher Steele, shfaqet më 24 korrik 2020

Ndërkohë, Auten tha gjithashtu se FBI kontaktoi me agjencitë e tjera të inteligjencës, për të parë nëse ato mund të vërtetonin informacionin në lidhje me dosjen, e cila ishte porositur nga firma kërkimore opozitare Fu-sion GPS dhe *e paguar nga fushata e Hillary Clinton dhe Komiteti Kombëtar Demokratik*, përmes firmës ligjore Perkins.

Auten, pranoi në mënyrë të përsëritur, gjatë marrjes në pyetje nga John

Durham, se FBI-ja nuk mori kurrë një vërtetim të informacionit në Dosjen Steele, por ai theksoi se ai ishte përdorur në aplikimin fillestar të FISA dhe në tre rinovimet pasuese.

Hetuesi special, që aktualisht shqyrton të dhënat e sekuestruara nga FBI në bastisjen e saj të paprecedentë në shtëpinë e ish-Presidentit Donald J. Trump në Mar-a-Lago, gjykatësi Raymond Dearie, i cili në atë kohë ishte në Gjykatën e Mbikëqyrjes së Inteligjencës së Jashtme, nënshkroi urdhrin përfundimtar për të vëzhguar Pagen.

Inspektori i Përgjithshëm i Departamentit të Drejtësisë Michael Horowitz, në vitin 2019, tha se *dosja shërbeu si bazë për urdhrat e FISA-s kundër Page.*

Republikanët në Komitetin e Inteligjencës së Dhomës së Përfaqësuesve, fillimisht thanë se dosja shërbeu si bazë për ato urdhër dhe mbikëqyrje.

Departamenti i Drejtësisë, pranoi *në vitin 2020, se urdhrat e FISA-s për të vëzhguar Page, kur u hoq nga dezinformata e FBI-së, nuk plotësonte pragun e nevojshëm ligjor dhe nuk duhej të ishte lëshuar kurrë.*

Auten, dëshmoi gjithashtu se FBI konsideroi paraqitjen e aplikacion-eve FISA, kundër këshilltarit të politikës së jashtme të fushatës Trump, *George Papadopoulos*, por tha se FBI përfundimisht nuk e bëri këtë.

Në mars 2016, si ndihmës i fushatës së Trump-it, që fokusohej në poli-tikën e jashtme, Papadopoulos u takua me profesorin *maltez Joseph Mifsud* në Londër, i cili i tha atij, se rusët kishin papastërti në formën e emaileve, që mund të dëmtonin fushatën presidenciale të Clinton-it.

George Papadopoulos[271] më pas i tha diplomatit australian Alexander

---

[271]George Demetrios Papadopoulos (Chicago, Illinois, 1987), është autor dhe ish-anëtar i panelit këshillues për politikën e jashtme në fushatën presiden-ciale të Donald J. Trump në vitin 2016. Më 5 tetor 2017, Papadopoulos u deklarua fajtor për një akuzë për dhënien e deklaratave të rreme për agjentët e FBI-së për kohën dhe rëndësinë e mundshme të kontakteve të tij në 2016 në lidhje me marrëdhëniet SHBA-Rusi dhe fushatën presidenciale Trump. Në vitin 2018, ai qëndroi 12 ditë në burgun federal, më pas u vendos në një lirim prove për 12-muaj. Gjatë lirimit të tij të mbikëqyrur nga burgu, ai mori pjesë në xhirimet e një dokumentari ende të papublikuar. Në mars të vitit 2019, Papadopoulos publikoi librin e tij, "Objektivi i thellë i shtetit: Si u kapem në kryqëzimin e komplotit për të rrëzuar Presidentin Trump." Ai u fal nga Presidenti Donald J. Trump në dhjetor të vitit 2020. Ai është djali I dy prindërve emigrantë grekë me origjinë nga Selaniku. Babai i tij, Antonis,

Doëner për informacionin e ri. Downer raportoi komentet e Papadopulos në FBI.

Papadopoulos, u akuzua në hetimin e ish-këshilltarit special Robert Mueller, për një deklaratë të rreme në FBI.

Dokumenti i akuzës thoshte se deklarata e rreme, kishte të bënte me kohën e takimit të tij me Mifsudin dhe në lidhje me njohuritë e tij për lidhjet

---

ishte i përfshirë në politikën lokale të komunitetit greko-amerikan dhe është ish-president i Unionit Pan-Maqedonas të Shteteve të Bashkuara. Nëna e tij, Kate (Kiki), lindi në Greqi, por më vonë u zhvendos në Worcester, Massachusetts. Ai u rrit në Lincolnwood, Illinois dhe ndoqi shkollën e mesme Niles Ëest në Skokie, Illinois, duke u diplomuar në 2005. Më pas ai ndoqi Universitetin DePaul, duke u diplomuar me një Bachelor të Arteve në shkencat politike në 2009. Ai fitoi një Master të Shkencave në Studimet e Sigurisë në vitin 2010, në University College London, duke shkruar tezën e tij rreth "efekteve të dëmshme të niveleve të ulëta të qeverisjes dhe kapaciteteve shtetërore në Lindjen e Mesme", në nëntor 2010. Ai flet arabisht, anglisht, frëngjisht dhe greqisht. Ai jetoi në Evropë deri në mars 2016, kur u kthye në Çikago. Ai punoi si praktikant i papaguar në Institutin Hudson në vitet 2011-2015, i specializuar në Mesdheun Lindor dhe më vonë punoi si asistent kërkimor me kontratë, për një bashkëpunëtor të lartë në institut. Në vitin 2014, Papadopoulos ishte autor i pjesëve op-ed në disa botime izraelite. Në shtator 2015, Papadopoulos iu bashkua Energy Stream, një konsulencë energjetike në Londër, si konsulent nafte dhe gazi për katër muaj përpara se t'i bashkohej fushatës presidenciale të Dr. Ben Carson. Në fillim të shkurtit 2016, ai filloi punën si drejtor në Qendrën e Londrës për Praktikën e Ligjit Ndërkombëtar. Ai u largua nga fushata dr. Carson në vitin 2016 dhe u zhvendos nga Londra në Çikago në mars 2016. Ndërsa jetonte në Londër, Papadopoulos fillimisht kontaktoi fushatën e Trump më 4 gusht 2015, duke shprehur interes për "një rol këshillues për zotin Trump, për çështjet e sigurisë së energjisë dhe politikës së SHBA-së në Mesdheun Lindor." në një përpjekje për të marrë një pozicion në fushatën e Trump-it. Sam Clovis, i cili në atë kohë ishte bashkëkryetar kombëtar i ekipit të fushatës së Donald J. Trump, e miratoi atë si një këshilltar të papaguar. Më 21 mars 2016, në një intervistë me bordin editorial të The Ëashington Post, Donald J. Trump shpalli Papadopoulos si një nga këshilltarët e fushatës së tij, për politikën e jashtme. Trump, duke lexuar nga një listë, tha: "Ai është një konsulent nafte dhe energjie, djalë i shkëlqyer."... Që nga tetori 2017, Papadopoulos kishte jetuar për vitet e fundit me nënën dhe vëllain e tij në lagjen Ravensëood të Çikagos, Illinois. Ai u martua me Simona Mangiante, një avokate italiane, që dikur punonte për Parlamentin Evropian, në mars 2018.

e Mifsud me Rusinë.

Në dokumentin e kallëzimit pretendohej gjithashtu se ai "pengoi" hetimin, duke bërë deklaratën e tij të rreme.

Por, Papadopoulos nuk u takua vetëm me Mifsud dhe Downer, ndërsa ishte jashtë shtetit. Ai u takua me profesorin e Kembrixhit dhe informatorin, për një kohë të gjatë të FBI-së, Stefan Halper dhe bashkëpunëtoren e tij femër, e cila përdorej me pseudonimin Azra Turk.

Papadopoulos tha për Fox News, se ai e pa Turkin tre herë në Londër: një herë për të pirë, një herë për darkë dhe një herë me Halper.

Në vitin 2019, Papadopoulos i tha Fox News, se ai gjithmonë dyshonte se po regjistrohej. Është e paqartë se cili nga këta persona, nëse ka, mund të ketë regjistruar biseda me Papadopoulos.

Por takimet e Papadopulos jashtë shtetit u rishfaqën në vitin 2019 si pjesë e hetimit të Durham, mbi origjinën e hetimit Trump-Rusi, thanë burimet për Fox News në atë kohë.

Ndërkohë, **hetimi i Mueller, nuk dha asnjë provë për komplot kriminal ose koordinim, midis fushatës së Trump dhe zyrtarëve ruse, gjatë zgjedhjeve presidenciale të 2016-ës.**

Dëshmia e Auten, erdhi gjatë ditës së parë të gjyqit të dytë nga hetimi shumëvjeçar i Durham. Akuzat kundër Danchenkos, rrjedhin nga disa deklarata që ai bëri në FBI, në lidhje me burimet që ai përdori, për të dhënë informacion, për një firmë hetimore në Mbretërinë e Bashkuar, në lidhje me dosjen.

Danchenko, u deklarua i pafajshëm vitin e kaluar 2022, për gënjeshtra në lidhje me burimin e informacionit, që ai i dha Steele për dosjen, e cila përmbante akuza të pangopura dhe tani të zhgënjyera kundër Trump.

Korrupsioni dhe skandalet e FBI dhe Reformimi i saj
si detyrë për Kongresin sot

Duke pasur parasysh historinë e saj 115-vjeçare, FBI ka parë shumë skandale dhe drejtorë të shumtë, që shkojnë dhe vijnë, ku, drejtorët e saj, kanë qenë gjithmonë fytyra dhe forca lëvizëse e FBI-së, shkruan në libër e tij historiani dhe biografi i FBI **Douglas M Charles**, *professor i Universitetit Shtetëror të Pensilvanisë.*[272]

---

[272]**Douglas M. Charles, Ph.D. Professor of History PennState University.***Profesor Charles*, është një historian i Shteteve të Bashkuara (në përgjithësi), i cili hulumton dhe boton mbi historinë e FBI-së. Ai është

FBI, sot po përballet me një skandal të ri dhe potencialisht më të dëmshëm, ku tash 4 vjet po hetohet, është çështeja e bujshme e drejtorit të vet **James Comey**.

Në librin e tij me fakte historike mbi FBI **autori biograf Douglas M Charles**, tregon se **shumica e drejtorëve të FBI janë të përfshirë vazhdimisht në korrupsion dhe skandale gjigande.** Ato kanë dalë në pension ose kanë kaluar në punë të tjera, ndërsa katër prej tyre u detyruan të jepnin dorëheqje dhe dy, prej tyre si James Comey, janë shkarkuar plotësisht.

Ndërsa drejtorët e FBI-së shërbenin gjithmonë në kënaqësinë e presidentëve, ata ndryshonin në afërsinë e tyre me shefin ekzekutiv.

Më së shumti, drejtori i **FBI-së J Edgar Hoover (1924-1972)**, *punoi sistemaitikisht për të kënaqur interesat politike të disa presidentëve dhe për të minuar fshehurazi të tjerët.*

Që nga vdekja e tij në 1972 dhe zbulimet e abuzimeve, qeveria amerikane e ka trajtuar drejtorin e FBI-së si të pavarur nga Shtëpia e Bardhë.

Si një historian, që ka studiuar prej kohësh FBI-në dhe punën e saj, Douglas M Charles, ka thënë se besoj se *njohja e së kaluarës së agjencisë, është thelbësore për të kuptuar shkarkimin e z. Comey dhe çfarë mund të vijë prej tij.*

---

fokusuar në rrugëtimin e saj me historinë e homoseksualëve dhe lezbieve, mbikëqyrjen politike, inteligjencën britanike, rregulloren e turpësisë dhe politikën dhe diplomacinë amerikane. Ai po shkruan një histori të FBI-së para vitit 1908 deri në 2018, i cili punim është menduar të jetë një sintezë e bursës (ngritjes dhe uljes) së FBI, duke u mbështetur në kërkime origjinale historike. Ai gjithashtu, ka mbaruar së shkruari dhe bashkë-redaktuar një enciklopedi të FBI-së për ABC-CLIO. Si një historian ose biograf kryesor i FBI-së dhe studiues publik, ai ka shkruar tre libra mbi Byronë, artikuj të shumtë dhe është shfaqur në C-SPAN, "**All Things Considered**" dhe "**On Point**" të NPR, "**The Take Away**" të Radios Publike të NY, Radio australiane "Rear Vision", History Channel dhe në një dokumentar të Yahoo News. Ai ka mbajtur gjithashtu leksione, në të gjithë Shtetet e Bashkuara dhe në Evropë. **Dr. Charles**, është intervistuar dhe referuar në New York Times, Washington Post, Christian Science Monitor, Le Parisien Magazine, La Croix, de Volksrants (Holandë), Folha de S. Paulo (Brazil), Business Standard (Indi), Australian Broadcasting Corp., NBC News, Yahoo News, Time Magazine dhe PBS News Hour, ndërkohë që kanë kontribuar në disa pjesë opEd dhe historike, si një studiues publik për të ndriçuar kuptimin popullor të ngjarjeve bashkëkohore.

Origjina e FBI (Byroja Federale e Hetimit **1908-2023**)

Kur FBI u themelua në 1908, gjatë *Epokës Progresive*, zbatimi i ligjit federal ishte krysor në fillimet e tij.Departamenti i Drejtësisë, ishte vetëm 38 vjeç. *Ajo u krijua në 1870, gjatë Rindërtimit në një përpjekje, për të mbrojtur të drejtat kushtetuese të afrikano-amerikanëve, duke gjymtuar ndjeshëm* **Ku Klux Klan**.

Ish-drejtori i FBI, Stanley William Finch, ishte lideri i parë i FBI, ndërsa SHBA përjetoi industrializim të shpejtë dhe masiv, doli në një realizim: vetëm qeveria e SHBA ishte mjaft e fuqishme, për të mbretëruar në korrupsionin dhe abuzimet e shfrenuara të korporatave.

Presidenti *Theodore Roosevelt*, krijoi Byronë e Hetimit (**Federal**, *u shtua në vitin 1935*), me mandat ekzekutiv.

Kryeekzaminuesi **Stanley Finch**[273] u bë udhëheqësi i parë i byrosë. Titulli *drejtor*, nuk do të miratohej deri vonë.

Më parë, kur Departamenti i Drejtësisë duhej të hetonte një krim, ai merrte hua personelin e Shërbimit Sekret nga Departamenti i Thesarit. Si kryeekzaminues, Finch mbrojti ngritjen e një skuadre detektivësh, brenda Departamentit të Drejtësisë.

Prokurori i Përgjithshëm *Charles Joseph Bonaparte*[274] krijoi një forcë të

---

[273]**Stanley Wellington Finch (1872-1951)**, ishte drejtori i parë i Byrosë së Hetimit (1908–1912), i cili përfundimisht do të bëhej FBI. Finch lindi në Monticello, New York, në vitin 1872. Ai u bë nëpunës në Departamentin e Drejtësisë të Shteteve të Bashkuara, ku punoi pa pushim për gati 40 vjet. Finch u ngrit nga pozicioni i nëpunësit në atë të ekzaminuesit kryesor ndërmjet viteve 1893 dhe 1908. Vetëm gjatë punës në Departamentin e Drejtësisë Finch fitoi diplomën LL.B (1908), e ndjekur nga një diplomë LL.M (1909) nga ajo që tani është Shkolla Juridike e Universitetit George Washington. Ai u pranua në barin e Washington-it DC në vitin 1911.

[274]**Charles Joseph Bonaparte (1851-1921)**, ishte një avokat dhe aktivist politik amerikan liberal. Ai ishte me origjinë nga Baltimore, Maryland, dhe shërbeu në kabinetin e presidentit të 26-të të SHBA, Theodore Roosevelt. Ai ishte një pasardhës i Shtëpisë së Bonapartit: gjyshi i tij ishte Jérôme Bonaparte, vëllai i Perandorit **Napoleon Bonaparte (1769-1821)**.Bonaparte ishte Sekretar i Marinës së SHBA dhe më vonë *Prokurori i Përgjithshëm i SHBA*. Gjatë mandatit të tij si Prokuror i Përgjithshëm, ai krijoi Byronë e Hetimit (tani FBI). Bonaparte, ishte një nga themeluesit dhe për një kohë president i Lidhjes Kom-

agjentit special dhe i dha mbikëqyrjen e forcës, e quajtur më vonë Byroja e Hetimit (BOI), Finch. Kështu **ai krijoi atë që do të bëhej FBI**.

Nga viti 1913 deri në vitet 1930, Finch alternoi midis punësimit privat, kryesisht në biznesin e prodhimit të risive dhe pozicioneve në Departamentin e Drejtësisë. Më në fund ai doli në pension nga Departamenti i Drejtësisë në vitin 1940.

Kur u krijua FBI, qëllimi i saj ishte të ndihmonte në zbatimin e ligjeve federale kundër monopolit dhe të tregtisë ndërshtetërore, duke pastruar të dhënat financiare të korporatave, për keqbërje, ndërsa avokatët e Departamentit të Drejtësisë ndoqën penalisht disa çështje të bujshme.

Ky mision ishte me urdhër të Presidentit Roosevelt, interesat e të cilit përfshinin rregullimin e aspekteve abuzive të kapitalizmit të korporatave.

Megjithatë, me kalimin e kohës, FBI dhe drejtorët e saj morën përgjegjësi në rritje dhe u bënë më të pavarur, *por balancimi i këtij autoriteti dhe pavarësisë ndonjëherë ishte një luftë, që rezultonte në skandale.*

Zgjerimi i autoritetit

Finch, ishte i fiksuar pas prostitucionit, duke e quajtur atë "të keqen" më të madhe, dhe duke shkruar gjerësisht për kërcënimin e saj. *Ai e ndoqi me zell si kreu i FBI-së, për disa vjet prostitucionin deri sa u njohën lëndët narkotike-drogat.*

Përpjekjet e tij u bazuan në miratimin në vitin 1910 të **Aktit të Trafikut të Skllevërve të Bardhë**, një ligj që ndalon transportimin e grave nëpër linjat shtetërore, për *qëllime imorale*, shitjen e trupit të tyre **për sex**.

Përgjegjësitë hetimore të byrosë u zgjeruan shpejt, duke përfshirë shënjestrimin e rrjeteve të prostitucionit.

Formulimi i ligjit, megjithatë, ishte i paqartë, duke rezultuar në agjentët e FBI-së, që zbatonin idetë e tyre, për moralin dhe rolet e duhura të grave dhe burrave.

Me miratimin e Aktit të Vjedhjes së Automjeteve Motorike në 1919, agjentët e FBI filluan gjithashtu të synonin kriminelët, që drejtonin makina të vjedhura nëpër linjat shtetërore, si John Dillinger, në vitet 1930.

Realitetet hetimore të të dy ligjeve e bënë të nevojshme, që agjentët të hetojnë krimet në terren, në vend që të ekzaminojnë të dhënat financiare nga poshtë tavolinës në Washington. *FBI, krijoi zyra në terren në të*

---

bëtare Komunale. Ai ishte gjithashtu një aktivist për një kohë të gjatë, për të drejtat e banorëve me ngjyrë të qytetit të tij të lindjes, Baltimore.

gjithë vendin.

Gjatë Luftës së Parë Botërore, përgjegjësitë e FBI u zgjeruan përsëri. Kësaj radhe ka hyrë në fushën e sigurisë së brendshme.

Frika nga ndikimet e jashtme ishte e madhe nga emigrantët, të ashtuquajturit *"amerikanë me vizë"* si italo-amerikanët dhe shqetësimet serioze për spiunazhin dhe sabotazhin gjerman.

FBI-ja zbatoi dhe ligjet e reja që mbulonin spiunazhin, rebelimin, draftin dhe emigracionin

Një **Bruce Bielaski**[275] ishte kreu i *Byrosë Federale të Hetimit*(**FBI**) në atë kohë. Ai ishte një ish-vartës i Finch, një avokat, djali i një ministri dhe anëtar i ekipit të bejsbollit të Departamentit të Drejtësisë.

Ish-drejtori i FBI-së, A Bruce Bielaski drejtoi FBI në vitet 1912-1919. (FBI, Biblioteka e Kongresit)

Gjatë mandatit të tij, Kongresi hetoi zbatimin masiv federal të Aktit të Shërbimit Selektiv.

FBI, mblodhi dhe ndaloi ilegalisht amerikanët derisa ata që u arrestuan të mund të provonin se ishin regjistruar për draftin. Në fund të fundit,

---

[275]**Alexander Bruce Bielaski (1883-1964)**, ishte një avokat dhe zyrtar qeveritar amerikan, që shërbeu si drejtor i Byrosë së Hetimit (tani Byroja Federale e Hetimit) në vitet 1912-1919. Bielaski lindi në Montgomery County, Maryland nga djali i ministrit metodist Alexander Bielaski. Gjyshi i tij ishte kapiteni i Luftës Civile Alexander Bielaski dhe xhaxhai i tij ishte amerikani i parë polak në Major League Baseball, Oscar Bielaski. Ai mori një diplomë juridike nga Shkolla Juridike e Universitetit George Washington në 1904, ku iu bashkua Departamentit të Drejtësisë. Ai shërbeu si ekzaminues i posaçëm në Oklahoma, kur Territori i Oklahomas u bë shtet. Pas kthimit në Uashington, Bielaski hyri në Byronë e Hetimit dhe u ngrit për t'u bërë asistent i Finch. Në këtë detyrë ai ishte përgjegjës për çështjet administrative të Byrosë. Në fund të prillit 1912, Prokurori i Përgjithshëm George W. Wickersham emëroi Bielaski për të zëvendësuar Finch. Si Shef, Bielaski mbikëqyri një rritje të qëndrueshme të burimeve dhe përgjegjësive të caktuara për Byronë. Bielaski ishte shumë i përfshirë në vëllazërinë Delta Tau Delta dhe komunitetin më të madh të vëllazërisë, ku ishte president ndërkombëtar i Delt në vitet 1919-1925. Në vitin 1938, ai shërbeu si president i Shoqatës së ish-agjentëve speciale. Ai vdiq në moshën 80-vjeçare.

Bielaski u detyrua të jepte dorëheqjen në shkurt të vitit 1919, për trajtimin dhe abuzimin e tij gjatë bastisjeve.

Papërshtatshmëritë e FBI në vitet 1920

Nën udhëheqjen e **William J. Burns**,[276] kreut të parë të FBI-së që përdori titullin *Drejtor*, vendi përjetoi atë që derisa **Watergate** ishte gjyshi i skandaleve politike amerikane: *skandali Teapot Dome.*

Sekretari i Brendshëm i Presidentit Warren Harding, Albert Fall, me vështirësi financiare, kishte lejuar kompanitë e naftës të shfrytëzonin rezervat e naftës emergjente të Marinës amerikane në Teapot Dome, Wyoming, në këmbim të ryshfetit.

Përfundimisht, senatori Burton K Wheeler dhe të tjerët zbuluan dhe filluan të hetojnë parregullsitë.

Drejtori i FBI-së, Burns, me kërkesë të Prokurorit të Përgjithshëm *Harry Daugherty*,[277] u përpoq t'i jepte fund hetimit të Senatit. **Burns**, ishte pronar

---

[276]**William John Burns (1861-1932)**, ishte një hetues privat amerikan dhe zyrtar i zbatimit të ligjit. Ai fitoi famë për kryerjen e hetimeve private, në një numër incidentesh të dukshme, të tilla si pastrimi i Leo Frank nga vrasja e Mary Phagan në 1913, dhe për hetimin e bombardimeve vdekjeprurëse të vitit 1910 në Los Angeles Times, kryer nga anëtarët e Shoqatës Ndërkombëtare të Punëtorëve të Urave, Strukturës, Ornamentalit dhe Hekurit përforcues. Në vitet 1921-1924, Burns shërbeu si drejtor i Byrosë së Hetimit (BOI), paraardhës i Byrosë Federale të Hetimit (FBI). Ai lindi në Baltimore, Maryland, dhe u arsimua në Columbus, Ohio.

[277]**Harry Micajah Daugherty (1860-1941)**, ishte një politikan republican amerikan. Ai ishte një burim kyç i politikës republikane në Ohio, dhe mbahet mendsi shembull shumë i mire, për shërbimin e tij si Prokuror i Përgjithshëm i Shteteve të Bashkuara nën **Presidentët Warren G. Harding dhe Calvin Coolidge,** si dhe për përfshirjen e tij në skandalin Teapot Dome, gjatë presidencës së Harding. Pavarësisht statusit të tij si një lider politik kryesor i Partisë Republikane të Ohio nga vitet 1880 deri në dekadën e parë të shekullit të 20-të, Daugherty ishte vetë një politikan i zgjedhur në mbarë vendin, vetëm për pak kohë, duke shërbyer vetëm dy mandate në Asamblenë e Përgjithshme të Ohio, duke punuar ngushtë gjatë fundit. dy vjet me Guvernatorin e Ohajos, William McKinley. Daugherty mbeti një figurë me ndikim pas zgjedhjes së disa përfaqësuesve dhe senatorëve amerikanë. Në vitin 1920, ai ishte menaxheri i fushatës së Harding në Konventën Kombëtare Republikane. Pas zgjedhjes së suksesshme të Harding, Daugherty u emërua

i një agjencie private detektivësh dhe një njeri i prirur të besonte se qëllimet hetimore justifikonin mjetet.

Ai nuk kishte frikë të synonte burra të fuqishëm. Kështu, ai dërgoi agjentë,për të gërmuar papastërtitë në Wheeler.

Duke mos gjetur as edhe një gjë, ai dhe Daugherty, sajuan akuza të pabaza korrupsioni kundër Wheeler-it, të cilat vetëm rezultuan të kundërta.

Prokurori i Përgjithshëm u shkarkua dhe u zëvendësua me një reformator, i cili detyroi menjëherë dorëheqjen e drejtorit të korruptuar të byrosë Burns në 1924. *FBI u vendos nën tutelën e* **J. Edgar Hoover.**[278]

Nën Hoover, FBI evoluoi nga një agjenci relativisht e vogël hetimore në një organ të madh, profesional dhe me ndikim të zbatimit të ligjit dhe sigurisë kombëtare.

Ajo mori kompetencat e arrestimit e u fokusua në teknikat dhe zbulimit të procesit e shkencor, për të synuar zbulimin dhe kapjen e gang-

---

Prokuror i Përgjithshëm. Në këtë cilësi, ai ishte i rëndësishëm në fitimin e faljeve presidenciale për disidentët e burgosur kundër luftës si Eugene V. Debs. Dy herë subjekt i hetimeve federale të korrupsionit, Daugherty u detyrua në vitin 1924 të jepte dorëheqjen nga posti i tij si Prokuror i Përgjithshëm nga pasuesi presidencial i Harding, Calvin Coolidge.

[278]**John Edgar Hoover (1895-1972)**, ishte një administrator amerikan i zbatimit të ligjit, që shërbeu si Drejtori i parë i Byrosë Federale të Hetimit (FBI). Calvin Coolidge emëroi Hooverin si drejtor të Byrosë së Hetimit, paraardhësin e FBI-së, në vitin 1924. Në qershor 1935, Hoover u bë i rëndësishëm në themelimin e FBI-së, ku **ai qëndroi drejtor për 37 vjet** deri në vdekjen e tij në maj 1972. Hoover zgjeroi FBI u shndërrua në një agjenci më të madhe kundër krimit dhe krijoi një sërë modernizimesh në teknologjinë e policisë, të tilla si një skedar i centralizuar i gjurmëve të gishtërinjve dhe laboratorët e mjekësisë ligjore. Hoover gjithashtu krijoi dhe zgjeroi një listë të zezë kombëtare, të referuar si *Indeksi i FBI ose Lista e Indeksit*. Më vonë gjatë jetës dhe pas vdekjes së tij, Hoover u bë një figurë e diskutueshme, pasi provat e abuzimeve të tij të fshehta të pushtetit filluan të dalin në sipërfaqe. U zbulua se ai kishte shkelur në mënyrë rutinore si politikat e vetë FBI-së, ashtu edhe vetë ligjet, për të cilat FBI ishte ngarkuar të zbatonte, se kishte përdorur FBI-në për të ngacmuar dhe sabotuar disidentët politikë, për të grumbulluar dosje sekrete, për shantazhimin e politikanëve të nivelit të lartë dhe të ketë mbledhur prova, duke përdorur përgjime të paligjshme, përgjime dhe vjedhje. Rrjedhimisht, Hoover grumbulloi një fuqi të madhe dhe ishte në gjendje të frikësonte dhe kërcënonte figurat politike.

sterëve të famshëm të viteve 1930.

Më pas, nën Presidentin *Franklin Roosevelt*, FBI u zhvendos për t'i dhënë përparësi hetimeve të sigurisë kombëtare dhe inteligjencës.

Me kalimin e kohës, FBI e Hoover-it u bë gjithashtu e njohur për mbledhjen e saj të inteligjencës politike, *hetimet e turpshme, dosjet sekrete dhe shënjestrimin e afrikano-amerikanëve, homoseksualëve, protestuesve të luftës dhe të majtëve.*

FBI moderne

Kur publiku u bë i vetëdijshëm për këto aktivitete, **pas vdekjes së Hoover në 1972, FBI punoi për të riparuar reputacionin e saj të dëmtuar.**

Kongresi, mandatoi më tej që drejtorët do të shërbenin një mandat statutor 10-vjeçar, për të shmangur abuzimet e një Hoover të rrënjosur, i cili ishte drejtor për 48 vjet.

Kjo do të ndihmonte gjithashtu në shmangien e drejtorëve të FBI, për t'u nënshtruar ndaj interesave partiake presidenciale.

Ish-drejtori i FBI, William Sessions (1930-2020)

Drejtori **William Sessions**,[279] u shkarkua nga presidenti Bill Clinton

---

[279]**William Steele Sessions (1930-2020)**, ishte avokat dhe jurist amerikan, që shërbeu si gjykatës i rrethit të Shteteve të Bashkuara të Gjykatës së Qarkut të Shteteve të Bashkuara për Distriktin Perëndimor të Teksasit dhe Drejtor i Byrosë Federale të Hetimit. Sessions shërbeu si drejtor i FBI në vitet 1987-1993, kur u shkarkua nga Presidenti Bill Clinton. Pas largimit nga sektori publik, Sessions përfaqësoi Semion Mogilevich, udhëheqës ndërkombëtar i mafies ruse. Ai ishte babai i kongresmenit të Teksasit Pete Sessions. Sessions lindi në Fort Smith, Arkansas. Ai u diplomua në shkollën e mesme Northeast në Kansas City, Missouri, në vitin 1948 dhe u regjistrua në Forcat Ajrore të Shteteve të Bashkuara, duke marrë komisionin e tij në tetor 1952. Ai shërbeu në detyrë aktive deri në tetor 1955. Ai ndoqi Universitetin Baylor në Waco, Teksas, ku ai mori një diplomë Bachelor i Arteve në 1956. Ai mori një Bachelor në Drejtësi në vitin 1958 nga Fakulteti Juridik Baylor. Në Baylor, Sessions u bë anëtar i vëllazërisë Delta Chi. Ai ishte një Skaut i Shqiponjave dhe fitues i Çmimit të Shquar të Skautëve të Shqiponjës nga Boy Scouts of America. Ai u emërua nga **Presidenti Gerald Ford** më 11 dhjetor 1974, në një vend në Gjykatën e Qarkut të Shteteve të Bashkuara, për Distriktin Perëndimor të

në vitin 1993 nga Byroja Federale e Hetimit.

Javë përpara Watergate, Nixon L Patrick Grey ndërhyri për të zëvendësuar Hoover si drejtor në detyrë dhe u emërua nga Nixon, për të shërbyer si drejtor i përhershëm. Megjithatë, ai shpejt tërhoqi nominimin e tij dhe dha dorëheqjen si ushtrues detyre i drejtorit në prill 1973, pasi pranoi se shkatërroi dosjet e lidhura me **Watergate**.

Më vonë erdhi William Sessions, një ish-gjyqtar federal, që mori detyrën nën presidentin Ronald Reagan në vitin 1987 dhe u fokusua në krimet e ashtuquajtura *"Jakat e bardha"*.

Zoti Sessions, megjithatë, shkeli procedurat e byrosë dhe ligjin federal, duke përdorur burimet e FBI-së për udhëtime personale dhe përmirësime të dukshme të jetës private (*shtëpi, makina pushime luksi*).

Pas një hetimi të thellë të etikës së brendshme, ai rezistoi ashpër gjashtë muaj ndaj kërkesave të Shtëpisë së Bardhë për dorëheqjen e tij.

Presidenti Bill Clinton, i telefonoi personalisht Sessions dhe e shkarkoi atë në korrik 1993. *Ky ishte shkarkimi i parë i drejtpërdrejtë i një drejtori.*

Kjo na çon te z. Comey, i famshëm për reputacionin dhe brezin e pavarësisë së Boy Scout-it, dhe tani vetëm drejtori i dytë i FBI-së që shkarkohet *plotësisht*.

Ka ndryshim të llogarive se pse ai u pushua nga puna, duke u fokusuar ose në trajtimin e emaileve të Hillary Clinton ose hetimin Trump-Rusi.

Ndryshe nga rasti i z. Sessions, ku për herë të parë u përfundua një hetim i brendshëm, ekzaminimi i inspektorit të përgjithshëm i veprimeve të z. Comey në zgjedhjet e 2016 nuk ka përfunduar ende dhe statusi i tij është i paqartë.

Gjithashtu, ndryshe nga Sessions, ku iu bë presion për gjashtë muaj për të dhënë dorëheqjen, shkarkimi i **James Comey**,[280] ishte i papritur dhe

Teksasit të liruar nga gjyqtari Ernest Allen Guinn. Ai u konfirmua nga Senati i Shteteve të Bashkuara më 19 dhjetor 1974 dhe mori komisionin e tij më 20 dhjetor 1974. Ai shërbeu si Kryegjyqtar në vitet 1980-1987. Gjithashtu ai shërbeu si anëtar bordi i Qendrës Gjyqësore Federale nga 1980 deri në 1984. Shërbimi i tij u ndërpre më 1 nëntor 1987, për shkak të dorëheqjes së tij.

[280]James Brien Comey Jr. (1960), është një avokat amerikan, i cili ishte drejtori i shtatë i Byrosë Federale të Hetimit (FBI) nga viti 2013 deri në shkarkimin e tij në maj 2017. Gjatë administrimit të Presidentit George W. Bush, Comey ishte avokat i SHBA-së për Distriktin Jugor të New York-ut në vitet 2002-2003 dhe më vonë zv/Prokuror i Përgjithshëm i Shteteve të Bashkuara në vitet 2003-2005. Në gusht 2005, Comey u largua nga Departamenti Amerikan i Drejtësisë (DOJ) do të bëhet zëvendëspresident i lartë i Lockheed Martin si

indirekt, ai e dëgjoi këtë nga raportet e lajmeve gjatë vizitës në një zyrë në terren të FBI, me një gjurmë rekomandimesh në letër, për të që datonin vetëm në momentin aktual ditën e pushkatimit.

Se si do të shpaloset e gjithë kjo mbetet e paqartë, por është një moment dramatik në një histori të gjatë të drejtorëve të FBI-së dhe daljet e tyre të përshtatura me kohën e tyre.

Si shkoi shkarkimi i Comey!? Ja se si shpalosi shkarkimi i drejtorit të FBI-së James Comey nga Donald J. Trump.

Më 9 maj 2017, Presidenti J. Trump shkarkoi drejtorin e FBI-së Comey, pasi ai kishte keqdeklaruar disa gjetje kryesore të hetimit të e-mailit në dëshminë e tij në Komitetin Gjyqësor të Senatit.

Shumë media kryesore të lajmeve, kishin vënë në dyshim nëse shkarkimi ishte në përgjigje të kërkesës së Comey, për më shumë burime, për të zgjeruar hetimin për ndërhyrjen ruse në zgjedhjet presidenciale.

Pas shkarkimit të Comey, zëvendësdrejtori **Andrew G. McCabe**[281] u

---

këshilltar i përgjithshëm. Në shtator 2013, Presidenti Barack Obama emëroi Comey në postin e Drejtorit të FBI-së. Në atë cilësi, ai ishte përgjegjës për mbikëqyrjen e hetimit të FBI-së për 35.000 emailet e Hillary Clinton-it. Roli i tij në zgjedhjet presidenciale të 2016 në SHBA ishte shumë i diskutueshëm. Presidenti Donald J. Trump shkarkoi Comey më 9 maj 2017. Departamenti i Drejtësisë refuzoi të ndiqte penalisht Comey-n. Në gusht 2019, Zyra e Inspektorit të Përgjithshëm zbuloi se mbajtja, trajtimi dhe shpërndarja e memorandumeve nga Comey shkelte politikat e DD-së, politikat e FBI-së dhe marrëveshjen e tij të punësimit të FBI-së. Comey është me origjinë irlandeze.

[281] Andrew George McCabe (1968), është një avokat amerikan, i cili shërbeu si Zëvendës Drejtor i Byrosë Federale të Hetimit (FBI) në vitet 2016-2018 dhe si ushtrues detyre i drejtorit të FBI në vitin 2017. McCabe iu bashkua FBI-së si agjent special në 1996 dhe shërbeu me ekipin SWAT të byrosë. Ai u bë agjent special mbikëqyrës në vitin 2003 dhe mbajti poste drejtuese me përgjegjësi në rritje derisa u emërua zëvendësdrejtor i FBI-së në shkurt 2016. McCabe u bë ushtrues detyre i drejtorit të FBI-së pas shkarkimit të James Comey nga Presidenti Donald J. Trump, dhe shërbeu në atë pozicion deri në emërimin e Christopher A. Wray nga Trump. Prokurori i Përgjithshëm Jeff Sessions shkarkoi McCabe më 16 mars 2018, 26 orë përpara daljes në pension të tij të planifikuar. Sessions njoftoi se ai e bazoi vendimin e tij në raportet e Inspektorit të Përgjithshëm të DOJ-së dhe zyrës disiplinore të FBI-së, duke thënë se McCabe kishte autorizuar në mënyrë të parregullt publikime të informacionit për The Wall Street Journal në lidhje me një hetim mbi Fondacionin Clinton dhe kishte mashtruar agjentët që e morën në pyetje në lidhje me të në katër raste, tre prej të cilave ishin nën betim.

bë ushtrues detyre i drejtorit. Më 1 gusht 2017, kandidati i Presidentit Trump për drejtor të FBI-së **Christopher A. Wray**[282] u konfirmua zyrtarisht nga Senati me një votim 92–5 dhe u betua si Drejtor të nesërmen.

Inspektori i Përgjithshëm i Departamentit të Drejtësisë, Michael E. Horowitz, publikoi një raport për sjellje të pahijshme në DD dhe FBI, lidhur me trajtimin e hetimit të serverit privat të e-mailit të Hillary Clinton. Horowitz kritikoi James Comey, Drejtor i FBI-së në kohën e hetimit, për mosrespektimin e protokollit të Byrosë dhe Departamentit të Drejtësisë.

Raporti i IG (*Prokurorit të Përgjithshëm*), megjithatë, nuk gjeti asnjë provë të njëanshmërisë politike ose sjellje të pahijshme kriminale në vendimet e Comey, gjatë hetimit të serverit të emailit.

Sipas raportit, Horowitz zbuloi se Comey kishte një '*mungesë shqetë-suese të komunikimit të drejtpërdrejtë ose thelbësor*', me Prokuroren e Përgjithshme Loretta Lynch, përpara konferencës së tij për shtyp më 5 korrik 2016, mbi hetimin e e-mailit të Clinton dhe letrën e tij drejtuar Kongresit në tetor 2016.

Përpara dy vendimeve të tilla të njëpasnjëshme, drejtori i FBI-së vendosi se mënyra më e mirë e sjelljes ishte të mos fliste drejtpërdrejt dhe në mënyrë thelbësore me Prokurorin e Përgjithshëm, për mënyrën më të mire, për të naviguar ato vendime, sipas gjetjeve të IG.

Për më tepër, raporti zbuloi gjithashtu përdorimin e një llogarie private Gmail, për biznesin e FBI, të përdorur nga Comey, pavarësisht paralaj-

---

[282]**Christopher Asher Wray (1966)**, është një avokat amerikan, i cili është drejtori i tetë i Byrosë Federale të Hetimit, që shërben që nga viti 2017. Në vitet 2003-2005, Ëray shërbeu si Ndihmës Prokurori i Përgjithshëm i ngarkuar me Divizionin Kriminal në administratën e George W. Bush, kurse në vitet 2005-2016, ai ishte ortak në çështje gjyqësore me firmën ligjore King & Spalding. Christopher Asher Wray ka lindur në New York City. Wray ndoqi shkollën private Buckley në New York City dhe shkollën private të konviktit Phillips Academy në Andover, Massachusetts. Ai më pas ndoqi Universitetin e Yale nga i cili u diplomua me lavdi, me një diplomë Bachelor të Arteve me një diplomë në filozofi në 1989, dhe fitoi doktorin e tij Juris në 1992 nga Shkolla Juridike e Yale. Në vitin 2013, u zbulua se Wray ishte një nga zyrtarët e lartë të Departamentit të Drejtësisë që gati dha dorëheqjen në vitin 2004, së bashku me drejtorin e atëhershëm të FBI-së Robert Mueller dhe Zëvendës Prokurorit të Përgjithshëm James Comey, për shkak të teknikave të mbikqyrjes së paligjshme që administrata Bush kishte vendosur nën Terrorist, Programi i mbikëqyrjes.

mërimit të punonjësve për përdorimin e saj. Akti i sjelljes së keqe ishte *"në kundërshtim me politikën e Departamentit të Drejtësisë"*, përcaktoi hetimi i mbikëqyrësit.

Memorandumi i Devin Nunes, urdhëri i FISA-s

Më 2 shkurt 2018, një *Memorandum konfidencial* me katër faqe nga kryetari i Komitetit të Inteligjencës Republikane të Dhomës së Përfaqësuesve, **Devin Nunes**, u publikua pasi u nënshkrua nga Presidenti Trump.

Sipas memorandumit, një dosje nga Christopher Steele dhe firma kërkimore opozitare Fusion GPS u përdor nga zyrtarë të DD dhe FBI si E. W. Priestap për urdhërat e FISA, për të vëzhguar anëtarin e fushatës së Trump, Carter Page.

Për më tepër, ish-zëvendësdrejtori i FBI-së, Andrew McCabe, i cili dha dorëheqjen përpara publikimit të memorandumit, deklaroi se urdhri i FISA-s nuk do të ishte marrë pa informacionin në dosjen Steele.

Të katër aplikacionet e FISA-s, u nënshkruan nga McCabe, Rod Rosenstein dhe ish-drejtori i FBI-së James Comey.

Presidenti Trump, komentoi publikimin e memorandumit, duke thënë: *"Shumë njerëz, duhet të kenë turp"*.

Shkarkimi dhe hetimi i Ish-zv/drejtorit të FBI-së, Andrew G. McCabe

Më 16 mars 2018, **Prokurori i Përgjithshëm Jeff Sessions shkarkoi Andrew McCabe, ish-zëvendësdrejtor i FBI-së, për lejimin e zyrtarëve të FBI-së të rrjedhin informacione në media, rreth hetimit të Fondacionit Clinton dhe më pas mashtrimit të hetuesve për incidentin.**

Zyra e Përgjegjësisë Profesionale e FBI-së rekomandoi shkarkimin dy ditë më parë. Akuzat për sjellje të pahijshme ishin rezultat i një hetimi nga Michael E. Horowitz, Inspektori i Përgjithshëm specifik i DD-së i emëruar nga ish-presidenti amerikan Barack Hysen Obama, i cili njoftoi në janar 2017 se DD do të hetonte veprimet e FBI-së, që çuan në vitin 2016 në zgjedhjet në SHBA.

Më 21 mars 2018, drejtori i FBI-së, Christopher Wray tha se shkarkimi i McCabe ishte bërë nga libri dhe nuk ishte i motivuar politikisht.

Më 12 qershor 2018, një avokat që përfaqësonte McCabe, paditi Departamentin e Drejtësisë dhe FBI-në, në lidhje me shkarkimin e tij.

Më 6 shtator 2018, u zbulua në media se një juri e madhe kishte filluar të hetonte McCabe dhe të thërriste dëshmitarët, për të përcaktuar nëse duhet të ngriheshin akuza penale, për mashtruar byronë.

Hetimi aktualisht po trajtohet nga zyra e avokatit të SHBA-së në Distrikt Columbia. Kjo gjithashtu bëri që McCabe të heqë dorë nga padia e tij, për përfundimin e gabuar.

Hetimi i FBI

Më 13 prill 2018, një pjesë në lidhje me McCabe nga raporti i mbikëqyrësit të Departamentit të Drejtësisë, u publikua për publikun.

Sipas raportit, McCabe *"i mungonte sinqeriteti"*, duke përfshirë nën betim dhe zbulime të autorizuara, për mediat në kundërshtim me politikën e FBI-së, gjatë një hetimi federal ndaj Fondacionit Clinton.

Më 19 prill 2018, inspektori i përgjithshëm i Departamentit të Drejtësisë i kishte referuar gjetjet e sjelljes së pahijshme të McCabe në Zyrën e Prokurorit të SHBA në Uashington, DC për akuza të mundshme penale, sipas raporteve të mediave. McCabe ka mohuar akuzat për sjellje të pahijshme.

Aktivitetet e FBI, shqyrtohen nga afër dhe rregullisht nga një sërë subjektesh. Kongresi, përmes disa komisioneve mbikëqyrëse në Senat dhe Dhomë, rishikon ndarjet buxhetore të FBI-së, programet dhe hetimet e zgjedhura.

Rezultatet e hetimeve të FBI, shpesh shqyrtohen nga sistemi gjyqësor, gjatë proceseve gjyqësore. Brenda Departamentit të Drejtësisë të SHBA-së, FBI është përgjegjëse ndaj Prokurorit të Përgjithshëm dhe raporton gjetjet e saj tek avokatët amerikanë, në të gjithë vendin. Aktivitetet e inteligjencës së FBI-së mbikëqyren nga Drejtori i Inteligjencës Kombëtare.

Trump dhe ritmi i ngadaltë i hetimit të FBI-së për Hunter Biden

Sen. Ron JOHNSON **(R-WI): Kur merrni parasysh shfajësimin e Hillary Clinton, kur merrni parasysh hetimin mashtrues dhe të korruptuar mbi marrëveshjet e fshehta ruse, i cili ishte një gënjeshtër e plotë, dhe FBI e dinte se ishte, ju i keni bashkuar të gjitha këto gjëra, FBI, Departamenti i Drejtësisë ndërhyri në zgjedhjet e vitit 2016, në** zgjedhjet e vitit 2020.

Dhe ja ku shkojmë përsëri. Ata do të ndërhyjnë në zgjedhjet e vitit 2024. Ata tashmë kanë filluar. Çfarë rrëmuje. Natyrisht, Presidenti Trump do të ketë një aftësi, për të mbrojtur veten. *Por a do të jetë në gjendje të mbrohet shpejt apo kjo do të zvarritet pa pushim!?*

Pra, është e vështirë të mos dyshosh për atë që po bën Departamenti i Drejtësisë edhe një herë. Siç e përmendët ju, hetimi Hunter Biden është zvarritur me vite. Ata janë në gjendje ta përfundojnë këtë hetim shumë shpejt.

Përveç kësaj, ata e shpallin atë pothuajse në të njëjtën ditë, kur detajet e burimit njerëzor-konfidencial të FBI-së do të zbulohen nga anëtarët e Kongresit.

Dhe unë nuk do të tregoi bubullimën e kongresmeneve këtu. Por kjo është e gjitha është e gjitha e dyshimtë. Dhe është thjesht një rrëmujë e tmerrshme.

Ata po hetonin "bisnesmenin" Hunter Biden, që në vitin 2018. Pra, ky hetim po ecën me një ritëm akullnajor. Ne kemi një sinjalizues, që vjen në zyrën tonë, duke thënë se avokati amerikan Weiss, nuk kishte burime për të bërë një hetim të duhur.

Por çfarë është interesante, tani që u zbulua ky dokument i FBI-së, u ktheva dhe shikova afatin kohor. Dhe, para së gjithash, ju duhet të kuptoni se Bidenët, sigurisht Hunter, mendoj se ndoshta edhe Joe Biden, e dinte saktësisht llojin e njerëzve, me të cilët kishin të bënin.

Partneri i biznesit i Hunter, i cili ishte gjithashtu në bordin e Burisma, **Devon Archer**, tani është një kriminel i dënuar. **Patrick Ho**, i cili ishte Hunter Biden, pagoi një milion dollarë, për t'u mbrojtur kundër akuzave për pastrim parash, Hunter Biden e quajti atë shefi i spiunazhit të Kinës *"të fshirë në mënyrë të paligjshme"*.

Për sa i përket Burisma dhe kjo është ajo që këto 5 milion dollarë ose tingëllon si 10 milion dollarë ryshfet të paguara, kjo rreth Burisma dhe oligarkut të tyre të korruptuar, **Mykola Zlochevsky**. Ai kishte pasuritë e tij, të cilat u sekuestruan nga Britania e Madhe në vitin 2014, **në të njëjtën kohë kur Hunter Biden dhe Devon po i bashkoheshin bordit.**

Në vititn 2015, ai u shpall zyrtarisht i arratisur. Ishte atëherë kur Andre ose atëherë **Viktor Shokin** u punësua si Prokuror i Përgjithshëm. Në **vitin 2015**, zbulojmë se kur po vazhdonte i gjithë ky aktivitet me Bidens.

Në vitin 2016, është koha kur Prokurori i Përgjithshëm i Ukrainës Shokin hapi hetimin, dhe, brenda tre muajsh, Shokin u

pushua nga puna.

Dhe kjo, është pothuajse në të njëjtën kohë, kur zv/Presidenti **Joe Biden po fliste me Poroshenkon dhe kërkonte shkarkimin e Shokinit**.

Pra, është veprim tepër i korruptuar dhe shumë i pistë. Bidenët e dinin saktësisht se me çfarë lloj njerëzish kishin të bënin, por mediat kryesore majtiste amerikane Fake News, në përgjithësi, e kanë injoruar dhe mbuluar me mjeshtëri atë.

Por, është interesante që The New York Times, në fund të dhjetorit të vitit 2016, ose gjatë vitit 2015, në fakt po shkruante një histori për Bidenët dhe këtë oligark të korruptuar.

Por, më pas ata e humbën epërsinë e historike investigative mbi familjen Biden…, sepse Joe Biden garoi për President dhe se media ndaloi botimin e të vërtetave dhe e ndryshoi pëllakën dhe tani e mbuloi dhe kapërdiu pështymene vet disa vjecare, që kishte nxjerre vazhdimisht, gjatë gjithë atyre vitëve kundër Joe Biden dhe djalit të tij Hunter Biden.

Mediat bashkëfajtore, të bindura, të korruptuara, nuk po e mbulojnë këtë gjë me ndershmëri. Dhe, ju e dini, ne gjithashtu duhet të theksojmë, ju folët për thyerjen e precedentit.

Presidenti Ford, vendosi se ishte më mirë që Amerika të mos ndiqte ndjekjen penale kundër Presidentit Nixon.

Presidenti Trump, mori pothuajse të njëjtin vendim, të mos ndiqte asnjë lloj ndjekjeje penale të Hillary Clinton, gjë që i kushtoi rëndë deri tani atij.

Joe Biden, *mund të kishte marrë saktësisht të njëjtin vendim, por nuk e bëri. Ai lejoi një bastisje SWAT, në një rezidencë shumë të sigurt të Presidentit Trump mbi të dhënat federale, edhe pse ai mbante vetë të dhëna të klasifikuara, sekrete dhe top-sekrete, qysh nga koha kur ai ishte senator dhe më vonë.*

Pra, ajo çështje record, duhet të ishte trajtuar në mënyrë civile. Nuk duhet të jemi asnjëherë në këtë vend. Por ky është këto janë vendime, që Presidenti Biden ka marrë, aq sa ai ndoshta nuk gënjen, kur thotë nuk ka folur fare me Departamentin e Drejtësisë. **Është shumë e vështirë të besohet kur kupton se sa gënjeshtra të tjera, i ka thënë presidenti Biden publikut amerikan.**

Senatori Johnson: Si mund të mos ndikojë? Jo vetëm që vetëm manovrat ligjore do t'a shpërqendrojnë atë. Por kjo do të jetë historia kryesore në mediat kryesore, derisa të vendoset ky rast.

Pra, sigurisht që do të shpresoja që ky gjyq të zhvillohet shpejt, që Presidenti Trump të mund të mbrohet dhe ne mund t'a marrim këtë pas vetes.

Por ajo që po dëgjoj nga ekspertët ligjorë, është se ky gjyq mund të mos ndodhë deri pas zgjedhjeve të vitit 2024. Kjo do të ishte një skenar i organizuar. **Dhe Presidenti Trump, doli sërisiht fitues, ndaj të korruptuarve Deep State, Cabala, Klubi 300, FBI, CIA etj.**

NË RRUGËT TONA QARKULLUAN TANKE
DHE TRUPA AMERIKANE, SIKURSE NË KANADA...
DHE UKRAINA ME FEDERATËN RUSE SOT

Presidenti rus Vladimir Putini, tha se do t'u shpallte luftë të gjithë vendeve të NATO-sdhe do të bombardonte të gjithë bazat e NATO-s në Poloni, Rumani, Estoni, Letoni, Lituani dhe ndoshta edhe bazat në Itali dhe Gjermani në rast se vendet e NATO-s përdorin avionë F-16, në ndonjë nga aeroportet dhe bazat e tyre, për të marrë pjesë në bombardimet e trupave ruse në terren.

Kontrolluesit e "fakteve" të FakeBook-ut, thonë se nuk ka asgjë për të parë këtu, vetëm janë "ushtrime" (stërvitje) verore!

Më 17 qershor 2023, qytetarët amerikanë në shumë zona të SHBA-së, janë befasuar që tanket, trupat, avionët sulmues po lëvizin lirshëm në rrugë, në të gjithë vendin.

Videoja, më poshtë tregon tanke në autostradat e Idahos, helikopterët Osprey, duke hedhur marinsat në lagjet rezidenciale të banuara të Kalifornisë dhe ngarkesat e trenave me forca të blinduara moderne ushtarake, që lëvizin në Montreal, Quebec, të Kanadasë.

Në këtë mënyrë *videot e bërë virale në rrjetet sociale*, tregojnë kjartë lëvizjet ushtarake në Larksper, Kaliforni, ku avionët Osprey të Korpusit të Marinës së Shteteve të Bashkuara po hedhin trupa parashitiste në lagjet e banuara.

Gjatë orëve në vazhdim nga shumë zona të ndryshme *u raportuan lëvizje masive ushtarake në shumë shtete.* Më pas, pamë në internet disa video nga njerëzit në makinë dhe kalimtarë të shumtë që jetonin në Idaho, të cilat tregonin një grup armësh të rënda artilerie vetëlëvizëse M1A1 Abrams M109, që vepronin në rrugët e Idaho Falls, ID apo JO në rimorkio me shtrat të sheshtë që lëviznin pa pushim, por përkundrazi po funksionojnë apo qarkullojnë ditën për diell përgjatë rrugëve publike të qyteteve etj.

Këto ditë, në më shumë se 27 shtete të SHBA-së, si: *Washington, Idaho, California, Arizona, Colorado, Texas, Oklahoma, Kentacky, Iowa, North Carolina,*

South Carolina, Virginia, New York, New Jersey dhe Pennsylvania (ku mbi të gjitha qyteti i Philidelphia ishte nën kontrollin e forcave ushtarake) etj., janë parë *(fotografuar dhe regjistruar në videot amatore nga kalimtarët e shumtë)*, lëvizje të shpeshta të pazakonshme të ushtarëve dhe armatimeve të rënda amerikane, në rrugë, ajër, zonat rurale dhe qytetet kryesore të vendit...
https://halturnerradioshow.com/index.php/en/news-page/world/tanks-troops-deploying-inside-u-s-a-and-canada

Video virale përhapin frikën e lëvizjeve ushtarake në Kaliforni pa asnjë arsye

Gazetari *Matt Novak*, si kontribues i *FOIA* dhe themeluesi i *Paleofuture.com*, duke shkruar lajme dhe opinione, për çdo aspekt të teknologjisë, tregon videot virale, ku **helikopterët ushtarakë në Kaliforni, duken sikur po bëjnë një komplot apo puç ushtarak.**

Një video virale, për lëvizjet ushtarake në Kaliforni, sugjeron se një lloj lufte kundër amerikanëve të zakonshëm do të ndodhë!? Dhe ekspertët për të mos përhapur panik, dhe për të kontrolluar shqetësimet e drejta të qytetarëve etj., thonë se *llojet e avionëve ushtarakë të paraqitur në foto, janë normale për çdo vizitë presidenciale në Kaliforninë Veriore.*

Videoja virale, e cila është shpërndarë në Twitter nga një llogari e "verifikuar" e qytetarit të quajtur **Derek Broes**, e cila përfshin një titull sensacionalist, që shikuesit po shohin diçka te veçantë, e cila **"Nuk është një stërvitje"**.

Por, siç kanë theksuar në Twitter disa ekspertë të avionëve ushtarakë, nuk ka asgjë të jashtëzakonshme për helikopterët e Marinës, të cilët *zakonisht përdoren për të lëvizur rreth Presidentit, stafit mbështetës, gazetarëve dhe detajeve të sigurisë.*

Dihet se shteti i Kalifornisë, është shtëpia e 32 bazave ushtarake amerikane dhe ka rregullisht avionë, që qarkullojnë aty rrotull. **(Forbes)** Ne, po ofrojmë në këtë shkrim edhe disa foto me deçidurën e tyre (caption).

Nëse qytetari amerikan, nuk do t'i kishte bërë publike dhe virale videot e tij, atëherë **Shteti dhe Media, sikurse zakonisht do të kishte heshtur,** mbasi shpesh nuk njofton fatkeqsisht taksapaguesit amerikanë të ushtrisë sonë. Nga ana e tjetër, vetë Departamenti dhe Sekretari Mbrotjes në Pentagon (Washington DC) heshti, dhe nuk ka dhënë asnjë njoftin zyrtarë, për këtë shqetësim të drejtë të qytetarëve amerikanë.

FakeBOOK, si rrjet social dhe agjensi qeveritare shtetërore e atashuar apo vetëpunësuar si Zëdhënse në Zyrën Ovale, kërkon të bëj rolin e servility dhe Sekretarit të Mbrojtjes së SHBA-së, *duke thënë se nuk ka asgjë këtu për t'u shqetësuar, sepse është një lëvizje rutinë verore...*

Ato po vazhdojnë, në mënyrë rutinë të çensurojnë sistematikisht këdo, që zbulon apo ekspozon planet e tyre jo normale, kur tregojnë apo informojnë, duke thënë të vërtetën, e cila nuk përputhet me mënyrat e veprimit të regjimit në fuqi...

Po "administrata" ose regjimi çfarë po bën sot!? Të gjithë e dijnë përgjigjen e pyetjes retorike, se këtu nuk ka administratë, që përfaqson e i shërben popullit amerikan, por *ka vetëm regjim komunist, që po punon për të mbrojtur interesat e veta personale dhe familjes së drejtuesit të papërgjshëm dhe të paaftë të saj.*

Mos po përgatitemi për një Lufte të Tretë Botërore!?

Fakti tjetër është, se shumë armatime, **tanke dhe aeroplane ushtarakë Made in USA**, janë dërguar kohët e fundit në një aeroport në Poloni, me destinacion përfundimtar drejt rrugës për në frontin e Luftës në Ukrainë, mendoj se nuk janë shenjë e mirë e ditëve tona...

Nga ana e tjetër, mësohet se Departamenti i Mbrotjes së Federatës Ruse, në një *Përgjigje* apo **Deklaratëzyrtare publike**, për mediat botërore, ka ritheksuar edhe një herë, se: *"Federata Ruse, do të Asgjësoj Menjëherë të Gjithë Armatimet Ushtarake, të kujdo shtet kjoshin, që dërgohen direkt në frontin e konfliktit (Luftën në Ukrainë), kundër Forcave Speciale Ushtarake Federale Ruse, që po veprojnë në konflikt dhe, se do të godaten (qëllohen) menjëherë me çdo mundsi dhe mjetet ushtarake në dispozicion, pikërisht aeroportet e shteteve "mike", që janë kthyer në bazë të dërgimit të armatimeve të renda ushtarake, në drejtim të frontit të luftës kundër trupave të Federatës Ruse...!!!!"*

Sikurse po shihet NATO "paqësore" dhe të tjerët të përfshirë në këtë konflikt, nuk janë të intesuar asnjëherë për rrugën diplomatike të vendosjes së Paqes mes dy shteteve në konflikt të përgjakshëm të armatosur, aq të domoshme në këtë rajon ish komunist sllav dhe orthodox...

Sipas raportëve në terren, në pjesën Lindore të Europës, mësohet se **Rusia, ka furnizuar për vetëmbrojtje** (*ndaj ndonjë agresioni të mundshëm nga jashtë*), **me armë bërthamore moderne shtetin vëlla të kufirit, Bjellorusinë** (Rusët e Bardhë)...

Më interesant, është fakti tjetër i freskët, se Republika Popullore e Kinës komuniste (**me 1.4 billion banorë**) nga ana e tjetër, duke shfrytëzuar ujërat e turbullta të politikës së jashtme ndërkomëbtare dhe ato të pa-përgjshme të regjimit komunist të Joe Biden, ka kohë që ka rrethuar me maqinerinë e fuqishme bashkëkohore ushtarake të gjithë ishullin e saj etnik të Taivanit, duke afruar nëndetëse me mbushje bërthamore...

Ajo po pret momentin e duhur të shpërthimit të konflikteve botërore, që t'a rimarrë atë me hir rose pa hir ("Paqe"), duke pretenduar me të drejtën historisë, se **ai është ishull etnik i saj**, ku flitet e njëjta gjuhë (man-darinë), me histori dhe kulturë të njëjtë... dhe kanë tradita e zakone iden-tike, sikurse 45 dinastitë e lashta kineze...

Vetë NATO, si Organizatë Globaliste Majtiste Luftënxitëse, sot fatke-qsisht është kthyer në vegël qorre e politikës së ditës, ka shumë paqartësi dhe konflikte të thella të brendshme, midis vetë shteteve antarëve të saj, ku shumica e tyre janë shprehur hapur në media, se *nuk janë dakord, për një përplasje luftarake fatale të drejtpërdrejtë me Presidentin Vladimir Putin dhe Federatën Ruse*, sepse ky shtet me potencial ushtarakë dhe mbushje të shumta bërthamore, do të sillte katastrofën apo shkatërrimin biblik të popullsisë dhe civilizimin e shtetëve, që e sulmojnë direkt (nën flamurin e grisur politik të kukullës NATO-s), duke sjellë kështu fundin apo shkrirjen e vet dhe të regjimeve luftënxitese, që fshihen pas saj...

Nga ana e tjetër, Pasoja të rënda do të ketë nga përdorimi I armëve të shkatërrimit në masë me mbushje bërthamore... edhe në medisin natyror të shtetëve të panagazhuar (në NATO apo konfliktin ushtarak), sepse do të ketë përhapje me shpejtësi të pasojave të reja katastrofike të pariparue-shme të mjedisit, ajrit, ujërave, mjedisit, shkatërrim total të ekonomisë, kolaps të burimeve financiare, rritjes së sëmundjeve të ndryshme dhe vde-kjeve biblike nga ndotja e mjedisit dhe ajrit me shtetet në kufi, që janë për-fshi direkt në konfliktin ushtark.

Të gjithë e dijmë, se *Ukraina* (**shteti më i korruptuar në botë**), *nuk është shteti i 51-të i SHBA-së dhe ajo nuk është njëkohsisht as antare e organizatës poli-tike e NATO-s...*

Për më tepër, dihet se ukrainasit nuk flasin anglisht dhe sot ai shtet sllav ndodhet mijëra milje larg kufirit të SHBA-së. Banorët e saj, nuk kanë paguar dhe nuk paguajnë asnjëherë taksat Qeverisë dhe shtetit amerikanë, por fatkeqsisht ky shtet deri me sot ka marrë nga ish Kongresi Amerikan dhe Qeveria e Majtë Amerikane mbi 200.000,000,000 dollarë nga taksat tona..., në një kohë kur vendi ynë është kthyer në model të vendeve të pazhvilluara të botës së tretë… ku varfëria, papunësia janë sëmundje më të përhapura në çdo shtet; ekonomia e saj **është në Reçension, njësoj sikurse ka ndodhur në vitet 1930 dhe 2008…,** rrugët, autostradat, aeroportet, shkollat, parqet, spitalet, stacionet e trenave, autobuzave, janë në gjendje të mjeruar dhe shumë prej tyre janë të shkatërruar, duke u vetëshembur nga vjetërsia e tyre…; inflacioni dhe taksat janë rritur në stratosfer eshte jan në shifra astronomike…; kriminaliteti është bërë dukuri e zakonshme dhe pasiguria e jetës, është bërë rutinë dhe kudo janë në shifra rekord…; çmimet e gazit, stok-marketi ka pësuar rënie drastike drejt greminës, si pasoj e politikave rrënuese financiare të Qeverisë së papërgjeshme të majtë komuniste në vend…; qiraja e banesave dhe shtëpive është e lartë, ashtu sikurse ajo e dritave, ujit, gazit për gatim, ushqimeve të përdishme, shërbimeve të ndryshme, makinave dhe në tërësi dhe e gjithë industria e prodhimit të automobilave ka falimentuar…, etj., janë në shifra të frikshme…

Shtetet e Bashkuara, nën drejtimin fatlum të Presidentit Donald J. Trump morën një pozicion pozitiv dhe krenar në vitet 2016-2020, kurse sot nën administratën e papërgjeshme komuniste, ekonomia dhe bisnesi është fatkeqsisht totalisht në kundërshtim me marrëveshjet standarte mbizotëruese të tregtisë globale.

Faktekqsisht, sot rendi liberal neo-komunist, kudo në botë është i mbushur me pasiguri dhe shoqëruar me shkatërrim total të shteteve, ku kemi lëvizje apo dyndje të mëdha të emigrantëve.

Globalizimi sharlatan, i vijimsisë absurde Obama-Biden 1, 2 dhe 3, në ditët tona (2023), ishte dhe është fatkeqsisht ndryshimi më negativë, në shtysën e politikës ndërkombëtare dhe në fokusin kaotik të poltikës së brendshme në SHBA.

Unë mendoj, se vetëm nacionalizmi i ri amerikan dhe lufta apo konkurenca tregtare, duke parë në radhë të parë interesat tona, nën moton: **America First** (gjatë periudhës së suksesshme viteve 2016-2020 të Presidentit Donald J. Trump), ishte fatmirësisht për 4 vjet rendi apo politika më e sigurtë gjithëpërfshirëse e botës, pra e kundërta e asaj që fatkeqsisht po ndodh sot (2021-2023), nën regjimin absurd totalitar komunist globalist të administratës së deshtuar dhe të papërgjeshme anti-amerikane të Joe Biden.

Ky i fundit, me zbatimin e metodës së vjetër komuniste të adminitratës deshtake Obama-Biden 1, 2 dhe 3, ka çuar në argumentin fatkeq mbi anarkinë e re ekonomike në rendin ndërkombëtar, të nisur nga kontradiktat e mprehta të politikës absurde neo-liberale, e cila nuk është vetëm komplekse, por edhe paradoksale njëkohsisht.

Fatkeqsisht, ky lloj hibriti i ri eksperimental si konglomerat (as mish as peshk), po përforcon mosbesimin për kapitalizmin, pasi kostoja e jetës së qytetarëve amerikanë fatkeqsisht sot është me e lartë dhe të ardhurat e mirëqënies janë shkatërruar apo tretur si kripa në ujë, duke sjellë krijimin dhe zgjerimin e shtresës të varfër të shoqërisë, që po rritet vazhdimisht me shifra të frikshme record, si e kundërta e kohës së mirëqënies shumë të mirë të 4 viteve të shkuara **të administratës pro amerikanetë Presidentit Donald J. Trump**.

Këto ndryshime me pasoja negative dhe shkatërruese të jetës së përditshme amerikane, janë aktuale dhe mbetën gjithmonë të frikshme, për vijimsinë dhe të ardhmen e rendit kapitalist, rigjallërimin dhe ruajtjen e e pandërprerë të sukseseve të tij shumë shekullore.

Një aspekt tjetër, që po shkatërron çdo ditë ekonominë dhe vendit tonë, është se Qeveria komuniste, ka hapur maksimalisht kufirin shtetërorë (*shkelur ligjet federale amerikane*), duke ftuar të hyjnë në territorin tonë miliona të huaj, duke i pritur dhe transportuar ato përmes ushtrisë dhe policisë së shtetit me autobuzë luksozë, me makina dhe aeroplanë natën dhe ditën, jashtë syrit të taksapaguesve amerikanë.

Eshtë pikërisht kjo arsyeja kardinale dhe të tjera, që Kongresi Amerikan, i kontrolluar fatmirësisht nga patriotët republikanë, ka përgatitur këto ditë ligjin për Shakrimin (Impeachment) dhe Fillimin e Gjyqit kundër të paaftit dhe të papërgjeshmit të fajtorit kryesor Joe Biden Jr.,.

Ai është akuzuar ndër të tjera **për** korrupsion aktiv dhe pasiv (*cover up*) të 12 antarëve të familjes Biden dhe djalit të tij "bisnesmenit" Hunter Biden (**Laptop From Hell**).[283]

Ai akuzohet me të drejtë **për trathti të lartë kombëtare si** Komandant i Përgjithshëm të Forcave të Armatosura të SHBA-së, sepse gjatë tërheqjes së papërgjeshme të forcave amerikane nga Afganistani, fatkeqsisht humbën jetën u vranë nga terroristët talebanë 13 marinsa amerikanë dhe plagosën rëndë 15 marinsa të tjerë në Aeroportin Internacional të Kabulit, sikurse dhe braktisjen e turpshme të mijëra qytetarëve amerikanë të cilët fatkeqsisht edhe sot ndodhen të rrezikuar aty. Ai braktisi mbi 85.000.000.000 dollarë armatime të sofistikuara (*në bazën*

---

[283]**Gleen Beck**, Blaze TV, The Reckoming: **Biden Crime Family**, 2023.

ushtarake amerikane në Afganistan 2001-2021), duke armatosur kështu organizatën talebane, e cila nga Departamenti i Shtetit, është cilësuar si organizata terroriste më e rrezikshme #1 në botë, e cila sot fatkeqsisht është në pushtet në Afganistan etj.

Kështu, sipas burimeve të pavarura jo qeveritare, mësohet se **deri tani në territorin amerikan, kanë hyrë në rrugë të jashtëligjshme mbi 15 milion emigrantë të jashtëligjshëm nga 165 vende të ndryshme të botës**, të cilët sot fatkeqsisht mbahen dhe paguhen nga taksat tona.

Ato po jetojnë si pasha apo sulltanët e dikurshëm të Stambollit (Turqi), në hotele luksoze me 5 yje, ku çdo natë qëndrimi të tyre për përson kushton $700…

Eshtë e rëndsishme të thuhet fakti historik (nga ligji apo amendamenti kushtetues), se **për të shpallur Gjendjen e Luftës dhe pjesëmarrjen aktive jashtë SHBA-së, duhet Vendimi me shumicë i votave në Kongresin Amerikan…**

Fatmirësisht, këtë radhë Kongresi Amerikan, kontrollohet nga republikanët paqësorë, të cilët nuk duan luftra të përgjakshme dhe të pa-arsyeshme, ku nuk kërcenohen direkt shteti ynë dhe interesat amerikane.

Patriotët republikanë, nuk mund të bijnë kollaj në grackën komuniste, për të dhënë lejen, për të hyrë në një luftë shkatërrimtare, kur nuk ekziston realisht armiku kërcënues i yni. Nuk besoj, se Kongresi do të bëj një Miratim të tillë absurd, sepse lufta bërthamore do të sjellë pasoja totale shkatërrimtare të të gjithë aktorëve pjesëmarrës të saj.

Me e keqja është, se pasojat direkte me vdekje prej miliona vetësh, do t'i vuajnë popujt dhe në veçanti populli amerikanë, brenda 50 shteteve të saj… *Ky veprim shkatërrues ushtarak nga ana e tjetër, do të jetë fundi i regjimeve luftënxitese…*

Pse pikërisht Lufta në Ukrainë!?

A është kjo rastësi!? Sa më shumë, që zbulohen dokumente origjinale dhe prova tronditëse, mbi **Korrupsionin e Shekullit XXI të familjes Biden dhe tradhtia kombëtare e tij**, në qarqet e larta të politikës amerikane, aq më shumë, ne fatkeqsisht i afrohemi një Lufte të Pakuptimtë Shkatërrimtare Berthamore Botërore…

Dhe kjo bëhet, për të larguar vëmendjen nga korrupsioni i regjimit komunist këtu, një opsion që gjithnjë të korruptuarit e përdorin si argument, për të mbuluar veten e tyre.

Sleepy Joe Biden dhe familja e tij, fatmirësisht janë kap me presh në dorë dhe s'ka ku shkon ose fsheh kokën si truci në rërë… **Struci në rërë fut kokën, por jo të gjithë trupin sepse nuk e zë**…

Fatmirësisht, është kapur me fakte dhe prova origjinale plaku Mere dhe Kongresi Amerikan do ta nxjerr atë patjetër para drejtësisë popullore të ligjit.

Po cila është e vërteta e misionit
të trupave speciale federale ruse në Ukrainë!?

Forcat ruse ngritën një pritë shumë të madhe, që i detyroi ukrainasit të futeshin në kurth qindra metra dhe sapo ushtria ukrainase hyri me mercenarët e NATO-s me tanke dhe pajisje të blinduara importi, helikopterët rusë **Ka-52***goditën papritur të gjitha tanket dhe mjetet e blinduara dhe i asgjesuan ato sa hap e mbyll sytë…*

Ato sulmuan dhe shkatërruan 103 tanke dhe BTR dhe 755 ushtarë ukrainas dhe mercenarë nga bota vdiqën, në një ditë.

Ky ishte një makth për NATO-n, e cila vazhdon t'i varfërojë dhe shkatërroj totalisht ukrainasit dhe industrinë e saj dhe në fuqinë e tyre të pamundur rimkëmbëse ekonomike dhe ushtarake.

Eshtë e rëndësishme të dihet, se kur ushtria special federale ruse, filloi një operacion ushtarak në Ukrainë më 24 shkurt 2022, ajo hyri në periferi të Kievit dhe arriti shpejt atje dhe mori pjesën më të madhe të Ukrainës, në më pak se një javë, dhe natyrisht pas kësaj ata u larguan, sepse kjo ishte taktika e tyre ushtarake...

Mediat globaliste Fake News, përfituan nga situata dhe gënjeu në grup non stop popullin, duke thënë se ushtria ruse po tërhiqej, për shkak të *disfatës dhe dështimit*, e cilat ishte një gënjeshtër propagandistike e pakuptimtë.

Putin, në atë kohë i dha Zelenskit një shans, duke i thënë atij që të mos i bindej urdhrave të NATO-s dhe **të mbajë Ukrainën një vend neutral dhe mik të Rusisë**, sepse ajo do të zhvillojë marrëdhëniet e saj më vonë dhe do të përmirësojë shkëmbimet tregtare, ku do të përfitojë ekonomia e Rusisë dhe Ukrainës së bashku.

Nëse Zelensky nuk e bën këtë, Rusia do të përmbysë regjimin e tij, do të krijojë një regjim neutral në Ukrainë. *Zelensky, tha në atë kohë se ai do të pajtohej kur trupat ruse të largoheshin nga Kievi dhe ai do të njoftonte dorëzimin e Ukrainës.*

Ushtria special federale ruse, u largua nga Kievi dhe nga shumë zona të mëdha të Ukrainës, por **Zelensky e mashtroi Putinin dhe bëri të kundërtën dhe vazhdoi të bombardonte Donbasin rus, kështu që lufta vazhdoi**, dhe natyrisht pasi shkatërroi 90% të pajisjeve të ushtrisë ukrainase, gjatë 3 muajve të parë filloi mbështetja e NATO-s dhe e SHBA-së së regjimit komunist të Joe Biden.

Gjatë muajve të mbështetjes perëndimore, Putini përfitoi nga shkatërrimi i pajisjeve perëndimore. **Zelensky gënjeu dhe tani ushtria e tij po bombardon zonat kufitare ruse dhe ky rast do të bëjë që Presidenti rus Vladimir Putini të sulmojë përsëri Kievin**, siç bëri për herë të parë në shkurt të vitit 2022, dhe sigurisht, duke mos harruar se **Rusia i dha Ukrainës dhjetëra mundësi për paqe**, por ato gjithmonë refuzoheshin nga urdhri, që kishin marrë nga padronët e Shteteve të Bashkuara të Amerikës dhe direkt nga zyra ovale e Joe Biden.

Periudha e ardhshme, do të jetë shumë e vështirë dhe e fuqishme në skenën ushtarake dhe politike ndërkombëtare dhe locale mes dy shteteve në konflikt. **Ushtria federale speciale ruse, do të sulmojë të gjitha vendet në Ukrainë dhe ajo me apo pa dëshirë,do të bëhet pjesë e Federatës Ruse.**

Dhe *Presidenti rus Vladimir Putini, tha se do t'u shpallte luftë të gjithë vendeve të NATO-sdhe do të bombardonte të gjithë bazat e NATO-s në Poloni, Rumani, Estoni, Letoni, Lituani dhe ndoshta edhe bazat në Itali dhe Gjermani në rast se vendet e NATO-s përdorin avionë F-16, në ndonjë nga aeroportet dhe bazat e tyre, për të marrë pjesë në bombardimet e trupave ruse në terren.*

Që nga fillimi i kundërofensivës ukrainase, vetë **Ukraina ka humbur më shumë se 7500 ushtarë, 170 tanke, 330 njësi pajisje të blinduara, 500 tanke dhe BTR, disa raketa të mbrojtjes ajrore gjermane, amerikane dhe ukrainase, dhjetëra armë dhe lëshues, ku Ukraina humbi gjithsej 100% dhe 35 armë moderne.**

Kundërsulmi ukrainas, u bë posaçërisht vetëm brenda një dite. Dhe *Putin, në fjalën e tij të fundit, për herë të parë, foli për pushtimin e Kievit dhe se ata nuk do të kenë nevojë të mobilizojnë forcat rezervë, nëse nuk do të hyjnë në Kiev.*

Raketat e rretheve ruse, mendoj se e gjithë kjo bisedë është vetëm një prelud i pushtimit të Ukrainës plotësisht dhe përkon me faktin se disa kohë më parë disa ekspertë, udhëheqës dhe zyrtarë thanë se në rast të dështimit të kundërofensive ukrainase, *Ukraina do të jetë e mposhtur përgjithmonë pa kthim dhe do të hapet rruga për ushtrinë ruse të përparojë në Lviv, në*

Ukrainën Perëndimore, pa rezistencë të konsiderueshme nga ushtria ukrainase.

Presidenti rus Putin, shtoi: *"Unë do t'ju them se gabimi më i madh i armiqve të jashtëm dhe të brendshëm të Rusisë, është supozimi se Putini po shtyn "vijat e kuqe", për shkak të "dobësisë" së tij, në aftësinë e tij për të luftuar.*

Këtu bëhet fjalë për atë, që në thelb të gjithë filozofisë se tek Presidenti qëndron parimi kryesor i xhudo-dos që ai ka që nga fëmijëria: të bëjë kundërshtarin të ndiejë fuqinë e tij, në mënyrë që në momentin më të papërshtatshëm për të, kur mendon se fitorja është afër, për të kryer një truk të vetëm, por shumë efektiv kundër tij, duke e vënë atë me baballarët.

Kush nuk e ka kuptuar akoma, do të pendohet më vonë. Kjo vlen edhe për Evgeny Viktorovich!"

Fjalët e kryeministrit të Federatës Ruse Dmitry Medvedev

Deri tani media globaliste komuniste europiane dhe amerikane e mbështetur fuqishëm dhe çmendurish nga çensura totale e organizuar nga Big Tech, Cabala, Deep State, rrjetet sociale globaliste komuniste, ku kampione është si gjithnjë FakeBook etj., *ka manipuluar dhe gënjyer hapur botën dhe popullin amerikanë mbi deshtimet e njëpasnjëshme të Ukrainës, në frontin e luftimeve dhe humbet deri në 400.000 te ukrainasve të pafajshëm, shkatërrimin total të armatimeve dhe dëshpërimin e thellë të asaj pak ushtri ukrainase, që aktualisht udhëhiqet nga Batalioni Neo-Nazi Azov…, mbi luftën e dështuar dhe zhvimimet dramatike të saj sot.*

Nga ana e tjetër, shohim se mediat e pavarura dhe jo bythlëpirëse të qeverive globaliste komuniste në botë dhe SHBA, se po tregojnë non stop për fitore e trupave federale spaciale ruse, në fushën e betejës, ku media dhe qeveritë globaliste të korruptuara, me ndërgjegje po lejojnë vijimin e kësaj lufte, ku viktimat janë populli ukrainas dhe rus dhe asnjë ushtarë i NATO-s dhe ushtrisë amerikane, të drejtuar sot fatkeqsisht nga arkitekti Joe Biden.

"Armiku, ka premtuar prej kohësh një kundërsulm të madh dhe duket se tashmë ka filluar diçka, por pa sukses.

Nuk ka surpriza, pasi regjimi i Kievit nuk ka zgjidhje. Është e nevojshme të justifikohen paratë dhe armët e marra nga perëndimi.

Zhgënjimi i mikpritësve, mund t'i kushtojë Zelensky dhe Company, jo vetëm postimet e armëve dhe dollarëve, por edhe vetë jetën e tij.

Mjaftojnë disa raporte nga një agjent amerikan, i cili ka kohë që komandonte Shërbimin e Sigurisë së Ukrainës dhe e gjithë shobla e

kokainës do të hidhet dhe vihet menjëherë në dispozicion.

Ata do të akuzohen për shpërdorim parash të taksapaguesve amerikanë. Ata do të urdhërojnë fantazmat radikalë, të godasin një narkoman, për tradhtinë e Ukrainës vendase dhe **kauzën naziste Bandera,** *dhe pastaj t'a varin nga këmbët së bashku me miqtë e tij,* **sikurse dikur varën Duçen dhe juntën e tij fashiste, në sheshin Loreto në Milano.**

Prandaj,regjimi i Kievit, ka vetëm një rrugëdalje, të shkojë deri në fund të luftës, duke dërguar mijëra të çmobilizuar në rrugën e sigurtëdrejt varrit të vdekjes.

Por edhe në këtë rast, nuk duhet të nënvlerësojmë kundërshtarin.

Armiku dhe bota perëndimore, që e mbështet atë, janë gati të bëjnë gjithçka për t'a zhdukur vendin tonë nga faqja e dheut.

Prandaj, gjëja kryesore tani është të përqendroheni sa më shumë të jetë e mundur, që **t'i jepim një përgjigje të mire atyre.**

Ushtria jonë, ka disa avantazhe të rëndësishme, si: në aviacion, forcat e tankeve të blinduara, armët me precizion të lartë dhe epërsinë morale të ushtarëve tanë.

Ne, duhet të ndalojmë armikun, pastaj të fillojmë një ofensive të re.

Qëllimi ynë sot, nuk është vetëm të çlirojmë tokat tona, por edhe të mbrojmë popullin tonë.

Qëllimi ynë, *është ulja e plotë epërsisë së regjimit nazist të Kievit..."* - **Dmitry Medvedev, Kryeministri i Federatës Ruse**

Telegrafikisht kush është kryeministri i Rusisë moderne?

Dmitry Anatolyevich Medvedev (Дмитрий Анатольевич Медведев, 1964), ishte deputet i Këshillit të Sigurimit të Rusisë, që nga viti 2020. Medvedev, shërbeu si **president i Rusisë, midis viteve 2008 dhe 2012** dhe si **kryeministër i Rusisë midis viteve 2012 dhe 2020.**

Ai u zgjodh president i vendit të madh sllav, në zgjedhjet e vitit 2008. Politikani i lartë rus, konsiderohej si më liberal se paraardhësi i tij, **Vladimir Putin**, i cili gjithashtu u emërua kryeministër, gjatë presidencës së Medvedev.

Axhenda kryesore e tij si president ishte hartimi dhe zbatimi i një programi të gjerë dhe gjithëpërfshirës modernizimi, *që synonte modernizimin e ekonomisë dhe shoqërisë ruse dhe pakësimin e varësisë së vendit nga nafta dhe gazi.*

Gjatë mandatit të Medvedevit, traktati i ri START, për reduktimin e armëve bërthamore u nënshkrua nga Rusia dhe Shtetet e Bashkuara.

Federata Ruse, doli fituese në Luftën Ruso-Gjeorgjiane dhe u rikuperua shumë shpejt nga Recesioni i Madh. Asokohe Medvedev, filloi një fushatë kundër korrupsionit.

Ai shërbeu një mandat të vetëm në detyrë dhe u pasua nga Vladimir Putin, pas zgjedhjeve presidenciale të vitit 2012. Medvedev, më pas u emërua nga Putin si kryeministër.

Rusi politikan me autoritet dhe respekt në vend, dha dorëheqjen së bashku me pjesën tjetër të qeverisë më 15 janar 2020, për të lejuar V. Putinin të bënte ndryshime gjithëpërfshirëse kushtetuese dhe ai u pasua nga **Mikhail Mishustin** më 16 janar 2020.

Në të njëjtën ditë, Putin emëroi Medvedevin në zyrën e re të nënkryetarit të Këshillit të Sigurimit. Sipas pikëpamjeve të disa analistëve, presidenca e Medvedevit, dukej se premtonte ndryshime pozitive, si në vend ashtu edhe në lidhjet me Perëndimin, duke sinjalizuar **"mundësinë e një periudhe të re, më liberale në politikën ruse"**.

Ai është sugjeruar nga vëzhguesit si brenda dhe jashtë vendit se kjo shkëputje nga retorika e kaluar është që **Medvedev** përpiqet të ndryshojë perceptimin e tij publik si **një vartës i moderuar i Putinit.**

KUSH FINANCOI HUNTER BIDEN, VOLODYMYR ZELENSKY DHE BATALIONIN NEO-NAZIST AZOV ETJ.

A është kjo arsyeja pse laptopi i Hunter Biden flet për "Fëmijët të djegur gjallë" në Ukrainë? (Is this why Hunter Biden's laptop talks about "Children Burned Alive" in Ukraine?)

Fakte të reja tronditëse, vazhdimisht po dalin në dritë mbi korrupsionin e 12 antarëve të familjes së Joe Biden në Ukrainë, Kinë, Rumani etj. Mbi 100 dokumente të reja, tashmë që nga dita e djeshme, fatmirësisht janë ne duart e sigurta të Kongresit Amerikan, të cilat dëshmojnë kjartë sërisht për korrupsionin galopant të familjes Biden dhe të vetë **Big GUY***, sikurse njihet në dokumentet e reja kompromentuese korruptive të vetë Joe Biden.*

Kongresi Amerikan, i kontrolluar nga republikanet po bën një punë kolosale me vlerë për popullin ameirkan, për të hedhur drite apo zbardhur fijet e korrupsionit të djalit të Joe Biden "bisnesmenit" Hunter Biden dhe vetë atij kur ishte zv/President i SHBA-së, në harkun kohor të viteve të zymta 2008-2016, nën administratën e djalit të Hysenit, ish presidentit më të dobët, në të gjithë historinë e presidentëve të SHBA-së, Barok Hysen Obama.

Historia dje dhe sot

*(Origarku Kolomoysky zotëron kompaninë
e gazit ukrainas Burisma Holdings)*

Personi i vërtetë, që ishte dashamirës dhe shefi i djalit të Zëvendës Presidentit Joseph Robert Biden Junior, Hunter Biden, në kompaninë ukrainase të gazit Burisma Holdings, nuk ishte **CEO i Burisma Holdings**, Mykola Zlochevsky, por ishte **Ihor Kolomoysky**,[284] i cili ishte pjesë e qeve-

---

[284]**Ihor Valeriyovych Kolomoyskyi (Ігор Валерійович Коломойський, 1963)**, i konsideruar dikur një lider në biznesin ukrainas. *Kolomoyskyi përdor pseudonimin Benya (Беня), një emer i kriminelit famëkeq ukrainas (dhe hebre), Benya Krik, i fiksionalizuar gjerësisht në Tregimet e Odessa të Isaac Babelit.* Kolomoyskyi aktualisht është shtetas i Izraelit dhe Qipros. Ai është i martuar me Irina Mikhailovna Kolomoyska nga Dnipro. Ata kanë një vajzë, Angelika Kolomoyska, dhe një djalë, Is-

risë së sapo-instaluar ukrainase, të cilën vetë administrata e Obamës, në fakt sapo e kishte instaluar në Ukrainë, në atë që kreu i firmës "private të CIA-s" Stratfor e quajti me të drejtë *"grusht shteti më flagrant në histori"*. **(Sipas Kabekoa's Newsletter)**

Menjëherë pas grushtit të shtetit në Ukrainë në kohën e administratës Barack Hysen Obamës (më 2 mars 2014), Kolomoysky, i cili mbështeti përmbysjen e Yanukovych, u emërua guvernator i Dnepropetrovsk,

---

rael Zvi Kolomoyskyi. Ai është vlerësuar me **disa Çmime: Kalorës i Urdhrit "Për Merita" shkalla III (2006), "Për sakrificë dhe dashuri për Ukrainën", nga UOC-KP (2015) dhe Patriarku Filaret (2015).** Ai në vitin **2010** u vlerësua si *personi i dytë më i pasur në Ukrainë dhe si një nga oligarkët më me ndikim të vendit.* Në vitin **1992,** ai kishte bashkëthemeluar **PrivatBank** dhe shtrirjen e saj informale të kompanive,Privat Group, dhe më pas ai fitoi prona të gjera mediatike. Në vitet **2014-2016,** Kolomoyskyi shërbeu si **Guvernator i Dnipropetrovsk Oblast deri në shkarkimin e tij nga Presidenti Petro Poroshenko.** Atë vit, banka e tij e nënkapitalizuar u shpall një kërcënim për sigurinë financiare të Ukrainës dhe u mor në pronësi nga shteti. Në vitin **2019, fuqia mediatike dhe financimi i Kolomoyskyit mbështeti fushatën e suksesshme presidenciale të Volodymyr Zelenskyy** për të rrëzuar Poroshenkon. *Në vitin 2020, ai u padit në Shtetet e Bashkuara, me akuza të lidhura me mashtrime bankare në shkallë të gjerë.* Në vitin 2021, *SHBA ndaloi Kolomoyskyi dhe familjen e tij të hynin në vend, duke e akuzuar atë për korrupsion dhe duke qenë një kërcënim për besimin e publikut ukrainas në institucionet demokratike.* Në korrik 2022, **Zelenskyy i hoqi Kolomoyskyit shtetësinë ukrainase.** Arsyet pas lëvizjes kanë qenë të pakjarta, megjithëse Zelenskyy përmendi hetimin penal në vazhdim të SHBA-së. Në nëntor 2022, disa nga asetet e Kolomoyskit, të tilla si ato me vlerë strategjike për shtetin në dritën e luftës rus0-ukrainase, u sekuestruan (nacionalizuan). Kjo përfshinte pronësinë e tij mbi kompanitë më të mëdha të benzinës në Ukrainë. Në prill 2019 u raportua se FBI po hetonte Kolomoyskyi mbi krimet financiare, që përfshinin Gennadiy Bogolyubov, biznesmenin Krivyi Rih Vadim Shulman dhe Mordechai "Motti" Korf nga Florida, në lidhje me pronat e çelikut Kolomoyskyi në Virxhinia Perëndimore dhe Ohajo veriore në Shtetet e Bashkuara dhe të tij dhe aksionet (përfitimet) minerare në Gana dhe Australi. Dokumentet ligjore nga prokurorët amerikanë në vitin 2019 detajonin se si Kolomoyskyi përdori kontrollin e tij të bankës më të madhe të shitjes me pakicë të Ukrainës, PrivatBank, për të grabitur shuma marramendëse nga depozituesit ukrainas, dhe nëpërmjet një sërë kompanish guaskë dhe llogarish në det të hapur i largoi paratë jashtë vendit dhe në SHBA. Në gusht 2020, Departamenti i Drejtësisë i Shteteve të Bashkuara (DOJ) në Distriktin Jugor të Floridës (Miami) pretendoi se Kolomoyskyi, Bogolyubov, Mordechai Korf dhe Uriel Lader morën kolektivisht prona të shumta si pjesë e një skeme Ponzi prej 5.5 miliardë dollarë…

Ukrainë.[285]

Hunter Biden, pa zotërim të gjuhës ukrainase, pa asnjë profesion me diplomë dhe pa *përvojë në industri apo rajon,* **do t'i bashkohejKolomoysky's Burisma Holdings** dy muaj më vonë, më 12 maj 2014.

Një studim i vitit 2012 i Burisma Holdings, i bërë në Ukrainë nga *Qendra e Veprimit Kundër Korrupsionit* (ANTAC), një organizatë jofitimprurëse investigative e bashkëfinancuar nga miliarderi amerikan George Soros dhe Departamenti Amerikan i Shtetit, zbuloi se **pronari i vërtetë i Burisma** Holdings nuk ishte askush tjetër veçse miliarderi ukrainas- **oligarku Ihor Kolomoysky**.

Studimi, i cili u financua për të zbuluar korrupsionin mbi presidentin ukrainas Viktor Janukoviç, në vend të kësaj zbuloi se Ihor Kolomoysky *"arriti të kapte rezervat më të mëdha të gazit natyror në Ukrainë"*.

Burisma Holdings, ndryshoi pronarët në vitin 2011, kur u mor nga një ndërmarrje off-shore e Qipros e quajtur Brociti Investments Ltd, dhe më pas, zhvendosi adresat, nën të njëjtën çati si **Ukrnaftoburinnya** dhe **Esko-Pivnich,** dy kompani ukrainase të gazit, të cilat ndodheshin gjithashtu në pronësi të Kolomoysky, përmes entiteteve off-shore *në Ishujt e Virgjër Britanikë.*[286]

Oleh Kanivets, i cili ka punuar si CEO i Ukrnaftoburinnya, konfirmoi Kolomoysky si pronar të Burisma Holding, në raportin e vitit 2012, duke thënë: *"Privat Group, është pronari real. Kjo kompani u themelua nga* **Mykola Zlochevsky**,[287] *disa kohë më parë, por ai më vonë ia shiti aksionet Privat Group"*.

---

[285]https://kanekoa.substack.com/p/how-one-ukrainian-billionaire-funded?s=w

[286]https://kanekoa.substack.com/p/how-one-ukrainian-billionaire-funded?s=w

287Mykola Vladislavovich Zlochevsky (Микола Владиславович Злочевський, 1966), është një biznesmen ukrainas i naftës dhe gazit natyror, politikan dhe një oligark. Që nga viti 2019, ai jeton në Monako dhe bleu nënshtetësinë qipriote në vitet 2017-2019. Ai ishte Ministër i Ekologjisë dhe Burimeve Natyrore në vitet 2010-2012 dhe z/sekretar për Sigurimin Ekonomik dhe Social të Këshillit Kombëtar të Sigurisë dhe Mbrojtjes në vitet 2012-2014, kur ndodhi Euromaidan. Ai kërkohet nga autoritetet ukrainase, për përpjekje për të korruptuar prokurorët, në mënyrë që të heqin dorë nga të gjitha akuzat kundër tij. Në vitin 2012, Viktor Pshonka, Prokurori i Përgjithshëm ukrainas, filloi hetimin e pronarit të Burisma Holdings, Zlochevsky, mbi akuzat për pastrim parash, evazion fiskal dhe korrupsion

Me fjalë të tjera, shefi dhe dashamirës i Hunter Biden në Burisma Holdings është i njëjti miliarder-oligark ukrainas, i cili gjithashtu pretendoi pozicionin e shefit dhe dashamirës mbi Volodymyr Zelensky, përpara se të bëhej president i Ukrainës.

Kolomoysky zotëron 1+1 Media Group

Kolmoysky, i cili aktualisht ka një vlerë neto prej 1.8 miliardë dollarësh, duke e bërë atë njeriun e 1750 më të pasur në botë, zotëron prona në sektorin e metalit, naftës dhe medias, ku ai ka pasur një histori të gjatë me presidentin ukrainas Volodymyr Zelensky.

Për vite, kompania e Zelensky prodhonte shfaqje për rrjetin televiziv të Kolmoysky, 1+1 Media Group, një nga konglomeratet më të mëdha mediatike në Ukrainë. Zelensky arriti famë kombëtare, duke portretizuar një president në një televizion hit të quajtur, Shërbëtori i Popullit, i cili u transmetua në një kanal në pronësi të Kolmoysky.

Në vitin 2019, kanalet mediatike të Kolmoysky, i dhanë një shtysë të madhe fushatës presidenciale të Zelensky, ndërsa ai madje ofroi siguri, avokatë dhe automjete për Zelensky gjatë fushatës së tij.

Truproja dhe avokati i Kolmoysky-t shoqëruan Zelensky-n, në shtegun e fushatës, ndërsa Zelensky udhëtonte me shofer në një Range Rover,

---

gjatë viteve 2010-2012. Në prill 2014, bordi i drejtorëve të Burisma Holding emëroi Hunter Biden, djalin e atëhershëm nënkryetarit të SHBA-së Joe Biden, në bordin e Burisma si drejtor i Burisma, ku ai fitonte mbi 80,000 dollarë në muaj.I korruptuariJoe Biden, ishte bërë njeriu kryesor për Ukrainën, pas shkurtit të vitit 2014, kur presidenti pro-rus, Viktor Janukoviç, u rrëzua dhe u arratis. Më pas, administrata komuniste Obama-Biden, u përgatit të punonte me qeverinë e re në Ukrainë, e cila ishte e korruptuar, qy kur fitoi Pavarësinë (1991). Joe Biden, u bë një vizitor i shpeshtë në Ukrainë. Sipas llogarisë së tij, Biden tha se ai shkoi atje shumë herë në vitet 2014-2016. Në prill 2014, Zyra e Mashtrimit të Rënda e Mbretërisë së Bashkuar ngriu rreth 23 milionë dollarë, që i përkisnin kompanive të kontrolluara nga Zlochevsky. Në fund të vitit 2014, Zlochevsky u largua nga Ukraina, mes akuzave për vetëpasurim të paligjshëm dhe legalizim të fondeve (neni 368–2, Kodi Penal i Ukrainës), gjatë qëndrimit të tij në poste publike. Në janar 2015, Gjykata Qendrore Penale në Londër liroi 23 milionë dollarët, që ishin bllokuar në llogaritë e Zlochevsky, për shkak të provave të pamjaftueshme. Zlochevsky, u kthye në Ukrainë në shkurt të vitit 2018, pasi hetimet në Burisma Holdings të tij ishin përfunduar në dhjetor 2017, pa asnjë akuzë të ngritur kundër tij.

në pronësi të një prej kompanive të Kolmoysky.

Dokumentet Pandora, treguan se presidenti ukrainas Volodymyr Zelensky dhe partnerët e tij të prodhimit televiziv, ishin përfitues të një rrjeti firmash në det të hapur, të krijuar në vitin 2012, në të njëjtin vit, që kompania e prodhimit të Zelensky hyri në një marrëveshje me grupin mediatik të Kolomoysky, i cili dyshohet se mori 41 milionë dollarë fonde nga Kolomoysky.[288]

Privatbank

Rivali politik i Zelenskit, Presidenti Petro Poroshenko, komentoi lidhjen e tyre gjatë fushatës: *"Fati synoi të më bashkonte me kukullën e Kolomoyskiy në raundin e dytë të zgjedhjeve"*.

Pas fitores së Zelenskit, Kolomoysky, i cili kishte kaluar vitet e fundit duke jetuar mes Izraelit dhe Zvicrës, u kthye në Ukrainë, për të mbajtur marrëdhëniet e tij me presidentin e ri, duke emëruar mbi 30 ligjvënës në partinë e sapokrijuar të Zelensky dhe duke ruajtur ndikimin me shumë prej tyre në parlament.[289]

Kolomoysky financon batalionet Azov, Aidar dhe Dnipro

Igor **Kolomoysky, ka qenë një financues kryesor i Batalionit NeoNazi Azov,** që kur u formua në 2014. Ai gjithashtu **ka financuar milicitë private si batalionet Dnipro dhe Aidar** dhe i ka vendosur ato personalisht për të mbrojtur interesat e tij financiare.

Para se të bëhej pjesë e forcave të armatosura të Ukrainës, kush e financoi Azov? Njësia mori mbështetje nga ministri i brendshëm i Ukrainës në vitin 2014, pasi qeveria e kishte pranuar se ushtria e saj ishte shumë e dobët, për të luftuar separatistët pro-rusë dhe mbështetej në forcat vullnetare paraushtarake.

Këto forca financoheshin privatisht nga oligarkët, më i njohuri ishte Igor Kolomoisky, një miliarder magnat energjetik dhe guvernator i atëhershëm i rajonit Dnipropetrovska. (**TV Aljazeera**)

Grupet e nacionalistëve ukrainas të krahut të djathtë, po kryejnë

---

[288]https://kanekoa.substack.com/p/how-one-ukrainian-billionaire-funded?s=w

[289]https://www.youtube.com/watch?v=MXgli7TpINw

krime lufte në territoret e kontrolluara nga rebelët në Ukrainën Lindore, sipas një raporti nga Amnesty International, pasi në mediat lokale u shfaqën prova të milicive vullnetare, që u prenë kokën viktimave të tyre.

Vullnetarët e armatosur, që i referohen vetes si **Batalioni Aidar** (Aidar Battalion)[290] *"kanë qenë të përfshirë në abuzime të përhapura, duke për-*

---

[290]**Batalioni Sulmues Aidar (2014 dhe sot).** Batalioni i 24-të Aidar, i njohur gjithashtu si *Batalioni Aidar*, **i Forcave Tokësore të Ukrainës.**Si njësi ushtarake ukrainase, **ajo mori pjesë në luftën në Ukrainën Lindore dhe kishte afërsisht 300-400 anëtarë në vitin 2014.** Batalioni e mori emrin nga **lumi Aidar,** në rajonin e Luhansk, ku u vendos fillimisht. **Në vitin 2014, Amnesty International raportoi se anëtarët e Batalionit Aidar kishin kryer krime lufte gjatë luftës në Donbas.** Ai u shpërbë në vitin 2015 dhe u rikonstituua si Batalioni i 24-të i Veçantë Sulmues i Ushtrisë Ukrainase, përpara se të absorbohej në Brigadën e 10-të Sulmuese Malore në vitin 2016. Që nga tetori I vitit 2018 batalioni humbi 130 ushtarë të vrarë në aksion. **Themeluesi** dhe ish-komandanti i Batalionit është **Sergei Melnychuk.** (*By Maxim Tucker, "Ukraine's Old Guard and the Mystery of a Series of Unlikely Suicides", Newsweek Magazine*) I krijuar në maj 2014, Aidar ishte Batalioni i parë i Mbrojtjes Territoriale të Ukrainës, një detashment ushtarak vullnetar në varësi të Ministrisë së Mbrojtjes. **Në zgjedhjet parlamentare të Ukrainës 2014, ish-komandanti Aidar Serhiy Melnychuk, u bë anëtar i Verkhovna Rada që përfaqësonte Partinë Radikale të Oleh Lyashkos,** ku *ai u rendit i treti në listën zgjedhore të partisë.* Komandanti i kompanisë së dytë të Aidar-it, **Ihor Lapin,** ishte deputet i Frontit Popullor, pasi fitoi një vend zgjedhor në Lutsk në të njëjtat zgjedhje. Asnjëri nuk u rizgjodh në zgjedhjet parlamentare të Ukrainës të vitit 2019. Batalioni doli në qendër të vëmendjes pasi disa dhjetëra anëtarë të tij u vranë në një pritë në jug të Shchastia, pas shpalljes së armëpushimit më 6 shtator 2014. Në fund të janarit dhe në fillim të shkurtit 2015, batalioni sulmoi disa ndërtesa qeveritare, të cilat u përshkallëzuan në përleshje. **Aidar u shpërbë zyrtarisht më 2 mars 2015 "për të parandaluar veprimet e paligjshme të disa përfaqësuesve të njësive vullnetare"** (sipas Shtabit të Përgjithshëm të Forcave të Armatosura të Ukrainës). Batalioni Aidar përbëhej nga vullnetarë nga rajonet: Lviv, Chernihiv, Luhansk, Kharkiv, Krime, Kiev, Ivano-Frankivsk dhe Donetsk. Në qershor 2014, ajo kishte rreth 400 anëtarë. **Batalioni,** ka fituar famë për shkak të pikëpamjeve të ekstremit të djathtë të anëtarëve të tij. **Dy neo-nazistë suedezë nga partia Svenskarnas, iu bashkuan Aidarit në vitet 2013-2014 dhe u bënë tituj në**

fshirë rrëmbime, ndalime të paligjshme, keqtrajtime, vjedhje, zhvatje dhe ekzekutime të mundshme", tha Amnesty...

Batalioni Aidar, mbështetet publikisht nga oligarku ukrainas Ihor Kolomoyskyi, i cili dyshohet se financon gjithashtu batalionet vullnetare, si: **Azov, Donbas, Dnepr 1, Dnepr 2, që veprojnë sipas urdhrave të Kievit.** (*Newsweek Magazine*)

Disa nga batalionet private të Ukrainës, kanë nxirë reputacionin ndërkombëtar të vendit, me pikëpamjet e tyre ekstremiste. Batalioni Azov, i financuar pjesërisht nga Taruta dhe Kolomoisky, **përdor simbolin nazist Wolfsangel si logon e tijdhe shumë nga anëtarët e tij përkrahin hapur pikëpamjet neonaziste, antisemite.**

Anëtarët e batalionit, kanë folur për *"sjelljen e luftës në Kiev"* dhe thanë se Ukraina ka nevojë për *"një diktator të forte, për të ardhur në pushtet, i cili mund të derdhë shumë gjak, por të bashkojë kombin në proces."* **(Reuters)**

---

mediat suedeze dhe gjermane, pasi një nga nazistët po konkurronte për një këshill lokal, në zgjedhje dhe e njëjta media kritikoi ashpër mercenarët nazistë. Akuzat për shkelje të të drejtave të njeriut dhe krime lufte. Në korrik të vitit **2014, Rusia filloi një hetim penal të komandantit të Aidar, Serhiy Melnychuk, për "organizimin e vrasjes së civilëve".** Piloti vullnetar i saj, Nadiya Savchenko, u kap nga separatistët pro-rusë pranë Luhansk, u transportua në Rusi dhe u akuzua për vrasjen e dy gazetarëve rusë. **Më 8 shtator 2014 Amnesty International pretendoi se batalioni kishte kryer krime lufte, duke përfshirë rrëmbime, ndalime të paligjshme, keqtrajtime, vjedhje, zhvatje dhe ekzekutime të mundshme.** Më 24 dhjetor 2014, **Amnesty International raportoi se njësia ushtarake, po bllokonte ndihmën humanitare nga Ukraina, që arrinte tek popullsia e zonave të kontrolluara nga separatistët.***Më shumë se gjysma e popullsisë në këto zona varej nga ndihma ushqimore.* Sipas **Amnesty International, batalionet Aidar, Donbas dhe Dnipro-1 thanë se po bllokojnë ndihmën,** sepse *"besojnë se ushqimet dhe veshjet po përfundojnë në duar të gabuara dhe mund të shiten në vend që të jepen si ndihmë humanitare".* Denis Krivosheev, ushtrues detyre i drejtorit të Evropës dhe Azisë Qendrore për Amnesty International, deklaroi **se urija e civilëve si metodë e luftës është një krim lufte.** Në prill 2015, *Guvernatori i Luhanskut i emëruar nga qeveria ukrainase, Hennadiy Moskal,* deklaroi se **Batalioni Aidar po terrorizonte rajonin** dhe *i kërkoi Ministrisë së Mbrojtjes të Ukrainës të frenonte anëtarët e saj, pas një sërë vjedhjesh, duke përfshirë ambulanca dhe marrjen në dorëzim të një fabrike buke.*

Batalionet e Kolomoysky granatojnë civilët në Donbas

Rajonet e **Luhansk dhe Donetsk**, përbëjnë një rajon më të madh të njohur së bashku si *Donbas*. Në maj të vitit 2014, menjëherë pas grushtit të shtetit në Maidan (**në kohës e administratës Obama-Biden 2**), të dy rajonet mbajtën një **Referendum, për shkëputjen nga Ukraina, në të cilin 96% e Lukansk dhe 89% e Donetsk votuan, për krijimin e dy entiteteve të reja të pavarura, në Ukrainën lindore.**

Moska, tha se votimi pasqyronte **vullnetin e popullit**, por *Bashkimi Evropian rusofobik dhe putinofobik*, si nxitese e konfliktëve i quajti zgjedhjet "të paligjshme dhe jolegjitime", të cilat shpejt u shndërruan në dhune dhe u shndërruan në një konflikt të gjithanshëm, midis forcave separatiste të mbështetura nga Rusia dhe ushtrisë ukrainase dhe pro milicitë qeveritare.

Donbasi, u bë epiqendra e një beteje për ndikim global midis NATO-s dhe Moskës, në të cilën *shtëpitë, shkollat dhe zyrat e civilëve të pafajshëm ishin thjesht dëme kolaterale dhe uji, energjia elektrike dhe gazi u mbyllën rregullisht, për banorët që paguanin çmimin përfundimtar.*

Lufta në Donbas, ka vazhduar edhe sot e kësaj dite, duke vrarë rreth 14,000, ndërsa ka copëtuar rajonin Donbas të Ukrainës lindore.[291]

Human Rights Watch, raportoi më 24 korrik 2014, se forcat qeveritare të Ukrainës dhe milicitë pro-qeveritare, kishin përdorur pa dallim **raketa Grad***të padrejtuara në zonat e populluara, të cilat shkelnin ligjin ndërkombëtar humanitar, ligjet e luftës dhe përbënin krime lufte.*

Ndërsa zyrtarët e qeverisë ukrainase mohuan përdorimin e raketave Grad **në Donetsk,** një *hetim i Human Rights Watch në terren tregoi fakte e prova, se forcat e qeverisë ukrainase ishin përgjegjëse për sulmet dhe në fillim të muajit, gazetari i* **Al Jazeera***, kishte filmuar madje forcat ukrainase me raketa-hedhës Grad në rrugë për në Donetsk.*

Batalioni Azov i Kolomoysky, udhëhoqi sulmin e qeverisë, pas grushtit të shtetit në republikat e vetëshpallura të Luhansk dhe Donetsk, sipas një **raport i Amnesty International i vitit 2014, akuzoi Batalionin Aidar të Kolomoysky,**për krime lufte në Donbas, duke përmendur në mënyrë specifike, *"abuzimet e përhapura, duke përfshirë rrëmbimet e pahijshme, trajtimi, vjedhja, zhvatja dhe ekzekutimet e mundshme."*

---

[291]https://kanekoa.substack.com/p/how-one-ukrainian-billionaire-funded?s=w

Në tetor të vitit **2014, Human Rights Watch** raportoi, se forcat e qeverisë ukrainase dhe milicitë pro-qeveritare, ishin përgjegjëse, për përdorimin e gjerë të municioneve thërrmuese, në zonat e populluara në qytetin Donetsk.

"Është tronditëse të shohësh një armë, që shumica e vendeve e kanë ndaluar të përdoret kaq gjerësisht në Ukrainën lindore," tha **Mark Hiznay, studiues i lartë i armëve në Human Rights Watch.** *"Autoritetet ukrainase, duhet të marrin një angazhim të menjëhershëm, për të mos përdorur municione thërrmuese dhe të bashkohen me traktatin për ndalimin e tyre."*

Shkollat e fëmijëve në Donetsk, janë goditur aq shumë herë nga bombardimet pa dallim, saqë bodrumet janë ngritur si strehë për bomba të ndërrimit dhe dritaret janë të mbushura me thasë rëre. **Donbasi**, *është bërë gjithashtu një nga vendet më të ndotura nga minat në tokë, duke vënë në rrezik jetën e më shumë se 220,000 fëmijë.*

*"****Granatimet****, nuk e lënë të padëmtuar psikikën e një fëmije. Fëmijët janë të traumatizuar. Ata janë të tmerruar. Ka fëmijë që bëhen shumë emocionues. Ata derdhin ndjenjat e tyre"*, tha Iryna Morhun, drejtoresha e shkollës Krasnohorivka, e cila u godit nga një goditje e drejtpërdrejtë.

"Në anën tjetër ka fëmijë që e mbajnë këtë dhimbje brenda. Është shumë e trishtueshme, të shohësh fëmijë që duhet të kenë një fëmijëri të lumtur, të vuajnë për shkak të kësaj lufte."

Laptopi from Hell i Hunter Biden
flet për "fëmijët e djegur të gjallë" në Donetsk

Grupi kërkimor jofitimprurës, **Marco Polo**, i cili po bën një raport gjithëpërfshirës mbi laptopin e Hunter Biden, **bëri lidhjen midis mesazheve me tekst të Hunter Biden dhe masakrave të Kolomoysky në Ukrainën lindore.**

Mesazhet me tekst të gjetura në laptopin e Hunter Biden, tregojnë Hunter Biden duke pyetur Hallie Biden, të venë e vëllait dhe zonjën e tij, nëse ajo besonte se ai kishte *"fëmijë të djegur të gjallë në DONETSK"* ose *"fëmijë të vrarë në Donetsk, Ukrainë"*.

Me shumë mundësi, se ai ishte duke iu referuar Kolomoysky-t, **shefit të tij të raportuar të Burisma Holdings,** *i cili, po financonte gjithashtu Batalionin neo-nazist Azov, që u akuzua për krime lufte dhe bombardime të civilëve, në Ukrainën lindore.*

Në vitin 2018, *Kongresi i ndaloi armët amerikane të shkonin në Batalionin*

Azov të Ukrainës, i cili përdorte simbole origjinale naziste, pranoi hapur neo-nazi në radhët e tij dhe ishte akuzuar për krime lufte të stilit të ISIS-it, përf-shirë prerje koke etj…

"*Supremacia e bardhë dhe neo-nazizmi, janë të papranueshme dhe nuk kanë vend në botën tonë,*" tha **Rep. Ro Khanna (D-Calif.),** një kritik i hapur i ofrimit të ndihmës vdekjeprurëse për Ukrainën, tha në një deklaratë për **The Hill.**

"*Jam shumë i kënaqur që omnibusi i miratuar së fundmi, pengon SHBA-në të ofrojë ndihmë me armë dhe trajnim për Batalionin Neo-Nazi Azov, që lufton në Ukrainë*".

Në vitin 2016, Privatbank i Kolomoysky u shemb mes akuzave, për përvetësim dhe mashtrim. Dështimi i bankës, i kushtoi qeverisë ukrainase dhe si rrjedhojë taksapaguesve amerikanë dhe evropianë, që e mbështetën atë me fonde ndihme rreth 5.5 miliardë dollarë, në një paketë shpëtimi.

Në vitin 2020, *Departamenti i Drejtësisë vendosi për të sekuestruar pronat e Kolomoysky në SHBA,* pasi akuzoi oligarkun ukrainas, për përvetësim dhe mashtrim të miliarda dollarëve nga PrivatBank dhe pastrimin e tyre (në pronat amerikane), duke përfshirë një fabrikë çeliku në Kentucky, një rritje komerciale në Cleveland dhe një prodhim Motorola në Illinois.

Në mars 2021, administrata Biden ndaloi Kolomoisky dhe anëtarët e familjes së tij të udhëtonin në Shtetet e Bashkuara, për shkak të "*përfshirjes në akte të rëndësishme korrupsioni*".

Ka shumë pak gjasa, që Kolomoisky të ishte kthyer në Shtetet e Bashkuara, duke pasur parasysh se Departamenti i Drejtësisë, kishte filluar tashmë sekuestrimin e pronave të tij një vit më parë dhe ai raportohet se kishte udhëtuar midis Zvicrës, Izraelit dhe Ukrainës nga frika se mos ek-stradohej në Shtetet e Bashkuara.

A e dinë njerëzit, që përpiqen kaq shumë për luftë me Rusinë, për "*fëmijët e djegur të gjallë*" në Donetsk? A e dinë ata se ne po armatosim batal-ionet neo-naziste, që kanë gjuajtur raketa dhe hedhin bomba thërrmuese mbi fëmijët në Donbas për 8 vitet e fundit?[292]

---

[292]https://kanekoa.substack.com/p/how-one-ukrainian-billionaire-funded?s=w

Shkarkimi

Si Obama dhe Biden instaluan neo-nazistët në Ukrainë: Artikulli im i mëparshëm mbi rolin e qeverisë amerikane në grushtin e shtetit të Maidan, masakrën me snajper në Maidan, masakrën e zjarrit të Odessa, Partinë Svoboda, Batalionin Azov dhe rolin e fraksioneve neo-naziste në luftat në Ukrainë.

Rusët, vazhdimisht bëjnë thirrje për një takim të Këshillit të Sigurimit të OKB-së, për Biolabs Ukrainës. Rusia, sistematikisht ka kërkuar një takim të Këshillit të Sigurimit të OKB-së, lidhur me aktivitetet e supozuara ushtarako-biologjike të SHBA-së në Ukrainë.

Igor Kirillov i Ministrisë së Mbrojtjes Ruse dhe kreu i Mbrojtjes Bërthamore, Kimike dhe Biologjike të Trupave, paraqiti prova të supozuara në lidhje me programin e financuar nga Pentagoni "**Reduktimi i Kërcënimeve Biologjike**" në Ukrainë.[293]

Ndërhyrja e NATO-s në Ukrainë, mund të shkaktojë luftë bërthamore. Ja si: Gjatë vetëm tre ditëve, siç kam bërë zakonisht, gjatë viteve të fundit, një grup zyrtarësh të lartë të qeverisë amerikane të kaluar dhe të tanishëm nga të dyja anët e rreshtit, u mblodhën për të zhvilluar një luftë NATO-Rusi, në një simulim në fund të vitit 2019.

Gjatë asaj që ne e quajtëm Lufta NATO-Rusi e 2019-ës, vlerësuam se një miliard njerëz vdiqën. Dhe nëse nuk jemi të kujdesshëm, ajo që ndodhi në një simulim mund të ndodhë sërisht, nëse një luftë NATO-Rusi shpërthen mbi Ukrainën.[294]

---

[293]https://www.youtube.com/watch?v=MXgli7TpINw
[294]https://kanekoa.substack.com/p/how-one-ukrainian-billionaire-funded?s=w

Klajd Kapinova

U lind në qytetin e Vlorës në vitin 1963. Ai është rritur deri sa ka kryer shkollën 8-vjeçare në qytetin e Shkodrës, kurse Shkollën e Mesme Bujqësore "Sherif Hoxha" e përfundoi në vitet 1978-1982, në qytetin Koplik të Malësisë së Madhe.

Për një vit ka punuar në Stacionin Zooteknik, në lagjen Kiras të qytetit Shkodrës. Në vitet 1983-1987, ka vazhduar studimet e larta në Universitetin e Tiranës, në Fakultetin Histori Filologji, në Departamentin e Gjeografisë, e cila sapo ishte hapur si degë e re në universitet.

Në shtator të vitit 1987, është emëruar si mësues i Gjeografisë në zonën e thellë malore në fshatin Vukjakaj, Shllak, ku ka qëndruar deri në vjeshtën e vitit 1990. Gjatë viteve të ndryshme ka bërë specializime pasuniversitare për mjedisin dhe si metodist i gjeografisë në Tiranë.

Për disa vite ka punuar mësues i Gjerografisë në Shkollën e Mesme të Gjuhëve të Huaja "Shejnaze Juka" në qytetin e Shkodrës deri më 4 prill të vitit 2002.

Kur erdhi këtu në Amerikë, u vendos qysh në fillim dhe deri sot në qytetin metropolitan New York, ku dhe mori kontakte me anëtarë të komunitetit shqiptaro-amerikan.

Këtu njohu shumë miq dhe shokë të rinj dhe veteranë shqiptarë dhe amerikanë. Miku i tij më i ngushtë këtu qysh në fill kur mbërriti në SHBA dhe deri tani është studiuesi dhe publiçisti kosovar Tomë Mrijaj, i cili njëkohësisht ai është edhe kumbara i familjes dhe djalit të tij.

Studiuesi Kapinova, është anëtar i zgjedhur në forumet "The World Forum of Professionals in the Secular and Religious Media" në Geneva të Zvicrës, i Bashkimit të Publiçistëve të Rinj Katolikë në Shkodër (UCIP) dhe ish anëtar i stafit të disa redaksive të gazetave e revistave në Shkodër dhe diasporë.

Ka qenë kryeredaktor i revistës kulturore fetare "Rrezja e jonë", "Illyricum" dhe redaktor i revistës "Kumbona e së dielles", "Rreze drite", "Mbas Teje", etj. Ai ishte gjithashtu z/kryeredaktor i revistës kulturore rinore "Vagues" (Valët), në katër gjuhë të huaja (anglisht, italisht, gjermanisht dhe frëngjisht), në Shkollën e Mesme të Gjuhëve të Huaja në qytetin e Shkodrës.

Në qytetin e madh metropolitan Manhattan, New York City, ka punuar në redaksinë e gazetës shqiptaro-amerikane "Illyria" si staff writer, me zyrat e saj në Manhattan, New York, duke shkruar shumë artikuj të ndryshëm për trojet shqiptare në Shqipëri, Kosovë, Mal të Zi, Maqedoni dhe pasqyruar me reportazhe dhe analiza veprimtaritë e ndryshme të komunitetit tonë në SHBA.

Studiuesi dhe publiçisti bashkëkohor Klajd Kapinova prej shumë vitesh vazhdoi të jetë editor i revistës "Jeta Katolike" (1966), si më e vjetra në komunitetin tonë, themeluar dhe drejtuar nga intelektuali dhe eruditi i shquar prelati imzot dr. Zef Oroshi (1912-1989, themeluesi i Kishës së Parë Katolike Shqiptare në SHBA), që vijon të botohet edhe sot pranë kishës katolike "Zoja e Shkodrës" në Hartsdale, New York.

Sot jeton në qytetin Bronx dhe punon prej 18 vitesh me kompaninë Brown Harris Stevens në Manhattan, New York. Është martuar me një amerikane filipinase Janice Ladia Kapinova, një vajzë me origjinë nga ishujt e bukur dhe ekzotikë Philippines hde kanë një djalë, që trashëgon emrin e tij Klajd Kapinova Jr.

Shkrimtari dhe gazetari shqiptaro-amerikan Klajd Kapinova, është anëtar i Shoqatës së Shkrimtarëve Shqiptaro-Amerikanë, qysh nga dita e themelimit në vitin 2002.

Veprat e tij të botuara janë:

- **"Me Kryq dhe Pendë"** (Refleksione) Shkodër, 1997.
- **"Mes Kryqit e Atdheut"** (Refleksione), Shkodër, 2000.
- **"Engjëll vuajtje dhe shprese"**, monografi kushtuar Shën Nënë Terezës, Shkodër, 2002,
- **"Dom Anton Kçira shërbestar i Zotit e i Atdheut"**, Monografi, Shkodër, 2002, me bashkautor studiuesin dhe publiçistin Tomë Mrijaj.
- **"Lidhja Shqiptare e Prizrenit"** (1962-2002), themeluesi e udhëheqësi Ismet Berisha", New York, 2002 bashkautor me studiuesin dhe publiçistin Tomë Mrijaj.
- **"Dom Anton Kçira në jubileun e 50-vjetorit të meshtarisë"**, New York, Shkodër, 2018, me bashkautorë studiuesin dhe publiçistin Tomë Mrijaj.
- **"Presidenti Trump dhe këneta globaliste"** (Këndvështrime), New York, Shkodër, 2021.
- **"Trump kishte të drejtë për gjithëçka"** (Këndveshtrime), New York, 2023.
- **"Amerika në pasqyrë"**, (Këndvështrime), New York, 2024.